DEUTSCHLAND

KULTUR UND LANDSCHAFT
DIE MITTE

THOMAS HAUFFE • DETLEV ARENS
DANIEL KIECOL • KATJA SASSMANNSHAUSEN

DEUTSCHLAND

KULTUR UND LANDSCHAFT
DIE MITTE

MIT BEITRÄGEN VON DETLEV ARENS, WALTER BUSCHMANN, MATTHIAS EICKHOFF,
DANIEL KIECOL, SABINE VON KIENLIN, KERSTIN KLAUER-HARTMANN,
SIIRI KLOSE, INGA MENKHOFF, SABINE ZITZMANN-STARZ

KÖNEMANN

DÄNEMARK
Ostsee
Nationalpark Holsteinisches Wattenmeer
Sylt
Flensburg
Geltinger Birk
Nationalpark Vorpommersche Boddenlandschaft
Rügen
Nationalpark Jasmund
Eckernförde
Kieler Bucht
Fehmarn
Stralsund
Nordsee
Helgoland
Kiel
Lübecker Bucht
Holsteinische Schweiz
Rostock
Usedom
Schleswig-Holstein
Neumünster
Nationalpark Niedersächsisches Wattenmeer
Lübeck
Wismar
Ostfriesische Inseln
Cuxhaven
Mecklenburg-Vorpommern
Hamburg
Schwerin
Mecklenburgische Seenplatte
Müritz
Nationalpark Müritz
Wilhelmshaven
Bremerhaven
Emden
Leer
Lüneburg
Uckermark
Oldenburg
Bremen
Lüneburger Heide
Naturpark Lüneburger Heide
Naturpark Südheide
Elbe
POLEN
Weser
Ems
Stechlin
Neuruppin
Nationalpark Unteres Odertal
Cloppenburg
Niedersachsen
Biosphärenreservat Flusslandschaft Elbe-Brandenburg
Oder
Dümmersee
Celle
Dortmund-Ems-Kanal
BERLIN
Naturpark Märkische Schweiz
Naturpark Nördlicher Teutoburger Wald
Hannover
Wolfsburg
Mittellandkanal
Potsdam
Spree
NIEDERLANDE
Osnabrück
Minden
Braunschweig
Fläming
Naturpark Wiehengebirge
Teutoburger Wald
Hildesheim
Magdeburg
Brandenburg
Münster
Coesfeld
Bielefeld
Gütersloh
Spreewald
Neiße
Nordrhein-Westfalen
Harz
Brocken
Niederlausitz
Xanten
Lippe
Paderborn
Nationalpark Harz
Sachsen-Anhalt
Cottbus
Lippstadt
Sauerland
Bochum
Dortmund
Essen
Kahler Asten
Göttingen
Duisburg
Ruhr
Kassel
Düsseldorf
Leipzig
Nationalpark Hainich
Werra
Saale
Rothaargebirge
Meißen
Dresden
Leverkusen
Nationalpark Kellerwald-Edersee
Fulda
Elbsandsteingebirge
Köln
Erfurt
Weimar
Jena
Sachsen
Aachen
Bonn
Rhein
Chemnitz
Nationalpark Sächsische Schweiz
Nationalpark Eifel
Hessen
Thüringen
Westerwald
Thüringer Wald
Hohes Venn
Ahrtal
Vogelsberg
Erzgebirge
Vogtland
BELGIEN
Eifel
Koblenz
Rhön
Fichtelberg
Lahn
Taunus
Frankfurt/Main
Rheinland-Pfalz
Wiesbaden
Fichtelgebirge
Schneeberg
Rüdesheim
Mainz
TSCHECHISCHE REPUBLIK
Mosel
Hunsrück
Darmstadt
Spessart
Main
LUXEMBURG
Trier
Nationalpark Hunsrück-Hochwald
Würzburg
Naturpark Saar-Hunsrück
Odenwald
Steigerwald
Fränkische Alb
Oberpfälzer Wald
Mannheim
Saarland
Nürnberg
Pfälzer Wald
Heidelberg
Saarbrücken
Neckar
Altmühl
Naturpark Altmühltal
Nationalpark Bayerischer Wald
Karlsruhe
Regensburg
Bayerischer Wald
Baden-Württemberg
FRANKREICH
Stuttgart
Landshut
Isar
Passau
Donau
Tübingen
Schwäbische Alb
Ulm
Augsburg
Bayern
Nationalpark Schwarzwald
Schwarzwald
Inn
Kaiserstuhl
Lech
München
Salzach
Freiburg
Feldberg
Starnberger See
Tegernsee
Chiemsee
Konstanz
Friedrichshafen
Kempten
Bayerische Alpen
Berchtesgaden
Bodensee
Lindau
Allgäu
Füssen
Watzmann
Oberstdorf
Garmisch-Partenkirchen
Nationalpark Berchtesgaden
ÖSTERREICH
SCHWEIZ
Allgäuer Alpen
Zugspitze
Mittenwald
1 2 3 4 5 6 7 8 9 10 11 12 13 14 15 16 17 18 19 20 21 22 23 24 25 26 27 28 29 30 31 32 33 34 35 36 37 38 39 40 41 42 43 44 45 46 47 48 49 50 51 52 53 54 55 56 57 58 59 60 61 62 63 64

INHALTSVERZEICHNIS

RUHRGEBIET

Duisburg, Meidericher Hütte

Zwei Grubenarbeiter in einem Flöz der Zeche Gottfried Wilhelm in Essen, 1951

RUHRGEBIET

Das Ruhrgebiet ist eine mythische Größe – das beginnt schon damit, dass die genauen Grenzen der Region nur unscharf definiert sind. Die nördlichsten Kohleflöze verlieren sich in der Tiefe des Münsterlands, die ersten Kohlebergwerke südlich der Ruhr sind schon längst wieder von der Natur zurückerobert. Es gibt keine einheitliche Großstadt und keinen Regierungsbezirk Ruhr, Zuständigkeiten sind oft weit verstreut. Auf den ersten Blick wirkt die „Metropole Ruhr" erstaunlich unübersichtlich. Immerhin koordiniert der Regionalverband Ruhr viele wichtige Initiativen.

In puncto Image hat sich der Pott allerdings über die Jahrzehnte wie kaum eine zweite Region sehr einheitlich präsentiert: Aus einer ländlichen Gegend wurde im 19. Jahrhundert das industrielle Herz Deutschlands, dessen Malocher sowohl über als auch unter Tage für den Wohlstand des Landes hart schufteten. Das tief verwurzelte Bild von qualmenden Schloten, die den Himmel über Ruhr und Emscher verfärben, ist nur schwer wieder aus den Köpfen herauszubekommen. Schimanski-Tatorte und Herbert Grönemeyers Hymne *Bochum* verfestigten dieses Image. Doch viele Hochöfen sind längst ausgeblasen, Kokereien erleuchten nicht mehr den Nachthimmel, die letzte Zeche schloss 2018 – der blaue Himmel über der Ruhr, den Willy Brandt einst optimistisch forderte, ist weitgehend Realität.

Seit Jahrzehnten steckt das Revier in einem endlos erscheinenden Strukturwandel. Industrien kommen und gehen, doch die Frage bleibt: Wie kann sich der Pott für die Welt von morgen aufstellen und dennoch etwas von seinem direkten, rauen, aber herzlichen Charme bewahren?

Drei Antworten fallen schnell in den Blick: Sehr erfolgreich ist der Wandel zu einer Bildungsmetropole. Die Hochschulen bieten rund 280 000 Studierenden frische Perspektiven. Ein zweiter Motor ist der Kulturbereich: Aus Industrie wurde vielerorts Industriekultur. Das überreiche Angebot an leerstehenden Zeugnissen der alten Arbeitswelt sorgte für die Entwicklung einer sehr vielfältigen Kulturregion, die den Vergleich zu anderen Großmetropolen nicht zu scheuen braucht. Mit der Ernennung der Zeche Zollverein in Essen zum UNESCO-Welterbe erhielt dieser spannende Prozess bereits vor 20 Jahren einen internationalen Ritterschlag.

Und dann ist da die „grüne" Revolution. Mit dem blauen Himmel entdeckten die Menschen auf einmal, wie grün ihr Pott doch eigentlich ist. Alte Halden wandelten sich zu wild wuchernden Naturschutzgebieten, die Ruhr ist heute ein Freizeitfluss, und mitten durchs Revier bringen alte Bahntrassen als grüne Adern umweltfreundlichen Radverkehr in die Städte. Sogar die einstige „Kloake" Emscher wird schrittweise renaturiert.

Noch ist der Strukturwandel längst nicht abgeschlossen, doch die letzten Jahrzehnte haben gezeigt, dass die Menschen im Ruhrgebiet anpassungsfähig und kreativ sind. Zwischen Ruhr, Rhein und Lippe ist vieles in Bewegung, und das macht das Ruhrgebiet ungemein spannend.

CHRONIK

Vor ca. 300 Mio. Jahren Im Karbon bildet sich die Steinkohle.
Ca. 800 n. Chr. Unter Karl dem Großen entstehen erste Kirchen und Klöster, in der Folge auch Siedlungen.
16./17. Jh. Die Hanse bringt Städten wie Duisburg und Dortmund Wohlstand – die Reformation erreicht auch die Ruhr. Erste Gebiete fallen an das spätere Preußen.
Anf. 19. Jh. Die napoleonischen Kriege beenden die Kleinstaaterei. Preußen übernimmt die Kontrolle. Beginn der Industrialisierung.
Bis 1914 Explosionsartiges Wachstum der Ruhrstädte bis zum Ersten Weltkrieg. Kohle und Stahl dominieren die Wirtschaft.
Nach 1958 Einsetzen des Strukturwandels: Zechensterben, Hüttenschließungen, Suche nach neuen, nachhaltigeren Arbeitsplätzen.
2001 Die Zeche Zollverein wird UNESCO-Welterbe.

Lennemündung in die Ruhr
bei Schwerte

ÜBERRASCHEND GRÜN – NATUR IM INDUSTRIEREVIER

In einer derart dicht besiedelten und industriell aufgestellten Region wie dem Ruhrgebiet hatte es die Natur über Jahrzehnte hinweg sehr schwer, sich zu behaupten. Wild wucherten nur die Städte und Siedlungen rund um die Zechen, Stahlwerke, Hochöfen und Kokereien. Der zentrale Fluss Emscher wurde als Abwasserkanal missbraucht. Nennenswerte Grünzonen erhielten sich so primär an den Rändern des Ruhrgebiets. Heute sind dies südlich der Lippe etwa die Kirchheller Heide oder die Haard. Auch der Dortmunder und der Essener Süden blieben als waldreiche grüne Lungen erhalten. Im Zentrum des Potts sind große Parks wie die Gruga in Essen, der Romberg-Park in Dortmund oder die vielseitigen Revierparks mit ihren entspannenden Solebädern wichtige Orte der Erholung.

Mit dem Ende der Zechen und der Schwerindustrie ergaben sich seit den 1980er-Jahren plötzlich ganz neue Perspektiven: Riesige Flächen wurden sich selbst überlassen. Zwischen alten Hochöfen begannen Bäume zu sprießen, Kohlehalden wandelten sich rund um die Sohle zu urwaldähnlichen Zonen. Die Natur begann, sich die verlassenen Industriegelände zurückzuerobern. Große Halden wie Hoheward bei Herten, Rheinelbe in Gelsenkirchen, die Kissinger Höhe in Hamm oder Haniel in Bottrop sind nunmehr nicht nur wegen ihrer zum Teil spektakulären Gipfelskulpturen bekannt, sondern sind auch zu veritablen Naturschutzgebieten und Landschaftsparks geworden.

Und wer vom Floriansturm in Dortmund, dem Zollverein in Essen oder dem Gasometer in Oberhausen über die Region hinwegschaut, erkennt bis zum Horizont enorm viel Grün. Besucher des Ruhrgebiets sind davon immer wieder überrascht. Doch die Botschaft spricht sich rum. So wurde Essen 2017 zur Grünen Hauptstadt Europas gekürt. Welcher Kumpel auf Zollverein hätte das jemals erwartet, wenn er pechschwarz aus der Tiefe wieder ans Tageslicht kam?

Landschaftspark Duisburg-Nord

Heidesee, Bottrop

Emscherquelle

RUHR UND EMSCHER

Der Fluss, der dem Revier seinen Namen lieh, ist ein gelungenes Beispiel dafür, wie sich aus einer hochindustrialisierten Region eine naturnahe und freizeitbetonte grüne Zone schaffen lässt. Wer heute mit dem Rad durch das Ruhrtal gen Duisburg fährt, rollt erst ganz am Ende ab Mülheim in eine aktive Industriezone. Der Slogan von der grünen Ruhr ist schon lange mehr als nur ein Wunschbild.

Mehrere Elemente prägen den grünen Wandel: Alte Industrien sind fast vollständig aus dem Ruhrtal verschwunden. Nichts erinnert mehr daran, dass südlich von Witten an der ehemaligen Zeche Nachtigall im beschaulichen Muttental die Ursprünge des Ruhr-Bergbaus lagen. Ein Bergbau-Wanderweg führt zu mehr als 200 Jahre alten Schachtöffnungen, die heute idyllisch in eine Wald- und Wiesenlandschaft eingebettet sind. Die Natur hat sich die Schauplätze der Frühindustrialisierung längst zurückgeholt.

Die Zeche Nachtigall, die 1832 als erste im Pott in den Tiefbau ging, dokumentiert als Museum die Anfänge des Bergbaus für die Nachwelt. Ein kleines Feldbahn-Museum nebenan ermöglicht hin und wieder auch Fahrten mit einem rumpelnden Mini-Zug. 1,5 km weiter westlich liegt die Burgruine Hardenstein wieder romantisch am Flussufer, während eine Radlerfähre den ständigen Strom der Ruhrtal-Radler sicher ans andere Ufer bringt.

Ganze Talabschnitte konnten zudem ihr ländliches Auen-Feeling bewahren. Zwischen Wetter und Witten, zwischen Hattingen und Steele sowie zwischen Werden, Kettwig und Mülheim fühlt man sich wirklich nicht wie im Ruhrgebiet. Ein Hingucker sind die mittelalterlichen Wasserburgen. Haus Werdringen bei Hagen-Vorhalle und Haus Kemnade am gleichnamigen Stausee wirken sehr verträumt und werden museal genutzt. Schloss Hugenpoet bei Kettwig ist ein elegantes Luxushotel und könnte so auch irgendwo am Niederrhein stehen.

Und dann sind da noch die großen Stauseen, die den Freizeitwert der Region erheblich erhöht haben. Insbesondere der Baldeneysee gilt als Inbegriff der „Ruhr-Reviera" – Kurzurlaub mitten im Pott.

Durch den Niedergang der Schwerindustrie erhielt die Natur vielerorts neue Flächen. Die ehemalige Henrichshütte in unmittelbarer Nachbarschaft der Fachwerk-Altstadt von Hattingen ist so ein Beispiel. Teile des riesigen Areals wurden zu einem Park umgewandelt, am Fluss entstand ein Radweg. Ohne beißende und stinkende Gerüche in der Luft macht es überhaupt erst Spaß, hier draußen zu sein.

Der zweite zentrale Fluss der Region, die Emscher, hat es erheblich schwerer, sich vom Industriezeitalter zu befreien. Der Quellhof südlich von Holzwickede ist noch Idylle pur, doch schon bei Dortmund-Hörde waren erste Hochöfen erreicht. Vielerorts wurde die Emscher als reiner Abwasserkanal unter die Erde verbannt. Damit ist es nun vorbei. Im „Landschaftspark Emscher" wird der Fluss wieder an die Oberfläche geholt und wo immer möglich auch renaturiert. Das gilt vor allem für die Mündung in den Rhein oder den Bereich zwischen Dortmund und Castrop-Rauxel. Aber bis zu einem reinen Naturidyll ist es natürlich noch ein weiter Weg.

Baldeneysee

Die Ruhr bei Bochum-Stiepel

Thyssenkrupp-Werk Bruckhausen

Hüttenbetrieb Meiderich

Gasometer Oberhausen

ROUTE DER INDUSTRIEKULTUR

Wer ans Ruhrgebiet denkt, hat unwillkürlich weiterhin Zechen und Hochöfen vor Augen. Berühmte Namen wie Krupp und Thyssen fallen ebenfalls schnell. Und tatsächlich prägten Kohle und Stahl für viele Jahrzehnte das Ruhrgebiet. Doch die Zechen sind dicht, und heute ist eigentlich nur noch Duisburg ein produzierender Stahlstandort – in allen anderen Städten ging dieses Zeitalter in unterschiedlichem Tempo, aber letztlich unerbittlich zu Ende.

Eine der Antworten auf die Fragen des Strukturwandels war bereits 1962 die Gründung der Ruhr-Universität Bochum. Sie brachte als erste Hochschule akademische Ausbildungsmöglichkeiten in die Malocherregion. Dortmund, Essen und Duisburg folgten. Mit rund 280 000 Studierenden sind heute im Pott fast genauso viele Menschen an den Unis eingeschrieben, wie zu Hochzeiten in den Zechen tätig waren.

Doch was macht man, wenn eine gesamte Region ihr altes industrielles Rückgrat Anlage für Anlage verliert? Wie geht man mit den Hinterlassenschaften um – Abriss oder Erhalt und Neunutzung? Diese zentralen Fragen wurden im Ruhrgebiet in den 1980er-Jahren immer drängender gestellt. Imposante Hochöfen und riesige Industriehallen standen auf einmal verwaist auf stillgelegten Fabrikgeländen – und das gleich dutzendfach.

Lange Zeit hatte Abriss als einfachste Methode gegolten, um alte Werksgelände neu nutzen zu können. Doch dann kam der Umschwung. Weitsichtige Planer und Gestalter erkannten das enorme Potenzial, das hier schlummerte. Heute findet man auf den alten Zechen- und Industriebrachen neben den historischen Stätten der Industriekultur moderne Logistik-, Technologie- und Innovationszentren.

Den entscheidenden Impuls setzte die bahnbrechende IBA – die Internationale Bauausstellung Emscher Park, die zwischen 1989 und 1999 dem Ruhrgebiet neue Wege aufzeigte und für eine zutiefst verunsicherte Region positive Gestaltungsansätze skizzierte. Die IBA gab dem Revier einen echten Ideen- und Motivationsschub, um mit frischen Ansätzen ins 21. Jahrhundert zu kommen. Eine grundlegende Idee war die Umwandlung von Industrie in Industriekultur. Bewahrung und Neunutzung erhielten Vorrang vor Abriss.

Dieser vorausschauenden Entscheidung ist es zu verdanken, dass das Ruhrgebiet heute über einen großen Schatz an grandiosen Industrieanlagen verfügt, die exemplarisch die rund 150-jährige Industriegeschichte des Reviers nachvollziehbar machen. Nicht zu unterschätzen ist auch der hohe Identifizierungswert, den manche Industriedenkmäler heute besitzen. Die Zeche Zollverein, der Gasometer, der Landschaftspark Duisburg-Nord oder auch das Schiffshebewerk Henrichenburg sind prägende Bauwerke, die weit über die Grenzen des Potts hinaus bekannt sind und für einen beachtlichen Tourismus sorgen. Jährlich rund 7 Mio. Gäste locken die Zeugnisse der Industriekultur an – ein nicht zu unterschätzender neuer Wirtschaftsfaktor.

Zur besseren Orientierung wurden die Sehenswürdigkeiten 1999 in der „Route der Industriekultur" zusammengefasst. Die Highlights gliedern sich in 27 Ankerpunkte, 17 Panoramen und 13 Siedlungen – wer allein diese 57 Topattraktionen erkunden will, hat schon ein strammes Besuchsprogramm vor sich.

Der Bogen reicht dabei vom spektakulären UNESCO-Welterbe auf Zollverein über Schmuckstücke wie das Schiffshebewerk Henrichenburg bis zu historischen Arbeitersiedlungen quer durchs Revier. Ungewöhnlich ist z. B. das Zentrum für Internationale Lichtkunst in der ehemaligen Linden-Brauerei in Unna. Spannende Industriemuseen versuchen, die alte Lebens- und Arbeitswelt für kommende Generationen erlebbar zu halten. Das Deutsche Bergbaumuseum in Bochum unterstützt dieses Vorhaben beispielhaft.

Einzigartig sind die Hochöfen im Landschaftspark Duisburg-Nord, die nachts zum Teil angestrahlt werden, oder auch die Reste der Henrichshütte bei Hattingen. Besucher können sogar auf die Hochöfen hinaufsteigen, ein echtes Erlebnis. Das Ausmaß dieser einst komplett abgeschotteten Industrie-Areale lässt sich heute kaum noch erahnen – den Gestank und den Lärm will man sich gar nicht vorstellen. Andernorts sind diese Flächen komplett verschwunden: So ersetzte das CentrO Oberhausen die Gute-Hoffnungs-Hütte und der Phoenix-See ein Hüttenwerk in Dortmund. Das dortige Hoesch-Areal ist auch nicht mehr wiederzuerkennen. Alles ließ sich nicht erhalten.

Eine unglaubliche Bereicherung der Metropole sind die 17 Halden, die quer durch den Pott Besuchern im wahrsten Sinne des Wortes neue Ausblicke ermöglichen. Ursprünglich waren die bis zu 100 m hohen Halden für den Abraum der Kohleförderung angelegt worden und „verbotene" Zonen. Doch schon bald begann das Grün zu sprießen, und die IBA erkannte auch hier ungenutzte Potenziale. Auf den weithin sichtbaren Gipfel-Plateaus entstanden außergewöhnliche Kunstwerke als Landmarken: Überregional bekannt wurden der Tetraeder in Bottrop, das wilde Looping von Tiger & Turtle im Duisburger Süden, das Horizont-Observatorium auf der Halde Hoheward bei Herten oder die Himmelsleiter auf der Halde Rheinelbe in Gelsenkirchen. Auf den „Gipfeln" scheint man dem Revier bereits ein wenig entrückt.

Zeche Ewald, Herten

Zeche Zollern II/IV, Dortmund

Hüttenwerk Phoenix-West, Dortmund

Schiffshebewerk Henrichenburg, Waltrop

St.-Antony-Hütte, Oberhausen

Villa Hügel, Essen

Duisburg: Siedlung Rheinpreußen
Museum der Deutschen Binnenschifffahrt
Innenhafen Duisburg
Landschaftspark Duisburg-Nord

Oberhausen: Siedlung Eisenheim
Gasometer Oberhausen
LVR-Industriemuseum Oberhausen
St.-Antony-Hütte

Bottrop: Gartenstadt Welheim

Gelsenkirchen: Flöz Dickebank
Siedlung Schüngelberg
Nordsternpark

Marl: Chemiepark Marl

Herten: Zeche Ewald

Recklinghausen: Umspannwerk Recklinghausen

Herne: Teutoburgia

Waltrop: Schiffshebewerk Henrichenburg

Lünen: Ziethenstraße der Zeche Preußen

Hamm: Maximilianpark

Unna: Linden-Brauerei

Kamp-Lintfort: Alt-Siedlung Friedrich-Heinrich
Zechenpark Friedrich Heinrich

Mülheim an der Ruhr: Aquarius-Wassermuseum

Essen: Altenhof II
Margarethenhöhe
Villa Hügel
UNESCO-Welterbe Zeche Zollverein (Besucherzentrum) und Kokerei Zollverein

Bochum: Dahlhauser Heide
Eisenbahnmuseum Bochum-Dahlhausen
Jahrhunderthalle Bochum
Deutsches Bergbau-Museum

Hattingen: Henrichshütte

Witten: Zeche Nachtigall

Dortmund: Alte Kolonie Eving
DASA – Arbeitswelt Ausstellung
Kokerei Hansa
Zeche Zollern II/IV

Hagen: Hohenhof
Freilichtmuseum Hagen
Lange Riege

Kokerei Hansa, Dortmund

Koepchenwerk, Herdecke

Zeche und Kokerei Zollverein, Essen

Zollverein

Schächte I/II/VIII, Maschinenhaus

ZECHE ZOLLVEREIN XII

Man kann sich der schieren Größe und Wucht der Gebäude nicht entziehen: Das ikonenhafte Doppelbockfördergerüst ragt 55 m in die Höhe, der massive Bau der Kohlenwäsche strahlt industrielle Effizienz aus, während sich an der Kokerei rund 300 Koksöfen in einer beeindruckenden Anlage über fast einen Kilometer aneinanderreihen – die Zeche und die Kokerei Zollverein in Essen sind die Orte im Ruhrgebiet, wo das schiere Ausmaß einstiger Industrieanlagen am deutlichsten spürbar wird. Besucher bekommen eine Ahnung davon, was es hieß, dass im Pott das industrielle Herz Deutschlands geschlagen habe. Es ist überhaupt nicht überraschend, dass das hervorragend erhaltene Gebäudeensemble 2001 zum UNESCO-Welterbe ernannt und damit auch denkmaltechnisch geadelt wurde.

Und in der Tat: Der neue Zentralschacht XII der Zeche Zollverein sollte bei Baubeginn 1928 eine Demonstration neu gewonnener industrieller Stärke sein, ein Sinnbild für zeitgemäße Effizienz und Innovation. Diese Ziele haben die beiden Architekten Fritz Schupp und Martin Kremmer hervorragend verwirklicht. Ihre „Neue Sachlichkeit“ kannte keine verspielten Formen wie auf der Zeche Zollern und auch keine historisierenden Malakowtürme wie auf den Zechen Ewald, Prosper oder Hannover. Hier war funktionale und schnörkellose Bauweise gefragt, die aber vielleicht gerade deshalb ihre beeindruckende Wirkung entfaltet. Schupp konnte 1957 sein Wirken durch den Bau der damals hochmodernen Kokerei sogar noch fortsetzen.

Angefangen hatte alles aber schon 1847 mit dem Bau der benachbarten Bahnlinie von Köln nach Minden. Der erste Standort der Schächte I/II/VIII beherbergt heute unter anderem das PACT-Tanztheater sowie den Folkwang-Campus. Weitere Standorte folgten, bis der Schacht XII als neuer Zentralschacht schließlich 1932 in Betrieb ging. Hier konnten bis zu 23 000 Tonnen Kohle täglich aus 1000 m Tiefe gefördert werden. Heute wird übrigens noch immer gefördert – und zwar jährlich rund 6,5 Mio. m^3 Grubenwasser, um den Grundwasser-Haushalt der Gegend in Ordnung zu halten.

Zeche und Kokerei schlossen 1986 bzw. 1993 die Pforten – still geworden ist es auf Zollverein durch die intensive Nachnutzung jedoch nicht.

Mischanlage

Haupteingangsbereich der Zeche

Portal der Maschinenhalle,
erbaut 1889–1904

ZECHE ZOLLERN II/IV

Eine adrette Allee führt zum Werkstor und weiter in einen Ehrenhof – und dies soll wirklich eine Zeche gewesen sein? Ist das Gebäude rechts nicht eher ein hanseatisches Rathaus in Backsteingotik? Aber dort drüben ragen zwei Fördertürme auf und im Hintergrund sind alte Grubenloks zu sehen. Also trügt der erste Eindruck doch.

Die Zeche Zollern in Dortmund-Bövinghausen war zu Beginn des 20. Jahrhunderts ein Vorzeigeprojekt der Gelsenkirchener Bergwerks AG. Man wollte zeigen, dass man den Bergleuten menschenwürdige Arbeitsplätze bieten konnte, ohne dass diese den „sozialdemokratischen Agitatoren" anheimfielen. Auf Zollern entstand so eine Musterzeche, die eindrucksvoll den Übergang vom Historismus in ein baulich und technologisch neues Zeitalter vollzog. Was heute als Museum verwaltet wird, symbolisierte einst die Speerspitze der industriellen Entwicklung.

Das „hanseatische" Gebäude zur Rechten war die Lohnhalle. Innen wirkt sie wie eine gotische Kathedrale mit einer fantastischen gewölbeförmigen Decke und stilechten Rosettenfenstern. Symptomatisch ist, dass die Arbeiter in den moralisierenden Inschriften sogar als „Bürger" angesprochen wurden. Die benachbarte Schwarzkaue erläutert die Lebenswelt der Kumpel.

Highlight ist zweifelsohne die imposante Maschinenhalle. Hinter dem Jugendstilportal öffnet sich eine lichtdurchflutete Halle, in der die weltweit ersten großen elektrisch betriebenen Fördermaschinen von Siemens & Halske erhalten blieben. Zollern war auch auf diesem Gebiet Avantgarde. Das Ende kam schon 1966, doch selbst die Stilllegung bewirkte einen Neubeginn: Erstmals wurde eine Industrieanlage unter Denkmalschutz gestellt – der Weg zur Industriekultur begann hier auf Zollern.

Maschinenhalle, Detail

Maschinenhalle, Inneres

Stahlarbeiter der Krupp-Werke
in Essen beim Schweißen

KRUPP UND THYSSEN – ZWEI NAMEN FÜR STAHL

Zwei Namen stehen in puncto Industrie wie keine anderen für den Pott: Krupp und Thyssen. Die beiden Familienkonzerne kurbelten die Schwerindustrie maßgeblich mit an und dominierten lange das Stahlgeschäft.

Angefangen hatte für Krupp 1811 alles ganz bescheiden – und in Sichtweite der heutigen postmodernen Konzernzentrale im Essener Norden. Dort steht ein kleines Fachwerkhaus, ein Nachbau des ersten Stammsitzes. Heutige Besucher können sich nicht mehr vorstellen, dass sich rundum einst das weitverzweigte Krupp-Stammwerk wie endlos zwischen der Essener Innenstadt und Altendorf ausbreitete. Hier wurde die in Stahl gegossene Legende von Krupp erschaffen. Ein geschäftlicher Schlager waren die nahtlosen Radreifen für die Bahn sowie später die Kanonen, die Krupp den zweifelhaften Ruf als „Waffenschmiede des Reiches“ einbrachten. Die Kruppianer galten aufgrund der hohen Sozialleistungen als Arbeiteradel des Potts.

Aus den Rheinprovinzen kommend, gründete die Familie Thyssen in Duisburg ein erstes Eisenwerk, später kamen weitere Großwerke am Rhein und in Mülheim hinzu. Genau wie die Krupps verlegte Firmenpatriarch August Thyssen seinen Wohnsitz ins ruhige Ruhrtal, und zwar auf Schloss Landsberg zwischen Kettwig und Mülheim.

Der Niedergang der Eisen- und Stahlindustrie zwang beide Konzerne schließlich Ende der 1990er-Jahre zur Kooperation. Zuvor hatten mehrere spektakuläre Stilllegungen für Schlagzeilen gesorgt – Rheinhausen steht bis heute im Revier für die Kampfkraft der Belegschaften, aber auch für ihr letztlich aussichtsloses Ringen gegen den Strukturwandel. 1992 hatte Krupp noch Hoesch geschluckt, dann kam es 1999 zur Fusion mit Thyssen. Nun arbeiten die beiden einstigen Rivalen als Thyssenkrupp zusammen. Doch die Zukunft ist ungewiss, immer wieder machen Verkaufspläne die Runde und verunsichern die verbliebenen 100 000 Mitarbeiter.

Alfred Krupp

Fritz Thyssen

ALFRED KRUPP (1812–1887) UND FRITZ THYSSEN (1873–1951)

Krupp und Thyssen – das Ruhrgebiet ist untrennbar mit diesen beiden Namen verbunden. Die Thyssenkrupp AG, die 1999 durch die Fusion der Friedrich Krupp AG Hoesch-Krupp mit der Thyssen AG entstand, ist der größte Stahlhersteller in Deutschland. Die Erfolgsgeschichte beider Konzerne begann mit der Industrialisierung im 19. Jahrhundert, als das wachsende Eisenbahnwesen immer mehr Stahl benötigte.

Sowohl Krupp als auch Thyssen hatten einen gewaltigen Einfluss auf die deutsche Industriepolitik und bestimmten die Innen- und Außenpolitik des Staates auf entscheidende Weise. Alfred Krupp begründete als Industrieller und Erfinder das damals größte Industrieunternehmen Europas und galt aufgrund seiner enormen Rüstungsproduktion als „Kanonenkönig“.

Andererseits steht Krupp zusammen mit seiner Frau Bertha für die Fürsorge für seine Arbeiter, von denen er unbedingte Loyalität verlangte: Er baute Werkswohnungen, die sogenannten Meisterhäuser, und führte eine Krankenversicherung ein. Er selbst residierte in der Villa Hügel in Essen, deren Inneneinrichtung er selbst entworfen hatte.

Die Krupps blieben auch nach seinem Tod die bestimmende Familie im Industriesektor und unterstützten später als Familie von Bohlen und Halbach das Nazi-Regime, auch wenn Bertha, die Enkelin von Alfred Krupp, dem Emporkömmling Hitler ablehnend gegenüberstand.

Auch Fritz Thyssen unterstützte zunächst den Nationalsozialismus: Der Großindustrielle aus der einflussreichen Thyssen-Familie trat freiwillig in die NSDAP ein, brach aber 1939 mit dem Regime und emigrierte mit seiner Familie in die Schweiz und dann nach Frankreich, wo man ihn 1940 nach Deutschland auslieferte. Nach Aufenthalten in verschiedenen Konzentrationslagern und anschließenden Internierungen seitens der Alliierten kam er 1948 frei und ging nach Argentinien, wo er drei Jahre später starb.

Hüttenwerke Krupp
Mannesmann, Duisburg

Dortmund, Phoenix-West,
ehemalige Gaskraftzentrale

INDUSTRIEHALLEN

Wenn es an einem im Revier nicht mangelt, dann an imposanten Hallen. Woanders sind sie schwer verfügbare Mangelware - im Ruhrgebiet stehen diese Zeugnisse der Industrialisierung quasi im Überangebot zur Verfügung. Das eröffnete der Kreativ- und Theaterszene, aber auch diversen Start-ups nahezu unbegrenzte Möglichkeiten, sich eine coole Location zu verschaffen und das Leben im Pott neu zu definieren. Aus unbequemen Altlasten wurden so Hotspots für einen neuen Aufbruch.

Ein besonders markantes Beispiel ist natürlich die unter Denkmalschutz stehende Welterbe-Zeche Zollverein in Essen, aber auch andernorts hat sich viel getan. Bochum punktet zum Beispiel durch den Erhalt der Jahrhunderthalle auf dem Gelände eines ehemaligen Stahlwerks des Bochumer Vereins. Die beeindruckende Halle mit ihren Eisen- und Stahlträgern war zu Werbezwecken errichtet worden. Auf einer Industrieausstellung 1902 in Düsseldorf sollte sie die Besucher für die moderne Welt der Stahlproduktion begeistern und für einen Wow-Effekt sorgen. Danach diente die Halle als Gaskraftzentrale in Bochum und heute ist sie die zentrale Bühne der RuhrTriennale und für andere hochkarätige Kulturveranstaltungen. Dazu wird oftmals ein kleinerer Bereich abgetrennt, weil die Halle einfach so überdimensional ist. Rundum wurde das ehemalige Industriegelände zum Westpark umgestaltet – ein gelungener Erlebnisraum mit Sichtfenstern in eine untergegangene Welt.

Auch andernorts entdeckten kreative Künstler die Hallen als ideale Bühnenflächen: Auf der Zeche Ewald öffnete der RevuePalast Ruhr, in Mülheim ist der Ringlokschuppen eine smarte Theaterlocation, während auf

Hamm, Zeche Heinrich Robert, Kaue

Duisburg, Ausbesserungswerk, Inneres

Zeche Zollverein das anspruchsvolle Tanztheater PACT residiert. Nicht alle Projekte sind dabei immer erfolgreich. Das Musical-Unternehmen Stage zog sich 2020 aus dem Colosseum in Essen zurück, einer ehemaligen Werkshalle des Krupp-Imperiums. Auch das Metronom am CentrO Oberhausen schloss. Dabei war dies schon ein Neubau auf dem Gelände der ehemaligen Gute-Hoffnungs-Hütte.

Ein ganz anderes Zielpublikum sprechen die Zeche Carl in Essen und die Flottmannhallen in Herne an, die anspruchsvolles und auch alternativeres Kulturprogramm auf die Bühne bringen. In einer ehemaligen Schmiede öffnete schon 1981 die Zeche in Bochum, eine gestandene Konzertadresse.

Viele Hallen wurden in eine museale Nutzung überführt: Das gilt zum Beispiel für die Zinkfabrik Altenberg in Oberhausen, die heute Teil des LVR-Industriemuseums ist. Die alte Walzhalle wirkt in der Tat wie ein Industriepalast und bietet damit natürlich die richtige Kulisse für eine umfassende Schau zur Schwerindustrie.

Gelungen ist die Umgestaltung der ehemaligen Küppersmühle im Duisburger Innenhafen zu einem avantgardistischen Museum für moderne Kunst. Aktuell wird die Mühle weiter ausgebaut. Ein sehr spektakulärer Umbau gelang zudem im Maxi-Park in Hamm. Die triste Kohlenwäsche einer abgesoffenen Zeche wurde zu einem Glaselefanten inmitten eines populären Landschaftsparks umgestaltet – Kreativität bekommt im Pott viel Raum.

Bochum, Jahrhunderthalle

Innenraum, Aufblick

DER GASOMETER – WAHRZEICHEN DER INDUSTRIE IN OBERHAUSEN

Die 117 m hohe „schwarze Tonne“ ist ein Wahrzeichen der Route der Industriekultur. Der weithin sichtbare Gasometer symbolisiert wie kaum ein zweites Industriedenkmal den Wandel vom Industriestandort zum Touristenmagneten. Für Oberhausen ist der Gasometer am Ufer des Rhein-Herne-Kanals eine echte Besucherattraktion geworden, die den Umbau der einstigen Gute-Hoffnungs-Hütte zur postmodernen „Neuen Mitte Oberhausen“ erfolgreich unterstützt.

Der 1927–29 erbaute Gasometer war mit einem Fassungsvermögen von rund 350 000 m^3 der größte seiner Art in Europa. Er bietet außen wie innen spektakuläre Aussichten: Mit einem Fahrstuhl geht es zunächst ganz nach oben auf das oft windige Dach der Anlage. Von dort öffnet sich bei gutem Wetter ein fantastischer Blick über das halbe Ruhrgebiet. Im Nordosten ist der Tetraeder von Bottrop gut zu erkennen. Aber auch die noch verbliebenen Stahlstandorte in Duisburg sind vom Gasometer aus deutlich im Visier.

Drinnen bietet der riesige Hohlraum Platz für ungewöhnliche Ausstellungen. Bei der Ausstellung *Sternstunden – Wunder des Sonnensystems* 2009/10 schwebte ein 25 m großer Ballon, der als Projektionsfläche für eine fotografische Karte der Mondoberfläche einschließlich der Simulation der Mondphasen diente, im Innenraum und beeindruckte die Besucher. Die Ausstellung *Der Berg ruft* lockte 2019 immerhin fast 900 000 Besucher an. Dann schloss die Attraktion für zwei Jahre, um eine gründliche Sanierung durchzuführen.

Der Gasometer

Im Inneren des Gasometers

Essen, Gartenstadt Margarethenhöhe

ARBEITERSIEDLUNGEN

Mit dem explosionsartigen Ausbau der Industrie ab Mitte des 19. Jahrhunderts wuchsen die Städte durch den stetigen Zuzug von Arbeitern in rasantem Tempo. Die Wohnungsfrage rückte in den Mittelpunkt des Interesses. Nur wer für seine Arbeiter Wohnraum fand, konnte auch geschäftlich weiter expandieren. Viele Unternehmen griffen deshalb bald zur Selbsthilfe und begannen mit dem Bau eigener Werkssiedlungen. Damit konnten im Osten des Kaiserreichs neue Arbeitskräfte angeworben werden. Die „Zechensiedlungen" wurden schnell zu einem Markenzeichen des Ruhrgebiets. Sie wirken heute zum Teil wie geradezu dörfliche Inseln in einer hochindustrialisierten Region.

Der Kontrast zu den ansonsten eher dürftigen Wohnverhältnissen in Mietskasernen oder den tristen Wohnblöcken späterer Jahrzehnte fällt sofort ins Auge. Mitten im Pott wurde an vielen Stellen versucht, die soziale Frage durch den Bau angemessener Wohnungen zu entschärfen. So konnten die Unternehmen auch Streiks und Unruhe in der Belegschaft vermeiden.

Ein Vorzeigeprojekt im Ruhrgebiet ist die Margarethenhöhe im Essener Süden. Der Bau dieser sehr anspruchsvollen Gartenstadt geht auf Margarethe Krupp zurück. Sie stiftete 1906 anlässlich der Vermählung ihrer Tochter Bertha das Land für den Bau einer Modellsiedlung. Bei Krupp hatte sich die Linie durchgesetzt, dass die politische und wirtschaftliche Teilhabe der Arbeiter zwar stark begrenzt, dafür aber mit sozialen Vorzügen geworben wurde. Beispielhaft waren der Bau eines eigenen Krankenhauses und eine bessere betriebliche Absicherung. Für die Angestellten auf dem Hügel hatte Alfred Krupp eigens die schicke Siedlung Brandenbusch erbauen lassen.

Auf der Margarethenhöhe entstand nun ein Viertel für mehrere Tausend Menschen im Stile einer englischen Gartenstadt. Durch ein „Stadttor" oberhalb der einstigen Bahnbrücke geht es die Steile Straße bergan zum Kleinen Markt. Das Herz der ganz in Grau gehaltenen Siedlung wird an den Seiten vom stilvollen Hotel Margarethenhöhe und der früher betriebseigenen Konsumanstalt flankiert. Auch das war Krupp pur: In den Werksläden konnten günstig Lebensmittel erworben werden, die zum Teil

Herne, Siedlung Teutoburgia

Oberhausen, Siedlung Eisenheim

auf ebenfalls betriebseigenen Höfen angebaut wurden. So verblieb der Mehrwert im Konzern, kam aber trotzdem auch den Arbeitern zugute.

Auch andernorts entstanden ansehnliche Gartensiedlungen. Ein besonders schönes Beispiel ist die Siedlung Teutoburgia in Herne-Börnig. Rund 130 zum Teil villenartige Häuser entstanden hier zwischen 1909 und 1923 für den Bochumer Verein. Zentraler Gedanke vieler dieser Mustersiedlungen war die Förderung der Selbstversorgung. In den kleinen Gärten konnte Gemüse angebaut werden und es war Platz für einige Tiere. Öffentliche Grünflächen unterstützten den Charakter einer Gartenstadt. Von den beengten Wohnverhältnissen der Mietskasernen war hier nichts zu spüren. Das grüne Ambiente schuf einen bewussten Kontrapunkt zum grauen Industriealltag im Revier – eine sehr vorausschauende Herangehensweise.

Ähnliche Wohnprojekte waren die Alte Kolonie Eving in Dortmund oder auch die Gartenstadt Welheim in Bottrop. Hier entstanden gar 580 Häuser. Die individuell gestalteten Gebäude sind teilweise sehr beeindruckend und wirken fast ländlich. Die älteste Arbeitersiedlung ist übrigens Eisenheim in Oberhausen. Sie geht bereits auf das Jahr 1846 zurück und wurde für die rapide wachsende Hüttenindustrie angelegt. Der Name der Siedlung war Programm.

Mit dem Niedergang der Industrieanlagen, für die die Siedlungen einst gebaut worden waren, ergaben sich auch für die Bewohner enorme Probleme. Notwendige Sanierungen blieben aus, oftmals entsprachen die Zechenhäuser nicht mehr modernen Wohnstandards.

Erst in den 1970er-Jahren wandelte sich die Sichtweise. Der Wert dieser einstigen Vorzeigeviertel wurde erkannt und es begannen umfangreiche Sanierungs- und Modernisierungsarbeiten. Auch wurden wichtige Ensembles unter Denkmalschutz gestellt.

Heute besitzen diese Siedlungen deshalb wieder Modellcharakter, weil sie eine nachhaltige Bauweise des 19. und frühen 20. Jahrhunderts für heutige Wohnmaßstäbe angepasst haben. Sie gelten zudem als zentrale Ankerpunkte der Route der Industriekultur.

Essen, Krupp-Siedlung Altenhof II

Brieftaubenzüchter im „Pott“

„EIN HIMMELBETT FÜR TAUBEN“

Herbert Grönemeyer besang das „Himmelbett für Tauben“ und ein enthusiastischer Taubenzüchter sagte vor einigen Jahren: „Das Ruhrgebiet ohne Brieftauben ist wie Dortmund ohne die Borussia.“ Keine Frage: Die Brieftauben sind mit dem Ruhrgebiet eng verbunden. Der deutsche Dachverband hat hier seine Zelte aufgeschlagen, stilecht in Nachbarschaft einer ehemaligen Zollverein-Schachtanlage in Essen-Katernberg sowie einer Trabrennbahn. Letzteres passt sehr gut, galten die Brieftauben doch lange als „Rennpferde des kleinen Mannes“, weil sich mit den Flügen mit viel Glück ein ordentliches Preisgeld gewinnen lässt.

Trotz lange sinkender Tendenz gibt es immer noch Zehntausende Brieftaubenzüchter, von denen viele im Revier wohnen. Der Sport war Mitte des 19. Jahrhunderts aus Belgien in das wachsende Ruhrgebiet gekommen. Den Bergleuten gab er die Möglichkeit, sich von den Strapazen der Untertage-Arbeit zu erholen und sich durch ein oberirdisches Hobby zu entspannen: Das Brieftaubenzüchten war ein Ausgleich zum harten Bergmannsleben.

Dieser Aspekt spielt heute natürlich keine Rolle mehr. Nunmehr steht eher die Leistung der Tauben im Vordergrund. Tauben können bis zu 1000 km zurück zu ihrem Heimatschlag fliegen – und das in einem erstaunlich flotten Tempo. 380 km in drei Stunden ist beachtlich, und noch immer rätselt die Wissenschaft, wie sich die Tauben eigentlich orientieren und ihren Heimatschlag wiederfinden. Es wird vermutet, dass das Magnetfeld der Erde den Vögeln hilft.

Dieses Leistungsdenken ist aber auch Anlass für Kritik. Tierschützer monieren, dass die Zucht für schwächere Vögel oftmals keinen Platz habe und dass Vögel unterwegs auch zu Tode kämen. Die Taubenzüchter bestreiten Tierquälerei. Tatsache ist aber, dass es inzwischen gerade unter reichen Züchtern in China eine heiße Nachfrage gibt nach Super-Tauben. 2019 wechselte in Belgien eine Brieftaube für 1,25 Mio. Euro den Besitzer.

Eine Gruppe von Bergleuten hat am 31.7.1965 die letzten Förderwagen aus der Zeche Helene in Essen mit frischem Grün geschmückt. Die Kohlenförderung in der Zeche wurde nach 92 Jahren Betrieb eingestellt.

HARTE ARBEIT – UNTER UND ÜBER TAGE

Hart malochende Kumpel und Stahlkocher – dieses Image gehört zum Ruhrgebiet unverbrüchlich dazu. Zu Spitzenzeiten waren im Bergbau tatsächlich rund 400 000 Menschen beschäftigt. Das heißt, fast jeder zehnte Bewohner des Ruhrgebiets arbeitete unter Tage! Dazu kamen die Eisen- und Stahlindustrie und all die Zulieferbetriebe – im Ruhrgebiet war man stolz darauf, mit harter Arbeit die Grundlagen für den Wohlstand des Landes zu erwirtschaften. Die Belegschaften wohnten oft in betriebseigenen Zechensiedlungen, bildeten unter Tage verschworene Gemeinschaften, zahlten in dieselbe Gewerkschaftskasse ein und stritten sich höchstens über den Fußballverein, den man am Samstag unterstützte.

In den 1980er-Jahren begann für alle sichtbar der Abschied vom alten Pott. Die Zechenschließungen nahmen zu, 1986 schloss Zollverein, ein Jahr später die Henrichshütte in Hattingen. Dort und gegen das angekündigte Aus des Stahlwerks Rheinhausen gab es noch einmal Massenproteste im Revier. Ein letztes Mal zeigte sich die alte Solidarität unter den Arbeitern. Doch das Ergebnis war eindeutig: Bis 2018 schlossen alle Bergwerke im Revier, auch weitere große Stahlstandorte gingen in die Knie. Die Kumpel sind nicht mehr gefragt – und welche Zukunft der Stahl in Duisburg hat, muss sich erst noch zeigen.

Auch wenn die Arbeit unter Tage extrem hart und dreckig war: Trifft man heute ehemalige Bergleute, so liegt oft mehr als nur ein bisschen Wehmut in der Luft. Viele schätzten die Kameradschaft unter Tage. Das Leben im Pott kannte im Zechen-Zeitalter zwei völlig unterschiedliche Welten: eine oberirdisch und eine bis zu 1000 m unter der Oberfläche.

Trotz des einsetzenden Zechensterbens wurde die Zahl der Arbeiter Ende der 1950er-Jahre langsam knapp. So warb man unter anderem in der Türkei Bergleute an, bis zu 20 000 arbeiteten schließlich auf den Zechen. Ihre Kinder und Enkelkinder sind nun genauso waschechte „Ruhris“ wie die Nachfahren der polnischen Bergleute vor dem Ersten Weltkrieg.

Typischer Ruhrgebietskiosk der 1970er-Jahre

DER POTT KOCHT – ZWISCHEN POMMES UND STERNEKÜCHE

Für die gestandenen Malocher musste deftige Küche her. Die Ruhrpott-Gastronomie ist also eher kalorienreich und fettlastig. Das verdankt sie ihrer Herkunft aus der westfälischen Küche ebenso wie den zugewanderten kulinarischen Einflüssen. Der populäre Klassiker ist natürlich die Currywurst. Herbert Grönemeyer, der es in seinen Anfangsjahren schaffte, jedes Pott-Klischee mit einer Liedzeile in einen Kult zu verwandeln, schuf auch hier die passende Hymne: „Kommse vonne Schicht, wat schönret gibt es nich, als wie Currywurst." Und natürlich mit Pommes und für den Schwager gleich auch noch eine ...

Diese Tradition hat bis heute überlebt – Pommesbuden gehören im Revier zum Standard-Repertoire der *Pott Cuisine*. Zur Currywurst gehören Pommes, natürlich mit Mayo und Ketchup. Danach noch ein „gepflegtes" Pils und das Klischee-Essen ist komplett.

Doch auch gastronomisch ist die Welt zwischen Duisburg und Hamm nicht stehengeblieben. Zum einen hat sich die Küche enorm internationalisiert. Der Erfolg italienischer Einwanderer dokumentiert sich kulinarisch in der großen Anzahl an Pizzerien und Eissalons. Aber auch Döner, Falafel, Burger & Co. machen der guten alten Currywurst ihren Rang streitig. Wobei hier die heiß umstrittene Frage offenbleiben soll, ob die Wurst im Pott erfunden wurde oder nicht doch in Berlin.

Inzwischen wächst aber Konkurrenz durch eine junge, eher leichte und oft auch vegetarisch-vegane Küche, die zeitgemäß in Food-Trucks und auf Streetfood-Märkten daherkommt. Und das Ruhrgebiet verfügt heute auch über eine beachtliche Zahl an gehobenen Sternerestaurants.

Schimanski und Thanner (Götz George und Eberhard Feik)

TATORT RUHRGEBIET

„Schimmi" ist eine ganz besondere Kultfigur im Pott: In Duisburg-Ruhrort erinnert sogar eine Horst-Schimanski-Gasse an das Polizei-Raubein, das sich mehr als 20 Jahre lang auf den Bildschirmen der Nation durch den Ruhrpott fluchte und einer Schlägerei nie aus dem Weg ging. Schimmi war der Kommissar mit Herz, der auch regelmäßig Herzen brach. Als Draufgänger wollte er der Gerechtigkeit notfalls im Alleingang zum Durchbruch verhelfen, wenn sein Kollege Thanner zu viele Skrupel hatte.

Schimanski ist eine Tatort-Legende, gespielt von Götz George in 29 Folgen – davon liefen zwei im Kino – sowie in 17 weiteren „Schimanski"-Filmen. George erzählte später, dass er hin und wieder auch als Herr Schimanski angesprochen wurde ...

Allerdings waren die Duisburg-Tatorte vor Ort lange Zeit nicht so beliebt, weil sie die Stadt oft als triste, graue Industriemetropole darstellten. Heute ist man stolz auf Schimanski, seine Jacke hängt im Stadtmuseum. Vielleicht wird es eines Tages den Dortmunder Tatort-Kollegen Faber (Jörg Hartmann) und Bönisch (Anna Schudt) genauso gehen, die seit 2012 in der Stadt am Hellweg ermitteln. Hauptkommissar Faber ist ein recht exzentrischer Polizist, der zur Lösung seiner Fälle meist dorthin geht, wo es wehtut. Seine Kollegin Bönisch und das Team müssen dabei immer aufpassen, ihren von schweren persönlichen Schlägen gezeichneten Chef in der Spur zu halten. Die zumeist sehr spannenden Dortmunder Tatorte gehören zu den härteren der Serie.

Eines jedoch haben alle „Tatorte" gemeinsam, und zwar die Titelmusik. Komponiert hat sie Klaus Doldinger, der mit seiner Band Passport seit einem halben Jahrhundert eine feste Größe in der Jazzszene ist. Und am Schlagzeug saß damals, als die Erstversion der Tatort-Melodie aufgenommen wurde, kein Geringerer als – Udo Lindenberg.

Grugahalle

GRUGA

Ihr drohte schon der Abriss, aber die Grugahalle in Essen-Rüttenscheid ist unverwüstlich. Zu viele Stars aus der Musik-, Film- und TV-Branche, aus Politik und Sport sind schon in ihr aufgetreten, seitdem sie 1958 von den Hannoveraner Architekten Ernst Friedrich Brockmann und Gerd Lichtenhahn in der markanten Schmetterlingsform aus Stahl und Beton konzipiert und erbaut wurde. Und die Künstler waren nicht irgendwelche: Bill Haley sorgte als einer der ersten dafür, dass es das Publikum nicht mehr auf den Sitzen hielt. Ihm folgten die Rolling Stones, Joan Baez, Frank Zappa, die Beach Boys, Fleetwood Mac oder die Beatles, die in der Grugahalle zwei ihrer wenigen Deutschland-Konzerte gaben. Auch die Jazz-Größen jener Tage wie Ella Fitzgerald, Quincy Jones oder Dave Brubeck waren hier vertreten. Die Stones kehrten einige Jahre später in den 1970ern wieder, ebenso Led Zeppelin. Wohl jedem etwas älteren Musikfan sind noch die legendären Rockpalastnächte in Erinnerung, die von 1977–86 in der Grugahalle stattfanden und alles boten, was zur damaligen Zeit Rang und Namen hatte: Paul Simon, Al Jarreau, Depeche Mode, ZZ Top, Frankie Goes to Hollywood, Chris de Burgh, The Who, Barclay James Harvest und Prince sind nur einige Namen auf der langen Liste. Zudem wurde die Essener Halle, die zum Gruga-Komplex mit Grugapark, Grugabad und der Messe Essen gehört, für andere Veranstaltungen genutzt. Basketball-, Judo- und Handballmeisterschaften fanden hier ebenso statt wie das Tennis-Herrenturnier des Davis-Cups. Auch die Politik nutzte die Halle als Bühne: Adenauer, Brandt, Schmidt und Merkel waren alle schon da. Seitdem der drohende Abriss in den 1990ern verhindert werden konnte, steht die Grugahalle auch für Comedy: Mario Barth, Carolin Kebekus, Dieter Nuhr, Paul Panzer, Otto Waalkes und Kaya Yanar hatten hier ihre großen Auftritte, und für den gebürtigen Essener Atze Schröder ist die Grugahalle ein Heimspiel.

John Lennon und George Harrison vor einem Beatles-Konzert in der Grugahalle, 1966

Villa Hügel in Essen, Stammsitz der Familie Krupp

ESSEN

Es gab Zeiten, da galten Essen und Krupp als Synonyme – so dominant war der Stahlkonzern in der Metropole. Insbesondere im Essener Süden sind mit der Villa Hügel und der Margarethenhöhe noch wichtige Bauzeugnisse aus der Krupp-Zeit zu entdecken – die alten Industrieanlagen im Essener Westen sind hingegen fast völlig verschwunden.

Essen war aber immer schon weit mehr als nur Krupp. Mitte des 9. Jahrhunderts schuf die Gründung eines adligen Damenstifts die Keimzelle für die Stadt. 50 Jahre zuvor war bereits in Werden eine Abtei entstanden, sodass sich bis zum Beginn des 19. Jahrhunderts gleich zwei reichsunmittelbare geistliche Fürstentümer auf dem heutigen Stadtgebiet befanden – durchaus eine kleine Kuriosität. Im Zentrum führen der Dom und die Domschatzkammer sowie in Werden die St.-Ludgerus-Basilika zurück in die mittelalterliche Kirchenwelt. Seit 1958 ist Essen Sitz des Ruhrbistums. Ein wichtiger Geschichtsort ist zudem die renovierte Alte Synagoge.

Seit dem Niedergang der alten Industrien kämpft die Stadt gegen einen massiven Verlust an Arbeitsplätzen und Einwohnern. Bevölkerungsmäßig liegen Essen und Dortmund heute mit jeweils knapp unter 600 000 Einwohnern in etwa gleichauf.

Villa Hügel, Gesamtansicht

VILLA HÜGEL

Größer könnte der Kontrast nicht sein: Während viele Arbeiter der Krupp-Werke nur den Qualm und Lärm ihrer Werkshallen kannten, baute sich Firmenchef Alfred Krupp 1870–73 ein monumentales Eigenheim auf die grünen Hügel über der Ruhr. Nicht weniger als 8100 m² Wohnfläche, verteilt auf 269 Zimmer, hielt der Chef für angemessen, um den Glanz und die Macht seiner Industrie-Dynastie angemessen zu präsentieren. Für die Angestellten wurde eine eigene Siedlung oberhalb der Villa, aber außerhalb des Sichtbereichs, erbaut.

Eingebettet in einen englischen Landschaftspark und mit einem eigenen Bahnhof stellten sich die Krupps auf eine Stufe mit dem Hochadel, den royalen Ritterschlag erhielten sie auch prompt durch einen Besuch des beeindruckten Kaisers. Er sah in Krupp einen Garanten für die industrielle und militärische Stärke des Deutschen Reiches.

Die Aufrüstung und die spätere Nähe zu Hitler waren dann aber auch der Grund für den Absturz der Krupp-Familie, als die Alliierten 1945 den damaligen Firmenchef Alfried Krupp von Bohlen und Halbach in der Villa Hügel verhafteten und vor Gericht stellten. Unvergessen auch, als die Stahlarbeiter von Rheinhausen 1987 verzweifelt die Villa stürmten, um die Firmenleitung und den Aufsichtsrat von den Schließungsplänen für ihr Werk abzubringen.

Heute ist es auf dem Hügel sehr ruhig. Eine gut aufgemachte Dauerausstellung führt durch die bewegte Firmengeschichte. Die pompösen Repräsentationsräume erzählen vom Selbstbild der Stahlbarone. Die Villa wird zudem für Kulturveranstaltungen genutzt, während der einstige Krupp-Bahnhof heute den besten Zugang zum 1930 angelegten Baldeneysee eröffnet. Die Alfried-Krupp-von-Bohlen-und-Halbach-Stiftung ist noch immer auf dem Gelände angesiedelt und ist bis heute der größte Einzelaktionär des fusionierten Thyssenkrupp-Konzerns.

Andererseits zeigt Essen enormes Kreativpotenzial: Einen Schub brachte die Umgestaltung der Zeche Zollverein, die Essen auf die Liste des UNESCO-Welterbes brachte. Im Kultursektor nicht weniger bedeutsam ist die Präsenz des Folkwang-Museums, seit 2010 in neuem Gewand.

Im selben Jahr war Essen auch das Zentrum der Europäischen Kulturhauptstadt und sieben Jahre später folgte die Ernennung zur Grünen Hauptstadt Europas. Damit wurden die bisherigen Anstrengungen gewürdigt, aus alten Industrieflächen und renovierungsbedürftigen Arbeitersiedlungen neue nachhaltige Viertel zu gestalten – ein Prozess, der noch lange nicht abgeschlossen ist.

Villa Hügel, Obere Halle

Museum Folkwang, Architekt: David Chipperfield Architects

FOLKWANG – KUNST UND KULTUR IN ESSEN

Essen und der Name Folkwang sind untrennbar miteinander verbunden – und das gleich durch zwei renommierte Kulturinstitutionen: Ganz im Süden der Stadt ist die hochkarätige Folkwang Universität der Künste das berühmteste Studienzentrum für Musik, Tanz, Theater und Gestaltung im Ruhrgebiet. Die Idee und der Name gehen auf Karl Ernst Osthaus zurück, der mehr Kunst und Kultur ins industrielle Ruhrgebiet bringen wollte. So entstand 1927 die Hochschule, die nach dem Zweiten Weltkrieg das barocke Schloss der Abtei Werden übernehmen konnte. Über die Grenzen des Potts hinaus wurde zum Beispiel Pina Bausch bekannt, die hier ihre revolutionären Tanzformen einstudierte und damit in Wuppertal später große Erfolge feierte. Auch bekannte Schauspieler wie Jürgen Prochnow und Armin Rohde begannen hier ihre Karrieren. 1992 kam die Hochschule in Sönke Wortmanns Kultfilm *Kleine Haie* sogar selbst auf die Leinwand.

2017 dann der große Sprung aus dem „bürgerlichen" Süden in den „Arbeiter"-Norden von Essen: Auf dem Gelände der Zeche Zollverein eröffnete ein neuer Campus, der für die Uni zu einem Zeichen des Aufbruchs wurde.

Noch immer im Süden der Stadt, aber seit 2010 ebenfalls in einem topmodernen Gebäude, präsentiert das überregional bedeutende Folkwang-Museum große Kunst. Insbesondere die Sammlung der Meister des 19. und 20. Jahrhunderts ist erstklassig: Gauguin, Renoir, Monet und Cézanne hängen neben Werken von Picasso, Van Gogh und Munch. Der Rundgang ist ein echter Hochgenuss. Ergänzt werden die Gemälde durch eine ansehnliche Plakat- und Fotosammlung und natürlich durch große Sonderausstellungen, die sich oftmals als wahre Publikumsmagneten erweisen. In Zeiten knapper kommunaler Kassen finanzierte übrigens die Krupp-Stiftung den letzten Aus- und Umbau aus eigener Tasche und ermöglichte auch freien Eintritt in die Dauerausstellung.

Robert Delaunay, *Formes Circulaires, Soleil*, 1912/13, Öl auf Leinwand, Museum Folkwang, Essen

Museum Folkwang, Inneres

Weltkarte von Jodocus Hondius (1563–1611) nach Gerhard Mercator, 1630, kolorierter Kupferstich

GERHARD MERCATOR (1512–1594)

Was in der Schatzkammer des Kultur- und Stadthistorischen Museums Duisburg liegt, kann mit Fug und Recht als Schatz bezeichnet werden: Die vielen kostbaren Karten, Bücher und Globen des Universalgelehrten und Kartografen Gerhard Mercator zeigen das Weltbild des 16. Jahrhunderts auf eindrucksvolle Weise. Mercator, der eigentlich Gheert Cremer hieß und 1551 vom flandrischen Rupelmonde nach Duisburg zog, um hier auf Einladung des Herzogs Wilhelm V. als Lehrer für Mathematik und Kosmografie zu arbeiten, schuf in jenen Jahren mit seiner Großen Weltkarte *Nova et aucta orbis terrae descriptio ad usum navigantium* und der Kosmografie *Atlas sive Cosmographicae Meditationes de Fabrica Mundi et Fabricati Figura* Werke, die ihm Weltruhm einbrachten. Sogar in der arabisch-islamischen Welt kannte man den „Ptolemäus" seiner Zeit. Mit der Wandkarte *Europæ descriptio* korrigierte Mercator das schon lange überholte ptolemäische Weltbild, die Weltkarte *Nova et aucta orbis terræ descriptio ad usum navigantium emendate accomodata* ist die Erste ihrer Art, bei der eine winkeltreue Projektion verwendet wurde. Bis heute ist sie als Mercator-Projektion bekannt und findet in der Navigation und im Vermessungswesen ihre Anwendung: Die Zylinderprojektion, bei der die Projektion in Richtung der Zylinderachse adäquat verzerrt ist, ermöglicht eine winkeltreue Abbildung der Erdoberfläche. Mercator schuf den ersten Atlas der Welt und arbeitete darüber hinaus in seiner Werkstatt als Kupferstecher sowie als Globen- und Instrumentenbauer. In der Duisburger Ausstellung können die Besucher viele seiner Werke bewundern, wobei die Highlights der Sammlung das gut erhaltene Erd- und Himmelsglobuspaar, der erste „Atlas" der Welt von 1595, die digitale Weltkarte sowie der Duisburgplan von Mercators Schüler Johannes Corputius von 1566 sind.

Mercator (l.) und Hondius (r.), 1619, kolorierter Kupferstich, British Library, London

Schwanentorbrücke

DUISBURG

Die Stadt an der Mündung der Ruhr in den Rhein (ca. 500 000 Einwohner) war viele Jahrhunderte von ihrer Lage an den beiden dominierenden Flüssen geprägt – heute ist der Duisport der größte Binnenhafen weltweit. Erste Siedlungsspuren in unmittelbarer Nachbarschaft des neogotischen Rathauses und der mittelalterlichen Salvatorkirche lassen sich für das 5. Jahrhundert nachweisen, Ende des 9. Jahrhunderts drangen die Wikinger bis hierhin vor. Doch dann verlagerte sich der Rhein und Duisburg wirkte auf einmal wie gestrandet im Hinterland. Dennoch gelang es, im 17. Jahrhundert kurzzeitig eine Universität zu gründen; zuvor hatte bereits der berühmte Kartograf Gerhard Mercator hier gelebt. Konkurrenz erzeugte die Gründung der Ruhrorter Häfen 1716, die Duisburg im 19. Jahrhundert mit dem Bau von Außen- und Innenhafen beantwortete. So zog die Stadt langsam an den Konkurrenten vorbei – Anfang des 20. Jahrhunderts sorgten Eingemeindungen von Ruhrort, Marxloh, Hamborn und Wanheim dafür, dass Duisburg zum unbestrittenen Stahl- und Hafenstandort wurde. Mit Rheinhausen gelang sogar der Sprung auf die westliche Rheinseite.

1990 sorgte der Masterplan des britischen Stararchitekten Sir Norman Foster für einen Neuanfang im Innenhafen, der Gastronomie, Museen, Büros und neue Wohnviertel in Grachtenform anzog. Die Wedau und die Sechs-Seen-Platte sind im Duisburger Süden genauso beliebte Ausflugsziele wie der großartig herbe Landschaftspark Duisburg-Nord, der heute als markanter Ort auf der Route der Industriekultur verzeichnet ist. Manche Wohnviertel, vor allem im Norden, fühlen sich jedoch teilweise abgehängt, was die Probleme des Strukturwandels fortlaufend neu fokussiert.

DIE DUISBURG-RUHRORTER HÄFEN

Wer mit der Duisburger Hafenwelt noch immer Bilder aus den berühmten Schimanski-Tatorten verbindet, dürfte vom heutigen Auftritt des weltweit größten Binnenhafens wahrscheinlich überrascht sein. Das historische Ruhrort mit seinen bis zu 300 Jahre alten Becken liegt zwar immer noch im Kernbereich des Hafens, doch zwischen der Promenade und dem Rhein

Speicherhäuser im
Duisburger Innenhafen

lagern keine Kohle- und Erzberge mehr. Der Schauspieler Götz George ist inzwischen auch schon verstorben, doch großer Beliebtheit erfreuen sich heute die unterhaltsamen Schimmi-Führungen. Es gibt sogar eine „Horst-Schimanski-Gasse"...

Genug der Tatort-Nostalgie: Der heutige Binnenhafen ist eine moderne Angelegenheit, die mittlerweile als „Duisport" auch alte Industrieflächen im Süden der Stadt und auf der westlichen Rheinseite in Beschlag genommen hat. So entstand auf dem Gelände des Ende der 1980er-Jahre schwer umkämpften Stahlwerks Rheinhausen ein Hafen-Areal, das mittlerweile 5000 Menschen Lohn und Brot sichert. Insgesamt hängen rund 45 000 Arbeitsplätze an den Duisburger Häfen, rund 4 Mio. Standardcontainer werden hier jährlich umgeschlagen, 20 000 Schiffe und 25 000 Züge sorgen für einen reibungslosen Güterumschlag. Der Duisport ist big business und verbindet das Ruhrgebiet mit allen Teilen der Welt. Es gibt sogar Züge, die direkt nach China fahren.

Am besten erkundet man diese Hafenwelt am Zusammenfluss von Rhein und Ruhr auf einer informativen Hafenrundfahrt von Ruhrort oder auch vom Innenhafen aus. Dort ist die Zeit der industriellen Nutzung schon vorbei. Ende der 1980er-Jahre begann nach dem Masterplan von Sir Norman Foster der Umbau zum Gewerbe-, Freizeit- und Kulturhafen, der mit spannenden Neubauten wie der Synagoge oder dem Five Boats für Aufsehen sorgte. Die sehr populäre Gastrozeile am Innenhafen lockt vor allem am Wochenende viel Publikum an.

Duisburger Innenhafen

Das Deutsche Rosarium im Dortmunder Westfalenpark umfasst eine Rosensammlung mit mehr als 2600 Sorten und Arten.

DORTMUND

Bier, Fußball und Stahl – das galt am östlichen Hellweg lange als unzerbrechlicher Dreiklang in der größten Stadt Westfalens (ca. 590 000 Einwohner). Die großen Brauereien löschten den Durst der Malocher, wenn sie von ihrer Schicht nach Hause kamen – der Fußball sorgte am Wochenende für Abwechslung. Oft gab es sogar einen direkten Zusammenhang. So gründeten Hoesch-Arbeiter den BVB am Borsigplatz und schufen damit eine neue Legende. Die Borussen sind aber natürlich längst kein Arbeitersportverein mehr – und Hoesch ist mittlerweile Vergangenheit.

Wie schon Essen hat sich auch Dortmund mühevoll aus seiner industriellen Ummantelung befreit – ja, sich befreien müssen. Lange wurden die Hoesch-Werke, die ehemalige Westfalenhütte und die Phoenix-Hütten in Hörde verteidigt. Doch die Öfen stehen nicht nur still, sie wurden teilweise demontiert und nach China gebracht. Die Westfalenhütte ist heute begehrter Baugrund für Amazon, DHL & Co. In Hörde entstand der Phoenix-See als Versuch, einen kompletten Neuanfang zu wagen, indem man hier die Gentrifizierung eines ehemaligen Arbeiterortes in die Wege leitete. Der Baugrund dort gehört zu den teuersten in Dortmund.

Einen wichtigen Schritt in die Zukunft konnte die einstige Hanse- und reichsfreie Stadt in den 1970er-Jahren durch die Ansiedlung einer Uni an der B1 machen. Der angrenzende Technologiepark schuf mittlerweile fast 10 000 neue Arbeitsplätze, die ganz auf die Zukunft ausgerichtet sind. In der Innenstadt vermitteln die Reinoldikirche und die Petrikirche noch einen kleinen Einblick in das mittelalterliche Dortmund, während das „Dortmunder U“ und das Deutsche Fußballmuseum am Hauptbahnhof für neuen Kulturtourismus sorgen.

Spannend ist auch der Blick in die Vororte: Der Westfalenpark und der Rombergpark sind grüne Inseln, die Reste der Syburg zeugen von der Besiedlung seit Karl dem Großen, und die Zeche Zollern sowie die Kokerei Hansa sind großartige Industriedenkmäler.

Deutsches Fußballmuseum

Signal-Iduna-Park

Sepp Herberger

Helmut Schön

Jupp Derwall

Franz Beckenbauer

Berti Vogts

Rudi Völler

Udo Lattek

Otto Rehhagel

FUSSBALL

Die „schönste Nebensache der Welt“ war lange Zeit eine reine Männerdomäne und die Deutschen können auf eine beachtliche Anzahl an internationalen Siegen bei Welt- und Europameisterschaften zurückblicken. „Die Mannschaft“ ist in der weltweiten Fußballgemeinschaft überall ein Begriff. Erst spät wagten sich die ersten professionellen Spielerinnen in die Fußballstadien der Republik und wurden dabei belächelt oder lächerlich gemacht. Der DFB hatte 1955 sogar beschlossen, Frauenfußball zu unterbinden aus Sorge um die „weibliche Anmut“. Doch ab den 1980ern änderte sich die Lage, heute werden selbstverständlich internationale Turniere ausgetragen und die deutsche Frauenfußballnationalmannschaft ist neben den USA die erfolgreichste der Welt.

1903 Am 31. Mai wird der VfB Leipzig durch einen Sieg gegen den Deutscher FC Prag in Hamburg-Altona erster deutscher Fußball-Landesmeister. Leipzig gewinnt das Finale mit 7:2.

1908 Im ihrem ersten Länderspiel verliert die deutsche Nationalmannschaft am 5. April gegen die Schweiz in Basel mit 3:5. Das Spiel wird von 3500 Zuschauern besucht. Fritz Becker von den Frankfurter Kickers schießt dabei den deutschen Führungstreffer und damit das erste deutsche Länderspieltor.

1909 Vor 6000 Zuschauern in Oxford kassiert Deutschland die bisher höchste Länderspielniederlage seiner Geschichte: Endstand ist 9:0 für England.

1912 Bei den Olympischen Sommerspielen in Stockholm: Vor 2000 Zuschauern gewinnt Deutschland mit 16:0 gegen Russland – bis heute höchster deutscher Sieg in einem Länderspiel. Der für den Karlsruher FV spielende Gottfried Fuchs, erster jüdischer Nationalspieler, schießt dabei 10 Tore; ein Rekord, der bis heute Bestand hat.

1941 Am 22. Juni wird mit Rapid Wien die erste und einzige österreichische Mannschaft deutscher Fußballmeister. Im Finale besiegt Wien die Mannschaft des FC Schalke 04 mit 4:3, nachdem sie schon 0:3 zurücklagen.

1950 Am 13. Februar bekommt der zwei Jahre zuvor gegründete 1. FC Köln von den Besitzern des Kölner Zirkus Williams einen Geißbock als Glücksbringer geschenkt, der sie 16 Jahre lang bei allen Heimspielen unterstützen wird und nach dem Trainer Hennes Weisweiler den Namen Hennes erhält.

1950 Am 22. November 1950 besiegt Deutschland im ersten Länderspiel als Bundesrepublik vor 100 000 Zuschauern in Stuttgart die Schweiz mit 1:0. Den Siegtreffer erzielt der für Werder Bremen spielende Herbert Burdenski durch Elfmeter.

1954 Nach einem 0:2-Rückstand gelingt der deutschen Mannschaft im Finale der Fußballweltmeisterschaft noch der 3:2-Sieg gegen die favorisierten Ungarn. Der erste Weltmeistertitel wurde als „Wunder von Bern“ gefeiert und spielte psychologisch und historisch eine große Rolle für die deutsche Nachkriegszeit („Wir sind wieder wer“).

1966 Am 30. Juli 1966, im Finale der Weltmeisterschaft, erzielt der Engländer Geoff Hurst in der 11. Minute der Nachspielzeit beim Stand von 2:2 ein Tor, das als Wembley-Tor in die Geschichte eingehen sollte. Bis heute wird diskutiert, ob der von der Latte abgeprallte Ball hinter der Torlinie war. Hurst erzielte danach noch einen Treffer und England wurde Weltmeister.

1970 In einem der packendsten Spiele der WM-Geschichte unterliegt Deutschland im Halbfinale der Weltmeisterschaft in Brasilien 3:4 gegen Italien. Nach der Führung der Italiener gelingt dem für den AC Mailand spielenden Karl-Heinz Schnellinger in der letzten Minute der regulären Spielzeit der Ausgleich. In der darauffolgenden Verlängerung fallen noch fünf Treffer. Bis heute ist das Spiel als Jahrhundertspiel bekannt.

1971 Am 17. April verliert der FC Schalke 04 sein Heimspiel gegen Arminia Bielefeld. Im Juni desselben Jahres wird bekannt, dass es das erste von fünf Spielen war, mit denen sich Arminia Bielefeld und Rot-Weiß Oberhausen durch Manipulation den Verbleib in der 1. Bundesliga erkaufen wollten. Dutzende von Spielern waren in den Skandal verwickelt und wurden zu Geldbußen verurteilt.

1971 Gerhard Faltermeier von Jahn Regensburg (damals in der zweitklassigen Regionalliga Süd spielend) schießt das erste „Tor des Monats“ in der Sendung *Sportschau.*

1973 Borussia Mönchengladbach wird Pokalsieger gegen den 1. FC Köln, nachdem Günter Netzer sich in seinem letzten Spiel für die Borussia mit den Worten „Ich spiel dann jetzt mal“ zu seinem Trainer Hennes Weisweiler selbst eingewechselt und in der 93. Minute ein wunderschönes Weitschusstor geschossen hat.

1973 Jägermeister wird erster Trikotsponsor in der Bundesliga. Weil das damals eigentlich noch verboten war, musste ein Trick her: Eintracht Braunschweig ersetzte das Vereinslogo durch den Jägermeister-Hirschen.

1974 Als erster schafft Günter Netzer fünf Treffer an der berühmten Torwand in der ZDF-Sportsendung *Das aktuelle Sportstudio.* Den Rekord behielt er elf Jahre, bis auch Rudi Völler fünfmal traf. Die erste Frau, die fünf Treffer erreichte, war die ehemalige Nationalspielerin Inka Grings.

1974 Am 8. Mai gewinnt der 1. FC Magdeburg als erste und einzige DDR-Mannschaft in Rotterdam den Europapokal der Pokalsieger gegen den von Giovanni Trapattoni trainierten AC Mailand. Endstand 2:0.

1974 Nur sechs Wochen nach seinem Sieg mit dem 1. FC Magdeburg ein neuer großer Tag für Jürgen Sparwasser: In der ersten Runde der Fußball-WM gelingt ihm der Siegtreffer für die DDR-Auswahl gegen die spätere Weltmeistermannschaft aus der Bundesrepublik.

1974 Im Finale der Weltmeisterschaft gewinnt die Bundesrepublik am 7. Juli im Münchner Olympiastadion gegen die Niederlande um ihren Spielmacher Johan Cruyff mit 2:1.

1976 Bei der in Jugoslawien ausgetragenen Europameisterschaft verliert Deutschland das Finale gegen die Tschechoslowakei im Elfmeterschießen, weil Uli Hoeneß verschießt.

1978 Am letzten Spieltag der Bundesligasaison besiegt Borussia Mönchengladbach Borussia Dortmund mit 12:0 und der Dortmunder Trainer bekommt von den Medien den Spitznamen Torhagel verliehen.

1978 Bei der Weltmeisterschaft in Argentinien liefert die deutsche Mannschaft eine ganz schwache Vorstellung ab und verliert 2:3 gegen Österreich; beide Mannschaften scheiden aus. In Österreich spricht man vom Wunder von

1970

1974

1982

1986

Ottmar Hitzfeld

Jupp Heynckes

Jürgen Klinsmann

Joachim Löw

Hans-Dieter Flick

1954

1966

Córdoba, in Deutschland von der Schande von Córdoba.

1981 Am zweiten Spieltag der Bundesligasaison 1981/82 foult der Bremer Norbert Siegmann den Bielefelder Ewald Lienen, woraufhin Letzterer eine 25 cm lange klaffende Wunde am Oberschenkel davonträgt. Siegmann wird danach oft „der Schlitzer" genannt.

1982 Weltmeisterschaft in Spanien. Im Vorrundenspiel gegen Österreich erzielen die Deutschen das 1:0, schließen dann aber mit der gegnerischen Mannschaft eine Art Nichtangriffspakt, weil beiden das Ergebnis zum Weiterkommen reicht. 80 Minuten lang spielen sie sich den Ball nur noch zu, keiner versucht ernsthaft, noch ein Tor zu erzielen: die „Schande von Gijón". Leidtragende sind die Algerier, die dadurch ausscheiden. Seit diesem Spiel werden die letzten Vorrundenspiele immer zeitgleich ausgetragen.

1989 In der Qualifikation zur WM in Italien schießt Thomas „Icke" Häßler erst kurz vor Ende das 2:1 gegen Wales und rettet der deutschen Mannschaft damit die Endrundenteilnahme.

1989 Achtelfinale des UEFA-Cups 1989/90. Im Rückspiel gewinnt Werder Bremen im Weserstadion in einem denkwürdigen Spiel mit 5:1 gegen die Favoriten vom SSC Neapel um Superstar Diego Maradona. Einer von vielen „Wundern an der Weser", die in diesen Jahren gefeiert werden konnten.

1990 Im Achtelfinalspiel gegen die Niederlande, das die deutsche Mannschaft 2:1 für sich entscheidet, wird Rudi Völler in der 21. Minute von Frank Rijkaard gefoult und danach bespuckt. Nicht nur Rijkaard wird vom Platz gestellt, sondern zur allgemeinen Überraschung auch Völler.

1990 Im Olympiastadion von Rom erringt Deutschland seinen dritten Weltmeistertitel. In der 85. Minute erzielt Andi Brehme das entscheidende Tor gegen die Argentinier um Superstar Diego Maradona. Franz Beckenbauer ist damit der Erste, der sowohl als Spieler wie als Trainer eine Weltmeisterschaft gewinnen konnte.

1993 Finale im DFB-Pokal im Berliner Olympiastadion zwischen Hannover 96 und Borussia Mönchengladbach. Nachdem in der regulären Spielzeit und auch in der Verlängerung kein Tor gefallen ist, kommt es zum Elfmeterschießen, das Hannover gewinnt. Erstmals holt so ein Zweitligist den DFB-Pokal.

1992 Deutschland verliert im Finale der Europameisterschaft in Schweden gegen Dänemark mit 0:2. Dänemark hatte sich nicht für die Endrunde qualifiziert, war aber für das wegen des Balkankonflikts ausfallenden Jugoslawien nachgerückt.

1996 Im Finale der Europameisterschaft in England schießt der deutsche Stürmer Oliver Bierhoff am 30. Juni gegen Tschechien in der 95. Spielminute den Siegtreffer. Durch dieses erste „Golden Goal" wurde Deutschland zum dritten Mal Europameister.

1998 Am 2. Mai vollzieht sich im Fritz-Walter-Stadion von Kaiserslautern Historisches: Durch einen 4:0-Sieg gegen den VfL Wolfsburg wird der 1. FC Kaiserslautern unter Trainer Otto Rehhagel Deutscher Meister. Erstmals holt sich damit ein Aufsteiger in derselben Saison den Titel.

1998 Champions-League-Halbfinale, Real Madrid – Borussia Dortmund. Weil kurz vor Spielbeginn das Tor umfällt, verzögert sich das Spiel um fast 80 Minuten. Die legendäre Moderation von Marcel Reif und Günther Jauch wird mit dem Bayerischen Fernsehpreis ausgezeichnet.

1999 Champions-League-Finale in Barcelona, Bayern München gegen Manchester United. Bis zur 90. Minute führt München mit 1:0, kassiert aber in der Nachspielzeit zwei Tore durch Sheringham und Solskjær.

2000 Durch drei Tore des Portugiesen Sérgio Conceição unterliegt Deutschland bei der EM gegen Portugal und scheidet nach der Vorrunde aus. Lothar Matthäus bestreitet das letzte seiner 150 Länderspiele.

2001 Letzter Spieltag der Saison 2000/01. Für vier Minuten wähnt sich Schalke als Meister, bevor Bayern München in Hamburg noch ein spätes Tor schießt und den Titel holt. Schock und Trauer bei den Gelsenkirchenern, die sich aber als „Meister der Herzen" fühlen dürfen.

2002 Am 6. Februar schlägt St. Pauli sensationell Bayern München. Die Spieler gehen als „Weltpokalsiegerbesieger" in die Geschichte ein, was von den Hamburgern geschickt vermarktet wird.

2002 Im Finale der WM in Japan und Südkorea unterläuft dem deutschen Keeper Oliver Kahn ein folgenschwerer Patzer und Brasilien holt seinen fünften Weltmeistertitel.

2003 Am 12. Oktober gewinnt die deutsche Nationalmannschaft der Frauen erstmals die seit 1991 ausgetragene WM. Im Finale besiegt die deutsche Mannschaft die Schweden durch ein „Golden Goal" Nadine Angerers in der 98. Minute. Bei der darauffolgenden WM kann die Mannschaft ihren Titel verteidigen.

2004 Europameisterschaft in Portugal. Im Finale von Lissabon besiegt der Außenseiter Griechenland den hohen Favoriten Portugal um Superstar Luís Figo mit 1:0 durch ein Tor des für Werder Bremen spielenden Angelos Charisteas. Der Trainer der Griechen, der hinter dem kaum für möglich gehaltenen Erfolg stand, war Otto Rehhagel, der als „Rehakles" in der Folgezeit große Verehrung in Griechenland erfuhr.

2004 Erstes Spiel in der neuen Bundesligasaison im Bremer Weserstadion. Abendspiel. Kurz vor Spielbeginn gibt es einen Stromausfall. 60 Minuten müssen sich die Fans die Zeit vertreiben. Danach gewinnt Bremen 1:0 gegen Schalke.

2006 Die als „Sommermärchen" titulierte WM in Deutschland. Deutschland unterliegt im Halbfinale Italien, das Weltmeister wird. Seit 2015 gibt es recht sichere Anhaltspunkte dafür, dass die Austragung in Deutschland durch Zahlung hoher Schmiergeldzahlungen gelang.

2011 Am 30. Juni bestreitet Birgit Prinz ihr letztes Spiel für die deutsche Nationalmannschaft der Frauen, das WM-Vorrundenspiel gegen Nigeria. Damit beendet sie ihre fabelhafte Laufbahn mit 214 Länderspielen, davon 24 WM-Spiele bei fünf Weltmeisterschaften, in denen sie 14 Tore erzielte. Bei den Männern schafften diese Marke nur Ronaldo (15) und Miroslav Klose (16).

2014 WM-Endrunde in Brasilien. Im Halbfinale schlägt das deutsche Team Brasilien mit einem historischen Ergebnis von 7:1. Im Finale besiegt Deutschland auch noch Argentinien durch das späte Tor Mario Götzes und erringt seinen vierten WM-Titel.

1990

2006

2014

2007 Weltmeisterinnen

Oberhausen, Burg Vondern

OBERHAUSEN

Durch die grundlegende Umgestaltung der einstigen Gute-Hoffnungs-Hütte zur Neuen Mitte Oberhausen, mit der Einkaufs- und Gastromeile CentrO sowie dem Gasometer als Top-Attraktionen, war der Stadt (ca. 210 000 Einwohner) der Sprung nach vorne zunächst gut gelungen. Die Nähe zum schönen Kaisergarten mit dem klassizistischen Schloss Oberhausen war ebenfalls hilfreich.

Doch nicht alle Blütenträume ließen sich realisieren, so ging das Musical-Zeitalter 2020 (vorerst) wieder zu Ende. Und natürlich war und ist es wichtig, dass die „Alte Mitte“ unter der mächtigen Konkurrenz des CentrO nicht zu sehr leidet. Das ist ein typisches Phänomen auch in anderen Ruhrgebiets-Innenstädten.

MÜLHEIM AN DER RUHR

Größer könnten die Kontraste nicht sein: Der Wohlstand der Stadt (ca. 172 000 Einwohner) wurde durch die Thyssen-Werke erarbeitet, deren Erbe die Stadt noch heute entwicklungstechnisch herausfordert. Doch in den

Historisches Solbad-Gebäude in Mülheim-Raffelberg

Oberhausen, Rathaus am Grillopark

Ruhrauen südlich der Stadt herrscht grüne Idylle pur. Ein Teil der städtischen Ruhrauen wurde in den letzten Jahren ebenfalls erheblich aufgewertet, die Innenstadt wieder an die Ruhr herangeführt. Auf der westlichen Flussseite ist das mittelalterliche Schloss Broich Zugangstor zum MüGa-Park, wo in einem alten Wasserturm eine seltene Camera obscura untergebracht ist.

Mülheim/Ruhr, Schloss Broich

Albrecht-Filiale 1958 in Essen

ALDI

Kurz nach Ende des Ersten Weltkriegs öffnete 1919 in Essen-Schonnebeck ein kleiner Laden seine Pforten: das „Kaufhaus für Lebensmittel Karl Albrecht". Zuvor hatten die Albrechts nebenan ein Backwarengeschäft geführt. Dass aus diesen sehr bescheidenen Anfängen in einem Essener Vorort ein weltweit operierendes Doppel-Firmenimperium entstehen würde, war Karl Albrecht senior sicher nicht bewusst.

Doch seine Söhne Karl junior und Theo organisierten und dirigierten nach dem Zweiten Weltkrieg eine der erstaunlichsten Firmenexpansionen der deutschen Wirtschaftsgeschichte: Sie konzentrierten sich schnell auf eine begrenzte Palette an Grundnahrungsmitteln. Dann führten sie die damals noch ungewohnte Selbstbedienung ein, um die Preise so niedrig wie möglich zu halten. Schon 1954 wurde die erste Filiale außerhalb Essens eröffnet. Von da an ging es rasant aufwärts.

Das ungebremste Wachstum führte 1961 zu einer ungewöhnlichen Aufspaltung des Unternehmens: Karl Albrecht übernahm Aldi Süd, Bruder Theo Aldi Nord. Revolutionär für den Markt waren die Discount-Filialen, die ab 1962 das Land überzogen – der neue Firmenname Aldi wurde schon bald zu einem Symbol für schnörkellosen, preisgünstigen Einkauf und damit zum Vorbild für die Konkurrenz. Diese wiederum setzte letztlich auch Aldi zu, sodass die heutigen Filialen längst nicht mehr nur auf Billigpreise im Grundversorgungsbereich setzen.

Die Albrecht-Brüder lebten lange sehr zurückgezogen. Theo stand allerdings 1971 durch eine Entführung kurzzeitig im Rampenlicht. Die Brüder starben 2010 bzw. 2014. Karl galt vor seinem Tod als reichster Mann Deutschlands, Theo folgte nur knapp dahinter auf Platz 2. Beide Aldi-Unternehmen befinden sich heute im Besitz von Familienstiftungen.

Ende 2020 ging eine Ära zu Ende, als ausgerechnet die Stammfiliale in Essen-Schonnebeck nach 101 Jahren geschlossen wurde.

Theo Albrecht

Jahrhunderthalle mit Wasserturm

JAHRHUNDERTHALLE

Die Bochumer Jahrhunderthalle stand zu Beginn eigentlich in Düsseldorf: Anlässlich der dortigen Industrie- und Gewerbeausstellung im Jahr 1902, bei der der deutsche Kronprinz Wilhelm als Schirmherr fungierte, wurde sie vom Bochumer Verein errichtet und ausgestellt. Nach ihrer Demontage brachte man sie zurück nach Bochum und baute sie dort wieder auf, nun diente sie als Gaskraftzentrale für die Hochöfen. Auch dies ist einer der Gründe, weshalb die Stahlkonstruktion vor allem nach technischen und weniger nach künstlerisch-ästhetischen Gesichtspunkten entworfen wurde - eine weitere Nutzung des Ausstellungsstückes wurde so wesentlich einfacher. Ein 70 m hoher Glockenturm, der in Düsseldorf die Besucher schon von Weitem beeindruckt hatte, wurde nicht wieder aufgebaut, ebenso wenig wie die im gotischen Stil gestaltete Fassade. Stattdessen erweiterte man den Bau in den nächsten Jahrzehnten und hob die Halle auf das bestehende Geländeniveau.

Im Jahr 2003 erfolgte eine grundlegende Sanierung des alten Industriekomplexes, seitdem ist die Jahrhunderthalle beliebter Veranstaltungsort und Zentrum des neuen Bochumer Westparks im Rahmen der neuen städtebaulichen Entwicklung der Ruhrstadt. Regelmäßig finden in ihr aufsehenerregende Inszenierungen der Ruhrtriennale statt, Konzerte aus Rock, Pop und Klassik werden ebenso veranstaltet wie Messen. Auch der Musikpreis 1Live Krone wird in der Jahrhunderthalle ausgerichtet, die Teil der „Route der Industriekultur" ist. Der Vorplatz vor dem Gebäude wird genutzt für weitere Events: So können im Pappelwald Gäste im Rahmen der Triennale 2021 regionale Köstlichkeiten genießen oder in der eigens angelegten Festivalbibliothek die Lieblingsbücher der Triennale-Künstler lesen, mit denen diese sich durch den harten Corona-Lockdown gerettet haben.

Deutsches Bergbau-Museum

BOCHUM

Die Stadt am Hellweg (370 000 Einwohner) verdankt ihre Bekanntheit unter anderem Herbert Grönemeyer. Der in Bochum aufgewachsene Songwriter und Keyboarder hat sein fünftes, 1984 erschienenes Album *4630 Bochum* betitelt. Der Eröffnungssong *Bochum* ist nicht nur die inoffizielle Hymne der Stadt, sondern hat sich auch als Stadionlied etabliert, das vor Anpfiff eines Spiels des hiesigen Fußballklubs aus den Lautsprechern des Bochumer Ruhrstadions ertönt.

Seit den 1980er-Jahren haben sich die Zeiten für die Ruhrstadt drastisch geändert. Mit der Ruhr-Uni ist die Stadt ein Herzstück des akademischen

Bochum, Haus Weitmar mit Kubus und Schlosspark, Kunstmuseum

Das Planetarium 1963

PLANETARIUM

Der Sternenhimmel wird hier so realistisch dargestellt, dass sogar Astronauten der Europäischen Weltraumorganisation (ESA) im Rahmen ihres Trainings das Bochumer Planetarium nutzen. Verantwortlich dafür ist der zentrale Sternenprojektor Universarium IX, der 2018 technisch auf den neuesten Stand gebracht wurde und bis heute als modernster Projektor der Welt gilt. Doch nicht nur die Fachwelt nutzt den gigantischen Bau mit seiner charakteristischen halbrunden Kuppel: Das Zeiss Planetarium Bochum in der Nähe des Ruhrstadions zählt zu den meistbesuchten seiner Art in Europa.

1964 auf Initiative des bekannten Weltraumforschers Heinz Kaminski errichtet, war es das erste deutsche Großplanetarium der Nachkriegszeit, heute steht es unter Denkmalschutz. Im großen Vorführsaal ist unter der Kuppel mit 20 m Durchmesser Platz für gut 250 Besucher, die dank der elf Zeiss-Velvet LED-Projektoren und eines Raumklangsystems des Typs „Spatial Sound Wave“ vom Fraunhofer-Institut für Digitale Medientechnologie (IDMT) in die Weiten des Alls eintauchen können.

Wurden zu Beginn vorwiegend Themen aus Astronomie, Astrophysik, Geowissenschaften und Biologie behandelt, so hat sich das Programm mittlerweile beträchtlich erweitert: Die Entwicklung der Erde und der Umwelt sind in Zeiten von Nachhaltigkeit mindestens so interessant wie das Universum. Und die zahlreichen Musikshows, Hörspiele, Konzerte oder Lesungen tragen dazu bei, dass das Planetarium ein Begegnungsort von Wissenschaft und Kunst ist. So ist es kaum verwunderlich, wer hier schon alles unter der Sternenkuppel aufgetreten ist: Neben Harald Lesch und Frank Schätzing sind dies auch Bands wie Tangerine Dream oder Musiker wie Dr. Motte. Als Koordinationsstelle im Bochumer MINT-Bildungscluster bietet das Planetarium darüber hinaus jungen Menschen die Möglichkeit, im naturwissenschaftlichen Bereich eine universitäre Karriere zu starten.

Strukturwandels im Revier, während das „Bermuda3eck“ im Stadtzentrum als eine der wichtigsten Ausgehmeilen gilt. An das Kohlezeitalter erinnert nur noch das hochkarätige Deutsche Bergbau-Museum, das übrigens nicht in einer ehemaligen Zeche, sondern auf einem Schlachthofgelände errichtet wurde.

Ganz im Süden bietet der Kemnader See mit der benachbarten Wasserburg Haus Kemnade Freizeitvergnügen pur.

Herbert Grönemeyer

Der Heidesee in Bottrop-Kirchhellen

RUHRSTÄDTE IM WESTEN

„Tief im Westen, wo die Sonne verstaubt" – diese Grönemeyer-Hymne gilt in Teilen für den Westen des Ruhrgebiets noch immer, insbesondere für die Stahlwerke entlang der Rheinschiene in Duisburg. Auch andere Großstädte wie Mülheim, Oberhausen und Bottrop kämpfen weiterhin intensiv mit dem Erbe des industriellen Zeitalters. Dennoch ist der Wandel überall deutlich spürbar.

GELSENKIRCHEN

Die Stadt im Zentrum des Ruhrgebiets galt einst als typisch für den Pott. Auch der legendäre Fußballverein Schalke 04 trug zum Mythos des Reviers erheblich mit bei. Doch der blau-weiße Traditionsverein kriselt seit Jahren genauso wie die Stadt selbst. Ein Drittel der einst 400 000 Einwohner hat die Stadt verlassen.

Bergleute gibt es in Gelsenkirchen längst nicht mehr, dafür wurde die Zeche Nordstern im Rahmen einer Bundesgartenschau 1997 modellhaft in den sehr beliebten Nordsternpark umgewandelt. Über dem gleichnamigen Turm thront eine der typischen Riesen-Skulpturen von Markus Lüpertz.

Touristisch kommen auch vorindustrielle Elemente gut zur Geltung. Schloss Horst ist eines der wenigen Relikte aus der Renaissancezeit im 16. Jahrhundert und Schloss Berge dient inmitten eines schönen Parks heute als italienisch angehauchtes Hotel mit Restaurant. Kulturell lohnt ein Blick in das Kunstmuseum in Buer, insbesondere in die ungewöhnliche kinetische Abteilung.

Im Umfeld sind das Haldenerlebnis im Landschaftspark Hoheward in Herten sowie das gut konzipierte Archäologische Museum des LWL in Herne zwei attraktive Ziele.

BOTTROP

Die Stadt (ca. 117 000 Einwohner) galt lange als ein Inbegriff des Reviers, doch hier ging 2018 auf Prosper-Haniel die letzte Grubenlampe aus. Zugleich gibt es aber auch die letzte noch aktive Kokerei im Hinterland des Rheins. Die Stadt konnte in den 1970er-Jahren erfolgreich den Zusammenschluss mit Gladbeck und Kirchhellen verhindern – für das Städtetrio gab es sogar schon einen echten Ruhrpottnamen: Glabotki.

Überregional setzte Bottrop mit der großartigen und weithin sichtbaren Skulptur des Tetraeders auf einer ehemaligen Halde vielbeachtete Akzente. Das städtische Museum Quadrat ist zudem eine ansprechende Adresse mit urgeschichtlichen Exponaten und Werken des Künstlers Josef Albers, der als gebürtiger Bottroper in den 1920er-Jahren am Bauhaus lehrte, nach dessen Schließung durch die Nazis jedoch gemeinsam mit seiner Frau in die USA floh.

Gelsenkirchen, Haus Lüttinghof

Ernst Kuzorra wird vor dem Bundesligaspiel FC Schalke 04 gegen Hamburger SV am 16.10.1965 in der Glückauf-Kampfbahn Gelsenkirchen mit einem Blumenstrauß zum 60. Geburtstag geehrt. Er wurde am 16.10.1905 in Gelsenkirchen geboren und starb am 1.1.1990 ebenfalls in Gelsenkirchen. Kuzorra spielte von den 1920er-Jahren bis in die 1940er-Jahre für Schalke 04, wurde sechsmal Deutscher Meister und spielte zwölfmal für die deutsche Nationalmannschaft. Dass es nur zu zwölf Länderspielen kam, ist begründet durch sein schlechtes persönliches Verhältnis zum damaligen Reichstrainer Otto Nerz. Zusammen mit seinem Schwager Fritz Szepan schuf er den Schalker Kreisel. Nach Ende seiner Karriere als Spieler bei Schalke arbeitete er als Trainer beim heutigen Erzrivalen der Schalker, Borussia Dortmund. Zur damaligen Zeit waren beide Vereine noch freundschaftlich verbunden.

Altstadt von Hattingen
mit Fachwerkhäusern

RUHRSTÄDTE IM OSTEN UND SÜDEN

Der östliche Bereich des Ruhrgebiets ist insbesondere in den Randbereichen kein so durchgehend dichter Siedlungsblock wie entlang der Rheinschiene. Hier bestimmen mehrere kleine Städte das Bild, zwischen denen auch breitere Grünzonen erhalten blieben. Das gilt insbesondere im Norden Richtung Lippe sowie entlang der Ruhr.

HATTINGEN

Wenn im Ruhrgebiet eine Stadt gesucht wird, die aus allen gängigen Schemata herausfällt, dann ist das Hattingen. Bis 1987 stand die Stadt 130 Jahre lang ganz im Schatten der Henrichshütte, seither gilt Hattingen (55 000 Einwohner) wieder als „Rothenburg des Ruhrgebiets". In der Altstadt stehen rund 140 Gebäude unter Denkmalschutz – Fachwerk und Schiefer sorgen für ein malerisches Ambiente, das sich so an keinem anderen Ort im Ruhrgebiet findet. Hattingen hat enorm viel Charme. Dazu trägt die Umwandlung der Henrichshütte in ein attraktives Industriemuseum bei.

HAMM

Lange war man sich in Hamm (180 000 Einwohner) unschlüssig, ob man zum Revier dazugehört oder nicht. Doch vier ehemalige Zechenanlagen können nicht lügen. Die intensiv begrünte Halde Kissinger Höhe sowie der beliebte

Flusslandschaft in Hattingen-Blankenstein

Fachwerkhäuser in Hagen

Maxi-Park auf einem früheren Zechengelände sind sogar Ankerpunkte auf der Route der Industriekultur geworden. Der Park entstand 1984 durch die Umgestaltung im Rahmen einer Landesgartenschau. Damals galt das Konzept als bahnbrechend. Landmarke ist der gläserne Elefant, der der Kohlenwäsche ein neues Gesicht gab. Sehr erholsam ist auch der schmucke Kurpark mit einem kleinen Gradierwerk.

HAGEN

Die Industriestadt (195 000 Einwohner) südlich der Ruhr bildet das Scharnier zwischen Ruhrgebiet, Bergischem Land und Sauerland. Mit direktem Zugang zum Hengsteysee und Harkortsee verfügt Hagen über Anschluss an die „grüne" Ruhr. Die romantisch gelegene Wasserburg Werdringen öffnet zudem nicht nur ein Fenster ins Mittelalter, sondern als Museum auch in die urzeitliche und archäologische Vergangenheit.

Hagen ist zudem bekannt für das sehr weitläufige Freilichtmuseum am südlichen Stadtrand. Vor dem Ersten Weltkrieg stand die Stadt an der Volme jedoch für wegweisenden Jugendstil und künstlerischen Aufbruch. Karl Ernst Osthaus hatte hier die Folkwang-Sammlung begründet und Henry van de Velde den großartigen Hohenhof errichtet, der Besuchern offensteht.

Bergehalde Kissinger Höhe, Hamm

Hagen, Hohenhof, 1906–08,
Architekt: Henry van de Velde.

KARL ERNST OSTHAUS

Als 22-Jähriger trat der Hagener Bankierssohn Karl Ernst Osthaus 1896 das Erbe seiner Großeltern an. Mit diesem Geld ging er zielstrebig an die Verwirklichung seiner künstlerischen Ideen, die er während seiner Studienjahre entwickelt hatte. Als Erstes nahm er in seiner Heimatstadt den Bau eines Museums in Angriff, dem er den Namen Folkwang gab. Schon bald stellte er moderne Werke von Gauguin, Renoir, Rodin und van Gogh aus – im Ruhrgebiet damals ein Novum. Auch Die Brücke holte er nach Hagen. Osthaus schwebte die Idee vor, das Leben durch Kunst umzugestalten, sodass er auch eine Malschule gründete. Damit schuf der Mäzen die Grundlagen sowohl des heutigen Folkwang-Museums als auch der Folkwang Universität der Künste in Essen.

Osthaus war auf der Höhe der Zeit: Für die detailreiche Innenausstattung des Museums gewann er den belgischen Jugendstilkünstler Henry van de Velde. Die Zusammenarbeit wusste Osthaus zu schätzen,

Hohenhof, Detailansicht

Die von Peter Behrens 1909/10 erbaute Villa Cuno in der Künstlerkolonie Hohenhagen wird heute von einem Kindergarten genutzt.

und so engagierte er van de Velde auch für den Bau seines eigenen Wohnhauses. Der Hohenhof im Osten Hagens ist einer der bedeutendsten Bauten des Ruhrgebiets an der Wende zum 20. Jahrhundert und gilt als Gesamtkunstwerk, so steuerte Henri Matisse ein Fliesentriptychon bei. Der Hohenhof ist heute ein musealer Ankerpunkt auf der Route der Industriekultur.

Dem umtriebigen Osthaus aber war das eigene Wohnhaus nicht genug. Gleich nebenan ließ er am „Stirnband" – einer Straße – die Gartensiedlung Hohenhagen als Künstlerkolonie errichten. An der Walddorfstraße stieß er zudem den Bau einer Arbeitersiedlung an. Osthaus setzte in der Tat einen „Hagener Impuls" am Übergang vom Jugendstil zum Bauhaus.

Doch sein früher Tod 1921 brachte die Entwicklung in Hagen zum Stillstand. Die Museumssammlung wurde nach Essen verkauft. Sein Museumsbau ist heute jedoch wieder eine kulturelle Attraktion. Als Osthaus-Museum bildet es mit dem Emil-Schumacher-Museum ein erstklassiges Museumsquartier im Herzen von Hagen.

Künstlerkolonie Hohenhagen

Schloss Hohenlimburg

ADELSRESIDENZEN

Dass die Geschichte des Ruhrgebiets schon vor der Industrialisierung begann, lässt sich an den herrschaftlichen Bauwerken erkennen, die früher die Region dominierten. Viele werden heute museal genutzt, manche auch als Hotel. Besonders gut zur Geltung kommen im grünen Ruhrtal die idyllischen Wasserburgen Werdringen, Haus Kemnade und Hugenpoet. An wehrhaftere Zeiten erinnern der Turm von Burg Blankenstein in Hattingen sowie die Ruine Hardenstein bei Witten.

Mitten im Revier ist das Wasserschloss Borbeck im Essener Westen ein Schmuckstück. Die Anlage aus dem 13. Jahrhundert wurde im 18. Jahrhundert komplett erneuert. Hier residierten bis 1803 die Fürstäbtissinnen von Essen, die als weltliche Herrscherinnen sogar den Kohleabbau mitanstießen.

Ein seltenes Zeugnis der Renaissance-Zeit bilden die zwei erhaltenen Flügel von Schloss Horst in Gelsenkirchen; die beiden anderen Seiten wurden durch einen Glaskubus ergänzt. Auf Schloss Herten (14. Jahrhundert) finden regelmäßig Konzerte statt. Die Anlage ist Teil der benachbarten Klinik.

Ein verstecktes Kleinod ist die Wasserburg Haus Dellwig bei Lütgendortmund. Die städtische Burg geht auf das 13. Jahrhundert zurück und wurde im 17. Jahrhundert weitgehend umgebaut. Von hier sind es nur knapp 2 km zu Fuß zur Zeche Zollern.

Auf den Lipperandhöhen nördlich von Lünen war Schloss Cappenberg einst unter anderem Wohnsitz des preußischen Reformers Freiherr vom Stein. Sehr ansehnlich ist auch die dazugehörige Kirche. An den Ufern der Lippe bieten in Hamm das Internatsschloss Heessen (15. Jahrhundert) sowie das Wasserschloss Oberwerries (17. Jahrhundert) einen passenden Abschluss der kleinen Schlössertour.

Die Hohenlimburg ist eine der prächtigsten und malerischsten Schlossanlagen am Rande des Ruhrgebiets. Die Geschichte der Anlage führt in die vorindustrielle Zeit zurück, als Grafen, Bischöfe und Äbte die Geschicke der Region bestimmten.

Die Burg wurde 1242 erstmals schriftlich erwähnt. Erbaut hatte sie Graf Dietrich I. von Altena-Isenberg, der damit seine territorialen Ansprüche gegenüber den mächtigen Grafen von der Mark untermauern wollte. Diese residierten nur wenige Kilometer stromaufwärts in der Burg Altena.

Die zweite Burg der Hohenlimburger Linie befindet sich in Rheda – an der Grenze zwischen Münsterland und Ostwestfalen. Wer die Burg heute erleben will, schließt sich am besten einer Führung an – unter anderem mit dem Nachtwächter – oder kommt zu einem der Open-Air-Märkte.

Wasserschloss Haus Dellwig

Wasserschloss Oberwerries

Dortmunder U (auch U-Turm), ehemaliger Gär- und Lagerkeller der Dortmunder Union-Brauerei. Das Gebäude ist heute das „Dortmunder U – Zentrum für Kunst und Kreativität“ und beherbergt mit dem Museum Ostwall ein Museum für moderne Kunst und weitere Kultureinrichtungen, darunter auf der Medienfassade der beiden oberen Geschosse seit 2010 die weithin sichtbare Filminstallation *Fliegende Bilder* von Adolf Winkelmann.

MUSEUMSLANDSCHAFT RUHRGEBIET

Das Angebot an erstklassigen Museen ist im Ruhrgebiet so breit, dass es schwerfällt, alles in angemessener Weise zu würdigen. Dabei erzeugt die Industriekulisse ihre ganz eigenen Reize. So bietet die Welterbe-Zeche Zollverein in Essen mit dem Ruhr Museum und dem Red Dot Design Museum gleich zwei hochkarätigen Museen ein glanzvolles Ambiente. Essen ist überhaupt ein sehr wichtiger Standort für die Kunstszene, denn das Museum Folkwang ist weit über die Grenzen des Ruhrgebiets hinaus für seine exquisite Sammlung der klassischen Moderne bekannt. Das Museum Ostwall in Dortmund, benannt nach seinem langjährigen Sitz am Dortmunder Ostwall, zeigt Kunst des 20. und 21. Jahrhunderts. Im Mittelpunkt seiner Sammlung stehen Werke der Fluxus-Bewegung und des Informel, aber auch der Expressionismus sowie die Foto- und Videokunst der Gegenwart werden präsentiert. Seit 2010 befindet es sich im Dortmunder U – Zentrum für Kunst und Kreativität, zusammen mit anderen Institutionen der Kreativszene, der TU Dortmund und der Fachhochschule. So wurde das Dortmunder U seit 2010 zu einem wichtigen Kulturzentrum im Ruhrgebiet.

Wie auch im Bühnenbereich hat der Regionalverband Ruhr über die Ruhr Tourismus in den letzten Jahren eine Kooperationsinitiative von 21 Museen in 16 Städten unter dem Namen RuhrKunstMuseen gestartet. So soll der Kooperationsgeist über die Stadtgrenzen hinaus gestärkt werden.

Zudem wird Interessierten auch der Weg zu vielleicht weniger bekannten Sammlungen erleichtert, wie der ägyptischen im Gustav-Lübcke-Museum in Hamm, der kinetischen im Kunstmuseum Gelsenkirchen-Buer oder auch dem Skulpturenmuseum Glaskasten in Marl. Sehr ungewöhnlich ist das Zentrum für Internationale Lichtkunst in den Tiefen eines ehemaligen Brauerei-Kellers in Unna. Auch die Uni Bochum hat ihre Kunstsammlung im Park der Burgruine Weitmar „unter Tage“ verlegt.

Spektakulär ist die Location in der Küppersmühle am Duisburger Innenhafen: Die ehemalige Getreidemühle dient dem Museum für Moderne Kunst als perfekter Standort und wurde 2020/21 ausgebaut. Die Alte Post in Mülheim mit ihrer hochwertigen Sammlung der klassischen Moderne und des Expressionismus wurde zur selben Zeit ebenfalls umfassend saniert. Neben Druckgrafiken von Picasso fallen insbesondere die Werke von Franz Marc, August Macke, Lyonel Feininger und Emil Nolde auf.

Die beiden Landschaftsverbände LWL (Westfalen-Lippe) und LVR (Rheinland) machen bei der Kooperation leider nicht mit. Sie betreiben unter anderem mehrere große Industriemuseen, wie die Zeche Nachtigall in Witten, die Henrichshütte in Hattingen oder auch die ehemalige Zinkfabrik Altenberg in Oberhausen. Im Süden von Hagen unterhält der LWL ein sehr renommiertes Freilichtmuseum, das die dörfliche und handwerkliche Kultur Westfalens bewahrt. In dem lauschigen Tal führt ein weiter Rundweg zu mehr als 50 Gebäuden, die zum Teil im Fachwerk-Stil errichtet wurden. Handwerker demonstrieren ihr traditionsreiches Gewerbe und verhindern so das komplette Aussterben.

Ein früheres Hallenbad führt im Deutschen Binnenschifffahrtsmuseum in Duisburg-Ruhrort zurück in die große Ära der westdeutschen Fluss- und Kanalschifffahrt. In Zeiten von zum Teil gigantischen Schubverbänden und

Skulpturenmuseum „Glaskasten“ Marl

Aalto-Theater, Essen. Die ersten Entwürfe des finnischen Architekten Alvar Aalto stammen aus dem Jahr 1959. Gebaut wurde das Haus aber erst in den 1980er-Jahren.

Just-In-Time-Lieferungen ist die Binnenschifffahrt stark unter Druck geraten. Sehr sehenswert ist der Radschleppdampfer „Oscar Huber" unterhalb der Schifferbörse.

THEATER UND KONZERTE

Die Bretter, die die Welt bedeuten, verfügen auch im Ruhrgebiet über viele spannende Bühnen. Die dezentrale Städtewelt hat dabei auch eine dezentrale Kulturszene geschaffen, die in den letzten 30 Jahren durch zahllose frei werdende spannende Industrie-Locations deutlich an Präsenz und Vielfältigkeit gewonnen hat. Für eine Region von 5 Mio. Menschen, mit einem wesentlich größeren Einzugsbereich, ist das Ruhrgebiet in der Bühnenwelt jedenfalls exzellent aufgestellt.

Um die Koordinierung und Reichweite der Häuser zu verbessern, hat der Regionalverband Ruhr mit dem Projekt RuhrBühnen einen gemeinsamen Internetauftritt von elf Theatern realisiert. Überregional bekannte Bühnen ziehen dabei auch weniger bekannte Häuser mit und verteilen so die Besucher besser auf die Region.

Das Ruhrgebiet steht für moderne, zeitgenössische Bühnenkunst. Das Schauspielhaus Bochum sorgte durch die Intendanzen von Peter Zadek und Claus Peymann schon in den 1970er- und 1980er-Jahren für bundesweite Schlagzeilen. Auch Theater- und Filmregisseur Leander Haußmann setzte Ende der 1990er-Jahre neue Akzente. Das Schauspielhaus war 1953 eines der ersten Nachkriegshäuser bundesweit und wurde 1966 durch die Kammerspiele ergänzt. 2016 kam dann das Konzerthaus für die Bochumer Symphoniker hinzu.

Ebenfalls in einem sehr modernen Stil sind das Aalto-Musiktheater in Essen wie auch das Festspielhaus in Recklinghausen gestaltet. Beide liegen in schönen städtischen Parkanlagen. Wie ein klassisches Theater wirkt hingegen das renommierte Grillo-Theater in Essen, das innen aber ebenfalls vollkommen modern ist. Ein Vorzeigeprojekt der 1950er-Jahre ist zudem das Musiktheater in Gelsenkirchen. Über die Region hinaus ist auch das Theater an der Ruhr in Mülheim bekannt, das in einem ehemaligen Solebad ein ungewöhnliches Zuhause fand. Ungewöhnlich kann man sicher auch die Waschkaue auf Zollverein nennen, in der das PACT zeitgenössisches Tanztheater produziert. Oder wie wäre es mit einem Auftritt im Ringlokschuppen in Mülheim?

Der Musikbereich kann sich über das Bühnenangebot ebenfalls nicht beklagen. Mega-Konzerte finden schon mal „Auf Schalke" statt, ansonsten sind die Westfalenhallen in Dortmund und die Gruga-Halle in Essen seit Jahrzehnten vorne mit dabei im Geschäft. Kulturelle Treffs in alten Industrieanlagen, wie die Zeche Carl in Essen, die Flottmannhallen in Herne, das Depot in Dortmund oder die Zeche in Bochum sind weitere gute Adressen für spannende Gigs, Ausstellungen und Kulturveranstaltungen.

Eine Besonderheit ist das Musical *Starlight Express* in Bochum. Seit 1984 rollt die rasante Rollschuh-Show in einer eigenen Musical-Halle, erst Corona sorgte für eine Unterbrechung. Im Prinzip ist *Starlight Express* zu einer Art Dauer-Festival geworden, mit überregionaler Strahlkraft.

Museumsschiff „Oscar Huber" im Ruhrorter Hafen, Duisburg

Ehemaliges Hüttenwerk mit einer Lichtinstallation von Jonathan Park, Landschaftspark Duisburg-Nord

FESTIVALS

Es ist ein grandioses Spektakel: Quer durch den Pott verwandeln sich die spannendsten Industriedenkmäler und Kulturstandorte Ende Juni für eine Nacht in eine überdimensionale Show-Bühne. Ehemalige Hochöfen, Zechen und Kokereien bieten von Tanz über Theater und Konzerte bis zu atemberaubenden Lichtshows ein Programm, das kaum Parallelen kennt. Die ExtraSchicht lockt als lange „Nacht der Industriekultur" Jahr für Jahr an rund 50 Spielorten bis zu 200 000 begeisterte Besucher an. Durch ein ausgefeiltes System von Pendelbussen können die Besucher von Spielstätte zu Spielstätte fahren und sich so eine individuelle Erlebnisroute zusammenstellen. Es kann einige Jahre dauern, bis man einmal alle Veranstaltungsorte besucht hat.

Bei schönem Wetter sitzen die Gäste entspannt unter den Hochöfen im Landschaftspark Duisburg-Nord, machen nächtliche Rundgänge auf Zollverein, erleben Theater am Ringlokschuppen in Mülheim, gehen auf Kanaltour am Schiffshebewerk Henrichenburg oder tauchen ein in die unterirdische Welt der Lichtkunst in der ehemaligen Linden-Brauerei in Unna – die Palette ist so breitgefächert, dass es jedes Jahr wieder sehr schwer fällt, sich auf einen kleinen Programmausschnitt beschränken zu müssen. Die ExtraSchicht ist Energie pur und präsentiert die dynamische und kulturell ausgesprochen aktive Seite des Potts. Das Ruhrgebiet kann auch mediterrane Leichtigkeit – vielleicht macht das die Attraktion des Mega-Events aus.

Vom agilen Fest der Industriekultur zum Klassiker der Ruhrfestspiele. Der Beginn ist typisch für das Revier: Nach dem Krieg belieferten Bergleute aus dem Pott ein Hamburger Theater mit Kohle – die Schauspieler bedankten sich im folgenden Jahr mit einer Aufführung in Recklinghausen. Daraus entstand eines der internationalsten und angesagtesten Festivals in Nordrhein-Westfalen. Als Stammbühne wurde eigens das Ruhrfestspielhaus im Stadtpark von Recklinghausen erbaut, das 1998 durch einen auffälligen Glasvorbau erweitert wurde.

Ein weiterer Klassiker ist die RuhrTriennale, obwohl das jährliche Bühnen-Festival erst 2002 aus der Taufe gehoben wurde. Ankerpunkt ist die

Landschaftspark Duisburg-Nord

Landschaftspark Duisburg-Nord, Lichtinstallation von Jonathan Park

Lasershow während der „ExtraSchicht" vor dem Deutschen Bergbau-Museum in Bochum

monumentale Jahrhunderthalle im Bochumer Westpark. Das Festival folgt zwei Leitprinzipien: Zum einen wechseln die Intendanzen alle drei Jahre – deswegen Triennale. Zum anderen werden bewusst Industriedenkmäler als Auftrittsorte gewählt, um das „kostbare" Erbe der Region so vielseitig wie möglich in Szene zu setzen. So gehören der Zollverein und die Zeche Carl in Essen genauso zu den Stammbühnen wie der Landschaftspark Duisburg-Nord oder die Zeche Zollern in Dortmund.

Seine ganz eigene Infrastruktur schafft sich das Zeltfestival Ruhr am Kemnader See in Bochum. In der Zeltstadt treten jedes Jahr bekannte Größen aus dem Pop-Geschäft auf – u. a. Silbermond und James Blunt waren schon hier. Immer ausverkauft sind auch die Auftritte von Lokalmatador Frank Goosen, der zumeist aus seinen neuesten Werken liest, die sich humorvoll um das Leben im Pott drehen.

Party ist bei „Bochum Total" angesagt: Rund um das quirlige Bermuda3eck verwandelt sich die Innenstadt für wenige Tage in eine große Open-Air-Bühne für mehrere Dutzend große wie kleine Gigs. Das Konzept mit kostenlosen Konzerten ist ein Renner, hilft dem regionalen Nachwuchs und ist mittlerweile eines der größten Open-Air-Live-Events in NRW.

Jenseits der schlagzeilenträchtigen Großfestivals öffnet sich ein großes Spektrum an kleineren Festivals. In Schwerte bietet zum Beispiel das „Welttheater der Straße" in der Innenstadt hochkarätiges Varieté, Tanz und Kleinkunst – und das alles im öffentlichen Straßenraum.

Der Maxi-Park in Hamm wird beim „Herbstleuchten" abends in ein faszinierendes Farbenmeer getaucht. In Hamm gibt es auch alle zwei Jahre ein Jazzfestival, während in Gelsenkirchen die „klezmer.welten" die traditionsreiche jüdische Musik auf die Bühne bringen. Besonderheiten sind das musikalische Traumzeitfestival im Landschaftspark Duisburg-Nord, aber auch die Duisburger Tanztage. Oder wie wäre es mit dem Orgelfestival Ruhr oder dem 2017 gegründeten Literaturfestival Lit.Ruhr? Festivalfreunde können sich auf eine facettenreiche Erlebnisreise durch das Revier freuen – einer Region, die sich kulturell immer wieder neu erfindet.

Donna Leon beim Lit.Ruhr-Festival

Katharina, Nellie und Anna Thalbach beim Lit.Ruhr-Festival

Essen, Kokerei Zollverein/
Salzlager, Palace of Projects

NEUES LEBEN AUF ZOLLVEREIN

Zollverein ist ein sehr weitläufiges Gelände. Die drei großen Standorte Schacht XII, Schächte I/II/VIII sowie die Kokerei sind über ein Gewirr von ehemaligen Gleisen und Rohrleitungen miteinander verbunden. Eine 3,5 km lange Rad-/Fußpromenade umrundet das gesamte Terrain. Ein Besuch auf Zollverein kann deshalb ohne Probleme einen halben Tag in Anspruch nehmen. Kulturell dient Zollverein als Bühne für große Events, zum Beispiel für die noch junge Lit.Ruhr. Das Tanztheater PACT ist sehr experimentell und der 2017 eröffnete Folkwang-Campus bringt sogar universitäres Kulturleben in den Essener Norden. Die Neudefinition von Zollverein bleibt ein offener Prozess.

RUHR MUSEUM/BESUCHERZENTRUM

Alle Wege führen zunächst hinauf in die gigantische Kohlenwäsche. Eine 58 m lange Rolltreppe bringt die Gäste auf 24 m Höhe – der Besuch beginnt schon spektakulär. Doch selbst in dieser Höhe befindet man sich eigentlich erst im mittleren Bereich des beeindruckenden Gebäudes. Vom 45 m hohen Panoramadach entfaltet sich bei gutem Wetter ein grandioser Rundblick über den westlichen und mittleren Bereich des Potts. Das Ruhr Museum führt auf mehreren Etagen sehr anschaulich und didaktisch gut aufbereitet durch die wechselvolle Geschichte des Reviers – von archäologischen Funden über die erstaunlich vielseitige vorindustrielle Geschichte bis zur Industrialisierung in all ihren Facetten. So war das Ruhrgebiet von Anfang an

Ruhr Museum, Zollverein, Essen

Red Dot Design Museum

multikulturell, 1910 war ein Drittel der Bergleute polnisch, ab den 1960er-Jahren kamen viele Kumpel auch aus der Türkei. Der Bergbau galt deshalb als kultureller Schmelztiegel. Die ehemalige Kohlenwäsche dient auch als Besucherzentrum für die Route der Industriekultur.

Ein zweiter musealer Anlaufpunkt ist das eher avantgardistische Red Dot Design Museum im gewaltigen Kesselhaus. Rund um den alten Kessel sind in einem außergewöhnlichen Ambiente auf fünf Etagen kreative Design-Erzeugnisse zu sehen. Schon die Entstehung geht auf einen Architekten von Weltniveau zurück: Sir Norman Foster konzipierte 1990 die Neugestaltung des Gebäudes. Sein gewagter Entwurf und die ansprechende Gestaltung der Ausstellungen brachten dem Red Dot 2019 unter anderem den Ruf, eines der acht besten Design-Museen weltweit zu sein.

Etwas versteckt im ehemaligen Salzlager der Kokerei realisierten Emilia und Ilya Kabakov 2001 ein weiteres ungewöhnliches Projekt: den Palace of Projects. Sie stellen in einem Schneckenhaus mit 61 Installationen fiktive Projekte vor, die der Verbesserung des menschlichen Lebens dienen sollen. In der riesigen, dunklen Halle wirken die einzelnen Modelle noch surrealer, als sie ohnehin schon sind.

Denkmal für Alfred Krupp, Ruhr Museum

DÜSSELDORF UND DER NIEDERRHEIN

Düsseldorf am Rhein

Schiffe legen in der Altstadt von Düsseldorf an, 1930er-Jahre

DÜSSELDORF UND DER NIEDERRHEIN

Schwerter zu Pflugscharen? Jedenfalls wandelte sich 2018 das Preußen-Museum in der Weseler Zitadelle zum Niederrheinmuseum. Es eröffnete damals mit einer Ausstellung, die eine neckische Konstruktion im Titel hatte: „Niederrheinlande". Aber für die Verschränkung von Niederrhein und Niederlanden gab und gibt es viele ernsthafte Gründe. Beispiel Schenkenschanz. Das ist heute ein gemütliches Örtchen, nur seine Hochwasserschutzmauer hat etwas Wehrhaftes. Sehr viel martialischer sah die gleichnamige Festung aus. Sie entstand 1587/88 dort, wo sich damals der Rhein und die Waal trennten. Die strategische Bedeutung des Platzes war offensichtlich, von hier ließen sich beide Wasserläufe kontrollieren. Da nutzten die Proteste des Klever Herzogs wenig, auf dessen Territorium das Bauwerk lag.

Kurz zuvor hatten sich die sieben niederländischen Provinzen (Utrechter Union) von den Spanischen Niederlanden losgesagt. Schenkenschanz, genannt nach seinem Erbauer Martin Schenk von Nideggen, war strategisch wichtig, um die Eigenständigkeit durchzusetzen. Und die Festung war das, was neudeutsch eine Ansage heißt: Sie war über ihre Aufgabe hinaus eine Demonstration der Macht und musste den Spaniern ein Dorn im Auge sein.

Dann sorgte nicht zuletzt der Rhein für den Verlust ihrer strategischen Bedeutung, indem er nach 1650 seinen Lauf änderte. Dafür kam es zu einer bemerkenswerten Kooperation zwischen den Niederlanden und Kurbrandenburg (später Preußen), dem neuen Landesherrn von Kleve. Der Herrscher saß im fernen Berlin und ließ sich vor Ort durch einen Statthalter vertreten. Resident des Vertrauens wurde 1649 Johann Moritz von Nassau-Siegen. Daraus sollte sich eine ungewöhnliche Personalunion ergeben: Johann Moritz, der Statthalter Brandenburgs am Niederrhein, wurde später auch oberster Militär der Generalstaaten.

Ihm verdankt Kleve die einzigartigen Gartenanlagen am Springenberg, überhaupt legte er den Grundstein für das große Projekt „Gärten am Niederrhein". Und auch hier bewährte sich die niederländisch-nassauische Achse: Der aus Haarlem gebürtige Maler und Architekt Jacob van Campen hatte für Johann Moritz schon dessen großartiges Adelspalais in Den Haag entworfen, nun plante er die Verschönerung der Klever Umgebung.

Vom Springenberg leitet der Johann-Moritz-Kanal zu seinen Füßen auch den Blick zum Eltenberg auf der anderen Rheinseite. Knapp über seiner Laubbaumwoge ragt der Turm von St. Vitus auf, einst die Kirche des reichsunmittelbaren Damenstifts Elten. Es ist nur eine Fußnote der Geschichte, aber doch eine bezeichnende, dass auch dieses geschichtsträchtige Fleckchen Erde einmal zu den Niederlanden gehörte. Elten reicht als Zipfel in deren Staatsgebiet, eine Grenzarrondierung bot sich nach dem Zweiten Weltkrieg förmlich an. Im Jahr 1949 kam Elten an die Niederlande, 1963 gelangte es aus der sogenannten „Auftragsverwaltung" wieder zurück an (die Bundesrepublik) Deutschland. In der Zwischenzeit hatten die Niederländer auch die stark zerstörte Stiftskirche wiederhergestellt.

Und ja, auch zu Beginn der sogenannten Klever Romantik stand einer, den der Weg von Westen in die Stadt führte. Barend Cornelis Koekkoek setzte hier im 19. Jahrhundert die große Tradition der niederländischen Landschaftsmalerei fort. Es ist zwar keine Malerei, doch ein abwechslungsreiches Landschaftsbild bietet schließlich der Naturpark Maas-Schwalm-Nette, auch er seit 1975 ein grenzüberschreitendes Projekt. Mit dem Meinweg („De Meinweg") auf niederländischer Seite umfasst er sogar einen Nationalpark, allerdings legen die Nachbarn nicht so strenge Kriterien bei der höchsten Schutzkategorie an. Aber auch der Naturpark als Ganzes setzte früh, und darin unterscheidet er sich von anderen seiner Art, einen starken Akzent auf den Naturschutz.

CHRONIK

Ca. 110 n. Chr. Die Sugambrer-Siedlung wird zur Colonia Ulpia Traiana erhoben.
Ca. 700 Der Angelsachse Willibrod gründet die Missionsstation Emmerich.
1174 Die Pfalz Kaiserswerth wird zur Festung ausgebaut, nachdem König Konrad III. das Gemeinwesen schon 30 Jahre vorher zur Reichsstadt erhoben hatte.
1. Hälfte 13. Jh. Xanten (1228), Geldern (1229) und Kleve (1242) erhalten die Stadtrechte.
1288 Die Schlacht bei Worringen ändert die Verhältnisse am Niederrhein grundlegend; im selben Jahr erhält Düsseldorf die Stadtrechte.
1342 Im Juli verheert das Magdalenenhochwasser das Land am Niederrhein.
1588 Der Niederrhein gerät in den Konflikt zwischen den Spanischen Niederlanden und den Generalstaaten.
1666 Das Herzogtum Kleve fällt endgültig an das Kurfürstentum Brandenburg (später Preußen).
1811 Der Bau des napoleonischen Nordkanals wird eingestellt.
1947 Düsseldorf wird Landeshauptstadt von Nordrhein-Westfalen.
2003 Die Stiftung Schloss Dyck wird Projektträger des „Europäischen Gartennetzwerks".
2021 Der Niedergermanische Limes wird UNESCO-Weltkulturerbe.

Wasserspiegelungen in der Urdenbacher Kämpe

HAUS BÜRGEL UND DIE URDENBACHER KÄMPE

Das Haus Bürgel hat einen römischen Vorläufer, der als Kastell den „nassen Limes" gegen germanische Einfälle sicherte. Das Stichwort muss bei der heutigen Lage des Hauses irritieren. Aber der Rhein hat in seinem Unterlauf eben die Eigenart, mitunter einen anderen Weg zu nehmen. Während er beispielsweise die erzbischöfliche Zollstelle von Neuss um ihre Funktion brachte, weil er zu weit von ihr abrückte, ließ er Haus Bürgel gleich das Ufer wechseln. Seit dem Magdalenenhochwasser im Jahr 1342 liegt Bürgel, statt wie vorher auf der linken, heute auf der rechten Rheinseite.

Und es liegt mitten in der Urdenbacher Kämpe. Vor den Toren Düsseldorfs gehört diese zu den nicht übermäßig vielen Auenpartien, in denen der Rhein einen Teil seiner angestammten Rechte zurückerhalten hat. Seit der Sommerdeich hier an zwei Stellen durchstochen wurde, kann der Fluss sich bei Hochwasser wieder breitmachen. Der Auenwald, andernorts hinter den Deichlinien meist nur noch ein Schatten seiner selbst, kann hier einen vitalen Bestand bilden, und zwar mit seinem Hartholzflügel an den nur selten und mit seinem Weichholzflügel in den häufiger überschwemmten Bereichen. Auch auf den Auewiesen, die sicher nicht zu den mageren gehören, haben sich wieder die charakteristischen Pflanzengesellschaften eingefunden. Und es gibt auch wieder einen Altrhein beziehungsweise den Garather Mühlenbach, der sich dieser alten Stromrinne angenommen hat.

Urdenbacher Kämpe

So lassen sich hier seltene Vögel wie der Pirol und seltene Pflanzen wie die Sumpf-Wolfsmilch hören respektive sehen. Betreut wird die Kämpe samt ihrer Streuobstwiese von der Biologischen Station, die im Haus Bürgel untergekommen ist.

Haus Bürgel

Konrad Duden (1829–1911)

KONRAD DUDEN UND KORREKTES DEUTSCH

Jeder, der irgendetwas mit der deutschen Sprache zu tun hat, kennt diesen Namen, unzählige Generationen von Lehrern, Schülern, Studenten, Journalisten, Lektoren oder Autoren wälzen noch heute seine Seiten oder schauen im Internet auf der Website nach: Der Duden ist der Inbegriff der korrekten deutschen Sprache. Somit dürfte das Ziel erreicht sein, das sich der preußisch-deutsche Gymnasiallehrer, Philologe und Lexikograf Konrad Alexander Friedrich Duden vorgenommen hatte. Sein Rechtschreibwörterbuch der deutschen Sprache förderte maßgeblich die Entwicklung einer einheitlichen Rechtschreibung im deutschen Sprachraum. 1829 als Sohn eines Gutsbesitzers, Branntweinbrenners und Eisenbahnbeamten in Lackhausen, einem heutigen Ortsteil von Wesel, geboren, studierte er in Bonn einige Semester Geschichte, Germanistik und klassische Philologie, bevor er aus finanziellen Gründen eine Stelle als Hauslehrer annehmen musste. 1854 holte er sein Staatsexamen nach und erhielt die Lehrbefähigung für die Fächer Latein, Griechisch, Französisch und Deutsch. Nach mehreren Stationen im In- und Ausland war er als Lehrer und Schuldirektor tätig und verfasste nebenher die Regeln für sein späteres Werk, das ihn berühmt machen sollte: Das *Vollständige Orthographische Wörterbuch der deutschen Sprache* erschien 1880 und enthielt als „Ur-Duden" auf 187 Seiten 27 000 Stichwörter. Zu Beginn des 20. Jahrhunderts schlossen sich alle Bundesstaaten des Deutschen Reichs sowie Österreich und die Schweiz den neuen Regeln an und akzeptierten diese als allgemein verbindlich.

Durch eine Leselupe betrachtet, erscheinen Schreibweisen nach der ab dem 1.8.1998 gültigen Rechtschreibung in einer aktuellen Ausgabe des Dudens.

Emmerich am Rhein

EMMERICH

Bei großen Worten ist immer Vorsicht geboten: Aber auf der Höhe von Emmerich hat der Rhein wirklich etwas Majestätisches. Der Strom ist hier 400 m breit, folgerichtig wurde die Rheinbrücke von 1965 das Wahrzeichen der Stadt. Ihre Kühnheit wird durch ihr auffälliges Rot bekräftigt, 77 m sind ihre beiden Pylone hoch, 540 m beträgt die Spannweite dazwischen. Kosename dieser längsten Hängebrücke Deutschlands: „Golden Gate vom Niederrhein".

Die Stadt hat unter dem Zweiten Weltkrieg schwer gelitten, aber nicht nur unter ihm. Bei der Martinikirche am westlichen Rand der Kernstadt sind auch die Naturkatastrophen Thema. Die Hochwasser von 1237/38 und 1342 setzten dem Bau besonders arg zu, schließlich musste eine Umorientierung der Kirche vorgenommen werden: Statt eines Westturms hat sie einen Nordturm, der dem eigentlichen Querhaus voransteht.

Unter den Kunstschätzen der Stadt ragt die Willibrord-Arche in St. Martini heraus. Das Reliquiar, um 1020 geschaffen und über die Jahrhunderte immer wieder einmal umgearbeitet, ist ein besonders kostbares Vermächtnis. „Arche" bedeutet eigentlich nur Kasten. Doch diese Arche wird ihrem Namen über die Wortbedeutung hinaus gerecht.

Auch bei der Arche Noah ging es um die Bewahrung der Schöpfung. Dazu passt das Naturschutzgebiet „Alter Rhein bei Bienen-Praest". Dieser Alte Rhein grenzt stromaufwärts an das Stadtgebiet und ist eine der vielen Rinnen, die heute noch von der absoluten Herrschaft des Rheins künden. Wie ein Netz überzogen seine Arme und Altarme die ganze, weit ausgedehnte Aue. Die Fischtreppe an der Dornicker Schleuse verbindet den Bienener Altrhein wieder mit dem Hauptstrom. Und die Bestimmung der Arche erfüllt das Naturschutzgebiet insofern, als sich in diesem Lebensraum die Jungfische tummeln. Die Treppe ermöglicht ihnen, ihr Erwachsenenleben im großen Fließgewässer zuzubringen.

Emmerich, St. Martini

Parkanlage mit Ceres-Tempel,
Klever Springenberg

DAS AMPHITHEATER AM KLEVER SPRINGENBERG

Johann Moritz von Nassau-Siegen (1604–1679) war einer der vielen Nassauer in niederländischen Diensten. Schon als Direktor der Westindischen Kompanie mit Sitz im brasilianischen Recife hatte er Gärten und Alleen anlegen lassen (und sich lebhaft am Sklavenhandel beteiligt). Jetzt nutzte er seine Berufung zum brandenburgischen Statthalter, um die Residenzstadt Kleve herauszuputzen. Denn er dachte groß und hatte den Ehrgeiz, eher die Landschaft als nur einzelne Gärten zu gestalten. Ihm zur Seite stand Jacob van Campen, ein namhafter Vertreter des niederländischen Klassizismus. „Monsieur van Campen ist allhier, kann selben von diesem Ort nicht abkriegen, ordnet noch viele schöne Sachen an", schwärmt der Statthalter gegenüber seinem Kurfürsten im fernen Osten, und fügt sicherheitshalber hinzu: „Alles ohne Kosten".

Dieser Ort war eine Moräne namens Springenberg, den Namen verdankte sie einer Quelle. Van Campen gestaltete ihre Flanke zur Rheinniederung hin als weitgeschwungenes Amphitheater. Seinen oberen Saum fasst eine hohe Hecke ein, deren zwei Arme auf ein Tempelchen in der Mitte zulaufen. Die Achse des Naturtheaters akzentuieren auf jeder Ebene verschiedenartig gestaltete Brunnen. Im Hauptrang erhebt sich über diesem Spiegel das Standbild der Pallas Athene (heute eine Kopie). Die anspielungsreiche Figur, ein Geschenk der Stadt Amsterdam an Johann Moritz, wird in diesem Kontext wohl als die Göttin der Künste verstanden. Von hier aus lässt sich ins Land sehen, der Blick geht über die Rheinniederung und findet Halt bei der imposanten Stiftskirche auf dem Eltenberg. Am Fuß des Springenbergs aber beginnt ein alleengesäumter Kanal, der ursprünglich bis zum Rhein reichen sollte. Er bekräftigt noch einmal die zentrale Achse des Gartenkunstwerks über ihm. Über dem Amphitheater selbst führt eine Schneise auf den höchsten Punkt der Erhebung, und erst dort schließt mit einem hohen Obelisk die gesamte Inszenierung ab.

Statue der Pallas Athene am Amphitheater am Springenberg

Schloss Benrath und Schlosspark

SCHLOSS UND PARK BENRATH

Unmittelbar auf die Urdenbacher Kämpe folgen rheinabwärts Schloss und Park Benrath. Die Aufnahme der Anlage ins UNESCO-Welterbe scheiterte, weil sich bereits zu viel Barockarchitektur auf der Liste breitgemacht hatte. Aber sie ist ein Gesamtkunstwerk, vor dem sich kein Kunstenthusiast seiner Entzückensrufe schämen muss. Schon das Bild von der Straße aus beeindruckt: Vor dem Schloss selbst liegt ein großer, kunstvoll gefasster Weiher, über dessen Wasserspiegel sich der Bau umso effektvoller präsentiert.

Architekt Nicolas de Pigage trennte die beiden Flügel und das Corps de Logis voneinander, sodass Schloss Benrath dem betrachtenden Auge zwar als ideelle Einheit erscheint, tatsächlich aber in drei selbstständige Teile gegliedert ist. Die beiden Flügel, jeweils über dem Grundriss eines Dreiecks errichtet, haben zum Teich hin eine konkav geschwungene Fassade.

Es gibt nicht nur eine Ironie, sondern auch einen Sarkasmus der Geschichte. Der liegt im Fall von Schloss Benrath darin, dass es sein Bauherr Karl Theodor von der Pfalz nur einmal besucht hat. Überhaupt hat er Düsseldorf nur fünfmal die Ehre gegeben: Er war im Süden des Reiches mit der Wahrnehmung Wittelsbacher Interessen beschäftigt, deren bayerische und pfälzische Linien in seiner Person wieder zusammengeführt worden waren. Benrath, das Palais an der Schwelle des Rokokos zum Klassizismus, war als Sommersitz obsolet geworden. Bei seinem letzten Besuch in Düsseldorf nahm Karl Theodor auch das Schloss in Augenschein. Die Kurfürstin war zu diesem Zeitpunkt schon verstorben.

Aber Benrath ist ja nicht nur das Schloss, sondern auch der Park, der außer seinem großen Quadrat mit dem sternförmigen Wegeverlauf noch zwei kleine, private Gärten aufweist. Vor dem Flügel, der für Karl Theodor bestimmt war, liegt der Französische Garten, und vor dem Flügel des Herzogs liegt ein Englischer Landschaftsgarten „en miniature".

Heute dienen die Seitenflügel als Ausstellungsgebäude. Das Museum für Gartenkunst im östlichen Flügel schließt zwar an den historischen Benrather Park an, widmet sich aber der Gartenkunst ganz Europas.

Gartenseite Schloss Benrath

Allee im Schlosspark

Heinrich Heine, Grisaillegemälde, um 1870

HEINRICH HEINE (1797–1856)

Berühmtester Altstädter ist Heinrich Heine. Lange hat sich nicht nur die Stadt selbst mit ihm schwergetan: Erst nach erbittertem Streit und hinhaltendem Widerstand erhielt ihre Universität 1988 seinen Namen. Dabei blickt der weitgereiste Düsseldorfer, der bis zu seiner Taufe 1825 Harry Heine hieß, auf die Kindheits- und Jugenderlebnisse in seiner Heimatstadt mit beinahe zärtlichem Blick zurück. Seine Erinnerungen im Buch *Le Grand* und in den *Memoiren* schildern erste Liebesromanzen, Kletterpartien auf das Jan-Wellem-Denkmal auf dem Marktplatz und unvergessene Aufenthalte im Hofgarten, wo er 1811 den Einzug des Kaisers Napoleon beobachtete. Seine größte Leidenschaft galt aber schon damals den Büchern, die er auf dem Dachboden des Hauses seines Onkels Simon van Geldern an der Mertensgasse oder in der kurfürstlichen Bibliothek fand. Als einer der bedeutendsten deutschen Dichter, Schriftsteller und Journalisten des 19. Jahrhunderts tat sich der Freigeist Heine oft schwer mit dem damaligen deutschen Selbstverständnis. Als Essayist, Satiriker und Polemiker geriet er oft in Konflikt mit der Obrigkeit und wurde sogar mit Publikationsverboten belegt. Unter dem Pseudonym Sy. Freudhold Riesenharf (ein Anagramm von „Harry Heine Düsseldorf“) veröffentlichte er 1816 erste Gedichte, der Durchbruch gelang ihm 1821 mit dem Werk *Gedichte*, das er später überarbeitete und in seinen Gedichtband *Buch der Lieder* integrierte.

Deutschland hat dem großen Dichter, der seine letzten Lebensjahre in Paris verbrachte und dort auch starb, eine bis dahin nicht gekannte, elegante Leichtigkeit der deutschen Sprache zu verdanken. Darüber hinaus machte er die Alltagssprache lyrikfähig, erhob das Feuilleton und auch den Reisebericht zur Kunstform – man denke nur an *Die Harzreise* oder *Deutschland, ein Wintermärchen*. Seine Geburtsadresse in der Bolkerstraße 53 ist heute ein aktiver Gedenkort, der als Heine Haus/Literaturhaus Düsseldorf eine Brücke zur aktuellen Kunst und Dichtung schlägt.

Düsseldorfer Altstadt mit Lambertus-Kirche und Schlossturm an der Rheinpromenade

DIE DÜSSELDORFER ALTSTADT

Die Altstadt ist ein sehr kleiner Teil der heutigen Landeshauptstadt, ein Grund mehr, mit einem Superlativ aufzutrumpfen, nämlich als längste Theke der Welt. Dabei ist sie keine Altstadt, die ihren Namen nur als Fliegenfänger für die Feierbiester oder wegen der hiesigen Biersorte trägt. Sie ist tatsächlich die Keimzelle dieses erstaunlichen Gemeinwesens. Das Dorf im Namen blieb, obwohl die Grafen von Berg ihm 1288 das Stadtrecht verliehen und Düsseldorf im Jahr 1380 als frischgebackene Herzöge zu ihrer Residenz erhoben.

Altstadt: Wer auf so engem Raum, wer in seinen Gassen und Gässchen sagenhafte 260 Kneipen und Bars zusammenhält, darf dem eigenen Schanktisch schon eine unerreichte Reichweite zutrauen. Dazu tragen die vier bis fünf Hausbrauereien das Ihrige bei, eine sogar das Uerige. Die Uerige-Hausbrauerei führt den Zusatz „obergärig“, bezeichnet also ausdrücklich die Brauart. Die dunkle Farbe bekommt das Produkt von seinem Röstmalz-Anteil.

Brauhaus „Zum Uerige“

Daneben hat Uerige das „Hosen Hell“ unter seine Fittiche genommen, das Bier der Düsseldorfer Punkband Die Toten Hosen. Das ist ein helles, sogar in Bayern gebrautes Bier. Warum sollten sich die Hosen auch nur mit einer Coverversion der weltlängsten Theke zufriedengeben?

Im Sommer ist die Straße der Gastraum fürs Laufpublikum mit entsprechend geringer Durchlässigkeit. Die Brauerei Zum Schlüssel hat ihren Biergarten auf der gegenüberliegenden Bolker-Straßenseite ausgerechnet vor der Neanderkirche. Sie ist benannt nach dem hiesigen Hilfsprediger Joachim Neander (1650–1680), dessen Ausflügen an den Oberlauf der Düssel das Neandertal ebenso seinen Namen verdankt wie der Neandertaler. Neander schrieb eines der heute noch bekanntesten Kirchenlieder überhaupt: *Lobe den Herren, den mächtigen König der Ehren.* Ach ja: Neanders Dienstherr war eine reformierte Gemeinde, deren Anhänger besonders streng auf Zucht und Sitte achteten. Was hätte sie wohl zu einem Biergarten vor ihrer Kirchentür gesagt?

Ein Köbes (Kellner) in der Düsseldorfer Altstadt

Clara und Robert Schumann, Lithografie, 1850

ROBERT UND CLARA SCHUMANN (1810–1856 UND 1819–1896)

Von 1850 bis 1854 lebte Robert Schumann mit seiner Frau Clara und ihren Kindern in Düsseldorf – eine Zeit, die vielversprechend und mit großen Erwartungen begann, an deren Ende aber Schumanns Einweisung in eine Bonner Irrenanstalt stand. Sein Freund Ferdinand Hiller hatte den sächsischen Musiker gebeten, seine Nachfolge als neuer Städtischer Musikdirektor in der Stadt am Rhein anzutreten, nach einigem Zögern sagte Schumann zu. Neben der Leitung der Chorvereinigung sollte er außerdem die Durchführung von zehn Konzerten jährlich mit dem Städtischen Orchester sowie weitere vier kirchenmusikalische Aufführungen garantieren. Nach einem sehr herzlichen Empfang und ersten großen Erfolgen – so trat Clara Schumann kurz nach ihrer Ankunft in Düsseldorf und Köln als Solistin auf und spielte u. a. das Klavierkonzert g-Moll op. 15 von Felix Mendelssohn Bartholdy – war Schumann optimistisch gestimmt und ließ sich von der allgemeinen Begeisterung anstecken. Seine 3. Sinfonie in Es-Dur, die sogenannte Rheinische, entstand zu jener Zeit. In die Düsseldorfer Zeit fällt auch die Begegnung und intensive Freundschaft des Ehepaars mit dem aufstrebenden Johannes Brahms. Nach diesen glücklichen Anfängen ergaben sich jedoch die ersten Zerwürfnisse zwischen dem labilen, gesundheitlich angeschlagenen Schumann und dem sehr heterogen zusammengesetzten Orchester und Chor, die 1853 schließlich zur Aufgabe des Amtes als Musikdirektor führten. Nach einem Suizidversuch ein Jahr darauf und immer stärker werdenden Gehörstörungen und Angstzuständen wurde Robert Schumann auf eigenen Wunsch in eine Nervenheilanstalt eingewiesen, wo ihn Clara erst zwei Tage vor seinem Tod 1856 wiedersah. Sie selbst verließ Düsseldorf ein Jahr später, um nach Berlin zu ziehen, sich dem Werk ihres Mannes zu widmen und eigene Kompositionen zu verfassen. Im Schumann-Haus in der Bilker Straße 15, wo das Paar lebte, und im benachbarten Heinrich-Heine-Institut wird anhand wertvoller Musikalien an den großen Komponisten der Romantik und seine Frau erinnert.

Kunstsammlung Nordrhein-Westfalen K20

DIE ANDERE ALTSTADT

Kirchen, enge Gassen und schöne Plätze mit repräsentativen Bauten, so kennen Besucher die Düsseldorfer Altstadt. Doch es gibt noch eine andere Altstadt, die den nördlichen Teil ausmacht. Hier, in Reichweite zur Jesuitenkirche, setzt das Gebäude der ehemaligen Galerie Schmela einen ganz anderen Akzent. Der niederländische Architekt Aldo van Eyck errichtete für einen profilierten Kunstverkäufer der Nachkriegszeit ein sprödes, aber seinerzeit wegweisendes Gebäude, das heute unter Denkmalschutz steht und als Veranstaltungsort genutzt wird. Werke von Jean Tinguely oder des Fluxus-Künstlers Robert Filliou wurden hier erstmalig in Deutschland ausgestellt, dazu natürlich Joseph Beuys, Gerhard Richter oder US-Künstler wie Kenneth Noland oder George Segal. So ergänzt Schmela am Grabbeplatz die Aktivitäten des K20, der Kunstsammlung Nordrhein-Westfalens.

In der hochverdichteten Museumslandschaft Düsseldorfs kann das K20 sicher mit der bewegtesten Fassade aufwarten. Hinter dieser dunklen Welle aus poliertem Granit werden seit 1986 hochrangige Werke von Künstlern und Künstlerinnen der modernen Kunst gezeigt: Paul Klee, Pablo Picasso, Henri Matisse und Piet Mondrian ebenso wie Jackson Pollock, Robert Rauschenberg, Jasper Johns oder Andy Warhol und wieder Joseph Beuys und Gerhard Richter, Sarah Morris oder Katharina Fritsch. Ein Abstecher führt an dieser Stelle südlich über die Altstadt hinaus, wenn nach K20 K21 folgen soll.

Das K21 ist das NRW-Museum für zeitgenössische Kunst am Kaiserteich. Und wäre das transparente Dach nicht, ließen sich hinter dieser Gründerzeitfassade kaum avancierte Werke vermuten. Ständehaus heißt das Gebäude eingedenk seiner preußischen Vergangenheit, doch hielt hier auch der Landtag von Nordrhein-Westfalen bis 1988 seine Sitzungen ab.

Galerie Schmela, erbaut zwischen 1967 und 1971 von Aldo van Eyck

Das K21 im Ständehaus

Ständehaus, Düsseldorf

Wilhelm-Marx-Haus, 1924, Architekt: Wilhelm Kreis

Tonhalle

ARCHITEKTUR IN DÜSSELDORF

Klar, es gibt die Bauten aus der Vorromanik und der Gotik wie Alt St. Martin oder die Lambertuskirche in der Altstadt, die das älteste Bauwerk und ein Wahrzeichen der historischen Kernstadt darstellt. Auch das klassizistische Ratinger Tor steht noch östlich des mittelalterlichen Stadtkerns. Doch anders als in Köln ist das architektonische Erscheinungsbild Düsseldorfs vor allem geprägt von Baustilen des 20. Jahrhunderts. Historismus, Reformarchitektur und Jugendstil machen sich in Gebäuden wie dem Stahlhof oder dem Warenhaus Tietz (heute Galeria Kaufhof Düsseldorf Königsallee) bemerkbar, auch in der Schadowstraße und der Hohen Straße in Düsseldorf-Carlstadt finden sich noch Beispiele aus dieser Zeit.

BACKSTEINEXPRESSIONISMUS

Typisch für das Stadtbild ist allerdings der nach dem Ersten Weltkrieg entstandene Backsteinexpressionismus, der sich an Meisterwerken wie der Tonhalle mit ihrem prächtigen Foyer, dem elfgeschossigen Stummhaus, dem Gebäude in der Prinz-Georg-Straße 100, dem Industriehaus Düsseldorf oder der Lutherkirche zeigt. Auch die Düsseldorfer Rheinterrasse direkt am Fluss, die 1924–26 nach Plänen von Wilhelm Kreis zur Ausstellung *GeSoLei* errichtet wurde, zählt zu dieser Periode. Mit den neuen Bauten entwickelte sich Düsseldorf zu einem der wichtigsten Zentren der modernen Architektur in Deutschland. Bedeutende Architekten wie Wilhelm Kreis, Emil Fahrenkamp, Karl Wach oder Heinrich de Fries wirkten an der Düsseldorfer Kunstakademie. Auch ihre Schüler und Mitarbeiter sind wohlbekannt: Hanns Bökels, Ernst Schöffler, Carlo Schlönbach und Carl Jacobi sind nur einige Namen. In der Außenarchitektur wurden weitgehend neoklassizistische Formen übernommen, so etwa beim NRW-Forum, dem Kunstmuseum oder dem Hauptbahnhof.

Ende der 1920er-Jahre war der Einfluss des Backsteinexpressionismus nicht mehr ganz so stark, Bauten wie der Breidenbacher Hof an der Kö oder der Erweiterungsbau der AOK entstanden. Neue Sachlichkeit konkurrierte mit der konservativen Moderne, die man am Haus Henkel mit seinem Turm oder dem Industriehaus Am Wehrhahn ablesen kann. Auch Haus Kaesbach in Lohhausen und das Wohn- und Atelierhaus Wach in Golzheim stehen für diesen neuen Stil.

Rheinterrasse

Museum Kunstpalast

Neuer Stahlhof

Kunstakademie

Die späten 1940er- und 1950er-Jahre festigten den Ruf Düsseldorfs als Kapitale der Industrie- und Finanzwelt, am VDI-Haus erkennt man den Beton-Brutalismus, der bis Ende der 1960er-Jahre baulich bestimmend war. Anders das 94 m hohe Dreischeibenhaus, das ein wunderbares Beispiel des Internationalen Stils ist und als architektonisches Symbol des Wirtschaftswunders gilt; zusammen mit dem Mannesmann-Haus war es eines der ersten modernen Hochhäuser Deutschlands. In den 1980er-Jahren herrschte die „organische Architektur" vor, wie sie sich am Schauspielhaus oder an der Kunstsammlung präsentiert. Die Postmoderne lieferte Bauten wie die Kö-Galerie oder die Schadow-Arkaden.

Schauspielhaus

DIE KUNSTAKADEMIE, IHRE LEHRER UND SCHÜLER

Am nördlichen Rand der Altstadt liegt die Kunstakademie. Das wuchtige Hauptgebäude im Stil der Neorenaissance konnte 1879 bezogen werden. Als Direktor amtierte damals der unter seinen Kollegen nicht unumstrittene Hermann Wislicenus. Die Akademie selbst war, mit Vorläufern schon in der zweiten Hälfte des 18. Jahrhunderts, 1819 gegründet worden. Sie gewann rasch an Profil und Ruf, an denen der zweite Direktor Wilhelm von Schadow erheblichen Anteil hatte.

Ihre Lehrer und Absolventen sollten als Düsseldorfer Malerschule in die Kunstgeschichte eingehen. Gradmesser für ihr Renommee war auch der große Zuspruch ausländischer Studenten, die den Ruhm von Schule und Akademie in den Heimatländern verbreiteten. Das international wohl berühmteste Bild eines Düsseldorfers schuf der deutsch-amerikanische Historienmaler Emanuel Leutze (1816–1868) mit *Washington crossing the Delaware*. Sein Bildthema sollte 1973 in die Realität übersetzt werden, als sich der geschasste Joseph Beuys mit einem Einbaum von Oberkassel über den Rhein schippern ließ, um unterhalb der Akademie an Land zu gehen.

Weltweiten Ruf gewann die Akademie erneut nach dem Zweiten Weltkrieg, die 50er- und 60er-Jahre bezeichnen einen Höhepunkt in der Akademiegeschichte. ZERO-Mitbegründer Heinz Mack, der „Lichtkünstler" Otto Piene, Günther Uecker mit seinen Nagelbildern und Gerhard Richter gehörten zu den Studierenden dieser Jahre – und mit Günter Grass sogar ein späterer Literatur-Nobelpreisträger. Auch die Düsseldorfer Fotoschule, gegründet von Bernd und Hilla Becher, genoss hohes Ansehen. Bernd Becher hatte hier von 1976 bis 1996 eine Professur inne. Zu den Schülern der Bechers gehörten neben anderen auch Andreas Gursky, Candida Höfer und Thomas Ruff.

Meistgefeierter Student und Lehrer ist immer noch Joseph Beuys. Nach eher unauffälligen Anfängen als Professor mischte er den Akademiebetrieb derart auf, dass ihn der damalige NRW-Wissenschaftsminister Johannes Rau 1972 feuerte. Später vermittelte das Bundesarbeitsgericht eine halbwegs gütliche Einigung.

Kö-Bogen

Die Königsallee in Düsseldorf mit Stadtgraben

DER KÖ-BOGEN

Immerhin: Namentlich verbeugt sich dieser sogenannte Kö-Bogen noch vor der Allee. Aber er ist auf dem besten Weg, die Kö in den Schatten zu stellen. Gegen manche, auch heftige Widerstände entstand zunächst am südlichen Rand des Hofgartens eine wahrhaft raumgreifende Architektur. Und das Stichwort „raumgreifend“ gilt ebenfalls für seine Fortsetzung jenseits der Schadowstraße. Bisher beherrschte hier das spannungsvolle Duo aus Dreischeibenhaus und Schauspielhaus die Szene. Aber statt dieser beiden so verschiedenen Monumente der Wirtschaftswunderzeit führt hier jetzt Kö-Bogen II das städtebauliche Wort.

Der Reihe nach: Dem Kö-Bogen ging die Krümmung der Hofgartenstraße voraus. Und mit dem Kö-Bogen kam auch das Ende eines Düsseldorfer Wahrzeichens, einer Autohochstraße, die auf Stelzen gebaut war und im Volksmund „Tausendfüßler“ hieß. Für den Bogen kam der oberirdische Verlauf der Hochstraße als Tunnel in den Untergrund, und nun war auch Platz für die „bewegte“ Architektur von Daniel Libeskind (geb. 1946). Im Jahr 2009 begannen die Arbeiten am Komplex, dem der Jan-Wellem-Platz weichen musste. Über seinem je nach Sichtweise organisch oder mutwillig geschwungenen Grundriss erheben sich zwei 26 m hohe Gebäude, die mit einer Brücke verbunden sind. Die kühne, ausdrucksstarke Architektur kann naturgemäß keinen Wohnraum anbieten, dafür aber auf 42 000 m^2 Geschossfläche reichlich Büro-, Verkaufs- und Gastronomieräume.

So schwungvoll sich das Libeskind-Gebäude gibt, so kantig-schräg setzt sich Kö-Bogen II in Szene, nach dem verantwortlichen Architektenbüro auch Ingenhoven-Tal genannt. Ingenhoven hält, misstrauisch beäugt von der Branche, die Fahne der „grünen“ Architektur hoch, und so sind das Dach und die Schaufront des größeren Gebäudes mit Hainbuchen bepflanzt. Über 30 000 Bäume einer Art, die sowohl dem Stadtklima als auch dem Klimawandel gewachsen sein dürften, ziehen sich in dichter Terrassenfolge den gebauten Talhang hinunter.

DIE KÖNIGSALLEE

„Die Kö“. Ein Kürzel mit Strahlkraft seit vielen Jahrzehnten. Kö heißt in den Ohren der Welt „Shopping-Paradies“, Kö steht für das „Luxussegment“, Kö ist ein Laufsteg für exquisite Mode, die Kö verlangt, sie in einem Atemzug mit der Pariser Rue de Faubourg Saint-Honoré oder der Züricher Bahnhofstraße zu nennen. Und mit ihren 83 m ist sie auch die breiteste Straße Deutschlands.

In ihrer Entstehung nicht ganz durchsichtige Statistiken setzen sie an die europaweit zweite Stelle nach der Londoner New Bond Street, wenn die Filialen der Nobelmarken durchgezählt werden. Zwangsläufig ist sie die erste Adresse fürs Sightseeing, und wer im Vor-Internetzeitalter die teuersten Pkw nur im Auto-Quartett versammeln durfte, konnte hier auf persönliche Begegnungen hoffen. Allein die Banken haben das geschwisterliche Band von Kapital und Konsum gelöst. Sie zogen sich von der Prachtmeile, genauer von ihrer West- oder „stillen Seite“, zurück.

Trotz Glanz und Gloria ist natürlich die Frage nicht verboten, wie sich diese Allee in die Stadtgeschichte einordnen lässt. Noch immer heißt das lang gestreckte Wasserband in ihrer Mitte offiziell Stadtgraben. Er wurde zur Franzosenzeit (1802–04) angelegt, nachdem die Besatzer die Entfestigung der Stadt dekretiert hatten. Dieser Graben war eigentlich ein Kanal und in seinen Dimensionen großzügig bemessen. Mit seinen 1000 m Länge und ansehnlichen 30 m Breite zog er sich schnurgerade von Norden nach Süden, um dort in den erweiterten Hofgarten zu münden. Sein Wasser bezog er über einen Brunnen von der Düssel, zwei Brücken führten von Ost nach West. Und schon damals luden baumgesäumte Wege links und rechts des „Kanals“ zur Promenade ein.

St. Andreas, Inneres mit Stuckdecke

Wie schön, dass es zum Namen eine Anekdote gibt. Im Revolutionsjahr 1848 wurde hier der Preußenkönig Friedrich Wilhelm IV. auf der Fahrt nach Schloss Jägerhof mit Pferdeäpfeln beworfen. Das gesalbte Haupt verstand die Geste nicht als Willkommensgruß. Um Majestät gnädig zu stimmen, wurde 1851 aus der „Kastanien-“ eine Königsallee.

Tritonenbrunnen in der Königsallee

ST. ANDREAS

Mitten in der Altstadt liegt mit St. Andreas die ehemalige Hof- und Jesuitenkirche der Residenzstadt Düsseldorf. Im weiten Umkreis findet sich kein Sakralbau des 17. Jahrhunderts, der ihr an Pracht und Kunstgeschmack gleichkommt. Die äußere und innere Gestaltung folgt den Mustern des süddeutschen Barocks und des Kirchenbaus aus der Zeit der Gegenreformation, besonders die Neuburger Hofkirche des bayerischen Bistums Augsburg stand hierbei Pate.

Während der Residenzzeit unter den Wittelsbachern war das Mitte des 17. Jahrhunderts fertig errichtete Gotteshaus ein bedeutender Mittelpunkt der musikalischen Kultur in Düsseldorf, der deutsche Barockkomponist Johann Hugo von Wilderer war hier als Hoforganist tätig. An den Chor schließt sich das Mausoleum der Neuburger Pfalzgrafenlinie an, in diesem vieleckigen Zentralbau liegt auch Johann Wilhelm, in Düsseldorf besser bekannt als „Jan Wellem“, begraben. Der Leichnam des Kurfürsten liegt neben anderen Familienmitgliedern in einem Prachtsarkophag, den sein Hofarchitekt Gabriel Grupello angefertigt hatte.

Erhebliche Kriegsschäden während des Siebenjährigen Krieges im 18. Jahrhundert und vor allem während des Zweiten Weltkrieges führten mehrmals zu Wiederaufbau und umfangreichen Restaurierungen; das westlich an der Kirche gelegene Jesuitenkolleg ist das heutige Stadthaus.

Seit 1973 ist die Andreaskirche die Klosterkirche des Dominikanerordens, im Jahr 2005 wurden die bis zu diesem Zeitpunkt getrennten Pfarrgemeinden St. Andreas und St. Lambertus in der Altstadt unter dem Patronat des heiligen Lambertus zu einer Pfarrgemeinde zusammengefasst.

Reiter im Hofgarten, um 1890

DER HOFGARTEN

Der Düsseldorfer Hofgarten ist eigentlich ein Doppelgarten. Der ältere Teil erstreckt sich vom Schloss Jägerhof aus rheinwärts. Auf das reizende Palais des Aacheners Johann Joseph Couven führt eine schnurgerade Lindenallee zu und lässt einen Barockgarten nach französischem Muster erwarten. Doch jenseits der unerbittlichen Achse schlängelten sich schon damals die Wege, deutete sich der Englische Landschaftsgarten an. Nicht schlängeln durfte sich allerdings die (nördliche) Düssel, sie bildete die südliche Grenze des Geländes, eine Art Randkanal.

Der Hofgarten entstand 1769, und er stand jedermann offen. Dieses „Düsseldorfer Elysium" war zwar kleiner als Münchens Englischer Garten, aber eben doch ein Jahrzehnt älter und damit der erste Volksgarten Deutschlands.

Doch nach den Verwüstungen in der ersten Franzosenzeit musste der „alte" Hofgarten zunächst einmal neu erstehen. Das besorgte der Bonner Hofgärtner Maximilian Friedrich Weyhe (1775–1846), seine Gestaltung blieb dem Garten bis heute mehr oder weniger erhalten. Auch um den „neuen" Hofgarten hat sich Weyhe verdient gemacht. Nachdem die Festungswerke geschleift waren, konnte sein Bogen fast bis zum Rhein gebahnt werden. Am nördlichen Rand erhebt sich übrigens der Napoleonshügel, andere nennen ihn den Napoleonsberg. Und nein, der Kaiser hat hier anno 1811 nicht gestanden und – entzückt vom Anblick der Stadt – Düsseldorf ein kleines Paris genannt. Dieser Ehrentitel geht auf seinen hiesigen Statthalter zurück, der seinen Empfang für den Korsen ins rechte Licht rücken wollte.

Aber es passt, dass sich am Napoleonshügel seit 1953 eine Gedenkstätte für Heinrich Heine befindet. Heine hat sich immer wieder mit dem französischen Kaiser auseinandergesetzt. Im Buch *Le Grand* fällt er ein abschließendes Urteil: „Meine Huldigung gilt nicht den Handlungen, sondern nur dem Genius des Mannes."

Schloss Jägerhof, erbaut 1748, Stahlstich um 1850

Hofgarten und Schloss Jägerhof, Düsseldorf

Der Medienhafen

MEDIENHAFEN UND PROMENADE

Es hat ein wenig gedauert, aber ein Hafengelände samt seiner Altlasten zu erschließen, ist immer eine Herausforderung. Seit den 1990er-Jahren wird der Düsseldorfer Hafen auch anders genutzt, vom anfänglichen Schwerpunkt zeugt das Etikett Medienhafen. Anker-Architektur ist der Neue Zollhof von Frank Gehry, dessen schräggestellte Baukörper weltweit Furore machten – also auch in Düsseldorf.

Knapp 2 km lang ist der Straßentunnel, der seit dem 15. Dezember 1993 die Stadt wieder mit dem Strom und nicht mit einer Uferstraße verbindet. Über seiner südlichen Einfahrt erhebt sich das „Stadttor", ein Hochhaus, dessen Symbolcharakter nicht zu übersehen ist.

Als Auftakt zur Rheinuferpromenade kann der Platz des Landtags gelten. Je nach Sonnenstand wirft dort einerseits der Rheinturm (249 m hoch) seinen langen Schatten, andererseits kann auf der anderen Seite die Rheinkniebrücke von Oberkassel her nicht gehörig auslaufen, weil sie mit ihrer Rampe gleich wieder in den Untergrund verschwinden muss. Der Parlamentsbau entstand nach den Plänen der Architekten Fritz Eller und Partner, der ganze Charme des Gebäudes entfaltet sich (leider nur) aus der Vogelschau. Der Kreis als einfachste und zugleich komplexeste Figur liegt dem Entwurf zugrunde. Außen umfassen Ringsegmente das geschlossene Rund in der Mitte, auch ein spielerisches Moment fehlt nicht. Die Konfiguration lässt weitere gleichartige Baukörper zu, ohne die Grundidee infrage zu stellen.

Die Uferpromenade bedeutet einen Gewinn an Lebensqualität – und die Möglichkeit, den Rhein wieder als Lebensader zu erfahren. Das gilt nur eingeschränkt für die Düssel. Einst bildete sie ein Mündungsdelta mit vier Armen, von denen die beiden inneren im Bereich der heutigen Uferpromenade liegen. Hier würde also ein Viertel des Nebenflusses dem Rhein sein Wasser zutragen – wäre das letzte Stück seines unterirdischen Weges nicht durch eine Pflasterung in der Promenade angezeigt. Übrigens wird dem zweiten Viertel die gleiche Ehrung etwas weiter stromabwärts zuteil.

Am Alten Hafen auf der zur Stadt ausgerichteten Promenadenseite liegen das Filmmuseum und das Hetjens-Museum mit seiner Keramiksammlung. Hier ist die Altstadt erreicht, und kurz darauf folgt das Rathaus der Stadt. Auf dem Marktplatz vor dem Rathaus steht das Reiterstandbild, wobei der historische Nordflügel des Gebäudes die Kulisse bereitet für diesen Johann Wilhelm von Pfalz-Neuburg (1658–1715) hoch zu Ross. Auf dem ebenfalls hohen, nicht zeitgenössischen Sockel zeigt sich ein Pferd von nahezu tänzelnder Beweglichkeit, nur sein überaus langer Schweif mag der Standfestigkeit dienen. Geschaffen hat das Denkmal der flämische „Hofstatuarius" Gabriel Grupello (1644–1730), der auch die technische Seite des Bronzegusses meisterhaft beherrschte. Jan Wellem hieß der Reiter hier, und sein in Dialekt überführter Name spiegelt die Popularität dieses Regenten, eine Popularität nebenbei bemerkt, deren sich der Neuburger keineswegs in allen seinen Ländern erfreute.

Während der Markt ein wenig versteckt liegt, öffnet sich der Burgplatz unmittelbar zum Rhein hin. Seine großzügigen Dimensionen verdankt er nicht zuletzt dem Abriss der Residenz, von dem immerhin der Turm verschont blieb. Dieser „Alte Schlossturm" samt Schifffahrtsmuseum im Inneren ist ein gediegenes Stück Folklore. Dagegen sind die viel besuchten Rheintreppen eine neue Errungenschaft, und der Zusammenhang mit dem verschwundenen Schloss wird von der Basilika St. Lambertus aufrechterhalten. Beim Bau ihrer gotischen Halle aus Backstein blieb der ältere Turm bestehen. Sein Mauerwerk ist mit hellem Tuffstein verblendet, während die Kanten ein Profil aus dunklen Basaltquadern haben. Bedeutendes Kunstwerk der Kirche ist das Grabmal Herzog Wilhelms V. Der imposante Aufbau, 1599 geschaffen vom Kölner Bildhauer Gerhard Scheben, nimmt bereits Züge des Barocks vorweg.

Das Ende oder, je nach Sichtweise, den Anfang der Promenade bezeichnet die nördliche Tunnelöffnung der B1. Rechterhand steht mit der heutigen Tonhalle, dem Ehrenhof und dem Kunstpalast ein Ensemble, das Wilhelm Kreis (1873–1955) für die Ausstellung „Gesundheit, soziale Fürsorge und Leibesübungen" entwarf. Im Jahr 1926 eröffnet, bietet das damalige Planetarium die spektakulärste Architektur. Mit seiner Rotunde gilt es als exemplarisches Beispiel expressionistischen Bauens. Zur Tonhalle wurde der Bau, als 1975 ein Saal unter seine Kuppel gesetzt wurde, dessen halbrund gewölbte Decke mit dem äußeren Abschluss korrespondiert. Auf seine Bestimmung als Musiktempel machen vier Büsten aus dem Jahr 2003 aufmerksam. Sie ehren Felix Mendelssohn-Bartholdy, Clara und Robert Schumann sowie Norbert Burgsmüller, die Größen des Düsseldorfer Musiklebens im 19. Jahrhundert.

Bauten von Frank Gehry am Medienhafen

Mittelalterliche Häuser,
Suitbertus-Stiftsplatz

DÜSSELDORF-KAISERSWERTH

Der historische Rhein hatte sich an dieser Stelle stark verästelt und etliche Inseln („Werther") geschaffen. Die vielen Inseln und die schwache Wasserführung erlaubten es, den Strom zu überqueren. Schon um 700 erhielt hier Suitbert aus dem Gefolge des Niederrhein-Missionars Willibrord einen fränkischen Fronhof als Geschenk. Er gründete ein Kloster, das später in ein Stift umgewandelt wurde.

Kaiser Heinrich III. ließ ganz in der Nähe eine Pfalz errichten. Sie blieb im historischen Gedächtnis wegen eines Kidnappings: Der Kölner Erzbischof Anno II. entführte hier 1062 den elfjährigen Sohn des Pfalzerbauers Heinrich, ein faktischer Staatsstreich. Die Siedlung wurde 1145 Reichsstadt, deren Privilegien Kaiser Friedrich Barbarossa 1181 bestätigte. Er verlegte auch einen Rheinzoll an diesen Kreuzungspunkt wichtiger Handelswege und befahl den Bau einer neuen Pfalz.

Allerdings verlor die Pfalz später ihre Insellage, Kaiserswerth seinen Rang als Reichsstadt und gehörte ab 1424 samt Festung für 350 Jahre zu Kurköln. Auch die Einnahmen am Zoll gingen mit der Zeit zurück, dennoch bleibt die immer noch imposante Ruine der Pfalz ein geschichtsträchtiges Gemäuer.

Von der einstigen Bedeutung des Ortes zeugt auch St. Suitbertus. Nur wird bei der Pfeilerbasilika aus der 2. Hälfte des 12. Jahrhunderts ein Westturm vermisst, der 1243 abgetragen wurde, denn er hätte die Verteidigung der Festung gefährdet. Kurz zuvor hatte die Kirche einen neuen Chor erhalten, in dem der kostbare Schrein mit den Gebeinen des heiliggesprochenen Patrons seinen Platz fand.

Fürchterlich zerstört wurde Kaiserswerth im Pfälzischen Erbfolgekrieg 1702. Immerhin hat das Alte Zollhaus (1635) mit seinen beiden Schweifgiebeln den Beschuss halbwegs heil überstanden. Auch die Stiftsimmunität bleibt im Ortsbild ablesbar. Unter den Häusern hat die Adresse Stiftsplatz 14 den höchsten Denkmalwert. Hier wurde der Kern eines romanischen Gebäudes wieder herausgearbeitet, sein besonderes Kennzeichen sind die Zwillingsfenster in der westlichen Giebelwand.

Ruine der mittelalterlichen Kaiserpfalz

Historisches Haus am Suitbertus-Stiftsplatz, Düsseldorf-Kaiserswerth

Campino

DIE TOTEN HOSEN UND DIE DEG

„Alles aus Liebe – 40 Jahre die Toten Hosen", so lautet der Titel ihrer Tournee im Jahr 2022. Ihr erstes Konzert gab die Band um den charismatischen Sänger und Frontmann Andreas Frege, besser bekannt als Campino, im April 1982 im Schlachthof in Bremen, wo sie versehentlich noch als „Die Toten Hasen" angekündigt wurden. Musikalisch knüpft die Band an den britischen Punk der 1970er-Jahre an und versteht sich als Live-Band, die den engen Kontakt zum Publikum sucht. Mit ihrem Debütalbum *Opel-Gang* werden die Hosen deutschlandweit bekannt, 2006 wird das Album mit einer Goldenen Schallplatte ausgezeichnet. Heute sind Songs wie *Eisgekühlter Bommerlunder, Hier kommt Alex* oder *Tage wie diese* längst zu Klassikern geworden. Zudem sind Campino & Co. leidenschaftliche Fans von Fortuna Düsseldorf. Aber mit Düsseldorf assoziiert man nicht nur Fußball, Musik und Karneval: Die Düsseldorfer EG, ein Gründungsmitglied der Deutschen Eishockey-Liga, verzeichnet insgesamt acht Titel als Deutscher Meister und hält mit 14 Playoff-Siegen in Folge (1990–94) immer noch einen Rekord. Spielort war jahrzehntelang das Eisstadion an der Brehmstraße, seit 2006 gleitet der Puck im PSD Bank Dome in Düsseldorf-Rath über das Eis. Der Erzrivale ist, wie könnte es anders sein, der Klub aus der Domstadt am Rhein, soll heißen: die Kölner Haie – gleichwohl ist die Rivalität so ähnlich wie die zwischen Kölsch und Alt. Ein größeres Polizeiaufgebot hingegen ist bei Spielen gegen den anderen Landesrivalen erforderlich, wenn die DEG auf die Pinguine aus Krefeld trifft.

Campino (l.) von den Toten Hosen und Sakke Järvenpää (r.) von den Leningrad Cowboys bei einem Benefizspiel 1995

Brunnen am Barbarossaplatz

OBERKASSEL

Im Gegensatz zu Köln und Bonn liegt Düsseldorf vorwiegend auf der rechtsrheinischen Seite – Ausnahme ist der Stadtteil Oberkassel am sogenannten Rheinknie, der aufgrund seiner gut erhaltenen Altbauten mit großzügigen Wohnungen und einer sehr vielfältigen Infrastruktur seit vielen Jahren eine begehrte Wohngegend bei Künstlern und Intellektuellen ist. Schon im frühen 20. Jahrhundert wohnten hier bekannte Maler, Schauspieler und Theaterregisseure, Joseph Beuys lebte und arbeitete seit 1961 in Oberkassel bis zu seinem Tod 1986. Noch heute wohnt hier der Maler und Objektkünstler Günther Uecker; bekannte Fotografen wie Thomas Ruff, Axel Hütte, Andreas Gursky und Laurenz Berges haben hier ihre Studios. Bildhauer wie Jörg Wiehle oder der für seine provokativen Karnevalswagen berühmte Jacques Tilly und seine Frau, die Filmemacherin Ricarda Hinz, sind ebenfalls Oberkasseler. Die Vielfalt der Ateliers und die hohe Dichte an Künstlern führte zu einem gesellschaftspolitischen Engagement, das für eine solch bürgerliche Gegend eher ungewöhnlich ist. Kritik und Provokation sind etwas, das man nicht unbedingt mit der Finanz- und Modestadt verbindet,

Japanisches Kulturzentrum

Häuserfassade in Oberkassel

doch hat der Düsseldorfer Campino mit seinen Toten Hosen bewiesen, wie erfolgreich man genau damit werden kann.

Auch zahlreiche betuchte Rechtsanwälte, Grafiker, Designer und Werbefachleute fühlen sich im Stadtteil Oberkassel wohl, der, zusammen mit dem benachbarten Niederkassel, den höchsten Anteil an japanischen Anwohnern hat. Sie alle genießen die nahe gelegenen und weitläufigen Rheinwiesen, die edlen Boutiquen und Cafés sowie den traumhaften Ausblick auf die gegenüberliegende Düsseldorfer Altstadt – sorgen leider aber auch für eine immer stärkere Gentrifizierung und extrem hohe Mietpreise: Oberkassel gilt als eine der teuersten Düsseldorfer Adressen. Immerhin können sich weniger betuchte „Normalbürger" die größte Kirmes am Rhein leisten, die alljährlich auf der Oberkasseler Festwiese stattfindet und eines der größten Volksfeste Deutschlands ist.

Japanischer Garten

Rheinterrassen-Restaurant, 1926

RHEINTERRASSE(N)

Im Norden der Ehrenhofanlage, direkt am Rheinufer, befindet sich die Rheinterrasse (oft auch in der Mehrzahl genannt). Hier finden Karnevalsfeiern und Hochzeiten ebenso statt wie Betriebsfeiern oder Firmenveranstaltungen und Promis drängeln sich auf roten Teppichen zu diversen Galas und Preisverleihungen. Aber auch für Kunstausstellungen und Live-Events ist die Rheinterrasse der perfekte Veranstaltungsort. Schon die Toten Hosen haben sie in ihrem Kultsong *Tage wie diese* besungen: „Durch das Gedränge der Menschenmenge bahnen wir uns den altbekannten Weg, entlang der Gassen zu den Rheinterrassen."

Das Gebäude ist seit seiner Erbauung in den Goldenen Zwanzigern eine feste Adresse in Düsseldorf. Zwischen 1924 und 1926 nach Plänen von Wilhelm Kreis zur Ausstellung *GeSoLei* errichtet, liegt der Bau im Stil des Backsteinexpressionismus am Joseph-Beuys-Ufer 33 in Düsseldorf-Pempelfort. Geplant waren mehrere Cafés und Versammlungssäle, das Konzept gilt bis heute. Vier Säle und ein Kurfürstenzimmer sowie zwei Außenbereiche bieten Platz für 70 bis über 1000 Personen. Während Silbersaal und Gelber Salon die kleineren Locations sind, beeindruckt der 468 m² große Rheingoldsaal mit seiner muschelförmigen goldenen Schirmkuppel. Nach außen wölbt sich der zentrale Baukörper zur Straßenseite hin in konvexer Form und wird von zwei Türmen flankiert.

In den 1990er-Jahren wurde die Rheinterrasse um den sogenannten Radschlägersaal von Helmut Hentrich erweitert, dieser fasst rund 1000 m² Fläche und ist mit der neuesten digitalen Technik ausgestattet.

August Macke (1887–1914), *Reiter und Spaziergänger in der Allee*, 1914, Öl auf Leinwand, Ostwall-Museum, Dortmund

DER BLAUE REITER

Die Künstlergruppe Der Blaue Reiter wurde 1911 ins Leben gerufen, als sich mehrere Künstler wegen Differenzen hinsichtlich der Ausrichtung und Zielsetzung der Neuen Künstlervereinigung München von dieser abspalteten und eigene Wege gingen. Treibende Kraft dieser Trennung und Spiritus Rector des Blauen Reiters war Wassily Kandinsky. Neben ihm gehörten noch Franz Marc, Gabriele Münter und Alfred Kubin dazu.

Im Mai 1912 erschien ein von Kandinsky und Marc verantworteter Almanach, der als eine der bedeutendsten künstlerischen Programmschriften des 20. Jahrhunderts gilt. Darin skizzieren sie ihren Ansatz einer Kunst, deren „Harmonielehre und Kontrapunktik die Malerei dazu befähigen sollte, ihre Elemente – Farbe und Linie – ebenso zu gebrauchen wie die Musik die Töne." Wegen ihrer Zusammenarbeit mit dem Komponisten Alban Berg bezeichnete man ihr Konzept später auch als synästhetischen Expressionismus.

An Kandinskys Bildern lässt sich die Entwicklung des künstlerischen Ansatzes gut erkennen. Von der noch relativ wirklichkeitsgetreuen Nachbildung der Natur bis hin zur vollständigen Abstraktion – die erstmals in einem seiner Aquarelle aus dem Jahr 1910 ersichtlich wird – zeichnet sich Schritt für Schritt das Programm ab.

Letztlich war es der Erste Weltkrieg, der für das frühe Ende der Gruppe verantwortlich war. Kandinsky ging zurück nach Russland, August Macke fiel im Krieg in der Champagne, Franz Marc 1916 bei Verdun; Alexej Jawlensky lebte mit Marianne von Werefkin in der Schweiz.

Auch Paul Klee war der Gruppe freundschaftlich verbunden und sorgte mit dafür, dass bestimmte Ideen des Blauen Reiters einflussreich blieben.

Wassily Kandinsky (1866–1944), *Blauer Kreis*, 1922, Öl auf Leinwand, Guggenheim-Museum, New York

Alexej von Jawlensky (1865–1941), *Spanierin*, um 1911, Öl auf Karton

DIE BRÜCKE

Im Jahr 1905, also im selben Jahr, in dem sich in Paris die Gruppe der Fauves zusammenfand, taten sich vier Studenten der Dresdener Technischen Hochschule zur Künstlergemeinschaft Die Brücke zusammen. Zu den Mitgliedern dieser Gruppe sollten während ihres Bestehens Künstler wie Ernst Ludwig Kirchner, Karl Schmidt-Rottluff, Erich Heckel, Max Pechstein, Otto Mueller und für kurze Zeit auch Emil Nolde gehören.

Ohne Übertreibung lässt sich konstatieren, dass diese Gründung auch den Beginn des Expressionismus in Deutschland markiert. Kennzeichnend für die Kunst aller zur Gruppe gehörenden Künstler war, trotz vieler Unterschiede im Einzelnen, die Betonung der psychischen und seelischen Momente und deren Niederschlag in der Malerei. Stets waren die Künstler der Brücke auf der Suche nach dem hinter der farblichen Oberfläche verborgenen Geheimnis. Diese Suche bedingte zugleich eine Abkehr von der idealisierten Menschendarstellung vorangegangener Kunstepochen sowie die Darstellung des Hässlichen und Gewöhnlichen. Von zentraler Bedeutung war für sie der Einfluss der „primitiven" Kunst anderer Erdteile, auf die auch die Tatsache zurückzuführen ist, dass den Gesichtern in ihren Bildern oft etwas Maskenhaftes anhaftet. Im Jahr 1913 löste die Brücke sich auf, da die künstlerischen Differenzen immer offener zutage traten.

Ernst Ludwig Kirchner (1880–1938), *Eine Künstlergemeinschaft, 1925*, Öl auf Leinwand, Museum Ludwig, Köln

Otto Mueller (1874–1930), *Liebesfrühling II*, um 1903, Öl auf Leinwand, Schlesisches Museum, Görlitz

E. L. Kirchner, *Frauenakt*, 1909, Öl auf Leinwand, Albertina, Wien

August Macke, *Die Frau des Malers, lesend*, 1914, Aquarell, Privatsammlung

RHEINISCHER EXPRESSIONISMUS

So wichtig München, Dresden und Berlin für die Entwicklung des Expressionismus als Stilrichtung waren, so bedeutsam war das Rheinland für seine Akzeptanz und Durchsetzung. Eine große Rolle spielte hierbei der vermögende Karl Ernst Osthaus, der schon mit 24 Jahren begann, sein Museum in Hagen, das spätere Folkwang-Museum, zu bauen. Osthaus wurde auch der erste Vorsitzende des „Sonderbundes westdeutscher Kunstfreunde und Künstler", dessen Ausstellungen von 1909 an wichtige Foren für die Annäherung der aktuellen deutschen und der modernen französischen Kunst wurden.

Der Begriff „Rheinischer Expressionismus" wurde 1913 durch August Macke geprägt – hauptsächlich aus strategischen Gründen. In der Buchhandlung Cohen in Bonn organisierte er eine unter diesem Titel stattfindende Ausstellung mit dem Ziel, das Rheinland als künstlerisches Zentrum zu etablieren. Bei allen individuellen Unterschieden verband die beteiligten Künstler der Wille zu einem neuen, expressiven Stil und die Nähe zur französischen Kunst der Fauves. Das war nicht nur in August Mackes Werken selbst abzulesen. Seine harmonischen Farbkombinationen und die strahlend-leuchtende Wirkung seiner Bilder (denen zuweilen auch ein gewisser Hang zum Dekorativen vorgeworfen wurde) unterschieden sich deutlich von der Wildheit und Aggressivität etwa der meisten Werke der Brücke-Künstler. Neben Macke werden dem Rheinischen Expressionismus noch viele weitere Künstler zugerechnet, so Heinrich Campendonk, Heinrich Nauen, der frühe Max Ernst und Hans Thuar.

August Macke, Plakat, 1913, Linolschnitt und Aquarell auf Papier, Privatsammlung

Kempener Stadtmühle mit Stadtmauer

SCHLOSS MOYLAND

Schloss Moyland ist eine Backsteinarchitektur, vor der die Neogotik-Skeptiker der eklektizistischen Stilrichtung einiges abbitten könnten. Natürlich hatte der zentrale Vierflügelbau einen mittelalterlichen Vorgänger, der sich im 17. Jahrhundert zu einem Barockschloss häutete. Im 19. Jahrhundert erhielt es das heutige Erscheinungsbild, dessen Gotik um den barock erhaltenen Kern sozusagen herum gebaut wurde. Der Entwurf geht auf keinen Geringeren als den Kölner Dombaumeister Ernst Friedrich Zwirner zurück.

Dass der damalige Besitzer und Bauherr Nikolaus Johann von Steengracht willens war, beiden Stilen gerecht zu werden, zeigt der Garten um das Schloss herum. Er hat Komponenten barocker Gartenarchitektur, ist aber insgesamt ein Landschaftsgarten nach englischem Vorbild, gemischter Stil hieß das damals.

Dieses sanierte „Burg"-Schloss nahm 1997 die Sammlung der Brüder van der Grinten auf, die enge Freunde von Joseph Beuys waren. Ihre Sammlung mit 5000 unterschiedlichen Arbeiten dieses Niederrheiners bildet den Schwerpunkt der Ausstellungen. In Schloss Moyland hat auch das Institut der Kunstakademie Düsseldorf seinen Platz gefunden, das sind noch einmal rund 20 000 Archivalien zu ihrem einstigen Professor. Hinzu kommt eine umfangreiche Bibliothek.

KEMPEN

Beim Bau einer Landesburg achteten die Kölner Fürstbischöfe stets darauf, dass sie besondere Wehrhaftigkeit ausstrahlte. So verdeutlichte schon ihr Erscheinungsbild den Hoheitsanspruch. Die Kempener Feste stand an der nordöstlichen Grenze des Erzstifts und sollte den Jülichern und den Herzögen von Brabant die Stirn bieten. Aus einer Anlage des 14. Jahrhunderts wurde 1634, mitten im Dreißigjährigen Krieg, eine eher schlossähnliche Architektur, allerdings eine, die auch Festungselemente integrierte.

Dann erlitten die katholischen Truppen in der Schlacht auf der nahen Kempener Heide eine vernichtende Niederlage, sie brachte den gesamten Nordteil Kurkölns in die Gewalt der Protestanten. Später war die „Schloss"-Burg dem Verfall preisgegeben, bis ihr Wiederaufbau im Geist der Romantik wieder den Burgencharakter der Zweiflügelanlage herausstellte. Noch heute präsentiert sich die Anlage als trutziger Bau mit drei massiven Rundtürmen.

Der Burg nahezu gegenüber liegt ein Bollwerk des katholischen Glaubens, nämlich die ehemalige Niederlassung der Franziskaner. Das Kloster selbst ist ein Neubau aus dem 18. Jahrhundert, auch die Kirche St. Katharina wurde damals umgestaltet. Gönner war hier Kurfürst Clemens August, und die original erhaltene, farbenfrohe Ausstattung dürfte ganz in seinem Sinn gewesen sein. Im Kloster zeigt heute das Kempener Kramer-Museum seine Schätze.

Den Mittelpunkt des historischen Kempen aber verkörpert die Propsteikirche St. Martin. Ihr älterer Turm ist von der gotischen Halle an drei Seiten eingefasst, die Joche ihrer Seitenschiffe sind eigens mit Giebeln versehen. Die Arbeiten waren 1460 beendet, ein Jahr jünger ist das schlicht-elegante Sakramentshäuschen des Kölner Dombaumeisters Konrad Kuyn. Auch das Chorgestühl von 1493 genügt höchsten Ansprüchen. Die Kirche besitzt zudem drei spätgotische Retabel aus Antwerpener Werkstätten, die wegen der Qualität ihrer Schnitzaltäre einen ausgezeichneten Ruf hatten.

Der historische Stadtkern gilt zu Recht als gelungenes Beispiel der Stadterneuerung. Von der alten Befestigung ist das eindrucksvolle Kuhtor von 1370 übrig geblieben. Auch die wiederhergestellte Turmmühle war Teil des Berings, selbst Wall und Graben lassen sich noch gut im Kartenbild ablesen. Einen wunderschönen Winkel aber besitzt Kempen mit seiner Alten Schulstraße und ihrem Fachwerk.

Burg Kempen

Schloss Moyland

Bislicher Insel

Platanenallee und Stadtturm

BISLICHER INSEL

Nur noch wenige Auenlandschaften sind in Deutschland erhalten, eine davon ist die Bislicher Insel zwischen Ginderich und Xanten im Landkreis Wesel. Auf der 12 km^2 großen Fläche befindet sich ein Naturschutzgebiet, in dem neben zahlreichen Vogelarten auch seltene Schmetterlings- und Schneckenarten heimisch sind.

Entstanden ist die Bislicher Insel durch eine Flussbegradigung des Rheins, die Friedrich der Große 1788 angeordnet hatte. Der einstige Hauptarm wurde so zu einem stillen Nebenarm, der nur noch über den Graben „Göt" oder bei Hochwasser mit dem Rhein verbunden ist. Dieser über 5 km lange Xantener Altrhein ist das Kernstück des Naturschutzgebietes, das ein breites Spektrum an Wasser- und Uferpflanzen sowie Weichholzauenwäldern aufweist.

Zehntausende Wildgänse wie Grau-, Saat- und Blässgänse überwintern hier, dazu kommt die größte Kormorankolonie Nordrhein-Westfalens. Neben Nil-, Kanada- sowie Brand- und Zwerggänsen wird auch jedes Jahr die Anzahl der Störche und Reiher größer. Auch Rohrdommeln, Flussregenpfeifer, Wachtelkönige oder verschiedene Schnepfenarten können regelmäßig beobachtet werden. Im Wasser des Nebenarms tummeln sich Bitterlinge, Flussneunaugen und Steinbeißer sowie mehrere Barscharten, Karpfen, Aale, Zander und Hechte. Allerdings ist der Fischbestand aufgrund der geringen Wassertiefe und des hohen Nährstoffgehalts in den trockenen Sommermonaten gefährdet.

Das Infozentrum „NaturForum" in der Inselmitte verfügt über ein Besucherzentrum mit der Dauerausstellung „AuenGeschichten", von einem ehemaligen Trafoturm können Besucher die Vogelwildnis beobachten.

XANTEN

Keine andere Stadt in Deutschland beginnt mit X. Der Buchstabe gehört zum dreifach sagenhaften Ursprung der Stadt. Xanten hat sich aus dem lateinischen Ad sanctos, „bei den Heiligen", entwickelt. Mit den Heiligen, also Plural, ist die Thebäische Legion gemeint, rund 6000 Soldaten, die geschlossen zum Christentum übertraten und allesamt den Märtyrertod starben. Ihnen wurde an etlichen Orten entlang des Rheins gehuldigt. Im Fall von Xanten konzentriert sich die Verehrung auf den heiligen Viktor.

Ein anderer Gründungsmythos verbindet die Stadt und ihre nähere Umgebung mit Troja. Nach dessen Eroberung sollen die überlebenden Einwohner in alle Weltgegenden zerstreut worden sein und neben Rom auch Xanten gegründet haben. Vermutlich ist diese Überlieferung auf die Lautähnlichkeit des „Traiana" im Namen der römischen Stadt zurückzuführen.

Und „(ze) Santen" heißt der Ort in der um 1250 entstandenen St.-Gallener-Handschrift des Nibelungenlieds. „Heran wuchs in den Niederlanden/eines edlen Königs Kind", gemeint ist natürlich Siegfried, für den sich dann auch der Zusatz „von Xanten" eingebürgert hat.

Die solideste Grundlage für die weitere Entwicklung ist aber doch die Verbindung zur Thebäischen Legion, die erste Erwähnung um 590 gilt allerdings einem ihrer Blutzeugen namens Mallosus. Wie auch immer, Funde

Amphitheater mit Stadtmauer und Wachturm

Rekonstruiertes Amphitheater

Hafentempel (Rekonstruktion), Archäologischer Park Xanten

aus dem Gräberfeld im heutigen Stadtzentrum lassen eine frühe christliche Prägung vermuten.

Im Jahr 752 steht hier eine karolingische Kirche, und bald ist von einem Stift St. Viktor die Rede. Das Stift ging der Siedlung voraus, die sich südlich von diesem entwickelte. Der Ort entstand über dem römischen Gräberfeld, und die Stiftsadresse Ad santos ging auf ihn über.

Auf den hohen Rang der geistlichen Gemeinschaft deutet hin, dass der Stiftsbezirk lange vor dem Ort befestigt war. Seine Kirche St. Viktor mit ihrer Doppelturmfassade ist die bedeutendste Architektur der Stadt. Der heutige Bau, dem etliche vorausgingen, wurde 1263 begonnen, und es sollte 281 Jahre dauern, bis die Arbeiten vollendet waren. Aus dem Prestige des Stifts erklären sich die wertvollen Ausstattungsstücke seiner Kirche, allen voran der Lettner aus der Zeit um 1500. Wertvolle Stücke aus dem Kirchenschatz zeigt auch das benachbarte Stiftsmuseum.

Bemerkenswert spät erhielt Xanten 1389 seine Stadtmauer. Von ihr blieben das Klever Tor und ein verstärkter Turm erhalten, der hier wie auch andernorts üblich als Windmühle genutzt wurde und später den Namen der Siegfried-Gattin Kriemhild bekam. Schönstes Gebäude Xantens ist das Gotische Haus am Markt, noch um 1540 mussten für sein Mauerwerk Steine aus der ruinösen römischen Stadt herhalten.

Stadtpanorama mit Dom St. Viktor und Kartause in Xanten

DIE RÖMER AM NIEDERRHEIN

Der „nasse Limes" ist nicht so bekannt wie der oberrheinische, weil der Unterlauf des Stroms selbst die Grenze war. Noch bevor das Imperium die Versuche aufgab, sein Hoheitsgebiet nach Großgermanien auszudehnen, wurden hier bereits Lager gebaut. Spätere Kastelle hatten defensiven Charakter, denn die Römer verließen sich nicht ausschließlich auf den Schutz des Stroms. So reihen sich ihre Kastelle wie an einer Perlenschnur entlang des linken Rheinufers. Die meisten haben eine Geschichte, die einige Neu- oder Umbauphasen einschließt.

Das Legionslager im Neusser Ortsteil Gnadenthal (Novaesium) diente ursprünglich als Basis für die Eroberung Großgermaniens. Der Garnisonsplatz Asciburgium (Moers-Asberg) war offenbar dazu bestimmt, die Mündung der Ruhr am anderen Rheinufer zu überwachen. Das Kastell Gelduba (Gellep-Stratum, Ortsteil von Krefeld) lag in der Nähe einer ubischen Siedlung, von der es den Namen übernahm. Die hiesige Nekropole hatte viele tausend Gräber und ist ein Beispiel dafür, dass es für manche römerzeitliche Orte durchaus eine Siedlungskontinuität bis hinein in die Karolingerzeit gab.

Dank der Luftbildfotografie gelang vor Kurzem die Entdeckung eines weiteren großen Militärlagers im Bereich des heutigen Bedburg-Hau. Eine markante römische Geschichte haben auch Xanten und seine Umgebung. Bereits das Legionslager Vetera I diente als nördlicher Stützpunkt für die letztlich ergebnislosen Vorstöße ins rechtsrheinische Feindesland. Nach seiner Zerstörung 69/70 wurde es durch Vetera II ersetzt, das etwas weiter südlich lag.

Vor allem aber besaß der Niederrhein mit der Colonia Ulpia Traiana ein veritables Gemeinwesen, das nach Trier und Köln die drittgrößte Stadt nördlich der Alpen war. Sie erhielt das Privileg einer Colonia nach römischem Recht um 100 n. Chr., wahrscheinlich verödete sie nach den Frankeneinfällen um 275/76. Als „Römerpark Xanten" wurde und wird sie zum Teil rekonstruiert und ist heute eine viel besuchte Attraktion.

Kloster Kamp

KAMP-LINTFORT UND KEVELAER

Die ehemalige Zisterzienserabtei Kamp auf dem sogenannten Kampener Berg wurde 1123 gegründet und war das erste Zisterzienserkloster im damaligen deutschsprachigen Raum. Im Zuge des Truchsessischen Krieges (1583–88) wurde die ganze Anlage zerstört und im 17. Jahrhundert im gotischen Stil wieder neu erbaut, im Inneren jedoch barock ausgestattet – wie auch die beiden markanten Zwiebeltürme an der Ostwand. Kamp-Lintfort ist weit über die Stadtgrenzen hinaus bekannt für seine herausragenden Klostergärten – Barockgarten, Alter Garten und Obstgarten – sowie für den außergewöhnlichen Terrassengarten. Bei letzterem wehrt sich das innere Auge gegen die backsteinerne Strenge von Kirche und Klosterbauten darüber und würde das Bild stattdessen gerne mit einem Schlösschen in lieblichem Rokoko abschließen. Tatsächlich lassen alte Stiche die Annahme zu, dass hier der Terrassengarten am Potsdamer Schloss Sanssouci Pate stand. Doch so sehr dieser Garten den Geist des 18. Jahrhunderts zu verkörpern scheint, er ist eine Neuschöpfung der späten 1980er-Jahre, wenn auch eine nach den Bildvorlagen der Entstehungszeit. Die breite Treppe in der Achse mündet in den ebenerdigen Garten, der die strengen Formen französischer Barockgärten nachbildet. Einer symmetrischen Anlage war eine aktuelle Bundesstraße im Weg. Eine Wasserstraße aber sollte die „Fossa Eugenia" sein und als 40 km langer Kanal Rhein und Maas verbinden. Das ehrgeizige Projekt wurde 1629 begonnen, aber um 1633 schon wieder aufgegeben. Heute sind wasserführende Teile des Kanals Naturidyllen, so auch die Partie unterhalb von Kloster Kamp.

DIE RHEINISCHE MARIENVEREHRUNG

Begonnen hatte alles zur Weihnachtszeit im Jahr 1641, als der Handelsmann Hendrick Busman im niederrheinischen Kevelaer beim Gebet an einem Hagelkreuz mehrmals eine Stimme vernahm: „An dieser Stelle sollst du mir ein Kapellchen bauen!" Seine Frau Mechel Schrouse hatte zu Pfingsten dann eine nächtliche Erscheinung und sah in einem großen glänzenden Licht ein Heiligenhäuschen mit einem Bildchen der Gottesmutter Maria, das ihr kurz vorher zum Kauf angeboten worden war. Ihr Mann machte das Bild ausfindig und es wurde vom damaligen Kevelaerer Pfarrer in das inzwischen erbaute Kapellchen eingesetzt. Der Ort wurde von der katholischen Kirche als Wallfahrtsort anerkannt, und schon bald mehrten sich die Berichte von Wunderheilungen. Die Zahl der Pilgerbesuche wuchs rasch, an manchen Tagen sollen bis zu 15 000 Gläubige den kleinen Ort besucht haben.

Kerzenkapelle, Altar mit Mariendarstellung, Kevelaer

Schloss Dieprahm, Kamp-Lintfort

Mehrfach wurden sie im Laufe der Jahrhunderte von den jeweils Herrschenden verboten, doch die Wallfahrten wurden jedes Mal wieder aufgenommen und führten dazu, dass die Stadt sich zum größten Wallfahrtsort Nordwesteuropas entwickelte. Fast eine Million Gläubige pilgern jedes Jahr zum Kapellenplatz mit der Gnadenkapelle, der Marienbasilika, der Kerzenkapelle und der Beichtkapelle, um hier eine Kerze anzuzünden und um den Segen der Gottesmutter zu bitten. 1987 kamen anlässlich des Marianischen Weltkongresses sogar Papst Johannes Paul II., Mutter Teresa und Joseph Kardinal Ratzinger (der spätere Papst Benedikt XVI.) zu dem berühmten Wallfahrtsort am Niederrhein. Zwei Jahre zuvor fanden hier die erste Motorradwallfahrt und das erste Weltmusikfestival statt, die seitdem jährlich durchgeführt werden.

Kerzenkapelle, Inneres, Kevelaer

Kalkar, St. Nicolai, Georgsaltar

KALKAR UND SEINE SCHNITZALTÄRE

Auf dem gemalten Flügel des Hochaltars ist das Rathaus der Stadt zu sehen, und immer noch beherrscht dieser spätgotische Backsteinbau den Marktplatz von Kalkar. Er bezeugt den wirtschaftlichen Aufschwung der Region in den Jahrzehnten um 1500, dem eine kulturelle Blüte entsprach. Sie spiegelt sich eindrucksvoll in der Ausstattung von St. Nicolai wider, das gilt besonders für ihren reichen Schatz an Schnitzaltären.

Die Quellen nennen den herausragenden Meister „Arnt Beeldsnider", der schon bei den Zeitgenossen in hohem Ansehen gestanden haben muss. Er und seine Werkstatt arbeiteten sowohl in Kalkar als auch im niederländischen Zwolle. Arnt starb 1492, den Hochaltar von St. Nicolai mussten andere vollenden. Als vortrefflichen Künstler zeigt ihn der Georgsaltar. Trotz des Figurenreichtums ist das Tableau im dreigeteilten Schrein souverän komponiert, ohne im Detail an Genauigkeit einzubüßen. Die zum Teil fast vollplastischen, fein profilierten Gestalten sind von großer Ausdruckskraft. Und natürlich steht im Mittelpunkt der Kampf des Heiligen mit dem Drachen. Neben dem Untier kniet die gerettete Königstochter.

Nach 1518 lieferte Henrik Douverman (gest. 1543) mit dem Sieben-Schmerzen-Altar seine bedeutendste Arbeit ab. Im Schnitzwerk ist die Kreuzigung Christi farbig dargestellt. Douvermans expressiver Stil zeigt sich noch in der zerklüfteten Landschaft. In der Predella bringt die Wurzel Jesse aus dem Leib des schlafenden Christus feinst verzweigtes Astwerk hervor, ein Motiv, das im Rankenrahmen des Schreins entfaltet wird. Der Aufbau gipfelt in einem virtuosen Gesprenge. Es mutet wie der Schwanengesang dieser Epoche an.

Die Flügel dieser Altäre sind gemalt, doch über ihre Urheber ist wenig überliefert. Ein Name zumindest lässt sich für den Meister des Hochaltars nennen. Jan Joest von Kalkar (gest. um 1519) war ein Neffe des Weselers Derick Baegert, in dessen Werkstatt er seine Laufbahn begann.

Gebäude der Burg Linn, Krefeld; im Hintergrund das Jagdschloss

SEIDENSTADT KREFELD

So souverän darf die Krefelder Geschichte nun auch wieder nicht verkürzt werden, als dass die Nekropole von Gellep-Stratum unerwähnt bliebe. Sie ist deutschlandweit eines der wenigen Zeugnisse einer ununterbrochenen Besiedlung von der Römerzeit bis ins 8. Jahrhundert.

Aber es ist schon so: Krefelds Historie steht im Schatten der „Samt- und Seidenweberstadt". Ihr vorausgegangen war die Entwicklung der Herrlichkeit Krefelds zu einem neutralen Territorium, das im kriegsgeschüttelten Westen des Reiches auch eine Insel des konfessionellen Friedens war. Dort fanden die ringsum verfolgten Mennoniten eine Heimstatt, darunter der aus Radevormwald vertriebene Adolf von der Leyen (gest. 1698). Er und seine Söhne begründeten in Krefeld eine Dynastie von Seidenherstellern, die es zu großem Reichtum und zu einem Adelstitel zunächst (1813) vonseiten Frankreichs, drei Jahre darauf auch vonseiten Preußens brachten. Ihr ehemaliges Stadtpalais ist heute der Kern des Krefelder Rathauses und steht unter Denkmalschutz.

Hansa-Haus, ehemalige Seidenbörse, Krefeld

Rheinhafen Krefeld

Burg Linn

Während die Familie von der Leyen 1856 aus der Seidenproduktion ausschied, hielten andere weiter zum Gewerbe. Auch sie erreichten einen Wohlstand, der ihnen den Kauf von Sommersitzen samt Gartenanlagen ermöglichte. Wilhelm Deuß beispielsweise stiftete 1897 seiner Stadt nicht nur dessen Park, Stadtwald genannt, sondern gab anschließend auch Geld für dessen Erweiterung.

Auch in der Zwischenkriegszeit behauptete Krefeld eine europaweit führende Stellung im Bereich der Seidenproduktion. Und die Textilfabrikanten Hermann Lange und Josef Esters waren dem neuen Bauen gegenüber derart aufgeschlossen, dass sie Ludwig Mies van der Rohe (1886–1969) mit den Entwürfen zu ihren Villen beauftragten. Außerdem entstand nach Mies' Plänen sein einziger Industriebau auf dem Gelände der Vereinigte Seidenwebereien AG. Für seine Baukunst ist Krefeld ein sehr wichtiger Erinnerungsort.

Haus Sollbrüggen, ehemaliges Landhaus eines Seidenwebereibesitzers, Krefeld-Bockum

LINN – BURG UND TEXTILMUSEUM

Auch im Fall der Burg Linn begegnet einem das Thema Seidenbarone. Der verfallene Herrensitz wurde mit seinen Ländereien 1806 von einem der ihren erworben. Von diesem Isaak de Greiff kam Linn an seinen Sohn Philipp, der das zugehörige Jagdschloss mit seiner Familie bewohnte.

Ruinen, besonders gerne auch Burgruinen, fügten sich gut ins Ensemble eines Englischen Landschaftsgartens ein, als Zeichen einstiger Größe verkörperten sie romantische Schwermut. Um 1830 legte Maximilian Friedrich Weyhe um Burg Linn einen solchen Park an. Die Burg wurde später mehrmals instand gesetzt und mit dem Jagdschlösschen als Museum genutzt. Doch sollte es bis in 1980er-Jahre dauern, ehe sie wieder ein solides Dach erhielt. Nun entsprach ihr Äußeres den Erwartungen der Besucher und schützte dauerhaft ihr Innenleben. Seitdem macht Burg Linn wieder Eindruck, und dafür steht vor allem der mächtige Bergfried ein, als wäre ihr über Jahrhunderte nichts geschehen.

In Linn selbst, um 1330 als Stadt gegründet, hat das Deutsche Textilmuseum sein Domizil gefunden. Den Grundstock der Sammlung bilden die Objekte, an denen die technischen und künstlerischen Mitarbeiter der hiesigen Betriebe geschult werden sollten. Eine Forschungsstelle zur Restaurierung historischer Gewebe kam nach dem Zweiten Weltkrieg hinzu. Ihr reicher Fundus versammelt rund 30 000 Gewebe aus aller Welt, mit ihm bestreitet das Museum auch seine Wechselausstellungen.

Jagdschloss

Rathaus Abtei, Mönchengladbach

VIELFÄLTIGES MÖNCHENGLADBACH

Die Großstadt unweit der niederländischen Grenze steht vor allem für zwei Dinge: Textilindustrie und Fußball. Seit dem 19. Jahrhundert war Mönchengladbach der Hauptsitz der rheinischen Textilindustrie mit zahlreichen Baumwollspinnereien, Webereien, Färbereien, Eisengießereien und Maschinenfabriken. Nach einem umfassenden Strukturwandel im 20. Jahrhundert aufgrund der billigeren Konkurrenz aus Fernost erlebt die Textilindustrie seit einigen Jahren wieder eine Renaissance. Fußballfans dagegen verbinden Mönchengladbach eher mit der Borussia, dem Bökelberg und dem neuen Stadion Borussia-Park. Die Zeit der 1970er-Jahre mit dem legendären Trio der „Fohlen" Herbert Wimmer, Berti Vogts und Günter Netzer, von denen eine Statue in der Fußgängerzone in Eicken steht, markiert die erfolgreichste der Vereinsgeschichte. Die Altstadt rund um den Markt mit ihren über 100 Kneipen, Cafés und Diskotheken, wo sich die Fußballstars vergnügten, liegt in der Nähe des Abteiberges. Hier befindet sich im Museum Abteiberg von Hans Hollein eine herausragende Sammlung für Bildende Kunst des 20. und 21. Jahrhunderts mit Werken von Joseph Beuys, Sonia Delaunay-Terk, Richard Serra, Andy Warhol, Sigmar Polke, Gerhard Richter, Martin Kippenberger, der Gruppe ZERO und anderen.

Mehr zur Textilgeschichte der Stadt erfährt man auf Schloss Rheydt im südlich gelegenen gleichnamigen Stadtteil. Der Adelssitz von Otto von Bylandt wurde im 16. Jahrhundert vom italienischen Baumeister Maximilian von Pasqualini errichtet und beherbergt seit 1922 das Städtische Museum. Neben Zeugnissen aus der Industriegeschichte ist das Museum auch für seine umfangreiche Sammlung von Kunst- und Kulturgegenständen der Renaissance- und Barockzeit bekannt.

Ein weiteres Highlight der Stadt ist die Kaiser-Friedrich-Halle an der Hohenzollernstraße, hinter der sich der 30 ha große Bunte Garten mit seinem Botanischen Garten erstreckt.

Wasserturm in Mönchengladbach

Schloss Dyck, Jüchen

ADELSSITZE AM NIEDERRHEIN

Der Niederrhein ist eine Landschaft der Gärten und Parks, rund 300 Adelssitze gibt es hier. Eine außergewöhnliche Anlage besitzt mit Schloss Dyck in Jüchen auch einen ebenso außergewöhnlichen Mittelpunkt. Das Herrenhaus mit den zwei Vorburgen und einem Wirtschaftshof beanspruchte gleich vier Inseln im Kelzenberger Bach. Schloss Dyck war über Jahrhunderte die Residenz eines kleinen Territoriums, das sich gegen die ungleich mächtigeren Nachbarn behaupten konnte. Das Schloss selbst stammt aus dem 17. Jahrhundert, ein Teil seiner Räume wurde nach 1750 im Geist des Rokokos erneuert. Doch um das Schloss liegt ein Landschaftspark, der nach pfleglichen Eingriffen dem ursprünglichen Entwurf wieder sehr nahekommt. Entstanden von 1820 bis 1835, ist der Park ein Gemeinschaftswerk des damaligen Schlossherrn, des bedeutenden Kakteenforschers Fürst Joseph zu Salm-Reifferscheidt-Dyck, und des schottischen Gartenarchitekten Thomas Blaikie, der zu den Großen seines Fachs gehörte. Schloss und Park wurden 1999 in eine Stiftung überführt, die auch Träger eines europäischen Gartennetzwerks ist. Auch diese Aufgabe wirkt auf die Bedeutung des Parks zurück.

Nördlich von Jüchen liegt bei Korschenbroich das mittelalterliche Wasserschloss Myllendonk mitsamt Golfanlage äußerst malerisch mitten in einem Landschaftsschutzgebiet. Es ist ebenso in Privatbesitz wie Schloss Hülchrath in Grevenbroich: Die kurkölnische Landesburg diente 2020 als Drehort für den Tatort *Es lebe der König!*, und weiter nördlich, im Landkreis Viersen, treten ebenfalls regelmäßig Schauspieler auf: Das hufeisenförmig angelegte, einstige Wasserschloss Neersen der Adelsfamilie Virmond wird seit 1984 als Kulisse für die Neersener Schloss-Festspiele genutzt, bei denen schon TV-Stars wie Christoph Maria Herbst oder Kurt Weinzierl auftraten. Im Schlossgarten, der im Rahmen der Euroga 2002 Teil einer überregionalen Landesgartenschau Nordrhein-Westfalens war, befindet sich der „Park der Sinne".

Schon nahe der niederländischen Grenze liegen zwei weitere bekannte Adelssitze: Schloss Wissen ist Stammsitz der Familie von Loë und verfügt über einen wunderbaren Schlossgarten aus dem 17. Jahrhundert. Die Wasserburg Brüggen aus dem 13. Jahrhundert war einst die bedeutendste Burg im Norden des Herzogtums Jülich und beherbergt heute u. a. ein regionales Jagd- und Naturkundemuseum.

Schloss Myllendonk, Korschenbroich

Auenlandschaft, Museumsinsel Hombroich an der Erft

HOMBROICH – MUSEUMSINSEL UND RAKETENSTATION

Museumsinsel, Raketenstation und das Kirkeby-Feld dazwischen: Sie alle verdanken sich der Initiative eines einzelnen Menschen. Der Immobilienmakler und Kunstsammler Karl-Heinrich Müller (1936–2007) erwarb das Gelände der Museumsinsel 1982 und 1994. Keimzelle und Inspirationsquelle war hier ein durchgewachsener Park, der an sich schon aus einer Umgebung herausstach, die sich dem Diktat der landwirtschaftlichen Nutzung gebeugt hatte.

Ein Standort jedenfalls wie geschaffen, um die Leitidee Müllers zu verwirklichen: „Kunst parallel zur Natur". In Zusammenarbeit mit dem Gartenbauarchitekten Bernhard Korte und dem Künstler Erwin Heerich (1922–2004), von 1969 bis 1988 Professor an der Düsseldorfer Kunstakademie, entwickelte der Initiator einen Landschaftspark als Kunstwerk. Die enge Verbindung von Müller und Heerich führte dazu, die Skulpturen des Künstlers in die architektonische Dimension weiterzuentwickeln. Heerich schuf zehn skulpturale Bauten, die in Feldbrandstein ausgeführt wurden und der Präsentation von Müllers gesammelter Kunst dienen. Besonders eindrucksvoll sind der *Turm* und der Graubner-Pavillon. Gotthard Graubner, der 1982 der Gestalter des deutschen Pavillons auf der Biennale in Venedig war, besorgte auch die Installation der Kunstwerke Müllers, die zeitlich und künstlerisch ein weites Spektrum aufweisen.

Im Jahr 1994 kam die ehemalige NATO-Raketenstation Hombroich hinzu, die auch ein Lebens- und Arbeitsraum für Künstler sein sollte. Gearbeitet hat hier unter anderem der jung verstorbene Thomas Kling (1957–2005), gefeiert als der „zweifellos bedeutendste Dichter seiner Generation". Zentrum ist das „Kultur- und Kunstraumprojekt" des Japaners Tadao Andō, erstmals vorgestellt 1996 auf der Biennale in Venedig. Von Tadao stammt auch die Ausstellungshalle der Langen Foundation, eine Stiftung des Ehepaars Marianne und Viktor Langen.

Der *Turm* von Erwin Heerich, Museumsinsel Hombroich

Zwischen beiden vermittelt das Kirkeby-Feld, eingerichtet vom dänischen Künstler Per Kirkeby. Er sucht wie Heerich einen ähnlichen Zugang wie zur begehbaren Plastik, wählt aber für seine Großskulpturen das Material Backstein.

Müller entwickelte hier ein Konzept und einen Zugang zur Kunst, die ganz auf ihn zugeschnitten waren. Nach seinem Tod stellte sich die Frage, wie die Anlage in seinem Geist weiterentwickelt werden sollte. Das führte immer wieder zu Unstimmigkeiten zwischen den Hinterbliebenen. Doch bleibt die Museumsinsel Hombroich ein leuchtendes Beispiel dafür, wie eine ausgeräumte Agrarlandschaft zu „heilen" wäre.

Das Labyrinth von Erwin Heerich auf der Museumsinsel

AACHEN, DAS UMLAND UND DIE NÖRDLICHE EIFEL

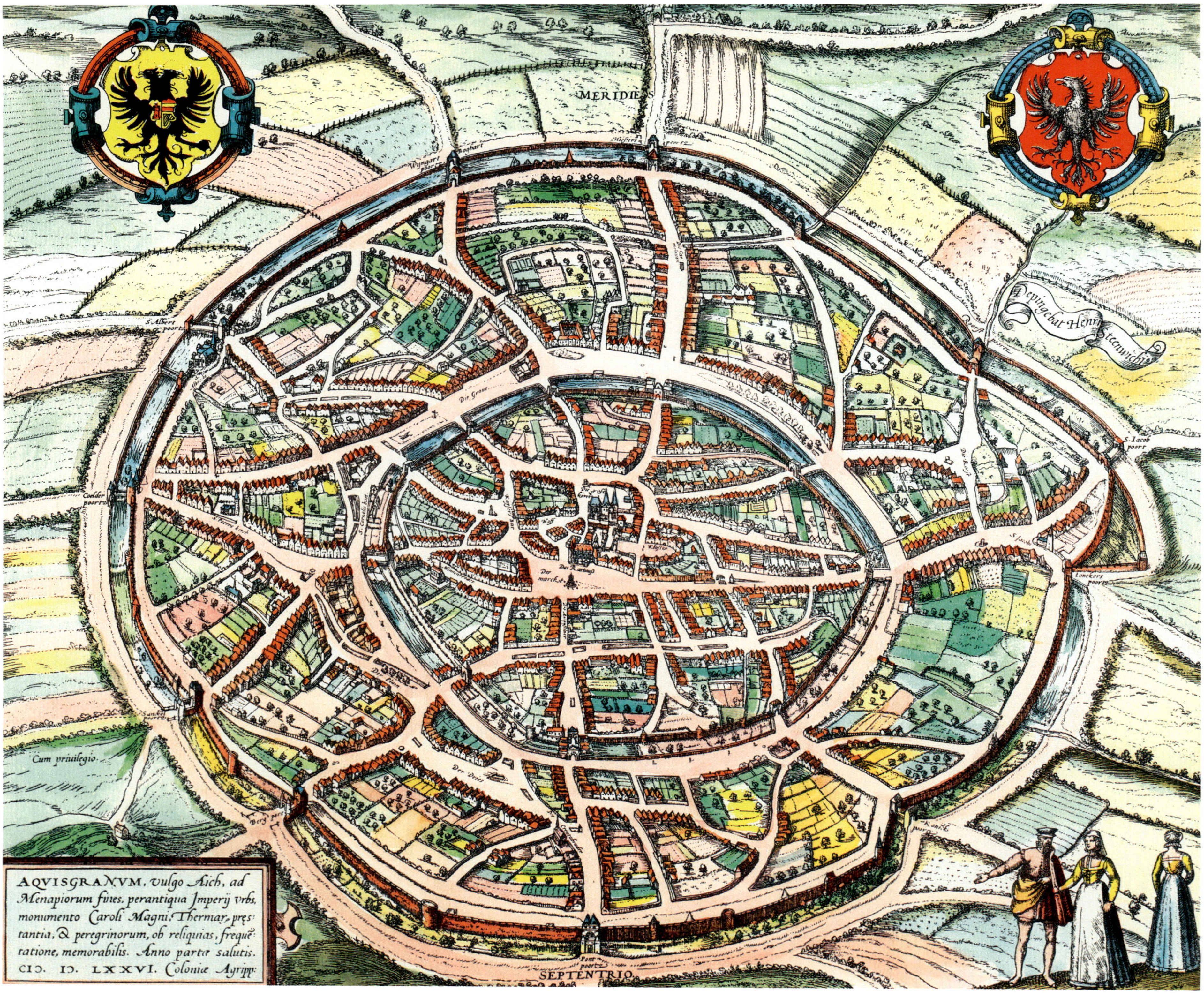

Aquisgranum, Vogelschauplan der Stadt Aachen, Kupferstich, altkoloriert,
aus: Georg Braun und Franz Hogenberg, *Civitates Orbis Terrarum*, Köln 1572–1618

AACHEN, DAS UMLAND UND DIE NÖRDLICHE EIFEL

Am Rand des Hohen Venns und dicht an der Landesgrenze zu Belgien steht sie: Kaiser Karls Bettstatt. Der Sage nach hat sich Karl auf der Jagd verirrt und sich hier bei Einbruch der Dunkelheit zur Ruhe gelegt.

Natürlich war er von Aachen aufgebrochen, seiner bevorzugten Pfalz, einer Art Residenz des Reisekaisers. Dem großen Karl verdankt die Stadt den Dom, diesen fast wundermäßigen Glücksfall der Architekturgeschichte. Der Rang dieses Bauwerks zeigt sich schon darin, dass es als zweite Stätte überhaupt ins UNESCO-Welterbe aufgenommen wurde.

Kaiser Otto III. wollte Aachen zu einem „zweiten Rom" machen, Friedrich Barbarossa erhob Aachen zur Freien Reichsstadt. Der Thron Karls des Großen im Dom hatte seine eigene Magie. Seit 936 und bis ins 16. Jahrhundert hinein wurden hier die deutschen Könige gekrönt.

Allerdings bedeutete schon 1336 Kaiser Ludwig der Bayer den Aachenern, ihre Stadt liege „an einem Ende vom Reich", mit anderen Worten: doch ziemlich abseits. Was übrigens auch für die Zugehörigkeit zum Rheinland gilt: Aachen ist Rheinland ohne Rhein.

Den späteren Bedeutungsverlust konnte Aachen ausgleichen. Wie bei Karl gaben die heißen Quellen und die Katastrophe eines fürchterlichen Stadtbrands den Anstoß für „Bad Aachen". Hier entstand im 17. Jahrhundert einer der mondänsten Kurorte Europas. Bis heute schreibt das Thermalwasser an Aachens Stadtgeschichte mit.

DIE NÖRDLICHE EIFEL

Auch die Entlegenheit hat ihre zwei Seiten. Wer sich von Aachen ins benachbarte Mittelgebirge aufmacht, gelangt bald zum zweiten Glanzlicht der Region, dem Nationalpark Eifel. Im Jahr 2004 wurde er eröffnet, bemerkenswerterweise ohne großen Widerstand aus der Bevölkerung. Genau genommen ist er ein „Entwicklungs-Nationalpark", also einer, der zu einem vollgültigen noch heranwachsen muss. Entwicklungshelfer ist der Borkenkäfer. Sein segensreiches Wirken hat die hier nicht heimischen Fichten bereits kräftig dezimiert.

Wer vom Nationalparkzentrum, also von der Ordensburg Vogelsang ins Tal hinunterschaut, dem wird sofort klar: Das Thema Wasser ist mit Aachens heißen Quellen noch nicht erschöpft. Hier laden die Wolken vom Atlantik her ihre Regenlast ab. Die hiesigen Niederschlagsmengen gaben den Ausschlag zum Bau der (älteren) Urft- und der großen Rurtalsperre. Und da Wasser und Wald so schön zusammenspielen, fühlt sich so mancher an die norwegischen Fjorde erinnert.

Während der Nationalpark in weiten Partien noch auf seine natürlichen Waldbilder wartet, ziehen die Wiesentäler an seinem Rand die Besucherscharen an. Denn um Ostern blühen hier die wilden Narzissen zu Tausenden und Abertausenden, wohingegen sie aufs Ganze der Republik gesehen eine große Rarität sind.

Und noch ein Wasserthema zeichnet die nördliche Eifel aus. Am Grünen Pütz unterhalb von Nettersheim beginnt die römische Wasserleitung nach Köln. Von hier wurde die Colonia am Rhein mit dem kalkhaltigen Nass versorgt, mit bis zu unglaublichen 20 Mio. Litern pro Tag. Nördlich der Alpen war das Aquädukt die bedeutendste Ingenieurleistung der Antike.

Dieser Grüne Pütz im Urfttal ist ein weiterer Eifelschatz. Nahe der Brunnenstube überzieht der Bärlauch den Waldboden, und auf der anderen Talseite wächst der blaublütige Steinsame. So triumphal finden Natur und Kultur in dieser Landschaft zusammen.

CHRONIK

Ca. 30 n. Chr. Bau des römischen Aquädukts von der Eifel nach Köln

Ca. 802 Weihe der Pfalzkapelle Karls des Großen (Aachener Dom)

Ca. 850 Kornelimünster wird Reichsabtei.

Ca. 1050 In (Bad) Münstereifel entsteht mit St. Chrysanthus und Daria ein bedeutendes Bauwerk der rheinischen Romanik.

1166 Aachen wird Reichsstadt.

1177 Die „Trutzfeste" Nideggen entsteht.

Ca. 1660 Aachen wird zur mondänen Badestadt.

18. Jh. Stolberg gehört zu den bedeutendsten Messing-Produktionsstätten des Kontinents.

1961 Das Freilichtmuseum Kommern wird eröffnet.

2004 Gründung des Nationalparks Eifel

DIGNUS ES DOMI
DEUS NOSTER ACCIPERE GLOR
VIRTUTEM QUIA TU CREASTI
OPTER VOLUNTATEM
TUAM ERANT
ET CREATA SUNT

Aachener Dom

„EIN ÜBER DIE MASSEN HERRLICHES GOTTESHAUS" – DER AACHENER DOM

Über Odo von Metz ist wenig mehr als der Name bekannt. Die Grundidee seiner Architektur war das Achteck. Es galt als Symbol der Vollkommenheit, sollte Kreis und Quadrat verschmelzen: Himmelssinnbild der eine, Weltsinnbild das andere. So gesehen orientiert sich der 16-seitige, zwei Geschosse hohe Umgang stärker himmelwärts.

Über dem Zentralbau wölbt sich die gewaltige, 31 m hohe Kuppel: Niemand hat in dieser Zeit eine ähnlich kühne Wölbung gewagt. Die ganze Kühnheit dieser Lösung zeigt sich erst im Inneren. Hier wird das Oktogon weitergeführt, die acht sphärischen Mauerteile reichen fast bis zum Scheitel und betonen den Zug in die Höhe. Odos Schöpfung zeigt Anklänge an die Kirchenbauten von Konstantinopel und Ravenna, ist aber ein ganz eigenständiges Werk.

Für die Ausstattung war das Beste gerade gut genug. Antike Säulen kamen aus Rom und Ravenna nach Aachen, von den ebenfalls antiken Kopfstücken aus Carrara-Marmor sind heute immerhin noch 18 vorhanden. Vor Ort wurden die großen Bronzegüsse geschaffen, als berühmtester die sogenannte Wolfstür. Ihre beiden Flügel bilden heute den westlichen Haupteingang zur Kirche.

Zwischen 1335 und 1415 musste der karolingische Ostabschluss weichen, an seiner Stelle entstand das „Glashaus von Aachen", ein Dernier Cri der hochgotischen Architektur. Da ist eine interessante Frage, was wohl heutige Denkmalpfleger zu einem derart radikalen Traditionsbruch gesagt hätten. Die Eleganz dieses Chors aber steht außer Zweifel, ebenso sein baukünstlerischer Rang. Im 15. Jahrhundert kam der Kapellenkranz hinzu, der Barockisierung im 18. Jahrhundert verdankt die Kuppel ihr steil gebuckeltes Faltendach mit der epochentypischen Laterne obenauf.

Mittelpunkt der Krönungskirche war der schlichte Thron auf der westlichen Empore, vor dem die deutschen Könige die Insignien ihres hohen Amts entgegennahmen. Inzwischen gilt als sicher, dass er tatsächlich schon Herrschersitz des großen Karl war.

Heutzutage beansprucht das Bauwerk selbst alle Aufmerksamkeit. Und beim Blick in die Kuppel bewundern die Besucher auch heute noch die Kühnheit der Architektur. Das Kuppelmosaik stammt allerdings erst aus dem 19. Jahrhundert. Übrigens sahen schon die Zeitgenossen, dass diese Pfalzkapelle ein ganz außergewöhnliches Werk war. Karls Biograf Einhard wird hier in der Überschrift zitiert, der hochgelehrte Reichenauer Abt Walahfrid glaubte in Aachen sogar „Salomons gewaltigen Tempel" wiedererstanden.

Aachener Dom, Blick ins Kuppelmosaik

Arkadengang auf der Empore der Kuppel

Karlsschrein

Karlsbüste (Büstenreliquiar Karls des Großen, gestiftet 1349 von Kaiser Karl IV.)

DOMAUSSTATTUNG UND DOMSCHATZKAMMER

Ihrer Bedeutung gemäß erhielt die Kirche immer wieder wertvolle Geschenke. Kunstenthusiasten feiern vor allem den Karls- und den Marienschrein, beide außerordentliche Arbeiten mittelalterlichen Goldschmiedehandwerks. Die Domschatzkammer zeigt den antiken Proserpina-Sarkophag. Er gilt in der Aachener Tradition als erster Sarg Karls des Großen. Bei der Aachener Heiligtumsfahrt werden alle sieben Jahre die Reliquien gezeigt. Hier ragen die textilen Stücke hervor, neben der Windel des Knaben auch das Lendentuch Christi, das Kleid seiner Mutter und jenes Tuch, dem der abgeschlagene Kopf Johannes des Täufers anvertraut war.

Jagdhorn Olivant, Rolandssage

Die Aachener Altstadt

AACHENS (STADT-)GESCHICHTE

Nachdem Friedrich Barbarossa Aachen zur Reichsstadt erhoben hatte, mussten die Bürger nachziehen und eine Stadtmauer errichten. Doch bald wuchs Aachen über diesen Ring hinaus. Rund ein Jahrhundert später kam es zum Bau einer neuen, der äußeren Stadtmauer. Der Hogenberg-Plan zeigt den Unterschied: Während die erste Mauer sich der gewachsenen Stadt anpassen musste, konnte die Erweiterung planmäßig angelegt werden, sie vervierfachte das Stadtgebiet. Bis ins 18. Jahrhundert reichte dieser Platz für die Entwicklung des Gemeinwesens völlig aus, er bildet heute die Aachener Altstadt.

Weiter ins Umland griff das Aachener Reich aus. 1336 in seinen Grenzen festgelegt, wurde es von einem immerhin 70 km langen Graben umgeben. Kurz zuvor hatten die Bürger mit dem Bau des Rathauses auf den Grundmauern der karolingischen Pfalz begonnen. Auch damit zeigten sie ihr gestiegenes Selbstbewusstsein.

Der Bau des neuen gotischen Chors am Dom folgte auch aus der Notwendigkeit, die anschwellenden Pilgermassen zu ordnen. Die vielen Wallfahrer stärkten ebenfalls die Wirtschaftskraft der Stadt, und 25 Jahre nach der Chorweihe entstand der erste Aachener Gaffelbrief, der dem Gemeinwesen eine Verfassung gab. Dieser war eine lange Zeit erbitterter Auseinandersetzungen vorausgegangen; immer wieder hatte das Patriziat die Zünfte von der Macht ferngehalten.

Die letzte Krönung zum deutschen König 1531 galt dem Habsburger Ferdinand I. Sein Haus spielte für Aachen insofern keine unwichtige Rolle, als die Stadt vom Anfall der südlichen Niederlande an Habsburg profitierte: Aachen lag jetzt nicht mehr „an einem Ende vom Reich“.

Vielleicht wären die Bürger der Stadt mit der Randlage zufrieden gewesen, hätten sie die Loslösung der protestantischen Niederlande von den (spanischen) Habsburgern vorausgesehen. Häufig litt Aachen unter den Kampfhandlungen, die sich bis über den Dreißigjährigen Krieg hinaus fortsetzen sollten.

Darüber hinaus verlor Aachen seine Rolle als Krönungsort. Außerdem hatten die religiösen Konflikte auch die Bürgerschaft tief gespalten. Das

mehrheitlich protestantische Aachen verfiel in den 1590er-Jahren sogar der Reichsacht. Als die katholische Partei wiedererstarkte, mussten die evangelischen Familien die Stadt verlassen. Diesen enormen Aderlass an unternehmerischer Initiative konnte Aachen nicht ausgleichen und verarmte. Zuletzt vernichtete 1656 auch noch ein Brand das alte gotisch geprägte Stadtbild.

Das 18. Jahrhundert war von den Versuchen einer patrizischen Schicht bestimmt, die Macht in der Stadt an sich zu reißen. Der Einmarsch französischer Revolutionstruppen 1792 und 1794 setzte den Zwistigkeiten ein Ende. Aachen und nicht Köln wurde Verwaltungszentrum des Roer-Departments, die Kaiserin Josephine kurte hier, und Napoleon soll vor dem Grab Karls des Großen in tiefem Sinnen gestanden haben. Unter den zunächst ungeliebten Preußen gestaltete sich das Wirtschaftsleben dynamisch. Immer ein noch beredtes Zeugnis für diese Zeit ist das Burtscheider Eisenbahn-Viadukt, damals zu Recht gefeiert als Spitzenwerk der Ingenieurskunst. 1870 entstand dann die „polytechnische Schule", die auch heute als RWTH Aachen einen ausgezeichneten Ruf hat.

Aachener Dom, Stahlstich um 1850 von Joseph Maximilian Kolb nach Ludwig Rohbock

Josef Neckermann lässt sich vor dem Ritt die Halsschleife von seiner Ehefrau Annemarie binden.

CHIO

Das „Wimbledon", „Wembley", „Mekka" oder gar die „Hauptstadt" des Pferdesports – die Vergleiche sind selbstbewusst und das nicht ohne Grund. Seit 1924 findet in Aachen bis auf einige Ausnahmen jedes Jahr das CHIO statt, das internationale Pferdesport-Turnier, das es in dieser Form nur einmal in Deutschland gibt und weltweit einen ausgezeichneten Ruf genießt. Mehrere Hunderttausend Besucher kommen jedes Jahr zum „Nabel der Pferdewelt", fiebern mit den Reitern mit und genießen das anspruchsvolle Rahmenprogramm mit Sinfonieorchester, Shows und dem traditionellen Abschied der Nationen am letzten Tag.

Im Reitstadion des Sportparks Soers werden die Gewinner in folgenden Disziplinen ermittelt: Springreiten, Dressurreiten, Fahren, Vielseitigkeitsreiten und Voltigieren. Zehn Tage lang trifft sich die Weltspitze des Reitsports aus 30 Nationen, um die verschiedenen Preise zu erringen. CVIO, CSIO, CDIO, CAIO, CCIO, CSIYH, CDI, CDIU25 – die Nationenpreisturniere sind vielfältig, doch der Traum eines jeden Springreiters dürfte der Rolex Grand Slam sein. Neben dem Austragungsort in Aachen gibt es drei weitere in 's-Hertogenbosch (Niederlande), Calgary (Kanada) und Genf (Schweiz). Wer beim Grand Slam als Sieger hervorgehen will, muss mindestens drei dieser Turniere in Folge gewinnen.

Das Aachener CHIO steht für große Namen im Reitsport wie Alwin Schockemöhle und sein Pferd Donald Rex. Einer der bekanntesten deutschen Reiter war der Versandkaufmann Josef Neckermann, der sechs olympische Medaillen gewann und mehrfach Welt- und Europameister wurde. Sein langjähriges Engagement für die Stiftung Deutsche Sporthilfe machte ihm beim Publikum sehr beliebt und so fiel sein Abschied 1981 in der Aachener Soers entsprechend herzlich aus. Und vom erfolgreichsten Springreiter aller Zeiten, Hans Günter Winkler, stammt der Halla-Wanderpreis, der jedes Jahr beim CHIO am letzten Turniersonntag an den Besitzer des besten Pferdes des Turniers verliehen wird.

Der Elisenbrunnen in Aachen, 1930er-Jahre

DER AACHEN-BURTSCHEIDER QUELLENZUG

Auch im heutigen Stadtteil Burtscheid gibt es heiße Quellen, die seit der Römerzeit genutzt werden. Das Burtscheider Badeleben gestaltete sich weniger glänzend, der Gesundheitsaspekt stand im Vordergrund. Der Quellenzug verläuft etwa parallel zum innerstädtischen, ist länger und verzeichnet noch mehr Thermalwasseraustritte. Und während das Wasser im Zentrum mehr oder weniger stark nach Schwefel roch, fehlte dem Burtscheider Nass das Faule-Eier-Aroma.

Natürlich hatte und hat auch Burtscheid seinen Kurpark. Hier hat ein Pavillon des Johann Joseph Couven seinen angemessenen Platz gefunden, ein hinreißend elegantes Gartenhäuschen unter dem Horizont des Rokoko. Ebenfalls nach Burtscheid gewechselt, hält in seinen Kurparkterrassen die gerettete Kuppel des Kaiserbads einen Abglanz der Gründerzeit gegenwärtig.

Kurgäste beim Sonnenbad, Aachen, 1930er-Jahre

Der Kurpark

BAD AACHEN

„Was das Feuer zerstört hat, baut das Wasser wieder auf." Nach dem großen Brand 1656 besann sich die Stadt auf ihre Wurzeln. Der Anstoß kam allerdings von außen. Der gebürtige Lütticher François Blondel (1613–1703) setzte vor allem auf die Trinkkur. Im Jahr 1688 erschien seine grundlegende Werbeschrift auch auf Deutsch: *Ausführliche Erklärung und augenscheinliche Wunderwirkung deren heilsamen Bad- und Trinkwässern zu Aach.*

Natürlich wusste Blondel, dass es mit der Gesundheit allein nicht getan war. In einem mondänen Bad war die Heilkraft des Wassers oft nur Vorwand für die Zerstreuung. Aachen wucherte mit dem Pfund vieler Glücksspielangebote. Illustre Namen sollten den Glanz der Kurstadt spiegeln. Zar Peter kam, ebenso Friedrich der Große, der Komponist Georg Friedrich

Kerstenscher Pavillon, Lousberg, Aachen

Händel sprach dem Aachener Wasser zu und natürlich durfte auch ein Giacomo Casanova nicht fehlen.

So entstanden zunächst die Alte, 1786 auch die Neue Redoute, heute das Alte Kurhaus. Es ist das Werk von Jacob Couven, der seinem Vater Johann Joseph als Architekt nachfolgte. Sein Altes Kurhaus entspricht in seiner Monumentalität allerdings schon den Vorgaben des Klassizismus.

Ganz im Geist dieser Epoche entstand der Elisenbrunnen von 1827. An den Plänen zu dieser offenen Wandelhalle wirkte wohl auch Preußens oberster Baumeister Karl Friedrich Schinkel mit. Jüngste Einrichtung sind die Carolus-Thermen, die das Etikett „freizeitorientiert" tragen. Sie nutzen das Wasser der Rosenquelle und offerieren auf ihrem Gelände immerhin eine hübsche Erinnerung an die großen Zeiten von Bad Aachen.

Hotel Quellenhof, Aachen

Johann Joseph Couven

JOHANN JOSEPH COUVEN (1701–1763)

Zum Aufstieg von Bad Aachen gehört der Name Johann Joseph Couven. Auch der Anschluss an Burtscheid passt gut, denn hier plante er die Abteikirche St. Johann mit ihrer imposanten Kuppel sowie St. Michael, bei der er wegen gestiegener Kosten allerdings Abstriche machen musste.

Das sind sicher markante sakrale Gebäude, aber wichtiger waren seine Profanbauten. Seit 1739 war er der erste Aachener Stadtarchitekt und konnte etliche Bürgerfamilien für seine Entwürfe gewinnen. Die Reichsstadt gewann damals wieder an wirtschaftlicher Statur, vor allem die Tuchherstellung hatte einige Unternehmer vermögend werden lassen. Sie sahen auf eine repräsentative Architektur, die sich an den Vorgaben aus Frankreich orientierte.

Doch seine Rokoko-Gesinnung zeigt Couven in den erfreulicherweise erhaltenen Pavillons. Diese Grazie spiegeln auch die Innenräume des Aachener Couven-Museums wider. Es ist in einem Haus untergebracht, das sein Sohn Jacob erbaute. Das Konvolut seiner Pläne, Architekturzeichnungen von hoher Qualität, verwahrt jedoch das hiesige Suermondt-Ludwig Museum.

Apropos Innenräume: Couven entwarf nicht nur Schlösser, Kirchen und Bürgerhäuser, sondern hatte auch eine Vorliebe für die Innenausstattung seiner Bauten. So stattete er viele Kirchen mit Kanzeln, Chorgestühl, Kommunionbänken und Orgelemporen aus. Hier seien die 1735 erbaute Orgelempore für die Aachener Kirche St. Nikolaus erwähnt sowie der Bau der Kanzel, der Emporenbrüstung, des Orgelgehäuses und des Hochaltars für die Kirche St. Katharina in Wenau in den Jahren zwischen 1739 und 1746. Und für das Stiftskapitel des Aachener Doms schuf er 1748 einen in Kupfer gestochenen Wandkalender.

Stolberg, Prymsche Werke, 1935

„KUPFERSTADT" STOLBERG

Der Titel ist missverständlich, eigentlich müsste es „Messingstadt" Stolberg heißen. Nur war lange Zeit eben nicht klar, wie genau sich das Kupfer zu Messing wandelte, man war also mit dem Kupfer auf der sicheren Seite.

Der Aufstieg des Städtchens hängt auch mit den religiösen Konflikten in der Reichsstadt nebenan zusammen. Mit Leonhard Schleicher hatte sich 1575 der erste Aachener Kupfermeister hier niedergelassen, andere folgten, als die Protestanten in Aachen immer stärker unter Druck gerieten. Aber letztlich kamen die andersgläubigen Unternehmer nach Stolberg, weil sie hier die ergiebigeren Ressourcen vorfanden: Wasserkraft zum Betreiben ihrer Hämmer – und diese geheimnisvolle Substanz, Galmei genannt. Sie enthielt Zink, mit dem sich das Metall Kupfer zu Messing verband.

Die große Zeit Stolbergs fällt in die erste Hälfte des 18. Jahrhunderts. Damals war sie der größte Messingproduzent Europas. Ein bezeichnendes Licht auf diese Stellung wirft der Aufenthalt des Kölner Kurfürsten Clemens August anno 1735. Er nahm nicht im nahen Eschweiler und auch nicht auf der Stolberger Burg Quartier, sondern im Kupferhof Rosental der Familie Schleicher. Ihr heute noch erhaltenes Herrenhaus lässt ahnen, warum: Schleicher konnte dem verwöhnten Wittelsbacher den meisten Komfort bieten.

Heute imponiert vor allem das Stadtbild. Zur Burg hin aufgebaut, ja zugespitzt formieren sich die Häuser aus Aachener Blaustein zu einer imposanten Kulisse. Die Burg selbst allerdings ist eine romantisierende Neuschöpfung des 19. Jahrhunderts. Damals entstand die Vorburg, ältere Bausubstanz besitzt noch der obere Torbau mit dem angeschlossenen Turm.

Stolberg hat noch eine Besonderheit, die es seiner Geschichte als Messingstadt verdankt. Der „Kupfermeister-Friedhof" am Finkenberg liegt hinter der evangelischen Kirche am Finkenberg und hält den unternehmerischen Zusammenhang über den Tod hinaus gegenwärtig.

Kupferhof Rosental mit Brückentor und Herrenhaus, Stolberg

Burg Stolberg und Kirche über den Dächern von Stolberg

Das Studieren geheimer Wehrmachtsberichte, 1953

WEHRMACHTSARCHIV

Wenige Tage vor Beginn des Zweiten Weltkriegs wurde die „Wehrmachtauskunftstelle für Kriegerverluste und Kriegsgefangene" gegründet. In dieser Kartei gab es zu jedem Wehrmachtsangehörigen eine Karteikarte, auf der jede Erkrankung, Verwundung oder Vermisstenmeldung verzeichnet wurde. Daneben diente die Behörde natürlich auch der Kontrolle der aktuellen Truppenstärke.

Nach dem Krieg wurde die Kartei von den französischen Behörden, denen sie übergeben wurde, genutzt, um von der Wehrmacht zwangsverpflichtete Kriegsgefangene in der Sowjetunion wiederzufinden. Nach der Gründung der Bundesrepublik wurden dieser nach und nach die einzelnen Teile der Kartei übergeben, seit 2019 ist sie als Abteilung PA (Personenbezogene Auskünfte zum Ersten und Zweiten Weltkrieg) Teil des Bundesarchivs. Sie umfasst heute Daten zu mehr als 18,5 Mio. Wehrmachtsangehörigen.

Blick in das Archiv

Kornelimünster im Jahr 1880

DIE KOHLE, DER KALKSTEIN UND DAS MÜNSTERLÄNDCHEN

Vom Zinkerz Galmei war schon die Rede, doch das Aachener Umfeld war überhaupt eine Bergbauregion mit langer Tradition – und einem erstaunlich weiten Fächer. So wurden die Feuersteinvorkommen am Aachener Lousberg schon in der Jungsteinzeit intensiv ausgebeutet.

Sehr lange wurde im späteren Aachener Revier Steinkohle abgebaut, der früheste Beleg datiert ins Jahr 1113. Dank der Täler von Wurm und Inde ließ sich die Kohle mit bescheidener Technik gewinnen: Die beiden Flüsse hatten sich so tief ins Gestein eingeschnitten, dass an ihren Hängen die Flöze offenlagen. Heute führt die Karbonroute durch Partien des Wurmtals, dessen Idylle und Naturnähe nicht mehr an rauchende Schlote denken lässt.

Ein bedeutender Handelsartikel war schließlich der Aachener Blaustein. Der Name dieses Kalksteins könnte zu Missverständnissen führen, denn bläulich ist er nur frisch gebrochen oder auf Treppenstufen, die viele Füße blankgetreten haben. Sonst verfärbt er sich rasch an der Luft und zeigt dann ein helles Grau, zum Beispiel im Stolberger Ortsteil Breinig. Die seltene Gelegenheit eines intakten Ortskerns wurde hier genutzt, um ihn mithilfe öffentlicher Gelder noch schöner zu machen. Und so heißt Breinig heute „Perle des Münsterländchens".

Zinkspat

Straßencafé am Korneliusmarkt, Kornelimünster

Galmei-Veilchen

KORNELIMÜNSTER

Auch der Name „Münsterländchen“ könnte in die Irre führen. Er hat nichts mit Aachen und seinem Dom zu tun, sondern mit dem nahen Kornelimünster im Tal der Inde. Kaiser Ludwig der Fromme, Sohn und Nachfolger Karls des Großen, hatte hier ein Benediktinerkloster mitbegründet, das bald zu einer reichsunmittelbaren Fürstabtei wurde. Der dort waltende Abt war auch der weltliche Herr über ein kleines Territorium, eben das Münsterländchen.

Die ehemalige Abteikirche St. Kornelius ist Mittelpunkt des Ortes. Auch sie zog wegen ihrer Christusreliquien viele Wallfahrer an, und die Pilger gaben in der Zeit der Gotik Gelegenheit zu Umbau und Erweiterung. 1706 aber sollte ihre zweifellos hochbedeutende Architektur eine optische Irritation erfahren. An den Hauptchor wurde mit der achteckigen Korneliuskapelle ein turmartiger Bauteil angefügt, der dem Erscheinungsbild der Kirche etwas Bizarres verleiht.

Begrünte Hausfassade am Korneliusmarkt

GALMEI – EIN MINERAL UND SEINE FLORA

An den Schürfstellen zeigt sich Galmei meist als bröckelige Substanz, das derbe Mineral ist selten. Aber schon Römer und Kelten wussten, was sie an dem unansehnlichen Gestein hatten. Im Gegensatz zum vertrauten Kupfer blieb Galmei lange ein Rätsel, was keinen Praktiker kümmerte. Denen reichte es, dass dieses hässliche Entlein zusammen mit Kupfer ein strahlend schöner Schwan wurde: Messing, die golden leuchtende Kupferlegierung. Außerdem hatte Messing den Vorteil, dass es sich leicht ver- und bearbeiten ließ.

Erst im 19. Jahrhundert konnte die Chemie seine Identität lüften. Galmei war ein Zinkmineral, Messing also eine Mischung aus Zink und Kupfer. Für die Bergleute war es leicht, Galmei zu finden: Zink ist ein Schwermetall, und wo Galmei nah an der Oberfläche ansteht, ist der Boden vergiftet. Hier wächst buchstäblich kein Gras mehr.

Dennoch gab es Pflanzen, die sich hier behaupteten. Und das waren keine Kümmerlinge, sondern echte Blütenschönheiten: das Galmei-Veilchen und die Galmei-Grasnelke. Die gelben Galmei-Veilchen kommen nur hier vor, sind also aufs Weltganze gesehen seltener als viele rare Orchideen. Sie können allerdings rasch verschwinden, wenn sich die Bodenverhältnisse bessern: Dann hat dieses Veilchen gegen die konkurrenzstärkeren Arten keine Chance. Übrigens, dass auf dem Galmeirasen kein Gras mehr wächst, stimmt nicht ganz: Dem Galmei-Schaf-Schwingel gelang es, sich an seine widrige Umgebung anzupassen.

Frischlinge wärmen sich gegenseitig

DIE NORDEIFEL UND DER NATIONALPARK EIFEL

Niemand tritt der Nordeifel zu nahe, wenn er ihr die herberen Landschaftsbilder zuordnet. Denn das heißt ja nicht, dass sie weniger eindrucksvoll sind. Doch schon die hohen Buchenhecken vor den Häusern in Höfen sprechen eine deutliche Sprache, was die Rauigkeit des hiesigen Klimas betrifft. Und einen kleinen Anteil hat die Region ja auch am Hohen Venn mit seinen imposanten Hochmoorflächen.

Einen erheblichen Beitrag zur landschaftlichen Schönheit leisten die Bachtäler der Region. Ein Glücksfall für die Botaniker und in ihrem Gefolge für die Insektenkundler ist die Sistig-Krekeler-Heide bei Kall. Sie ist keine Sandheide, sondern eine weite Wiesenfläche, auf der Geflecktes Knabenkraut, Arnika und Lungen-Enzian die Akzente setzen.

Während diese Teile der Nordeifel saure Böden aufweisen, gibt es auch einige Kalkgebiete, mit ihnen wechseln die Pflanzengesellschaften. Ein Natur-/Kulturdenkmal von melancholischer Schönheit sind die Alendorfer Wacholderhänge. Aber auch als Vorhof zur Eifel gibt es im Wollersheimer Ländchen weniger bekannte Flächen, auf denen die sonst raren Küchenschellen einen triumphalen Frühling einläuten. Dieses Fleckchen Erde ist Teil der Mechernicher Triasbucht. Zu ihren schnell wechselnden Gesteinsformationen gehören auch die Buntsandsteinfelsen an der Rur.

Und dann natürlich der Nationalpark Eifel, der 13. seiner Art in Deutschland und der erste Nordrhein-Westfalens. Mit 10770 ha liegt er knapp über der empfohlenen Mindestgröße und soll ein Wald-, genauer ein Buchenwald-Nationalpark werden.

Den Besuchern stehen 240 km Wanderwege offen, darunter ein „Wildnis-Trail". Seine Route skizziert das Bild, wie der Nationalpark auf mindestens 75 % der Fläche einmal aussehen soll. Vorläufig dominieren die Fichten und Douglasien. Und die Parkleitung hätte wohl weniger Kritik wegen deren Entfernung auf sich gezogen, wenn sie die Arbeit dem Borkenkäfer überlassen hätte. Der machte sich allerdings erst wenige Jahre später breit.

Küchenschellen

Rursee im Nationalpark Eifel

Der Rursee

Ansicht des Rursees von der Urfttalsperre

DER RURSEE

Den Spitzenplatz musste er an die Thüringer Bleilochtalsperre abgeben, aber der Rursee (eigentlich Rurstausee) ist immerhin der volumenmäßig zweitgrößte Stausee Deutschlands. Aufgestaut durch die über 77 m hohe Rurtalsperre Schwammenauel, fasst der See mit den Vorsperren Obersee und Eiserbach ein Volumen von 203,2 Mio. m^3 Stauraum. Die 1938 erbaute Anlage liegt im Norden der Eifel (der sogenannten Rureifel) nordwestlich und westlich des Gebirgszugs des Kermeters, der als Vorsperre dienende Obersee ist ihr unmittelbar vorgelagert. Schon 1933 hatte man weiter südlich den Urfttalstausee angelegt, der sich oberhalb des Obersees südlich des Kermeters erstreckt. Rursee und Urftsee sind zwei der zahlreichen Talsperren, die seit Beginn des 20. Jahrhunderts in der Nordeifel angelegt wurden. Günstige geologische Untergrundbedingungen und hohe Niederschläge gaben den Ausschlag für den Bau, und so prägen die Gewässer in der Nähe zum Aachener Ballungsraum die teils fjordähnliche Landschaft auf eindrückliche Weise. Neben der Trinkwasser- und Stromversorgung haben die Talsperren vor allem eine wichtige Funktion für den Tourismus. Auf dem Rursee teilen sich die Ausflugsschiffe der Rursee-Schifffahrt die Gewässer mit unzähligen Seglern, Kanuten, Surfern und Ruderern, außerdem gibt es drei Freibadbereiche. Dazu kommen die Wanderer und Radler, die auf 26 km rund um den See die Landschaft genießen. Je nach Wasserstand können Badegäste die Insel Eichert, die Halbinsel am Tonsberg und die Halbinsel Eschauel (mit weißem Sandstrand), die im Rursee liegen, auch zu Fuß erreichen.

ELEGANZ UND WUCHTIGKEIT

Welch ein Unterschied! Da erfreut auf der einen Seite das an der Rur gelegene Kraftwerk Heimbach (auch Urftkraftwerk) das Auge mit seiner Jugendstilarchitektur, während einen die einstige NS-Burg Vogelsang mit ihrer klobigen Wuchtigkeit geradezu erschlägt. Das Kraftwerk bezieht sein Wasser aus der südlich gelegenen Urfttalsperre über den Kermeter-

Jugendstil-Wasserkraftwerk Heimbach

Burg Vogelsang

Stollen, bei seiner Einweihung im Jahr 1905 war es das größte Speicher-Wasserkraftwerk Europas. Fast vollständig erhalten, zeigt der Industriebau von Georg Frentzen die elegante Symbiose von Architektur und Dekoration mit (damals) neuester Technik. Außen geschwungene Dächer, abgerundete Öffnungen und asymmetrische Fensteranordnungen ganz im Sinne des Jugendstils, innen ausgefeilte Technik in der Maschinenhalle mit zwei noch erhaltenen Francis-Turbinen. Doch auch hier wurde auf kunstvolle Details geachtet: Filigrane Lampen, dunkles Holz und edler Marmor umrahmen die Schaltanlage mit Messgeräten und Schaltern aus reinem Messing. Fast 70 Jahre waren die Turbinen in Betrieb, dann wurden sie durch moderne, leistungsstärkere ersetzt. Noch immer in Betrieb, befindet sich im Kraftwerk Heimbach auch das RWE Industriemuseum mit historischen Elektrogeräten.

Von Eleganz ist bei Burg Vogelsang nichts zu spüren, die Kaderschmiede der Nationalsozialisten beeindruckt eher durch ihre Größe von gut 100 ha. Auf Wunsch Hitlers wurde hier ab 1934 eine Schulungsstätte für den Nachwuchs des NSDAP-Führungskaders mit entsprechenden Gebäuden für 1000 Personen errichtet: Eingangswache, Schulungs- und Wirtschaftsgebäude, Flugfeld sowie Unterkünfte sind Teil des Kasernengeländes und liegen auf einem Höhenrücken über dem Urftsee. Das Gemeinschaftshaus mit Adlerhof und Galerien sowie der die Ordensburg überragende Turm befinden sich am Rand des Hangs, unterhalb davon erstrecken sich terrassenförmig die Kameradschafts- und Hundertschaftshäuser. Ein Thingplatz, Turn- und Schwimmhalle sowie weitere Sportanlagen ergänzen die Anlage. Die künstlerische Gestaltung unterlag den ideologischen Vorgaben der Nazis, wie noch am *Fackelträger* oder dem *Sportlerrelief* zu erkennen ist. Von 1946 bis 2006 diente Vogelsang als Kaserne und Truppenübungsplatz, heute ist der Ort als „Vogelsang Internationaler Platz" Bildungszentrum, Gedenkstätte und Ausstellungsort.

Obersee der Stauanlage Rursee, Schleiden, Urfttalsperre, erbaut 1900–05

Fachwerkhaus im Freilichtmuseum

DAS FREILICHTMUSEUM KOMMERN

Das Museum wurde 1961 mit dem vorrangigen Ziel gegründet, das „bäuerliche Kulturgut" zu retten. Die rund 80 historischen Gebäude stammen vom Niederrhein, aus der nördlichen Eifel, der Köln-Bonner Bucht und dem Bergischen Land. Darüber hinaus gibt es noch eine Baugruppe „Westerwald/Mittelrhein". Hier scheint sogar die politische Vergangenheit durch: Ohne die alte preußische Rheinprovinz ließe sich diese Kommerner Baugruppe kaum erklären. Denn der Landschaftsverband Rheinland, der Träger des Museums, erstreckt sich nur auf den nordrhein-westfälischen Teil der viel größeren preußischen Verwaltungseinheit.

Neben den Bauernhöfen finden sich Werkstätten, eine Zehntscheune, Windmühlen und Gemeinschaftsbauten auf dem weitläufigen Gelände. Auch hier wurden Denkmäler zusammengeführt, die zwar aus verschiedenen Orten kommen, aber eine dörfliche Gemeinschaft bilden. Hinzu kommt ein Bereich mit dem Titel „Marktplatz Rheinland". Er spannt den Museumsbogen bis in die Gegenwart fort, jedenfalls bis zum Beginn des 21. Jahrhunderts. Hier findet die „alltagskulturelle Zeitgeschichte" statt, von der etwa eine Notkirche von Otto Bartning oder eine Milchbar aus dem Jahre 1955 Zeugnis ablegen.

Kommern hat auch Platz genug, um einer Streuobstwiese mit alten Apfelsorten Raum zu geben. Nicht eigens angelegt werden mussten die waldigen Teile, in denen die Nachtsichtkamera sogar eine Wildkatze nachweisen konnte.

„Lebendige" Menschen bietet die Dauerausstellung „Wir Rheinländer". Lebendig jedenfalls insofern, als hier auch aktuell bekannte rheinische Köpfe in den historischen Kostümen stecken. Im fiktiven Kleinstädtchen Rhenania erwecken 240 Figuren in 57 Szenen rheinische Geschichte zum Leben.

Gänse im Freilichtmuseum

Freilichtmuseum Kommern

Europäische Wildkatze

ZURÜCK AUF LEISEN SOHLEN – DIE WILDKATZE

Manche nennen sie schon „Eifeltiger". Da mag Lokalstolz mitschwingen. Doch auch Experten sehen in der Eifel die Heimat der bedeutendsten Wildkatzenpopulation Deutschlands.

Früher hätte sich darüber niemand gefreut. Das Tier hatte einen schlechten Ruf. Selbst ein verdienter Naturforscher wie der Schweizer Friedrich von Tschudi meinte 1853, die Jäger warnen zu müssen: „Nimm dich wohl in Acht, Schütze, fasse die Bestie genau aufs Korn! Ist sie bloß angeschossen, so fährt sie schnaubend und schäumend auf, ihre spitzen Krallen haut sie so fest ins Fleisch, dass man sie nicht losreißen kann, und solche Wunden heilen sehr schwer." Und zu Beginn des 20. Jahrhunderts heißt es: „Sie gehört zu den schädlichsten Raubtieren unserer Heimat, und es dürfte selbst dem größten Tierfreunde schwer werden, ihrem Leben irgendeine sympathische Seite abzugewinnen."

Solche Stimmen lassen sich heute nicht mehr hören, wenigstens nicht in der Öffentlichkeit. Und es spricht doch für die größere Naturnähe unserer Wälder, dass die Wildkatze hier wieder zahlreicher unterwegs ist. Allerdings kommen immer wieder Verwechslungen mit streunenden Stubentigern vor. Die Wildkatze hat ein dichteres Fell, dadurch wirkt sie größer und kräftiger als die Hauskatze. Vor allem der buschige Schwanz mit den drei Ringen ist ein gutes Kennzeichen.

Wild- und Hauskatze werden heute einer Art zugerechnet, sie können untereinander Nachwuchs zeugen. Doch offenbar sind die Streifgebiete von Wild- und verwilderter Hauskatze so verschieden, dass sie kaum aufeinander treffen. Eine verwilderte Hauskatze wird dem menschennahen Umfeld verbunden bleiben, während eine Wildkatze unserer Spezies so weit wie eben möglich aus dem Weg geht. Immerhin, ganz anders als im Zerrbild des tückischen Rehkitz-Mörders ernährt sie sich meist von Mäusen. Das hat sie mit den Hauskatzen gemein, jedenfalls mit denen ohne die Dosenfutter-Perspektive.

Freilichtmuseum Kommern, Wohnraum aus der 2. Hälfte des 17. Jahrhunderts

KLEINE GESCHICHTE DER FREILICHTMUSEEN

Das erste Freilichtmuseum überhaupt entstand 1891 in Schweden, in Deutschland war das Dorfmuseum Cloppenburg 1934 der Vorreiter. Eine wirkliche Gründungswelle erfasste die Republik in den späten 1950er- und frühen 1960er-Jahren. Damals forderte das Wirtschaftswunder energisch seinen Tribut. Achselzuckend bis bedauernd nahm die Öffentlichkeit den reihenweisen Abbruch von Bauten hin, die „einfach nicht mehr in die Zeit passten". Und die oft so heruntergekommen waren, dass der Zeitgeist sie als „Schandfleck" brandmarken konnte.

Doch es gab auch Stimmen, die den Wert dieser Objekte herausstellten und von unersetzlichen Verlusten sprachen. Dennoch waren Freilichtmuseen anfangs eher ein Trostpflaster: Wenn die Häuser im Weg standen und nicht bleiben konnten, sollten sie doch gerettet werden. Wo so viele Gebäude sang- und klanglos verschwunden waren, sollte doch das eine oder andere erhalten bleiben. Manchem Politiker gefiel auch, dass sich hier eine elegante Möglichkeit der „Entsorgung" bot.

Fachwerkkonstruktionen kamen den Vorhaben der Museen entgegen. Schon aus dem Alltag verflossener Jahrhunderte waren Beispiele für den Abbruch hier und den Wiederaufbau dort bekannt: Nicht selten hatte ein Objekt so den Standort gewechselt, von der Zweitverwendung wohlerhaltener Balken ganz zu schweigen. Die Bergung fürs Museum erforderte mehr Sorgfalt. Das hölzerne Gerüst musste vor Ort aufgemessen, dokumentiert und in seinen Teilen beziffert werden, bevor es ins Museum überführt wurde.

Und wenn schon unter freiem Himmel, dann sollte auch zusammengeführt werden, was einst zusammen

Freilichtmuseum Molfsee bei Kiel

Fachwerkhäuser im
Freilichtmuseum Kommern

gehörte. Erst Ensembles oder Baugruppen eröffneten die Chance, die Bedeutung des einzelnen Objekts anschaulich zu machen. Da ein Freilichtmuseum oft auch für viele Gegenden einer bestimmten Region bestimmt war, wurde die Zusammenfassung nach Landschaften angegangen. Denn bei allen Gemeinsamkeiten bäuerlicher Lebenshaltung gab es eine beachtliche Vielfalt bei den Lösungsmöglichkeiten.

Wer in Zusammenhängen denkt, sinnt fast folgerichtig auf Möglichkeiten, seine „Denkmäler" mit Leben zu füllen. So wurde im „Backes" auf hergebrachte Weise Brot gebacken, der Bauerngarten mit alten Gemüsesorten bestellt. Und so schön der Älplerhof anzusehen war, so eindrucksvoll sich die Bockwindmühle in Szene setzte und so pittoresk sich die Dorfschmiede inszenieren ließ, die Mühen und die Arbeit, die mit den Gebäuden verbunden waren, durften nicht verschwiegen werden. Um die alte Plackerei authentisch darzustellen, schlüpfen die Beschäftigten auch schon einmal in Kostüme.

Heute leisten die Freilichtmuseen Erstaunliches: Sie erforschen ihre Gegenstände über weit getrennte Fachbereiche hinweg – und sie sind Publikumsmagneten. Geschichte lebt.

Holzgerätschaften im
Freilichtmuseum Kommern

Guter Heinrich *(Blitum bonus-henricus)*

EINST HÄUFIGE DORFPFLANZE – DER „GUTE HEINRICH"

Natürlich gehört zu einem Museum wie Kommern auch ein Bauerngarten. Womöglich noch interessanter sind Pflanzen, die früher nicht gehegt und gepflegt wurden, sondern an jedem Misthaufen oder in den „Schmuddelecken" der Dörfer wucherten. Zu dieser Flora gehört – wie passend – ein Gänsefußgewächs. Es trägt den durch und durch volkstümlichen Namen „Guter Heinrich" und gilt als Einwanderer aus dem Alpenraum. Dort bevorzugte das Gewächs jene Stellen, an denen das Almvieh lagerte und entsprechend viel Kot hinterließ.

Warum aber ist dieser Heinrich trotz seiner oft anrüchigen Standorte ein guter? Weil er als „Wilder Spinat" verzehrt wurde, der übrigens mit dem Gartengemüse nah verwandt ist. Die Triebe der Pflanze können wie Spargel zubereitet werden, und die Blütenstände haben, wenn sie gedämpft werden, einen ähnlichen Geschmack wie Brokkoli. Nur sollte der gesundheitsbewusste Mitteleuropäer im Auge behalten, dass er nur an stickstoffreichen Standorten wächst.

Der „Gute Heinrich" kann je nach Standort bis zu 60 cm hoch werden. Die Pflanze blüht von Mai bis August; ihre Blätter enthalten viele Mineralstoffe und sind reich an Vitamin C und Eisen.

Über den Verzehrwert hinaus gilt: Weil die ungepflegten Stellen in den Dörfern so gut wie verschwunden sind, ist der Gute Heinrich jedenfalls im Flachland sehr selten geworden. Als gefährdete Art steht er unter Schutz. Und auch er ist über Bande gespielt ein „bäuerliches Kulturgut".

Gänseschar

Blick auf die historische Altstadt von Monschau

MONSCHAU

Der Blick von der monumentalen Umgehungsstraße ins Tal markiert einen Zeitsprung. Von hier oben ist Monschau eines jener raren Gemeinwesen, dessen Erscheinungsbild sich über Jahrhunderte treu geblieben ist. Aber vielleicht stellt angesichts der Fachwerkpracht und des Gewinkels der Gassen der eine oder andere sich doch die Frage, wie sich die Bewohner dieser Talschlucht gefühlt haben mögen …

Es lässt sich leicht denken, dass diese Stätte nicht von vornherein ein bevorzugter Siedlungsplatz war. Im Vergleich zu anderen Eifelorten schweigen sich die Quellen über Monschau lange aus. Immerhin beginnt seine fassbare Geschichte mit dem Bau der Burg, die erstmals 1217 genannt wird. Das Gemeinwesen zu ihren Füßen wird 1352 zur Stadt erhoben. Doch einmal mehr beginnt die Blütezeit Monschaus mit der Vertreibung protestantischer Unternehmer aus Aachen. Hier waren es die Tuchfabrikanten, ihnen kam das kalkfreie Wasser der Rur gelegen. Es war zum Waschen und Färben der Wolle besonders geeignet.

Von dem einstigen Wohlstand der Fabrikherren zeugt vor allem das Rote Haus, das Johann Heinrich Scheibler 1768 bezog. Er verarbeitete nicht mehr das derbe Vlies der Eifelschafe, sondern Merinowolle aus Spanien. Und er hatte ein Verfahren entwickelt, das wertvolle Rohprodukt zu färben. Natürlich blieb seine Erfindung Betriebsgeheimnis.

Auch andere Tuchfabrikanten kamen hier zu Wohlstand. Aber mit dem Einmarsch der Franzosen war die Herrlichkeit zu Ende, jedenfalls für die Fabrikherren, denn ihre Arbeiter hatten schon zuvor in dürftigsten Verhältnissen gelebt.

Heute ist Monschau ein viel besuchtes Fachwerkidyll. Auf der Wasserseite ragen seine Häuser über den Flusslauf hinaus, ein besonders gern fotografiertes Motiv. Knapp 250 Objekte stehen hier unter Denkmalschutz, darunter auch eine Senfmühle.

Fachwerk in Monschau

Das Eifelstädtchen Monschau liegt direkt an der Rur

Gaststätte „Zum Haller"
Kneipe Restaurant
Cafe

BUCHSBAUM

Der Buchsbaum macht aus unerfreulichen Gründen von sich reden. Ein Schmetterling aus Ostasien hat dem Gehölz übel zugesetzt. Wegen seiner Allgegenwart fallen die Gerippe in den Gärten und auf den Friedhöfen besonders ins Auge. Der Buchsbaum war ein idealer Saum für die Rabatte, außerdem ließ er sich von der Heckenschere willig bearbeiten.

Er war ein Gestaltungselement in den französischen Schlossgärten der Renaissance, und für die barocken Gartenarchitekten war Buchsbaum die Pflanze der Wahl, wenn es besonders knifflige Muster in die schlossnahen Blumenparterres zu zaubern galt.

Als Element der Gartenkunst hat der Buchsbaum eine lange Tradition. Bereits die Römer rahmten mit der Pflanze ihre Gartenbeete ein und nutzten sie zur Gartengestaltung in den von ihnen eroberten Gebieten. Hierzulande ist der Anbau des Buchsbaums seit dem 13. Jahrhundert dokumentiert, und in der Eifel sind viele Buchsbaumhecken zu finden.

Der Feind jedoch, der Buchsbaumzünsler, kann dem Buchsbaum arg zusetzen, und zwar auf clevere Weise: Die Raupe frisst sich von innen nach außen. Die Folge für den Pflanzenfreund ist, dass er den Befall mitunter erst spät bemerkt, erkennbar an den abgefressenen Blättern. Wird der Unhold rechtzeitig entdeckt, kann er entfernt werden. Bei größerer Verwüstung empfiehlt sich Rückschnitt und die Verwendung biologischer Präparate.

Der Buchsbaum hat Kulturgeschichte geschrieben. Zwar wird sein Stamm höchstens oberschenkeldick, doch als Material für Kleinplastiken haben ihn die Künstler im 16. Jahrhundert geradezu entdeckt. Bis dahin wurden die Skulpturen farbig gefasst, und unter der Bemalung ließ sich mancher Schnitzer verbergen. Jetzt aber konnte (oder musste) der Holzbildhauer seine ganz Meisterschaft zeigen. Für die Fein- und Feinstarbeit eignete sich das harte Buchsbaumholz hervorragend. Außerdem ließ es sich gut polieren. Die Oberflächen der Objekte hatten dann einen metallischen Glanz, spielten also auf einen noch edleren Werkstoff an. So wird das Holz des Buchsbaums heute noch für den Bau von Holzblasinstrumenten und Geigen benutzt.

Als Sinnbild der Unsterblichkeit wird er gerne in sakraler Umgebung gepflanzt, und auch die Zweige des Buchsbaums spielten bei religiösen und weltlichen Festen eine wichtige Rolle.

Schleiden-Gemünd

EIFELSTÄDTCHEN – VON NIDEGGEN NACH BLANKENHEIM

Nideggen, Kronenburg, Schleiden, Reifferscheid und Blankenheim: Für sie alle ist der enge Zusammenhang von Burg und Kirche charakteristisch.

Am weitesten in die Geschichte zurück führt die „Trutzfeste" Nideggen, die sich der Jülicher Graf Wilhelm II. 1172 errichten ließ. Ihre Lage über den Buntsandsteinklippen des Rurtals unterstreicht die Wehrhaftigkeit der Burg. Selbst ihre Ruine bestätigt noch das Etikett „Trutzfeste". Die rund 50 Jahre später errichtete Kirche St. Johann Baptist wartet mit einer Besonderheit auf: Die Malereien im Chor gehören zu den ältesten Deutschlands. Der Bau war das Gotteshaus des Burgfleckens, von dessen Ummauerung der mächtige Torbau am Aufgang zum Burgberg kündet. Erst später kam es zur Gründung einer planmäßig angelegten Siedlung mit Marktplatz, die 1313 das Stadtrecht erhielt.

Die Schleidener Pfarrkirche St. Philippus und Jakobus wurde 1230 als Burgkapelle begonnen. Die Burg selbst wurde im 18. Jahrhundert zum Schloss, doch einige Bauteile der wehrhaften Vorgänger verblieben. Bei der Kapelle aus dem frühen 16. Jahrhundert haben alle Schiffe die gleiche Höhe. Die Glasmalerei der beiden Fenster im Osten inszeniert die Anbetung der Könige und die Beweinung Christi in einer Renaissance-Architektur. Ein Prachtstück ist die Orgel oder doch ihr Prospekt von 1770, geschaffen von Christian Ludwig König. Dass Burg und Pfarrkirche so viel Abstand zur Stadt halten, hat auch damit zu tun, dass sie im Besitz verschiedener Herren waren. Während auf der Burg die Manderscheider saßen, gehörte Schleiden selbst den Jülichern. Wer hätte vorhersagen können, dass Schleiden einmal Hauptstadt werden könnte, jedenfalls „Nationalparkhauptstadt".

Als die Gräfin Elisabeth von Manderscheid-Schleiden von Philipp von der Mark aus ihrer Schleidener Burg vertrieben wurde, zog sie sich nach

Gasse in Kronenburg bei Dahlem

Burg Dreiborn, Schleiden

Kronenburg zurück. Dieses Städtchen hat das anmutigste Erscheinungsbild aller genannten Gemeinwesen. Zusammen mit der ruinösen Burg wird die einstige Minderstadt immer noch als „Bergfeste" bezeichnet. Auch ihre Kirche war in die Umwehrung einbezogen. Im Inneren stellt sie sich als Vertreterin eines besonderen spätgotischen Bautyps heraus: der Einstützenkirche. Die Gewölbe ihrer vier Joche ruhen auf einer Säule in der Mitte.

Der Ort Reifferscheid fällt hier insofern aus der Reihe, als er 1335 Minderstadt genannt wird, aber nie städtisches Gepräge hatte. Wohl aber hatte die Burgsiedlung Reifferscheid eine Mauer, und der hohe Bergfried macht Reifferscheid schon von Weitem unübersehbar. Eine Burgkapelle wurde 1130 zur Kirche erhoben, die auch in den Befestigungsring eingebunden war. Im späten 19. Jahrhundert wurde dieser Zusammenhang nochmals bekräftigt: Der Chor ihres spätgotischen Kapellen-Nachfolgers wurde an seiner Südseite mit einem Turm der Mauer verbunden.

Bleibt Blankenheim. Seine Burg über der Stadt ist keine Ruine und hat ein mittelalterliches Aussehen, obwohl gerade das misstrauisch macht. Das einigermaßen trutzige Gemäuer ist denn auch ein Remake von 1926–28.

Blankenheims Kirche aber verweist auf eine gewisse Eigenständigkeit der städtischen Entwicklung, denn sie ist aus keiner Burgkapelle hervorgegangen, sondern gehört zur Stadt. Die Grafen von Manderscheid-Blankenheim sorgten jedoch für einen eindrucksvollen Bau, denn er sollte als Grablege für ihr Geschlecht dienen.

Den urbanen Zug beglaubigen die Steinbauten zwischen den Fachwerkhäusern. Unter einem werden die Ursprünge der Ahr in einer Mischung aus Keller und Quelltopf zusammengefasst. Was hier ans Tageslicht tritt, hat weiter unten die Hänge für ein Weinanbaugebiet geschaffen.

Die Ahrquelle in Blankenheim

KLEINOD ZU OSTERN – DIE GELBE NARZISSE

Gleich vorweg: Diese wilde Narzisse, also nicht die bekannte aus den Gärten, Blumenläden und Pflanzencentern, ist eine ausgesprochene Seltenheit. Auch Osterglocke genannt, wächst sie in der Eifel keineswegs überall, sondern nur am westlichen Rand der Region, hart an der Grenze zu Belgien.

Selbst hier konnte sie sich keineswegs sicher fühlen. Immer mehr Vorkommen gingen verloren, weil Wiesen gedüngt oder Fichten gepflanzt wurden. So bezeichnet das Jahr 1979 den Beginn einer Erfolgsgeschichte, von denen der Naturschutz nicht allzu viele aufweisen kann. Damals erwarb die Stiftung zum Schutz gefährdeter Pflanzen die erste Nadelholzparzelle am Flüsschen Olef. Da die Bäume hier noch jung waren, hatten sich einige Narzissen zwischen ihnen halten können. Sie wirkten quasi als Initialzündung, denn schon im nächsten Jahr blühte wieder eine stattliche Zahl an Pflanzen.

Die Gelbe Narzisse ist eine ausgesprochen atlantische Art, will sagen, sie ist nur im wintermilden Westen Europas zu Hause. Doch weil sie eine so attraktive Blüte hat, nahmen die Menschen sie früh in ihre Obhut. Und weil damals der handfeste Gebrauch einer Pflanze entschieden im Vordergrund stand, betont der Kräuterkundige Adam Lonitzer 1560 in ihrem Fall: „Sind mehr lustig denn nütz(lich)."

Weil sie um Ostern blüht, ist sie auch auf den Kreuzigungsszenen der mittelalterlichen Tafelmalerei zugegen. Dort ist sie ein Sinnbild der Auferstehung. In den Eifeltälern von Olef, Perlen- und Fuhrtsbach ist die Pflanze selbst wieder auferstanden. Dort blüht sie wieder zu Tausenden und zieht die Blumenfreunde in Scharen an. Und von den wiedergewonnenen Wiesengründen haben – vom Landschaftsbild ganz zu schweigen – auch andere Pflanzen profitiert. Aber natürlich kommen die Menschen wegen der Osterglocke.

Burg Nideggen

Bad Münstereifel, Altstadt und Stiftskirche St. Chrysanthus und Daria

BAD MÜNSTEREIFEL

Anspruch und Wirklichkeit: Die Abtei Prüm, so ruhmreich sie sein mochte, war zu weit weg, um ihre 830 gegründete Filiale auf Dauer halten zu können. Diese erscheint 1112 (auf Latein) unter ihrem heutigen Namen, der Ort selbst hatte seit 898 Markt-, Zoll und Münzrecht besessen.

Um 1115 wurde das Kloster ein Kanonikerstift, dessen weltliche Rechte ein Vogt wahrnahm. Der dienstbare Geist gehörte einer Jülicher Nebenlinie an und machte sich das Stift untertan, eine damals nicht unübliche Praxis. So hatte Münstereifel seine Selbstständigkeit schon verloren, bevor es 1312 aus dem Besitz der Nebenlinie an die Jülicher Grafen selbst kam. Einige Zeit hatten sie sich mit dem Fürsterzbistum Köln gestritten, wer hier nun das Sagen haben würde, doch setzte Jülich sich durch.

Eingedenk der Konkurrenz und des doch vorgeschobenen Postens schien es den Jülichern geraten, ihre Stadt massiv zu befestigen, mit der Folge, dass Burg und Stadtbering heute noch eine Attraktion für die Besucher sind. In wirtschaftlicher Hinsicht sollte sich das Jahr 1339 als Wegmarke herausstellen: Der Landesherr gestattete den hiesigen Wollwebern, mit ihren Produkten den Kölner Markt zu beschicken. Die Münstereifeler Tuche fanden Anerkennung und trugen wesentlich zum Aufstieg der Stadt bei. 1454 erhielt sie erstmals eine Ratsverfassung, und 15 Jahre später wird sie zu den vier Jülicher „Hauptstädten" gezählt.

Unterm Strich nahm Münstereifel also eine gedeihliche Entwicklung. Die Pest oder Zwistigkeiten mit dem Landesherrn-Stellvertreter auf der Burg – sie bedrohten die Stadt nicht im Kern. Das Unglück begann mit der Epoche religiöser Konflikte. Um 1600 wurde Münstereifel zum Zentrum der Gegenreformation. Zunächst schien die Stadt davon profitieren zu können, 1625 ließen sich hier die Jesuiten nieder. Ihr Gymnasium hatte für die nördliche Eifel enorme Bedeutung. Es war die einzige Höhere Schule auf weiter Flur und entsprechend groß ihr Einzugsgebiet.

Im 17. Jahrhundert litt die Stadt wechselweise unter Freund und Feind. Welche Truppen immer sie heimsuchten, alle brauchten Unterkunft und Verpflegung. 1676 waren es dann die Truppen Ludwigs XIV., die die Stadt in Schutt und Asche zu legen drohten. Diese Brandschatzung konnte zwar verhindert werden, aber die verzweifelte Lage blieb.

Die lange Zeit des Niedergangs hatte auch hier ihr Gutes: Münstereifels Stadtbild war nicht den Ambitionen wohlhabender Bürgerfamilien ausgesetzt. Allerdings konnten nach dem Zweiten Weltkrieg weder die Ernennung zum Kneipp-Heilbad (1957, der Bad-Titel folgte 1967) noch der gute Zuspruch durch Tagestouristen den Mangel an wirtschaftlicher Perspektive beheben. So kam das Outlet als rettende Idee. Es entstand nicht wie andernorts auf der grünen Wiese, sondern in den Fachwerkhäusern des historischen Zentrums, das durch die Flutkatastrophe im Sommer 2021 fürchterlich verwüstet wurde.

Mittelalterliche Stadtmauer mit Stadttor in Bad Münstereifel

Bad Münstereifel, Altstadt
und Jesuitenkirche

DIE EIFEL-AACHENER KAFFEEFRONT

Es war eine typische Nachkriegsfront. Die Grenze zu Belgien ließ den Schmuggel blühen, vor allem den mit Kaffee. Auf diesem lagen in den Jahren nach 1945 hohe Steuern, als lohne der Schmuggel das hohe Risiko. Der Zoll machte schließlich von der Schusswaffe Gebrauch, die Gegenseite „organisierte" daraufhin gepanzerte Fahrzeuge. Auch als die Häscher Krähenfüße auf den bekannten Routen auslegten, wussten die heimlichen Grenzgänger Rat: Der „Besenporsche" räumte die Nagelsperren beiseite, ehe sie sich in die Räder bohren konnten.

Das Luxusgut Kaffee forderte einen hohen Blutzoll. Es gab Tote auf beiden Seiten, mehr jedoch aufseiten der Schmuggler. Manchmal kamen Häscher und Schieber aus einem Dorf, in dem dann von Gemeinschaft keine Rede mehr sein konnte.

Besenporsche

Aachener Printen

LÄNDLICH UND DEFTIG, STÄDTISCH UND SÜSS – EIERMÖSCH UND PRINTEN

Die umlaufenden Rezepte arbeiten sogar mit Messerspitzen, etwa bei der Zugabe von Rohrzucker. Manche geben eine Prise Abfälligkeit in den Unterton, wenn sie von dem oder der Eiermösch als Rührei sprechen. Die ursprünglichen Zutaten weisen eindeutig in Richtung Eierkuchen: Denn zum Eiermösch gehört ein Schuss Milch, vor allem aber eine ordentliche Portion Mehl. Das Ganze wird zu einer „cremigen Masse" gequirlt, um in der Pfanne auszubacken. Beim Speck als Zutat wird noch niemand von Verfeinerung sprechen wollen, auch bei der Schalotte nicht, sehr wohl aber bei den Kräutern. Hier muss der Name Bärlauch fallen, einer Pflanze, die es nicht nur bis in die Haute Cuisine geschafft hat, sondern auch dem Trend zu Wildkräutern entgegenkommt. Und Bärlauch wächst in den Eifelbuchenwäldern heute wieder so üppig, dass kein Naturschützer maßvolles Pflücken anmahnen muss.

Anders verhält es sich mit dem beinahe weltberühmten Zuckerbrot der Stadt Aachen, den Printen. Diese „spezielle Sorte Lebkuchen" hat das gediegene Alter von 200 Jahren. Sie darf sich, und daraus spricht durchaus ein gewisser Adel, ein zertifiziertes „Produkt mit geschützter geografischer Angabe" nennen. Ursprünglich waren Printen ein Gebäck für die dunkleren Jahreszeiten, heute haben sie das ganze Jahr über Saison.

Übrigens hat das Wort Printe mit dem Produkt zu tun, dass der Leser hier in Händen hält. Er kommt aus dem Niederländischen und meint ursprünglich Abdruck. Darin spiegelt sich wider, dass die Vorläufer der Printen Gebildbrote waren und ihr Teig in Modeln gepresst wurde. Printen sind ein Hartgebäck, deshalb werden sie auch nicht gekaut, sondern gelutscht, um weich zu werden. Kandiszucker kommt hinein und eine Gewürzmischung, die selbstredend Betriebsgeheimnis ist.

Das Hohe Venn im Winter

Hohes Venn, Monschauer Land

HOHES VENN

Wer aufmerksam ist, kann in den Frühlingsmonaten seine zischenden Laute hören: Das Birkhuhn ist das Wahrzeichen und der Stolz des Naturparks Hohes Venn, der als eines der letzten westlichen Refugien der selten gewordenen Fasanenvögel gilt. Eine letzte Zählung ergab 20 Birkhähne, die auf ihren Balzplätzen gesichtet wurden. Die ausgedehnte Hochfläche erstreckt sich entlang der deutsch-belgischen Grenze auf über 600 km^2, wobei große Teile davon Hochmoore sind – daher auch der Name, denn das niederländische Wort Venn bedeutet auf Deutsch „Moor". Wie Eifel und Ardennen zählt auch das Hohe Venn zum linksrheinischen Teil des Rheinischen Schiefergebirges; die Botrange, die höchste Erhebung mit knapp 700 m, steht im belgischen Teil. In der niederschlagsreichen Region gibt es 15 Talsperren und bewaldete Flächen, dazwischen Wiesenlandschaften und einzelne, verstreut liegende Dörfer und Bauernhöfe. Wie es sich für ein richtiges Moor gehört, tritt an gut 170 Tagen im Jahr Nebel mit Sichtweiten unter 1000 m auf, das Klima verdankt sich den feuchten Atlantikluftmassen, die von Westen her auf die Höhenzüge von Eifel und Ardennen treffen. Heidepflanzen wie Besen- und Glockenheide, aber auch Wollgras, Moosbeere und Pfeifengras bedecken die Landschaft, und im Süden blühen ausgedehnte Wild-Narzissen-Wiesen, die in dieser Ausprägung nur hier vorkommen.

Das Hohe Venn ist die Heimat von Luchsen, Bibern, seltenen Kreuzottern und in den vergangenen Jahren auch von zugewanderten Wölfen. Außerdem brüten Wiesenpieper, Weiden- und Sumpfmeise, Rohrammer sowie der Feldschwirl mit seinem charakteristisch-monotonen Gesang in dem Gebiet. Und natürlich dürfen in einem Moor keine Amphibien und Reptilien wie Grasfrösche, Erdkröten, verschiedene Molcharten, Blindschleichen und Ringelnattern fehlen. Wer eine ausgeprägte Arachnophobie hat, sollte der hier vorkommenden Feenlämpchenspinne und der Gerandeten Jagdspinne, eine der größten Spinnen Mitteleuropas, besser aus dem Weg gehen.

Birken im Hohen Venn

KÖLN, DIE KÖLN-BONNER BUCHT UND DAS LAND AN DER SIEG

Köln, Blick über die Hohenzollernbrücke zum Dom, 1935

KÖLN, DIE KÖLN-BONNER BUCHT UND DAS LAND AN DER SIEG

Immer noch viel gesungen, ein Heimat-, kein Karnevalslied: Einer möchte, vom Heimweh gepackt, „zo Fooss noh Kölle jonn“. Das will etwas heißen, schon weil der Kölner allgemein als lauffaul gilt. Und Textautor Willi Ostermann unterstellt hier ja auch, dass es sein Ich von ganz weit her in die Vaterstadt zieht und natürlich auch zur Muttersprache hin. Dabei war sich dieser Willi Ostermann gar nicht einmal sicher, ob er „sein“ Köln noch wiederfinden würde. Dem „Heimweh“ nach Köln steht sein *Och wat wor dat fröher schön doch en Colonia* an Popularität nur wenig nach. Allzu unbekümmert sollte die Kopfzeile der ersten Strophe demnach nicht angestimmt werden: „Wat hät doch Köln sing Eigenaat verlore“ (zweite Fassung).

Wenigstens eine Eigenart ist der Stadt geblieben, neudeutsch ein Alleinstellungsmerkmal. Um es mit Yvan Goll zu sagen: „Über den Bahnhof fuhr unser Zug in den Kölner Dom/Die Lokomotive hielt vor dem Allerheiligsten/und kniete sanft.“ Gibt es bundesweit einen Hauptbahnhof, der die Reisenden sozusagen mit der Tür ins Haus fallen lässt? Natürlich hat das mit Kölns bekanntestem Rheinüberweg zu tun, der Hohenzollernbrücke, benannt nach den vier Standbildern der deutschen Könige und Kaiser der Hohenzollerndynastie. Darüber hinaus steht der Name für eine Staatsidee, die fortschrittliche Technik mit einem rückschrittlichen Reichsgedanken verbinden wollte. Auch in diesem Sinn führt die Rheinbrücke geradewegs auf den Domchor zu. Sie kann überdies als Geste der Eroberung gelesen werden, denn sie visierte die Hauptstadt im Westen von Osten an. Einem Ondit zufolge rächte sich der langjährige Oberbürgermeister Konrad Adenauer, indem er Sibirien in Deutz beginnen ließ.

Die Brücke und der Dom sind das eine, der Hauptbahnhof ist das andere. Wenn die Brücke auf den Dom zuführte, musste dann der Hauptbahnhof gleich neben ihm liegen? Dabei hatte die Entscheidung für dieses Doppel schon in der Vergangenheit zu einer schmerzlichen Einbuße geführt. Seine Lieblichkeit, der Botanische Garten, musste dem Knotenpunkt weichen.

Die enge Bebauung im Eigelsteinviertel hatte die Industriebetriebe veranlasst, ihren größeren Platzbedarf im Rechtsrheinischen zu befriedigen. Der Bahnhof aber blieb. Er wurde nach Norden erweitert, auf der anderen Rheinseite wurden ein paar Bahnsteige für den Fernverkehr eingerichtet, um die Lage zu entspannen. Die nächste Erweiterung ist schon im Gespräch, denn der Hauptbahnhof platzt weiterhin aus allen Nähten. Aber er bleibt und mit ihm das Bild vom Nadelöhr.

Und sind Dom, Brücke und Hauptbahnhof, gotisch betrachtet, nicht ein Dreipass? Verbunden über das konstruktive Prinzip der Skelettbauweise, das die Gotik entwickelt und die Industriearchitektur für ihre Zwecke adaptiert hat? Ganz abgesehen davon, dass der Dom zum großen Teil ein Bauwerk des 19. Jahrhunderts ist.

Wie kaum anderswo bewährt sich hier der Gedanke, Bahnhöfe seien die Kathedralen der Moderne. Aus dieser Perspektive ist der Hauptbahnhof ein Zwilling des Doms. Und mag seine innerstädtische Existenz auch etwas von Sturheit haben: Wer hier aussteigt, ist wirklich angekommen.

CHRONIK

50 n. Chr. Offizielle Verleihung der Stadtrechte an die Colonia Claudia Ara Agrippinensium

1064 Der Kölner Erzbischof Anno II. gründet auf dem Siegburger Michaelsberg eine Benediktinerabtei.

1288 Schlacht bei Worringen, hier steht die Stadt Köln auf der Siegerseite, der Kölner Erzbischof aufseiten der Verlierer.

1396 Mit dem Verbundbrief gibt sich die Stadt zum ersten Mal eine Verfassung.

1597 Bonn wird Residenz des Kurfürstentums Köln.

1725 Beginn der Arbeiten am Brühler Schloss Augustusburg, zunächst unter Johann Conrad Schlaun, drei Jahre später übernimmt der Hofbaumeister François de Cuvilliés die Leitung.

1945 Am Ende des Zweiten Weltkriegs ist die Kölner Innenstadt zu ca. 90 % zerstört.

1949 Bonn wird Bundeshauptstadt.

1986 Beginn der Versuche, den Lachs wieder in der Sieg anzusiedeln.

1991 Der Deutsche Bundestag beschließt, die Hauptstadt der Republik von Bonn nach Berlin zu verlegen.

Das kriegszerstörte Köln, um 1945

ZERSTÖRUNG UND WIEDERAUFBAU

Gegen Köln wurden 262 alliierte Luftangriffe geflogen. Mit dem „1000-Bomber-Angriff" in der Nacht vom 30. zum 31. Mai 1942 (Operation Millennium) begann die systematische Zerstörung der Stadt, der letzte Angriff vom 2. März 1945 traf ein fast entvölkertes Gemeinwesen.

Zum Kriegsende lag die Innenstadt fast komplett in Trümmern. Die ersten Maßnahmen zeugten durchaus vom Willen, die Lebensqualität der Bewohner zum verbindlichen Maßstab der urbanen Neuentwicklung zu machen. Mit Rudolf Schwarz wurde ein Generalplaner berufen, der diese Leitlinie umsetzen sollte, 1950 erschien seine Schrift *Das neue Köln. Ein Vorentwurf.* Nach seiner Vorstellung sollten die einzelnen Stadtsegmente links und rechts des Rheins ein eigenes urbanes Profil und jedes einen eigenen Mittelpunkt erhalten. Allerdings stießen seine Ideen auf den Widerspruch diverser Interessengruppen. Sein Vorschlag, die Verkehrsflüsse neu zu ordnen und den Hauptbahnhof auf das Gelände des nahen Güterbahnhofs zu verlegen, war von vornherein zum Scheitern verurteilt.

Immerhin gelang es, die West-Ost-Achse zwischen Rudolfplatz und Neumarkt menschenfreundlicher zu gestalten, hier hat Wilhelm Riphahn dem Quartierbild seinen Stempel aufgedrückt. Den weiteren Verlauf zum Rhein hin sollte allerdings das „Ideal" der autofreundlichen Stadt bestimmen. Der Heumarkt ist nur ein Schatten vergangener Tage, und die Nord-Süd-Fahrt schlägt eine Schneise durch Köln. Bisher hat sie allen Versuchen widerstanden, ihren Kahlschlagcharakter zu mildern, aber ernsthaft hat sich auch noch niemand darum bemüht.

Unter der Nord-Süd-Fahrt leidet die eigentlich gelungene Gestaltung des Offenbach-Platzes mit Oper und Schauspielhaus (wobei die Sanierung der Oper ein Kapitel für sich ist). Gespalten wurde auch die Straße „Unter Krahnenbäumen" im Eigelsteinviertel. Die Straße, spätestens seit Ostermanns Lied *Kinddauf-Fäß unger Krahnebäume* fester Bestandteil der Kölner Folklore, ist auch der Titel des berühmten Chargesheimer-Bildbands, dessen Aufnahmen das vitale Straßenleben hier festhalten. Es sollte ein Nachruf werden.

Als beispielgebendes Ensemble erweisen sich dagegen die Kölner Brücken – mögen sich bei den Verantwortlichen die Nackenhaare sträuben, wenn sie an die dringend notwendige Überholung denken. Erstaunlich großer Wert wurde auf die Wiederherstellung der erhaltenen historischen Bauten gelegt. Das gilt nicht nur für die romanischen Kirchen, sondern auch für die Zeugen des profanen Köln. Schließlich waren auch sie, und allen voran das Rathaus, in den Bombennächten untergegangen.

US-Soldaten im Straßenkampf, Köln, 1945

Zerstörungen im Kölner Dom, 1943

Der zerstörte Kölner Hauptbahnhof, 1945

Insgesamt ist das Kölner Stadtbild eins aus den 1950er-Jahren. Die Aufmerksamkeit für die Qualität und den architektonischen Wert dieser Nachkriegsbauten kam für etliche zu spät. Die respektable Gestaltung des Teilstücks „Kaiser-Wilhelm-Ring“ vermittelt eine Ahnung davon, welche Ausstrahlung die „Ringe“ als Kölns gründerzeitliche Prachtstraße einmal hatten.

Die zerstörte Hohenzollernbrücke, 1945

Gunter Demnigs Stolpersteine

STOLPERSTEINE

Gunter Demnigs *Stolpersteine* erinnern an die Opfer der nationalsozialistischen Mordmaschinerie. Der Stolperstein besteht aus einem gegossenen Betonquader mit einer quadratischen Messingplatte obenauf. Er wird vor dem Haus verlegt, in dem die Genannten ihre letzte nicht erzwungene Wohnung hatten. Auf der Platte werden mindestens Namen, Geburtsjahrgang und (oft vermutliches) Todesdatum festgehalten.

Das Projekt nahm von Berlin und Köln seinen Ausgang. Zuerst wurde mit den Steinen an die Deportation Kölner Sinti und Roma ins Messelager Deutz erinnert, 1992 wurde ein Stolperstein mit den Anfangssätzen von Himmlers Auschwitz-Erlass ins Pflaster vor dem Kölner Historischen Rathaus eingelassen.

Die ersten Steine vor Privathäusern wurden 1995 verlegt, zunächst ohne das Placet der Behörden. Heute ist das Projekt ein fast europaweites Unternehmen, es wird durch Spenden finanziert. Die Stolpersteine haben sich zum „weltweit größten dezentralen Mahnmal“ entwickelt, und in diesem Fall beschreibt der Superlativ etwas durchaus Positives.

Natürlich lässt sich fragen, ob die Stolpersteine wirklich eine angemessene Form der Erinnerung sind. Dabei wird dem Projekt oft der eigene Erfolg vorgeworfen, mit einer inflationären Verlegung werde diese zum bloßen Ritual. Manchmal fällt auf, dass bei Vorbehalten gegen die Stolpersteine Ressentiments eine Rolle spielen, denen an der Verschleierung ihrer wirklichen Beweggründe gelegen ist.

Außer Frage steht die Bedeutung dieser Steine für die Nachkommen der namentlich Genannten. Sie verbinden damit auch ihre eigene Biografie, wo immer sie in der Welt heute leben. Und die vielen Kölner Stolpersteine geben zumindest in der Summe eine Vorstellung davon, wie der Zivilisationsbruch nach 1933 in das Leben dieser Stadt eingegriffen hat.

Augustus, Römisch-Germanisches Museum (RGM), Köln

Livia, RGM, Köln

Relief, Fragment, RGM, Köln

RÖMISCHES KÖLN

Fast von Beginn an war sie als Zentrum ausersehen. Und nichts lässt zuverlässiger auf ihre Bedeutung schließen als der ungeheure Bauaufwand um das Aquädukt. Es versorgte diese Provinzhauptstadt mit Wasser, und zwar luxuriös viel Wasser aus der fernen Eifel. Als Caesar die Eburonen vertrieben und die Ubier ans linke Rheinufer geholt hatte, nahm schon das „oppidum" eine stürmische Entwicklung. Bereits vor 50 n. Chr., also der offiziellen Erhebung zur Colonia, trug das Gemeinwesen urbane Züge. Die „Colonia Claudia Ara Agrippinensium" (CCAA) war das Zentrum der Germania inferior und später der Germania secunda. Am Hochufer standen dieser Altar (Ara) und das Prätorium (Statthalterpalast), wirkten als Drohung und Versprechen gegenüber den Barbaren auf dem anderen Rheinufer.

Machtvoll war die Stadt befestigt. Fast 4 km Länge hatte die gewaltige Mauer, die 97 ha umschloss und mit 19 Türmen und ebenso vielen Toren bestückt war. Bis heute haben Fragmente davon im Stadtbild überlebt, als oberirdisch eindrucksvollstes der Römerturm an der Zeughausstraße.

Apropos römische Hinterlassenschaften: Das berühmte Dionysos-Mosaik unter dem heutigen Römisch-Germanischen Museum (RGM) ist nur das sichtbarste Beispiel der CCAA. Die Zeugnisse waren so zahlreich, dass den Wiederaufbauherren der Nachkriegszeit die Schweißperlen auf der Stirn standen, sobald sich ein Bagger am Erdreich zu schaffen machte. Sie mussten den teuren Stopp der Arbeiten fürchten.

Auch die Anlage der römischen Colonia ist heute noch im Stadtbild gegenwärtig. Die Hohe Straße (und die Hohe Pforte als ihre Verlängerung) entspricht der antiken Nord-Süd-Achse (Cardo maximus) und die Schildergasse der Ost-West-Achse (Decumanus maximus). An deren Kreuzung lag das Forum, das eigentliche Zentrum der Colonia. Der Verwaltungssitz der Provinz war das Prätorium am Hochufer des Rheins. Es ist unter seinem Quasi-Nachfolger, dem Rathaus, erschlossen.

Spät in der Geschichte des römischen Köln kam es zum Bau einer Rheinbrücke. Sie entstand um 310 unter Kaiser Konstantin dem Großen und verband die Colonia mit dem Kastell Divitia (Deutz) am anderen Ufer.

Dionysos-Mosaik,
225–250 n. Chr., RGM, Köln

Grabmal des Poblicius, vor 42 n. Chr., RGM, Köln

St. Maria im Kapitol

St. Andreas

St. Aposteln

St. Georg

St. Gereon

St. Kunibert

DIE ROMANISCHEN KIRCHEN KÖLNS

Neben seinem UNESCO-Welterbe, dem Kölner Dom, kann sich die Stadt am Rhein noch einer weiteren Besonderheit rühmen: Zwölf größere romanische Kirchen befinden sich innerhalb seiner mittelalterlichen Stadtgrenzen (wie noch viele weitere kleinere außerhalb dieser). Im Folgenden sollen sie kurz vorgestellt werden.

St. Andreas Die nur 200 m vom Dom entfernt gelegene und um das Jahr 1200 gebaute Kirche St. Andreas wird seit Ende des Zweiten Weltkriegs vom Orden der Dominikaner betreut. Neben der Grabkapelle für den hl. Albertus Magnus zieht sie Besucher auch durch zwei vom Künstler Markus Lüpertz gestaltete Glasfenster in einem Seitenflügel an.

St. Aposteln Am Nordwestrand des heutigen Neumarkts gelegen, gilt die im 11. Jahrhundert von Erzbischof Pilgrim gegründete Kirche des Apostelnstifts durch die um 1200 durchgeführte Erweiterung mit einer Dreikonchenanlage (Einbuchtungen in der Apsis) als eines der Hauptwerke rheinischer Romanik.

St. Cäcilien Die turmlose und auch sonst äußerlich eher schmucklose Kirche, gebaut zwischen 1130 und 1160, beherbergt seit 1956 das Museum Schnütgen mit seiner großartigen Sammlung mittelalterlicher Kunst.

St. Georg Die Kirche mit ihrem markanten Westchor wurde während des Zweiten Weltkriegs schwer beschädigt. Zur Ausstattung der wiederaufgebauten Kirche gehört ein Zyklus farbiger Glasfenster, die Jan Thorn Prikker um 1930 entworfen hat.

St. Gereon Die Kirche mit dem außergewöhnlichen Dekagon wurde benannt nach einem römischen Soldaten, der der legendären Thebäischen Legion angehört haben soll, die sich geschlossen weigerte, gegen Christen vorzugehen und deshalb getötet wurde. Auch wenn es diese Legion nach heutigem Wissensstand niemals gab, war die Legende im Mittelalter doch sehr verbreitet.

St. Kunibert Die jüngste der romanischen Kirchen Kölns wurde zwischen 1200 und 1260 errichtet und besticht in der Ausstattung durch einen Glasfensterzyklus. Außerdem ist sie bekannt für den Kunibertspütz, ein Brunnenheiligtum, auf das seit den 1950er-Jahren eine Bodenplatte im Chorraum verweist.

St. Maria im Kapitol Der Name der Kirche leitet sich von einem großen römischen Tempel aus dem 1. Jahrhundert ab, auf dessen Boden sie im 11. Jahrhundert errichtet wurde. Wertvollstes Stück ihrer Ausstattung ist die romanische Bildertür mit 13 in Holz geschnitzten Szenen aus dem Leben Jesu.

St. Maria Lyskirchen Die kleinste der Kölner romanischen Kirchen wurde zwischen 1210 und 1220 als dreischiffige Emporenbasilika gebaut. Besonders sehenswert sind die Gewölbemalereien aus der Mitte des 13. Jahrhunderts im Mittelschiff. Sie zeigen Szenen aus dem Leben des Heiligen Nikolaus.

Groß St. Martin Durch den hoch aufragenden quadratischen Vierungsturm mit seinen vier Ecktürmchen bildet Groß St. Martin ein besonders markantes Element im Panorama des linksrheinischen Köln. Von allen romanischen Kirchen ist diese am engsten umbaut mit Wohn- und Geschäftshäusern.

St. Pantaleon Ursprünglich war St. Pantaleon eine Benediktinerabtei. Die ottonische Saalkirche wurde im 12. Jahrhundert zur dreischiffigen Basilika erweitert. Bekannt ist sie vor allem als Grablege des Erzbischofs Bruno, des Bruders Kaiser Ottos I., und der Kaiserin Theophanu.

St. Severin Die ab dem 8. Jahrhundert im Süden der mittelalterlichen Stadt errichtete Kirche wurde dem im 4. Jahrhundert lebenden dritten Kölner Bischof geweiht. Severin soll mit dem hl. Martin von Tours befreundet gewesen sein.

St. Ursula In der Goldenen Kammer des auf einem spätantiken Gräberfeld errichteten Gotteshauses ist das größte Mosaik aus menschlichen Gebeinen nördlich der Alpen zu sehen. Bei den Knochen soll es sich um die Gebeine der Begleiterinnen der hl. Ursula handeln, die der Legende nach die Stadt vor den Hunnen retteten.

St. Maria Lyskirchen

Groß St. Martin

St. Pantaleon

St. Severin

St. Ursula

Der Kölner Dom

DER DOM

Kölner Dom – das klingt wie Vor- und Familienname. Seit 1996 gehört er zum Weltkulturerbe und zu den berühmten Stadtpanoramen schon seit dem Mittelalter. Allerdings mit einer bezeichnenden Ausnahme: Statt dem Türmedoppel im Westen zeigen sie nur den hölzernen Kran über dem unvollendeten Bau.

Diese Kathedrale kann leicht als Reliquiar über einem Reliquiar verstanden werden, nämlich über dem Schrein der drei morgenländischen Magier, die in der abendländischen Tradition die Heiligen Drei Könige sind. Ihre Gebeine, geborgen in einem Gehäuse von äußerster Kostbarkeit, zogen immer mehr Pilger an. Auch deren wachsende Zahl drängte zu einem Neubau, dessen Grundstein 1248 gelegt wurde.

Nachdem die Arbeiten lange geruht hatten, wurde die Kirche im 19. Jahrhundert fertiggestellt und als Nationaldenkmal gefeiert. Das damalige Verständnis der Gotik als Ausdruck deutscher Kunst ermöglichte den Weiterbau. Nur entstand hier ein vollendetes Exemplar der genuin französischen Kathedralbaukunst. Diese Reverenz an den Erbfeind kann aus heutiger Sicht als hübsche Pointe gelten.

Der Drang dieser Architektur in die Höhe weckt heute noch bei manchen Besuchern Schwindelgefühle, ihre Blicke nach oben finden an kaum einem Stück Mauerwerk Halt, denn sie stehen in einer Art Glashaus. Und es gehört zu den Glücksfällen des Kirchenbaus überhaupt, dass im Chor von der Glasmalerei des 14. Jahrhunderts so viel erhalten blieb.

Die Einweihung des Doms 1880 stand noch unter dem Eindruck des Kulturkampfs zwischen dem preußischen Staat und der katholischen Kirche. Der Zusammenhang von Dom und Stadt, dem „hilligen", also katholischen Köln, wurde 1810 noch einmal beglaubigt. Die Kirche nahm den „Altar der Stadtpatrone" in ihre Mauern auf. Ursprünglich hatte das Hauptwerk Stephan Lochners seinen Platz in der Ratskapelle und trug hier seinen Namen zu Recht.

Dom, Chor, Außenansicht

Dom, Chor, Innenansicht

Museum Ludwig
Den thematischen Schwerpunkt des Museums Ludwig bildet die moderne Kunst ab dem beginnenden 20. Jahrhundert. Neben der größten Pop-Art-Sammlung Europas beherbergt das Museum die drittgrößte Picasso-Sammlung der Welt sowie bedeutende Exponate zum deutschen Expressionismus und zur russischen Avantgarde. Zudem sind hier Werke des Surrealismus, der Gegenwartskunst (ab den 70er-Jahren) sowie eine Fotografie- und Videoabteilung zu besichtigen.

KÖLNER MUSEEN

Hierhin gehört ein Vorspruch: Nicht nur viele Objekte, sondern auch das eine oder andere Haus verdankt die Stadt Köln ihren Bürgern. Der Reichtum ihrer Museumslandschaft gründet nicht auf den Zuwendungen von Fürsten und Königen und nicht auf der Initiative der Stadtspitze: Sie haben es oft an Einsatz fehlen lassen, sodass wertvolle Sammlungen in Köln verloren gingen.

WALLRAF-RICHARTZ-MUSEUM, MUSEUM SCHNÜTGEN UND MUSEUM LUDWIG

Das Wallraf-Richartz-Museum mit der Fondation Corboud soll die Reihe eröffnen, weil es mit dem Namen von Ferdinand Franz Wallraf (1748–1824) verbunden ist. Der Kanonikus war ein leidenschaftlicher Sammler über alle Kunstgattungen hinweg, selbst Naturalienkabinette waren vor seinem Eifer nicht sicher. Goethe, der seine vollgestopfte Wohnung besuchte, sprach hinterher vom „Wallrafschen Chaos".

Das Wallraf-Richartz-Museum residiert heute im kubisch-strengen Bau von Oswald Mathias Ungers am unteren Ende des Rathausplatzes. Erwartungsgemäß hat es einen großen Bestand an Gemälden, die zwischen 1300 und 1500 in dieser Stadt entstanden, darunter zwei Werke von Stephan Lochner. Zu seinen Hauptstücken gehören das späte Selbstbildnis Rembrandts, Peter Paul Rubens' *Juno und Argos* und Vincent van Goghs *Die Brücke von Arles.* Seit 2001 trägt das Museum den Zusatz „& Fondation Corboud", doch die Stiftung wartet immer noch auf eine angemessene Präsentation ihrer Objekte. Und die Grafische Sammlung des Museums umfasst allein über 75 000 Arbeiten.

Beim Museum Schnütgen liegt der Schwerpunkt auf der sakralen Kunst des Mittelalters und hier auf den plastischen Werken. Für den Grundstock sorgte der Kölner Domherr Alexander Schnütgen (1843–1918). Über seine Raffinesse, Werke für seine Sammlung zu sichern, sind mancherlei Anekdoten im Umlauf. Es sind auch hier Stücke rheinischer Provenienz, die zum ausgezeichneten Ruf Schnütgens viel beigetragen haben. Prunkstück ist die bemalte Kalksteinkonsole aus der Parler-Werkstatt. Unter dem üppig-virtuosen Kopfschmuck aus Blattwerk sitzt ein Frauenkopf, der alle Anmut des Schönen Stils zeigt.

Das Museum Ludwig, direkt an Dom und Hauptbahnhof gelegen, zählt zu den bedeutendsten Kunstmuseen Europas.

Wallraf-Richartz-Museum

Museum Schnütgen

Museum für Ostasiatische Kunst

RAUTENSTRAUCH-JOEST-MUSEUM UND MUSEUM FÜR OSTASIATISCHE KUNST

Das Museum Schnütgen und das Rautenstrauch-Joest-Museum haben einen gemeinsamen Eingangsbereich, doch zwischen ihren Sammlungen liegen Welten. Der Reisspeicher im Foyer setzt den Akzent auf die fernen Gegenden, zu denen Wilhelm Joest, Spross einer hiesigen Zuckerfabrikantendynastie, immer wieder aufbrach. Rautenstrauch-Joest gehört zu den bedeutendsten völkerkundlichen Museen der Republik. Der Name Rautenstrauch erinnert im neuen Haus daran, dass Joests Schwester Adele und ihr Gatte Eugen Rautenstrauch auch das Gebäude finanzierten, in dem die Reiseerträge von Wilhelm Joest gezeigt werden konnten.

Das Museum für Ostasiatische Kunst schließt die Kulisse des Aachener Weihers stadtauswärts ab. Seine Schätze haben den engsten Kontakt zu seiner Architektur. Der Japaner und Le-Corbusier-Schüler Maekawa Kunio (1905–1986) entwarf den Bau, die Außenanlagen gehen auf den Bildhauer Masayuki Nagare (1923–2018) zurück. Werke aus China, Korea und Japan reichen mit einem weiten Spektrum der Gattungen bis in die Jahre um 1000 zurück. Und auch hier haben Stifter zur außerordentlichen Qualität der Bestände beigetragen.

MUSEUM FÜR ANGEWANDTE KUNST UND SCHOKOLADENMUSEUM

Das Museum für Angewandte Kunst Köln (MAKK) befindet sich im früheren Wallraf-Richartz-Museum, deshalb stehen die beiden Gründerväter vor seiner Front. Der qualitätvolle Bau entstand nach dem Krieg. Die Pläne stammen von Rudolf Schwarz (1897–1961), der sich auch um den Wiederaufbau der zertrümmerten Stadt verdient gemacht hat.

Das Museum hat die Architektur zu einem seiner Schwerpunkte gemacht, scheut aber auch nicht davor zurück, das elegante Design von Oldtimern zu würdigen. Dafür spannt eine Schmucksammlung einen Bogen von 5000 Jahren.

Im Zusammenhang mit Museen fällt öfter das Wort Schwellenangst. Darüber kann das Schokoladenmuseum nur milde lächeln. Das Haus am Rheinauhafen zieht stets die meisten Besucher an, und seine durchgängig heitere Atmosphäre spricht für seinen entspannten Umgang mit dem Bildungsauftrag. Der Museumsbau ähnelt einem Schiffsrumpf, und auch vom Thema her passt es in seine Umgebung. Hier konzentrierten sich einst die Raffinerien der Kölner Zuckerbarone, und wenig weiter stadteinwärts liegt das alte Stollwerck-Gelände.

Rautenstrauch-Joest-Museum

Museum für Angewandte Kunst

Christus in der Rast,
Oberrhein, um 1480

DIÖZESANMUSEUM KOLUMBA

Mitte des 19. Jahrhunderts wurde auf Initiative des Christlichen Kunstvereins das Diözesanmuseum in Köln gegründet und ging 1989 in die Trägerschaft des Erzbistums über. Seit 2007 sind die Fundamente der im Zweiten Weltkrieg zerstörten spätgotischen Kirche St. Kolumba im ebenso benannten Museum zu sehen. Architekt dieses großartigen Gebäudes war der Schweizer Peter Zumthor. Auf einzigartige Weise ist ihm die Verschmelzung der modernen Backsteinarchitektur des Museums mit den Resten der Kirche gelungen, auch Fragmente römischer Wohnbebauung hat er in den Komplex mit einbezogen. Die Fassade besteht aus grauem Backstein, dessen lebendige Wirkung von der kleinteiligen Struktur herrührt, die die große Fläche auflockert. Im Inneren wird am minimalistischen Konzept festgehalten: Die Konzentration auf wenige, sorgsam aufeinander abgestimmte Materialien gibt den Kunstwerken den perfekten Raum, um von sich aus zu wirken.

Die Sammlung umfasst Exponate von der Spätantike bis zur Gegenwart, von romanischen Skulpturen bis zur Rauminstallation, von gotischen Altären bis zum Radical Painting. Allen Werken gemein ist die Suche nach einer übergreifenden Ordnung. Schwerpunkte der Sammlung liegen in der Kunst des frühen Christentums und in der Malerei und Plastik vom Hochmittelalter bis zur frühen Neuzeit. Auch künstlerische Zeugnisse der Volksfrömmigkeit sind vertreten, beispielsweise eine umfassende Sammlung von Rosenkränzen. Eine stete Erweiterung erfährt die Sammlung durch umfangreiche Schenkungen. So konnten etwa hervorragende Zeugnisse mittelalterlicher Buchdruckkunst hinzugewonnen werden.

Inneres

Außenansicht des Museums

Treppenaufgang

Konrad Adenauer, 1951

KONRAD ADENAUER (1876–1967)

„Eigentlich habe ich drei Leben gelebt. Das erste reicht bis 1917, das zweite umfasst die Zeit als Oberbürgermeister in Köln und das dritte nun, das begann nach dem Zusammenbruch." Kurz und knapp fasst der erste deutsche Bundeskanzler sein Leben zusammen. Der Sohn eines Kölner Kanzleirats stieg nach dem Jurastudium in Freiburg, München und Bonn in die Kölner Politik ein, indem er 1906 der katholischen Zentrumspartei beitrat. 1917 wurde er zum jüngsten Oberbürgermeister einer deutschen Großstadt gewählt und blieb dies bis zur Machtergreifung Hitlers 1933. Seine strikt ablehnende Haltung gegenüber dem neuen Regime sorgte für die Amtsenthebung, Adenauer verbrachte nach mehreren Zwischenaufenthalten und Verhaftungen die NS-Zeit in Rhöndorf bei Bonn, wo er bis zu seinem Tod lebte.

Nach Kriegsende trat er der Christlich Demokratischen Partei (CDP), einer Vorgängerpartei der CDU, bei und wurde deren Fraktionsvorsitzender. Von 1949–63 führte er als erster Kanzler der BRD das kriegsgebeutelte Deutschland wieder in die westliche Staatengemeinschaft und setzte sich für Bonn als Hauptstadt ein. Sein antikommunistischer Kurs gegenüber der Sowjetunion stand in direktem Zusammenhang mit der konsequenten Anbindung an die NATO und den Westen.

Adenauer galt Zeit seines Lebens als ausgekochter Fuchs, der sich nie unterkriegen ließ und es mit der Wahrheit manchmal nicht ganz so genau nahm: „In der Politik geht es nicht darum, recht zu haben, sondern recht zu behalten."

Adenauer und De Gaulle, 12.6.1965 in Bonn

Rheinpark

PARKS UND KÖLNER GRÜN

Neben dem Martinsviertel erinnern nur noch „die Ringe" an das mittelalterliche Stadtbild, ihr Halbkreis zeichnet die damalige Umwehrung des Gemeinwesens nach. Die Idee, um das linksrheinische Köln einen weiteren, jetzt aber grünen Halbkreis zu ziehen, geht wesentlich auf Konrad Adenauer zurück, Kölns Oberbürgermeister in der Zwischenkriegszeit. Dieser Grüngürtel entstand wensentlich in den 1920er-Jahren aus der Umwandlung des Festungsrings, den Preußen hier um sein „Bollwerk im Westen" gelegt hatte. Als Schließe des Gürtels kann der Aachener Weiher gelten, um den herum sich heute der Hiroshima-Nagasaki-Park befindet, der, wie sein Name verrät, an die ersten Atombombenabwürfe in Japan erinnert.

Zum äußeren Kölner Grüngürtel gehört der Forstbotanische Garten, der zu Beginn der 1960er-Jahre angelegt wurde, und zwar auf einer ehemaligen Ackerfläche. Heute versammelt die Anlage die unterschiedlichsten Arten von Bäumen, Sträuchern und Stauden aus ebenso unterschiedlichen Teilen der Welt. Bis zum Ersten Weltkrieg gehörte das Gelände noch zum äußeren Festungsring Kölns, und die Rhododendronschlucht erinnert noch an die einstige Lage des Infanterie-Stützpunktes Hermannshof, der sich hier einst befand, nach dem Ersten Weltkrieg aber gesprengt wurde.

An öffentlichen Parks und Grünanlagen mangelt es in Köln ohnehin nicht. Unweit der Deutzer Messe befindet sich der Rheinpark mit Blick auf

Stammheimer Schlosspark

Forstbotanischer Garten

den Kölner Dom. 1957 fand hier die erste Bundesgartenschau in Nordrhein-Westfalen statt, von der noch die Kleinbahn übrig geblieben ist, die hier ihre Runden zwischen Rosengarten und Tanzbrunnen dreht. Letzterer, überspannt von einer Zeltkonstruktion des Architekten Frei Otto, wird für musikalische Veranstaltungen genutzt.

Ebenfalls auf der rechten Rheinseite, im Norden der Stadt und direkt am Fluss gelegen, liegt der Stammheimer Schlosspark, einer der ältesten Landschaftsgärten Kölns. Verantwortlich für die Gestaltung war der zur Zeit des Klassizismus tätige Gartenarchitekt Maximilian Friedrich Weyhe, der den Park auf Geheiß des Franz Egon von Fürstenberg-Stammheim anlegte. 1928 wurden Schloss und Park nach dem Verkauf öffentlich zugänglich, doch im Zweiten Weltkrieg fiel der Park der Verwahrlosung anheim, und das Schloss wurde durch einen Bombenangriff zerstört. Nach dem Krieg erwarb zunächst die Bayer AG das Grundstück, aber seit 1983 ist das Areal wieder im Besitz der Stadt. Seit nahezu 20 Jahren wird der Park als Ausstellungsareal genutzt; gezeigt werden dauerhafte Installationen und jährlich wechselnde Ausstellungen.

Flora

Die Böhm-Architekten

DIE ARCHITEKTENFAMILIE BÖHM

Der aus Württemberg stammende Dominikus Böhm (1880–1955), Sohn eines Baumeisters, schuf ab dem Ende des Ersten Weltkriegs seine ersten Kirchen und wurde fortan der einflussreichste Architekt sakraler Architektur in Deutschland. Mit zahlreichen Bauten setzte er sich ab dem Ende des Ersten Weltkriegs vom vorherrschenden Historismus im Kirchenbau ab und suchte nach zeitgemäßen architektonischen Lösungen. Als Beispiele für sein vielfältiges Werk seien nur genannt: die Notkirche St. Josef in Offenbach am Main (1919/20), St. Engelbert in Köln-Riehl (1930) und St. Maria Königin in Köln-Marienburg (1954).

Sein Sohn Gottfried (1920–2021), der das Architekturbüro seines Vaters nach dessen Tod übernahm, führte die Arbeit seines Vaters fort und widmete sich mit der gleichen Hingabe wie dieser dem Material Beton. Seine beiden bekanntesten Werke sind zu Ikonen der zeitgenössischen Architektur geworden: Das Rathaus des nahe Köln gelegenen Bensberg und die Wallfahrtskirche in Neviges nördlich von Wuppertal. 1986 wurde er mit dem Pritzker-Preis ausgezeichnet. Auch Gottfrieds Frau Elisabeth war, wenn auch meist im Hintergrund agierend, an vielen Projekten ihres Mannes beteiligt.

Drei ihrer vier Kinder – Peter, Paul und Stephan – sind ebenfalls erfolgreiche Architekten geworden. Besonderes Aufsehen erregte etwa Paul Böhm mit seinem Entwurf für die DITIB-Zentralmoschee in Köln-Ehrenfeld, die 2018 eröffnet werden konnte.

DITIB-Zentralmoschee, Köln

Willy Millowitsch (1909–1999)

KÖLSCHE MUNDART

„Et hätt no immer jot jejange." „Et kütt wie et kütt." Solche Sätze hört man in Köln oft, und auch die Immis, die Zugereisten, verstehen sie. Bei Sätzen wie „Nohjemaate Krützblom jenau esu jroß wie bovve op denne Domtürm" hört es dann meist auf. Kölsch wird heute noch überall in der Stadt gesprochen, und dass es nicht vom Aussterben bedroht ist wie manch anderer deutsche Dialekt, liegt auch an seinen Künstlern, die sich nicht zu schade sind, so zu reden, wie ihnen der Schnabel gewachsen ist. Besonders zur fünften Jahreszeit hört man überall Kölsche Töne, und Bands wie die Bläck Fööss, die Höhner, Brings oder Kasalla sorgen für die richtige rheinische Stimmung, während BAP es geschafft haben, ihren Dialekt in ganz Deutschland (und darüber hinaus) zu verbreiten.

Es mag am Karneval liegen, dass Kölsch so verbreitet ist, denn viele Schauspieler und Mundartdichter sind bzw. waren hiermit eng verbunden: Willi Ostermann, Trude Herr oder Dirk Bach waren nur einige davon. Gleich mehrere Theater in der Stadt sorgen zudem dafür, dass Kölsch in aller Munde bleibt: Da wäre natürlich als Erstes das Millowitsch-Theater, das im 19. Jahrhundert aus einem Puppentheater hervorging, und sein legendärer Leiter Willy Millowitsch, der die westdeutsche Fernsehlandschaft über Jahrzehnte hin mit Kölsch vertraut machte („Isch bin ene Kölsche Jong"). Sein Sohn Peter führte die Theatertradition bis 2018 fort.

In der Altstadt findet sich das Hänneschen-Theater, das seine Puppen in tiefstem Kölsch parlieren lässt. Während diese Bühnen eher einem traditionellen Geschmack entsprechen, setzte der Film- und Theater-Autor/Regisseur Walter Bockmayer völlig neue, freche Akzente mit eigenen frivol-vulgären und in Kölsch verfassten Bühnenstücken. Seine Kölner Scala besteht seit 2006 und ist eine Fortsetzung des 1984 gegründeten Kaiserhof-Theaters.

Aus dem Maskenumzuge der Großen Carnevalsgesellschaft in Köln: Jubiläumswagen der Großen Carnevalsgesellschaft, Holzstich, unbez., aus: *Illustrirte Zeitung*, 102. Bd., Nr. 2641, Leipzig und Berlin, 10. Februar 1894, S. 146

RHEINISCHER KARNEVAL

Die ersten Nachrichten handeln von den Auswüchsen. Vom 5. März 1341 datiert der Beschluss des Kölner Stadtrats, deshalb keine Mittel „zu vastavende" (Fastelovend) aus der Stadtkasse mehr freizugeben.

Wahrscheinlich hatten die Pioniere des organisierten Karnevals außer den Preußen im Nacken auch die historischen Auswüchse im Hinterkopf, als sie sich an die Neubelebung machten. Der Titel „Festordnende Gesellschaft" spricht Bände. Dazu stimmen die Goethe-Verse, die den Rand des Kölner Fastnachtsbrunnens zieren: „Löblich wird ein tolles Streben, wenn es kurz ist und mit Sinn".

Von Anfang an dabei sind die Roten Funken, und kein Volkskundler hat bisher den Begriff „Funken" überzeugend ableiten können. Ihre Uniformen knüpfen an die der reichsstädtischen Soldaten an. Bis zum Dreigestirn hat es allerdings gedauert. Die drei sind die Helden des Sitzungskarnevals. Neben dem Prinzen als Leitfigur gibt es „Ihre Lieblichkeit", die Jungfrau. Sie verkörpert die Stadt, wird allerdings von einem Mann gespielt. Ihnen zur Seite steht „Seine Deftigkeit", der Bauer, gehörte Köln doch nach der ständischen Hierarchie des Alten Reichs zur Vierergruppe der „Rustici", also der Bauern. Insofern drückt der „Kölsche Boor" die Verbundenheit der Reichsstadt mit dem Reich aus, sein Dreschflegel ist eher als Accessoire zu verstehen. Und als Anspielung auf die Prunksitzungen des Kölner Sitzungskarnevals ist die Stunksitzung zu verstehen, deren alternatives kabarettistisches Programm ein breites Themenfeld abdeckt, von der globalen über die deutsche zur lokalen Politszene Kölns. Verspottet wird so ziemlich alles: die katholische Kirche, der Erzrivale Düsseldorf, aber auch der 1. FC „Kölle" sowie die traditionellen Karnevalsgesellschaften wie das Dreigestirn oder die Roten Funken.

Höhepunkt aller Festivitäten rheinauf, rheinab ist jedoch der Rosenmontagszug, vor allem in Mainz, Düsseldorf und – selbstredend – Köln. Nie wird versäumt, die Zuschauerzahlen bekannt zu geben. Wenn trotz „üsselijem" Wetter ein Rekord verzeichnet werden kann, umso besser.

Rosenmontagszug in Köln, 1930

DER NUBBEL

Im 17. Jahrhundert rügte der Kölner Rat als „öffentlichen Unfug“, sich als Mönch oder Nonne zu verkleiden. Schon 1441 wurde ein Wirt bestraft, weil er einem seiner Gäste die Parodie einer Reliquienprozession hatte durchgehen lassen. Solche Ketzereien hallen bei der Verbrennung des Nubbels nach, einer Strohpuppe von menschlicher Gestalt. Diese Verbrennungen finden in der Nacht zum Aschermittwoch und noch heute meist vor einer Wirtschaft statt – in engem Zusammenhang mit deren Zapfhähnen. Es ist eine Totenfeier und der Nubbel ein Sündenbock. Er büßt alle Verfehlungen, die im Karneval an der Tagesordnung waren. Auch ein Priester ist zugegen, schwenkt eine Klobürste als Zeichen seiner Würde und verliest die Liste der Schandtaten, wobei die Trauergemeinde nach jedem Sündenkapitel in Geheul ausbricht.

DIE BEUELER WEIBERFASTNACHT

Die Beuler Wäscherinnen wollten sich die Dominanz der Männer nicht länger gefallen lassen und wehrten sich gegen die physischen wie psychischen Belastungen, denen sie sich ausgesetzt sahen. Die Männer hielten lediglich den Kundenkontakt, holten die Schmutzwäsche ab und brachten sie sauber zurück, und so nahmen sie zu Karneval die Kundenpflege als Vorwand. Sie lieferten u. a. nach Köln mit der schlecht verhohlenen Absicht, ins närrische Treiben einzutauchen. So konnten ihre Frauen zwar Atem holen, taten dies aber nicht ohne Bitterkeit. Und so beschlossen sie, auf eigene Faust Karneval zu feiern. Schon 1824 gründeten sie ihr „Damenkomitee“, bei dem es galt, über die Alkoholexzesse und ähnliche Verstöße ihrer Männer zu berichten.

Kölnisch Wasser, Werbung, 1930

ECHT KÖLNISCH WASSER

Es kommt ein wenig Oma-mäßig daher mit seiner türkis-goldenen Verpackung und dem verschnörkelten 4711-Logo. Nichtsdestotrotz ist Echt Kölnisch Wasser der Klassiker unter den Parfüms, der immer noch in alle Welt exportiert wird. Das originale Eau de Cologne wurde zu Beginn des 18. Jahrhunderts vom italienischen Parfümeur Johann Maria Farina kreiert. Öle von Zitrone, Orange, Bergamotte, Mandarine, Limette, Zeder und Pampelmuse sowie Kräuter – das war der unwiderstehliche Mix, dem im 19. Jahrhundert die Berühmten ihrer Zeit reihenweise verfielen. Von Ludwig XV., Napoleon und Voltaire bis Goethe und Mozart schworen alle auf das Parfüm, das angeblich den Geist stimulierte. Englische Dandys brachten es von ihren Reisen auf dem Kontinent in ihre Heimat und machten es dort populär.
Da Kölnisch Wasser relativ preisgünstig war, gelangten auch weniger betuchte Menschen in den Duftgenuss. Der Kölner Unternehmer Wilhelm Mülhens brachte ab 1799 dann die Marke 4711 heraus – wobei sich die Zahl auf die einstige Hausnummer des Stammhauses der Firma Mülhens GmbH & Co. KG in der Glockengasse bezieht – und schloss mit einem Düsseldorfer Verwandten der Farina-Dynastie einen Vertrag ab, um den berühmten Namen nutzen zu dürfen. Somit gehören die beiden Kölnisch Wasser zu den ältesten Parfüms weltweit, die immer noch hergestellt werden. Der osmanische Sultan Abdülhamid II. ließ auf Anraten seines Leibarztes sogar eine eigene Parfümfabrik erbauen, um seiner Bevölkerung die medizinischen Vorteile von Kölnisch Wasser zu ermöglichen. Aus Eau de Cologne wurde Odikolon und später Kolonya, heute ein Muss in jedem türkischen Frisörgeschäft und Haushalt. Mitarbeiter des türkischen Gesundheitsministeriums gehen sogar so weit, es als Schutz vor Covid-19 anzupreisen, wobei Spötter vermuten, dass es weniger die desinfizierende Wirkung als vielmehr der starke Duft ist, der für genügend Abstand zwischen den Menschen sorgt.

Willi Ostermann

De Bläck Fööss

Höhner

BAP

Cat Ballou

Brings

Paveier

Kasalla

KÖLN ALS MUSIKSTADT

In Köln hat Musik immer schon eine wichtige Rolle gespielt. Neben der langen Tradition der Kirchenmusik sind in der Domstadt zwei berühmte Orchester ansässig: Das im 15. Jahrhundert gegründete Gürzenich-Orchester und das WDR-Sinfonieorchester. Während ersteres bedeutende Werke von Brahms oder Mahler uraufführte, widmet sich das zweite vor allem den modernen Werken des 20. Jahrhunderts. Beide Orchester spielen in der Kölner Philharmonie, einem der besten Konzertsäle Europas, der unter (!) dem Heinrich-Böll-Platz am Dom liegt. Im berühmten WDR-Studio für elektronische Musik wirkten bedeutende Komponisten wie Karlheinz Stockhausen und Mauricio Kagel, die auch an der renommierten Kölner Musikhochschule lehrten.

E-Werk, Live Music Hall oder MTC – das sind nur einige der bekannten Kölner Locations, wo Musikgrößen aus Rock und Pop auftreten. Berühmteste Band ist natürlich BAP, aber auch Brings oder die Domstürmer treten in ausverkauften Häusern auf. Und da wäre natürlich auch noch die Jazzszene, die mit dem Jazzhouse-Festival im Stadtgarten eine der ersten Adressen der nationalen und internationalen Szene ist.

Die Südstadt, Heimat des Könemann Verlages
A Könemann Büro Mainzer Straße
B Mainzer Hof
C Rosticceria Massimo
D Könemann Büro Kurfürstenstraße
E Gasthaus Jakob Fertig
F Café Formula Uno
G Epicerie Boucherie
H Eierplätzchen

KÖLNER SÜDSTADT

Inbegriff des urkölschen Veedels, Zentrum des Kölner Karnevals, Promi-Wohnsitz und Ausgehviertel – das alles ist die Kölner Südstadt, die auch das Severinsviertel und den Rheinauhafen mit einschließt. Heinrich Böll wuchs hier auf; Marie-Luise Marjan, Gaby Köster oder Frank Schätzing fühlen sich ebenso wohl wie die vielen Touristen, Studenten, die LGBTIQ-Szene und Künstler, die sich zwischen Ubierring und Severinsbrücke in den vielen Kneipen und Restaurants vergnügen. Zum Glück blieben noch viele Bauten aus der Gründerzeit stehen, auch wenn die Stadtplaner der 1950er- bis 1980er-Jahre ihr Möglichstes getan haben, um mit Bauprojekten wie der Nord-Süd-Fahrt oder einschneidenden Sanierungsmaßnahmen das alte Stadtbild zu zerstören. Zentraler Anlaufpunkt ist das Severinsviertel mit der gleichnamigen Kirche, wo die Gebeine des heiligen Severin in einem kostbaren Schrein ruhen. An der Severinstorburg, der neben Eigelsteintor, Hahnentor und Ulrepforte erhalten gebliebenen Stadttorburg der mittelalterlichen Stadtmauer, beginnt die Severinstraße, die beliebte Einkaufsstraße des Viertels. Hier findet alljährlich im September das Fest „Dä längste Desch vun Kölle" statt, mit 800 000 Besuchern eines der größten Straßenfeste in Deutschland. Am Chlodwigplatz im Vringsveedel,

Südstadt

wie das Severinsviertel auch heißt, beginnt oder endet traditionell der Rosenmontagszug, beinahe alle größeren Karnevalsvereine haben hier ihren Stammsitz, und der Straßenkarneval tobt hier am heftigsten.

Auch Köln hat eine Hausbesetzer-Vergangenheit: Der Anno-Riegel zwischen Karl-Korn- und Annostraße ist der Nachfolger des einstigen Fabrikgebäudes auf dem ehemaligen Gelände der Stollwerck-Schokoladenfabrik. 1980 hatten rund 600 Personen den Fabrikbau besetzt, um einen Abriss zu verhindern. Trotz heftiger Proteste riss man sieben Jahre später alles bis auf den Anno-Saal und die Maschinenhalle ab und errichtete den Anno-Riegel als günstigen Wohnraum.

Ob am Eierplätzchen, im Brauhaus, im Bürgerhaus Stollwerck oder in der Gaststätte Früh em Veedel, am Rhein oder im Friedenspark, es gibt reichlich Möglichkeiten, sich in der Südstadt zu amüsieren. Für genügend Kultur sorgen unter anderem das Odeon-Kino, die Konzerte in der Lutherkirche und das Comedia-Theater in der ehemaligen Feuerwache in der Vondelstraße.

Südstadt, Liebeserklärung an ein Stadtviertel. Die nach dem ovalen Platz ohne offiziellen Namen benannte Eierplätzchenband gibt seit über 20 Jahren kostenlose hochklassige Konzerte kubanischer Musik.

Heinrich Böll, um 1972

HEINRICH BÖLL (1917–1985)

Wenn es Menschen gibt, die das moralische Gewissen einer Stadt oder eines ganzen Landes verkörpern, dann gehört Heinrich Böll eindeutig zu ihnen. Vermutlich hätte er sich gegen eine solche Zuordnung gewehrt, denn er war ein überzeugter Humanist, der sich zeit seines Lebens für die Freiheit und gegen Unterdrückung jeglicher Art einsetzte. Der Kölner Schriftsteller ist Zeithistorikern zufolge der „erfolgreichste deutsche Nachkriegsautor“, in den frühen Jahren der Bundesrepublik galt er als die „Stimme der Vernunft“. Seine zahlreichen Romane, Kurzgeschichten, Hörspiele und politischen Essays brachten ihm unzählige Preise und Ehrungen ein, von denen die größte wohl der Literatur-Nobelpreis 1972 war. In den frühen 1970ern war Böll Präsident des deutschen und später des internationalen PEN-Clubs. Sein politisches Engagement dagegen verschaffte ihm nicht nur Freunde, so positionierte er sich als kritischer linksintellektueller Geist gegen die „Keine Experimente“-Politik der Adenauer-Zeit, bekundete Sympathien mit RAF-Mitgliedern und nahm sowjetische Dissidenten wie Alexander Solschenizyn oder Lew Kopelew in sein Haus auf. Gemeinsam mit Rupert Neudeck unterstützte er sowohl dessen Engagement für die geflüchteten „Boat People“ aus Vietnam als auch die Friedensbewegung Anfang der 1980er-Jahre.

Von seinen Werken dürften wohl *Gruppenbild mit Dame, Die verlorene Ehre der Katharina Blum* und *Ansichten eines Clowns* die bekanntesten sein, sein *Irisches Tagebuch* verdeutlicht seine Liebe zu Irland, wo er auf Achill Island an der Westküste viele Jahre seine Ferien verbrachte. „Einmischung ist die einzige Möglichkeit, realistisch zu bleiben.“ Diese Einstellung des Kölner Autors hat sich die Heinrich-Böll-Stiftung zu eigen gemacht, die in Partnerprojekten in mehr als 60 Ländern für die Umsetzung grüner Ideen und Projekte steht. Am Ende steht Böll dann doch für ein moralisches Gewissen.

Kölner Rheinufer mit „Siebengebirge“

RHEINAUHAFEN

Seit Beginn des 21. Jahrhunderts hat sich mächtig was getan im Kölner Rheinauhafen. Der alte Hafen entlang der linken Rheinmauer war seit dem Mittelalter stark frequentiert, im 19. Jahrhundert verband man den südlichen Teil der Rheinauinsel „Werthchen“ mit der Uferseite und erklärte das umliegende Gebiet zum neuen Hafenareal – es entstand der Rheinauhafen mit Werftmauern und Uferbefestigung.

Bis zum Ende des 20. Jahrhunderts vollzog sich durch den sich wandelnden Schiffsverkehr die Entwicklung vom einst wichtigsten Kölner Hafen zur Umwandlung des Hafengeländes in eine „Freizeit- und Erholungsanlage“. Die alten Brachflächen sollten neu bebaut, das sechsgeschossige Wohn- und Geschäftshaus „Siebengebirge“ und das einstige Hafenamt saniert werden. Heute, nach gut 30 Jahren, ist an der Rheinseite der Südstadt ein komplett neues Viertel entstanden. Begonnen hatte der Umbau mit dem Imhoff-Schokoladenmuseum, das gemeinsam mit dem sanierten ehemaligen Preußischen Zollamt 1993 eröffnet wurde. Sechs Jahre später folgte das „Deutsche Sport & Olympia Museum“, im neuen Jahrtausend dann mehrere Wohn- und Geschäftshäuser sowie die Kranhäuser, die besonders gut vom Fluss oder von der anderen Rheinseite aus zu sehen sind.

Die drei einem Hafenkran nachempfundenen Wohn- und Geschäftshäuser sind der neue Blickfang des Rheinhafens. Auch das alte „Siebengebirge“ erstrahlt in neuem Glanz; der 1909 durch Hans Verbeek als Speicher („Danziger Lagerhaus“) errichtete Bau war einer der ersten Stahlbetonskelettbauten Deutschlands, seine sieben Zwerchgiebel verliehen ihm seinen Namen. Von der Flussseite aus sind es übrigens neun Giebel, die zusammen mit dem Rest des Gebäudes in freundlichem Gelb gehalten sind.

Kranhäuser

Schokoladenmuseum, Köln

Große Abbildung siehe Seite 138/39

A Kirche Groß St. Martin
B Rathausturm
C Oper
D Rheingarten
E Museum Ludwig
F Kölner Dom
G Philharmonie
H Hohenzollernbrücke
I Hauptbahnhof
J Jesuitenkolleg St. Mariä Himmelfahrt

A Telekom-Hochhaus
B Kölner Funkturm Colonius
C Schokoladenmuseum
D WDR
E Severinsbrücke
F Kölner Dom
G Hansa-Hochhaus
H Deutzer Brücke
I Musical Dome
J Hohenzollernbrücke
K Messeturm

Neuehrenfeld, Eichendorffstraße

KÖLNER VIERTEL UND „VEEDEL“

Die Einteilung einer Großstadt in Viertel ist nur selten eine Sache kartografischer Nüchternheit. Auch andernorts haben bestimmte Viertel einen magischen Klang, mindestens aber versprechen sie mehr Übersicht im Dickicht der Städte.

Wenn jedoch Kölner „Veedel“ sagen, dann heißt das nicht mehr und nicht weniger, als die Stadt mit der Seele suchen: „Denn hier hält man zusammen“. Sowieso ist hierorts die letzte Verteidigungslinie der Lokalpatrioten, Köln sei „e Jeföhl“. Das „Veedel“ ist es doppelt und dreifach, also eine schwer bestimmbare Größe. Wo sie festere Konturen annimmt, läuft es auf Nachbarschaft hinaus.

Das Etikett „urkölsch“ kommt am ehesten dem Severins- und dem Eigelsteinviertel zu. Sie liegen – wohl nicht zufällig – am südlichen und nördlichen Rand der Kernstadt. Ihre alten Torburgen ragen noch als echte Monumente aus maßstäblicher Geborgenheit heraus, im Severinsviertel („Vringsveedel“) verkörpert der markante Kirchenbau eine historisch gegründete Identität. In neuerer Zeit steht dem Vringsveedel der nicht festumrissene Terminus Südstadt zur Seite. Er lässt mediterranes Flair anklingen und stellt damit einen zusätzlichen Wohlfühlfaktor in Aussicht.

Immer wieder einmal zeichnen sich kleinere Einheiten ab, die im fluktuierenden Ganzen der Großstadt flüchtige Gestalt annehmen. So etwa das „Kwartier Lateng“ in Uni-Nähe mit seiner Unzahl an Kneipen oder das Belgische Viertel mit den Straßennamen belgischer Städte und Regionen. Nur toben sich hier wie da die Feierbiester aus, und das sehr zum Ärger der Anwohner. Da hat das Agnesviertelden besseren Leumund, eben weil das Miteinander der Nachbarschaft den Ausschlag gibt.

Der Stadtteil Köln-Ehrenfeld wird gerne auch als Multikultiviertel bezeichnet, denn auf Ehrenfelds großer Einkaufsmeile, der Venloer Straße, befinden sich Geschäfte aus zahlreichen Nationen. Darüber hinaus ist der Stadtteil für seine lebendige Kultur- und Kreativszene bekannt, so prägen u. a. Wandmalereien und Graffiti das Stadtbild, und die Live Music Hall ist neben den vielen Clubs für Partyleute eine zentrale Location für die Musikszene. Sehenswert sind auch das bunt gekachelte Herkules-Haus, das Helios-Gelände mit dem alte Leuchtturm und natürlich die DITIB-Zentralmoschee, das hierzulande größte islamische Gotteshaus.

Agnesviertel

Köln-Rodenkirchen

Salzgasse mit Gaststätte
Sünner Im Walfisch

Hochwasser in Köln

Moderne Hochwasserschutzwände werden vor dem
Malakoffturm aufgebaut

MARTINSVIERTEL UND ALTSTADT

Ein besonderer Fall ist das Martinsviertel, dem schon in der Zwischenkriegszeit die Anstrengungen der Stadtplaner galten. Die völlig heruntergekommene Gegend zwischen Heumarkt und Alter Markt auf der einen sowie der Rheinfront auf der anderen Seite wurde damals aufwendig saniert. Noch wichtiger: Die Erneuerung geschah aus Respekt vor dem mittelalterlichen Gefüge. Dass dabei etwa mit Mauerankern auch ein wenig Geschichtskosmetik getrieben wurde, ist verzeihlich.

Die Hauptsorge galt natürlich dem berühmten Rheinpanorama mit den schmalbrüstigen, spitzgiebeligen Häusern. Darüber hinaus ist die Altstadt Kernzone des innerstädtischen Freizeitvergnügens. Und wer dieses Viertel als Insel im modernen Köln wahrnimmt, liegt auch historisch richtig: Nur ist der Rheinarm, der das heutige Martinsviertel von der Stadt trennte, schon während der Römerzeit versandet.

Eigelstein

HOCHWASSER

Mehr oder weniger regelmäßig werden die Spundwände aufgestellt, die Anwohner alarmiert und die Schifffahrt eingestellt – die Kölner haben jahrhundertelange Erfahrung mit Hochwasser. Nachdem die Wassermassen des Rheins sich schon in den südlicheren Orten ausgetobt haben, erreichen sie auf ihrem Weg in die Nordsee irgendwann auch Köln und überschwemmen mit Vorliebe den engen Altstadtbereich, der direkt am linken Ufer liegt. 1784 betrug der höchste jemals gemessene Stand des Rheins am Pegel Köln 13,84 m. Doch man muss gar nicht so weit in der Zeit zurückgehen, um ein „Jahrhunderthochwasser"aufzuspüren: Das sogenannte Weihnachtshochwasser im Dezember 1993 traf neben vielen anderen Orten die Domstadt mit voller Wucht. Innerhalb von zwei Wochen fielen etwa 200 % des langjährigen mittleren Niederschlages, der für diese Jahreszeit normal wäre. Der Pegel stieg auf 10,63 m, nur zwei Jahre später wurde er vom nächsten „Jahrhunderthochwasser" um 6 cm übertroffen. Große Teile der Altstadt und der Südstadt sowie rheinnahe Stadtteile standen unter Wasser, über 100 000 Kölner waren direkt vom Hochwasser betroffen. Nach diesen beiden Katastrophen entwickelte die Stadt ein modernes Hochwasserschutzkonzept mit mobilen Hochwasserwänden und -toren sowie Deichen und Mauern entlang des Rheins. Regelmäßig werden Hochwasserschutzübungen gemeinsam mit der Feuerwehr durchgeführt, damit im Ernstfall alles reibungslos klappt und Aufgaben wie der Sandsackeinsatz, Fährdienste und der Stegebau Hand in Hand gehen. Gut 70 km Rheinuferlänge mit fast 11 km langen, mobilen Wänden sind heute geschützt, dazu kommen die sogenannten Retentionsräume – Gebiete, die bei Hochwasser überflutet werden und so den Druck von den eng bebauten Zonen nehmen.

Das Brauhaus zur Malzmühle

KÖLSCH

Für die einen ist es das Bier schlechthin, für die anderen nur ein schaler Ersatz. Und dann erst die schmalen Gläser, die Stangen! Viel zu wenig, wenn man sich die Maßkrüge anschaut, die zuhauf in Bayern an die Kehle gesetzt werden. Und dann heißt das Ganze auch noch wie der Dialekt. Die hiesige Bierspezialität, das Kölsch, spaltet die Gemüter. Doch die Kölner lieben ihr Bier und auch jeder „Immi“ kommt früher oder später auf den Geschmack. Dabei galt auch in Köln das untergärige Pils lange als Standard, Kölsch gründet also nicht auf einer uralten Brautradition. Für den Hausgebrauch allerdings wurde obergäriges Bier seit jeher hergestellt. Es bot sich in wärmeren Regionen schon deshalb an, weil der Gärprozess bei Zimmertemperatur abläuft, während es für die untergärigen Biersorten deutlich kühler sein muss. Spät entdeckten die professionellen Brauer dieses obergärige Bier. 1918 preiste eine Kölner Brauerei ihr Produkt erstmals als „echt Kölsch“ an.

Seitdem hat das Ganze Fahrt aufgenommen und die Gäste können entscheiden, in welchem Brauhaus ihnen das Bier am besten schmeckt: Da wäre natürlich die Malzmühle, ältestes Brauhaus in der Altstadt, wo schon Bill Clinton sein Mühlen-Kölsch genossen hat. Im Stadtteil Lövenich lockt das „Reissdorf em Keuchhof“ mit seinem Reissdorf-Kölsch, das Früh-Kölsch kann man in gleich drei Traditionskneipen trinken, eine davon ist das beliebte „Früh em Veedel“ in der Südstadt, ein anderes „Früh“ liegt direkt in der Nähe des Doms beim Heinzelmännchen-Brunnen. Und da wären noch Sion, Gaffel, Päffgen, Sünner und noch viele andere, die in den jeweiligen Brauhäusern vom traditionell ruppigen Köbes serviert werden. Für daheim gibt es die Pittermännchen: Zehn-Liter-Fässer, in denen das Bier frischer bleibt als in der Flasche. Und mit neckischem Seitenhieb auf die benachbarten Düsseldorfer sagt man unter Kölsch-Trinkern beim Anstoßen schon mal gerne: „Trink aus, sonst wird’s – alt!“

Frisch gezapftes Kölsch

„Himmel un Äd“ modern interpretiert mit Blutwurst auf Apfelscheiben und Reibekuchen

Halve Hahn

VON OBEN BIS UNTEN, ABER DER HAHN NUR HALB

Blootwoosch, Kölsch un e lecker Mädche ist ein Karnevalsschlager, meint also nicht die kulinarischen Sehnsüchte eines Kannibalen. „Himmel un Äd“ ist ein Köln-Gericht, das nur namentlich nach den Sternen greift und gebratene Blutwurst mit Kartoffelpüree und Apfelmus kombiniert. Auch der „Halve Hahn“ als volkstümlicher Leckerbissen enttäuscht die Erwartungen. Mit dem appetitlich gebratenen Flattermann hat das „Röggelsche“ (Roggenbrötchen) nur die braune Kruste gemeinsam. Wenigstens kommen zum Röggelsche der „Kies“, also eine Scheibe mittelalter Gouda, und ein paar Würzzutaten hinzu.

RHEINISCHE MUSCHELN

Wer im Internet das Stichwort „Rheinische Muscheln“ eingibt, erhält Unmengen an Rezepten zum Selbstausprobieren. Doch wer den „Geschmack des Rheinlands“ voll und ganz genießen will, sollte die Domstadt zur Herbst- und Winterzeit aufsuchen und in einem der vielen Brauhäuser Muscheln bestellen. Traditionell von September bis Februar kommen die frischen Miesmuscheln auf den Tisch. Wacholderbeeren, Lorbeerblätter, Piment, Suppengemüse und Weißwein – das sind die Zutaten für den klassischen Sud, in dem die Muscheln für eine halbe Stunde köcheln. Wer will, isst dazu „Rievkoche“ (Reibekuchen) und „Kölsche Kaviar“ (Blutwurst) oder ganz einfach Schwarzbrot. Miesmuscheln haben in der Kölschen Küche eine lange Tradition, da die Zutaten dafür relativ einfach und günstig zu bekommen waren: Die Muscheln kamen aus der Nordsee, der Weißwein vom Mittel- und Oberrhein. Aufgrund der Rheinschifffahrt gelangten sie regelmäßig in die Domstadt, das Gemüse konnte man leicht selbst vor der eigenen Haustür züchten.

Kabelfabrik III von Felten & Guilleaume, 1953/54 gebaut für die damals aufkommenden, mit Kunststoff ummantelten Kabel. Freitragende Betonrippen sorgen mit dazwischen gespannten Belichtungsraupen für gute Lichtverhältnisse.

SCHÄL SICK – INDUSTRIEGESCHICHTE

Von den ersten Anfängen der Industrie auf der rechten Rheinseite zeugen noch heute die aus dem Reichtum der Seidenweberei hervorgegangenen Barockbauten an der Mülheimer Freiheit.

Der Kabel- und Drahtseilhersteller Felten & Guilleaume bildete mit dem 1874 gegründeten Carlswerk das industrielle Herz des Industriegebiets Mülheim-Nord. Nicht nur die Industriebauten sind hier aufsehenerregend, sondern auch die Art ihrer Umnutzung. Filmstudios und Veranstaltungshallen wie E-Werk und Palladium sind überregionale Attraktionen.

Kalk wurde das zweite Zentrum der rechtsrheinischen Industrie. Die 1853 gegründete Maschinenfabrik Humboldt baute Großanlagen für den Bergbau und die Zementindustrie, Lokomotiven und Trecker sowie Stahlhochbauten und Großbrücken. Noch immer prägen die gewaltigen Hallen des Unternehmens das Stadtbild von Kalk-Süd.

Die Straße zwischen Deutz und Mülheim wurde geradezu eine Inkarnation des Industriezeitalters. Davon zeugt noch heute mit einer komplett erhaltenen Fabrikstadt die 1869 entstandene Gasmotorenfabrik Deutz.

Auf dem Nachbarareal wurde bei Van der Zypen & Charlier die von Eugen Langen erfundene Schwebebahn erprobt, und ab 1898 wurden die Hängewagen für die in Wuppertal erbaute Anlage hergestellt. Schwebebahnhallen und ein Betonskelettbau für das Werksmagazin bieten die vielleicht spektakulärsten Innenräume Kölns.

Das auf ein römisches Kastell zurückgehende Deutz wurde auch im Süden mit dem 1904–07 erbauten Hafen und den dort erbauten Großmühlen ein wichtiger Ort der rechtsrheinischen Industrie.

Die Porzer Glasindustrie ist unter dem Namen des französischen Unternehmens Saint-Gobain im Süden der Schäl Sick (im Rheinland geläufiger Ausdruck für die „falsche Seite“ des Rheins) noch immer sehr präsent. Eine ansehnliche Arbeitersiedlung an der Glasstraße und am Concordiaplatz mit Reihenhäusern nach englischen und belgischen Vorbildern aus der Zeit um 1900 verweist auf die Anfänge des Unternehmens.

Hauptverwaltung und Direktion von Felten & Guilleaume an der Schanzenstraße. Die Hauptverwaltung (links) von 1910 besticht durch eine geradlinige Pfeilerarchitektur. Das 1906 erbaute Direktionsgebäude zeigt noch verhalten Formen des Historismus.

Werksmagazin der Waggonfabrik Van der Zypen & Charlier von 1910. Die Stahlbetonskelettkonstruktion öffnet sich in der Mitte zu einem Lichthof mit weich gerundeter Geschossdecke.

Ellmühle über das Hafenbassin hinweg fotografiert

DEUTZER HAFEN UND ELLMÜHLE

Seit der Römerzeit spielen Hafenanlagen in Köln eine große Rolle. Der an der Rheinfront mit Kaimauern und vielen Kränen betriebene mittelalterliche Hafen wurde 1894–98 durch den Rheinauhafen weitgehend ersetzt. Mit der Eingemeindung von Deutz 1888 sollte dort zusätzlich ein Bassinhafen für die Industrie entstehen, der linksrheinische Rheinauhafen hingegen reine Handelsfunktionen übernehmen. Von 1904–07 entstand dieser Industriehafen mit einem 1,4 km langen Hafenbecken, das im vorderen Bereich durch eine mit Jugendstilelementen verzierte Drehbrücke überspannt wird.

Neben den Lagerflächen und Umlademöglichkeiten für Massengüter waren zwei zwischen 1904 und 1909 entstandene Getreidemühlen die wichtigste und architektonisch auch hervortretende industrielle Nutzung im Hafen. Die Auermühle kam aus Nippes; Leysieffer & Lietzmann hatten zuvor einen Standort am Deutzer Rheinufer mit nur beschränkter Ausbaumöglichkeit.

Im Deutzer Industriehafen war ausreichend Platz, beide Mühlen lagen dicht zusammen. Aus der Telegrammadresse LL wurde der allgemein gebräuchliche Name Ellmühle, und 1975 kam es zur Verschmelzung beider Mühlen. Nach der baulichen Schließung der Lücke wirkt die Anlage nun wie eine Großanlage, links mit den verputzten Bauten der Auermühle und rechts mit den Backsteinbauten der Mühle von Leysieffer & Lietzmann.

Markant zeichnen sich im Gesamtbild die Silogebäude ab, in der Ansicht von der Wasserseite sind das besonders die Gebäude mit den geschlossenen Wandflächen in der Fassade. Geschossübergreifende Einrichtungen wie Elevatoren, Paternoster und Sackrutschen sind typische technische Einbauten in den Mühlengebäuden.

Drehbrücke, Köln-Deutz

Die Auermühle mit bereits entfernten Innenausbauten. In der Bildachse zu sehen ist eine durch alle Geschosse reichende Sackrutsche.

OTTO-UND-LANGEN-QUARTIER

Im Jahr 1869 begann an der Deutz-Mülheimer Straße weltweit eines der wichtigsten industriegeschichtlichen Kapitel. Nicolaus August Otto und sein kongenialer Partner Eugen Langen verlegten ihre drei Jahre zuvor in der Kölner Altstadt begründete Motorenfabrik auf dieses Areal zwischen Mülheim und Deutz. Aus dieser neuen Fabrik ging 1876 der Viertaktmotor hervor. Von der Gründungsanlage sind leider keine Bauten erhalten. Dennoch ist der überlieferte Baubestand spektakulär. Hinter der Straßenfront mit dreigeschossigen Backsteinbauten ist das dahinterliegende Gelände zu mehr als 90 % mit einem faszinierenden Hallenkontinuum überbaut. Eine Gruppe eng gereihter schmaler Hallen wird eingefasst von zwei Großhallen: der Gießerei und dem Mittelmotorenbau.

Geradezu konstitutiv für die Motorenherstellung ist die Gießerei zur Herstellung der Motorenblöcke. Gottlieb Daimler und Wilhelm Maybach, seit

Haupteingang zum Werksgelände. 1867 führte von hier aus rechtwinklig die Werksstraße in das Fabrikareal. Die Überbauung der Werkseinfahrt entstand 1939, als die Motorenfabrik zu einem Teil des Klöckner-Humboldt-Deutz-Konzerns wurde.

Eines der schmalen Hallenschiffe aus der Zeit von 1880 bis 1900

Zwei Hallenschiffe des Mittelmotorenbaus. Vertikalzylinder aus Stahlblech fingen Abgase aus dem Probebetrieb der Motoren auf.

1872 für ein Jahrzehnt in Deutz tätig, sorgten für die fachgerechte Planung und Ausführung. Die sogenannte Möhring-Halle war Teil der Gießerei und ist zugleich ein Höhepunkt in der Gesamtanlage. Entworfen wurde die Halle 1902 von dem Architekten Bruno Möhring für die große Industrieausstellung in Düsseldorf. Nach Ausstellungsende fand sie in Deutz Weiterverwendung als Teil der Gießerei.

Auf der anderen Seite der schmalen Hallen war der Mittelmotorenbau in einer siebenschiffigen Halle untergebracht. Die Hallenschiffe zeigen eine elegante, segmentbogige Dachausbildung, wie sie in der Entstehungszeit um 1910 auch vielfach für Bahnsteighallen ausgeführt wurde.

Die Anlage ist seit etwa 2005 stillgelegt. Seither warten die Hallen auf ein angemessenes Nutzungs- und Erhaltungskonzept, das der Geschichte des Ortes angemessen ist. Findige Investoren und eine aufgeschlossene Stadtpolitik könnten bei Planung und Realisation auf eine stark zur Bürgerbeteiligung bereite Stadtgesellschaft bauen.

In vielen Hallen befinden sich an den Kopfenden Einbauten für Meisterbüros und Sozialräume.

Eugen Langen (1833–1895)

Nicolaus August Otto (1832–1891)

DER OTTO-MOTOR

Der aus dem Taunus stammende Nicolaus August Otto verdiente vor seiner Kariere als Erfinder-Unternehmer seinen Lebensunterhalt als Handlungsreisender. Seine Liebhaberei waren physikalische Studien. Auch der von J. J. Étienne Lenoir 1860 entwickelte Gasmotor fand sein Interesse. Otto gelang es, die durch heftige Erschütterungen und Stoßwirkungen gekennzeichneten „Kinderkrankheiten" des Motors zu überwinden. Zur Umsetzung seiner Idee in die Produktion brauchte er Geld und weiteres technisches Wissen. Beides brachte Eugen Langen in das 1864 gegründete Unternehmen ein.

Das 1867 auf der Pariser Weltausstellung wegen seiner Sparsamkeit prämierte erste Motormodell war noch kein wirklicher Erfolg. Gebaut wurden kleine, stationäre Motoren als Alternative für Dampfmaschinen in Kleinwerkstätten.

Der Erfolg stellte sich erst mit dem Viertaktmotor von 1876 ein, verkauft unter dem Namen „Ottos Neuer Motor". Dem Motor ging ein jahrelanger Streit mit dem zu diesem Zeitpunkt schon vier Jahre in Deutz tätigen Gottlieb Daimler voraus. Otto betrieb auf dem Werksgelände eine Versuchswerkstatt, die Daimler spöttisch als Murksbude bezeichnete. Der Autodidakt setzte sich jedoch gegen den studierten Maschinenbauer Daimler durch. Daimler blieb als Technischer Direktor zusammen mit seinem Freund und Leiter des Konstruktionsbüros Wilhelm Maybach noch bis 1882 in Deutz. Mit seiner gut dotierten Abfindung konnte sich Daimler eine Villa in Cannstatt kaufen, wo er parallel zu Carl Benz im Gewächshaus seines Anwesens den schnell laufenden Benzinmotor entwickelte. Seine Erfahrungen, die er über zehn Jahre in Deutz sammeln konnte, halfen ihm sicherlich dabei.

Ottos Viertaktmotor brachte den Durchbruch. Präsentiert auf der Pariser Weltausstellung 1878, galt dieser Motor in der Fachwelt als die größte Erfindung im Kraftmaschinenbau seit der Dampfmaschine von James Watt.

Gasmotoren aus Deutz dienten nach wie vor als Dampfmaschinenersatz zum Antrieb ganzer Maschinengruppen in den Fabriken. Seit 1896 wurden die Motoren auch in kleine Benzinlokomotiven für Werksbahnen eingebaut. Von 1907–09 gab es unter dem aus Mailand stammenden Ettore Bugatti in Deutz auch eine Autoproduktion, hergestellt wurden in handwerklicher Fertigung teure Luxusautos. Größeren Absatz fanden auch die für den Treckerbau verwendeten Kleinmotoren, die seit 1925 nach amerikanischem Vorbild im Fließbandverfahren gefertigt wurden. Die Deutz AG ist mit einer Fabrik in Köln-Porz noch immer ein weltweit bekannter Motorenproduzent.

Köln-Messe, Blick von der linken Rheinseite

MEDIENSTADT KÖLN

Neben Berlin und Hamburg zählt Köln zu den führenden Medienstädten Deutschlands, die Dichte an Buch- und Zeitungsverlagen, TV-Sendern, Rundfunkanstalten und Online-Nachrichtendiensten ist sehr hoch. Im MediaPark mit dem fast 150 m hohen KölnTurm im Stadtteil Neustadt-Nord konzentrieren sich ein Multiplex-Kino, die Hochschule Fresenius Köln, das Filmbüro Nordrhein-Westfalen, die SK Stiftung Kultur, die Kölner Journalistenschule für Politik und Wirtschaft und andere Firmen rund um den MediaPark-See. In der Hochschule für Medien, Kommunikation und Wirtschaft in der Südstadt werden die zukünftigen Medienmacher ausgebildet.

In der Innenstadt hat vor allem der Westdeutsche Rundfunk (WDR) seinen festen Platz in der Stadt, seine Bauten befinden sich u. a. am Wallrafplatz und am Appellhofplatz. WDR-Studios gibt es darüber hinaus in ganz Nordrhein-Westfalen. 1956 spaltete sich der NWDR in NDR und WDR auf, der Kölner Sender entwickelte sich – gemessen an der Zahl der Beschäftigten – zum zweitgrößten Sender Europas nach der BBC. Als Mitglied der ARD ist der WDR mit Sendungen wie der Sportschau oder dem ARD Morgenmagazin eine der wichtigsten Informationsquellen des Landes. Konkurrenz erhielt er 1988 durch den Privatsender RTL, der von Luxemburg an den Rhein zog und seitdem auch mit seinen anderen Sendern wie Vox, ntv oder SuperRTL aus der Kölner Medienlandschaft nicht mehr wegzudenken ist. Der Hörfunksender Deutschlandfunk, Radio Köln oder der Domsender sind weitere Medienanstalten.

Und da wären noch die Verlage: die DuMont Mediengruppe mit dem Kölner Stadtanzeiger, der Kölnischen Rundschau, dem DuMont Buchverlag und vielen anderen Formaten. Könemann, Emons, Bachem Verlag, Taschen, Kiepenheuer & Witsch, Bastei Lübbe, Wienand oder die VEMAG sind weitere Beispiele der vielfältigen Verlagslandschaft in Köln.

Im 21. Jahrhundert kommen auch immer mehr Online-Anbieter hinzu, wie etwa koelner-newsjournal, inqueery, prinz oder koeln-magazin.

Köln-Messe, Staatenhaus

Blick auf Köln mit Hohenzollernbrücke, Hauptbahnhof und Dom

VISION KÖLN

Da die Stadt Köln schon seit Jahrzehnten von den gewachsenen Verkehrswegen für Straße und Schiene geprägt wird, soll auf Initiative des Architekten Paul Böhm das Zentrum der Domstadt für den Menschen zurückgewonnen werden. Folgerichtig sieht das längerfristig angelegte Projekt u. a. einen ökologischen Umbau der Verkehrssysteme vor, sodass einerseits der innerstädtische Autoverkehr verringert wird und andererseits zusätzliche Grünflächen und Radwege geschaffen werden. Das gesamte Projekt firmiert unter dem Namen „Neue Mitte Köln“; als erster Schritt soll von externen Experten die Tragfähigkeit des Projekts bestätigt werden, sodass im Anschluss die ökologische Umwandlung der Stadt mit den Verantwortlichen der Kölner Politik, Wirtschaft und Verwaltung diskutiert werden kann. In der ersten Phase des Projekts soll der Hauptbahnhof in das rechtsrheinische Köln-Kalk verlagert werden, wobei unter dem alten Hauptbahnhof alle wesentlichen Verbindungen der Straßen- und Regionalbahnen zusammenlaufen. In Phase zwei erfolgt das Management des Kölner Verkehrsaufkommens, indem sich mehrere S- und Regionalbahnringe um die Stadt legen. Infolge der Verlegung des Hauptbahnhofs können somit über 90 % des Fernverkehrs auf rechtsrheinischem Gebiet bleiben, vorausgesetzt, in der dritten Phase werden eine südliche und eine nördliche Überquerung des Rheins ermöglicht.

Für den Schienenverkehr bedeutet dies, dass die Ost-West-Verbindung durch das Zentrum unterirdisch verlegt werden müsste, der jetzige Hauptbahnhof würde somit zu einem Untergrundbahnhof für die Züge des Stadt- und Regionalverkehrs. Das wiederum bedeutet neuen innerstädtischen Raum für das dann ungenutzte, oberirdische Gleisfeld. Laut Böhm könnten auf der Ost-West-Verbindung eine Art Kölnische High Line nach New Yorker Vorbild und am Rhein ein öffentlicher Park angelegt werden. Die Hohenzollernbrücke wäre dann eine begrünter Radweg mit Parkbänken.

Projekt „Neue Mitte Köln“, die begrünte Hohenzollernbrücke

Wahner Heide

Flughafen Köln/Bonn. Das Flughafengelände wird vom Naturschutzgebiet Wahner Heide umschlossen, diesem aber nicht zugerechnet.

WAHN – DER FLUGHAFEN UND DIE HEIDE

Vergleiche lassen auf eine folgerichtige Entwicklung schließen. Auch andernorts stand die Sandheide am Anfang. Weil ihre wenig lukrativen Flächen durch Schafbeweidung offen gehalten worden waren, boten sie sich als Manövergebiet und Truppenübungsplatz an, zuletzt kam der Flughafen. Aus einer holprigen Piste hat sich dieser hier zum „Köln Bonn Airport" entwickelt, und sein Flächenhunger liegt wie ein Schatten über den Naturschätzen der Heide.

Ob die Wahner Heide tatsächlich das „artenreichste Naturschutzgebiet Nordrhein-Westfalens" ist, kann dahingestellt bleiben. Ganz sicher aber ist es ein fast unglaublicher Glücksfall, dass in einem Ballungsgebiet wie der Rheinschiene so vielen raren Pflanzen und Tieren eine Zuflucht geblieben ist. Auf der Wahner Heide glänzen keineswegs nur die Kostbarkeiten der trockenen, sondern auch und gerade die der feuchten Heide. Mit dem

Torfmoos-Knabenkraut ist sogar eine äußerst seltene Orchidee darunter. Und gleich an einem Wegrand kann hier der Königsfarn zeigen, dass er seinen majestätischen Namen zu Recht trägt.

Ornithologen schätzen die Heide besonders, denn hier lassen sich bemerkenswerte Vögel beobachten. Dazu zählen inzwischen auch die Heidelerche und der Trauerschnäpper. Andernorts sind Schwarzkehlchen und Neuntöter längst von der Bildfläche verschwunden. Hier aber ist ersteres der Charaktervogel geblieben, und auch der Neuntöter ist gut vertreten. Diesem dürfte die intensivere Beweidung zugutekommen, Käfer und vor allem eben Dungkäfer zählen zu seinem bevorzugten Futter. Erstaunlich ist die Palette der hiesigen Weidetiere. Neben Schafen und Ziegen halten Glanrinder, ja sogar Esel den Bewuchs kurz. Und es soll Kinder geben, die nur wegen der Langohren einem Heidespaziergang zustimmen.

Wahner Heide: Flugzeug im Anflug oben und Geflecktes Knabenkraut in der Feuchtheide unten

Hennef

Panoramablick in das Ahrenbachtal bei Hennef-Blankenberg, Hennef (Sieg)

DAS LAND AN DER SIEG

Die Sieg ist insofern ein schwieriges Gewässer, als ihr Mittellauf das Bergische Land vom Westerwald trennt. Bei manchen Orten lässt sich fragen, ob sie wirklich zum Siegtal oder rechts vom Fluss zum Bergischen Land und links davon nicht doch zum Westerwald gehören.

Ganz sicher wird die Schönheit des mittleren Siegtals noch immer unterschätzt. Ein schönes Gegenüber bilden das Kloster Bödingen auf der bergischen und der Hennefer Ortsteil Stadt Blankenberg auf der anderen Hangkante. In (Hennef-)Bödingen ist die Anlage des ehemaligen Augustiner Chorherrenstifts gut erhalten. Die 1408 geweihte Kirche zur Schmerzhaften Muttergottes wurde um ein wundertätiges Marienbildnis herum erbaut. Es zog zahlreiche Pilger an, zu deren Versorgung die Chorherren hierhin berufen wurden. Das Sommerrefektorium der Mönche entstand 1732, sodass an seiner Schaufront die neun spätromanischen Säulen mit den vorzüglich gearbeiteten Blattkapitellen besonders ins Auge fallen. Sie stammen aus der abgetragenen Burgkapelle von Stadt Blankenberg. Von 1245 bis 1805 durfte sich der kleine Ort Stadt nennen, und seine Gründer aus dem Haus Sayn hatten offenbar Größeres mit ihr vor. Eine gewisse Bedeutung blieb Blankenberg auch, als die Wehranlage und die Siedlung an die Grafen und späteren Herzöge von Berg übergingen, unter ihnen war die Burg Verwaltungssitz.

Von der Wehranlage blieben eindrucksvolle Partien erhalten, vom Siegtal aus künden Türme unübersehbar von ihrer einstigen Existenz. Und auf kleiner Fläche bietet Blankenberg ein so malerisches Bild eines mittelalterlichen oder doch alten Städtchens, dass es die Leute von weither anzieht.

Burgruine Blankenberg

Die Diescholl mit Fischerboot und Steg bei Bergheim

SIEGBURG

Hätte jemand gegenüber dem Kölner Erzbischof Anno II. das Kloster eine Gottesburg genannt, wäre er bei ihm wohl kaum auf Widerspruch gestoßen. Dass der Basaltkegel über der Sieg strategisch günstig gelegen war, leuchtet auch heute noch ein. Im Jahr 1060 hatte Anno II. hier den Pfalzgrafen von seiner Burg auf dem Berg vertrieben, vier Jahre später die Benediktiner auf den Berg gerufen und noch einmal vier Jahre später für die tiefer liegende Siedlung Markt-, Zoll- und Münzrechte erwirkt. Die förmliche Erhebung zur Stadt fällt ins Jahr 1182. Die Abtei auf dem Michaelsberg, ca. 40 m über der Stadt Siegburg gelegen, ist samt ihrer Kirche eine Landmarke geblieben. Das brüske Gemäuer der Klostergebäude stammt aus dem 17./18. Jahrhundert, verweigert aber allen barocken Prunk. Und der Abteikirchenschatz hat zu Füßen des Bergs in St. Servatius seinen Platz gefunden. Sicher, mit ihrem romanischen Turm und dem eleganten spätgotischen Chor wäre sie auch ohne diesen Schatz ein Schmuckstück, aber allein der Schrein Annos II. aus der Werkstatt des Nikolaus von Verdun ist eine Reise wert.

DIE LACHSE UND DIE SIEG

Der Lachs: Kaum ein Fisch stellt höhere Ansprüche an die Fließgewässer. Folgerichtig starb er im Rhein, der einst als größter Lachsfluss Europas galt, und in seinen Nebenflüssen während der 1950er-Jahre aus. Als der Strom wieder sauberer wurde, fand der kühne Vorschlag, ihn hier wieder heimisch zu machen, viel Zustimmung. Tatsächlich gehören das Programm „Lachs 2000" und das Nachfolgeprojekt „Lachs 2020" zu den wenigen Naturschutzprojekten, für die sehr beachtliche Mittel aufgewendet wurden und werden.

Die Sieg wurde zum Pioniergewässer für die Wiederansiedlung der Salmoniden. Zum ersten Mal überhaupt konnte hier 1990 nachgewiesen werden, dass ein Lachs vom Atlantik über den Rhein in sein Heimatgewässer zurückgefunden hatte. Seit 1994 vermehren sich die Lachse wieder natürlich im Gewässersystem der Sieg. In der Kontrollstation bei Siegburg haben sich seitdem etliche kapitale Fische eingefunden, deren Laich zur Aufzucht einer neuen Generation dient. Denn aus eigenen Kräften können sich die Lachse (noch) nicht behaupten. Das gilt selbst für die Sieg und ihre Nebenflüsse, obwohl hier mehr Rückkehrer verzeichnet werden als in allen anderen deutschen Flüssen zusammen.

Die naturnächsten Partien zeigt die Sieg auf ihren letzten Flusskilometern. Der Auwald an ihren Ufern hat etwas von tropischer Üppigkeit, und die Altarme lassen den vergangenen Eigensinn wenigstens erahnen. Ihre mündungsnahen Wiesen gehen oberhalb in die Rheinwiesen über, auch sie sind wichtige Rückzugsgebiete für Pflanzen und Tiere. Die zahlreichen, hier wieder gepflegten Kopfweiden können ihr Potenzial als Unterschlupf für Steinkauz, Gartenschläfer und diverse Fledermausarten wieder ausspielen. Ganz abgesehen davon, dass ihre Charakterköpfe das Erscheinungsbild dieses Grünlands entschieden aufwerten – und so den Lärm der nahen Autobahn verschmerzen lassen.

DIE FISCHEREIBRUDERSCHAFT ZU BERGHEIM

Seit 2016 zählt sie zum immateriellen Kulturerbe Deutschlands, sie hat ein eigenes Museum, und ihr historischer Aalschockker (kein Druckfehler, sondern die korrekte Schreibweise), ein niederländischer Schiffstyp, ist eine zusätzliche Attraktion. Das Museum liegt oben an der Hangkante, das Schiff auf einem Altwasser der Sieg.

Schwarzrheindorf,
Doppelkapelle St. Maria und
St. Clemens, Innenansicht

Die Fischereibruderschaft hat mit über 1000 Jahren ein hohes Alter, und ihre Geschichte verbindet sie über lange Zeit mit dem Adelheidis-Stift auf der anderen Siegseite. 1144 beschreibt eine Urkunde die Fischereirechte des kleinen, aber selbstständigen Stiftsterritoriums. Die gefangenen Fische gehören zu einem Drittel den Stiftsdamen, zwei Drittel dürfen die Bergheimer Fischer selbst verwerten. 1742 schließen sich die Fischer zu einer Zunft zusammen. Nachdem der geistliche Herrschaftsbereich von der politischen Landkarte verschwunden ist, erwerben sie 1850 die alleinigen Fischereirechte. An ihrer Selbstständigkeit hat die Bruderschaft nicht allzu lange Freude gehabt, denn der Fischfang in der Sieg lohnte immer weniger. 1971 war die Sieg ein derart verschmutzter Fluss, dass eine Todesanzeige für sie in der Zeitung erschien. Dort wurde ihr Ableben „nach jahrelangen, heimtückischen Anschlägen“ beklagt.

Schon vorher hatten die „Stämme“ (heute sind es neun) ihren Broterwerb aufgegeben, aber ihr Zusammenschluss hat bis heute überlebt. Und inzwischen hat sich der Zustand ihrer einstigen Jagdgründe deutlich gebessert. Die giftigsten Abwassereinleitungen sind Geschichte, auf einigen Strecken und selbst in ihrem Unterlauf ist oder wird sie „entfesselt“. Dennoch sind die Zeiten wohl vorbei, in denen die Brüder mit vollen Netzen heimkehren konnten.

DIE DOPPELKIRCHE VON BONN-SCHWARZRHEINDORF

Im Vergleich zu den alten Kirchen schneiden die Burgen sehr viel schlechter ab, was ihren Erhaltungszustand angeht. Und hier ist die Burg fast ganz verschwunden, wohingegen ihre Kapelle der rechten Rheinseite immer noch ein Glanzlicht aufsetzt.

Schon vom Rhein her macht die Kirche St. Maria und St. Clemens deutlich: Sie ist ein großer Wurf. Dabei fällt von Westen her gar nicht auf, dass die Kirche eigentlich ein Zentralbau ist. Die Schwester des Bauherrn und späteren Kölner Erzbischofs Arnold von Wied machte aus dem Ort ein Kloster und ließ den Bau um einen Nonnenchor nach Osten verlängern. Eigentlich erhebt sich also der weithin sichtbare Turm über der Vierung. Sein romanisches Dekor beeindruckt gerade dadurch, dass es so sparsam eingesetzt wird. Aber zusammen mit den oberen Partien der Achsabschlüsse ist der Bau auf Fernwirkung berechnet: Schmuck nur dort, wo er sich wirklich geltend machen kann. Bis zur umlaufenden Zwerggalerie steigen die Mauern ohne jeden Zierrat auf.

Im Innern erklärt sich der Begriff Doppelkirche ebenso wie seine Ungenauigkeit. St. Maria und St. Clemens hat eine Ober- und eine Unterkirche, die mittig durch eine achteckige Öffnung verbunden sind. Darin zeigt sich die Funktion als Burgkapelle: Der Burgherr hatte vom Palas her einen privilegierten Zugang in die obere Kapelle.

Bei allen Vorbehalten gegen den inflationären Gebrauch überschwänglicher Eigenschaftswörter, aber die Ausmalung der Kirche hat das Prädikat „sensationell“ verdient. Sie bietet eines der ganz seltenen Beispiele dafür, wie bunt die romanischen Kirchen gewesen sein müssen. Dem Bildprogramm liegt das Buch Ezechiel (Hesekiel) aus dem Alten Testament zugrunde. Der Prophet sah im babylonischen Exil seines Volks die Strafe für dessen Abgötterei. Im nördlichen Gewölbe wird das Strafgericht in aller Drastik dargestellt.

Das Bildprogramm aber werden auch damals nur ganz wenige Menschen verstanden haben, und die Kirchenbesucher von heute werden sich gerne mit der Malerei als solcher zufriedengeben.

Karotten

Kopfsalate

Gurken

Buschbohnen

Rettiche

Rote Bete

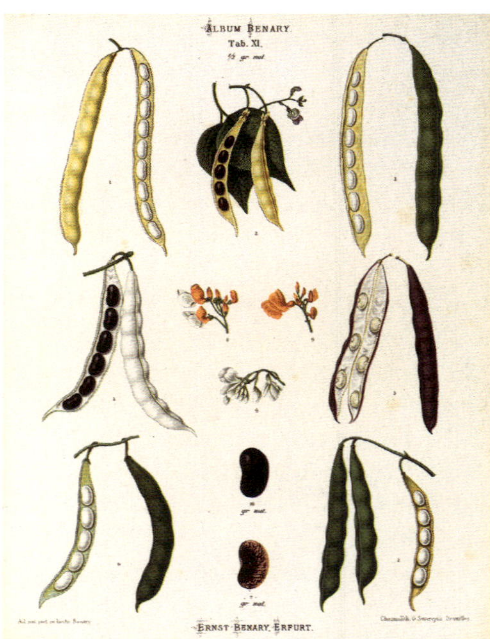

Stangenbohnen

Wurzelgewächse

Runkel- und Zucker-Runkelrüben

Alle Abbildungen sind Farblithografien von G. Severeyns, aus: *Album Benary*, Erfurt (Ernst Benary), 1876–1893

Glaskohlrabi

Monats-Radies

Zwiebeln

Zuckererbsen

Tomaten

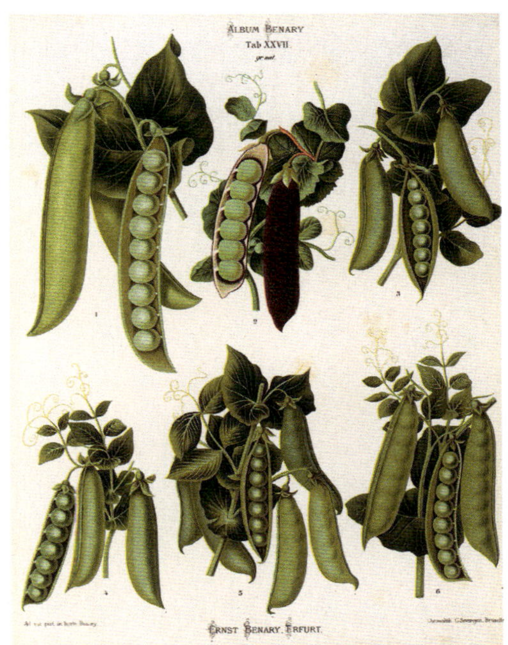

Erbsen

Mangold oder Bete

GEMÜSE UND SALATE

Obst und Gemüse lassen sich im Einzelfall (Beispiel Rhabarber) schwer voneinander trennen, noch schwieriger wird es bei der Unterscheidung von Gemüse und Salat. Gemüse lassen sich einigermaßen zuverlässig nach den verwendeten Teilen untergliedern. Möhren, Pastinaken, Rüben und Rote Bete bilden als Wurzel- respektive Knollengemüse eine Gruppe. Die zum Verzehr geeigneten Laucharten gelten als Zwiebelgemüse, die Arten mit verdickten Stängeln wie Rhabarber oder Spargel werden unter dem Begriff Sprossgemüse zusammengefasst. Zu den Fruchtgemüsen zählen beispielsweise Tomaten und Paprika, aber auch die Melone, die als Obst eingeordnet wird. Samengemüse sind die Hülsenfrüchte, auch der Mais wird zu ihnen gerechnet. Und schließlich gibt es noch das Blütengemüse wie Brokkoli oder Blumenkohl, die oft als solches nicht wahrgenommen werden. Deshalb sind die Artischocken ein gutes Beispiel. Um an den besonders schmackhaften Blütenboden zu gelangen, müssen nicht nur die Hüllblätter zwischen den Zähnen durchgezogen, sondern auch die für Korbblütler typischen Achänen mit den Pappus entfernt werden.

Unter Salatpflanzen – auch das ist kein botanisch exakter Begriff ¬– werden landläufig die rohen Beilagen verstanden. Hier ragen zweifellos die Arten heraus, denen der Salat als Stammform anhängt und die meist aus der Gattung Lattich hervorgegangen sind. Eine besonders flexible Wildart ist die Wegwarte, aus ihr wurden Endivie, Radicchio und ein Salat namens Zuckerhut gezüchtet, sie wurde aber auch zum Chicorée veredelt. Letzterer ist ein gutes Beispiel dafür, dass eine Pflanze sich sowohl gekocht als auch roh verzehren lässt. Aber natürlich kann auch gekochtes Gemüse erkalten und dann als Salat verzehrt werden.

Lustschloß Poppelsdorf bei Bonn, kolorierte Radierung von Johann Ziegler (1750–1812) nach Lorenz Janscha (1749–1812)

BONN

Viele kennen Bonn noch als ehemalige Bundeshauptstadt. Dass die Stadt davor schon einmal eine ähnliche Funktion innehatte, nämlich als Hauptstadt des Erzstifts Köln, wissen schon weniger. Eine „Römerstadt" ist Bonn außerdem, der Stadtteil Castell im Norden des Gemeinwesens hält diese Vergangenheit gegenwärtig. Das 43 n. Chr. gegründete Legionslager lag der Siegmündung gegenüber, rheinaufwärts entwickelte sich eine zivile Vorstadt. Dann aber verlagerte sich das Zentrum um das St.-Cassius-Stift, und der Name Bonn(a) ging auf diesen Siedlungsplatz über, 1244 erhielt er die Stadtrechte. Als sich Köln und seine Fürsterzbischöfe immer heftiger entzweiten, profitierte Bonn davon. Im Jahr 1335 wurde es zur alleinigen Münzstätte des Erzstifts bestimmt, 1525 zog die Kurkölner Verwaltung ins hiesige Schloss ein, 1597 wurde Bonn endgültig Residenzstadt.

Diese herausgehobene Stellung weckte nun allerdings die Begehrlichkeiten feindlicher Kriegsherren. Wirklich entwickeln konnte sich die Stadt erst ab 1713. Doch schon 1794, also mit dem Einmarsch der Franzosen, ging ihr „goldenes Zeitalter" wieder zu Ende. Vom Wohlstand Bonns in den Gründerzeitjahren zeugt heute noch seine Südstadt.

Die große Zeit begann mit seiner Wahl zum Regierungssitz im Jahr 1949. Mit dem Hauptstadtbeschluss vom 20. Juni 1991 war Bonn allerdings Macht und Titel wieder los. Doch hat die Stadt – manch Unkenrufen zum Trotz – diesen Einschnitt gut verkraftet. In Anerkennung ihrer Verdienste heißt Bonn nun „Bundesstadt" und ist Sitz einiger UN-Sekretariate. So konnte ihr Bundespräsident Frank-Walter Steinmeier schmeicheln, sie sei „Welthauptstadt für Nachhaltigkeit und Klimaschutz".

BONNER EIGENTÜMLICHKEITEN

Über Mangel an Anziehungskraft musste sich die Universität Bonn nicht beklagen. Hier nahm so viel blaues Blut sein Studium auf, dass sie bald im Volksmund „Prinzenuniversität" hieß. Aber auch die Bürgersöhne aller Couleur schätzen die Stadt. Der treffliche Yvan Goll schrieb nieder, was als Gerücht in vieler Munde war: „Zweifellos war Bonn die einzige deutsche Stadt, wo männliche Erben unwillkommen waren, denn die Tradition wollte, dass mit jedem ‚möblierten Zimmer', das an einen Studenten vermietet wurde, eine reine und holde filia hospitalis bereitstand."

ZWEI SCHLÖSSER UND DIE UNIVERSITÄT

Die preußische Universität sollte von der kurfürstlichen Vergangenheit profitieren. Sowohl das Stadtschloss als auch der Poppelsdorfer Sommersitz Clemensruhe wurden 1818/19 Horte der Wissenschaft. In Poppelsdorf profitierte die Hochschule außerdem vom kurfürstlichen Garten. Er diente nun der akademischen Lehre – und ist bis heute ein beliebter Treffpunkt für Jung und Alt.

Das ehemalige kurfürstliche Schloss entstand sukzessive im 17. Jahrhundert. Noch heute lässt seine Lage erahnen, dass sein Vorgänger eine Art Zwingburg war. Auch als heutiges Universitätshauptgebäude ist dieser Palast ein Riegel von imposanter Länge. Seine Glanzpunkte sind außen das Koblenzer Tor, innen die Kirche von 1779, wenngleich sein Äußeres zu Residenzzeiten nie so gut ausgesehen hat wie heute.

Die originellere Architektur weist das Poppelsdorfer Schloss auf, aber die geht auch auf keinen Geringeren als Robert de Cotte zurück, seit 1708 „Erster Architekt des Königs" (gemeint ist Ludwig XIV. von Frankreich). Darüber hinaus ist sein Zentralbau das Mittelglied einer Blickachse. Sie beginnt mit dem angebauten Westflügel der Residenz, der als Rückzugsort des Herrschers gedacht war, führt diesen über die stattliche Poppelsdorfer Allee, um oben auf dem Kreuzberg mit seiner Kirche und ihrer Heiligen Stiege zu enden. Viele Institute aus dem 19. Jahrhundert stehen heute unter Denkmalschutz, im Bereich der ehemaligen Nutzgärten ist sogar ein ganz neuer Campus entstanden.

Joseph Karl Stieler (1781–1858), *Beethoven mit dem Manuskript der Missa solemnis*, 1819, Beethoven-Haus, Bonn

Beethoven, *Fidelio*, Skizzenblatt aus dem Jahr 1805, Staatsbibliothek Preußischer Kulturbesitz, Berlin

LUDWIG VAN BEETHOVEN (1770–1827)

Als Beethoven mit 22 Jahren nach Wien aufbricht, glauben die Bonner Freunde noch an eine baldige Rückkehr. Aber der Pianist wird an der Donau bleiben – und als Wiener vereinnahmt werden. Dabei machen die Jahre am Rhein doch rund ein Drittel seiner Lebenszeit aus. Auch dass seine frühen Jahre den Menschen prägen, ist ein Grund, seiner Bonner Zeit mehr Aufmerksamkeit zu widmen. Da trifft es sich gut, dass sein Geburtshaus erhalten blieb. Alle anderen Bonner Beethoven-Stätten gingen verloren.

Vater Johann war wie schon Ludwigs Großvater Mitglied der kurkölnischen Hofkapelle und überdies alkoholkrank. Früh hatte er die enorme Begabung seines Sohnes erkannt und gefördert, wohl nicht nur mit sanfter Gewalt, mit sieben Jahren (Stichwort: Wunderkind) konzertierte Ludwig als Pianist. Im Alter von 14 Jahren erhielt er eine feste Anstellung in der Hofkapelle, um zunächst die Orgel zu spielen. Hoforganist Christian Gottlob Neefe war sein Förderer und Lehrer. Auf Neefe geht auch die erste gedruckte Komposition Beethovens zurück. Er hatte ihr Erscheinen vermittelt, als sein Schüler 13 Jahre alt war.

Schon zwei Jahre nach seiner Festanstellung ermöglichte ihm sein musikaffiner Kurfürst Maximilian Franz von Habsburg einen Aufenthalt in Wien. Er sollte dort von Meister Mozart lernen. Aber Beethoven blieb nur wenige Wochen in der Kaiserstadt, während der Rückkehr nach Bonn erreichte ihn die Nachricht, dass seine Mutter schwer erkrankt sei.

Nach dem Tod seiner Frau nahmen die alkoholbedingten Ausfälle bei Witwer Johann zu, Sohn Ludwig musste jetzt für ihn und die zwei jüngeren Brüder sorgen. Im Revolutionsjahr 1789 verzeichnen die Matrikeln der (ebenfalls jungen) Bonner Universität seinen Namen, aber für eine gründliche Bildung fehlte ihm wohl schlicht die Zeit. In lebhaftem Kontakt stand er jedoch mit den Kreisen der Bonner Aufklärer, etliche davon waren seine Kollegen in der Hofkapelle. Den Ideen der Aufklärung blieb Beethoven zeitlebens verbunden, auch wenn manche Biografen diesen Gesichtspunkt überbewerten.

In Bonn, genauer gesagt im schicken Bad Godesberg, traf Beethoven auch mit Haydn zusammen, und diese Begegnung hat wohl seine zweite Wien-Reise veranlasst. Wieder gab der Kurfürst sein Placet und zahlte auch den Aufenthalt. Allerdings lehnte er die Aufbesserung von Beethovens Salär ab, obwohl sich Lehrmeister Haydn dafür eingesetzt hatte.

Es ist nur eine Randnotiz der Geschichte, dass der weitgehend fiktive kurkölnische Hofkalender des Jahres 1801 Beethoven noch als Musiker und Bedienten aufführt. Die Bande nach Bonn hatten sich gelockert. In einem Brief an Franz Gerhard Wegeler, dem er zeitlebens freundschaftlich verbunden blieb, findet sich 1801 der Satz: „Jene schönen vaterländischen Gegenden, was war mir in ihnen beschieden? Nichts als die Hoffnung auf einen besseren Zustand."

Wegeler war Arzt, auch deshalb vertraute Beethoven ihm zuerst seine Hörprobleme an. Allerdings beschwor er den Freund, mit niemandem darüber zu reden. Den drohenden Verlust seines Gehörs, der doch seine Existenz als Musiker gefährdete, machte er 1806 öffentlich. Damals hatte er in Wien bereits einen großen Ruf als Komponist, einige Vertreter des Hochadels honorierten seine Leistungen mit beachtlichen Summen. Aber durch die Kriege gegen Napoleon gerieten seine Gönner in eine wirtschaftliche Krise – und damit auch Beethoven. Dem Wiener Kongress 1814/15, der den Adel Europas in die österreichische Hauptstadt zieht, verdankt er einen Popularitätsschub. Seitdem strahlt der Glanz seines Namens noch heller.

Beethovens neun Sinfonien, fünf Klavierkonzerte, seine Oper *Fidelio*, die Streichquartette und seine *Missa solemnis* sind Meilensteine der Musikgeschichte. Wie er zuletzt gegen seine Taubheit ankämpfte, ist eine Leistung, die außerhalb des Begreifens steht. Seinem Trauerzug folgten 20 000 Wiener, und als im Herbst 1827 der Grabstein für ihn gesetzt wurde, sagte Franz Grillparzer: „Der Name Beethoven steht darauf, und somit der herrlichste Wappenschild, purpurner Herzogsmantel zugleich und Fürstenhut."

Konrad Adenauer

Ludwig Erhard

Kurt Georg Kiesinger

Willy Brandt

Helmut Schmidt

Helmut Kohl

Gerhard Schröder

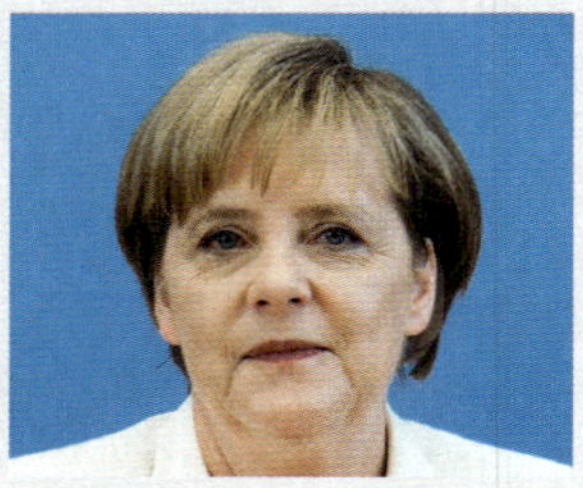

Angela Merkel

DEUTSCHE BUNDESKANZLER

Es gibt weltweit nur wenige demokratische Staaten, die sich einer ähnlichen Kontinuität rühmen können, zumindest wenn es um die Zahl der Regierungschefs geht. Gerade einmal sieben Bundeskanzler und eine Kanzlerin bekleideten dieses Amt zwischen Konrad Adenauer und Angela Merkel. Im selben Zeitraum gab es in den USA 14 Präsidenten, in Italien 63 Regierungen.

Natürlich fällt auf, wie unterschiedlich lang die Regierungszeiten der Kanzler ausfielen – so stehen den drei Langzeit-Kanzlern Adenauer, Kohl und Merkel fünf andere mit zum Teil wesentlich kürzeren Amtszeiten gegenüber. Und so unterschiedlich die historischen Umstände und die jeweiligen Persönlichkeiten Adenauers, Kohls und Merkels auch gewesen sein mögen, so lässt sich doch behaupten, dass ihr Erfolg zum großen Teil einem verbreiteten Wunsch nach Verlässlichkeit geschuldet war, der in diesen Jahren herrschte: bei Adenauer in den Anfangsjahren der Republik, als es um die Wiedererlangung internationaler Anerkennung ging; bei Kohl, als nach 1989 die zuverlässige Integration der neuen Bundesländer anstand; und bei Angela Merkel, weil sie es von allen wohl am besten verstand, ihrer gewachsenen Autorität durch ihr Auftreten und diplomatisches Geschick die Schärfe zu nehmen.

Bonner Südstadt

DIE BONNER SÜDSTADT

Die Bonner Südstadt ist eine Marketingidee. Der damalige Oberbürgermeister Leopold Kaufmann hat sie 1867 treffend formuliert: „Unsere Stadt ist mehr darauf angewiesen, in dem weit verbreiteten Rufe unserer Hochschule und in den verschiedenen Annehmlichkeiten des Lebens, welche die reizvolle Lage und die geistigen Genüsse der Kunst und Wissenschaft bieten, die Quelle des Wohlstandes zu finden und zu pflegen, als in der Entwicklung einer großartigen industriellen Tätigkeit."

Schon elf Jahre zuvor hatte Stadtbaumeister Paul Richard Thomann einen Erweiterungsplan vorgelegt, der sogar Teile zweier damals noch selbstständiger Gemeinden einbezog, doch da regte sich Protest. Der eigentliche Bauboom setzte in den 1880er-Jahren ein und dauerte bis 1913. Das Angebot des Viertels richtete sich vor allem an die wohlhabenden Ruheständler von nah und fern. Insgesamt ging die Rechnung auf, obwohl immer wieder einmal Spekulationsblasen drohten. Aber dann fanden auch Häuser ihre Abnehmer oder Wohnungen ihre Mieter. Von dem Zuzug profitierte natürlich auch die Stadt, 1913 war sie die reichste des Reichs. Der Nachteil von Häuserzeilen ist: Im Vergleich zur Villa gibt es nur eine Hausseite, mit der die Bewohner wissen lassen können, dass sie es zu etwas gebracht haben. Zunächst zeigen die Fassaden klassizistische Zurückhaltung,

Bonner Südstadt

Bonner Südstadt

aber um 1880 nimmt der Dekor zu. Nun mehren sich die geschweiften Giebel, und Erker und Balkone lockern die Fläche auf. Zudem ballen sich die Versatzstücke gründerzeitlichen Bauens, die Stuckapplikationen aus den Musterbüchern. Und wenn sich die Fassadenplanung über mehrere Häuser erstrecken kann, lässt sich auch mit dem Erscheinungsbild einer barocken Schlossarchitektur kokettieren.

Lange wurde die Gründerzeit mit Verachtung gestraft, aber heute findet die Bonner Südstadt in der Fachwelt Anerkennung, und zweifellos ist sie eines der größten gründerzeitlichen Ensembles der Republik. Viele Häuser stehen unter Denkmalschutz. Und während hier einst auch Studenten preiswerte Wohnungen finden konnten, ist die Südstadt heute wieder zurück zu ihren Anfängen als Nobelviertel.

ERMEKEIL

Ein gewisser Johann Heinrich Ermekeil hatte in der Südstadt um 1870 Ackerland gekauft, um darauf Häuser zu bauen, stattdessen entstand 1883 eine Kaserne. Die vorbeiführende Straße und das Militärgebäude tragen seinen Namen. Die Kaserne selbst trug zur Entwicklung der Südstadt bei: Die Familien der Offiziere bezogen Häuser in ihrer Nähe.

Die Arndt-Villa an der Adenauerallee
Ein wenig zurück liegt hier die Villa des Bonner Professors Ernst-Moritz Arndt. Das Haus lag damals inmitten von Weinbergen. Später sollte viel Bonner Prominenz dem Arndtschen Beispiel folgen. Und es ist recht eigentümlich, dass der Villa gegenüber eine Seitenstraße abzweigt, die so etwas wie die Keimzelle der Südstadt bilden sollte: die Weberstraße, benannt nach dem Buchhändler und Verleger Eduard Weber, der hier die ersten Häuser baute.

Ludwig Erhard, Bundeskanzler 1963–66

DER KANZLERBUNGALOW

Konrad Adenauer wohnte während seiner Zeit als Bundeskanzler die meiste Zeit in seinem Privathaus im rechtsrheinischen Rhöndorf und pendelte zwischen seinem Amtssitz, dem Palais Schaumburg in Bonn, und seinem Zuhause hin und her. Sein Nachfolger Ludwig Erhard dagegen zog in den von ihm selbst noch als Wirtschaftsminister in Auftrag gegebenen Kanzlerbungalow. Dieser wurde zwischen 1963 und 1966 vom Architekten Sep Ruf gebaut. Das Gebäude liegt zwischen der Villa Hammerschmidt (Residenz des Bundespräsidenten) und dem Palais Schaumburg.

Zur Zeit seines Baus wurde der Kanzlerbungalow von vielen belächelt, nicht nur wegen seiner modernen, dem Bauhaus-Stil verpflichteten Außengestalt, sondern auch wegen seines modernen Inneren. Dies brachte etwa Kurt-Georg Kiesinger, als Kanzler der Großen Koalition zweiter Bewohner des Bungalows, dazu, das Innere nach seinen Vorstellungen umzugestalten, indem er Stilmöbel und mittelalterliche Kunstwerke aufstellen ließ.

Aus heutiger Sicht wirkt das Gebäude seiner damaligen Zeit tatsächlich weit voraus, sorgte Architekt Ruf doch durch den Einbau von Steck- und Schiebepaneelen sowie durch Textilien für eine bessere Akustik und durch verkleidete Wandschränke für eine Flexibilität, die bei heutigen Homeoffice-Lösungen sehr im Trend liegt.

Kanzlerbungalow

Bundeshaus, ehemaliger Plenarsaal, bis 1992 von Günter Behnisch erbaut, heute Teil des World Conference Center Bonn

BONN – VON DER EHEMALIGEN HAUPTSTADT ZUR UN-STADT

Gern wurde der Name mit Buchstaben und Punkten gelesen: B.O.N.N. – Bundeshauptstadt ohne nennenswertes Nachtleben. Noch 1968 heißt es in John le Carrés Spionage-Roman *Eine kleine Stadt in Deutschland:* „Allein die Wahl Bonns als Wartesaal für Berlin war immer schon eine Ungereimtheit. Jetzt ist sie ein Missbrauch."

Nach dem verlorenen Krieg wurde Bonn zum Zentrum des demokratischen Neuanfangs, nicht zuletzt durch die Kunstgriffe des späteren Bundeskanzlers Konrad Adenauer. An diesem Beginn stand einerseits das Museum König, andererseits und vor allem die Pädagogische Akademie. Sie lag am Rheinufer und etwas außerhalb der Kernstadt. Das Gebäude war bei seiner Einweihung 1933 schon ein „Fremdkörper", war es doch eine Bauhaus-Architektur. Sie hatte jetzt geradezu programmatischen Charakter, da sich ihr Erscheinungsbild mit den demokratischen Traditionen der Weimarer Republik verbinden ließ. Nüchtern betrachtet war die Akademie das einzige unzerstörte Gebäude, das überhaupt genug Platz für eine parlamentarische Arbeit bot.

Diese Schöpfung des jung verstorbenen Martin Witte ist immer noch als Komplex der Bundesbauten sichtbar, nur musste sie bald erweitert werden. Dafür lieferte der Architekt Hans Schwippert (1899–1973) die Pläne, sein Name erscheint oft mit dem Zusatz „Baumeister der jungen Bundesrepublik".

Der Raumbedarf stieg nicht nur am Ort des parlamentarischen Geschehens. Die Reutersiedlung am Rand von Kessenich steht nicht für avantgardistisches Bauen, aber sie stellte doch Gleichheit her. Hier wohnte der Minister neben seiner Sekretärin, der Parlamentarier neben dem Angehörigen der Fahrbereitschaft. Die Planung lag in den Händen von Max Taut, dem Bruder des bekannteren Bruno Taut.

Außerdem brauchte die Korona der Verbände und Organisationen Büros in Regierungsnähe. Der Platzmangel im Bundestagsviertel blieb chronisch, trotz der Akademieerweiterung mit einem Nord- und einem Südflügel, trotz des Plenarsaalausbaus im Jahr 1953. Immerhin konnten zwei repräsentative Villen am Rhein in die Dienste der Regierung gestellt werden. Die Villa Hammerschmidt wurde 1950 der Amtssitz des Bundespräsidenten, das Palais Schaumburg, ursprünglich 1858–60 als Villa erbaut, diente (zunächst) als Bundeskanzleramt.

Bonn war Provisorium und durfte als solches nicht gehätschelt werden. Trotzdem kam es ab 1966 zum Bau des neuen Abgeordnetenhauses, dessen

Plenarsaal des Bonner Bundestages

Villa Hammerschmidt

114 m Höhe damals einen Akzent setzten, der in die Bilderwelt als Sinnbild der Republik einging und als „Langer Eugen" bekannt ist. Dem Architekten Egon Eiermann schwebte ursprünglich ein Terrassenbau vor. Aber dafür stand nicht genug Platz zur Verfügung. So wurde es doch ein Hochhaus, obwohl Eiermann ursprünglich der „alten machtverkündenden Vertikalströmung" eine Absage erteilen wollte.

1968/69 endete das Provisorium Bonn de facto, für Historiker bricht jetzt die zweite Phase der Bonner Republik an, und Willy Brandt spricht 1973 erstmals von einer „Bundeshauptstadt Bonn". Es wurde strukturiert geplant, zudem eröffneten die Eingemeindungen von Bad Godesberg auf dieser

„Langer Eugen"

und von Beuel auf der anderen Rheinseite neue Perspektiven. Arbeitskreise („Bundesbauten Bonn") wurden etabliert, Ideenwettbewerbe ausgeschrieben („Bauten des Bundes und ihre Integration in die Stadt Bonn"). Außerdem spannt sich seit 1972 die Konrad-Adenauer-Brücke über den Rhein, die das Regierungsviertel an das jenseitige Autobahnnetz anschließt.

Im Vergleich zur „Planungseuphorie" blieb der Ertrag an Bauten allerdings gering. Dafür beschlossen die Abgeordneten 1986, den hochgelobten Plenarsaal von Hans Schwippert durch einen neuen des Architekten Günter Behnisch zu ersetzen. Als man dort im Oktober 1992 zum ersten Mal zusammenkam, waren die Tage der Bundeshauptstadt Bonn schon gezählt. Die letzte Sitzung erlebte das neue und schon bald das alte Plenum am 1. Juli 1999.

DIE UN UND DIE STADT BONN

Es war eine überzeugende Idee, die Position der Stadt mithilfe der UN neu zu bestimmen. Um die Organisation stärker an Bonn zu binden, musste allerdings ein Kongresszentrum her. Sein Bau geriet zum Desaster, aber dann stand das Zentrum doch – wie vorher schon das Hotel zur Aufnahme der Gäste. Die UN-Mitarbeiter haben nicht nur das einstige Abgeordnetenhochhaus, sondern in seiner Nähe auch ein neues, 18-stöckiges Gebäude bezogen. Hier residiert das UN-Klimasekretariat, dessen Bedeutung sicher nicht abnehmen wird. Und weil die Deutsche Bahn den neuen Haltepunkt „UN-Campus" eingerichtet hat, lässt sich auch klimabewusst anreisen.

Franz-Josef Wuermeling

Karl Schiller

Egon Bahr

Otto Graf Lambsdorff

Hans-Jochen Vogel

Hans-Dietrich Genscher

Hans Apel

Gerhart Baum

DEUTSCHE MINISTER

Franz-Josef Wuermeling (1900 in Charlottenburg bis 1986 in Münster): Der CDU-Politiker Wuermeling ist ein gutes Beispiel dafür, wie es einem gelingen konnte, auch in einem vermeintlich unwichtigeren Ressort nachhaltig in Erinnerung zu bleiben: so mit der Einführung einer speziellen Fahrkarte für kinderreiche Familien, die schon bald als Wuermeling-Pass bekannt wurde.

Hans-Christoph Seebohm (1903 in Emanuelssegen, Oberschlesien, bis 1967 in Bonn): Der Rekordhalter für die längste ununterbrochene Amtszeit als Minister heißt Seebohm. Bereits der allerersten Adenauer-Regierung ab 1949 gehörte er an, damals noch für die Deutsche Partei, von der er 1960 zur CDU wechselte. Bis 1966 leitete er das Verkehrsressort.

Herbert Wehner (1906 in Dresden bis 1990 in Bonn): Der Mann mit der Pfeife, der sich vom Kommunisten zum treuen SPD-Parteisoldaten entwickelte. 1966–69 Bundesminister für gesamtdeutsche Fragen. Am nachhaltigsten wirkte er als langjähriger SPD-Fraktionsvorsitzender. Unvergessen sind seine zahlreichen Ordnungsrufe und seine fantasievollen Schimpfworte (Helmut Kohl nannte er einmal „Düffeldoffel").

Gerhard Schröder (1910 in Saarbrücken bis 1989 in Kampen auf Sylt): In Schröders Amtszeit als Innenminister (1953–61) fiel das Verbot der KPD, zwischen 1961 und 1966 war er Außenminister und während der großen Koalition 1966–69 Verteidigungsminister. Als Außenpolitiker stand er der deutsch-französischen Annäherung Adenauers skeptisch gegenüber und galt als „Atlantiker".

Karl Schiller (1911 in Breslau bis 1994 in Hamburg): Neben seinem Amtsvorgänger Ludwig Erhard als Bundeswirtschaftsminister vermutlich der einflussreichste Amtsinhaber auf diesem Posten. Auf Schiller geht der Entwurf des Stabilitäts- und Wachstumsgesetzes zurück, in dem das Staatsziel des gesamtwirtschaftlichen Gleichgewichts konkretisiert wird.

Egon Bahr (1922 in Treffurt bis 2015 in Berlin): Egon Bahr, Bundesminister für besondere Aufgaben von 1972–74, hatte seine vielleicht wichtigste Rolle bereits in den Jahren zuvor gespielt, als er als enger Mitarbeiter des Außenministers Willy Brandt mit diesem gemeinsam die neue Ostpolitik maßgeblich mitformulierte, die ab 1969 Regierungspolitik werden sollte.

Josef Ertl (1925 in Oberschleißheim bis 2000 in Murnau): Der bayerische FDP-Politiker Ertl bekleidete das Amt des Landwirtschaftsministers von 1969 bis 1983 und wurde damit identifiziert wie kein anderer. Er verlor es erst, als seine Partei bei der vorgezogenen Bundestagswahl 1983 große Stimmenverluste erlitt und das Landwirtschaftsressort deshalb an die CSU verlor.

Friedrich Zimmermann (1925 in München bis 2012 in Filzmoos, Österreich): In den ersten beiden Legislaturperioden unter Helmut Kohl war der ehemalige CSU-Generalsekretär Innenminister, ab 1989 Verkehrsminister. Lebenslang haftete ihm der Spitzname „Old Schwurhand" an, nachdem er 1960 im Zuge der Bayerischen Spielbankenaffäre wegen Meineids verurteilt worden war.

Otto Graf Lambsdorff (1926 in Aachen bis 2009 in Bonn): Wirtschaftsminister unter Helmut Schmidt; galt als treibende Kraft hinter dem Wechsel seiner FDP hin zur Koalition mit der Union. Wegen seiner Rolle im Flick-Skandal musste er sich später vor Gericht verantworten.

Hans-Jochen Vogel (1926 in Göttingen bis 2020 in München): Populär wurde Vogel als langjähriger Oberbürgermeister Münchens, der die Olympischen Spiele in die Stadt geholt hatte und so ihr Renommee maßgeblich steigerte. Im Anschluss zunächst Minister für Raumordnung, Bauwesen und Städtebau (1972–74); dann auch noch Justizminister von 1974–78. Als Kanzlerkandidat der SPD scheiterte er 1983 gegen Helmut Kohl.

Hans-Dietrich Genscher (1927 in Reideburg bis 2016 in Pech bei Bonn): Der Rekordminister: Nach fünf Jahren als Innenminister der ersten sozial-liberalen Koalition wurde er Außenminister und blieb dies mit nur einer kleinen Unterbrechung bis 1992. Als diplomatisches Meisterstück galt seine Verhandlungsführung bei den Gesprächen im Vorfeld der deutschen Wiedervereinigung 1990.

Gerhard Stoltenberg (1928 in Kiel bis 2001 in Bonn): Wegen seines aristokratischen Gebarens trug der langjährige schleswig-holsteinische Ministerpräsident den Spitznamen „Deichgraf". Zwischen 1965 und 1992 war er insgesamt 14 Jahre Minister in den Ressorts Forschung, Finanzen und Verteidigung.

Heiner Geißler (1930 in Oberndorf am Neckar bis 2017 in Gleisweiler): Kaum ein Politiker in der Bundesrepublik wandelte seine Position so stark wie Heiner Geißler: Vom Lieblingsgegner der Linken zu seiner Zeit als Generalsekretär der CDU bis zu seinen letzten Lebensjahren, in denen er sich zum Globalisierungskritiker entwickelt hatte. Zwischendurch amtierte er auch einige Jahre als Minister für Jugend, Familie und Gesundheit.

Hans Apel (1932 in Hamburg bis 2011 ebd.): Gehörte zu den profiliertesten Politikern des konservativen Flügels der SPD und war Sprecher des Seeheimer Kreises. Ab 1974 zuerst Finanzminister, dann Verteidigungsminister. Nach seiner politischen Laufbahn allerdings wandelte er sich zum scharfen Kritiker der „Parteienherrschaft", wie er sie sah.

Gerhart Baum (1932 in Dresden): Linksliberales Urgestein und Innenminister der sozial-liberalen Koalition zwischen 1978 und 1982. Seine bloße Existenz erinnert an die Wandlungen, die die FDP bis heute vollzogen hat.

Otto Schily (1932 in Bochum): Auch Otto Schily hatte einen politisch langen Weg zurückgelegt, als er 1998 als Bundesinnenminister in das erste rot-grüne Kabinett eintrat. In den 1970er-Jahren wurde er bekannt als Anwalt der RAF-Terroristin Gudrun Ensslin, gründete die Partei Die Grünen mit und wechselte 1989 zu SPD.

Martin Bangemann (1934 in Wanzleben): Mit seiner langen Zugehörigkeit zum Europäischen Parlament und später als EG- und EU-Kommissar war Bangemann eine gefühlte Ewigkeit „unser Mann in Brüssel". Von 1984 bis 1989 in Bonn für das Wirtschaftsressort zuständig.

Herbert Wehner

Gerhard Schröder

Josef Ertl

Friedrich Zimmermann

Gerhard Stoltenberg

Heiner Geißler

Otto Schily

Martin Bangemann

Norbert Blüm

Rita Süssmuth

Herta Däubler-Gmelin

Wolfgang Schäuble

Rudolf Scharping

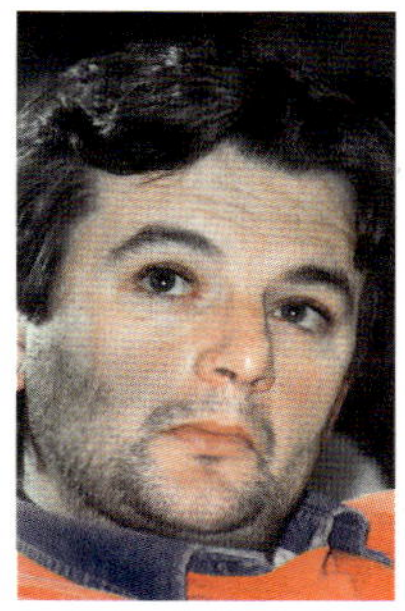

Joschka Fischer

Guido Westerwelle

Heiko Maas

Norbert Blüm (1935 in Rüsselsheim bis 2020 in Bonn): Blüm gehörte zweifellos zu jenen Ministern, die sich ob ihrer Art und ihres Amtsverständnisses auch jenseits der Parteigrenzen Achtung erwarben. 17 Jahre lang war er Arbeitsminister unter Helmut Kohl. Sein vielzitierter Satz „Die Rente ist sicher" stammt aus dem Jahr 1986.

Rita Süssmuth (1937 in Wuppertal): Trotz ihrer verhältnismäßig kurzen Amtszeit (1985–88), in der sie das Ressort Jugend, Familie und Gesundheit verantwortete, setzte sie Maßstäbe und scheute auch nicht den Konflikt innerhalb ihrer Partei, der CDU. Noch nachhaltiger in Erinnerung ist sie allerdings als Bundestagspräsidentin zwischen 1988 und 1998.

Klaus Töpfer (1938 in Waldenburg, Schlesien): Töpfer führte als zweiter Minister überhaupt das Bundesministerium für Umwelt, Naturschutz und Reaktorsicherheit und prägte es zwischen 1987 und 1994 entscheidend. Schlagzeilen machte er 1988, als er im Neoprenanzug im Rhein schwamm, um zu beweisen, dass sich die Maßnahmen zur Gewässersanierung seit einem Chemieunfall 1986 ausgezahlt haben.

Theo Waigel (1939 in Oberrohr): Der Mann mit den buschigen Augenbrauen. Amtierte zwischen 1989 und 1998 als Finanzminister, sodass er vor allem mit der komplexen Durchführung aller wirtschafts- und geldpolitischen Gesetze im Zuge der Wiedervereinigung befasst war.

Hans Eichel (1941 in Kassel): Zunächst nur kurzfristig geholter Ersatzmann für den 1999 über Nacht aus dem Amt geflohenen Oskar Lafontaine, blieb er bis zum Ende der rot-grünen Koalition 2005 auf dem Posten des Finanzministers. Sorgte bei vielen für Kopfschütteln, als er trotz üppiger Pension noch ein Ruhegehalt aus seiner Kasseler Bürgermeisterzeit einklagen wollte.

Wolfgang Schäuble (1942 in Freiburg im Breisgau): Seit 1972 ist der Schwabe Schäuble ununterbrochen im Deutschen Bundestag, was ihn mit Abstand zum Rekordhalter in dieser Disziplin macht. Von seinen drei Ministerämtern unter Kohl und Merkel prägte er die deutsche Politik mit seiner Arbeit im Finanzministerium zwischen 2009 und 2017 am nachhaltigsten. Auch mit seiner Amtsführung als Bundestagspräsident ab 2017 erwarb er sich über die Parteigrenzen hinweg Respekt.

Herta Däubler-Gmelin (1943 in Bratislava): Ganze 37 Jahre gehörte die SPD-Politikerin dem Bundestag an, vier Jahre davon als Bundesjustizministerin im ersten Kabinett Schröder. In ihre Amtszeit fiel etwa Deutschlands Beitritt zum Internationalen Strafgerichtshof und das Lebenspartnerschaftsgesetz.

Rainer Brüderle (1945 in Berlin): 2009 übernahm Brüderle in Berlin das Ressort, das er elf Jahre zuvor in Rheinland-Pfalz niedergelegt hatte, als er für die FDP in den Bundestag gewählt wurde: das Wirtschaftsministerium. Nach nur zwei Jahren gab er dieses allerdings ab, als er zum Fraktionsvorsitzenden seiner Partei gewählt wurde.

Peer Steinbrück (1947 in Hamburg): NRW-Ministerpräsident von 2002 bis 2005 und gescheiterter Kanzlerkandidat 2013; aber das Steinbrück-Ereignis, das sich vielen wohl am stärksten einprägte, fand am 5. Oktober 2008 statt, als er als Finanzminister gemeinsam mit Kanzlerin Merkel den Bürgern versicherte, dass ihre Einlagen (also die der Bürger) trotz drohender Pleite der Hypo Real Estate sicher seien.

Rudolf Scharping (1947 in Niederelbert): Als Ministerpräsident von Rheinland-Pfalz scheiterte Scharping 1994 als SPD-Spitzenkandidat an Vorgänger Kohl bei der Bundestagswahl. 1998 wurde er Verteidigungsminister, musste aber wegen eines Fotos im Swimmingpool seinen Posten räumen, da es zeitlich mit den Vorbereitungen für den Bundeswehreinsatz in Mazedonien zusammenfiel. Bis heute beliebtes Exempel für schlechtes PR-Timing.

Joschka Fischer (1948 in Gerabronn): Joschka Fischer, studentenbewegter Sponti und erster grüner Landesminister (als Umweltminister in Hessen), der sich 1985 in Jeans und Turnschuhen vereidigen ließ, schaffte es als Außenminister im rot-grünen Kabinett unter Kanzler Schröder, zum allgemein respektierten Außenpolitiker zu werden.

Olaf Scholz (1958 in Osnabrück): Norddeutscher, wie er im Buche steht: Niemand wird ihm allzu viel Temperament nachsagen können. Schon zwischen 2007 und 2009 erstmals Bundesminister (für Arbeit und Soziales), waren es danach knapp zwei Amtszeiten als Hamburger OB, die ihm auch bundesweite Popularität verschafften. Ab 2018 erneut Minister, dieses Mal im Finanzressort.

Sigmar Gabriel (1959 in Goslar): Der langjährige SPD-Vorsitzende Gabriel gehört zu der recht kleinen Riege von Ministern, die es auf die Leitung dreier unterschiedlicher Ressorts brachten: Zunächst als Umweltminister (2005–09), dann Wirtschaftsminister (2013–17) und schließlich bis März 2018 Außenminister.

Guido Westerwelle (1961 in Bad Honnef bis 2016 in Köln): Als Mitbegründer und Vorsitzender der Jungen Liberalen bis zum zehn Jahre dauernden FDP-Vorsitz prägte Guido Westerwelle über Jahrzehnte die Freie Demokratische Partei. Außenminister war er in der schwarz-gelben Koalition zwischen 2009 und 2013.

Heiko Maas (1966 in Saarlouis): Maas, der 2018 Außenminister wurde, ist einer von vier Bundesministern seit der Wiedervereinigung, die aus dem Saarland stammen, was das kleine Land zu dem an der Einwohnerzahl gemessen am stärksten repräsentierten Bundesland Deutschlands macht.

Karl-Theodor zu Guttenberg (1971 in München): Die Ministerkarriere der forschen CSU-Nachwuchshoffnung, Liebling der Klatschpresse, der nach zwei Jahren im Wirtschaftsressort ab 2009 das Verteidigungsministerium aufmischte, fand 2011 ein jähes Ende, als ihm sein Doktortitel wegen Plagiats aberkannt wurde und er alle politischen Ämter niederlegte.

Jens Spahn (1980 in Ahaus): Noch keine zwei Jahre füllte der 39-jährige Spahn das Amt des Bundesgesundheitsministers aus, als ihn die Corona-Pandemie zu einem der bekanntesten Kabinettsmitglieder machte und ihm kurzfristig einen Popularitätsschub verlieh, welcher ihn innerhalb der CDU gar für die Nachfolge Angela Merkels kandidieren ließ.

Klaus Töpfer

Theo Waigel

Hans Eichel

Peer Steinbrück

Olaf Scholz

Sigmar Gabriel

Karl-Theodor zu Guttenberg

Jens Spahn

Ernst Reuter verleiht Trümmerfrauen das Bundesverdienstkreuz, 1952

DAS BUNDESVERDIENSTKREUZ

Das Bundesverdienstkreuz gibt es seit 1951, damals führte es der erste Bundespräsident Theodor Heuss per Erlass ein. Dabei sollte gesagt werden, dass es sich beim Begriff Bundesverdienstkreuz schon damals um eine Sammelbezeichnung für insgesamt sechs Stufen von Auszeichnungen handelte, bis heute sind daraus neun geworden: von der einfachen Verdienstmedaille über mehrere Stufen des Verdienstkreuzes bis hin zur Sonderstufe des Großkreuzes, deren Verleihung Staatsoberhäuptern und deren Ehepartnern vorbehalten ist.

Der Weg zum Bundesverdienstkreuz führt über den Vorschlag des Kandidaten an den jeweiligen Ministerpräsidenten oder die Ministerpräsidentin des Bundeslandes, aus dem dieser bzw. diese stammt, denn nur er oder sie verfügt über das Vorschlagsrecht hierzu. Dem Vorschlag einer Person zur Auszeichnung sollten all ihre sozialen, kulturellen, politischen, sportlichen oder sonstigen Verdienste beigefügt werden, möglichst durch ebenfalls genannte Leumundszeugen untermauert. Nach etwa einem Jahr ist mit dem Abschluss des Prüfverfahrens durch die im Bundespräsidialamt angesiedelte Ordenskanzlei zu rechnen.

Die wichtigste Voraussetzung für den Erhalt einer Auszeichnung ist natürlich, dass die vorgeschlagene Person sich in besonderer Weise um die Bundesrepublik Deutschland verdient gemacht hat, indem ihre Leistung dem Ansehen Deutschlands förderlich ist. Das bedeutet natürlich, dass bestimmte Berufsgruppen per se häufiger berücksichtigt werden, zum Beispiel Wissenschaftler, Politiker, Künstler oder ehrenamtlich tätige Bürger. Das übliche Alter für die Verleihung des Verdienstkreuzes am Bande sollte 40 Jahre betragen, während die Verleihung der Verdienstmedaille kein Mindestalter voraussetzt. Weder kann man sich selbst vorschlagen, noch kann jemand ausgezeichnet werden, der kein einwandfreies polizeiliches Führungszeugnis vorzuweisen hat. Die deutsche Staatsbürgerschaft hingegen ist keine Voraussetzung.

Vladimir Horowitz erhält das Bundesverdienstkreuz, 1986

Motorräder der Berliner Polizei, 1926

Schutzstaffel der Berliner Polizei, 1932

POLIZEI

Wie die Bildung fällt auch die Polizei in den Kompetenzbereich der Länder, weshalb die meisten Polizeiabteilungen föderal organisiert sind. Ausnahmen bilden das Bundeskriminalamt, die Bundespolizei (hauptsächlich aktiv an den Außengrenzen) und die Polizei beim Deutschen Bundestag, die alle drei in den Geschäftsbereich des Bundesinnenministeriums fallen. Alle anderen sind Ländersache; dort teilen sie sich nach ihren jeweiligen Arbeitsbereichen in mehrere Abteilungen auf: Die Schutzpolizei geht ans Telefon, wenn der Notruf 110 eingeht. Der Streifendienst ist stets zuständig, wenn direkte Hilfe benötigt wird, außerdem regelt er den Verkehr und führt Tempo- und Sicherheitskontrollen durch. Die Bereitschaftspolizei wird von jenen Kräften gebildet, die bei größeren Einsätzen zur Stelle sind, also bei Demonstrationen und Sportveranstaltungen, aber auch bei Durchsuchungen und Fahndungen. Die Kriminalpolizei ist eine große Abteilung, die sich wiederum in die verschiedenen Deliktgruppen aufspaltet. Der Großteil ihrer Tätigkeit bezieht sich nicht auf Mord, wie es in Fernsehkrimis gerne dargestellt wird, sondern auf die Bekämpfung von Eigentumsdelikten (Diebstähle und Einbrüche), Betrug, Rauschgift- und Sexualdelikten.

Hinzu kommt der Kampf gegen die organisierte Kriminalität sowie gegen politisch motivierte Straftaten und Wirtschaftskriminalität.

Eine besondere Aufgabe fällt den Polizeihunden der Hundestaffel zu, die auf die Suche nach Sprengstoff, Drogen oder Leichen trainiert werden. Die Polizeipferde der Reiterstaffel wiederum sind vor allem im Einsatz bei Demonstrationen und Großveranstaltungen hilfreich.

Die Hubschrauberstaffel ist bei der Verkehrsüberwachung unverzichtbar, bietet aber auch bei größeren Fahndungen und der Suche nach Vermissten Unterstützung.

Was andere Polizeiabteilungen auf den deutschen Straßen leisten, erledigt die Wasserschutzpolizei auf den Wasserstraßen, hier sorgt sie für Sicherheit. Zunehmend wichtig ist sie in der Bekämpfung der Umweltkriminalität, in besonderen Fällen wird sie von speziell ausgebildeten Polizeitauchern unterstützt.

Ein relativ neuer Bereich der deutschen Polizeiarbeit besteht in der Zusammenarbeit grenznaher Polizeikräfte in sogenannten Gemeinsamen Zentren. Zunächst gab es diese Dienststellen an den Grenzen zu Frankreich, Belgien, Dänemark, den Niederlanden und Luxemburg, inzwischen auch an den östlichen und südlichen Außengrenzen mit Polen und Tschechien sowie der Schweiz und Österreich. Gemeinsame Streifenfahrten und der Erfahrungsaustausch über aktuelle sicherheitsrelevante Erkenntnisse helfen sehr bei der Bekämpfung der grenzüberschreitenden Kriminalität.

An den Außengrenzen (aber auch an großen Bahnhöfen und Flughäfen) ist die Bundespolizei hauptsächlich tätig. Zu den sogenannten sonderpolizeilichen Aufgaben, für die sie zuständig ist, gehören auch der Schutz bundeseigener Bahnanlagen und der Schutz vor Angriffen auf die zivile Luftfahrt. Insgesamt ist die Bundespolizei an mehr als 260 Standorten in Deutschland präsent.

Hallensportfest der Polizei, 1938

Riesentachometer der Berliner Polizei

Verkehrsspiel, 1932

DDR-Volkspolizei, 1964

Die Funktion des ebenfalls landesweit agierenden Bundeskriminalamtes ist eine doppelte: Zum einen unterstützt es die lokalen Polizeibehörden durch Serviceleistungen und Know-how; zum anderen nimmt es, in Fällen schwerer und internationaler Kriminalität, auch selbst Ermittlungen auf. Bei Bedrohungen durch den internationalen Terrorismus verfügt es über sogenannte Gefahrenabwehrbefugnisse, also über polizeiliche Sonderrechte. Zu den Aufgaben des Bundeskriminalamtes gehört auch der Schutz der Mitglieder der staatlichen Verfassungsorgane. Schließlich obliegt es ihm, alle über das Jahr gesammelten polizeilichen Daten in der Polizeilichen Kriminalstatistik (PKS) zusammenzuführen und zu veröffentlichen. Die drei Standorte des BKA befinden sich in Wiesbaden, Berlin und Meckenheim nahe Bonn.

GEHEIMDIENST

Verglichen mit den USA, in denen es mehr als 15 zum Teil konkurrierende Geheimdienste gibt, nimmt sich die Bundesrepublik mit ihren drei Geheimdiensten – oder Nachrichtendiensten, wie sie korrekter heißen – geradezu bescheiden aus. Diese sind der Bundesnachrichtendienst (BND), das Bundesamt für Verfassungsschutz (BfV) und der Militärische Abschirmdienst (MAD).

Der BND ist der dem Chef des Bundeskanzleramtes unterstellte Auslandsnachrichtendienst und sammelt Informationen, die wichtig für die Außen- und Sicherheitspolitik der Bundesrepublik sind. Das BfV dagegen – dem Bundesministerium des Inneren zugeordnet – ist als Inlandsnachrichtendienst zuständig für den Schutz der Verfassung vor verfassungsfeindlichen Aktivitäten, aber auch für die Abwehr von Spionagetätigkeiten ausländischer Geheimdienste in Deutschland. Jedes Bundesland verfügt zusätzlich über landeseigene Verfassungsschutzbehörden. Der dem Ministerium für Verteidigung unterstellte MAD schließlich klärt sicherheitsgefährdende oder verfassungsfeindliche Bestrebungen gegen die Bundeswehr und alle militärischen Anlagen auf dem Bundesgebiet auf. Auch an Auslandseinsätzen der Bundeswehr ist der Militärische Abschirmdienst oft beteiligt.

Im Rahmen ihrer gesetzlich erlaubten Tätigkeit dürfen die Dienste V-Leute einsetzen sowie Abhöraktionen und Observationen durchführen, polizeiliche Befugnisse haben sie aber nicht. Alle drei Dienste unterliegen in ihrer Tätigkeit der parlamentarischen Kontrolle durch die beim Bundestag angesiedelten Gremien: dem Parlamentarischen Kontrollgremium, der sogenannten G10-Kommission und dem Vertrauensgremium des Haushaltsausschusses.

In den vergangenen Jahren ist die Arbeit der Nachrichtendienste auf Landes- und Bundesebene immer wieder in die Kritik geraten, weil sie zu intransparent agiere, V-Leute einsetze, die selbst Straftaten begingen, und zudem viele Hinweise auf verfassungsfeindliche Aktivitäten aus dem rechtsextremen Spektrum ignoriert oder falsch bewertet habe.

Krawalle in Rostock-Lichtenhagen, 1992

Polizei im Einsatz gegen Demonstranten, 1997

Helmut Schmidt und GSG9-Kommandeur Ulrich Wegener, 1977

GSG 9

Der palästinensische Terrorangriff auf die Olympischen Spiele von München 1972, bei dem elf israelische Sportler, fünf Terroristen und ein Polizist getötet wurden, führte der Öffentlichkeit vor Augen, dass die deutsche Polizei für Anschläge wie diesen in keiner Weise gerüstet war. So kam es zur Gründung der der Bundespolizei (damals noch Bundesgrenzschutz genannt) untergeordneten Grenzschutzgruppe 9, meist zu GSG 9 abgekürzt; Hauptquartier ist das nahe Bonn gelegene St. Augustin-Hangelar. Bekannt war schon früher wenig über die Einheit, außer dass es sich um intensiv ausgebildete Polizeikräfte handelt. Auch die Mannschaftsstärke ist nicht genau bekannt, wird aber auf 400 geschätzt. 1977 kam es zur ersten großen Bewährungsprobe der Truppe, als die „Landshut“, eine von palästinensischen Terroristen entführte Lufthansa-Maschine, auf dem Flughafen von Mogadischu in Somalia gestürmt wurde und alle Geiseln unverletzt befreit werden konnten. Es war vor allem dieser Einsatz, der den Ruf der GSG 9 und ihres langjährigen Kommandeurs Ulrich Wegener begründete. Aus vielen Ländern kamen Anfragen mit Bitten um Unterstützung bei der dortigen Ausbildung, zahlreiche Einsätze im In- und Ausland kamen hinzu; seit 2014 ist Jêrome Fuchs Kommandeur der GSG 9. 2018 wurde bekannt, dass die Truppe nicht nur um ein Drittel der Mannstärke aufgestockt werden, sondern mit Berlin auch einen zweiten Standort hinzugewinnen soll.

Wie im Kommando Spezialkräfte (KSK) der Bundeswehr gab es auch innerhalb der GSG 9 in den vergangenen Jahren vermehrt Meldungen über rechtsextreme Beamte und Vorfälle, die nach Aussage der jeweiligen Führungen strenger geahndet werden sollen. Schon seitdem Gründungskommandeur Wegener nach der Pensionierung das umstrittene Buch *Geheime Krieger*, in dem er als Co-Autor genannt wird, in einem rechtsextremen Verlag herausgebracht hatte, wurde die Sondereinheit misstrauischer beobachtet.

Hans-Jürgen Wischnewski, der sich 1977 um die Befreiung der Geiseln der entführten „Landshut“ bemühte, hier am Flughafen Köln/Bonn

Plakat der Deutschen Volkspartei, Wahlen zur verfassungsgebenden deutschen Nationalversammlung am 19.1.1919

Bilderbogen-Wahlplakat des Demokratischen Blocks, Reichstagswahlen am 20.5.1928

Reichstagswahlen 1932

SPD, Anti-Hitler-Wahlplakat, 1932

NSDAP-Wahlplakat, Reichstagswahlen 1932

Wahlplakat der SED, 1946

Wahlplakat der KPD, 1949

Bayernpartei, Wahlslogan zur Landtagswahl am 26.11.1950

CSU-Wahlplakat für die Wahlen zum 3. Deutschen Bundestag am 15.9.1957

Wahlposter von CSU und SPD auf einem Werbeplakat der Deutschen Bundesbahn vereinigt, 1965

Wahlplakat der FDP, Bundestagswahlen 1983

Wahlplakat der Grünen, Bundestagswahlen 1983

PARTEIEN

SPD (1863)
In den ersten Jahrzehnten ihres Bestehens im Kaiserreich und in der Weimarer Republik noch marxistisch geprägt und in der NS-Zeit verboten, wandelte sich die SPD in den ersten Jahren der Bundesrepublik zu einer bürgerlichen Partei, die sich 1959 im Godesberger Programm für breite Wählerkreise öffnete; 1969 stellte sie erstmals den Bundeskanzler. Trotz weiterer programmatischer Veränderungen hält sie bis heute an ihren Grundwerten der Freiheit, sozialen Gerechtigkeit und Solidarität fest.

Zentrumspartei (1870)
Das Zentrum, wie die Partei meist genannt wird, entstand als Fraktion im Reichstag und im Preußischen Abgeordnetenhaus und war die Kraft des politischen Katholizismus. In der Weimarer Republik war sie an allen Regierungen bis 1932 vertreten und stützte den Parlamentarismus. Gegen Ende der Republik wurde sie konservativer; 1933 stimmte sie dem Ermächtigungsgesetz zu und löste sich danach selbst auf. Einige ihrer Vertreter waren an der Gründung der CDU beteiligt.

KPD (1918)
Entstanden aus dem Zusammenschluss linksradikaler Gruppen mit dem Spartakusbund, blieb die KPD in ihren ersten Jahren ohne große Bedeutung. Das Ergebnis von 2,1 % bei der Reichstagswahl im Jahr 1920 steigerte sie bis zum Ende der Weimarer Republik, als sie 1932 auf 16,9 % kam. Von den Nationalsozialisten wurde die KPD verboten, die Parteimitglieder wurden verfolgt. In der Bundesrepublik wurde sie 1956 vom Bundesverfassungsgericht abermals verboten.

NSDAP (1920)
Die Nationalsozialistische Deutsche Arbeiterpartei ging aus der 1919 in München gegründeten Deutschen Arbeiterpartei hervor. Seit 1921 wurde sie von Adolf Hitler geprägt, der sie zu einer antirepublikanischen und antisemitischen Partei formte. Nach einem gescheiterten Putsch 1923 wurde sie noch straffer organisiert. Die strukturelle Schwäche der Weimarer Verfassung, die geschickt eingesetzte Propaganda und die Wirtschaftskrise ab 1929 beförderten ihren Griff nach der Macht 1933.

CDU (1945)
Die CDU wurde 1945 als Sammlungspartei des christlich-bürgerlichen Lagers gegründet. Mit den langen Kanzlerschaften Adenauers, Kohls und Merkels prägte sie die Bundesrepublik auf allen wichtigen Politikfeldern, stand dabei insbesondere für die Westbindung und für das Konzept der sozialen Marktwirtschaft. Im Bundestag ist sie mit der nur in Bayern antretenden Christlich-Sozialen Union (CSU) verbunden.

SED (1946)
Die Sozialistische Einheitspartei Deutschlands war die Staatspartei der DDR, die aus dem erzwungenen Zusammenschluss der KPD und der SPD in der Sowjetischen Besatzungszone entstand. Ihre Organisation war streng hierarchisch organisiert. Die Partei beherrschte Politik, Wirtschaft und Gesellschaft in der DDR vollständig. Die Mitgliedschaft entschied weitgehend über individuelle Aufstiegschancen.

FDP (1948)
Der Freien Demokratischen Partei ist es in der langen Zeit als einziger kleiner Partei oft gelungen, ihre Schlüsselposition als Mehrheitsbeschafferin geschickt auszunutzen. Sie war nur zwischen 2013 und 2017 nicht im Bundestag vertreten. Mit ihren seit den 1980er-Jahren stärker gewordenen wirtschaftsliberalen Positionen richtet sich die Partei vor allem an einkommensstarke Wähler.

Die Grünen (1980)
Die Grünen sind aus dem Protest gegen Umweltzerstörung, Kernenergie und atomare Aufrüstung entstanden, schon drei Jahre nach ihrer Gründung waren sie erstmals im Bundestag vertreten. Zwischen 1998 und 2005 waren sie Teil der Koalition mit der SPD. Trotz ihrer pazifistischen Herkunft stimmten die Grünen Auslandseinsätzen der Bundeswehr zu und wandelten sich auch in anderen Bereichen in Richtung einer bürgerlichen Volkspartei.

Haus der Geschichte der Bundesrepublik Deutschland

DIE MUSEUMSMEILE, DAS LANDESMUSEUM UND DAS MACKE-HAUS

Museumsmeile ist ein Wort mit Anlautreim. Er prägt sich besser ein und wird deshalb gern zu Werbezwecken eingesetzt. Hier ist er auch sachlich richtig, wenigstens insofern, als die Häuser alle an der B 9 liegen, zu Hauptstadtzeiten gern Diplomaten-Rennbahn genannt. Die ersten beiden Häuser stadtauswärts sind, jedes auf seine Weise, in die Historie der Bonner Republik eingebunden. Das wird dem Forschungsmuseum Alexander Koenig kaum jemand ansehen, jedenfalls nicht auf den ersten Blick. Konrad Adenauer hatte hinter der imposanten Gründerzeitfassade sein erstes Arbeitszimmer. Weil ihm der Tiergeruch lästig gefallen war, soll er allerdings auf einen raschen Bürowechsel gedrängt haben. Vor allem aber fand im Lichthof des Hauses die Feier statt, mit der die Arbeit des Parlamentarischen Rats eröffnet wurde. Eine hübsche Erzählung ist, dass die Giraffe dabei zugeschaut haben soll. Sie wurde jedoch mit Stoffbahnen verhüllt. Heute glänzt das Haus mit der Darstellung großer Lebensräume wie der Savanne oder des Regenwalds. Unter dem Generaltitel „Unser Blauer Planet“ rückt das Thema Umwelt in den Mittelpunkt. Namens- und anfangs auch Geldgeber des Museums war Alexander Koenig, Sohn des Zuckermagnaten Leopold Koenig. Dank des väterlichen Reichtums konnte er ausgedehnte Forschungsreisen unternehmen. Sein Museum beherbergt noch heute manches von ihm erlegte Tier, darunter die „parlamentarische Giraffe“. Sie blickt heute über die Savanne.

Nächste Station auf der Meile ist das Haus der Geschichte. Gemeint ist die Geschichte der Bundesrepublik Deutschland, mit der diese Stadt jahrzehntelang verbunden war. Das 1994 eröffnete Museum setzt auf die Inszenierung des Nachkriegsgeschehens, die Dauerausstellung beginnt chronologisch mit einer Trümmerlandschaft. Ein russischer T-34-Panzer erinnert an den Aufstand in der DDR vom 17. Juni 1953. Und es ließe sich als Bekenntnis zur Westbindung verstehen, dass dieses Haus im Keller in die Römerzeit zurückführt. Beim Bau wurde ein römischer „vicus“ angeschnitten, der als eigenständiges Gemeinwesen südlich des römischen Bonns lag. Und eine solche Gelegenheit darf sich auch ein Haus der Zeitgeschichte nicht entgehen lassen.

DAS KUNSTMUSEUM UND DIE BUNDESKUNSTHALLE

Ursprünglich sollte die Zusammengehörigkeit der beiden Kunstgehäuse stärker betont werden. Aber dann entstanden doch zwei ganz unterschiedliche Bauten. Der Piazza zwischen ihnen ist das Kunstmuseum zugewendet. Wer sich beim Anblick des Museums an das Berliner Bundeskanzleramt erinnert fühlt, liegt richtig. Beide gehen auf Architektenteams zurück, deren bekanntester Name Axel Schultes ist. Das 1992 eröffnete Kunstmuseum ist der ältere Bau. Seine großzügige Treppe, entwickelt aus der Grundform zweier auf den Kopf gestellter Kegel, führt ins taghelle Licht der Obergeschosse. Trotz ihrer eigenwilligen Anlage ermöglichen die Räume dort, dass die Objekte zur Geltung kommen. Das Museum verfügt über eine repräsentative Auswahl der Werke von August

Treppenhaus im Kunstmuseum Bonn

Bundeskunsthalle

Macke, auch die Rheinischen Expressionisten sind gut vertreten. Die Arbeiten namhafter deutscher Künstler der Nachkriegszeit haben ebenfalls zu Rang und Ruf des Hauses beigetragen. Es hat eine heroische Komponente, dass es den Verantwortlichen gelingt, bei so geringem Ankaufsetat derart viele bedeutende Werke für ihr Haus zu sichern. Vom Platz zwischen Kunstmuseum und Kunsthalle führt eine schmale Öffnung in deren Vorhof, durch die sich der Besucher geradezu quetschen muss. Dafür sind die Kegelpyramiden auf dem Dach der Kunsthalle von Gustav Peichl (1928–2019) so etwas wie das Wahrzeichen des nachhauptstädtischen Bonns geworden.

Die Kunsthalle hat keine eigene Sammlung, aber einen eigenen Etat, der aufwendige Ausstellungen erlaubt. Sie kann die Museen mit den klangvollsten Namen und ihren berühmtesten Werken nach Bonn holen. Aber die Kunsthalle stellt sich auch der Herausforderung, komplexe Themen aus sperrigeren Kulturbereichen, sogar aus Naturwissenschaft und Technik, aufzubereiten. Der Bau entstand nach einem Beschluss des Bundeskabinetts 1986, er sollte ein „geistig-kulturelles Zentrum" der (Bonner) Republik werden. Auch er wurde erst nach der Wahl Berlins zur neuen Hauptstadt 1992 eröffnet.

August Macke, *Haus im Garten*, 1914, Aquarell

LVR – LANDESMUSEUM

Hinter dem Kürzel LVR verbirgt sich der Landschaftsverband Rheinland, der den nordrheinischen Teil der Region unter seinem Dach vereint. Aber das Museum und seine Sammlungen reichen bis in die Zeit der preußischen Rheinprovinz zurück, sein Vorgänger wurde 1820 gegründet.

Noch sehr viel älter sind die wichtigsten Objekte des Museums. Im Zentrum der Dauerausstellung stehen die Originalfundstücke des vorzeitlichen Menschen aus dem niederbergischen Neandertal, das der ganzen Art den Namen gab. Rund 42 000 Jahre sind sie alt, mit ihnen lässt sich also auch die Geschichte des Rheinlands ansehnlich weit zurückverfolgen. Als überaus wichtiges Zeugnis der Menschheitsgeschichte kamen auch die Überreste aus dem (Bonn-)Oberkasseler Doppelgrab ins Museum, die hier bestatteten Menschen starben vor rund 14 000 Jahren. Besonderes Interesse fand die Grabstelle, weil mit dem älteren Mann und der jungen Frau hier auch ein Hund seine letzte Ruhestätte fand. Seine Überreste gehören zu den ältesten dieses Haustiers überhaupt. An beiden Funden wird immer noch intensiv geforscht, und selbstverständlich beteiligen sich auch die Mitarbeiter des Museums daran. Dass dieses Haus darüber hinaus über bedeutende Fundstücke aus der Kelten- und Römerzeit verfügt, auch das ist für ein Rheinland-Museum selbstverständlich.

Wer es nicht so mit den Superlativen, dafür aber mit den auratischen Orten hat, dem sei der Besuch des Macke-Hauses ans Herz gelegt. Hier hat August Macke (1887–1914) seit 1911 tatsächlich gelebt und gearbeitet. Zum Haus gehört ein neu angelegter Garten, der zwischen Wohnhaus und modernem Anbau liegt. Fast überflüssig zu erwähnen, dass sein Vorgänger Gegenstand von Mackes Bildern war.

Johann Ziegler (1750–1812), *Churkölnisches Lustschloß Brühl*, kolorierte Radierung nach Laurenz Janscha (1749–1812), aus: *Fünfzig malerische Ansichten des Rhein-Stromes*, Wien (Artaria) 1798

SCHLOSS AUGUSTUSBURG

Zweifellos war es ein ehrenvoller Auftrag, den Johann Conrad Schlaun von seinem Dienstherrn Clemens August (1700–1761) erhielt. Der Kölner Kurfürst befahl den Ersatz der ruinösen Brühler Wasserburg durch ein Jagdschloss. Dabei sollte so viel Wasserburg-Mauerwerk wie möglich erhalten bleiben, mit anderen Worten: kostengünstig gebaut werden.

Schlaun ging zügig ans Werk, aber vielleicht hätte ihn das Gebot der Sparsamkeit stutzig machen sollen. Schließlich kam der Auftrag vom „Monsieur des cinq églises“, also dem Gebieter über gleich fünf geistliche Fürstentümer im deutschen Nordwesten. Bei so viel Landmasse ließ sich im Reigen der ganz großen Herrscher schon ein wenig mittanzen. Außerdem hatte der französische König ein lebhaftes Interesse daran, den Wittelsbacher Clemens August gegen das Reich in Stellung zu bringen und ließ sich diese Absicht erhebliche Summen kosten.

Clemens August hatte sich nur widerwillig dem geistlichen Stand unterworfen, ohnehin stand er im Schatten seines älteren Bruders Karl Albrecht. Der gebot als Senior des Hauses über ganz andere Möglichkeiten, den Barockfürsten herauszukehren. Dass er dabei die Schulden seines Vaters noch einmal kräftig vermehrte, werden ihm nur Pfennigfuchser vorwerfen wollen. Als Clemens August nun diesen Bruder seine Brühler Baustelle inspizieren ließ, muss Karl Albrecht statt lobender Worte ein vernichtendes Urteil verlautbart haben. Tenor: So bieder, so altmodisch könne man doch nicht mehr bauen. Altmodisch und bieder. Worte, die Clemens August ins Herz trafen. Aber der Blutsverwandte wusste Rat. Er werde einmal seinen Hofarchitekten nach Brühl schicken, denn der wisse, wie man Paläste im Geist der Zeit zu bauen habe. Schlaun bekam einen raschen Abschied und François de Cuvilliés das Ruder in die Hand.

Die Allee und der Ehrenhof bedeuten, wohin sich die Augustusburg öffnet: Nach Osten, und wer aus dem Zug steigt, kann geradewegs auf den Haupteingang zulaufen. Die Seitenflügel springen weit vor, mildern diesen Drang aber durch gerundete Ecken. Von sieben Fensterachsen des Corps de Logis werden die drei in der Mitte durch ein Portalmotiv zusammengefasst. Auch zum Garten zeigt sich eine besonders repräsentative Front, über der Balustrade sind diesmal vier mittige Fensterachsen durch den Giebel eigens betont. Beim Nachzählen allerdings offenbart sich so etwas wie die Rache des verstoßenen Baumeisters: die Fassade ist nicht symmetrisch. Sie hat nach Westen eine Achse mehr. Schlaun war mit den Arbeiten so weit fortgeschritten, dass hier der Abbruch seines Baus enorme Kosten verursacht hätte.

Prunkstück der Augustusburg ist die Treppe Balthasar Neumanns, nach Paul Clemen „die wirkungsvollste, glücklichste, prächtigste und schönste Leistung des Rokoko in ganz Deutschland“. Sie führt vom Vestibül zunächst bis auf ein Podest in halber Raumhöhe, dort gebietet eine Triumpharchitektur an der Rückwand Einhalt. Der altarähnliche Aufbau hat wie selbstverständlich die vergoldete Büste des Bauherrn zum Mittelpunkt. Danach teilt sich die Treppe in zwei Läufe, über die sich die Räume im sogenannten Sommerappartement erreichen lassen. Der festliche Aufgang wird durch die Lichtregie unterstützt. Von Stufe zu Stufe lässt sie diesen Innenraum an Helligkeit gewinnen.

Königin Elisabeth II. und Prinz Philip nehmen an einem Abendessen des westdeutschen Bundespräsidenten Heinrich Lübke und seiner Frau auf Schloss Augustusburg in Brühl teil, Mai 1965.

Schloss Augustusburg, Treppenhaus

Schlafzimmer im Schloss Falkenlust

DER BRÜHLER SCHLOSSPARK

In seinen waldartigen Partien webt der Hohle Lerchensporn im Frühling ganze Teppiche aus lila und weißen Blüten. Vom Audienzsaal der Augustusburg aber geht der Blick auf den Barockgarten. Die Ornamentik des Parterres macht am deutlichsten, dass die Anlage den Hausherrn als absoluten Herrscher widerspiegelte: Selbst die Natur war ihm untertan. Für diesen Garten existieren Pläne von Dominique Girard oder wenigstens deren Kopien aus den 1930er-Jahren. Die schlossnahen Teile des Parks sind nach diesem Vorbild gestaltet.

FALKENLUST

Der Name sagt es: Dieses intimere Schlösschen von schlichter Raffinesse war der Jagd vorbehalten. Seit dem Buch über die Falkenbeize, geschrieben vom Stauferkaiser Friedrich II., galt sie als die vornehmste Form des Waidwerks. Es traf sich, dass in den Waldpartien des Schlossparks eine Kolonie Reiher horstete. Flog sie zum Fischfang rheinwärts, stiegen die Falken in die Lüfte. Sie zwangen die deutlich größeren Vögel zu Boden. Dann allerdings mussten die Falkner heransprengen, um ihre Tiere von der Beute abzuwenden. Die Reiher wurden also nicht getötet, sondern nur beringt. Vom Dachplafond des Schlösschens konnten die Gäste das Schauspiel beobachten.

In dessen Räumen sind Bilder von der Falkenjagd allgegenwärtig. Höhepunkt der Ausstattung ist hier das Spiegelkabinett. Der Spiegel hatte immer seinen eigenen Zauber, hier wuchert um seine Flächen graziösestes Schnitzwerk in Gold, die Holzverkleidungen sind in Blau gehalten. So anmutig hat das Rokoko wohl nirgends sonst stattgefunden.

Der geistliche Hausherr nutzte den Raum zum Empfang seiner Favoritinnen samt den zugehörigen Verstößen gegen das Keuschheitsgebot. Möglicherweise wird es der Kurfürst wie eine rheinische Stiftsdame seines Jahrhunderts gehalten haben. Ihre Antwort auf eine diesbezügliche Nachfrage des englischen Gesandten: Sie glaube, der Herrgott sei viel zu sehr Gentleman, um derlei galante Affären zu ahnden.

Schloss Augustusburg, Garten

Schloss Falkenlust, Spiegelkabinett

Braunkohletagebau Garzweiler, Jüchen

WIEDER AUF DEM WEG ZUR LANDSCHAFT? – DAS RHEINISCHE BRAUNKOHLEREVIER

Zur Skizze des rheinischen Braunkohlereviers gehört der Blick in die Zukunft. Denn sein Ende ist beschlossene Sache: Das Kohleausstiegsgesetz legt fest, dass in Deutschland ab 2038 kein Strom mehr aus der Verfeuerung von Kohle gewonnen wird.

Auch wenn sich die Sicht auf den Braunkohlenabbau geändert hat, sollte der Blick auf seine Geschichte erlaubt sein. Braunkohle wurde in der Kölner Bucht schon vor ihrer industriellen Erschließung genutzt, die zur Mitte des 19. Jahrhunderts begann. Zunächst verhinderte die Steinkohle mit ihrem höheren Brennwert einen nennenswerten Absatz. Zwei Faktoren ermöglichten den Aufschwung: Es gelang, das Wasser effektiv aus den Gruben fernzuhalten und das bröcklige Gestein maschinell zu pressen, also in Form von Briketts zu „veredeln".

Als nach dem Ersten Weltkrieg die Reparationsforderungen auch mit Steinkohle beglichen werden mussten, stieg die Bedeutung der Braunkohle für die heimische Wirtschaft stark an. Und immer größere Mengen dienten zur Erzeugung von Elektrizität. Vor dem Hintergrund der Kriegsökonomie wurde 1941 sogar der Untertageabbau von Braunkohle angegangen, der erst 1956 wegen zu hoher Kosten wieder eingestellt wurde.

Nach 1960 ging der Braunkohle-Anteil beim Hausbrand kontinuierlich zurück, die Verstromung rückte stärker in den Fokus. Große Kraftwerke entstanden vor Ort in rascher Folge, auch die chemische Industrie mit ihrem hohen Energiebedarf zog es an den Rand der Gruben.

Wenn der Abbau an einer Stelle nicht mehr lohnt, gibt es zwei Optionen: Die Schürfstellen können entweder verfüllt oder offen gelassen werden. So entstanden in der Vergangenheit einerseits neue Ackerflächen und Forste, andererseits die Seen. An ihnen halten heute die Ornithologen nach selteneren Vögeln Ausschau, und Insektenforscher feiern die Wiederentdeckung verschollener Libellenarten.

Aber der Braunkohleabbau hatte und hat auch eine entschieden unversöhnliche Seite. Ganze Dörfer, ganze Wälder mussten ihm weichen. Gegen die Argumente Energiesicherheit und Arbeitsplatzverluste war lange Zeit nicht anzukommen. Dabei ließ sich allerdings beobachten, dass zuletzt auch die betroffenen Bürger nicht mehr willens waren, den Heimatverlust ohne Weiteres hinzunehmen.

Außerdem sind die aktuellen Großtagebaue ein anderes Kaliber. Zu den Aussichtspunkten am Rand der Abbauflächen ist durchaus eine Art von Braunkohle-Tourismus entstanden, wo viele Betrachter mit einer Mischung aus Faszination und Abscheu dem Wirken der riesigen Schaufelradbagger zusehen.

Zum Symbol des Widerstands aber wurde der Hambacher Forst, genauer gesagt sein verbliebener Rest. Auch er sollte verschwinden, nun wird er bleiben. Auf einem anderen Blatt steht, ob er so nah an der Abbaukante überhaupt die Chance hat, sich dauerhaft zu behaupten. Jedenfalls konnte er ein Zeichen für das Leistungsvermögen eines Waldes setzen. Während in der Grube Garzweiler II über 40° C gemessen wurden, blieb die Temperatur in seinem Inneren 20° C darunter.

Nun muss schleunigst die Frage beantwortet werden, was mit den Abbauflächen geschehen soll. Vorzugsweise wird das Bild einer „Rheinischen Seenplatte" entworfen. Aber die Großgruben hier sind bis zu 270 m tief. Das Grundwasser wird sehr lange Zeit brauchen, um die Löcher zu füllen. Raumplaner, die diese Flächen neu modellieren sollen, stehen vor einer gewaltigen Herausforderung.

BERGISCHES LAND

Radevormwald, Bergisches Land

Ein Scherenschleifer schleift in dem von ihm gepachteten Kotten im Wipperkotten bei Solingen Scheren, 1981. Mit Kotten werden im Bergischen Land kleine Handwerkerhäuser bezeichnet.

BERGISCHES LAND

Der Name des Verstorbenen ist nicht erhalten, wohl aber, dass er „am 10. September 1824 durch diesen Stein sein Leben eingebüset hatt“. Das Monument mit dieser Inschrift stammt von einem aufgelassenen Solinger Friedhof. Und es braucht kein allzu kundiges Auge, in diesem Grabstein einen ehemaligen Schleifstein zu erkennen.

Todesursache Arbeitsunfall: Zusammen sind Inschrift und Schriftträger ein Totengedenken ganz eigener Art. Bei hoher Umdrehungszahl konnte der Schleifstein zerbrechen und dem Schleifer flogen die Stücke um die Ohren. In diesem Fall mit tödlichen Folgen.

Der Grabstein gehört zu den Objekten im Solinger Wipperkotten, und selten kommen Ausstellungsort und Ausstellungsstück so aussagekräftig zusammen. Kotten hießen hier Betriebe, an deren Schleifstellen die Schleifer auf eigene Rechnung werkten. Dieser Wipperkotten ist ein Doppelkotten, den es bereits zu Beginn des 17. Jahrhunderts gab. Wie durch ein Wunder hat er überdauert und ist der einzige ursprünglich erhaltene Kotten seiner Art. In seinem äußeren, von der Wupper abgewandten Gebäude wird noch heute gearbeitet. Der Innenkotten geht jedoch auf einen Neubau von 1858 zurück. So nah das Wasser auch war, ein Brand konnte hier nicht rechtzeitig gelöscht werden.

Seine heutige Lage gibt keine Vorstellung mehr davon, wie dicht diese Betriebe aufeinander folgten. Nicht nur die Wupper selbst, auch ihre Zuflüsse wurden genutzt. Gleich neben dem Wipperkotten lag am Weinsberger Bach ein weiterer Kotten, dessen Rad vom Bach angetrieben wurde. Die Wupper selbst hielt das Doppelrad des Wipperkottens „am Laufen“, ihr Wasser wurde ihm über einen Mühlengraben mit Wehr zugeführt.

Bei der dichten Folge dieser Betriebsstätten waren Auseinandersetzungen um die Wasserrechte fast unvermeidlich, vor allem dann, wenn die Fließgewässer nicht genug Nass führten und die Unterlieger buchstäblich auf dem Trockenen saßen. Aber es konnte durchaus vorkommen, dass der gut gefüllte Stauteich des einen verhinderte, dass sich beim Kotten darüber das Wasserrad drehte. Und da es im Zweifelsfall um die Existenz ging, wurden auch hier die Gerichte bemüht.

Das Rad verwandelte Wasser in Wasserkraft. Eine achtkantige Achse überträgt diese auf ein Kammrad, das wiederum in zwei Zahnräder greift. Wenn am Ende der Übertragungskette eine Pliestscheibe sitzt, dreht sie sich bis zu 1400-mal pro Minute. Zum Vergleich: Das Wasserrad selbst erreicht höchstens 20 Umdrehungen in dieser Zeiteinheit.

Das Antriebsmittel ließ sich zwar über einen Mühlenteich bevorraten und über ein Wehr regulieren, grundsätzlich aber blieb die hohe Abhängigkeit vom Fließgewässer. Im Winter sorgte der Frost für eingeschränkte Arbeitsmöglichkeiten, im Sommer war es das Niedrigwasser. Auch wenn es infolge starker Regenfälle zu viel Wasser gab, kam es zu Produktionsausfällen.

Dass die Zeiten der Betriebsruhe auch Vorteile hatten, wurde klar, als die Dampfmaschinen und später die Elektromotoren eine ganzjährige Beschäftigung ermöglichten. Jetzt fielen die Zeiten weg, in denen sich die Lunge erholen konnte. Der Staub der Schleifscheiben, in der Regel von dem roten Kyllburger Sandstein, griff die Lunge an. Die „Schleiferkrankheit“ nahm dramatisch zu.

Auf bessere Verhältnisse in der vorindustriellen Zeit sollte daraus nicht geschlossen werden. Die Kotten waren feucht und zugig, also nicht gerade ideale Arbeitsstätten. Heute wird der Innenkotten museal genutzt, im Außenkotten arbeiten nach wie vor Schleifer.

Letzte Anmerkung: Eine zusätzliche Motivation, die Kotten aufzugeben, die Mühlteiche trockenzulegen oder den Fluss selbst zu stauen, waren der Gestank und der mitgeführte Unrat des Wassers, es sollte so geschwind wie möglich abfließen. Heute erreicht die Wupper sehr viel bessere Werte hinsichtlich ihrer Wasser- und Gewässergüte.

CHRONIK

1101 Erstmals erscheint in einer Urkunde Graf Adolf (I.) von Berg (geb. um 1045, gest. wahrscheinlich am 31. Juli 1106).
Ca. 1115 Adolf II. verlegt den Stammsitz des Hauses nach Schloss Burg an der Wupper.
1225 Engelbert II. von Berg wird als Kölner Erzbischof bei Gevelsberg ermordet.
1379 Weihe des „Altenberger Doms“
1527 Herzog Johann III. von Jülich-Berg verleiht Wuppertal das Bleichmonopol („Garnnahrungsprivileg“).
1820 Friedrich Engels wird in Wuppertal-Barmen geboren.
1856 In einer Höhle des oberen Düsseltals werden die Skelettreste des Neandertalers gefunden.
1891 Die Eschbachtalsperre (Remscheider Talsperre) wird als erster Trinkwasser-Stausee Deutschlands eröffnet.
1929 Die Stadt Wuppertal entsteht.
1978 Einstellung des Erzbergbaus am Lüderich (Overath, Rheinisch-Bergischer Kreis), wo schon zur Römerzeit nach Kupfer und Blei geschürft wurde.

Bäume und Weg im Schnee in Solingen

BERGISCHES STÄDTEDREIECK

Um ein immer noch weitverbreitetes Missverständnis gleich auszuräumen: Es heißt nicht Bergiges, sondern Bergisches Land, also nach der Grafschaft (später dem Herzogtum) Berg. Nur müsste dann auch Düsseldorf als spätere Residenz der Herzöge zum Bergischen Land zählen. Aber dann hat sich der Name eben doch für die bergigen Partien eingespielt.

Die Bergische Heideterrasse macht den Auftakt. Sie zieht sich als schmales Band zwischen Ruhr und Sieg am orografischen rechten Rand des Rheintals entlang. Im Osten markiert die Sieg die Grenze, nach Norden bildet der Kreis Mettmann einen niederbergischen Abschluss. Von dort stammt mit dem Neandertaler der bekannteste Berger. Beim Kalksteinabbau im Tal der Düssel wurden seine Überreste gefunden. Ratingen hält mit seinen Stadtteilen nicht nur den sprichwörtlichen Gewerbefleiß der Berger gegenwärtig, sondern auch ihr konfessionelles Mit- und Gegeneinander.

Ein Gegeneinander hat lange auch Solingen und Remscheid geprägt. Solingen, vom Zweiten Weltkrieg noch schwerer gezeichnet als Remscheid, kehrt mit dem Beinamen „Klingenstadt" seine Stärke heraus. Aber auch Schloss Burg, Stammsitz der Grafen von Berg und im 19. Jahrhundert aufwendig wiederhergestellt, gehört zum (heutigen) Stadtgebiet. Remscheid hat ebenfalls einen Beinamen: „Seestadt auf dem Berge". Der kam in den 1880er-Jahren auf und spielte auf die weltweiten Beziehungen seiner Werkzeugindustrie an.

Wenn Solingen und Remscheid mit der Müngstener Brücke die Basis des bergischen Städtedreiecks bilden, dann ist Wuppertal seine nördliche Spitze. Die jedenfalls unter diesem Namen junge Stadt umfasst mit Elberfeld und Barmen Zentren der Frühindustrialisierung. Treibende Kraft war die Textilproduktion, die zu einer grotesk buntgefärbten Wupper und zur Verelendung der Arbeiter führte.

Die südöstlichen Partien der Region heißen meist Oberberg, warten aber neuerdings mit dem Label Bergisches Rheinland auf. Seine Höhen bieten einerseits Ausblicke auf den Kölner Dom und halten andererseits Kontakt zum Sauerland. Hier liegen die großen Talsperren – geballte Wasserkraft- und Trinkwasser-Reservoire für die städtischen Zentren des Rheinlands.

Feucht-Biotop in der Ohligser Heide

Bergische Waffeln

Aggertalsperre

LAND DER TALSPERREN

Die Bergischen, weiß der Volksmund, kämen in Gummistiefeln zur Welt. Ihr Teil des Rheinischen Schiefergebirges ragt als Barriere über das Tiefland einige Hundert Meter heraus und staut die nordwestlichen Winde vom Atlantik her. Hohe Niederschläge sind die Folge. Ihnen entspricht der Wasserreichtum unten; dieser wurde schon früh von zahlreichen Mühlen und vielen Hammerwerken genutzt, im großen Stil aber erst durch die Talsperren. Insgesamt gibt es 17 davon im Naturpark Bergisches Land; sie bieten einerseits tolle Möglichkeiten für den Wassersport, dienen andererseits aber auch als stille Erholungsgebiete. Die Talsperren bestimmen hier ein Landschaftsbild, das überschwängliche Touristiker mit den Fjorden Norwegens vergleichen. Pionier nicht nur im Bergischen Land, sondern in ganz Deutschland war die Eschbachtalsperre als erste Trinkwasser-Talsperre. Sie ist mit dem Namen von Otto Intze (1843–1904) verbunden, einem Bauingenieur, der seit 1870 Professor auch für Wasserbau an der Technischen Hochschule Aachen war. Die wirtschaftliche Entwicklung Remscheids wurde nicht zuletzt durch den Bau dieser Talsperre begünstigt. Sie trug ihrem Entwerfer die Ehrenbürgerschaft der Stadt ein.

Aber die Aufgaben der Talsperren erschöpfen sich nicht darin, Trinkwasser zu bevorraten. Schon 1892 veröffentlichte Otto Intze seine Rede *Rationelle Ausnutzung der Wasserkräfte Deutschlands.* Die Betonung lag hier auf Kraft, und das hieß: auf Wasserwirtschaft. Eine expandierende Industrie hatte einen hohen Bedarf an Brauchwasser, den die Brunnen

Dhünntalsperre

Wiehltalsperre

sehr bald nicht mehr decken konnten. Ganz wichtig wurden die Talsperren, um die Wasserstände der Flüsse zu regulieren, es war gewissermaßen das Mühlenteichprinzip im großen Stil. Diese Verstetigung stand beim Bau der Wuppertalsperre im Fokus. Im Jahr 1987 wurde sie als jüngste im Bergischen eingeweiht, nicht weniger als fünf Vorsperren arbeiten ihr zu. Heute werden die Talsperren nach dem Hauptzulieferer benannt, doch viele nutzen nicht nur ihn, sondern auch das Wasser anderer Fließgewässer, um ihr Becken zu füllen. An der Wuppertalsperre spielt wie bei einigen anderen auch die Erzeugung von Strom eine Rolle. Als Fußnote lässt sich festhalten, dass die älteste Steinbrücke über den Fluss im Wasser der Talsperre versunken ist.

Bei einigen Talsperren stellte sich mit der Zeit heraus, dass ihre Kapazitäten zu gering waren, um die gestiegenen Ansprüche zu erfüllen. Vorrangig der Trinkwasserversorgung dient die 1985 fertiggestellte Große Dhünntalsperre, der eine „Kleine" vorausging. Die gegenwärtige ist republikweit die zweitgrößte ihrer Art und verästelt sich besonders fein zu den Bachmündungen hin.

An Trinkwassertalsperren ist die Freizeitnutzung tabu, denn sie hat aus der Bevertalsperre unterhalb von Hückeswagen ein sogenanntes Freizeitparadies gemacht. Andererseits bot sich gerade bei den Trinkwassertalsperren an, dem Naturschutz besondere Aufmerksamkeit zu widmen. Denn zumindest die umgebende Natur in Gestalt der Wälder dient der Wasserqualität. Und so macht das Fichtensterben auch den Verantwortlichen der Wasserzweckverbände Sorgen.

Vorsperre Große Dhünn

387
10
388
389

Innenansicht des Bahnhofs Döppersberg, Foto: 1912

Die Schwebebahn auf der Strecke am Neuenweg, Foto: 1912

DIE SCHWEBEBAHN

Die Schwebebahn ist nicht nur ein Markenzeichen, sondern auch ein Verkehrsmittel, das sich als einigendes Band begreifen lässt. Dabei liegt die Betonung auf einigend: Denn rund 30 Jahre ehe Wuppertal per Dekret entstand, fuhr seit 1901 die Schwebebahn. Dem war 1884/85 die Übereinkunft der beteiligten Kommunen vorausgegangen, die umso höher zu würdigen ist, da sich die einzelnen Gemeinwesen alles andere als grün waren.

Die Enge des Tals hat die Verbindung hoch über seinem Grund nahegelegt, aber das Unternehmen musste erst einmal in Angriff genommen werden. Der Kölner Unternehmer-Erfinder Eugen Langen hatte das System ausgetüftelt und Schwebebahn genannt. Von der Leichtigkeit dieses Zustands hatte das Verkehrsmittel wenig, aber Schwebebahn war ein werbewirksames Etikett und die offizielle Bezeichnung „Einschieniges Hängebahnsystem“ nur ein Wortungetüm.

Die Schwebebahn führt über rund 13 km eines Talabschnitts, der nie mehr als 500 m breit ist. Sie zieht sich von Vohwinkel bis Oberbarmen, von Südwesten nach Nordosten durch die Stadt. Vom offiziellen Eröffnungsbeginn am 1. März 1901 dauerte es fast drei Jahre, bis die ganze Strecke befahren werden konnte.

Übrigens verläuft ihre Kopfüber-Trasse keineswegs zur Gänze über den Fluss, sondern vom Bahnhof Vohwinkel knapp 3 km lang über diverse Straßen und das in der keineswegs imposanten Höhe von 8 m. Ab Bahnhof Zoo geht es dann wirklich über die Wupper, jetzt in 12 m Höhe. Prominentester Passagier war ein Dickhäuter namens Tuffi, kein Zoo-, sondern ein Zirkuselefant. Er geriet in die Schlagzeilen, weil er 1950 seine Fahrt abkürzte, indem er auf offener Strecke in die Wupper sprang. Vielleicht waren Tuffi unterwegs Zweifel an der Zuverlässigkeit des Verkehrsmittels gekommen. Dabei waren die Zeiten der technischen Probleme mit den neuesten Modellen noch fern …

Historischer Kaiserwagen

Wuppertal, Elberfeld-West, Wohnquartier Brill

Beyenburger Stausee im Tal der Wupper

WUPPERTAL

Es bleibt schwierig, der Wundertüte Wuppertal gerecht zu werden. Wuppertal gilt als Geburtsstätte des Free Jazz auf deutschem Boden, Pina Bausch (1940–2009), die große Neuerin des Balletts, ist weiterhin eine Art Stadtpatronin, und ihre wegweisenden Choreografien begreift das Tanztheater, das ihren Namen trägt, weiterhin als Auftrag. Das Von der Heydt-Museum im ehemaligen Elberfelder Rathaus glänzt mit einer Sammlung, deren außerordentlicher Ruf besonders auf ihren Impressionisten gründet.

Als die Stadt 1929 entstand, gingen mit Elberfeld und Barmen immerhin zwei Großstädte in ihr auf, auch Ronsdorf (seit 1745), Cronenburg (seit 1856) und Vohwinkel (allerdings erst seit 1921) hatten Stadtrechte. Eine immer noch gegenwärtige innerstädtische Grenze repräsentiert die Haspeler Brücke, die Elberfeld von Barmen trennt. Auch Elberfeld erhielt erst 1610 Stadtrechte, also recht spät. Es hat mit seiner Luisenstraße die Anmutung einer Altstadt, dafür steht am Alten Markt von Barmen (Stadtrechte 1806) das Rathaus des ganzen Gemeinwesens. Es mag am Ruf dieser Stadt liegen, erstaunt aber doch, wie wenig Aufmerksamkeit zum Beispiel das (Elberfelder) Briller Viertel erfährt, ein gründerzeitliches Ensemble von Villen und Prachtstraßen, das in Deutschland seinesgleichen sucht. Bevor es ein Viertel wurde, kam hier die Dichterin Else Lasker-Schüler (1869–1945) zur Welt. Ihr frühes Drama *Die Wupper* setzt der Stadt ein sperriges Denkmal. Noch bei der ersten Nachkriegsaufführung in Köln kam es zu heftigen Protesten.

Mit einem weiteren Spross ihrer Stadt haben sich die Wuppertaler ebenfalls lange schwergetan. Schon als 19-Jähriger veröffentlichte Friedrich Engels (1820–1895), Sohn eines äußerst erfolgreichen Textilfabrikanten, ein Porträt der Industriestadt, das ein desaströses Bild der Elberfelder/Barmer

Szene aus *Die Wupper* von Else Lasker-Schüler

Ernst Ludwig Kirchner (1880–1938), *Bildnis Gerda*, 1914–26, Öl auf Leinwand, Von-der-Heydt-Museum, Wuppertal

Zustände zeichnet. Sein Geburtshaus in Barmen blieb nicht erhalten, aber im heutigen „Engels-Haus" hat die Familie doch lange gewohnt. Im „Engels-Garten" steht die eindrucksvolle Plastik des Wieners Bildhauers Alfred Hrdlicka, der dafür den programmatischen Titel *Die starke Linke* selbst gewählt hat.

Wer es idyllisch möchte, sieht sich Beyenburg an. Der historische Ort liegt auf einem Sporn, um den die Wupper eine spektakulär enge Schleife zieht. Die spätgotische ehemalige Klosterkirche oben und der gestaute Fluss darunter machen ein Motivangebot, dass kaum ein Fotograf ablehnen kann.

Tänzerin des Tanztheaters Wuppertal

VON DER HEYDT-MUSEUM

Die Geschichte des Wuppertaler Von der Heydt-Museums reicht bis in die Zeit zurück, als es die Stadt Wuppertal als solche noch nicht gab, wurde diese doch erst 1929 durch die Zusammenlegung von Barmen, Elberfeld, Cronenberg, Ronsdorf und Vohwinkel zu Wuppertal.

Ursprünglich als Elberfelder Rathaus errichtet, wurde das heute in der Wuppertaler Fußgängerzone gelegene Gebäude 1902 zur Heimat der Sammlung, die von den Elberfelder und Barmer Kunstfreunden zusammengetragen worden war. Den Namen Von der Heydt-Museum trägt das Haus seit 1961, benannt nach der Bankiersfamilie, die in Gestalt August von der Heydts bereits aktiv an der Gründung des Museums beteiligt war.

Schwerpunkte der Sammlung bilden Gemälde der niederländischen Kunst des 17. Jahrhunderts, die Malerei und Grafik des 19. Jahrhunderts, darunter bedeutende Werke des Impressionismus, sowie die Malerei des 20. Jahrhunderts, wobei die Bilder des Expressionismus qualitativ herausragen. Auch quantitativ weiß die Sammlung zu beeindrucken. Trotz hoher Verluste durch Kriegsschäden und Beschlagnahmungen durch die Nationalsozialisten verfügt das Museum heute über rund 3000 Gemälde, 500 Skulpturen und etwa 30 000 grafische Arbeiten.

Luftbild der Remscheider Stadtmitte

REMSCHEID

Auch Remscheid ist ein Beispiel der Städte im Bergischen, die aus verschiedenen Wurzeln gewachsen sind. Anders als Wuppertal behielt es 1929 einen hergebrachten Namen bei, als die Eingemeindungen aus dem Umland eine Großstadt (über 100 000 Einwohner) zur Folge hatten. Eine neutrale Benennung stand hier nicht zur Diskussion, denn dank seiner Maschinen- und Werkzeugindustrie hatte Remscheid längst eine Spitzenstellung unter den Gemeinwesen der Nachbarschaft eingenommen. „Seestadt auf dem Berge“ nannte sie der Volksmund seit den 1880er-Jahren. Das Etikett benannte einerseits die Lage und spielte andererseits auf die weltweit nachgefragten Produkte seiner Unternehmen an.

Remscheid hatte auch Lennep den Rang abgelaufen. Das historisch schärfere Profil hat Lennep dennoch. Vielleicht schon 1259 hatte es die Stadtrechte erhalten und gehörte noch im selben Jahrhundert zu den Mitgliedern der Hanse. Diese alte bergische Stadt konnte den Vorteil nutzen, an einer bedeutenden Ost-West-Verbindung zu liegen. Durch sie zog sich ein mittelalterlicher Fernhandelsweg, Köln-Leipziger oder auch Brabanter Straße genannt. Im 14. Jahrhundert hatte das Lenneper Tuchgewerbe einen landesweit hallenden Ruf. Seine Urbanität spiegelt auch die Lenneper Eigentümlichkeit der Außenbürgerschaft wider. Das waren Hofgüter, deren Bauern von den Landesherren zwar in die Stadt gezogen worden waren, aber ihre Höfe weiterhin bewirtschafteten. Schließlich mussten die Bürger mit Nahrungsmitteln versorgt werden.

Lennep blieb von Brandkatastrophen nicht verschont. Die letzte von 1746 hat offenbar die Lebenskraft der Stadt gebrochen. Sie hatte einen großen Aderlass an tätigen Bürgern zu verzeichnen, nur zögerlich setzte der Wiederaufbau ein. Dennoch blieb Lenneps historischer Stadtkern aus dieser Zeit erhalten, ein beinahe geschlossenes Ensemble bergischen Barocks.

Remscheid, Deutsches Werkzeugmuseum, Dampfmaschine

Remscheid-Lennep, historische Altstadt mit der evangelischen Stadtkirche

Deutsches Röntgen-Museum, Remscheid-Lennep

DEUTSCHES RÖNTGEN-MUSEUM

Im Remscheider Ortsteil Lennep kam Wilhelm Conrad Röntgen (1845–1923) als Sohn eines Tuchhändlers zur Welt. Als er drei Jahre alt war, zog die Familie ins niederländische Apeldoorn, in die Heimat der Mutter. Röntgens Geburtshaus ist erhalten, das ihm gewidmete Museum bezog ein sehr viel repräsentativeres Haus einige Meter weiter.

Am 8. November 1895 wurde Röntgen in seinem Würzburger Labor auf ein Phänomen aufmerksam, nach dem er gar nicht gesucht hatte: Als er beim Experimentieren mit Kathodenstrahlröhren die Spannung erhöhte, leuchtete entfernt im Raum eine fluoreszierende Platte auf. Das tat sie auch noch, nachdem er mehrere Materialien zwischen seine Strahlungsquelle und die Platte geschoben hatte: Röntgen hatte eine bis dahin unbekannte Strahlung entdeckt, die in der Lage war, Materie zu durchdringen. Das große X vor dem neuen Museumseingang bezieht sich auf den provisorischen Namen, den er seinen Strahlen gab. Das Museum zeigt auch die erste Fotografie nach dem neuen bildgebenden Verfahren: die rechte Hand von Röntgens Frau mit Ring am Finger.

Seine Entdeckung wurde in der Fachwelt enthusiastisch aufgenommen und sollte die Geschichte von Wissenschaft, Medizin und Technik revolutionieren. Noch zu Lebzeiten des Entdeckers setzte sich der Name Röntgen'sche Strahlen durch. Für seine bahnbrechende Arbeit erhielt er 1901 den ersten Nobelpreis für Physik.

Er selbst wollte mit seiner Entdeckung kein Geld verdienen und lehnte eine Patentierung ab (wie er übrigens auch den Adelstitel ausschlug). Das hatte auch eine unerwünschte Folge. Beispielsweise standen auf den Jahrmärkten die Menschen Schlange, um sich ihre durchleuchteten Körper anzuschauen. Erst später wird sich herausstellen, dass beim Einsatz von Röntgenstrahlen äußerste Vorsicht geboten ist.

Aber die Strahlen haben in vielen Bereichen der Wissenschaft und Technik, vor allem in der Medizin, entscheidende Fortschritte ermöglicht. Das Röntgenmuseum zeigt, wie ihr Einsatz weiterentwickelt wurde, wie vielfältig die Strahlen auch den Alltag „durchdrungen“ haben.

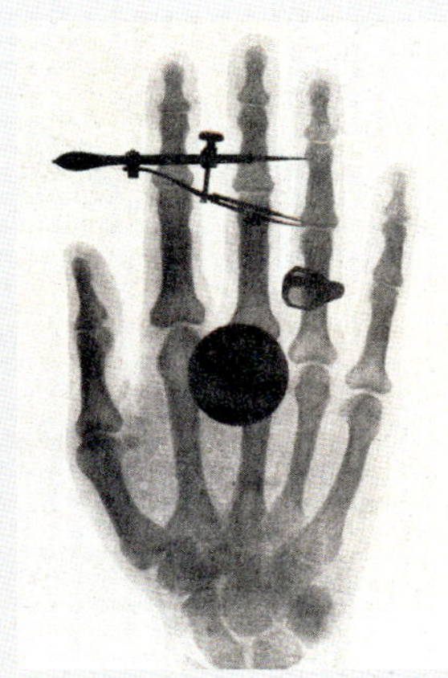

Röntgenaufnahme von der Hand der Frau Röntgens

Müngstener Brücke

INGENIEURTECHNISCHES MEISTERWERK – DIE MÜNGSTENER BRÜCKE

Auf die heikle Frage, wie der Überweg denn nun heißen sollte, gab es dann doch eine salomonische Antwort. Weil sich die beiden Städte Remscheid und Solingen alles andere als zugetan waren, musste nach einem unverfänglichen Namen gesucht werden. Denn das Brückenbauwerk nach einer Örtlichkeit diesseits oder jenseits der Wupper zu benennen, hätte als Parteinahme oder zumindest als Sympathie entweder für Remscheid oder Solingen ausgelegt werden können. Müngsten war zwar eine Siedlung mit Schwerpunkt auf Remscheider Gebiet, aber sie war nicht mehr existent. Damit konnte sich weder der eine noch der andere Ort auf die Füße getreten fühlen.

Vor 1918 hatte sie, benannt nach dem ersten Deutschen Kaiser Wilhelm I., noch Kaiser-Wilhelm-Brücke geheißen. Die Bauzeit der Konstruktion betrug drei Jahre, bei ihrer Einweihung 1897 war sie die höchste Eisenbahnbrücke Deutschlands, und das ist sie bis heute geblieben, ihre Höhe beträgt etwa 107 m. In Stahl-Fachwerk-Bauweise ausgeführt, ist der weite, parabelförmige Bogen im Zentrum ihr auffälligstes Merkmal. Ingenieur-Architekt Anton von Rieppel hat für die 465 m dieses Schienenüberwegs eine Konstruktion ersonnen, die den Eindruck von Leichtigkeit, wenn nicht gar Anmut suggeriert.

Dem entspricht seit 2005 der Park unter der Brücke, an dessen südlichem Ende der Fluss mit einer Schwebefähre überquert werden kann. Die Schautafeln hier erzählen unter anderem die Geschichte vom Selbstmord des Konstrukteurs, eine Variante der mittelalterlichen Baumeistersagen. Nur dass – immerhin sind wir am Ende des 19. Jahrhunderts – hier nicht mehr der Teufel als Versucher bemüht wird.

Bau der Müngstener Brücke, 1896

Neanderthal Museum, Mettmann

DAS NEANDERTAL UND DER KALKABBAU

„Im Gesteins" hieß diese schluchtähnliche Partie der Düssel – oder eben Neandertal. Den Namen verdankt sie Joachim Neander, den es in seiner Düsseldorfer Zeit oft an den wildromantischen Ort zog. Gut 200 Jahre später begeisterte seine Szenerie auch die Künstler der Düsseldorfer Malerschule. Und für die angehenden Landschaftsmaler der Akademie war es ein ausgesprochener Glücksfall, eine so bizarre Felskulisse mehr oder weniger vor der Haustür zu haben. Ganz abgesehen davon, dass der kurze Anmarschweg den Geldbeutel kaum strapazierte.

Rekonstruktion eines Neandertalers im Neanderthal Museum, Mettmann

Das Neandertal, wie es in den Gemälden der Künstler verewigt wurde, gibt es nicht mehr. Dafür ist die Geschichte unserer Menschenkenntnis untrennbar mit der barbarischen Zerstörung dieser einmaligen Felsen- und Wasserlandschaft verbunden. 1856 kamen beim Abbau des Kalkgesteins in einer Höhle Knochen zutage, die sich als Skelettteile des nach seinem Fundort benannten Menschen herausstellen sollten. Und obwohl die Stelle buchstäblich plattgemacht worden war, förderte die Nachsuche 150 Jahre später noch ein paar Knochenreste zutage, die helfen, unser Bild vom Neandertaler zu vervollständigen.

Nahe der Fundstelle liegt das Neanderthal Museum, das seinen Besuchern die Lebensumstände dieses Vorfahren auf bemerkenswerte Weise nahebringt. Nur ein paar Kilometer weiter nördlich sind Steinbrüche immer noch ein landschaftsprägendes Element, und hier liegt mit dem Kalkwerk (Wülfrath-)Flandersbach das größte seiner Art in Europa. Anmerkung: Stillgelegte Brüche haben mancher raren Orchidee zu einem Sekundärstandort verholfen.

In Wülfrath selbst wartet ein Kleinod eines Ortskerns. Dort schließt sich ein Kreis von verschieferten Fachwerkhäusern um die Kirche, die seit etwa 1550 eine evangelische ist, aber architektonisch der Romanik und (hauptsächlich) der Spätgotik zugehört. Doch die atmosphärische Dichte bewirkt das Ensemble. Durch seine Geschlossenheit glaubt sich der Betrachter um mindestens ein Jahrhundert zurückversetzt.

Mehr als nur Industrieromantik – In Solingen werden bis heute Messer, Scheren und Bestecke produziert.

SOLINGEN

Es ist ein „amtlicher Namenszusatz“: Klingenstadt. Noch bevor Solingen 1374 die Stadtrechte erhielt, hatten sich die ansässigen Schleifer an den hiesigen Wasserläufen in sogenannten Bruderschaften organisiert. Bereits für den Anfang des 15. Jahrhunderts lässt sich ein differenziert ausgebildetes Schwert- und Messerhandwerk nachweisen. In seiner Fortdauer spricht sich eine fast unglaubliche Stetigkeit aus: Bis heute werden in Solingen fast 90 % der deutschen Schneidwaren und Bestecke produziert.

Im krassen Gegensatz zu dieser Kontinuität steht – infolge des Zweiten Weltkriegs – das Erscheinungsbild des Stadtzentrums. Als gewisser Ausgleich kann gelten, dass seit 1975 Schloss Burg zum Stadtgebiet zählt. Und auch der Kern des Stadtteils Gräfrath hat ein Gepräge, an dem sich noch die mittelalterliche Anlage des Ortes ablesen lässt.

Gräfrath hat eine geistliche Wurzel. Im Jahr 1185 zeigt sich die Äbtissin von (Bonn-)Vilich willens, hier ein Damenstift zur „Vermehrung der Gottesverehrung“ zu gründen. Die Mühen der Äbtissin waren nicht umsonst: Vermehrte Pilgerreisen stärkten auch die Wirtschaftskraft. Die Stiftskirche St. Mariä Himmelfahrt wurde 1690 in einen Saalbau umgewandelt, aber Teile der Basilika aus dem 13. Jahrhundert blieben erhalten. Auch hier war es eine Brandkatastrophe, die den Wiederaufbau nicht nur der Kirche, sondern fast des ganzen Ortes erzwang. Dafür formiert sich heute Mariä Himmelfahrt mit den vielen verschieferten Fachwerkhäusern und der evangelischen Kirche am Markt (1718) zu einem sehr ansehnlichen Ortskern.

Die würdige Umgebung gab den Ausschlag, in Gräfrath das Deutsche Klingenmuseum einzurichten. Bereit dafür standen die einstigen Stiftsgebäude. Und zusammen mit dem Kunstmuseum Solingen hat im ehemaligen Gräfrather Rathaus das außergewöhnliche „Zentrum für verfolgte Künste“ seinen Sitz. In seiner Obhut befinden sich auch viele Zeichnungen der Wuppertaler Dichterin Else Lasker-Schüler.

Kunstmuseum Solingen

Die Wupper mit der historischen Schleiferei „Wipperkotten“ in Solingen

Schloss Hückeswagen

BERGISCHE STÄDTCHEN

An erster Stelle muss Wipperfürth stehen. Die Wupper heißt hier noch Wipper, und tatsächlich ermöglichte hier eine Furt den einigermaßen bequemen Übergang. Im Frühmittelalter traf der viel genutzte Heerweg von Köln nach Soest auf den Wasserlauf, also ein potenzielles Verkehrshindernis. Die einigermaßen bequeme Passage gab den Anstoß für eine dynamische Entwicklung der Siedlung.

Das Siegburger Mirakelbuch (vollendet 1187) bezeichnet den Ort als „oppidum", er wird also schon damals stadtähnliche Züge gehabt haben. Als Jahr der Stadterhebung gilt 1217, vollgültige Rechte folgten wenige Jahre später. 1275 kam die Münzstätte der Grafschaft Berg hierhin, ein weiterer Hinweis auf die zentrale Bedeutung für das Territorium. Im 14. Jahrhundert wurde Wipperfürth Mitglied der Hanse. Von der Umtriebigkeit seiner Kaufleute zeugt unter anderem eine Handelsniederlassung in Nowgorod.

Der Stadtbrand von 1795 verschonte allerdings nur die häufiger veränderte Pfarrkirche St. Nikolaus und einige Häuser am Markt. Überdauert hat aber auch der Marktbrunnen, genauer gesagt sein achteckiges Becken von 1590. Seit einiger Zeit sitzt auch wieder ein Bergischer Löwe oben auf der Brunnensäule.

Im Vergleich zu Wipperfürth ist Hückeswagen eine junge Stadt (von 1856), aber keineswegs ein Gemeinwesen ohne Vergangenheit. Dafür bürgt das Schloss auf einem Bergsporn über der Wupper. In seinen zwei Flügeln steckt noch mittelalterliche Bausubstanz, der voluminöse Zylinder des Bergfrieds an der nordwestlichen Ecke kann sich immer noch eindrucksvoll in Szene setzen, obwohl er später gekappt wurde.

Im Jahr 1260 haben die hiesigen Grafen endgültig vor dem Haus Berg resigniert und ihm ihren Stammsitz und ihr Hoheitsgebiet überlassen. Später blühten auch hier das Eisen- und das Tuchgewerbe. Die zum Schlossberg ansteigende Marktstraße wird von der Pauluskirche abgeschlossen. Ihrem heutigen Bau von 1783 ist kaum mehr anzusehen, dass er aus der Schlosskapelle hervorgegangen ist. Und die bemerkenswerte Hückeswagener Altstadt kündet mit ihren Häusern aus dem 18. Jahrhundert von vorstädtischen Zeiten.

Graf Adolf V. von Berg erhob 1276 Ratingen zur Stadt. Bei seiner Befestigung wenig später wird das nicht allzu weit entfernte Kaiserswerth eine Rolle gespielt haben. Es lief damals Gefahr, ganz in die Hände des kurkölnischen Pfandherrn zu geraten. Und in Anbetracht so vieler verschwundener Bollwerke haben die erhaltenen Zeugnisse des Ratinger

Wipperfürth, St. Nikolaus

Schloss Landsberg, Ratingen

Die Wasserburg Haus zum Haus
in Angerbach, Ratingen

Berings mit Dickem Turm sowie mit Trinsen- und Kornsturm Anspruch auf besondere Erwähnung.

Allerdings folgte der Blüte einmal mehr auf Grundlage des Tuch- und des Eisengewerbes im 17. Jahrhundert ein Niedergang, dem dann aber im Kontext des beginnenden Industriezeitalters ein bemerkenswerter Aufschwung folgte. Mehr noch: Hier stand die erste mechanische Baumwollspinnerei des Reiches, wahrscheinlich sogar die erste auf dem europäischen Festland.

Villa Ohl in Wipperfürth

DAS BERGISCHE HAUS

Bergischer Dreiklang: Grün-Weiß-Schwarz respektive (Schiefer-) Grau. Bei den Fachwerkhäusern meinen Schwarz und Weiß natürlich das Gebälk und die Gefache. Daran ist nichts Auffälliges, dann aber tritt als Besonderheit das Grün hinzu. Grün sind die Schlagläden der Fenster und meist auch die Türblätter. Etwa seit 1750 werden die Häuser häufig verschiefert, dann fällt das Weiß der Fenstersprossen sowie der Fenster- und Türrahmen noch leuchtender ins Auge.

Auch die schlichteren, noch erstaunlich häufigen Häuser haben sich diese bergische Note bis heute bewahrt. Manchmal werden auch die Regenrinne und das Fallrohr grün gestrichen, der Farbton kann variieren. Das liegt nicht unerheblich am früher recht sorglosen Umgang mit diesem Bergisch-Grün. Der große Arsenanteil sorgte schon Ende des 19. Jahrhunderts für ein Verbot der Farbe. Heute bemüht sich manche Ortssatzung darum, dass die Kolorierung nicht zu knallig ausfällt.

Ebenfalls erstaunlich ist die hohe Verbindlichkeit des Bergischen Dreiklangs. Denn zunächst lässt er sich ja als Anleitung für schlichtes Auftreten verstehen. Und trotzdem hat er die Sympathie selbst der Bauherren, die sich ohne Weiteres aufwendigere Domizile leisten konnten.

Ein wenig mehr Aufwand gestattet er dann aber doch. Besonders schön sind manche Häuser anzusehen, die zur Zeit des Barock oder Rokoko entstanden. Öfter spricht sich der Stil in den Oberlichtern der Türen aus. Da gibt es hinreißend schöne Beispiele. Die schönsten sind wohl die beiden Eingänge im Remscheid-Hastener Haus Cleff, dem historischen Zentrum der Stadt. Traufständige Häuser bekommen häufiger als Ziergiebel ein flaches Dreieck, dessen Fläche schon einmal üppiger ornamentiert sein kann. Bei der Villa Ohl, dem Wipperfürther Schwarzpulvermuseum, ist er mit einer klassizistischen Wandgliederung verbunden, deren senkrecht gefurchten, hölzernen Pilaster selbstverständlich in Weiß gehalten sind.

Fig. 1.
Fig. 6.
Fig. 5.
Fig. 2.
Fig. 8.
Fig. 9.
Fig. 4.
Fig. 7.
Fig. 3.

Hühnerrassen, aus: Friedrich Johann Bertuch, *Bilderbuch für Kinder*, Weimar 1798

GEFLÜGELRASSEN

Das Thüringer Barthuhn trägt zwar unterschiedliche Farben, aber der üppige Federwuchs der Halskrause ist ein beständiges Kennzeichen. Da aber offenbar selbst die Geflügelanatomie Vergleiche mit der menschlichen nahelegt, war auch der Name Pausbäckchen im Umlauf. Angeblich soll es Thüringer Barthühner schon im 18. Jahrhundert gegeben haben. Die Sundheimer sind nach ihrem Zuchtzentrum Sundheim benannt, einem Ort, der heute zur Stadt Kehl gehört. Sie sind eine alte Rasse und kommen als einzige unter ihresgleichen aus Baden. Dass Straßburg gleich gegenüber, also auf der anderen Rheinseite liegt, lässt den Schluss zu, dass bei ihrer Züchtung besonders auf das Fleisch geachtet wurde. Doch die Sundheimer haben auch als eifrige Winterleger einen guten Ruf. Für die Haltung im heimischen Garten sprechen ihre Sanftheit und die eher diskreten Lautäußerungen ihrer Hähne, außerdem gibt es von ihnen auch eine Zwergrasse. Weiter stromabwärts sind die Niederrheiner entstanden. Sie werden seit den 1920er-Jahren gezüchtet, einer ihrer Schläge ist der Gelbsperber. Das interessante Gefiedermuster beim Deutschen Sperber ist sicher nicht der Grund für seine Wahl zur „gefährdeten Haustierrasse“ (2012). Immerhin soll es inzwischen wieder mehr Deutsche Sperber geben. Der Bergische Kräher ist die älteste unter den hier genannten Rassen, vielleicht die älteste überhaupt. Wohl auch deshalb spinnt sich um diese Hühner die eine oder andere Geschichte. Der Graf von Berg soll ihre Vorfahren 1190 vom Kreuzzug mit nach Hause gebracht haben, weil sie durch heftiges Rufen den Grafen und seine Mannschaft vor großer Gefahr gewarnt hätten. Die Ostfriesischen Möwen verdanken ihren Namen bestimmt ihrem weißen Schlag. Sie gelten als gute Eierleger und haben mit den Möwen vielleicht doch die Flugtüchtigkeit gemeinsam. Jedenfalls empfiehlt sich bei ihrer Haltung ein hoher Zaun. Der Name Westfälischer Totleger mag befremden, aber die Rasse heißt so, weil sie so viele Eier liefert. Um zu höchster Form aufzulaufen, braucht sie allerdings Platz, ansonsten stellen die Tiere nicht viele Ansprüche. Das Augsburger Huhn, manchmal auch Augsburger Gockel genannt, hat italienische (mütterlicherseits) und französische (väterlicherseits) Vorfahren. Von Augsburg aus verbreitete sich das charaktervolle Huhn über ganz Bayerisch-Schwaben. Bei seiner Züchtung um 1880 soll auch auf Schönheit geachtet worden sein, für dieses Merkmal spricht jedenfalls der Gockel im Bild. Bekanntlich droht den Gänsen zu St. Martin die meiste Gefahr, der „Schutz“-Heilige bewirkt in ihrem Fall genau das Gegenteil. Und so setzen die Menschen gerne ein „Mast-“ vor die Gans. Die Bayerische Landgans ist unterschiedlicher Herkunft, einem bläulichen Schlag aus Franken hat sogar der „Bund Deutscher Rassegeflügelzüchter“ seinen Segen erteilt. Dennoch gilt diese Gans als extrem gefährdet. Eine sehr alte Rasse von imposanter Statur ist die Pommerngans, die Chronisten vergangener Jahrhunderte nennen sie auch schon einmal Rügener Gans. Bemerkenswert ist: Trotz ihres hohen Alters erfreut sie sich bei den Haltern immer noch großer Beliebtheit. Die Zucht der Emdener oder Emder Gans lässt sich noch weiter zurückverfolgen. Die Quellen nennen sie – und inzwischen gilt das als Lob – eine „ausgesprochene Weidegans“.

Thüringer Barthuhn

Sundheimer

Gelbsperber

Niederrheiner

Deutscher Sperber

Bergischer Kräher

Ostfriesische Möwe

Totleger

Augsburger Gockel

Bayerische Landgans

Pommerngans

Emdener Gans

Tina Haase, *Oh, Maria Theresia, (Salonstücke 3, 1995)*, Kunstmuseum Villa Zanders, Bergisch Gladbach

DIE BERGISCHE INDUSTRIE UND IHRE DENKMÄLER

Zunächst einmal soll festgehalten werden: Das Bergische Land hat nicht nur eine eindrucksvolle Industriegeschichte, sondern ist auch heute noch eine Region der „Hidden Champions". Meist sind es Weltmarktführer in ihrer Nische, mittelständische Unternehmen, die sich immer wieder flexibel den geänderten Bedingungen angepasst haben.

RATINGEN UND ENGELSKIRCHEN

Als versteckter Champion lässt sich Johann Gottfried Brügelmann allerdings nicht bezeichnen. Der gebürtige Elberfelder zog sich vor der Wuppertaler Konkurrenz nach Ratingen zurück, dort gründete er die schon genannte Baumwollspinnerei. Allerdings sah er sich am großen Vorhaben lange Zeit gehindert. Denn die Herstellung von Spinnmaschinen mit Wasserkraftantrieb war eine streng geschützte Erfindung des Engländers Richard Arkwright. Seine Fabrik stand im Dorf Cromford bei Nottingham, und angeblich bedrohte die Regierung auf der Insel den Verrat von Arkwrights Betriebsgeheimnissen mit dem Tod. Wie es Brügelmann dennoch gelang, hinter die Konstruktion der Spinnmaschine zu kommen, ist nicht bekannt.

Aus der Kindheit des Industriezeitalters blieb hier das Hohe Haus, ein fünfstöckiges Fabrikgebäude, bestehen. Und damit nicht genug, steht auch die Villa des Fabrikherrn noch. Das Palais ist eigentlich ein Palast und ganz im Stil des kurfürstlichen Hofbaumeisters Nicolas de Pigage erbaut. Hier ist nun keine bergische Zurückhaltung mehr angesagt. Mit diesem Bau stellt sich der Fabrikherr der adeligen Gesellschaft demonstrativ an die Seite.

Die Textilfabrik Cromford ist wie selbstverständlich ein Standort des LVR-Industriemuseums. Wer die Geschichte in etwa fortspinnen will, muss nach Engelskirchen im Oberbergischen. Dort stößt er allerdings zunächst nur auf das „Kraftwerk Engels & Ermen". Aber das Kraftwerk hat eine Vorgeschichte als Baumwollspinnerei. Friedrich Engels sen., also der Vater von Karl Marxens Kampfgefährten Friedrich Engels jun., gründete sie 1837 mit seinem Kompagnon Ermen aus Manchester. Hier im Aggertal, abseits der bergischen Zentren, waren die Arbeitskräfte billig und vorläufig auch willig. Für die Region hatte mehr Bedeutung, dass die Firma auch zu einem wichtigen Energielieferanten wurde. Als Elektrizitätswerk konnte Engels & Ermen in den 1980er-Jahren vor dem Abriss gerettet werden. Das gilt auch für die Unternehmervilla.

SCHEREN AUS SOLINGEN, PAPIER AUS BERGISCH GLADBACH

War die Tuchproduktion der eine Arm der bergischen Industrie, so war die Herstellung von Werkzeug der andere. Von ihr zeugt die Gesenkschmiede Hendrichs in Solingen. Ein Jahrhundert lang (1886–1986) wurden hier Scherenrohlinge geschmiedet und in handwerklichen Betrieben bis zum Endprodukt weiter bearbeitet.

Alle genannten Werke sind heute Standorte des Verbunds der Industriemuseen. Dazu gehört auch die Papiermühle Alte Dombach in Bergisch Gladbach. Für 1614 ist die Alte Dombach als dritte Papiermühle an der Strunde belegt, ab 1876 arbeitete sie nur noch der Neuen Dombach beziehungsweise ihrer Papierfabrik zu. Damals wurde der gesamte Komplex von der Familie Zanders übernommen, die hier Papiergeschichte geschrieben hat.

Das Wasser trieb hier nicht nur das Mühlrad an, sondern ist bis heute am Produktionsprozess beteiligt. In den Museumsgebäuden lässt sich die Entwicklung bis hin zur industriellen Erzeugung des Werkstoffs nachverfolgen.

Villa Zanders

Gesenkschmiede Hendrichs, Solingen

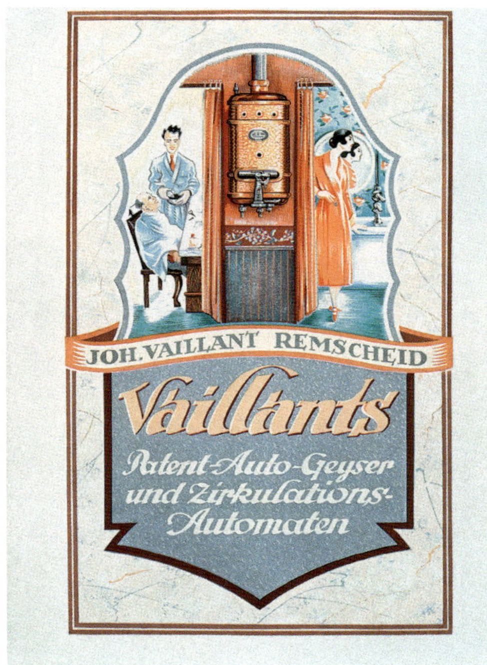

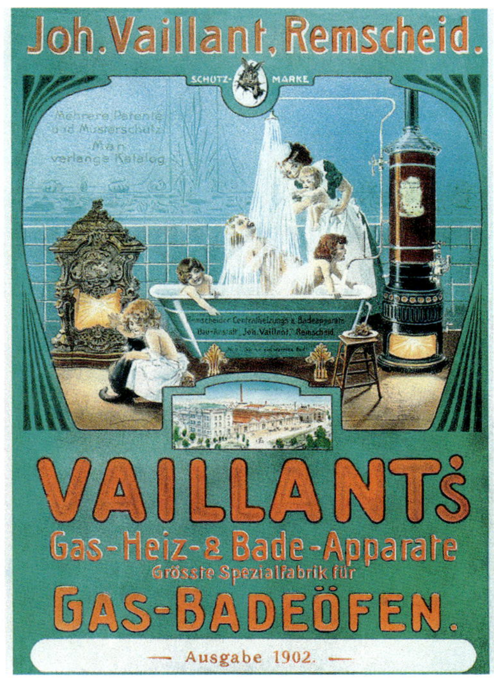

Vaillant
Im Jahr 1874 unternahm Johann Vaillant in Remscheid den Schritt in die Selbstständigkeit und gründete das nach ihm benannte Unternehmen, dessen Markenzeichen, der Hase, eines der ersten deutschen Markenzeichen überhaupt war – sieben von zehn Verbrauchern kennen hierzulande den „Osterhasen im Ei", den der Firmengründer 1899 als Schutzmarke anmeldete. Vaillants Erfindung, der Badeofen, erlaubte eine sichere Erhitzung des Badewassers und legte den Grundstein für die weitere Entwicklung der Heiztechnik des Remscheider Familienunternehmens. Darüber hinaus hat es die Firma stets verstanden, durch beeindruckende Reklame auf sich aufmerksam zu machen: mit Stilelementen des Jugendstils, des Art déco und der Gestaltungsweise der 1950er- und 1960er-Jahre.

Altenberger Dom

Altenberger Dom, Mittelschiff

SAKRALBAUTEN

Sie sehen von außen recht unscheinbar aus, die Kirchen in Müllenbach, Wiedenest, Marienhagen, Marienberghausen und Lieberhausen. Ihre Buntheit ist ein innerer Wert, deshalb sind sie eine eher stille Attraktion des Bergischen um Gummersbach. Die Gotteshäuser, „Bunte Kerken" genannt, wurden mit den Kirchgängern evangelisch, und die Protestanten misstrauten ihren Bilderwelten; diese wurden meist weiß übertüncht und blieben deshalb erhalten.

Eine auffallend farbenfrohe Ausmalung hat zu einer Redensart geführt: „So bunt wie die Lieberhäuser Kirche." Sie ist auch die Einzige, in der sich vor- (um 1480) und nachreformatorische Bilderwelten (um 1590) gegenübertreten. Das zeigt besonders eindrucksvoll die Szene mit der Seelenwaage, bei der Maria zugunsten des armen Sünders interveniert. Den Einwand gegen die Gottesmutter als Fürbitterin formuliert auf der Wand gegenüber ein Zitat aus dem Römerbrief, das zugleich ein Kernsatz des neuen Bekenntnisses ist: „So halten wir denn dafür, dass der Mensch gerecht werde ohne des Gesetzes Werke, allein durch den Glauben."

Die „bunten" Kirchen selbst sind eigentlich Kirchlein. Ganz anders tritt die Wallfahrtskirche von Velbert-Neviges auf. Ein kleines Marienbild hatte hier im 17. Jahrhundert eine Wallfahrt erstaunlichen Ausmaßes angestoßen, sie führte zu einer neuen, 1968 eingeweihten Kirche nach dem Entwurf von Gottfried Böhm. Die Architektur rechnet zur Richtung des Brutalismus. Hier herrscht das Material Beton fast absolut, und die Formen sind von elementarer Schroffheit.

Neviges ist oft wegen ihres viel gefalteten, besser vielleicht geklüfteten Dachs mit einer Zeltstadt und ihr weites Inneres mit einem Marktplatz verglichen worden. Als Moment der Versöhnung wirkt das große Rosenfenster, die glühend rote Blüte (ein Mariensymbol) ist von einer Farbigkeit, die an Popmalerei erinnert.

Eine ganz eigene Ausstrahlungskraft, bekräftigt vom Zauber der Örtlichkeit, hat auch die Kirche von Odenthal-Altenberg, landläufig Dom

Velbert-Neviges, Wallfahrtskirche,
Blick in das Zeltdach

genannt. Sie liegt zu Füßen der Berger Stammburg, ehe sich das Haus mit Schloss Burg an der Wupper festigte. Der Graf überließ den Zisterziensern die alte Wehranlage, eben den Alten Berg.

Doch schnell zog es die Brüder ins Tal und ans fließende Wasser, hier der Dhünn. Im Jahr 1255, also sieben Jahre nach dem Kölner Dom, wurde der Grundstein zu dieser Kirche gelegt, die einen romanischen Vorgänger ersetzte. 1287 war der Chor vollendet, fast ein Jahrhundert sollte es noch dauern, bis der gesamte Bau geweiht werden konnte.

Das mit Recht berühmte Fenster im Westen fand um 1400 an seinen Platz. Anders als bei den Kathedralen zogen hier keine Doppeltürme die Aufmerksamkeit auf sich, überhaupt waren Türme für die Zisterzienser tabu. Was Altenberg den großen Kathedralen der Gotik allerdings an die Seite stellt, sind ihre Fenster als beherrschendes Gestaltungselement. Doch auch hier geboten die Ordensbräuche Zurückhaltung: Es durfte kein buntes Glas zum Einsatz kommen. Umso virtuoser bedienten sich die Gestalter der Grisailletechnik, also der Grau-in-Grau-Malerei. Hier, mehr aber noch in den dann doch farbig abgesetzten Kapitellen und Schlusssteinen, fällt das teils verblüffend naturalistisch gestaltete Blattwerk auf.

Wenn die Berger nun auch auf Schloss Burg residierten, ihre Grablege blieb die Altenberger Zisterzienserkirche dennoch, und zwar so lange, bis sie von den Kirchen der Hauptstadt Düsseldorf abgelöst wurde. Aber auch diese zusätzliche Bedeutung hätte das bedeutende Bauwerk nicht vor dem Untergang bewahrt. Um 1820 waren die Klostergebäude großenteils zerstört und die Kirche war stark mitgenommen. Dann aber intervenierten viele einflussreiche Persönlichkeiten gegen ihren drohenden Abriss, und nach zwölf Jahren intensiver Erneuerung konnte St. Mariä Himmelfahrt 1847 neu geweiht werden. Unter den illustren Gästen der Feierlichkeiten war König Friedrich Wilhelm IV., der sich als Kronprinz für die Rettung des Bauwerks besonders eingesetzt hatte. Nur hatte Preußen zur Bedingung gemacht, dass die Kirche jetzt beiden Konfessionen offenstehen musste. Die „gemischte Nutzung“ wurmt manchen Katholiken noch heute.

Velbert-Neviges, Wallfahrtskirche

Grandhotel Schloss Bensberg,
Bergisch Gladbach

ADELSPALÄSTE UND FESTUNGEN

Als Reverenz an das Bergische Land steht Schloss Burg vorne an. Im früheren 12. Jahrhundert entstand die Feste, damals verlegte Graf Adolf den Stammsitz seines Hauses auf die Anhöhe über der Wupper. Mehrmals wurde die Burg um- und ausgebaut, mit der Verlagerung des Herrschaftszentrums nach Düsseldorf diente sie immerhin noch als Jagdschloss oder später als Witwensitz. Nach Schleifung der Anlage 1648 setzte ihr Verfall ein. Und sie wäre womöglich noch Ruine, hätte sich nicht 1887 der „Verein zur Erhaltung der Schlossruine Burg an der Wupper“ für ihre Rettung eingesetzt, kräftig unterstützt vom Bergischen Geschichtsverein.

Schon bald wollten die Initiatoren höher hinaus und ließen sich auch von vielen Widrigkeiten beim Quasi-Neubau nicht abschrecken. Heute ist Schloss Burg eine Feste wie aus dem Bilderbuch, mit hohen Kosten auch als „Bergisches Museum“ eingerichtet.

Dass Schloss Burg recht früh in den Hintergrund trat, liegt nicht zuletzt am Schloss Bensberg. Was Kurfürst Johann Wilhelm hier von 1703 bis 1710 errichten ließ, war eine Immobilie von repräsentativer Wucht, sozusagen ein Achtzehnender unter den Jagdschlössern. Der vom Graf Matteo Alberti entworfene Bau hatte darüber hinaus einen Ehrenhof, der einen prächtigen Blick bis hin zum Kölner Dom ermöglichte. Auch im Inneren ließ es der Bauherr an nichts fehlen, leider ist davon wenig erhalten. Heute dient das außen glanzvoll restaurierte Schloss als Grand Hotel.

Die Dritte im Bund der markanten Burg- oder Schlossanlagen ist Homburg. Im Jahr 1273 kam die Homburger Herrlichkeit an die Grafen von Sayn, deren Anstrengungen, sich gegen das mächtige Haus Berg zu behaupten, bestenfalls wechselnden Erfolg hatten. Letztlich blieb ihnen hier nur ein sehr kleines Herrschaftsgebiet. Aber das hielt keinen Barockpotentaten davon ab, seiner Residenz im 17. und 18. Jahrhundert einen schlossähnlichen Charakter zu geben. Später drohte auch hier der Verfall, er konnte im 19. Jahrhundert mühsam aufgehalten werden. Neuerdings hat die gesamte Anlage als Kulturforum des Oberbergischen Kreises eine enorme Aufwertung erfahren. Davon konnte auch die Biologische Station Oberberg profitieren, die in der ehemaligen Zehntscheune („Rotes Haus“) ihren Sitz hat.

Schloss Burg an der Wupper

Schloss Homburg

SIND WIEDER DA

Otto Bollhagen (1861–1924), *Das Werk Leverkusen (Bayer AG)*, 1912–21, Öl auf Leinwand, Bayer AG, Leverkusen

LEVERKUSEN

Besonders nachts ist es schon von Weitem sichtbar: das Bayer-Kreuz, die Leuchtreklame mit dem Logo des bekannten Leverkusener Chemie- und Pharmakonzerns, der seit Ende des 19. Jahrhunderts immer mit dem Namen der Stadt verbunden wird. Mit der Verlegung der Firma von Elberfeld nach Leverkusen begann der Aufstieg der kleinen Chemiefabrik von Friedrich Bayer, die heute fast 100 000 Mitarbeiter beschäftigt und einen Jahresumsatz von über 40 Mrd. Euro erwirtschaftet. Bayer 04 Leverkusen – das steht für einen der größten deutschen Fußballklubs, der 1904 unter dem Namen „Turn- und Spielverein der Farbenfabriken vormals Friedrich Bayer & Co." als Betriebssportverein gegründet wurde und heute einer der mitgliederstärksten Sportvereine Nordrhein-Westfalens ist.

Doch die Stadt zwischen Düsseldorf und Köln hat noch mehr zu bieten, auch wenn die gigantische Industrielandschaft das auf den ersten Blick nicht vermuten lässt. Bis ins 19. Jahrhundert hinein war der Ort am Rhein

Bayer-Werk in Leverkusen, um 1930

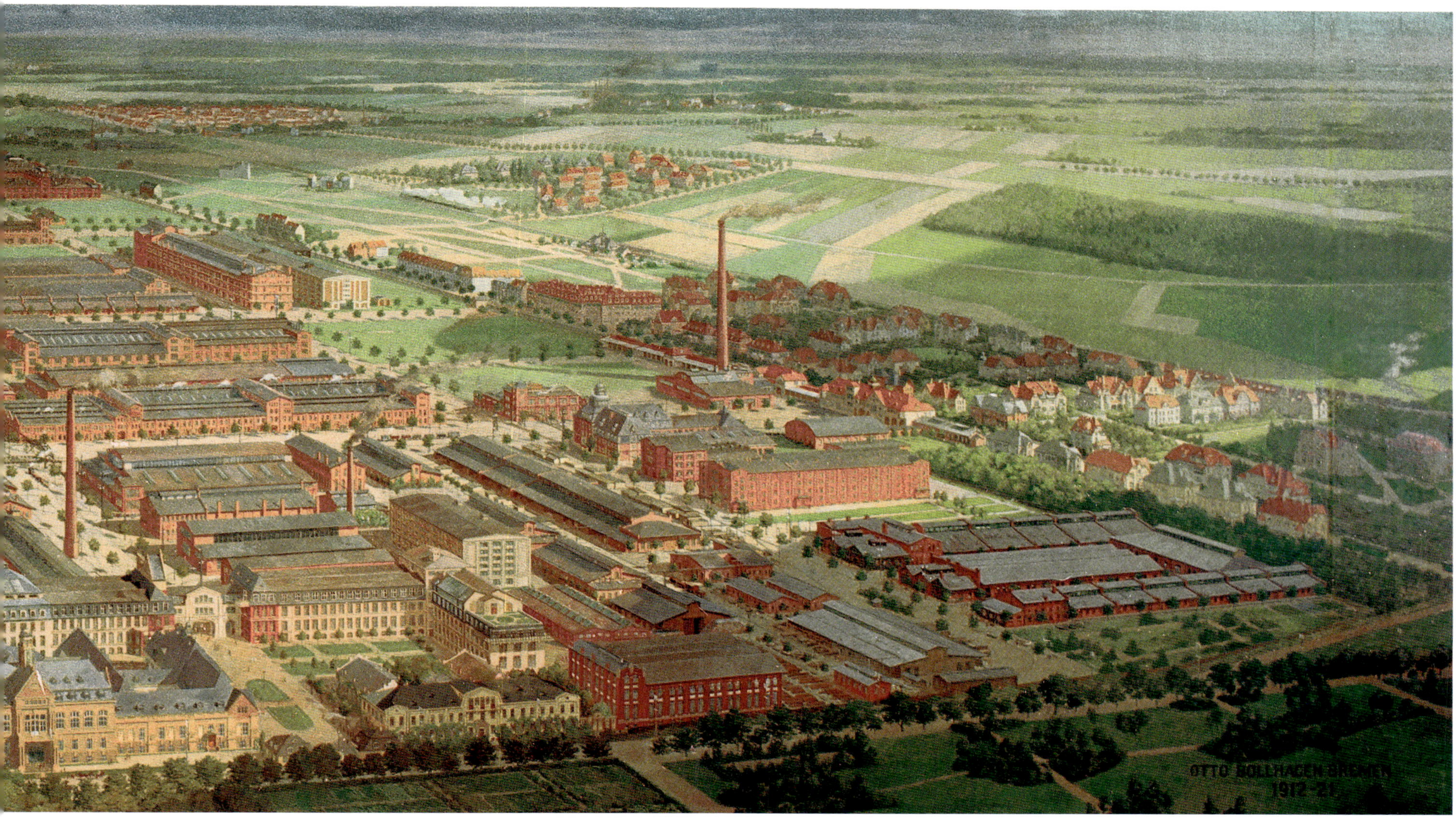

nur dünn besiedelt, das änderte sich mit dem Zuzug der Ultramarinfabrik von Carl Leverkus 1861 und der Firma Bayer 1891, im Jahr 1903 kam das Ausbesserungswerk Opladen dazu. Immer mehr Arbeiter ließen sich nun in Leverkusen nieder, das sich von einer Bauernansiedlung zu einer Industriestadt entwickelte.

Ein architektonisches Zeugnis aus der Zeit vor der Industrialisierung ist Schloss Morsbroich aus dem 18. Jahrhundert, ehemalige Kommende des Deutschen Ordens und heute das Städtische Museum für moderne Kunst. Sehenswerte Bauten aus dem späten 19. und frühen 20. Jahrhundert sind dagegen das Industriemuseum Freudenthaler Sensenhammer, das Kolonie-Museum in Wiesdorf und die Villa Römer in Leverkusen-Opladen.

Bayer-Werk in Leverkusen mit Bayer-Kreuz, 2017

Hennig Brand

Johann Friedrich Böttger

Robert Bunsen

Lothar Meyer

Wilhelm Ostwald

Fritz Haber

Otto Hahn

Hermann Staudinger

CHEMIKER

Johann Rudolph Glauber (1604–1670), einer der Väter der frühen Chemieindustrie, ist vielen bekannt für das von ihm entwickelte Glaubersalz, das bis heute als Abführmittel Anwendung findet und durch die Synthese von Natriumsulfat entsteht. Daneben aber entwickelte Glauber auch zahlreiche Innovationen wie verbesserte Destillieranlagen und Öfen.

Wie so viele Alchemisten vor ihm, war auch der Apotheker **Hennig Brand** (um 1630–1692) eigentlich auf der Suche nach dem Stein der Weisen, als er durch einen Zufall das chemische Element Phosphor entdeckte. Dies geschah, als Brand Urin trocknen ließ, destillierte und zu einem schwarzen Klumpen verbrannte.

Alchemist war auch **Johann Friedrich Böttger** (1682–1719), doch ist sein Name nicht mit einem bestimmten chemischen Element verbunden: Böttger gelang es in mehrjährigen Versuchen, das erste europäische Porzellan herzustellen, und zwar am 28. März 1709.

Zu der Zeit, als **Friedlieb Ferdinand Runge** (1794–1867) lebte, war aus der Alchemie die Chemie geworden. Unter Runges zahlreichen Verdiensten ragt sicher das von ihm entwickelte Verfahren der Papierchromatografie heraus, mit dem sich chemische Elemente getrennt nachweisen lassen. Außerdem gilt er als Entdecker des Koffeins, des Phenols, des Anilins und vieler weiterer Substanzen.

Kein anderer deutscher Chemiker hinterließ ein solch vielfältiges wissenschaftliches Werk wie **Justus von Liebig** (1803–1873). Seine Forschungen zum Kunstdünger revolutionierten die Landwirtschaft; Fleischextrakte gehen ebenso auf ihn zurück wie das Backpulver und das Narkosemittel Chloroform. Als einflussreicher Akademiker hatte er auch eine nachhaltige Wirkung auf die Entwicklung der Wissenschaft Chemie insgesamt.

Neben dem nach ihm benannten Brenner, den der Chemieprofessor **Robert Wilhelm Bunsen** (1811–1899) erfand, bestand seine wohl nachhaltigste wissenschaftliche Leistung in der Entwicklung der Spektralanalyse, die ihm gemeinsam mit dem Physiker Gustav Robert Kirchhoff (1824–1887) gelang. Mit Hilfe dieses Verfahrens lassen sich Stoffe durch die Auswertung der von ihnen ausgesandten Spektralfarben analysieren.

Nur Monate, nachdem der Russe Dmitri Mendelejew im März 1869 sein Periodensystem der Öffentlichkeit präsentiert hatte, veröffentlichte auch der zu dieser Zeit in Karlsruhe lehrende **Lothar Meyer** (1830–1895) seine Tabelle, die in wenigen Details sogar genauer war.

Mehrere Jahre brauchte der am Berliner Gewerbeinstitut lehrende **Adolf von Baeyer** (1835–1917), um ein Problem zu lösen, das die chemische Forschung lange beschäftigt hatte: die Synthese des blauen Farbstoffs Indigo, der zuvor nur aus Pflanzen gewonnen werden konnte und deshalb sehr teuer war.

Von seinem Lehrer August Kekulè bekam **Otto Wallach** (1847–1931) die Anregung zu seinen Forschungen an ätherischen Ölen. So entstand sein Werk *Terpene und Campher*, mit dem er nicht nur zum Vater des modernen Parfums wurde, sondern auch den Weg zur industriellen Entwicklung synthetischer Duftstoffe ebnete. 1910 bekam er dafür den Chemie-Nobelpreis.

Der erste deutsche Nobelpreisträger für Chemie war **Emil Fischer** (1852–1919). Während mit dem Preis seine Arbeiten zu den Purinen und Kohlenhydraten ausgezeichnet wurden, wird vermutet, dass eben diese Forschung ihn auch an Krebs erkranken ließ, da er bei seinen Versuchen Phenylhydrazin entdeckte, ein hochtoxisches Blutgift.

Auch **Wilhelm Ostwald** (1853–1932) gehörte zur großen Zahl deutscher Chemie-Nobelpreisträger der ersten Jahrhunderthälfte. Seinen Preis bekam er 1909 für seine Arbeiten zur Katalyse und wegweisende Untersuchungen zu den chemischen Gleichgewichtsverhältnissen. Die Ostwaldsche Stufenregel beschreibt den Verlauf chemischer Reaktionen.

Walther Nernst (1864–1941) war ein Pionier der physikalischen Chemie. Für seine thermochemischen Forschungen wurde ihm 1920 der Nobelpreis zuerkannt. Der zunächst so benannte Nernstsche Verteilungssatz ist heute als 3. Hauptsatz der Thermodynamik bekannt.

Fritz Haber (1868–1934), Sohn eines jüdischen Kaufmanns, bekam 1919 den Nobelpreis für die von ihm erstmalig durchgeführte Ammoniak-Synthese. 1933 musste er Deutschland verlassen und starb ein Jahr später in der Schweiz. Im Ersten Weltkrieg hatte er sich mit der Entwicklung chemischer Kampfstoffe beschäftigt.

Der Biochemiker **Richard Martin Willstätter** (1872–1942) bekam 1915 den Nobelpreis für seine Forschungen zu den Farbstoffen im Pflanzenreich, vor allem des Chlorophylls. In den 1920ern forschte er vermehrt zu den Enzymen.

Neben seiner Weiterführung von Habers Studien zur Ammoniaksynthese forschte **Carl Bosch** (1874–1940) auch zu Stickstoffdüngemitteln, an der Synthese von Methanol und der Hydrierung von Kohlenstoff. Als einer von wenigen technischen Chemikern erhielt er 1931 (zusammen mit Friedrich Bergius) den Nobelpreis.

Nach seiner Dissertation zur Giftigkeit von Digitalis widmete der Berliner **Adolf Windaus** (1876–1959) einen großen Teil seiner langen wissenschaftlichen Karriere der Erforschung von Vitaminen. So gelang ihm 1931 die Gewinnung von Vitamin D in kristalliner Form. Schon 1928 wurde Windaus mit dem Nobelpreis ausgezeichnet.

Otto Hahn (1879–1968) untersuchte ab 1906 gemeinsam mit der Kernphysikerin Lise Meitner (1878–1968) den radioaktiven Zerfall von Thorium, wobei sie radioaktive Isotope entdeckten. 1928 wurde er Direktor des Kaiser-Wilhelm-Instituts in Berlin. 1938 erkannte er als erster, dass es beim Beschuss von Uran mit Neutronen zu einer Kernspaltung kommt. Otto Hahn bekam 1944 den Nobelpreis.

Die Forschungen des in Worms geborenen **Hermann Staudinger** (1881–1965) legten die Grundlagen der Kunststoffchemie, indem er entdeckte, dass sich kleine Moleküle, sogenannte Monomere, zu größeren Molekülen, den Polymeren, verbinden können. Erhielt 1953 den Nobelpreis.

Der aus Höchst am Main stammende **Hans Fischer** (1881–1945) erhielt 1930 den Nobelpreis für seine Studien zum Aufbau der Blut- und Pflanzenfarbstoffe und für die Synthese des Hämins. Hämine sind unter anderem Bestandteile von Hämoglobin, also dem Blutfarbstoff.

Adolf Butenandt (1903–1995) war einer der wichtigsten Biochemiker des 20. Jahrhunderts. Seine wissenschaftlichen Leistungen sind verbunden mit der Forschung zur chemischen Struktur und zur Wirkungsweise der Sexualhormone Östrogen, Progesteron und Androsteron.

Der Urgroßvater von **Wilhelm Nils Fresenius** (1913–2004) war bereits Chemiker und hatte das Chemische Laboratorium in Wiesbaden gegründet. Unter der Leitung von Wilhelm Nils Fresenius wurde das zuvor nach Taunusstein umgezogene Institut Fresenius zum deutschen Marktführer für Lebensmittelanalyse.

Im Jahr 1963 gelang dem in Erlangen geborenen **Helmut Zahn** (1916–2004) mit seinem Aachener Team die erste Synthese von Insulin, das zuvor lange Zeit aufwändig aus tierischen Bauchspeicheldrüsen extrahiert werden musste.

Justus von Liebig

Adolf von Baeyer

Otto Wallach

Emil Fischer

Carl Bosch

Adolf Windaus

Hans Fischer

Walther Nernst

Ernst Otto Fischer

Gerhard Ertl

Maria Sibylla Merian

Alexander von Humboldt

Amalie Dietrich

Karl von Frisch

Bernhard Grzimek

Christiane Nüsslein-Volhard

Der lange an der Technischen Universität München lehrende **Ernst Otto Fischer** (1918–2007) erhielt 1973 den Nobelpreis für seine bahnbrechenden Forschungen auf dem Gebiet der sogenannten metallorganischen Verbindungen aus Metallen und Kohlenstoffmolekülen, die eine wichtige Rolle als Reaktionsbeschleuniger spielen.

Der Stuttgarter **Gerhard Ertl** (1936) wird oft Vater der modernen Oberflächenchemie genannt. Den Nobelpreis, den er 2007 bekam, verdankt er Forschungen, die in der Praxis eine große Rolle etwa in Auto-Katalysatoren spielen.

BIOLOGEN

Der aus Bayern stammende **Leonhart Fuchs** (1501–1566) gilt neben Otto Brunfels und Hieronymus Bock als einer der „Väter der Botanik". Sein botanisches Werk *Historia Stirpium* (1542) wird wegen seiner geordneten Darstellung sowie der Genauigkeit der Zeichnungen und Pflanzenbeschreibungen als Meilenstein in der Entwicklung der Botanik gesehen. Die Pflanzengattung der Fuchsien ist nach ihm benannt.

Maria Sibylla Merian (1647–1717) war eine bemerkenswerte Frau. In einzigartiger Weise verband sie die künstlerische Darstellung von Pflanzen und Insekten (die sie selbst in Südamerika entdeckte) mit genauen wissenschaftlichen Beschreibungen.

Heinrich Friedrich Link (1767–1851) war einer der bedeutendsten Biologen des frühen 19. Jahrhunderts. Er strebte eine möglichst umfassende Pflanzenkenntnis an. So forschte er auf dem Gebiet der Zytologie, Anatomie und Physiologie und beschrieb über 100 neue Pflanzengattungen und viele neue Pflanzenarten.

Die Biologie war zwar nur eine der Wissenschaften, mit denen sich der bedeutendste deutsche Naturforscher **Alexander von Humboldt** (1769–1859) beschäftigte, aber nicht die unwichtigste. Als er von seiner fünf Jahre dauernden Südamerika-Expedition zurückkehrte, hatte er etwa 6300 neue Pflanzenarten im Gepäck.

Auch **Adelbert von Chamisso** (1781–1838) war eine Mehrfachbegabung. Heute eher bekannt als Dichter der Romantik (wie etwa für das Kunstmärchen von *Peter Schlemihl, der seinen Schatten verkaufte*), verdiente er seinen Lebensunterhalt als Kustos des königlich-preußischen Herbariums und war Erstbeschreiber vieler Tierarten.

Theodor Schwann (1810–1882) gilt als Begründer der modernen Gewebelehre. 1836 entdeckte er das Verdauungsenzym Pepsin und entwickelte drei Jahre später, gemeinsam mit Matthias Schleiden, die Zelltheorie, nach der alle Tiere und Pflanzen aus Zellen aufgebaut sind.

Nach der Trennung von ihrem Ehemann zog **Amalie Dietrich** (1821–1891) durch Europa, sammelte Pflanzen und Insekten und verkaufte diese an Wissenschaftler und Universitäten. Ab 1863 reiste sie für zehn Jahre nach Australien, präparierte dort hunderte von Vogelarten und sammelte zahlreiche Pflanzenarten. Zurück in Deutschland betreute sie die von ihr angelegte Sammlung in Hamburg.

Heinrich Anton de Bary (1831–1888) war ein renommierter Botaniker auf dem Gebiet der Phytopathologie, also der Lehre von den pflanzlichen Krankheiten. Dafür studierte er insbesondere verschiedene Pilzarten, um der Ursache der Kartoffelfäule auf die Spur zu kommen. Führte den Begriff der Symbiose in die Biologie ein.

Als Lehrstuhlinhaber für vergleichende Anatomie in Jena wurde **Ernst Haeckel** (1834–1919) zum wichtigsten Erforscher der niederen Seetierchen und zum eifrigsten Verfechter der Evolutionstheorie Darwins. Er vertrat dabei eine philosophische Theorie von einer Einheit des Kosmos, als deren künstlerischer Ausdruck sein populäres Tafelwerk *Kunstformen der Natur* gilt.

Der in Estland geborene **Jakob Johann von Uexküll** (1864–1944) prägte 1909 den Begriff Umwelt. Zeitlebens blieb er ein akademischer Außenseiter, dessen Ideen trotzdem große Wirkung erzielten. So prangerte er etwa die zu Beginn des Jahrhunderts noch übliche Gewohnheit an, menschliche Eigenschaften auf Tiere zu übertragen. Stattdessen forderte er, jedes Tier als Subjekt an sich anzusehen.

Hans Spemann (1869–1941), Professor für Zoologie in Freiburg, erhielt 1935 den Medizin-Nobelpreis für seine Forschungen zu dem später nach ihm benannten Organisator-Effekt. Er zeigte, dass die Zellen bis zu einem gewissen Punkt der embryonalen Entwicklung noch nicht auf einen bestimmten Ort determiniert sind und sich ihrer neuen Position anpassen.

In einem Wettlauf deutscher und französischer Wissenschaftler war es der in Berlin lehrende Protozoenforscher **Fritz Schaudinn** (1871–1906), der im Jahr 1905 als erster den Erreger der Syphilis nachweisen konnte. Nur ein Jahr später starb der als begabtester Forscher seiner Generation angesehene Schaudinn im Alter von nur 34 Jahren.

Karl von Frisch (1886–1982), gemeinsam mit dem Österreicher Konrad Lorenz und dem Niederländer Nikolaas Tinbergen Medizin-Nobelpreisträger des Jahres 1973, leistete bahnbrechende Forschungen auf dem Gebiet der Sinnesphysiologie. So studierte er nicht nur das Hörvermögen der Fische, sondern entschlüsselte auch das Geheimnis des Bienentanzes.

Der über mehr als 50 Jahre mit dem Lehrkörper der Universität Münster verbundene Evolutionsbiologe **Bernhard Rensch** (1900–1990) arbeitete an der Schnittstelle zwischen Verhaltensforschung, Neuropsychologie und Philosophie. Basis seiner biophilosophischen Ansichten war der Begriff des „Panpsychistischen Identismus", der die Einheit von Materie und Geist postuliert.

Als „Gigant" und „Großmeister" der Biologie wurde **Ernst Mayr** (1904–2005) oft bezeichnet, was auch mit der unglaublichen Zahl von mehr als 700 Fachpublikationen zusammenhängt. Wirkte entscheidend mit an der Begründung der Synthetischen Evolutionstheorie, die eine Brücke schlug zwischen der Darwinschen Lehre und der Genetik.

Der ehemalige Tierarzt und langjährige Direktor des Frankfurter Zoos, **Bernhard Grzimek** (1909–1987), darf in dieser Aufzählung nicht fehlen. Allerdings weniger wegen seiner wissenschaftlichen Arbeit, denn aufgrund seiner Bemühungen um die Popularisierung der Zoologie und des Tierschutzes, die er in seinen Büchern und vor allem im Fernsehen vorantrieb, wo er ab 1956 die Zuschauer seiner Sendung *Ein Platz für Tiere* immer mit einem Tier als Gast begrüßte.

Wilhelm Nultsch (1927–2011) wurde als botanischer Generalist international bekannt, indem sein Standardwerk *Allgemeine Botanik* in viele Sprachen übersetzt wurde und so in ganz Europa zum verbindlichen Lehrstoff an den Universitäten wurde. Sein besonderes Interesse galt den photosynthetisierenden Mikroorganismen und Algen.

Die Generationen von Schülern aus dem Biologieunterricht bekannte Taufliege Drosophila war es, die der Entwicklungsgenetikerin **Christiane Nüsslein-Volhard** (1942) 1995 zum Nobelpreis für Medizin verhalf (zusammen mit Eric F. Wieschaus und Edward B. Lewis). Sie konnte an den Taufliegen genetische Steuerungsmechanismen nachweisen, die für die Entwicklung der typischen Larvenstrukturen verantwortlich sind.

Adolf Butenandt

Leonhart Fuchs

Theodor Schwann

Ernst Haeckel

Heinrich Anton de Bary

Hans Spemann

Fritz Schaudinn

Ernst Mayr

SAUERLAND, WITTGENSTEINER LAND UND SIEGERLAND

Windräder am Nordhang des Sauerlands

SAUERLAND, WITTGENSTEINER LAND UND SIEGERLAND

Der Rothaarsteig war ein Pionier: 2001 wurde er nach langer, sorgfältiger Planung Deutschlands erster Premium-Weitwanderweg. Als „Weg der Sinne“ lud er ein, die Landschaft neu wahrzunehmen, und versprach ein gesteigertes Erleben. Und wenn der Rothaarsteig trotz des Steigs im Namen auch keine spektakulären Kletterpartien bietet, lassen einen die Füße am Ende des Tages durchaus wissen, was sie getan haben. Womöglich noch mehr Wert als auf die Rothaargipfel legt der Steig auf den Rothaarkamm. Kamm bedeutet in diesem Fall auch Grenze. Daher bietet der Rhein-Weser-Turm nicht nur eine spektakuläre Aussicht, sondern markiert die Wasserscheide zwischen den beiden Strömen.

So einschneidend hier geschieden wird, die Grenze bleibt für das Auge unauffällig. Zur natürlichen Grenze zwischen den Quellen, die ihr Wasser entweder dem Rhein oder der Weser zutragen, tritt eine andere fast ebenso markante. Auf einer Partie des Kamms und des Steigs verläuft eine scharfe Sprachgrenze. Hier stößt das Niederdeutsche, gemeinhin Platt genannt, an das Mitteldeutsche. Tafeln am Steig machen sich als Dolmetscher verdient. Sie stellen Wörter aus dem Sauerländer Platt (Niederdeutsch) denen des Wittgensteiner Dialekts (Mitteldeutsch) gegenüber.

Es sollte bei diesen unsichtbaren Grenzen nicht bleiben. Denn streckenweise schied der Kamm auch Territorien. Im Norden lag das kurkölnische Sauerland, im Süden lagen Wittgenstein und das Siegerland. Diese Scheide ist Geschichte, obwohl sie in der Folge nicht nur Herrschaftsgebiete, sondern auch Bekenntnisse trennte. Der Norden war katholisch, der Süden evangelisch. Die religiöse Barriere wirkte noch nach, als die Landesherrschaften schon geraume Zeit verschwunden waren. Seit 1975 treffen auf dem Kamm der Kreis Siegen-Wittgenstein und der Hochsauerlandkreis zusammen.

Heute führen die Wisente zu einem neuen Grenzstreit. Es geht um das Vorhaben, die europäischen Blutsverwandten der Bisons in unseren Breiten wieder heimisch zu machen. Auf Wittgensteiner Seite wurde ein Wisent-Verein gegründet, um das Projekt voranzutreiben. Der ebenso hochadlige wie größte Waldbesitzer im nördlichen Wittgenstein, aber auch das Bundesamt für Naturschutz unterstützte das Projekt.

Kaum waren die Tiere aus der Gefangenschaft ihres Freigeheges entlassen, stellten sie ihre erwünschte Wildheit insofern unter Beweis, als ihnen der Zuschnitt von Verwaltungseinheiten unerfindlich blieb: Die kleine Herde weidete links und rechts des Kamms. Leider weidete sie nicht ausschließlich mit dem Kopf nach unten. Vielmehr gehorchten die Wisente ihrer Natur und zogen die Rinde junger Buchen zur Nahrungsaufnahme heran. So verursachten sie an den Sauerländer Laubbäumen erhebliche Schäden.

Dagegen empörten sich die betroffenen Waldbesitzer, und auch sie hatten die Unterstützung ihrer Politiker. Diese Variante von Grenzstreit ging bis vor den Bundesgerichtshof, der den Fall jedenfalls in der Hauptsache an das Oberlandesgericht zurückverwies. Dieses gab, wie zu erwarten, den Waldbauern recht. Es steht also schlecht um die Wisent-Freiheit. Zumindest vorläufig.

CHRONIK

Ca. 500 v. Chr. Erste Eisenverhüttung im Siegerland
Um Christi Geburt Bleiabbau auf der Briloner Hochfläche
1220 Brilon erhält Stadtrechte.
1224 Siegen erhält (gesichert) Stadtrechte.
1238 Die Grafschaft Wittgenstein entsteht.
1368 Die Grafschaft Arnsberg fällt an Kurköln, sie wird Teil seines Herzogtums Westfalen.
1666 Das märkische Sauerland fällt mit der Grafschaft Mark an Kurbrandenburg (später Preußen).
1803 Mit Reichsdeputationshauptschluss ist das kurkölnische Herzogtum Westfalen Geschichte.
1816 Arnsberg wird Sitz eines preußischen Regierungsbezirks; er umgreift einen großen Teil des (späteren) Ruhrreviers.
1913 Mit 2,6 Mio. Tonnen wird im Siegerländer Erzrevier die größte Menge Eisenerz innerhalb des Aufzeichnungszeitraums gefördert.
2003 Die Hochschule Siegen führt offiziell den Titel Universität.

Atta-Höhle bei Attendorn

SAUERLAND UNTERIRDISCH

Zum Reichtum des Sauerlands gehören seine zahlreichen Höhlen. Sie verdanken sich dem Massenkalkzug im Nordwesten der Region, eine oberirdische Orientierung bieten die Ruhr-Nebenflüsse Lenne und Hönne.

Die Balver Höhle im Hönnetal hat eine erstaunlich große Wölbung. Sie war anfangs mit Kalkschutt und Lehm gefüllt, der bei den Landwirten als Dünger hoch im Kurs stand. Sein Nährstoffgehalt ging auf seine vielen Knochenreste zurück. Später entdeckte die Wissenschaft den Hohlraum – als bedeutenden Fundplatz eiszeitlicher Fauna. Heute wird die Höhle als „Kulturhöhle" in Anspruch genommen.

Die Atta-Höhle bei Attendorn ist eine echte Tropfsteinhöhle. Ihre Entdeckung verdankt sich dem Kalksteinabbau, dem die eine oder andere Höhle auch schon zum Opfer gefallen ist. Wie bei anderen Höhlen auch, ist hier nur ein Teil des Gangsystems erschlossen, aber dieser gut eine Kilometer findet viel Zuspruch vonseiten der Besucher. Seine besondere Attraktion sind die großen Sinterfahnen, denen die Beimengung von Eisenoxid Farbe verleiht.

Schon 1717 wird die Heinrichshöhle erstmals in einer Flurkarte verzeichnet. Auch sie hat manchen Knochenfund freigegeben, der heute im Depot großer Museen lagert. Das nahezu vollständige Skelett eines Höhlenbären ist hier in einer Vitrine ausgestellt. Auch dieser 320 m lange Hohlraum ist nur ein relativ kleiner Teil eines kompletten Höhlensystems.

Die Dechenhöhle hat einen berühmten Entdecker und Namenspatron. Heinrich von Dechen (1800–1889) hat für die Geologie des Rheinlands und Westfalens Bahnbrechendes geleistet. Und auch hier tragen die großartigen Tropfsteingebilde Namen. So heißt eine Stalagmitengruppe die „Heilige Familie", beim Besuch der „Orgelgrotte" sollte allerdings niemand mit Konzerten rechnen. Gleich beim Eingang bietet das „Deutsche Höhlenmuseum" einen höhlenkundlichen Überblick über die Kavernen der Republik – und hinter keiner muss sich die Dechenhöhle verstecken.

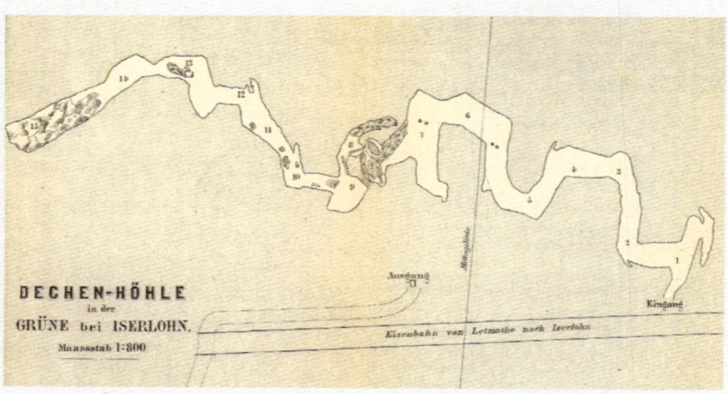

Plan der Dechenhöhle

Burg Altena

DIE MUSEEN AUF BURG ALTENA UND IN ARNSBERG

Der Vergleich der Museen und ihrer Häuser hat seinen Reiz: Die Burg Altena ist zweifellos eine imposante Wehranlage, nur streng genommen ein Nachbau aus dem frühen 20. Jahrhundert. Ihr Vorgänger war die Stammburg der Grafen von Mark (ursprünglich eine Seitenlinie der Grafen von Berg). Auf einem Felssporn über der Lenne war sie der steingewordene Hoheitsanspruch.

Die Burg, inzwischen durch einen „Erlebnisaufzug" erreichbar, vereint vier Museen. Zur Präsentation ihrer Geschichte als weltweit erste Jugendherberge (seit 1912) kommt das Deutsche Wandermuseum, zur Regionalgeschichte der Grafschaft tritt das Märkische Schmiedemuseum. Letzteres hält die frühe industrielle Entwicklung des märkischen Sauerlands unter den protestantischen Landesherren gegenwärtig.

Das Sauerland-Museum in Arnsbergs Altstadt formuliert einen Alleinvertretungsanspruch. Sauerland bezieht sich hier jedoch nur auf die Regionalgeschichte des „Kölnischen" Sauerlands, Höhlenbär inklusive. Kölnisch, nämlich Teil des Herzogtums Westfalen, war die Grafschaft Arnsberg im Jahr 1368 geworden. Damals verkaufte Graf Gottfried dem Kölner Kurfürsten sein Territorium. Gottfried, der Letzte seines Geschlechts „im Mannesstamm", bekam – als einziger weltlicher Herrscher – ein Grabmal im Kölner Dom.

Und Arnsberg wurde zuletzt durch den Wittelsbacher Clemens August mit einem Schloss ausgestattet, das den Charakter einer Nebenresidenz hatte. Keine 20 Jahre nach Abschluss der Arbeiten wurde das Schloss durch preußische und hannoversche Truppen zerstört. Heute ist es Ruine.

Zurück zum Museum. Der neue Erweiterungsbau mit seiner ambitionierten Architektur ist ein echter Gewinn. Doch das Stammhaus,

Schloss Herdringen, Arnsberg

der Landsberger Hof, steht für eine delikate Episode religiös getönter Herrschaftsgeschichte. Kurfürst Ernst von Bayern ließ ihn 1605 für seine Mätresse Gertrud von Plettenberg erbauen. Mit ihr ging der hochverdiente Gegenreformator Ernst später eine Art Ehe ein. Er blieb in Amt und Würden, musste aber Teile seiner geistlichen und weltlichen Gewalt seinem Koadjutor und baldigen Nachfolger Ferdinand von Bayern überlassen.

Kloster Oelinghausen, Taubenhaus

ARNSBERG

„Entzückend schön" – so nannte Ludwig von Vincke, erster Oberpräsident der preußischen Provinz Westfalen, die Lage Arnsbergs. Der Protestant von Vincke wollte mit der Wahl Arnsbergs zum Sitz einer Bezirksregierung „dem katholischen Teile auch Leben einhauchen", schließlich käme die Verwaltung „in das Herz des alten Herzogtums selbst".

Was immer mit der Stadt geschehen ist, die Lage kann ihr niemand nehmen. Das historische Arnsberg liegt in der engen Schleife, die von der Ruhr in die Kieselschiefer und Kalke des Arnsberger Sattels gelegt wurde. Das spätere Arnsberg hat auf den weniger stark ausgeprägten Mäander weiter östlich ausgegriffen. Auch hier hat die preußische Verwaltung Pionierdienste geleistet, das klassizistische Landgericht von 1844 ist davon ein stummer Zeuge. Preußen aber manifestiert sich um den Neumarkt mit der evangelischen Auferstehungskirche von 1824. Auch die klassizistischen, ab 1818 erbauten Häuser an der Kloster- und Königsstraße müssen den Arnsbergern wie ein Fremdkörper erschienen sein. Gelegentlich meint der unbefangene Gast noch einen Nachhall davon zu spüren, obwohl seitdem viel fremdartigere Körper hinzugekommen sind.

Im Arnsberger Ortsteil Holzen bietet das ehemalige Prämonstratenserstift Oelinghausen einen schönen Kontrast. Das reiche Innenleben seiner Kirche an solch entlegenem Ort überrascht, und ihr Hochaltar von 1712 hat die Begabung zu überwältigen. Schon die turmartige Architektur ist außergewöhnlich, die Präsentation seiner Nischenfiguren zwischen den gedrehten Säulen ebenfalls. Im Westen korrespondiert ihm der prachtvolle Orgelprospekt, auch er ein Werk von Wilhelm Spli(e)thoven. Und seit der Klostergarten erweitert werden konnte, bietet er samt dem angeschlossenen Klostergartenmuseum eine zusätzliche Attraktion.

Marsberg, Ortsteil Obermarsberg mit dem Eresberg im Winter

IM SAUERLÄNDER OSTEN – BRILON UND MARSBERG

Die Gegend um Brilon bietet zunächst einmal das Gegenteil der vertrauten Landschaftsbilder des Sauerlands. Ihre Hochfläche, aufgebaut aus Massenkalk, ist eine rund 90 km² große „Ebenheit". Die relative Fruchtbarkeit der Böden trug wesentlich zu ihrer frühen Entwaldung bei. Und griffe der Briloner Stadtforst nicht auch auf andere geologische Einheiten über, das Gemeinwesen könnte sich nicht als eines der waldreichsten in Deutschland präsentieren.

Dank der „Ebenheit" ist der Turm von St. Petrus und Andreas schon von Weitem sichtbar. Ihr Bau dürfte etwa gleichzeitig mit der Stadtgründung begonnen worden sein, also 1220. Damals konnte der Kölner Landesherr auch dieses Gebiet seinem Herzogtum Westfalen angliedern. Sogleich verlieh er Brilon die Stadtrechte und ließ eine Umwehrung anlegen. Die Eile deutet darauf hin, dass er sich dieser neuen Besitzung nicht völlig sicher sein konnte. Schon Ende desselben Jahrhunderts erhielten die Briloner Kaufleute ein eigenes Statut, und die Stadt prosperierte. Nachdem Soest den Kölner Fürstbischöfen 1444 verloren ging, übernahm Brilon dessen Rang als Erste unter den „Hauptstädten" des Herzogtums.

Schon für das 15. Jahrhundert lassen die Quellen auf einen wirtschaftlichen Niedergang schließen, im 17. und 18. Jahrhundert geriet die Stadt in eine geradezu verzweifelte Lage. Dennoch schwang man sich zu einem Rathaus-Neubau auf, auch der Petrusbrunnen auf dem Markt davor wurde neu gestaltet. Die Figur des Heiligen obenauf stammt noch aus der Zeit um 1550.

Stärker geheimnisumwittert ist die Geschichte der Stadt Marsberg, mit der nun der äußerste Osten des Sauerlands erreicht ist. Die Lage von Obermarsberg ist so spektakulär, dass der Begriff Tafelberg in die Literatur Eingang fand. Jedenfalls fällt dieses Plateau steil zur Diemel (und Glinde) hin ab. Oben lagen den Quellen zufolge eine sächsische Wehranlage und wohl auch ein sächsisches Heiligtum, in dem manche Autoren die sagenumwobene Irminsul sehen wollen. Ein Hinweis auf die Bedeutung des Platzes könnte sein, dass Karl der Große ihn dreimal erobern musste, erst 776 war er sicher in fränkischer Hand. 779 stand hier die erste Kirche, der später eine mönchische Gemeinschaft zugeordnet wurde. Ihr Nachfolger ist die vielfach umgeänderte Pfarrkirche St. Peter und Paul.

Ein Bauwerk aus einem Guss ist dagegen die Halle von St. Nikolaus. Sie gehörte als geistliches Zentrum zur etwa 1220 gegründeten Neustadt und ist Zeugnis für die wirtschaftliche Stärke des Gemeinwesens. Ein derart qualitätsvoller Bau setzt den Wohlstand der Bürger voraus. Die Gotik schreitet hier mit dem Bau voran, zurückhaltend im Chor als ältestem Bauteil, um dann dem neuen Formenrepertoire immer mehr Raum zu geben.

Gemeinsam ist Brilon und Marsberg der frühe Bergbau. Um Brilon wurde schon in römischer Kaiserzeit (aber wohl von Germanen) Bleierz gefördert und verarbeitet. Möglicherweise hatte man auch schon damals die kupferführenden Schichten um Marsberg ausgebeutet, sicher ist die Verhüttung der Buntmetallerze für die Zeit um 750 belegt. Nicht auszuschließen, dass Karl der Große deshalb an diesem Sachsennest besonders gelegen war.

Marktplatz mit Petrusbrunnen, Brilon

Brilon, Blick auf Rathaus und Propsteikirche St. Petrus und Andreas

BERGHAUSEN UND WORMBACH – ZWEI KIRCHEN-KLEINODE

Beide liegen nur wenige Kilometer voneinander entfernt, beide gehören sie zur Stadt Schmallenberg. Es sind keine großen Kirchen, aber ihre Ausmalungen machen sie ungewöhnlich interessant. Lange blieb St. Cyriakus in Berghausen von Wormbach abhängig und wurde noch bis ins 15. Jahrhundert als Kapelle bezeichnet. Um 1200 entstand der kleine Bau vom Typ einer Basilika. Dennoch hat St. Cyriakus – wie die südwestfälischen Hallenkirchen der Nachbarschaft – nur Halbgewölbe in den (schmalen) Seitenschiffen. An der nördlichen Seite des Querschiffs begegnet einem über dem Beichtstuhl der „gute Hirte", eine um 1750 geschaffene Holzplastik.

Aber niemand tritt dem Bau zu nahe, wenn er rasch auf die Ausmalung zu sprechen kommt. Das gilt gar nicht einmal für die Architekturmalerei, die möglicherweise kompensieren muss, was der heimischen Grauwacke an feinerer Durchgliederung nicht abzuzwingen war. Es gilt vielmehr für die erstaunlich hochwertige Ausmalung der Apsis. Sie dürfte im frühen 13. Jahrhundert entstanden sein. Allzu viele romanische Wandmalereien dieser Stilepoche sind in Deutschland nicht erhalten, das macht die Apsismalerei dieser Kirche zu etwas Besonderem.

Die Kalotte zeigt die vertraute Majestas Domini in der Mandorla. Ihr stehen Maria und Johannes beiderseits am nächsten, während Petrus und Cyriakus das äußere Paar bilden. Darunter erscheinen vier Szenen aus dem Alten Testament: die Opferung Isaaks, Moses vor dem brennenden Dornbusch, das sogenannte Stabwunder Aarons und Samson, der mit seinen Riesenkräften das Tor der Philister-Stadt Gaza aus den Angeln hob. Alle Bilder weisen auf die Erlösungstat Christi voraus. Am sinnfälligsten tut das der tortragende Samson, sein Tor entspricht dem weggeschobenen Stein am Grab des Auferstandenen.

Von ebenso hohem Rang ist die romanische Apsismalerei der Wormbacher Petruskirche, in deren Mandorla Christus als Weltenrichter erscheint. Allerdings ist sie durch den Barockaltar großenteils verdeckt. Umso mehr Aufmerksamkeit fanden die Tierkreiszeichen in den Gewölben der drei Mittelschiffjoche. Mit Feuereifer haben sich die Esoteriker dieser Malerei angenommen und sich in die Tiefe vorgeschichtlicher Himmelsbeobachtung (Stichwort: Stonehenge) hinabgearbeitet. Die zwölf Symbolbilder erscheinen jeweils zu viert. So zweifellos sie den Jahreskreis darstellen, so unklar bleibt, in welcher Beziehung sie zu den Figuren im Zentrum stehen. Zu Sol und Luna, zum predigenden Heiligen und zum Gekrönten? Bisher hat niemand dieses Rätsel lösen können.

Hallenkirche St. Peter und Paul, Wormbach

Pfeilerbasilika St. Cyriakus, 12. Jh., Berghausen, Schmallenberg

Niedersfelder Hochheide

DIE NIEDERSFELDER HOCHHEIDE (NEUER HAGEN)

Diese Heide liegt am Fuß des Langenbergs. Mit seinen 843 m übertrifft er den bekannteren Kahlen Asten um 2 m, und weil sein Gipfel noch in Nordrhein-Westfalen liegt, ist er die höchste Erhebung des Bundeslands.

Wirkliche Heiden sind eben nicht nur die Sandheiden der Ebene, sondern auch die am Langenberg oder am Kahlen Asten auf rund 800 m Höhe. Das unwirtliche Klima hier oben ließ lange glauben, dass diese Offenländer ein Eiszeit-Überbleibsel sind. Aber auch entstanden durch Menschenhand: Im Mittelalter mussten hier die Buchen weichen.

Ab der zweiten Hälfte des 19. Jahrhunderts wurden die Heiden dann sukzessive mit Fichten aufgeforstet, verloren also immer mehr an Fläche. Als nach dem Zweiten Weltkrieg das verbliebene Offenland kaum noch genutzt wurde, wanderte der Wald wieder ein, teils auch in Gestalt der nicht heimischen Fichten. Viele Heidegebiete sind heute mit ihnen überwachsen, einige typische Heidepflanzen kümmern in der Krautschicht, bis das Nadelholz sie endgültig ausgedunkelt haben wird. (Der Borkenkäfer und seine Aktivitäten sollen diesmal außen vor bleiben.) Heute werden die Heiden nicht nur freigehalten, sondern auch nach Möglichkeit wiederhergestellt. Das geschieht in einem naturschützerischen Kraftakt, der sogar die Grenze von Nordrhein-Westfalen und Hessen übergreift.

Wie in den Sandheiden bietet auch hier die Besenheide den bestimmenden Aspekt. Aber im Unterschied zu ihnen treten die Heidel- und vor allem die Preiselbeeren mit ihren begehrten Früchten hier sehr viel häufiger auf. Das ist auch in der Niedersfelder Heide und am Kahlen Asten so. Deshalb ist in den Naturschutzgebieten zur Sammelzeit das Wegegebot aufgehoben.

Schneehase

Feldhase

FELD- UND SCHNEEHASE

Weder der eine noch der andere ist ein Waldtier. Bekannter schon wegen seiner größeren Verbreitung ist der Feldhase. Beide sind echte Hasen, bei denen die hinteren Beine doppelt so lang sind wie die vorderen. Das auffälligere Kennzeichen sind die sogenannten Löffel, die langen Ohren.

Laufen Feldhasen normal, dann hoppeln sie. Aber die nicht ganz so flüssige Fortbewegung darf nicht täuschen. Die Tiere können auf kürzeren Strecken bis zu 70 km/h schnell sein. Und zu großen Sätzen sind sie auch in der Lage: Feldhasen können 3 m weit und 2 m hoch springen. Wegen ihrer Scheu, ihrer Schnelligkeit und ihres Fluchtverhaltens (Haken schlagen) haben die Menschen ihresgleichen den Neckzettel „Angsthase" angehängt. Im Übrigen sind Feldhasen vorzüglich getarnt. Tief in ihre Sasse gedrückt, können sie von den Prädatoren kaum wahrgenommen werden.

Am aktivsten sind sie während der Dämmerung und der Nacht. Sie tun sich nur zur Paarungszeit (später Winter oder Frühjahr) zusammen, sonst sind sie Einzelgänger. Über die Wahl des Partners entscheidet die Häsin. Die männlichen Bewerber müssen bei Schauläufen oder Boxkämpfen gegen Rivalen Kraft und Ausdauer demonstrieren. Und obwohl die Häsin reichlich Junge zur Welt bringt, gehen die Bestände seit Jahren zurück. Dafür werden einmal mehr die industrielle Landwirtschaft und unsere vielfach durchkreuzte Landschaft verantwortlich gemacht.

Auch bei Feldhasen ändert sich die Behaarung, von einem kräftigen Braun im Sommer zu einem Graubraun im Winter. Sehr viel markanter fällt der Fellwechsel beim Schneehasen aus, nämlich von einem helleren Braun im Sommer zu Weiß zwischen Oktober/November und März/April. Der Grund ist offensichtlich: Er besiedelt in den Alpen die Höhenlagen ab 1400 m, und bei Schnee im offenen Gelände wäre er eine sichere Beute seiner natürlichen Feinde. Zumindest in den deutschen Alpen ist die Art gefährdet.

Birken

Winterberg, Bob- und Rodelbahn

WINTERBERG UND WILLINGEN

Zwischen Winterberg und Willingen liegt zwar die Landesgrenze zwischen Nordrhein-Westfallen und Hessen, doch auf den höchsten Sauerländer Höhen liegen sie beide. Früh fanden sich hier wie dort die Wintersportler ein; dass ihnen die kalte Jahreszeit zuletzt einiges schuldig blieb, steht auf einem anderen Blatt. Nur war die Schneesicherheit im Mittelgebirge schon vor Jahren das Problem. Einen gewissen Ausgleich bietet die schnelle Erreichbarkeit beider Orte von den Ballungszentren aus. Sie erlaubt eine flexible Anpassung, jedenfalls aufseiten der Konsumenten.

Wer am Ort aber die Infrastruktur nutzen muss, ist weniger beweglich, manches Jahr vertieft der Blick auf die Bilanzen die Sorgenfalten. Umso bemerkenswerter ist, dass beide Orte einen Weg gefunden haben, trotz aller Unwägbarkeiten ein Wintersport-Markenzeichen zu setzen. Das gilt besonders für Winterberg. Im Fall der 1977 eröffneten Bob- und Rodelbahn war schon in den 1960er-Jahren klar, dass sie nur mit Kunsteis eine Zukunft haben würde. Heute finden Bob-, Rodel- und Skeleton-Wettbewerbe auf höchstem Niveau bis hin zu Weltmeisterschaften statt. Weniger ambitionierten Gästen bietet Winterberg betreute Fahrten durch den Eiskanal an. Auch dabei ist der Nervenkitzel groß genug.

Was für Winterberg die Veltins-Eisarena, ist für Willingen die Mühlenkopfschanze im Ortsteil Stryck. Allerdings bleibt diese 2013 neu eröffnete und seitdem weltweit größte Großschanze auf einen viel kleineren Nutzerkreis beschränkt. Denn natürlich verbietet sich der Gedanke, sie für den Breitensport freizugeben. Aber ihre Aura zieht doch manchen Skifahrer in den Bann. Und gefahrlos lässt sich mit dem Aufzug der Schanzenkopf erreichen, um von hier oben das Wunderwerk der Technik zu besichtigen. Für die schlichten Brettl-Fahrer mit Spaß an der Freude haben sich die beiden Städte zu einer Wintersportarena Sauerland zusammengeschlossen.

Wettergeformte Kiefer

Winterberg, Bergstation des Skilifts

Alter Flecken, historischer Stadtkern von Freudenberg

FREUDENBERG – DER FACHWERK-FLECKEN

Es fehlt in keinem Buch über Fachwerk. Dabei verdankt dieser historische Kern sein Entstehen und heutiges Erscheinungsbild zwei Katastrophen. Das erste Feuer schuf die Voraussetzungen, indem es die alte Burgsiedlung in Schutt und Asche legte. Die dann hangabwärts gegründete Minderstadt entstand als planmäßige Anlage. Fünf annähernd parallele Straßen zogen sich nun quer zum Burgberghang, nördlich und südlich rahmte je eine Straße den Komplex in der Vertikale. Diese Struktur blieb bis heute erhalten.

Das stark mitgenommene Schloss wurde übrigens nicht wieder aufgebaut. Doch sein runder Turm, der bis dahin als Gefängnis gedient hatte, fand beim Bau der neuen Kirche als deren Turm eine Zweitverwendung. Es war eines der ersten reformierten Gotteshäuser im Reich.

Allerdings brauchte es ein zweites Feuer, um dem Freudenberg seine heutige Gestalt zu verleihen. Am 9. August 1666 schlug ein Blitz ein, und die Flammen breiteten sich rasch aus. Kaum ein Gebäude stand damals noch aufrecht. Ein zeitgenössischer Chronist endet seine Erzählung, indem er den Freudenbergern seine Anteilname bekundet, aber auch von Strafe spricht: „Der allmächtige Gott verhelf ihnen vor dem Winter zu einem Unterkommen und verschon uns gnädig mit so harter straf."

Johann Moritz von Nassau-Siegen half den hart Getroffenen. Angeblich stammt der Entwurf zum Wiederaufbau vom niederländischen Architekten Pieter Post, der Johann Moritz auch nach Brasilien begleitet hatte. Die Neuanlage zog zwei Konsequenzen nach sich: Die Häuser standen nun einzeln und die hoch gefährdeten Scheunen am Rand des Fleckens.

Für das Gesamtbild ist die Staffelung der Häuserzeilen am Hang von entscheidender Bedeutung. Das Schwarz-Weiß des Fachwerks wird durch manche Einzelheit belebt. Füllhölzer bilden Wilde-Mann-Figuren und Andreaskreuze, Zierstreben schwingen s-förmig aus. Und beim Gang durch die Straßen lässt sich feststellen, dass sich durchaus das eine oder andere farbige Element geltend macht.

Nun gibt es sicher größere und prächtigere Häuser gleicher Bauweise, aber es gibt nur eine Kulisse von solcher Einheitlichkeit: den Alten Flecken Freudenberg.

Autobahnbrücke bei Freudenberg, die A45 (Sauerlandlinie) im Winter

Ausblick auf den Alten Flecken, Fachwerkhäuser aus dem 17. Jahrhundert mit der Evangelischen Kirche im historischen Stadtkern von Freudenberg

Schloss Berleburg

Panorama von Siegen mit dem Oberen Schloss im Winter

DIE RADIKALEN PIETISTEN UND DIE BERLEBURGER BIBEL

Im 18. Jahrhundert bildeten sich viele Gruppen, die den Dogmatismus ihrer Amtskirchen ebenso verabscheuten wie den laxen Glauben der Sonntagschristen. Sie wollten ihren Gott mit dem Herzen suchen und fanden sich erweckt. Da sie in ihrem heiligen Eifer kaum ein Blatt vor den Mund nahmen, galten sie als Gefährder der öffentlichen Ordnung. Es waren interessante, ja brillante Köpfe unter ihnen, aber auch einigermaßen verstiegene Offenbarungsenthusiasten. Und sie alle hatten zu Hause einen schweren Stand. Wer nicht nach Amerika auswanderte, suchte nach einer Zuflucht im Reich.

Zuflucht boten ihnen die beiden Wittgensteiner Grafschaften, vor allem die Berleburger. Wie nirgendwo sonst herrschte hier religiöse Toleranz. Und der Berleburger Graf Casimir (1687–1741) ermöglichte auch, dass die Abweichler ihre Schriften veröffentlichen konnten. Seit 1714 gab es eine Druckerei, deren Erzeugnisse Landesherren und der geistlichen Obrigkeit ein Dorn im Auge waren, aber nicht verboten werden konnten. Das Imprimatur des einen Fürsten genügte, um sie vor der Zensur in anderen Territorien zu schützen.

Die Berleburger Bibel ist das bedeutendste Zeugnis dieser Frömmigkeitsbewegungen, die unter dem Begriff radikaler Pietismus zusammengefasst werden. Ihre acht Bände sind ein imposantes Kompendium, das einerseits eine neue wortgetreue Übersetzung der hebräischen Bibel versucht, andererseits darum herum ein gewaltiges Kommentarwerk aufbaut. Dabei nimmt die (Heilige) Schrift selbst nur ein Zehntel des Textumfangs ein, neun Zehntel sind der Auslegung vorbehalten. Nach den Worten des prominenten Pietisten Jung-Stilling mit gutem Grund: „Denn alle Kommentarien, die man bis daher hatte, waren nach ihrer Sprache von Schulgelehrten verfasst, mithin dem Herzen nicht zugänglich."

SIEGEN UND DAS SIEGER- ALS EISENLAND

Die beiden Siegener Schlösser sind geschichtsträchtiger Boden, auch wenn das beim Unteren Schloss nicht so aussehen mag. Sein Kern ist die Fürstengruft. Johann-Moritz von Nassau-Siegen ließ sie errichten, später sollten seine Gebeine hierhin überführt werden. Er spendete auch der Nikolaikirche ihr „Goldenes Krönchen", das zum Wahrzeichen der Stadt und der Region wurde. Die mutmaßlich spätromanische, öfter veränderte Kirche ist ein Zentralbau, für die sich im ganzen südlichen Westfalen kein weiteres Beispiel aus dieser Zeit findet.

Das Siegerland-Museum im Oberen Schloss widmet auch dem bedeutenden Johann Moritz breiten Raum. Aber in ein Museum für diese Region gehört natürlich die Bergbau- und Wirtschaftsgeschichte. Folgerichtig gibt es unter dem Schlosshof auch ein Schaubergwerk, andere finden sich an authentischen Standorten, also ehemaligen Erzgruben.

Lange waren Eisenerze die Basis der Siegerländer Schwerindustrie. Doch schon die Kelten verhütteten hier das Metall, später galt die Grube Stahlberg im Hilchenbacher Ortsteil Müsen als „Mekka der Bergleute". Und wie in einem Brennspiegel fasst der kurze Weg von Müsen nach (Kreuztal-)Littfeld

Siegen, Oberes Schloss

das bergbauliche Erbe zusammen. Er führt über die ergrabenen Reste der Bergbauwüstung Altenberg zum Naturschutzgebiet bei Burgholdinghausen.

Vielleicht war dieses Altenberg sogar eine wirkliche Stadt, jedenfalls holten seine Bewohner das Blei und Silber aus der Erde. Da blieb nicht aus, dass die Wandersage von Luxusleben und göttlicher Strafe auch hier Station machte. Der große Reichtum führte zu Lästerung und Laster, woraufhin der Herr die Altenberger samt ihrer Stadt untergehen ließ. Die Wissenschaft aber spricht hier „von einer der bedeutendsten mittelalterlichen Bergbausiedlungen Europas".

Das Naturschutzgebiet gleich nebenan schließt auch das ehemalige Grubengelände ein. Hier führt das Zusammenspiel von Erzabbau und Vernässung zu Pflanzengemeinschaften, die eigentlich Welten trennen. Die Schwermetallflora, sonst auf trockenem Boden ansässig, findet sich hier auch in feuchten Bereichen. Und so leuchten die rosa Blüten von Hallers Grasnelke mit den weißen Schöpfen vom Scheidigen Wollgras um die Wette; gut möglich, dass eine solche Partnerschaft in Deutschland ohne Parallele ist.

Kreuztal, Kronprinz-Friedrich-Wilhelm-Erbstollen

Peter Paul Rubens (1577–1640), *Rubens und seine zweite Frau im Garten*, 1631, Öl auf Eichenholz, Alte Pinakothek, München

SIEGEN, DIE SCHWIERIGE GEBURTSSTADT – PETER PAUL RUBENS

Wenn Peter Paul Rubens in seinen letzten Lebensjahren an ein Werk ausführlicher Hand anlegte, musste der Gichtgeplagte einen besonderen Grund haben. Der lag vor, als ihn die domstädtische Kirchengemeinde St. Peter um eine Kreuzigung Petri bat. „Ich habe eine große Liebe für Köln, wo ich bis zu meinem zehnten Lebensjahr erzogen wurde."

Von seinem Geburtsort Siegen hat er nie gesprochen. Gut möglich, dass er selbst über die anrüchige Herkunft nie aufgeklärt wurde.

Vater Jan Rubens war Calvinist und musste 1568 aus seiner Heimatstadt Antwerpen fliehen. Er ließ sich in Köln nieder und war dort der Rechtsberater von Anna von Sachsen, der Ehefrau Wilhelms von Oranien. Wilhelm hatte sich auf die nassauischen Besitzungen der Familie zurückgezogen, Anna hatte bald das pulsierende Köln dem beschaulichen Dillenburg vorgezogen. Hier wohnte sie zusammen mit der Familie Rubens am Rinkenpfuhl.

Offenbar ging die Geschäftsbeziehung von Jan und Anna über das Geschäftliche hinaus. Anna wurde schwanger. Der ahnungslose Jan wurde ins Nassauische gerufen und sofort festgesetzt. Ein Bürgerlicher, der mit einer verehelichten Adligen selbige Ehe brach, hatte nur eins zu gewärtigen: die Hinrichtung. Vorläufig aber saß Jan in einem Dillenburger Gefängnis ein, und nach zwei Jahren wurde er in einer Art erweiterten Haft nach Siegen geschickt.

Spätestens an dieser Stelle singen die Biografinnen und Biografen das Hohe Lied der Gattinnenliebe. Maria Pypelinckx habe sich so flehentlich für den Gatten eingesetzt, dass sie seine Begnadigung erreicht habe. Damit nicht genug, habe sie auch bei Jan in Siegen ausgeharrt.

Und hier kam Peter Paul Rubens 1577 zur Welt. Das Siegerlandmuseum im Oberen Schloss ehrt ihn ausführlich. Zwar nur mit wenigen Gemälden von Rubens' eigener Hand, dafür aber mit einer reichen grafischen Sammlung seiner Werke.

AHRTAL UND SÜDLICHE EIFEL

Weinkeller im Ahrtal

Weintrauben an der Ahr

AHRTAL UND SÜDLICHE EIFEL

Ausgerechnet an diesen Ufern wollte Goethe seine Auffassung bestätigt sehen: „So muss es mir mit Gewalt abgenötigt werden, wenn ich etwas für vulkanisch halten soll. Ich kann nicht aus meinem Neptunismus heraus. Das ist mir am auffallendsten gewesen am Laacher See.“

Damals, im sogenannten „heroischen Zeitalter der Geologie“, herrschte unter den Wissenschaftlern ein erbitterter Streit: Neptunisten (nach dem Meeresgott Neptun) waren der Überzeugung, dass alles Gestein aus Meeresablagerungen entstanden sei. Die Vulkanisten (nach Vulcanus, dem römischen Gott des Feuers) hielten dagegen, Gestein könne sich auch aus dem glutflüssigen Erdinneren bilden.

Gut 200 Jahre ist es her, dass der Laacher See noch zum Kronzeugen für den einen oder anderen Standpunkt taugen konnte. Schon bald aber führte der Neptunismus nur noch Rückzugsgefechte, und der „vulkanische“ Ursprung des Laacher Sees stand außer Zweifel. Heute messen Satelliten, dass sich hier die Erde hebt. Und es gibt Anzeichen dafür, dass sich die Magmakammer unter dem Gewässer wieder füllt.

Sicher ist: Der Ausbruch des Laacher-See-Vulkans vor rund 13 000 Jahren war eine gewaltige Eruption, aus menschlicher Perspektive sogar die „letzte wirklich große Naturkatastrophe in Europa“. In mehreren Phasen ergossen sich rund 20 km^3 Erdinneres und verwüsteten etwa 1300 km^2 Landschaft. Die Lava erreichte den Rhein und staute dessen Wasser an der nördlichen Grenze von Neuwieder Becken und dem Engtal des Unteren Mittelrheins, und ein über 80 km^2 großer See bildete sich. Als der Fluss diese Barriere wieder durchbrechen konnte, muss er eine gewaltige Flutwelle talabwärts geschickt haben. Asche des Laacher-See-Ausbruchs konnte in der Schweiz, in Frankreich und in Schweden nachgewiesen werden.

Die menschliche Perspektive ist hier durchaus von Belang. Denn Menschen müssen Zeugen des Ausbruchs gewesen sein. Im Großraum um den See fanden die Archäologen etliche Gerätschaften, die von der Anwesenheit unserer Spezies schon vor dem Ausbruch zeugen. Nur konnten bisher noch keine menschlichen Opfer nachgewiesen werden.

So liegt es nahe, das Geschehen auf heutige Verhältnisse zu übertragen. Und natürlich hat sich die Sparte Katastrophenfilm dieses Szenario nicht entgehen lassen. Jedenfalls stoßen Nachrichten darüber, dass sich am Laacher See wieder etwas tut, auf großes öffentliches Interesse. Der See, dieses „Loch mit seinen gelinden Hügeln und Buchenhainen“ (Goethe), steht unter Beobachtung.

Ganz so harmlos ist übrigens auch der See nicht. 1870/71 entstand an seinem Ostufer die sogenannte Jesuitenvilla. Hier trugen sich mehrere Todesfälle junger Ordensbrüder zu. Sie alle waren morgens in ihren Betten leblos aufgefunden worden. Die Todesursache blieb damals ungeklärt. Sehr wahrscheinlich aber ist ihnen eine Kohlendioxidvergiftung zum Verhängnis geworden. Das geruchlose Gas war über Nacht aus dem Gewässer aufgestiegen und hatte sich in den unteren Schlafkammern gesammelt.

CHRONIK

Ca. 12 900 v. Chr. Ausbruch des Laacher-See-Vulkans
Ca. 9000 v. Chr. Der letzte Ausbruch des Eifel-Vulkanismus am Ulmener Maar
Ca. 3000 v. Chr. Herstellung der ersten Mühlsteine aus Mayener Basaltlava
5. Jh. n. Chr. Die Römervilla am Ahrweiler Silberberg wird durch einen Hangrutsch verschüttet; sie konnte gut erhalten freigelegt werden.
770 Die Quellen erwähnen erstmals Weinanbau im Ahrtal.
1230 Vollendung der Abteikirche Maria Laach
1697 Beim Abzug der Truppen Ludwigs XIV. aus der Eifel bleibt ein verwüstetes Land zurück.
1927 Einweihung des Nürburgrings
1996 Gründung des Vulkanparks Eifel im Kreis Mayen-Koblenz
2021 Die Hochwasserkatastrophe in der Nacht vom 14. zum 15. Juli trifft auch und besonders das Ahrtal hart. Viele Menschen sterben, die materiellen Schäden sind verheerend.
2021 Der Ausbruch des Laacher-See-Vulkans wird neu datiert: 13 077 Jahre vor heute (mit einer Toleranz von 9 Jahren)

Maria Laach

DIE ABTEIKIRCHE MARIA LAACH

Der Eruptionswall trägt heute entscheidend zur Lieblichkeit der Gegend bei. Bis zum See reicht sein Buchenwald hinunter, und gäbe es den Campingplatz nicht – die weltferne Idylle wäre perfekt. Dass mit der Abteikirche Maria Laach dann noch ein Bauwerk triumphalster Romanik hinzutritt, kommt einem Wunder gleich.

Im Jahr 1093 gründeten der Pfalzgraf Heinrich II. und seine Frau Adelheid ein Kloster, kurz darauf begann der Kirchenbau. 1156 fand die Weihe statt, ohne dass die westlichen Türme ihre Freigeschosse erhalten hatten und das Langhaus eingewölbt war. Und einmal mehr beeindruckt, dass die recht lange Bauzeit die Stimmigkeit der Architektur nicht beeinträchtigt hat.

Von Weitem fällt die Vieltürmigkeit ins Auge: sechs insgesamt, drei im Osten und drei im Westen streben hier himmelwärts. Wirklich eine bewegte Dachlandschaft, wobei der Vierungsturm im Westen schon einen Zug ins Monumentale hat. Die Schmuckfreude am Außenbau stellt die Kirche unter den Horizont der Spätromanik, die vertikalen Elemente des Dekors sind aus dunklem Basalt, der sich gegen den hellen Tuff des Mauerwerks effektvoll abhebt.

Um 1220, also etwas später als die Kirche, entstand das Paradies vor der Westfassade. Dieser Vorhof gilt als Privileg bedeutender Kirchen, und dieser Bedeutung entsprechen vor allem die Kapitelle seines Säulengangs. Bildhauerische Meisterschaft und Erzählfreude kommen hier aufs Glücklichste zusammen. Es gibt kaum einen Zweifel, dass hier ein Steinmetz wirkte, der an der französischen Kathedralplastik geschult war.

Kloster Maria Laach im Mondschein, um 1840, Öl auf Leinwand (Johann Baptist Bachta zugeschrieben)

Im Innern fällt die um 1270 geschaffene Tumba des Stifters ins Auge, dessen Liegefigur das Kirchenmodell in der Rechten hält. Ein Werk von erlesener Schönheit ist der (spätromanische) Baldachin über dem Altar. Die Eigenwilligkeit seiner Formen hat dazu geführt, dass ihn die Restauratoren 1947 um die Galerie brachten. Sie glaubten, es handle sich hier um eine spätere Zutat.

Krypta

Gemündener Maar bei Gemünden, Daun

MAARE

Zunächst einmal muss festgehalten werden: Die Vulkane der Eifel kommen aus zwei verschiedenen Erdzeitaltern. Der tertiäre, ältere Vulkanimus hatte vor rund 40 Mio. Jahren seine Hauptphase, der quartäre Vulkanismus ist nicht älter als 1 Mio. Jahre. Und ausgerechnet die Hohe Acht, eine Vulkanruine aus dem Tertiär, stellt mit 746 m den höchsten Eifelberg. Ins Tertiär gehört übrigens auch die Nürburg.

Aus dieser Zeit sind nur die Erhebungen augenfällig, obwohl es auch damals Maare gegeben hat. Eine dieser Hohlformen war das Eckfelder Maar bei Manderscheid, heute weltbekannt als Fossilienfundstätte. Aber wirklich weltberühmt ist die Eifel doch wegen ihrer vielen Maare aus der späteren Zeit, also aus dem Quartär. Die hiesige Bezeichnung für diesen Vulkantyp ging sogar in die Weltliteratur, vorsichtiger gesagt, in die internationale Fachliteratur ein.

Die Maartrichter wurden in die Umgebung eingesprengt, als das heiße Erdinnere mit Wasser zusammentraf. Später füllte sich dann der Hohlraum mit Grund- oder Oberflächenwasser. Es hat sich allerdings nur noch in 12 der rund 70 Maare gehalten, bei einigen davon blieben die Böden feucht.

Zwei Gruppen verdienen besondere Aufmerksamkeit. Bei Daun liegen das Gemündener, Weinfelder und Schalkenmehrener Maar nahe beieinander. Das Schalkenmehrener ist sogar ein Doppelmaar. Doch ist das östliche beim Ausbruch des westlichen Maars um seine Wasserfläche gekommen, weil es mit dessen Tuffen zugeschüttet wurde. Dafür entstand hier ein Moor, dessen Torf noch bis in die 1950er-Jahre abgebaut wurde.

Das Weinfelder heißt auch Totenmaar. In seiner Nähe liegt ein Friedhof mit einer alten Kapelle. Sie gehörte zum Dorf Weinfeld, das in der Pestzeit aufgegeben wurde. Dieses Ende hat viel zur Faszination des Gewässers und seiner Umgebung beigetragen. Fritz von Wille hat in seinem Totenmaar-Bild die düstere Geschichte atmosphärisch verdichtet.

Das andere Maarzentrum liegt bei Gillenfeld. Die bekannteste Wasserfläche aus dieser Gruppe ist das Pulvermaar, und zwar nicht wegen seiner Größe, sondern wegen seiner kreisrunden Form. Auch seine Tiefe von 71 m hält einen Eifelrekord. Gleich nebenan liegt das Strohner Maarchen. Eine Bohrung stieß hier auf Tuff vom Pulvermaar, es hat demnach ein höheres Alter als der Nachbar. Auch das Strohner Maarchen hat kein Wasser mehr, dafür aber ein Hochmoor.

Ulmener Maar und Jungferweiher sollen den Überblick beschließen. Ersteres gilt als letzter Ausbruch des Eifel-Vulkanismus, ist also jünger als der Laacher See. Der benachbarte Jungferweiher ist ebenfalls ein Maar, nur rund 100 000 Jahre älter. Es wäre heute wohl ein Sumpfgebiet, hätte man hier 1942 nicht den Ulmener Bach aufgestaut. Der nördliche Teil des Weihers ist ein Vogelschutzgebiet und mit den umliegenden Wiesen ein viel besuchter Rastplatz für Zugvögel.

Marmortafeln mit Danksagungen, Kirche von Weinfeld am Weinfelder Maar

Blick auf die Dauner Maare

Rippenfarn

Gemeiner Wurmfarn

Königsfarn

Hirschzungenfarn

Adlerfarn

Riesenschachtelhalm

Keulen-Bärlapp

Waldschachtelhalm

FARNE, BÄRLAPPE UND SCHACHTELHALME

Diese Gruppen haben keine Blüten und Früchte, sie vermehren sich nicht durch Samen, sondern durch Sporen. Ihre Vorfahren existierten schon im Karbon (begann vor ca. 360 Mio. Jahren und endete vor etwa 300 Mio. Jahren). Sie waren allerdings nicht klein wie heute, sondern riesige, baumartige Gewächse. Als große Pflanzen konnten sie die Atmosphäre mit viel Sauerstoff anreichern, das Klima der Erde also entscheidend verändern. Die fossilen Schachtelhalme in den Steinkohlewäldern waren nicht nur von imposanter Höhe, sondern, wie die Abdrücke zeigen, auch von großer Vielfalt. Die Bärlappe werden heute oft mit den Moosen verwechselt, das dürfte auch an ihrer kleinen Größe liegen. Aber so klein sie sind, sie haben auch heute noch ihre eigene Faszination. Nur stehen sämtliche Arten auf der Roten Liste, besonders die Flachbärlappe sind sehr stark gefährdet. Von auffälligerem Wuchs und größerer Artenvielfalt jedenfalls hierzulande sind die rezenten Farne. Aber auch unter ihnen gibt es seltene Arten, zum Beispiel den Königsfarn, dessen Name sein majestätisches Äußeres widerspiegelt. Unter ihresgleichen fällt die rare Hirschzunge aus der Reihe. Sie hat keine gefiederten, sondern ganzrandige Wedel; das hat den Vorteil der leichten Erkennbarkeit. Andere Farnarten lassen sich oft nur schwer voneinander unterscheiden.

Blick auf den Laacher See vom Uferweg

VULKANPARK

Das jüngste Kapitel in der Geschichte des Eifel-Vulkanismus ist die Ausbeutung seiner Hinterlassenschaften. Heute wehren sich die Naturschutzorganisationen nicht mehr ganz so erfolglos wie einst, wenn wieder einmal eine Kuppe angeschnitten oder ein Steinbruch erweitert werden soll. Aber die Ausbeutung hat zwei Seiten, und wenigstens die Geologen sagen, auch eine gute: Sie stößt Fenster auf in die Erdgeschichte. Dass der Eifelraum womöglich die weltweit besterforschte Vulkanlandschaft ist, liegt auch am robust betriebenen Abbau. Mehrere Routen führen an solchen „Aufschlüssen" vorbei. Und mit den Hilfestellungen vor Ort lassen sich auch Betrachter ohne professionelles Interesse für die Wingertsbergwand oder die eiszeitliche Fließfalte am Dachsberg begeistern.

Gleich zwei Geoparke gibt es in der Eifel, die Deutsche Vulkanstraße führt durch beide. Der Geopark Vulkaneifel (UNESCO-zertifiziert) liegt

im Westen des Mittelgebirges um Daun und Gerolstein, im östlicheren Teil befindet sich der (Nationale) Vulkanpark Laacher See. Unter Tage führt der spektakuläre Lavakeller in Mendig. Seine Kavernen dienten früher der Lagerung von Bierfässern, eine ideale Anschlussverwendung.

Weiße Narzisse

Gelbe Narzisse

Schneeglöckchen

Maiglöckchen

Hasenglöckchen

Türkenbundlilie

Milchstern

Einbeere

Blaustern

Schachbrettblume

Märzenbecher

Kleine Traubenhyazinthe

AMARYLLIS- UND SPARGELGEWÄCHSE

Unter den heimischen Amaryllisgewächsen finden sich viele Blütenschönheiten. Aber auch unter den Spargelgewächsen gibt es manchen botanischen Charakterkopf.

Autorennen am Nürburgring, 1928

DER NÜRBURGRING

Seinen Namen hat er nach der Burg in seiner Nordschleife, die einem erloschenen Tertiär-Vulkan aufsitzt. Diese Nordschleife ist der älteste, 1927 eröffnete Teil des Rings, ihretwegen ist die Rennstrecke ein Mythos. Doch sie verdankt sich dem, was im heutigen Behördendeutsch Arbeitsbeschaffungsmaßnahme heißt.

Damals waren die Menschen um Adenau in einer verzweifelten Lage, der Bau des Rings sollte ihnen eine wirtschaftliche Perspektive bieten. Die Mittel aus der „produktiven Erwerbslosenfürsorge" durften allerdings nicht dem Rennsport zugutekommen, jedenfalls nicht ihm allein. Vielmehr sollte der Nürburgring „auch der Automobilindustrie wertvolle Dienste in der Vervollkommnung der Motorfahrzeuge und damit der Allgemeinheit leisten können. Der Bauleitung wurde daher der Auftrag erteilt, das Projekt in erster Linie als denkbar schwierigste Prüfungsstraße auszuarbeiten."

Was die Schwierigkeit anging, wurde der Auftrag übererfüllt. An der Nürburg entstand ein Furcht-und-Schrecken-Parcours; „man hat", schrieb ein englischer Journalist, „wohl einen torkelnden Riesen im Vollrausch losgeschickt, um die Strecke festzulegen". Die Steigungen erreichten hier 17 %, 60 bis 70 Kurven mussten bewältigt werden, es gab Sprungkuppen und Steilkehren. Und heute kaum zu glauben: Bis 1970/71 fehlten hier sogar die Leitplanken.

Ein Mythos zeugt Legenden. Die bekannteste ist die von den (Mercedes-)Silberpfeilen. Sie zeigt, dass es nicht immer schlecht sein muss, wenn der Lack ab ist. Weil 1927 die Wagen nach den neuen Regeln zu schwer waren, kratzten die Betreuer über Nacht die Deckschicht von der Karosserie. Manfred von Brauchitsch siegte im entblätterten Gefährt. Fortan hießen die Boliden des Unternehmens nach dem Glanz der Bleche.

Zum Mythos wurde die Strecke wegen ihrer Gefährlichkeit, und immer schnellere Wagen erhöhten das Risiko. Ihren Zweitnamen verdankt sie dem britischen Rennfahrer (Sir) Jackie Stewart: „Grüne Hölle". Es kam zu tödlichen Unfällen auch erfahrener Fahrer, Niki Lauda überstand den seinen 1976 nur mit schwersten Verbrennungen. Die Formel 1 zog sich vom Ring zurück, schwierige Jahre folgten. Aber 1984 konnte die neue Grand-Prix-Strecke eingeweiht werden, gefeiert als „modernste und sicherste der Welt".

Das wirkliche Elend begann 2009 mit dem gigantischen „Freizeit- und Businesszentrum am Ring". Das Unternehmen scheiterte desaströs. Nur noch ganz Unverdrossene setzen hier auf eine Zukunft, die sich dieser Rennstrecke und ihrer Geschichte würdig erweisen kann.

Mai 1962, 1000-km-Rennen, siebter Wertungslauf der Sportwagen-Weltmeisterschaft bei strömendem Regen. Vorne zu sehen ist der Porsche 718 GTR des Engländers Dan Gurney und des Schweden Joakim Bonnier. Lange Zeit kämpfen sie mit um den Sieg, fallen aber eine Runde vor Schluss mit Getriebeschaden aus.

August 1966, Großer Preis von Deutschland als sechster Lauf der Formel-1-Weltmeisterschaft. Auf regennasser Strecke gewinnt der Australier Jack Brabham das Rennen. Überschattet wird das Rennen von einer schweren Kollision des Engländers John Taylor mit dem belgischen Debütanten Jacky Ickx.

Einer der dominierenden Fahrer der späten 1960er-Jahre war der Engländer Jackie Stewart, hier in seinem Matra-Ford-Cosworth beim Großen Preis von Deutschland 1969. Stewart wird hier Zweiter hinter Jacky Ickx, kann aber am Ende der Saison den ersten seiner drei Weltmeistertitel einfahren.

Winterliche Landschaft im Naturpark Südeifel

SCHNEE-EIFEL UND NATURPARK SÜDEIFEL

Die Schnee-Eifel ist die Verlängerung der Hocheifel nach Westen und zieht sich vom Oberen Kylltal im Norden zum Islek im Süden. In west-östlicher Ausdehnung reicht das Gebiet von der belgischen Grenze bis zum Gerolsteiner Land. Mit Schnee hat die Schnee-Eifel nichts zu tun, vielmehr entstand die Bezeichnung wohl in preußischer Zeit aus dem Namen Schneifel für den Höhenzug in seinem Zentrum. Hier liegt auch der mit 698 m höchste Gipfel, der Schwarze Mann. Nach der Hohen Acht und dem Ernstberg ist dies der dritthöchste Berg der Eifel insgesamt.

Bekannt ist die Schnee-Eifel für ihre abwechslungsreiche Landschaft aus stillen Tälern und sanften Höhen, durchzogen von einem dichten Netz an Wanderwegen. Auf einem dieser Wege lässt sich ein Teil des zwischen 1938 und 1940 angelegten Westwalls erkunden, dessen Bunkerruinen sich auf der ganzen Länge der Schneifel finden.

1964 wurde der deutsche Naturpark Südeifel mit Naturschutzgebieten in Luxemburg zum deutsch-luxemburgischen Naturpark zusammengelegt, wodurch der erste grenzüberschreitende Naturpark Europas entstand. Landschaftlich lässt sich der deutsche Teil des Naturparks in drei Zonen unterteilen. Im Nordteil, der vom Islek gebildet wird, ist das Klima in seinen bis zu 570 m ansteigenden Höhenzügen rau, doch findet sich hier ein breites Spektrum an Lebensräumen. Südlich davon liegt das Bitburger Gutland, gekennzeichnet durch weite Acker- und Wiesenflächen und durch ein deutlich milderes Klima. Ganz im Süden befindet sich das Gebiet des Luxemburger Sandsteins mit seinen über 30 m hohen, schroff abfallenden Felswänden in den Tälern von Prüm und Sauer. An der Sauer liegt auch der kulturell interessante Ort Bollendorf mit dem Schloss Weilerbach und der römischen Villa. Weiter nördlich liegt das Schloss Roth an der Our, ebenfalls direkt an der Grenze zu Luxemburg.

Schloss Weilerbach, Bollendorf

Rotfuchs bei Schneefall in der Eifel

Bäume in der Nähe der Teufelsschlucht

Dreimühlen-Wasserfall

TEUFELSSCHLUCHT

Er soll für die Teufelsschlucht in der Südeifel ebenso verantwortlich sein wie für die Teufelsmauer im Harz oder das Spreewalddelta – der Satan scheint sich in Deutschland von West bis Ost ausgetobt zu haben. Angesichts der mächtigen zerklüfteten Felsbrocken, die sich an den Hängen des Ferschweiler Plateaus auftürmen, erscheint einem die Vorstellung gar nicht mehr so abwegig. Ganze 28 m geht der Pfad über Treppen und Bohlenwege durch die porösen Gesteinsschichten in die Tiefe, an manchen Stellen ist er nur 1 m breit. Gekrönt wird die rund einstündige Wanderung durch die Irreler Wasserfälle: Stromschnellen, die man von der Wanderbrücke hoch über der Prüm am besten bestaunen kann. Natürlich ist die Ursache für die beiden Naturschauspiele deutlich profaner: Schlucht und Wasserfälle sind die Folgen aus der letzten Eiszeit vor gut 10 000 Jahren, als von der Ferschweiler Plateaufläche riesige Felsbrocken aus Lias-Sandstein abbrachen und nach unten stürzten, wobei sie im 170 m tiefer gelegenen Flusstal eine natürliche Staumauer bildeten. Wagemutige durchqueren in den Sommermonaten bei genügend hohem Wasserstand die Stromschnellen mit dem Wildwasser-Kajak, andere Besucher gehen es gemütlicher an und wandern von hier aus auf dem Felsenweg hoch zur Liboriuskapelle, die über dem Sauertal liegt. Seit dem 16. Jahrhundert lebten hier Einsiedlermönche in der unterhalb der Kapelle in den Felsen gehauenen Klause. Für Kinder ist insbesondere der Dinosaurierpark an der Teufelsschlucht interessant.

Übrigens hat der Leibhaftige noch ein anderes Naturphänomen weiter nördlich erschaffen: Das Teufelsloch liegt im Ahrtal. Auf einer (recht anspruchsvollen) Wanderung von Altenahr bis Laach kann man hindurchklettern und sich überlegen, welche der vielen Varianten der alten Legende einem am besten gefällt.

Teufelsschlucht

DREIMÜHLEN-WASSERFALL

Ein Wasserfall, der wächst – das klingt irgendwie absurd, aber genau das tut der Dreimühlen-Wasserfall bei Nohn nahe Hillesheim. Schon vorher war die Stelle ein bemerkenswertes Geotop. Seit dem Ende der letzten Eiszeit hatten hier drei karbonatgesättigte Quellbäche eine massive Sinterbank entstehen lassen, 1912 sollte eine (inzwischen stillgelegte) Eisenbahnstrecke diese drei Bäche überqueren. Kurzerhand wurden die drei zu einem Wasserlauf zusammengefasst und dessen Bett unter dem Gleisbett hindurchgeführt. Jenseits fiel sein Wasser über stark bemoostes Felsgestein 7 m tief in das Tal des Ahbachs, es war ein von Menschenhand geschaffenes Naturwunder: Das Laubmoos im Verein mit Kieselalgen fällt den Kalk aus und bildet eine wachsende Kruste, die sich immer stärker ins Ahbachtal vorschiebt. In den unteren Schichten stirbt das Moos ab, aber an der Oberfläche wächst es weiter, so stürzt der Wasserfall über eine lebhaft grüne Wand in die Tiefe. Der Dreimühlen-Wasserfall (seit 1938 ein Naturdenkmal) zählt zu den meistbesuchten Sehenswürdigkeiten in der Eifel. Oberhalb führt der „Kalkeifel-Radweg“ an ihm vorbei; er nutzt die ehemalige Bahntrasse. Der Weg am Ahbach selbst führt direkt unter den Wasserfall, die Strecke ist hier Teil des Eifelsteigs. Der Wasserfall könnte den Fans der Eifel-Krimis auch beim Lesen begegnet sein – als Schauplatz eines Verbrechens. Deshalb ist es nur folgerichtig, dass auch der Eifelkrimi-Wanderweg hier vorbeiführt.

Wald bei Kalenborn

Regierungsbunker

DER BUNKER

Zwischen zwei riesigen Weinbergen liegt das ehemalige Staatsweingut Marienthal. Quasi eingezwängt zwischen den Bergrücken ist das Natursteinensemble noch heute ein Eyecatcher. Man möge sich vorstellen, dass irgendwann in den 1980er-Jahren hier eine endlose Reihe schwarzer Limousinen vorbeifährt. Die hochmotorisierten Wagen schlängeln sich noch ein paar Hundert Meter zwischen den Hügeln empor, bis sie zu zwei Eingängen der besonderen Art kommen. In den Autos befinden sich die Mitglieder der Bundesregierung und etliche Mitarbeiter. Sie sollten, wenn es brenzlig wird, schnell die 25 km aus Bonn hierherkommen. Links und rechts von ihnen erstreckt sich nach dem Aussteigen der größte Atombunker der Welt. Die Damen und Herren verschwinden im Berg. Dann bewegt sich ein 25 Tonnen schweres, kreisrundes Stahltor. Es gibt vier von diesen „MAN-Toren", jeweils am Ende und am Anfang der beiden Tunnelanlagen mit einer Gesamtlänge von 17,3 km. Waren die Tore geschlossen, durfte niemand mehr rein. Aber der Bunker wurde nie genutzt!

Der Regierungsbunker, interne Bezeichnung Dienststelle Marienthal, ist das Schrillste der Bundesrepublik Deutschland. Mit skurriler Geheimhaltung wurde in der Zeit zwischen 1960 und 1972 eine nicht fertiggestellte Bahnlinie aus dem Ersten Weltkrieg zu einer gigantischen Unter-Tage-Welt ausgebaut. Es wurde das teuerste Bauprojekt des Landes. Der Auftrag: Die Regierung sollte zwei Wochen nach dem atomaren Overkill weiterregieren können. Für die Zeit danach gab es keine Planungen.

Nach der Wiedervereinigung und dem Zusammenfall der Sowjetunion reduzierte sich die Zahl der Bunkerbefürworter, und das Monstrum wurde aufgegeben. Die unternommenen Anstrengungen wurden zur Farce angesichts der Tatsache, dass niemand den Bunker besser kannte als der potenzielle Gegner. Das wurde nach der Grenzöffnung schnell klar.

Dennoch war die Doppelstockanlage mit ihren Hallen, Bahnen, Operationssälen, der Einsatzzentrale und dem Fernschreiberraum ein vielleicht nicht unwichtiges Teilchen im gefährlichen Schwebezustand des Kalten Krieges, der immerhin nie zu einem wirklichen Krieg zwischen den Blöcken wurde.

Das Museum „Dokumentationsstätte Regierungsbunker" liegt am östlichen Ende der Anlage, oberhalb der Römervilla von Bad Neuenahr-Ahrweiler. Auf 203 m des ursprünglichen Bunkers werden die Dimension und die Funktion in 90-minütigen Führungen erläutert. 2009 wurde der Regierungsbunker von der Europäischen Kommission zum Kulturerbe erklärt.

Schloss Bürresheim bei Mayen

MÜNSTERMAIFELD UND MAYEN

Das Maifeld ist eine untypische Eifelgegend, es wirkt wie eine fremde, fast befremdliche Landschaft. Ihr sanft bewegtes Relief rechnen manche noch zum Mittelrheinischen Becken. Die fruchtbaren Böden tragen im Sommer ein Weizen-, zumindest aber Getreideblond. Wenn Raps angebaut wird, geschieht das ebenso raumgreifend, und dessen Blüte ist bekanntlich so gelb, dass die Farbe keine Verdeutlichung braucht.

Gut in diese Fremdartigkeit fügt sich die ehemalige Stiftskirche von Münstermaifeld. Ihre Autorität lässt sie bei der Anfahrt von Westen her sehen. Dieses um 1120 entstandene „Westwerk" hat seinesgleichen nicht. Die runden Flankentürme eskortieren einen viergeschossigen, ebenfalls so gut wie schmucklosen Wandaufbau. Und zu allem Überfluss nimmt das Ganze auch noch ein Ende mit Zinnen, die allerdings samt gotischem Obergeschoss erst im 14. Jahrhundert hinzugefügt wurden. Die Turmspitze versteckt sich im Zinnenkranz, als sei sie für das Erscheinungsbild nicht zuständig.

Dahinter wurde Mitte des 13. Jahrhunderts allerdings neu gebaut, und so reicht das eher gedrungene Langhaus auf beiden Seiten über den Westbau hinaus. Der Neubau begann offenbar beim Chor, dessen Zug in die Höhe die Gotik ankündigt.

Offenbar hat das Rathaus die Brandschatzung durch Louis-François de Boufflers halbwegs heil überstanden. Seine Truppen hatten zuvor schon Koblenz übel zugerichtet, 1690 fiel ihnen Münstermaifeld zum Opfer – offenbar nur, weil der Kommandeur es mit Münstereifel verwechselt hatte.

Zentrum der Region ist Mayen. Seine mittelalterliche Stadtbefestigung war bis 1944 vorzüglich erhalten, noch heute lässt sie den fast kreisrunden Bering ahnen. Die Stadt gedieh nicht zuletzt deshalb, weil hier außer der Basaltlava auch noch Schiefer abgebaut werden konnte.

Der Wohlstand ihrer Bürger ging mit dem Ruf besonderer Wehrhaftigkeit einher. Sie schloss der Sage nach auch die Bürgerinnen mit ein. Die Frauen boten anno 1673 der Übermacht französischer Belagerer zwar nicht die Stirn, wohl aber bei aufgeschürzten Röcken ihre Rückansicht. Das habe den Feind so verwirrt, dass die kümmerliche trierische Schutztruppe ein Ausfall wagen konnte, im Rücken der Belagerer auftauchte und die heillos

Die Genovevaburg mit Goloturm, Mayen

verwirrten Franzosen zum Abzug nötigte. Aus dieser Zeit soll der Trostspruch stammen: „Henne erüm hat Maye jewunne".

Die Genovevaburg war einst Teil der Stadtbefestigung. Sie konnte dem trierischen Stadtherrn im Bedarfsfall als Zwingburg dienen, das jedenfalls lässt ihre Lage im Südwesten der Befestigung vermuten. Sie sieht älter aus, als sie ist, aber nach gut 100 Jahren sehen die damals neuen Teile ebenfalls nach ehrwürdiger Vergangenheit aus. Dass die Burg heute ein so schlüssiges Erscheinungsbild bietet, ist das Verdienst eines einzigen Mannes. Arend Scholten ließ sie nach einem Brand wieder herrichten. Auch der Vorläufer des heutigen Eifelmuseums konnte im Marstall unterkommen.

Münstermaifeld, Stiftskirche St. Martin und St. Severus

Legende der Genoveva von Brabant, Altarbild, 1667

DER GENOVEVA-ALTAR ZU FRAUKIRCH

Einst saßen auf ihrer nahen Burg Pfalzgraf Siegfried und seine Gemahlin Genoveva von Brabant. Während der Abwesenheit des Pfalzgrafen führte Statthalter Golo das Regiment – seinen Namen trägt heute der Bergfried – und bedrängte Genoveva. Als sie ihn abwies, bezichtigte er sie bei Siegfrieds Rückkehr des Ehebruchs. Der Pfalzgraf verstößt die Gattin und befiehlt ihren Tod. Der Henker bringt es nicht übers Herz, die Frau zu erdolchen und lässt sie im tiefen Wald frei (ja, das ist das Schneewittchen-Motiv), wo sie mit ihrem neugeborenen Sohn in einer Höhle lebt.

Diese erstaunlich bunte Retabel aus dem Barock zeigt oben den (sechsjährigen) Sohn der Genoveva, den sie im Wald zur Welt gebracht hat. Auf der Ebene darunter ist die Verstoßene selbst zu sehen. Natürlich darf weder die Hirschkuh noch die Himmelskönigin selbst fehlen: Sie gab der Hindin den Auftrag, mit ihrer Milch Mutter und Sohn zu nähren. Als der Ehemann Genoveva wiederfindet, überzeugt ihn die wunderbare Rettung von ihrer Unschuld.

Der entlarvte Golo wird grausam zur Rechenschaft gezogen. Seine Bestrafung stellt die Hauptszene des Retabels dar. Um seine Hände und Füße ist jeweils ein Seil gebunden, an dessen anderem Ende die Ochsen ihre Zugkraft bewähren werden. Der Henker mit dem Schwert an Golos Seite zeigt an, dass es bei der Vierteilung nicht bleiben muss. Die Arbeit ist keine große Schnitzkunst, aber von unbändiger Erzählfreude.

Basilika St. Salvator der Benediktinerabtei Prüm

BLICKE INS LAND

Der großen Versuchung, den ganzen Fächer der südlichen Eifel aufzuschlagen, müssen wir widerstehen. Unbedingt ein Streiflicht aber muss auf Monreal fallen. Es ließe sich als Pendant zu Monschau beschreiben, hier wie dort gab es im 18. Jahrhundert ein florierendes Tuchgewerbe. Auch Monreal durchzieht ein munteres Flüsschen, und das Fachwerk zu beiden Seiten dieser Elz sucht seinesgleichen. Ein ungewöhnliches Bildwerk, eines von hohem künstlerischen Rang, ziert die mittlere der drei Monrealer Brücken. Nicht der allgegenwärtige Johannes Nepomuk, sondern die vier wunderbar getroffenen Löwen um einen achteckigen Pfeiler sind damit gemeint. Wahrscheinlich stand die spätgotische Plastik einst auf der großen Burg, die hier so genannt werden muss, weil es auch noch ein kleine gibt. Mit einem Satz: Eine solche Kulisse auf so kleinem Raum ist, wenn nicht eine Reise, dann ganz sicher einen Abstecher wert.

In Prüm dagegen dürfen sich die Besucher vom Mantel der Geschichte berührt fühlen. Das Kloster erlebte seine Blütezeit unter den Karolingern, hierhin zog sich Kaiser Lothar I. 855 zurück, um sein Leben als Mönch zu beschließen. Doch erst der große Balthasar Neumann ließ ein wenig von dem Glanz der frühen Zeit aufleben. Allerdings blieb auch sein Entwurf zu den Abteigebäuden großenteils unausgeführt. Dafür entschädigt die Schaufront mit ihrem Mittelrisalit. Diese Nordpartie war als Palast für die Trierer Fürstbischöfe gedacht, mit entsprechend großer Gebärde präsentieren die beiden Löwen im Prunkgiebel die Wappen zweier Trierer Fürstbischöfe.

Hoch über dem Kylltal erhebt sich Schloss Malberg. Johann Werner von Veyder (1657–1723) beauftragte Matteo Alberti mit dem Ausbau der Anlage. Der gebürtige Venezianer stand in der Tradition Palladios und sollte damals im Auftrag seines Kurfürsten aus Düsseldorf eine glanzvolle Residenz erschaffen. Hier gestaltete er zunächst die bestehenden Teile um, ehe er mit dem Arkadenbau seine eigene Handschrift zeigen konnte. Zum großen Bedauern der Architekturenthusiasten verfiel Malberg lange vor sich hin, nun wird sein imposantes Erscheinungsbild Schritt für Schritt wiedergewonnen. Zu ihm gehören auch der „eiserne" und der „runde" Garten, die beide im 18. Jahrhundert angelegt wurden, ersterer von Alberti selbst.

Aufseiten der Natur schlagen die orchideengesättigten Magerrasen der südlichen Kalkmulden oder des Bitburger Gutlands besonders zu Buche, aber auch das Ferschweiler Plateau. Zu ihm gehört das Siegelwort „geheimnisumwittert", daran haben Denkmäler wie das Fraubillenkreuz ihren Anteil. Der obere Teil eines vorzeitlichen Menhirs wurde in frühchristlicher Zeit zum Kreuz umgearbeitet und so in den Dienst der neuen Religion gestellt.

Eine gewaltige Befestigung an der Südspitze der Hochfläche wird in die späte Bronzezeit datiert. Als spektakulär tiefer Riss im Luxemburger Sandstein zeigt sich die Teufelsschlucht. Dieser Riss ließ kaum einen anderen Schluss zu, als dass hier der Teufel seine Hand im Spiel hatte. Und angesichts der Felstrümmer, die immer mit ihrem Sturz zu drohen scheinen, kann es jedenfalls nicht schaden, höllisch aufzupassen.

Schloss Malberg

Monreal

Weinberge bei Mayschoß
im Ahrtal im Herbst

DER ROTWEIN UND SEIN WANDERWEG

Der Weg führt flussaufwärts von Bad Bodendorf bis zur Burgruine Are hoch über Altenahr. Eröffnet wurde er 1972, zu einer Zeit, als das Wandern noch nicht neu entdeckt war und niemand seinen Mitmenschen übertrieben anspruchsvolle Strecken zumuten mochte. Die 35 km sind also gut ausgebaut mit der Folge, dass der Publikumsverkehr etappenweise erhebliche Ausmaße annimmt.

Für den gewissenhaften Wanderer ist der Weg insofern das Ziel, als er dem Ahr-Rotwein die Ehre erweist. Die blauen Trauben haben hier das deutschlandweit größte zusammenhängende Anbaugebiet. Das war nicht immer so, bis ins 17. Jahrhundert regierten auch hier die weißen Sorten.

Der hiesige Rote führte hier lange ein Schattendasein, milde belächelt von den sogenannten Kennern. Schon die nördliche Lage weckte Misstrauen. Zwar mündet die Ahr in den Rhein, aber ihr starkes Gefälle führt rasch auf Höhen, die den Argwohn zu bekräftigen schienen. Für das Ahrtal sprechen jedoch erstens seine Lage im Regenschatten und zweitens seine Schieferböden. Sie speichern die Wärme und behalten sie lange bei. Nur die Maifröste können den Reben zu schaffen machen. Die abschätzigen Stimmen sind verstummt. Es gibt hier einige Winzer von sehr gutem Ruf, die für ihre Gewächse ordentliche Preise auf dem Markt durchsetzen können. Lagen wie Dernauer Hardtberg, Heimersheimer Landskrone oder Altenahrer Eck haben einen verheißungsvollen Klang. Übrigens sitzt mit Mayschoss-Altenahr hier auch die älteste deutsche Winzergenossenschaft.

Rebstöcke in Terrassenlage,
Mayschoß, Ahrtal

Wandern im Ahrtal

Die Nepomukbrücke in Rech ist die älteste noch erhaltene Brücke über die Ahr

Auf der Höhe von Walporzheim endet das untere Tal der Ahr, nun werden die Hänge steiler. Doch die vermutlich kleinste Einzellage der Republik verdankt ihre hohen Mostgewichte einem aufgelassenen Steinbruch. Diese Walporzheimer Gärkammer gehört einem Winzer allein.

Neben dem Spätburgunder wird an der Ahr auch der etwas heiklere Frühburgunder angebaut. Dass er früher reift, tut seinem vollen Aroma keinen Abbruch.

STRAUSSWIRTSCHAFT

So heißen sie am Rhein und an der Ahr, anderswo ist der Name Häckerwirtschaft (in Franken) oder Besenwirtschaft (in Baden-Württemberg) gebräuchlich. Auch heute zeigen ein schlichter Reisig-Besen oder ein schmuckloser Kranz den geöffneten Ausschank an, aber auch da gibt oder gab es regionale Unterschiede. Und weil es ein Strohwisch auch tut, sollte niemand bei diesem einen „Strauß" Blumen erwarten.

In den Straußwirtschaften darf der Winzer seinen Wein selbst vermarkten, und zwar nur den eigenen. Das hat eine lange Tradition. Ihre Anfänge liegen im Dunkeln, und das oft herangezogene Capitulare de villis verdankt die Zeugenschaft einem Übersetzungsfehler.

Es gibt Ausnahmen, aber in der Regel fällt eine Straußwirtschaft nicht unter das steuerliche Fallbeil, das den Vornamen Gewerbe trägt. Da nehmen die Betriebe gern in Kauf, von der eigentlichen Arbeit abgehalten zu werden. Allerdings gibt es jahres- und uhrzeitlich begrenzte Öffnungszeiten. Im Zweifelsfall sollte das Internet zurate gezogen werden.

Zur eher rustikalen Ausstattung einer solchen Wirtschaft gehören robuste Imbisse. Auch außerhalb des Rheingaus oder Rheinhessens wissen heute die meisten, welches Instrument beim „Handkäs mit Musik" die Geräusche macht. Hoch im Kurs stehen Zwiebel- und Flammkuchen, der Winzerbraten ist ein kräftig gewürztes Stück Schweinehals.

Aber die Gäste einer Straußwirtschaft legen auf Komfort und feine Kühe keinen gesteigerten Wert. Ihnen genügt es, an der Quelle zu sitzen. Und es gibt (auch an der Ahr) durchaus Wirtschaften, die einen guten Tropfen ausschenken. Dann gibt es kaum etwas Schöneres, als unter einem Sonnensegel im Hof eines Weinguts zu sitzen, während der gut gekühlte Weiße oder der wohltemperierte Rote (16 Grad) im Glas schimmern.

MOSELTAL

Beilstein

Moselbauer in Beilstein auf dem Weg zur Arbeit im Weinberg, 1930er-Jahre

MOSELTAL

Die Ermittlungen der Namensforscher führen wieder einmal zu keinem eindeutigen Ergebnis: Entweder kommt Calmont vom lateinischen „Mons calidus“, gleich warmer Berg, oder vom keltischen „kal“, gleich hart, was sich in Richtung Felsenberg deuten ließe.

Diese Unentschiedenheit steht sehr im Gegensatz zur Statur dieser gebogenen Wand. Sie ist ein Prallhang sondergleichen. Und in dieser stark gekrümmten Moselschleife liegt ihr ein Gleithang gegenüber, der sich ebenfalls eindrucksvoll nennen lässt, jedenfalls im Rahmen seiner Möglichkeiten als Gleithang.

Die Flussschleife verdeutlicht noch einmal das Amphitheatralische des Calmonts. Zwischen Bremm und Ediger-Eller erreicht sein Grat 360 Höhenmeter. Das klingt erst einmal nicht aufregend, aber der Abstand zum Talgrund beträgt 293 m, und die Felsmauer stößt förmlich in die Tiefe hinab. So zählen die Weinlagen am Calmont zu den steilsten Europas, womöglich können sie den Superlativ sogar für sich allein beanspruchen.

Für den Calmont selbst aber lag die Idee nahe, einen Klettersteig einzurichten. Trittbügel, Leitern und fixierte Stahlseile helfen, die heikelsten Partien zu meistern. Der eine oder andere hat im Internet angedeutet, dass so viel Steighilfe ein wenig zu viel des Guten sei. Aber mancher hat auch schon der Monorackbahn einen begehrlichen Blick zugeworfen, die den Klettersteig an einer Stelle kreuzt. Nur sollte festes Schuhwerk für den Moselalpinisten selbstverständlich sein.

Oben findet sich das bekannteste Symbol des christlichen Glaubens, das sich hier leicht als Gipfelkreuz verstehen lässt. Allerdings macht der Weinausschank daneben klar, dass sich die Calmont-Höhe auch bequemer erreichen lässt. Jedenfalls stößt die gastliche Stätte auch den Kletterer mit der Nase auf das eigentliche Thema: Die Weine von den Calmont-Hängen. Ihr schiefriger Untergrund ist ideal für den Riesling-Anbau, und eigentlich formuliert schon das schroffe Gelände den Auftrag zu „großen Gewächsen“. Bei der mühsamen Arbeit in den extremen Steillagen darf einfach kein Allerweltstropfen herauskommen.

Neben dem Kreuz gibt es auch eine heidnische Kultstätte. Im 2. Jahrhundert n. Chr. entstand hier oben ein gallo-römischer (Umgangs-)Tempel, der gute 200 Jahre lang von den Gläubigen besucht wurde. Nachdem die Archäologen seine Grundmauern freigelegt hatten, wurde das heidnische Heiligtum komplett nachgebaut. Bekanntlich fördert der Blick ins Weite die Andacht, damals muss der Tempel noch freigestanden haben. Heute ist sein Remake von Busch und Baum umstellt. Aber das tut der Anziehungskraft offenbar keinen Abbruch.

Natürlich lockt die Aussicht nach oben. Und dank der ausgeprägten Mäander suggeriert sie einen Vierseenblick. Vor Augen aber liegt auch der Gleithang gegenüber mit seiner eindrucksvollen Kirchenruine des einstigen Augustiner-Chorfrauenstifts Stuben.
Im Herbst färbt das Weinlaub sein Umfeld bunt. Im Frühling jedoch wird die Aussicht untermalt von der Weinbergs-Pfirsichblüte. Ihr zartes Rosa ist – gerade im Kontrast zum Felsenbraun der Hänge – eine Augenweide. Noch mehr interessieren die Früchte. Aber damit müssen wir den Leser auf das Ende des Kapitels vertrösten.

CHRONIK

6. Jh. v. Chr. Das keltische Volk der Treverer siedelt im Moselraum.
17 v. Chr. Wahrscheinliche Erhebung Triers zu „Augusta Treverorum“
306–316 Unter Kaiser Konstantin dem Großen ist Trier Residenz des weströmischen Reichs.
1105 Erste Erwähnung der „Reichsburg Cochem“
1307 Mit Balduin von Luxemburg tritt Kurtriers mächtigster Fürst die Herrschaft an.
1788 Der „Kurfürstlich-Trierische Landkalender“ empfiehlt den Anbau von Riesling.
1958–64 Die Mosel wird zur Großschifffahrtsstraße ausgebaut.
1986 Triers römische Denkmäler und ihre christlichen Nachfolgebauten werden ins UNESCO-Welterbe aufgenommen.

Moselschleife, Aussicht
vom Calmont Bremm

DIE MOSEL – EINE KLEINE FLUSSGESCHICHTE

Heute fließt die Mosel auch durch die Länder Frankreich und Luxemburg, bevor sie nach 544 km in Koblenz in den Rhein mündet. Besungen aber wurde sie schon zur Römerzeit. Decimus Magnus Ausonius schrieb seine Mosella 371 n. Chr. Er lobt übrigens das köstliche Wasser des Flusses, wozu sich der heutige Leser seinen Teil denken muss.

Doch ganz im Gegensatz zum Mittelrhein, der ihr doch in vielem ähnlich ist, hat sich keine Moselromantik herausbilden können. Böse Zungen behaupten, die Poeten hätten sich so auf den Wein konzentriert, dass sie für die Gegend kein Auge mehr hatten. Kurt Tucholskys lapidares „Wir soffen uns langsam den Fluss hinab" scheint das zu bestätigen.

Auf deutschem Gebiet fallen die starken Mäander ins Auge. Sie blieben erhalten, als die Mosel ab 1958 zur „Großschifffahrtsstraße" mutierte. Es hatte schon früher Eingriffe ins Flussregime und auch Pläne für ihren Ausbau gegeben. Doch 1934 wurde die (große) Schifffahrt ganz eingestellt, die Eisenbahn hatte ihr den Rang abgelaufen. Jetzt wurde sie auf ihrer schiffbaren Länge (394 km) konsequent kanalisiert und in 38 Staustufen „zerlegt".

Ein Zugeständnis an die natürlichen Verhältnisse waren die Fischpässe an den Staustufen. Sie haben in der Vergangenheit ihre Aufgabe kaum erfüllt, die neuen Passagen sollen den Fischen bessere Dienste leisten. Mit der Verbesserung der Wasserqualität seit 1980 hat sich die Fischfauna wieder belebt. Das Informationszentrum „Mosellum" an der Koblenzer Staustufe, genauer an ihrem Fischpass, bietet einen guten Ein- und Überblick.

Weinfest, Zell an der Mosel, 1950er-/1960er-Jahre

Weinberge in Steillage bei Neef

Altes Bäckerhandwerk – Brotkörbe und Brotschieber vor einem Backhäuschen

Malzbrot

Franzbrötchen mit Zimt

Malzbrot mit Haferflocken

Vollkornbrötchen

Schwarzbrot

Graubrot

Geflochtenes Brot mit Samen

Hefe-Milchbrötchen mit Hagelzucker

Röggelchen

Brötchen mit verschiedenen Kernen und Samen

Dinkelbrot

Roggenbrot

Dinkel-Sesam-Brot

Osterbrot aus Hefeteig

Verschiedene Brotlaibe

Schwarzbrot

Pumpernickel

Brötchen, dunkel und hell

Laugenbrötchen

Mohnbrötchen

Körnerbrötchen

DEUTSCHES BROT

„Das Einzige, was ich in Paris wirklich vermisse, ist das deutsche Brot", soll Romy Schneider einmal gesagt haben, und da ist sie nicht die Einzige. Denn man hat herausgefunden, dass jeder vierte deutsche Auslandstourist Brot im Gepäck hat, wenn er das Land verlässt.

Und wenn es darum geht, welches sie in den Koffer packen, haben die Deutschen eine so große Auswahl wie niemand sonst in der Welt. 3200 Brotsorten sind im deutschen Brotregister verzeichnet, bzw. Brotspezialitäten, wie es der Zentralverband des Deutschen Bäckerhandwerks angesichts der Vielzahl an möglichen Rohstoff- und Herstellungsvarianten selbst nennt. Roggen-, Weizen-, Hafer-, Dinkel- oder Mischbrote – und das alles in einem Dutzend verschiedener Formen und mehreren Größen. Und dann können die alle auch noch mit Nüssen, Ölsaaten, Früchten, Kräutern und sogar Gemüse versetzt sein!

Das führt natürlich zu der Frage, warum sich gerade in Deutschland eine solche Vielfalt an Brotsorten entwickelt hat. Eine Frage, auf die es gleich mehrere Antworten gibt: Zunächst sind die hiesigen Umwelt- und Anbaubedingungen zu nennen. Unterschiedliche Böden haben, ebenso wie unterschiedliche klimatische Bedingungen, für unterschiedliche Getreidesorten gesorgt, die im Norden und Süden Deutschlands jeweils vorherrschen: Roggen im Norden, Dinkel und Weizen im Süden. Roggenbrote brauchen die Zugabe von Sauerteig, was wiederum zu einer größeren Varianz bei den Sorten führt, weil sich der Sauerteig auf ganz unterschiedliche Weise behandeln lässt. Wie bekannt, und dies ist der zweite Faktor, war Deutschland früher ein sehr bunter Flickenteppich von kleineren und größeren Territorien, die sich bis noch vor 150 Jahren auch in der kulinarischen und handwerklichen Entwicklung nebeneinanderher entwickelten, so auch in der Backkultur. Durch wandernde Bäckergesellen konnten sich die vielen Brotrezepte in der Folge über ganz Deutschland verbreiten, woraus wieder neue Kombinationen entstanden. Die Wanderschaft, auf die die deutschen Bäckergesellen gehen mussten, konnte mehrere Jahre dauern, was für einen regen und befruchtenden Austausch unterschiedlicher Backtraditionen sorgen musste. Und schließlich dürfte die Vielfalt der Brotsorten auch etwas mit einer besonderen Offenheit der deutschen Verbraucherinnen und Verbraucher zu tun haben. Sie sind immer sehr neugierig und aufgeschlossen, wenn es gilt, einem neuen Brot eine Chance zu geben. Das galt für den Chia-Trend der vergangenen Jahre ebenso wie den der Brote aus Urgetreidesorten wie Emmer, Dinkel oder Einkorn.

Es gibt also viele Gründe, auf das deutsche Brot stolz zu sein. Dennoch ist diese Vielfalt und auch die Qualität zunehmend bedroht von einer weiteren deutschen Eigenheit: der übertriebenen Sparsamkeit, wenn es um die Ausgaben für Lebensmittel geht. Billiges Brot vom Discounter und die Billigbackshops, die wie Pilze aus dem Boden schießen, verdrängen noch immer qualitativ hochwertigeres und solide produziertes Backwerk aus den traditionellen Bäckereien – ein trauriger Trend, der auch von der Aufnahme der deutschen Brotkultur ins Verzeichnis des UNESCO-Weltkulturerbes bisher nicht gestoppt werden konnte.

Traubenlese, Monorackbahn am Bremmer Calmont, Weinanbau in Steillage, Europas steilster Weinberg zwischen Bremm und Cochem-Zell, Mittelmosel

ARBEIT IM WEINBERG

Auch hierzulande wird die Mitarbeit der Natur immer stärker betont (Stichwort: Terroir). Doch bleibt für den Winzer Arbeit genug, und ein gestiegener Qualitätsanspruch verlangt noch mehr Einsatz (Stichwort: Ertragssteuerung). Das Winzerjahr beginnt gleich unter erschwerten Bedingungen: mit dem Rückschnitt der Reben im Januar und Februar. Bei oft grimmiger Kälte wird das zähe Altholz entfernt und die Fruchtruten werden ausgewählt. Das sind immer öfter nicht mehr als zwei. Die Arbeit muss von Hand getan werden, entsprechend hoch ist der Zeitaufwand.

Im März und April „bluten" die Reben aus ihren Schnittwunden. Jetzt werden die Fruchtruten so gebogen und gebunden, dass die Triebe gleichmäßig versorgt werden können. Maschinen lockern den Boden auf, die Rebzeilen werden gedüngt und begrünt. Der Pflanzenschutz ist eine viel diskutierte Notwendigkeit. Dieser Eingriff beim Austrieb (Ende April/Anfang Mai) muss mehrmals wiederholt werden.

Ende Juni blühen die Reben, und auf Seite der Natur sollte sich ihre Blüte nicht zu lange hinziehen. Um auf seiner Seite die Qualität zu steigern, bricht der Winzer jetzt die unerwünschten Triebe aus. Schon vorher muss er ein besonderes Auge auf das Laub haben. Das dichte Blattwerk muss ausgedünnt werden, denn zu ihrer Entwicklung brauchen die Trauben viel Licht. Andererseits müssen sie auch vor zu starker Sonneneinstrahlung geschützt sein.

Juli und August sind die Monate der sogenannten „Grünen Lese". Nun, bei ungefährer Erbsengröße der Früchte, werden die schwach entwickelten Trauben herausgeschnitten, um die gut entwickelten optimal zu fördern. Im Spätsommer lässt sich der Zuckergehalt messen, und dann kommt der große Moment der Lese. Für die Handarbeit spricht die genauere Selektion. Dort, wo es das Bodenrelief zulässt, werden auch Vollernter eingesetzt.

Ehe es in die Winterruhe geht, sollte als letzter Arbeitsschritt der Boden gelockert werden, den die Tritte der Lesenden verfestigt haben, vom Vollernter ganz zu schweigen.

Traubenlese an der Mosel

Wirtschaftswege in den herbstlichen Weinbergen von Schweich an der Mosel

RIESLING

Es gibt zwar auch einen Roten Riesling, aber die bekanntere Sorte heißt nur Riesling und hat „weiße" Trauben, vermutlich wirkten Wilder Wein (heute nur noch im Oberrheingraben vertreten) und die Sorte Traminer zusammen. Später kam wohl der Heunisch hinzu, der dem Riesling Stabilität verlieh. Seine späte Reife deutet auf die Nähe zum Wilden Wein hin. Meist wird angenommen, dass die Sorte am Rhein entstanden ist und sich von hier in die anderen Weinbaugebiete verbreitete.

Der erste urkundliche Nachweis stammt aus dem Maingebiet. 1435 kauft der Rüsselsheimer Verwalter des Grafen Johann IV. von Katzenelnbogen für 22 Solidi „seczreben rueßlingen". Aus diesem Jahrhundert gibt es einige Erwähnungen mehr, doch anscheinend wurde die Sorte mit einer gewissen Reserve aufgenommen. Geringe Erträge und eine späte Ernte standen einer weiten Verbreitung wohl im Weg. Das änderte sich gründlich. 1747 ließen die Fuldaer Fürstäbte ihre Rheingauer Weinberge um das Schloss Johannisberg neu bepflanzen. Jetzt war der Riesling die Rebe ihrer Wahl. 1788 empfiehlt ihn der „Kurfürstlich-Trierische Landkalender". Allerdings wird die Sorte erst im nachfolgenden Jahrhundert hier ihren Siegeszug antreten. Heute ist die Mosel weltweit größtes Riesling-Anbaugebiet. Doch sollte dieser Superlativ um ein „zusammenhängend" erweitert werden, in der Bundesrepublik verfügt die Pfalz über mehr Anbaufläche.

Gemeinsam ist den Rieslingen die betonte Säure; manche nehmen dies zum Anlass, seinen Namen von „reißend" herzuleiten. Aber die Sorte hat je nach Wuchsgebiet ein weites Geschmacksspektrum. Auch beim Riesling ändert sich über die Jahre das Bukett, von der anfänglichen Zitrusnote hin zu Pfirsich oder Aprikose.

Der Riesling entfaltet sein Potenzial auf den steilen, besonnten Hängen der nördlicheren Regionen. Deshalb wurde im Rahmen des Klimawandels schon hier und da die Besorgnis laut, dass sein Anbau weiter nach Norden wandern müsse. Wo dann aber die Hänge fehlen.

Rieslingtrauben

Rebstöcke mit Herbstlaub, Ellenz-Poltersdorf

J. M. William Turner (1775–1851),
Die Porta Nigra, Trier, um 1839,
Deck- und Wasserfarbe auf blauem
Papier, Tate Britain, London

RÖMISCHES TRIER

Die römische Vergangenheit Triers ist heute noch im Stadtbild gegenwärtig. Sichtbarstes Zeugnis ist die monumentale Porta Nigra. Das Stadttor entstand um 180 als Teil der antiken Umwehrung. Die Mauer fasst 285 ha Fläche ein, damit war Trier die größte römische Stadt diesseits der Alpen. Ein paar Jahrzehnte früher war schon die (zweite) Moselbrücke entstanden, auch sie führt, wenn auch später wesentlich verändert, bis heute über den Fluss. Auf Kaiser Konstantin den Großen, unter dem Trier ab 306 für sechs Jahre Hauptstadt des Römischen Reiches war, geht die Palastaula zurück. Sie wurde zunächst in den Palast der Trierer Kurfürsten eingebunden, später aber in ihrem ursprünglichen Erscheinungsbild wiederhergestellt. Auch die imposanten Kaiserthermen wurden zu seiner Trierer Zeit begonnen, wenn auch nicht vollendet. Ältestes Römerbauwerk in Trier ist aber das Amphitheater, das rund 2000 Zuschauern Platz bot.

DIE IGELER SÄULE

Als außergewöhnliches Zeugnis aus der Römerzeit wurde die sogenannte Igeler Säule ins Trierer UNESCO-Welterbe eingebunden. Mit ihrer Höhe von 23 m ist sie das größte Pfeilergrab nördlich der Alpen. Dass sie das Mittelalter aufrecht überstanden hat, verdankt sie wahrscheinlich einer Fehlinterpretation: Die Hauptszene wurde als die Heirat der Eltern Kaiser Konstantins gedeutet. Da er selbst als Förderer des Christentums und seine Mutter Helena als bekennende Christin galt, wurde das Monument aus der Heidenzeit respektiert. Es ehrt jedoch die Familie der Secundier. Diese muss durch Tuchhandel zu beachtlichem Reichtum gekommen sein, um sich ein derart aufwendiges Grabmal leisten zu können.

Igeler Säule, Holzstich
um 1873

Porta Nigra, Fotopostkarte, um 1935

Dom und Liebfrauenkirche

SAKRALBAUTEN IN TRIER

Auf eine Doppelkirchenanlage aus der Zeit Kaiser Konstantins gehen Dom und Liebfrauenkirche zurück. Der Dom hat noch einen Kernbau aus der Zeit Kaiser Gratians (um 380). Im östlichen Langhaus führen seine Mauern 25 m in die Höhe, nach Westen erweitert wurde er im 11. Jahrhundert. So entstand ein beispielhaftes Bauwerk der Romanik, das eng mit der römischen Antike verbunden ist.

Die Liebfrauenkirche ist jünger, doch neben Marburgs Elisabethkirche die früheste voll entwickelte Architektur der Gotik auf deutschem Boden. Sie ist aber auch, ungewöhnlich für die Gotteshäuser dieser Epoche, ein Zentralbau.

Dass Trier auch Zentrum eines Fürsterzbistums war, unterstreichen seine Stifte und Abteien. Von den vier Benediktinerklöstern der Stadt blieb allein St. Matthias übrig, die Kirche zog viele Pilger an, denn hier ruhten die Gebeine des Apostels Matthias. Offensichtlich war zunächst eine Doppelturmfassade vorgesehen, bis ein neuer Baumeister den Entwurf verwarf. Stattdessen schuf er einen Abschluss, der ebenso sehr in die Breite wie in die Höhe strebt.

Urheber von St. Paulin war kein Geringerer als Balthasar Neumann, der auch für den Innenraum verantwortlich zeichnete. Über seinen besonders zum Chor hin kraftvoll bewegten Wandaufbau liegt das in dunklen Farben gehaltene, aber bewegte Deckengemälde des Augsburgers Christoph Thomas Scheffler.

KURFÜRSTLICHES SCHLOSS UND BÜRGERSTADT

Das kurfürstliche Schloss nutzte im Anfang die römische Palastaula. Zwei Flügel aus der Renaissance stehen um den heutigen Innenhof. Sein um 1756–62 erbauter Rokokoflügel kehrt seine Schaufront zwar dem Garten zu, dahinter aber ragt wie drohend die rekonstruierte Palastaula auf. Die Treppe im Inneren zeigt sofort, das ihr Erbauer Johannes Seitz ein Schüler des Treppenbaumeisters Neumann war. Dann aber sollte es nur noch 20 Jahre dauern, bis die Franzosen kamen. Der Fürsterzbischof musste flüchten, und dem „Prinzen Rokoko" wurden die Flausen gründlich ausgetrieben.

Mittelpunkt der Bürgerstadt Trier ist der Hauptmarkt, im Hintergrund seiner Kulisse ragt der Turm von St. Gangolf auf. Stadtpatron St. Petrus krönt den Marktbrunnen von 1595, darunter umstehen den Brunnenstock die vier Kardinaltugenden. Es ist ein Werk von Hans Ruprecht Hoffmann (ca. 1565–1616), der zu den bedeutendsten Bildhauern der Spätrenaissance gehört. Weit hinan ins Trierer Mittelalter führt das Marktkreuz (heute Replik) von 958. Eine römerzeitliche Granitsäule trägt ein Kapitell aus der Karolingerzeit, das christliche Symbol ist als Tatzenkreuz ausgebildet, es stammt aus der ottonischen Epoche.

Als Bürger hat sich Karl Marx nie verstanden, höchstens als Citoyen. Sein Geburtshaus in der Brückenstraße ist ein Museum, dessen Besucher heute zu einem guten Drittel aus China kommen, und ein Geschenk aus China ist die 5,5 m hohe Marx-Skulptur im Hof des Simeonstifts.

Kurfürstliches Schloss

Kloster St. Matthias

Gottfried Wilhelm Leibniz

Immanuel Kant

Moses Mendelssohn

Johann Gottfried Herder

Johann Gottlieb Fichte

Georg Friedrich Wilhelm Hegel

Arthur Schopenhauer

Ludwig Feuerbach

PHILOSOPHEN

Gottfried Wilhelm Leibniz (1646 in Leipzig bis 1716 in Hannover): Universalgelehrter der Frühaufklärung und Vertreter des Rationalismus. Auch wegen seiner vielen Interessen hat er kein zusammenhängendes Denkgebäude entwickelt, und bis heute müht man sich, aus seinen vielen verstreuten Gelegenheitsschriften ein solches zu rekonstruieren. Seine in der Aufklärung am meisten diskutierte Lehre war, dass Gott aus einer unendlichen Menge von Substanzen die beste aller möglichen Welten schuf.

Immanuel Kant (1724 in Königsberg bis 1804 ebd.): Begründer der Transzendentalphilosophie. Nie aus seiner Geburtsstadt herausgekommen, nicht geheiratet, keine Ämter – ein Mann, der nur aus seinen Ideen bestand. Seine 1781 erschienene *Kritik der reinen Vernunft* ist eines der einflussreichsten Werke der Aufklärung und der deutschen Philosophie insgesamt. 1788 schrieb er in seiner *Kritik der praktischen Vernunft:* „Handle nur nach derjenigen Maxime, durch die du zugleich wollen kannst, dass sie ein allgemeines Gesetz werde."

Moses Mendelssohn (1729 in Dessau bis 1786 in Berlin): Denker der Aufklärung und insbesondere der Haskala genannten jüdischen Aufklärung. Ein kreativer und vielseitiger Denker, der sich mit Metaphysik, Ästhetik und politischer Theorie ebenso beschäftigte wie mit seinem jüdischen Erbe. Einflussreich auch als Literaturkritiker.

Johann Gottfried Herder (1744 in Mohrungen bis 1803 in Weimar): Theologe, Dichter und Philosoph. In letzterer Eigenschaft verfasste er das Werk *Ideen zur Philosophie der Geschichte der Menschheit.* Angeregt unter anderem durch Goethes Naturphilosophie, entwirft Herder darin ein groß angelegtes Entwicklungsschema der Menschheitswerdung. Im Unterschied zu Kant ging es bei seiner Vorstellung eines Humanitätszuwachses nicht um die Gesellschaft insgesamt, sondern eher um das persönliche Glück des Einzelnen.

Johann Gottlieb Fichte (1762 in Rammenau bis 1814 in Berlin): Wegbereiter des deutschen Idealismus. Aus einfachen Verhältnissen stieg er zum wichtigsten Erben Kants auf, dessen Dogmatismus er verwarf und postulierte, dass der gesamte Inhalt des Bewusstseins nur aus dem freien Denken des Ich abzuleiten sei. Erster Dekan der philosophischen Fakultät an der neu gegründeten Berliner Universität. Eng verbunden mit dem Aufleben des deutschen Nationalismus.

Georg Friedrich Wilhelm Hegel (1770 in Stuttgart bis 1831 in Berlin): Wichtigster Vertreter des deutschen Idealismus. In seinem Hauptwerk, *Phänomenologie des Geistes,* postulierte er einen mit Gott gleichgestellten absoluten Geist, den er der materiellen Welt gegenüberstellte. Das Wesen der Weltgeschichte sah er in der Entfaltung des menschlichen Geistes. Zentral in seinem Denken ist der Begriff der Dialektik mit den Einzelschritten These, Antithese und Synthese.

Arthur Schopenhauer (1788 in Danzig bis 1860 in Frankfurt am Main): In Schopenhauers Hauptwerk *Die Welt als Wille und Vorstellung* ist das zentrale Thema seines Denkens umfassend niedergelegt: die Metaphysik des Willens. Danach existiert die von uns erlebte Welt nur in unserer Vorstellung. Da wir Menschen gleichzeitig aber nur die Produkte eines blinden göttlichen Willens sind, ist die Weltgeschichte sinnlos. Beeinflusste Nietzsche, Wagner und die Psychologie Freuds.

Ludwig Feuerbach (1804 in Landshut bis 1872 in Rechenberg bei Nürnberg): Linkshegelianer und Begründer einer sensualistischen Anthropologie. Für ihn war Gott eine menschliche Erfindung und der Begriff dessen, von dem er sich abhängig fühlt. Sein Materialismus bildete die Grundlage für das Denken Karl Marx', und auch Nietzsche war stark von Feuerbach beeinflusst.

Karl Marx (1818 in Trier bis 1883 in London): Ökonom, Sozialwissenschaftler, Journalist und Philosoph. Entwickelte, oft gemeinsam mit Friedrich Engels, eine Theorie, nach der nicht die Ideen und Ideologien für die Entwicklung der Geschichte entscheidend seien, sondern die wirtschaftlichen Kräfte und Verhältnisse. Damit begründete er den wissenschaftlichen Sozialismus.

Franz Clemens Brentano (1838 in Marienberg bei Boppard bis 1917 in Zürich): Philosoph und Psychologe. Mit seinem 1874 erschienenen Werk *Psychologie vom empirischen Standpunkt* wollte er eine wissenschaftliche Grundlage der Psychologie schaffen; außerdem unterteilte er die psychischen Phänomene in Vorstellungen, Urteile und Gemütsbewegungen. Hatte großen Anteil am Denken Freuds, der auch in seinen Vorlesungen in Wien saß. Auch Edmund Husserl beeinflusste er entscheidend.

Friedrich Nietzsche (1844 in Röcken bis 1900 in Weimar): Altphilologe und scharfer Kritiker hergebrachter moralischer und religiöser Vorstellungen. Sein bekanntester Satz „Gott ist tot" bringt die Radikalität seines Denkens auf den Punkt. Auch wenn vieles an seinen Texten durch seine Schwester Elisabeth nachträglich im Sinne einer völkisch-rassistischen Ideologie verfälscht wurde, erklärt seine stete Betonung des „Willens zur Macht" die Vereinnahmung durch die Nationalsozialisten.

Edmund Husserl (1859 in Proßnitz, Mähren, bis 1928 in Freiburg im Breisgau): Im zu Österreich gehörenden Mähren geboren, lag der Schwerpunkt seiner akademischen Tätigkeit in Deutschland. Zunächst in Mathematik und Astronomie ausgebildet. Mit seinem Hauptwerk *Logische Untersuchungen* bricht er der philosophischen Richtung der Phänomenologie Bahn. Phänomenologie kann als Studium der Strukturen der Erfahrung oder des Bewusstseins definiert werden.

Theodor Lessing (1872 in Hannover bis 1933 in Marienbad): Jüdischer Philosoph, Schriftsteller, Journalist, Mediziner und Wanderlehrer, der zeitlebens auf viel Ablehnung stieß. Sein disparates Werk erklärte er selbst einleuchtend in dem Satz: „Ich habe also das Weltsystem in hundert Feuilletons zerschnitten. Davon kann ich immerhin Brot kaufen." Seine Ermordung durch zwei Nationalsozialisten im tschechischen Marienbad im August 1933 sorgte international für Empörung.

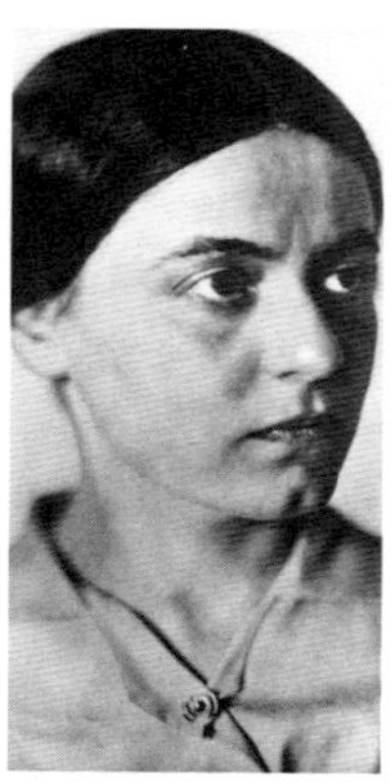
Edith Stein

Walter Benjamin

Max Horkheimer

Herbert Marcuse

Erich Fromm

Karl Marx

Franz Clemens Brentano

Friedrich Nietzsche

Edmund Husserl

Theodor Lessing

Karl Jaspers

Ernst Bloch

Martin Heidegger

Karl Jaspers (1883 in Oldenburg bis 1969 in Basel): Vertreter der deutschen Existenzphilosophie. Anfang der 1930er-Jahre erschien Jaspers' Hauptwerk mit dem einprägsamen Titel *Philosophie*, in dem er etwa die „Existenzerhellung" als Ziel der Philosophie nennt, also das „alle Sachkunde nutzende, aber überschreitende Denken, durch das der Mensch er selbst werden möchte". Eine große Rolle spielte er auch mit seinen kritischen Beiträgen zur Zeitgeschichte und Politik der frühen Bundesrepublik.

Ernst Bloch (1885 in Ludwigshafen bis 1977 in Tübingen): In seinem im US-amerikanischen Exil entstandenen Hauptwerk *Das Prinzip Hoffnung* unternimmt es Bloch, in drei Bänden seine Hoffnung auf eine Welt zu formulieren, in der die Entfremdung des Menschen von Natur und Gesellschaft überwunden werden kann. Eines der einflussreichsten philosophischen Werke in der Zeit nach dem Zweiten Weltkrieg.

Martin Heidegger (1889 in Meßkirch bis 1976 in Freiburg im Breisgau): Hauptwerk ist *Sein und Zeit*, in dem Heidegger sein komplexes phänomenologisches und existenzialistisches Gedankengebäude ausbreitet. Als Grundmotiv des menschlichen Daseins sieht er die Frage nach dem Sinn von „Sein". Daraus entwickelte er später seine Kritik an der „Seinsvergessenheit" des technisch-wissenschaftlichen Denkens der Moderne. Posthum für seine zeitweilige Nähe zum Nationalsozialismus angegriffen.

Edith Stein (1891 in Breslau bis 1942 in Auschwitz): Stein kam aus einem traditionellen jüdischen Elternhaus und studierte in Freiburg bei Husserl. In ihrer Doktorarbeit *Zum Problem der Einfühlung* wandte sie die phänomenologische Methode Husserls und seine transzendentale Reduktion auf den Akt der Einfühlung an. Trotz herausragender Promotion wurde sie als Frau nicht zur Habilitation zugelassen. 1922 konvertierte sie und trat in Köln dem Karmeliterinnen-Orden bei. 1942 wurde sie von den Nationalsozialisten verschleppt und in Auschwitz ermordet. Ihre philosophischen Schriften erschienen erst posthum nach dem Zweiten Weltkrieg.

Walter Benjamin (1892 in Berlin bis 1940 in Portbou, Spanien): Literaturkritiker, Übersetzer und Philosoph. Als Benjamin im Exil in den 1930ern seine geschichts- und kulturphilosophischen Texte schrieb, vor allem *Das Kunstwerk im Zeitalter seiner technischen Reproduzierbarkeit*, hatte er schon ein reiches literarisches und kunstkritisches Werk geschaffen. In seinen geschichtsphilosophischen Thesen wendet er sich gegen den Historismus und beschreibt die Aufgaben einer materialistischen Geschichtsschreibung.

Max Horkheimer (1895 in Stuttgart bis 1973 in Nürnberg): Gemeinsam mit Theodor W. Adorno verfasste Horkheimer sein Hauptwerk, mit dem beide bis heute am meisten verbunden werden, die *Dialektik der Aufklärung*. Darin geht es um die Aufklärung als Begriff für eine als herrschaftsförmig begriffene Vernunft, die ihren eigenen Herrschaftsansprüchen zum Opfer fällt.

Herbert Marcuse (1898 in Berlin bis 1979 in Starnberg): Vertreter der Kritischen Theorie. 1967 erscheint die deutsche Übersetzung seines zunächst in den USA erschienenen Hauptwerks *Der eindimensionale Mensch*. Hierin vertritt er eine gegenüber Horkheimer und Adorno insgesamt optimistischere Auffassung vom Veränderungspotenzial des Kapitalismus. Auch das Buch *Triebstruktur und Gesellschaft* wird zum Standardwerk der deutschen Studentenbewegung.

Erich Fromm (1900 in Frankfurt am Main bis 1980 in Muralto, Schweiz): In eine jüdische Familie geborener Sozialpsychologe und Philosoph, der ab 1930 am einflussreichen Frankfurter Institut für Sozialforschung arbeitete, der Keimzelle der Kritischen Theorie. In zahlreichen Werken (die bekanntesten sind *Die Kunst des Liebens* und *Haben oder Sein*) beschreibt er die Entfremdung des Menschen von sich selbst, seinen Handlungen und seiner Umwelt gegenüber als Kernproblem der modernen Gesellschaft.

Hans Jonas (1903 in Mönchengladbach bis 1993 in New York): Philosoph mit Schwerpunkten auf der Religions- und Wertphilosophie; Schüler Husserls und Heideggers. In seinem Hauptwerk *Das Prinzip Verantwortung* (1979) geht es ihm um eine neue Ethik, die sich aus den entgrenzten technischen Möglichkeiten der Moderne als notwendig ergibt.

Theodor W. Adorno (1903 in Frankfurt am Main bis 1969 in Visp, Schweiz): Soziologe, Musiktheoretiker, Komponist und Philosoph, in dessen bekanntester Schrift, *Minima Moralia*, die aus zahlreichen kurzen Essays und Aphorismen besteht, sich das Zitat „Es gibt kein richtiges Leben im falschen" findet. Sein eigentliches philosophisches und zeitkritisches Denken ist in der gemeinsam mit Max Horkheimer verfassten *Dialektik der Aufklärung* konsistenter dargelegt.

Hannah Arendt (1906 in Hannover bis 1975 in New York): Politische Theoretikerin und Philosophin. Nach verschiedenen Exilstationen in Europa emigriert die bei Heidegger und Jaspers ausgebildete Jüdin Arendt 1941 in die USA, wo sie den Rest ihres Lebens verbringen wird. In Ihrem Hauptwerk *Origins of Totalitarianism (Elemente und Ursprünge totaler Herrschaft)* bringt sie die Entstehung des nationalstaatlichen Totalitarismus des 19. Jahrhunderts in Verbindung mit dem modernen Antisemitismus; außerdem geht es ihr um die Ähnlichkeit von Faschismus und Stalinismus. Einer breiten Öffentlichkeit wurde sie bekannt durch ihre Berichterstattung über den Eichmann-Prozess in Israel 1961 und das daraus entstandene Buch, in dem sie den Begriff von der „Banalität des Bösen" prägte.

Jürgen Habermas (1929 in Düsseldorf): Steht in der Tradition der Kritischen Theorie und ist der bedeutendste Vertreter der Diskursethik. Mit seinem Werk *Strukturwandel der Öffentlichkeit* schuf Habermas das Fundament seines Gedankengebäudes, an das er in den folgenden Jahrzehnten mit zahlreichen weiteren Werken anbauen sollte. Die Öffentlichkeit wird dabei einem klassischen Repräsentationsbegriff gegenübergestellt, womit er zum normativen Ideal einer aufgeklärten, demokratischen Gesellschaft und ihrer meinungsbildenden Diskurse gelangen will.

Hans Jonas

Theodor Adorno

Hannah Arendt

Jürgen Habermas

Burg Thurant

Ausflugsschiffe am Moselufer, Traben-Trarbach

BERNKASTEL-KUES

Es lässt sich darüber streiten, ob Bernkastel-Kues eine Doppelstadt (seit 1905) ist. Ganz zweifellos kommt Bernkastel der Titel zu, 1291 verlieh ihr König Rudolf I. von Habsburg die Stadtrechte. Kues am anderen Ufer der Mosel war dagegen ein Dorf, ist aber geadelt als Geburtsort des bedeutenden Frühhumanisten, Gelehrten und Klerikers Nikolaus von Kues (1401–1464). Nach seinem Scheitern als Bischof von Brixen stiftete er in seinem Geburtsort, abseits des historischen Ortskerns, das Spital für „bedürftige Männer“. Seine Kapelle ist der Einstützenraum, der sich von hier an der Mosel und in der Eifel verbreiten sollte. Oberhalb der Kapelle liegt die Bibliothek. Sie birgt eine berühmte Sammlung von Handschriften, viele hat der Stifter selbst gesammelt.

Erst seit 1874 sind Kues und Bernkastel durch eine Brücke verbunden. Bernkastel ist eine Weinhandelsstadt, deren Fachwerkhäuser zu den großen Attraktionen an der Mosel gehören; die meisten entstanden Ende des 16. und Anfang des 17. Jahrhunderts. Dicht an dicht, drei- oder viergeschossig bilden sie den Marktplatz-Rahmen. Ihre besonders reich geschmückten Obergeschosse ragen vor, meist wenden sie der Freifläche einen geschweiften Giebel zu. Aus Stein ist dagegen das (Renaissance-)Rathaus von 1608. Und was wäre ein historischer Marktplatz ohne einen alten Brunnen? Dieser hier stammt von 1606 und wird von einer Michaelsfigur gekrönt. Etwas zurück liegt das sogenannte Spitzhäuschen, dessen Erbauungsjahr mit 1414 angeben wird. Dem ungewöhnlich schmalen Objekt bleibt nichts anderes übrig, als mit einem steilen Giebel abzuschließen. Er dürfte zu den beliebtesten Fotomotiven der Republik zählen. Von der Stadtmauer, an der 1689 die Franzosen ihr Mütchen kühlten, blieb das Graacher Tor zwar ohne den Turm, aber doch insoweit erhalten, als seine Durchfahrt in einen Barockbau des 18. Jahrhunderts einbezogen wurde.

TRABEN-TRARBACH

Ganz unbescheiden nennt sich die Stadt beiderseits des Flusses das „Juwel der Mosel“, was angesichts der zahllosen malerischen Moselstädtchen ein wenig anmaßend klingt. Doch beim Schlendern durch die romantischen Gassen mit ihren Fachwerkbauten und prächtigen Jugendstilvillen erscheint einem dieses Attribut gar nicht mehr übertrieben. Das staatlich anerkannte Heilbad am Fuß des Mont Real ist vor allem durch seinen Weinhandel reich geworden, um 1900 war Traben-Trarbach aufgrund der hohen Nachfrage des hier angebauten Rieslings nach Bordeaux der zweitgrößte Weinumschlagplatz Europas. Aus dieser Zeit stammen die teilweise mehrstöckigen und über 100 m langen Weinkeller, die unter dem gesamten Stadtkern liegen und heute noch zu besichtigen sind. Neben standesgemäßen Häusern im Belle-Époque- oder Jugendstil ist auch das Brückentor des Berliner Jugendstil-Architekten Bruno Möhring ein Zeugnis jener Zeit, heute gilt es als Wahrzeichen. Über die Doppelstadt ragen die Ruinen der viel umkämpften Grevenburg, die gleich sechsmal belagert wurde, und auf dem gegenüberliegenden Mont Royal die Reste der gleichnamigen Festung, die der französische Sonnenkönig Ludwig XIV. nach Plänen des Festungsbaumeisters Vauban erbauen ließ.

Die kleine Moselstadt verfügt über eine eigene Museumszeile im Stadtteil Trarbach: Das Mittelmosel-Museum, das Haus der Ikonen und das Fahrrad-Museum reihen sich um den historischen Platz am Alten Stadtturm. Eine Besonderheit ist das Buddha-Museum mit einer europaweit einmaligen Dauerausstellung zur buddhistischen Ikonografie, die der Traben-Trarbacher Unternehmer und bekennende Buddhist Wolfgang Preuß in 20 Jahren zusammengetragen hat: Figuren aus Burma, China, Indien, Kambodscha, Laos und Thailand aus den unterschiedlichsten Epochen sind hier zu bewundern.

Burgruine Grevenburg, Traben-Trarbach

Reichsburg und Stadt Cochem

COCHEM

Über dem ohnehin bemerkenswerten Stadtbild Cochems erhebt sich mit der Reichsburg die prächtigste Burganlage an der Mosel. Sie ist, der Wahrheit die Ehre, allerdings zu einem erheblichen Teil ein Neubau von 1877, wirkt aber deswegen nicht weniger imposant aus der Ferne und nicht weniger malerisch aus der Nähe. Einmal mehr muss hier der Name des Trierer Fürstbischofs Balduin von Luxemburg fallen, der die Burg so stark ausbauen ließ, dass die Franzosen sie im berüchtigten Jahr 1689 einer Sprengung für würdig befanden. Der Stadt erging es 1689 nicht anders. Doch sie wurde auf dem alten Grundriss wieder aufgebaut, sodass ihr mittelalterliches Erscheinungsbild gewahrt blieb. Selbst von der Umwehrung haben sich Teile der Umfassungsmauern erhalten, das Enderttor mit seinem dunklen Mauerwerk wirkt eher abweisend als einladend, aber das Stiegenhaus daneben macht den ungastlichen Eindruck wieder wett.

Auch der Cochemer Marktplatz kann sich sehen lassen, vor allem, nachdem der Turm der zurückliegenden Stadtkirche wieder seine barocke Haube erhalten hat. Im Barockstil zeigt sich hier auch das 1739 errichtete Rathaus. Vom Marktplatz führen Treppen hinauf zum Klosterberg; das ehemalige Kapuzinerkloster ist heute das Kulturzentrum der Stadt.

Und wer möchte, kann mit der Sesselbahn zum Pinnerkreuz hinauffahren, einem der schönsten Aussichtspunkte Cochems.

Blick auf Cochem von der Mosel

WAPPEN von COCHEM
Köln-Düsseldorfer

Ackerschnecke

Rote Wegschnecke

Bernsteinschnecke

Schwarze Wegschnecke

Weinbergschnecke

Tigerschnegel

Posthornschnecke

Sumpfdeckelschnecke

Pelikanfuß

Wellhornschnecke

SCHNECKEN

Von den acht Klassen der Weichtiere haben es nur die Schnecken auch zu Landlebewesen gebracht. Eine Nacktschnecke (ohne Gehäuse) ist auch der Tigerschnegel, der sich in letzter Zeit stärker verbreitet hat. Die bekannteste Schnecke mit Gehäuse ist die Weinbergschnecke; sie ernährt sich im Unterschied zum Tigerschnegel ausschließlich von Pflanzen. Weinbergschnecken bevorzugen kalkreichere Böden, da sie Kalk für den Aufbau ihrer Gehäuse brauchen. Im Süßwasser leben die Sumpfdeckelschnecken, im Salzwasser der Pelikanfuß und die Wellhornschnecke. Die Bestände der beiden letztgenannten Arten sind in der Nordsee stark zurückgegangen.

Beilstein mit Burgruine Metternich im Hintergrund

MOSELPERLEN

Generell fällt die Auswahl nicht leicht, im Fall von Beilstein aber schon. Die Burgruine Metternich erhebt sich auf steilem Felsen, der Ort selbst zieht sich von der Mosel am Hang eines tief eingeschnittenen Bachtals entlang, Treppen prägen neben dem üppigen Fachwerk das Bild. Und oben schließen das Karmeliterkloster und die Pfarrkirche von 1738 den Prospekt ab. Eine Kulisse, wie geschaffen für Heimatfilme, und mit dem Zehnthaus hat Beilstein auch einen stattlichen Bruchsteinbau. Er deutet eine ferne städtische Vergangenheit an und beherbergt heute in seinem Keller ein Weinmuseum.

Über einen großen Reichtum an Fachwerkhäusern verfügt auch Enkirch. Und dass der Ort früher stadtähnliche Züge hatte, zeigen Überreste der Befestigung beim Kirchanger. Zugleich fällt bei aller Beengtheit im Einzelnen eine Konzentration der historischen Bebauung im Ganzen auf, die auf die herrschaftlichen Höfe als Siedlungskerne zurückgeführt wird. Die evangelische Kirche hat einen privilegierten Platz im Ortsbild, das interessantere Bauwerk aber ist ihr katholisches Gegenstück ein wenig weiter landeinwärts. Der spätgotische Bau war früher ein rege besuchtes Wallfahrtsziel.

Karden, St. Castor, auch Moseldom genannt

Enkirch

Winzerschenke in Beilstein

Moselschiefer

Weinbergsmauer aus Schieferstein

Im Ortsteil Karden von Treis-Karden blieb der Stiftsbezirk nördlich des historischen Gemeinwesens erhalten oder doch ablesbar. Dazu gehören das Wohnhaus der Stiftsherren, das Propsteigebäude und die Stiftsschule. Ihr Zentrum aber ist St. Castor, die bedeutendste Kirche an der Mosel zwischen Trier und Koblenz. Patron ist der heilige Castor von Karden, ein Schüler des Trierer Bischofs Maximin. Ihrem schmucklosen Westturm (um 1080) stehen im Osten die beiden jüngeren Chorflankentürme gegenüber. Der Aufsatz seines Hochaltars (um 1430) aber ist etwas Besonderes. Der Jesusknabe auf dem Schoß Mariens ist bei aller Munterkeit ein gebranntes Kind, nämlich aus Ton. Die anderen Figuren sind es natürlich auch, also die Anbetung der Heiligen Drei Könige samt Petrus und Paulus als Flankenschutz.

Neben dem Bergfried der Oberburg Kobern-Gondorf bietet schließlich die Kapelle St. Matthias eine außergewöhnliche Architektur. Ihr sechsseitiger Zentralbau der spätesten Romanik (1220–40) ist im Inneren von einer Schmuckfreude, die an Ausgelassenheit grenzt. Die tief hinab gezogenen Bogen des mittigen Schachts ruhen auf schwarzen Säulen, vier schlanke umstellen eine massive Säule, und das an allen sechs Ecken. Beinahe sieht es aus, als sollte der gemeine Gläubige von diesem Zentrum ferngehalten werden.

DAS GESTEIN, DAS TERROIR UND DER MOSELSCHIEFER

Der Zusammenhang von Gestein und Wein ist immer wieder erörtert worden. Die Hälfte der Moselweinlagen liegt über devonischem Schiefer. Der kann je nach Beimengungen rötlich, bläulich oder grau sein, ist aber oft so feinblättrig, dass er in der Hand bröckelt, mit anderen Worten: Hier vollzieht sich die Bodenbildung relativ schnell. Muschelkalk und Mergel stehen an der oberen Mosel an, am Flussunterlauf zwischen Zell und Koblenz herrschen verschiedene Varianten von Sandstein vor, in den auch kalkige Schichten eingelagert sein können. Aber zwischen Gestein und Rebe vermittelt der Boden. Der kann in Hanglagen schon einmal deutlich andere Minerale zuführen als der feste Untergrund. Der auch hierzulande immer gängigere Begriff „Terroir“ meint nicht nur den Boden. Wesentlich sind Klima und Landschaftsrelief, andere Faktoren wie Tages- und Nachttemperaturen kommen hinzu, sie alle wirken zusammen. Und was die Gesteine angeht: Insgesamt überwiegt die Skepsis, dass sie direkten Einfluss auf den Wein nehmen. Bei den Mineralen, ganz gleich welcher Herkunft, hat auch immer noch der Winzer seine Hand im Spiel.

Auf ein anderes Feld führt der Moselschiefer: Genau genommen darf er nicht mit dem Weinbau in Zusammenhang gebracht werden. Er hat seinen Namen nicht von den Abbauorten, sondern vom Transportweg: Moselschiefer wurde über den Fluss nur verschifft. Die beiden größten Gruben lagen in der Eifel, eine bei Mayen. Seit ihr Betrieb aufgegeben wurde, ist das Gestein insgesamt nur noch Geschichte, was die Förderung betrifft. Dabei war das dunkle Gestein mit dem seidigen Schimmer von sehr guter Qualität, einer Qualität, die sich prüfen ließ: Wurde der Schiefer zwischen die Zähne genommen und knirschte nicht, war die Probe bestanden.

Burg Eltz

Burg Eltz im Winter

BURG ELTZ

Ob Burg Eltz der Eifel oder dem Moseltal zugerechnet werden soll, hängt vom Standpunkt des Betrachters ab. Jedenfalls hat die Eltz hier das Maifeld schon verlassen und sich in den Abfall zum Moseltal eingegraben. Sie umfließt jetzt einen recht langen, aber schmalen Felssporn, der sich früh zum Burgenbau anbot. Auf diesem Platz, besser Plätzchen, festigten sich die Herren von Eltz wohl schon 1157. Für Burg Eltz sprach nicht zuletzt, dass sie als Reichslehen nur vom König selbst verliehen wurde. Die Eltzer hatten also keinen weiteren Territorialherren über sich.

Rund ein Jahrhundert später teilte sich das Geschlecht in drei Linien, die aber doch den gemeinsamen Wohlplatz beibehielten. So besteht Eltz aus sieben oder je nach Zählweise sogar acht ineinander verschachtelten Häusern, dazu kommen noch Pforten- und Kapellenbau, sie alle liegen um einen schmalen Hof herum.

Bei ständig erweitertem familiärem Zusammenhang auf so engem Raum war der Zug in die Höhe vorgegeben. Der Standort muss demnach selbst dann noch attraktiv geblieben sein, als die Burg 1354 das Privileg der Reichsfreiheit verlor und die Eltzer Lehnsleute des Trierer Fürstbischofs wurden.

Sieben Geschosse hoch ragt dieses Burgensemble, das trotz der vielen Türmchen und Erker ein richtiges Felsennest ist. Markanteste Partie ist das Haus Rübenach an der Ostseite, gut kenntlich nicht nur an seiner Ausdehnung, sondern auch an dem verputzten Halbgeschoss mit den drei Türmchen obenauf. Dahinter und vom Torhaus gesehen letzter Bau liegt Platt-Eltz, das noch aus dem 13. Jahrhundert stammt. Frei stehend auf dem höchsten Punkt des bebauten Sporns, erinnert es an einen Bergfried.

Detailansicht der Burg

Immer wieder einmal wurde Eltz von Bränden heimgesucht, unter denen vor allem das Innere der Häuser litt. Dennoch sind auch die Räume sehenswert. Das schon genannte Haus Rübenach beherbergt die schönsten von allen, sein Schlafgemach hat noch ein Stufenbett, das zu Beginn des 16. Jahrhunderts gefertigt wurde. Im Untersaal blieb die wuchtige Balkendecke von 1311 erhalten, hier wird die Eltzer Gemäldesammlung präsentiert.

Es mag skurril anmuten, dass so viele Familien über so lange Zeit so eng beieinander wohnten und (immer wieder) bauten, als man anderorts über das Burgenzeitalter schon hinaus war. Aber gerade dieser Beharrlichkeit verdankt Burg Eltz ihren Reiz und ihre Unverwechselbarkeit.

Kurfürstliches Zimmer

Wasserfall mit Herbstlaub

Roter Apollo

DIE MOSELHÄNGE – FLORA UND FAUNA

Das Moseltal lässt sich in mancher Hinsicht mit dem Tal des Mittelrheins vergleichen, hier wie dort kommt das Klima nicht nur dem Weinbau zugute. Früher als dieser haben sich auch an der Mosel die wärmeliebenden Pflanzen und Tiere eingefunden. Das gilt für den Diptam ebenso wie für die Smaragdeidechse.

Aber es gibt doch Unterschiede. An den Hängen ist Gelb die frühe Signalfarbe, sie gehört öfter zum Brillenschötchen, einem Kreuzblütler, der hier seinen nordwestlichen Vorposten hat. Wer den Namen erklärt wissen will, muss allerdings eine spätere Jahreszeit abwarten. Dann erst zeigen sich die beiden runden Samenkapseln, die wie zwei Augengläser zueinander stehen. Eine Seltenheit spektakulärer Natur ist der Felsen-Gelbstern mit seiner sehr frühen Blüte. Wer die nahe Verwandtschaft kennt, meist wohl den recht häufigen Wald-Gelbstern, wird über die Üppigkeit seiner Blüte staunen, auch deshalb, weil sie ein scheinbar so lebensfeindliches Umfeld schmückt.

Eine große Seltenheit des unteren Moseltals ist der (Rote) Apollofalter. Immerhin ist in den vergangenen Jahren wenigstens eins passiert: Der Schmetterling hat mehr öffentliche Aufmerksamkeit gewonnen. Es gibt (bei Valwig) einen Apollo-Wanderweg und es gibt einen Riesling seines Namens. Aber der Falter hat hier auch ein völlig isoliertes Vorkommen und ist schon allein deshalb gefährdet. Die Naturschützer mühen sich redlich, um seinen Bestand zu sichern. Punktgenau werden die Schwerpunkte seiner Verbreitung erfasst, die Futterpflanzen (zwei Flockenblumenarten und die Weiße Fetthenne) werden ausgesät oder freigestellt, selbst Nachzüchtungen erwogen. Es wäre ein Jammer, wenn dieser herrliche Schmetterling, der hier eine Art heimischer Exot ist, verschwinden sollte.

Auch ein anderer seltener Schmetterling fliegt um diese Hänge. Die Spanische Flagge trägt auch den Namen Russischer Bär, gehört eigentlich zu den Nachtfaltern, lässt sich aber auch tagsüber sehen. In Ruhestellung sind allerdings die brandroten Unterflügel, die ihr auffälligstes Merkmal sind, ganz verdeckt. Und während es dem Apollo-Falter nicht warm genug sein kann, zieht sich die Spanische Flagge an den sehr heißen Tagen in den Schatten zurück.

Ein herbstlicher Aspekt darf nicht unerwähnt bleiben. Der Französische Ahorn sprenkelt jetzt die Hänge besonders buntlaubig. Auch er, ein kleiner Baum, kommt aus südlichen Gefilden. Sein gleißend gelbes Laub kann ohne Weiteres ins Orange spielen.

Smaragdeidechse

Diptam, Blüte

Felsen-Gelbstern oder
Böhmen-Gelbstern

Weinberg Uhlen mit Pfirsichblüte bei Winningen

Weinbergpfirsiche

DAS DORTEBACHTAL BEI KLOTTEN

Es ist das bekannteste unter den kleinen, tiefen Einschnitten, die bis hinauf in die Eifel reichen. Bei strengerem Frost kann das Wasser in die Eisstarre verfallen, und dann vermittelt der Wasserfall auf halber Höhe einen besonders nachdrücklichen Eindruck von klirrender Kälte. Im Frühling aber springt der Bach mit äußerster Munterkeit über die kleinen Gesteinsrippen und sammelt sich in den Gumpen darunter. Im seinem glasklaren Nass stehen die Larven des Feuersalamanders. Wenn es aber auf den Sommer zugeht, dann wird es in dieser Talkerbe mit ihren Hangwäldern derart schwülwarm, dass der Vergleich mit einem tropischen Regenwald recht naheliegt. Jedenfalls hat sich das Dortebachtal vom Nürburgring den Beinamen geborgt: Grüne Hölle.

SPEZIALITÄTEN VON DER MOSEL

In aller Regel fällt hier als erstes Stichwort das Tresterfleisch. Laut Überlieferung verdankt es seinen Namen nicht einer besonderen Art der Zubereitung, sondern dem Garprozess. Beim Destillieren der Weinmaische durften die Brenner ihre Apparatur für eine geraume Zeit nicht aus den Augen lassen. Und da sie nicht an den Herd wechseln konnten, haben sie den Topf mit dem gut gewürzten Fleisch einfach in die Brennblase gehängt. Wenn heute Tresterfleisch serviert wird, hat es meist in einer Marinade aus Wein und Trester gelegen.

Außerdem gibt dieser Schlussakkord Gelegenheit, von einer Traube zu reden, die selbst auf den Muschelkalkböden der Obermosel auf dem Rückzug ist. Wo sonst die Weinpoesie die seltsamsten Blüten treibt, reicht es beim Elbling nur zu „neutralem, bekömmlichem Tischwein". Dafür servieren sie an der Mosel eine Köstlichkeit, die wirklich über jeden Zweifel erhaben ist. Die Elbling-Apfeltorte wird selbst verwöhntesten Gaumen munden. Wer davon nie ein Stück auf dem Teller hatte, kann genau genommen kein Moselkenner sein.

Wenn jetzt noch vom Roten Weinbergpfirsich die Rede ist, wird nicht nur das Versprechen vom Kapitelanfang eingelöst. Vielmehr steht dieses Obst wieder hoch in der Gunst des Publikums. Seine Bäumchen fühlen sich allerdings nur auf Löss oder einem nährstoffreichen Sand wohl, außerdem muss der Boden genügend Feuchtigkeit haben. Der Weinbergpfirsich mit seinem häufig dunkelroten Fruchtfleisch wird zu Marmelade und Chutneys, gerne aber auch zu Likör verarbeitet.

Glatt-Brillenschötchen

Burg Pfalzgrafenstein

Loreley, Lichtdruck nach dem Gemälde von Ludwig Wilhelm Heupel, 1889, spätere Kolorierung

MITTELRHEIN

„Die Loreley, bekannt als Fee und Felsen
Ist jener Fleck am Rhein, nicht weit von Bingen,
Wo Fischer früher mit verdrehten Hälsen
Von blonden Haaren schwärmend untergingen."
Erich Kästner, *Der Handstand auf der Loreley*

Wir sprechen von einer erstaunlichen Karriere vor dem Hintergrund der Romantik. Zwar versichert das bekannteste Loreley-Lied, es handle sich um „ein Märchen aus alten Zeiten", aber da irrte Heinrich Heine. Diese femme fatale ist die genuine Erfindung seines Zeitgenossen Clemens Brentano. „Zu Bacharach am Rheine wohnt eine Zauberin", so beginnt das balladeske Brentano-Gedicht. Ihrer Zaubermacht kann selbst der Bischof nicht widerstehen. Er überantwortet sie also nicht dem Feuertod, sondern verurteilt sie nur zu einem Leben im Kloster. Übrigens ist die „Lore Lay" zwar eine Zauberin, vor allem jedoch eine gebrochene Frau. „Mein Schatz hat mich betrogen/hat sich von mir gewandt".

Für ihren übergroßen Kummer müssen auch die drei Ritter büßen, die sie ins Kloster eskortieren sollen. Doch Lore weicht vom Weg ab und nimmt die Direttissima hinauf auf den Berg, gefolgt von ihrer männlichen Begleitung. Es geht für die Angehörigen beider Geschlechter nicht gut aus. Sie stürzt sich vom Felsen in den Rhein, und ihre Entourage kann die Steilwand nicht mehr hinunter, muss demnach Hungers sterben. Wer jetzt in Kenntnis des Geländes einwendet, auf der Landseite hätte sie zwar auf Umwegen, aber doch ganz leicht wieder an den Rhein kommen können, hat keinen Respekt vor der Poesie.

Brentanos Lore Lay aber wirkte auch weitab des großen Stroms. Kein Geringerer als Joseph von Eichendorff hat sie und das urromantische Motiv Wald zusammengebunden. Und auch Eichendorffs „Hexe Loreley" lässt wissen, dass ihre Bosheit aus verratener Liebe wächst: „Groß ist der Männer Trug und List/ Vor Schmerz mein Herz gebrochen ist".

Bei Heine aber klingt die „Sage" nur noch nach. Die Melancholie seines lyrischen Ichs hat zwar mit dem „Märchen" zu tun, aber der eigentliche Grund seiner Schwermut bleibt ihm unklar. „Ich weiß nicht, was soll es bedeuten/ Dass ich so traurig bin". Seine „schönste Jungfrau sitzet/ dort oben wunderbar", bewirkt das Verhängnis also vom Felsen herab. Im Übrigen spielt Heine hier schon 1824 mit den Motiven der Epoche wie mit Versatzstücken, um nicht zu sagen: Klischees. Da liegt der Fels „im Abendsonnenschein", das Loreley-Haar ist golden, also von lauterstem Blond – und sie singt. Das schließt unverkennbar an den Sirenengesang in Homers Odyssee an, gibt dem Gedicht also eine bildungsbürgerliche Note.

Und auch die Schlussstrophe ist von typisch Heinescher Mutwilligkeit: „Ich glaube die Wellen verschlingen/am Ende Schiffer und Kahn/und das hat mit ihrem Singen/die Loreley getan." Der nasse Tod des Schiffers ist also keineswegs sicher. Und wäre nicht die treuherzige Vertonung von Friedrich Silcher gewesen, die Verse des „entlaufenen Romantikers" Heine hätten wohl nie derart populär werden können.

1932 ist bei Erich Kästner alles ganz anders, der Ton rotzfrech, der Felsen toxisches Terrain. Die Loreley ist nur noch Erinnerung, Gegenwart dagegen der Turner und sein Handstand. „Nach einer wahren Begebenheit" steht in Klammern unter dem Titel. Wie wahr auch immer, jedenfalls hatte damals eine schon Nazi-nahe Turnerbewegung das Plateau der Loreley zur Sportstätte ausersehen. Heutzutage findet hier oben ein Rockfestival statt. Und Loreley-Nostalgiker müssen fürchten, dass ihr Plateau mit Hotelbauten verschandelt wird.

CHRONIK

11./10. Jh. v. Chr. Erste Besiedlung der Rheinterrassen
55 v. Chr. Caesar lässt die erste Rheinbrücke errichten (zwischen Koblenz und Andernach).
Ca. 15 n. Chr. Römer beginnen mit dem Bau der Rheintalstraße zwischen Mainz und Köln.
824 In der St.-Kastor-Kirche vor Koblenz wird die Reichsteilung des Vertrags von Verdun vorbereitet.
1346 Erste Königswahl am Fürstenstuhl zu Rhens(e)
1632 Das Ehrenbreitsteiner Schloss Philippsburg wird Residenz der Trierer Kurfürsten.
1802 Rheinreise von Clemens Brentano und Achim von Arnim, die „Geburtsstunde der Rheinromantik"
1817 Bau der preußischen Großfestung Koblenz
2002 Das Obere Mittelrheintal wird UNESCO-Welterbe.

Schloss Drachenburg, Königswinter

AM UNTEREN MITTELRHEIN

Bei Bonn endet der Mittelrhein, der durch das Neuwieder Becken in einen Oberen und einen Unteren geteilt ist. Das Engtal lässt dem Strom wenig Bewegungsfreiheit, im unteren Teil etwas mehr als im oberen. Das Zurückweichen der Mittelgebirge wird durch das Siebengebirge verdeutlicht. Mit außerordentlichen Höhenmetern kann es nicht dienen, dafür aber mit einem unverwechselbaren Erscheinungsbild.

Seine Gesteine stellen den Höhenzug zum Westerwald-Vulkanismus, kulturhistorisch jedoch hängt er eng mit dem Rhein zusammen. Das bekräftigt auch die Sage von der Entstehung des Siebengebirges. Danach sollen Riesen hier einen Rhein-Durchbruch geschaffen und das Bergematerial zum Gebirge aufgehäuft haben.

Eigentlich ist das ganze Siebengebirge, sicher aber der Drachenfels eine Ikone der Rhein-Romantik. Und er ist es nicht deshalb, weil er von allen Kuppen dem Strom am nächsten liegt. Es bleibt dahingestellt, was die Königswinterer Steinhauer waren, jedenfalls keine Romantiker. Sie hätten am liebsten das ganze Siebengebirge im Wortsinn plattgemacht. Nur heftiger Protest vonseiten Bonner, vor allem aber einflussreicher Kölner Bürger hat eine weitere Ausbeutung verhindert.

Auch in dieser Hinsicht spricht das Siebengebirgsmuseum in Königswinter deutliche Worte. Es schlägt in einer bemerkenswerten Präsentation den weiten Fächer seines Gegenstands auf, ein Regionalmuseum im besten Sinn des Wortes. Auf den Drachenfels hinauf aber führt immer noch die Zahnradbahn von 1883. Auf ihrer Mittelstation hält sie vor Schloss Drachenburg, dessen Gründerzeitpomp hohes Überwältigungspotenzial hat. Nur gut, dass auf seiner Vorburg das „Museum für Naturschutzgeschichte" für Nüchternheit und Ernüchterung sorgt. Es würdigt das Siebengebirge und seinen Drachenfels als eines der ältesten Schutzgebiete Deutschlands.

Schloss Drachenburg im Herbst

Burgruine Drachenfels
vor der Rheinkulisse

SAGENHAFTER DRACHENFELS

Der Drachenfels empfing den Ritterschlag durch die Erwähnung in der Dichtung *Childe Harold's Pilgrimage* des Lord Byron. Der war schon zu seiner Zeit ein berühmter englischer Dichter, seinerseits geadelt von Goethe: „Nur einen lass ich neben mir gelten." Überhaupt hatten die Engländer wesentlichen Anteil daran, dass der Mittelrhein romantisch wurde. Auf der Insel gab es damals eine relativ breite Mittelschicht, die sich das Reisen leisten konnte. Die Engländer kamen über Köln und Bonn, um den Weg stromaufwärts zu nehmen.

Der Drachenfels macht den Anfang und stößt mit der Nase darauf, dass über diesen Rheinabschnitt ein Sagennetz ausgeworfen wurde. So konnte nicht ausbleiben, dass die Geschichtenschreiber hier Siegfrieds Drachenkampf stattfinden ließen. Und selbstredend spielte der Drache in der lokalen Überlieferung eine große Rolle. Die mehrfach abgewandelte Geschichte handelt von den heidnischen Bewohnern des rechten Rheinufers, die dem Untier eine christliche Jungfrau zum Fraß vorgeworfen hätten. Sie aber habe ihm ein Kreuz entgegengehalten, woraufhin der Drache sich nicht nur in den Rhein gestürzt, sondern auch die Heiden sich dem rechten Glauben zugewandt hätten. Selbst das Drachenfelsgestein blieb vom Drachen nicht unberührt. Nach einem Vorkommen in der Auvergne hatte es 1813 ein französischer Geologe Trachyt getauft, als Pate hatte das griechische Wort „trachys" für rau gestanden. Aber weil Trachyt so ähnlich wie „Drach-en" klang, wurde der Name hierorts auf das Fabelwesen zurückgeführt.

Die traurige Mär von Roland und Hildegunde führt gleich drei Orte mit Kultcharakter zusammen: neben dem Drachenfels den Rolandsbogen und die Rheininsel Nonnenwerth. Die Tochter des Drachenfelser Burggrafen ist dem Ritter von der anderen Rheinseite zugetan und versprochen, Roland aber muss zuvor noch wahlweise am Kreuzzug oder am Kampf gegen die Hunnen teilnehmen. Lange wartet Hildegunde auf seine Rückkehr, aber sie wartet vergeblich. So nimmt sie im Kloster Nonnenwerth den Schleier. Doch dann geschieht das nie mehr Erwartete: Roland kehrt zurück, aber Hildegund kann ihr Gelübde nicht mehr lösen. So setzt sich der Ritter in sein Fenster hoch oben auf der Burg und blickt nach Nonnenwerth hinunter in der Hoffnung, Hildegunde unter all den Klosterfrauen ausmachen zu können. Seine unablässige Wacht hat die erwartbare Folge: Roland verschmachtet vor Liebesleid.

Allerdings sieht der wirkliche Rolandsbogen nur aus wie eine Fensteröffnung, tatsächlich hat er zu einem ganz anderen Bauteil der ehemals kurkölnischen Burg gehört. Aber auch er ist eine rheinromantische Ikone von hoher Strahlkraft. Als der Bogen zusammenstürzt, setzt der Dichter Ferdinand Freiligrath eine Spendenaktion für seinen Wiederaufbau ins Werk. Die Rettung gelingt, unterhalb wird Freiligrath ein großes Denkmal gesetzt. Von hier oben aber, vom Bogen aus bietet sich ein Blick stromaufwärts, der, obwohl der Mittelrhein schöne Blicke zuhauf bietet, doch zu den schönsten zählt.

Blick vom Drachenfels auf die
Rheininsel Nonnenwerth

Rolandsbogen

Sonnenaufgang im Siebengebirge bei Königswinter am Rhein

Hans Arp, 1963

DER BAHNHOF ROLANDSECK MIT DEM ARP MUSEUM

Der Bahnhof Rolandseck war eine Zeit lang Endstation der späteren Eisenbahnlinie Köln–Koblenz. Der nahe Rhein und die Magie des Rolandsbogens führten dazu, dass sein Empfangsgebäude prachtvoll ausgestattet wurde. Der Saal ermöglichte große Empfänge, hier traf sich die Hautevolee des Kaiserreichs, hier konzertierten Johannes Brahms, Clara Schumann und Franz Liszt.

Nach dem Zweiten Weltkrieg fand sich zunächst keine Verwendung mehr für ein so großartiges Bahnhofsgebäude an einem derart kleinen Haltepunkt. Johannes Wasmuth (1936 bis 1997) gelang es, den schon beschlossenen Abriss zu verhindern und hier mit seinen Gesellschaftern von „arts & music“ ein spartenübergreifendes Kunstzentrum zu etablieren. Dessen Geschichte mündete schließlich in das Arp Museum Bahnhof Rolandseck, dessen Neubau im Hang über der Station 2007 eingeweiht werden konnte. Bedenken, dass die Architektur von Richard Meier zu stark ins Landschaftsbild eingreifen würde, haben sich angesichts ihrer Qualität zerstreut.

Das Museum ist zunächst dem Werk von Hans Arp (1886–1966) und seiner Frau Sophie Taeuber-Arp (1889–1943) gewidmet, präsentiert aber auch andere Künstler der Moderne. Mit dem Haus verbunden ist die „Sammlung Rau für UNICEF“. Ihre Werke ermöglichen den Rückgriff auf tiefere Schichten der kunsthistorischen Vergangenheit, wenn er durch das Thema einer Ausstellung geboten ist.

Bahnhof Rolandseck

Andernach

ANDERNACH

Vor den Toren des Gemeinwesens schießt der Kaltwasser-Geysir seine Fontäne hoch in die Luft, in Andernach selbst beherrschen drei Türme souverän das Stadtbild. Ein Solitär ist der Runde Turm, und zwar als Teil der ehemaligen Stadtmauer. Das Turmdoppel gehört zur Kirche St. Mariä Himmelfahrt.

Hier, am nördlichen Rand des Neuwieder Beckens, haben schon in der Altsteinzeit Menschen gelebt, die noch Zeugen des Südeifel-Vulkanismus gewesen sein müssen. Der Name Andernach ist wohl keltischen Ursprungs, außerdem, und fast überflüssig hinzuzufügen, wurde an dieser Stelle schon 12. v. Chr. ein römisches Kastell gegründet. Bis in die frühe Neuzeit war Andernach eine Stadt von Belang. Aus dem Jahr 1559 stammt der mächtige Rheinkran, ohne ihn wären die schweren Mayener Mühlsteine kaum an Bord der Schiffe gelangt.

Mit dem Runden Turm besitzt Andernach einen der bedeutendsten mittelalterlichen Wehrtürme überhaupt, sein Baumeister hat außer technischem auch künstlerischen Ehrgeiz entwickelt. Die Kirche Mariä Himmelfahrt ist ein repräsentatives Beispiel der Spätromanik. Ihre Westfassade mit den ausgewogenen Proportionen und der von Geschoss zu Geschoss reicheren Gliederung bedient sich einer Art optischen Täuschung: Die Türme erscheinen als selbstständige Bauteile, obwohl ihre unteren drei Geschosse fest in die Fassade eingebunden sind.

Einen Stern verdient Andernach für seine Vorreiterrolle im Projekt „Essbare Stadt“. Vielleicht spielt da die schlichte Volksweisheit hinein, dass Liebe auch als Heimatliebe durch den Magen geht. Jedenfalls gibt es hier Beete mit Salaten, Karotten oder Kohlrabi statt uniformer Grünflächen und Beerensträucher statt der unsäglichen Bodendecker. Und natürlich folgt Andernach mit dem Konzept „Essbare Stadt“ auch dem Motto: Pflücken erlaubt.

Turm der alten Stadtmauer

Geschichtsdenkmal „Brücke von Remagen"

DIE REMAGENER RHEINBRÜCKE

Ihren Namen hatte sie von einer der verhängnisvollsten Figuren des Ersten Weltkriegs: Erich Ludendorff (1865–1937). *Die Brücke von Remagen* hieß ein Streifen, der 1969 einem internationalen Publikum als Antikriegsfilm angedient wurde. Während die Pfeilerfundamente der wirklichen Brücke erst 1975 aus dem Rhein verschwanden, sind die Ruinen der Brückentürme bis heute ein Mahnmal von hoher Aussagekraft.

Die (Eisenbahn-)Brücke selbst geriet in den letzten Kriegswochen in den Brennpunkt des Geschehens. Sie war vorher einige Male aus der Luft angegriffen worden, ohne Schaden zu nehmen. Als am 7. März 1945 ein Stoßtrupp der 9. US-Panzerdivision bei Remagen den Rhein erreichte, fand er zu seiner Überraschung die Brücke intakt.

Kurz zuvor hatte sich die Heeresgruppe B unter Generalfeldmarschall Walter Model auf das rechte Stromufer zurückgezogen. Und natürlich lautete der Befehl, die Brücke zu sprengen. Die Zerstörung wurde jedoch hinausgezögert, weil noch möglichst viele deutsche Truppenteile samt Gerät den Rhein queren sollten.

Es gelang den amerikanischen Soldaten, die Brücke zu erobern. Ihre Sprengung von deutscher Seite scheiterte, sie hob sich nur aus ihren Lagern. Nach zehn Tagen stürzte sie zusammen, aber da hatten 8000 Mann samt Fahrzeugen und Panzern den Überweg passiert. Die Eroberung der Brücke und die jetzt mögliche Sicherung des rechten Rheinufers beschleunigten den Vorstoß der Alliierten aufs Ruhrgebiet.

Entsprechend aufgebracht reagierte der Berliner Führerbunker, in dem der Aberwitz ohnehin Triumphe feierte. Auf Befehl Adolf Hitlers wurde ein „Fliegendes Standgericht" eingerichtet und mit ergebenen Nazis besetzt, und die Todesurteile für die „schuldigen" Offiziere wurden sofort vollstreckt. Heute beherbergt der rechte Brückenturm auf Remagener Seite ein „Museum des Friedens".

Blick von der Festung Ehrenbreitstein auf das Deutsche Eck
und die Moselmündung in Koblenz

Wilhelm Anton Witthoff, *Schloss Koblenz und Festung Ehrenbreitstein*, 1836, Mittelrhein-Museum, Koblenz

KOBLENZ – STADT AN RHEIN UND MOSEL

Liegt Andernach am nördlichen, so liegt Koblenz am südlichen Rand des Neuwieder Beckens – wie Andernach auf der linken Rheinseite. Der Vergleich ließe sich sogar fortführen: Bei Andernach mündet die früher schiffbare Nette in den Rhein und bei Koblenz die Mosel.

Nur ist die Mosel ein ganz anderes Flusskaliber. Und so gibt es bei Andernach keinen Zweifel, dass die Stadt am Rhein liegt, bei Koblenz schon. Aus historischer Perspektive, also nach der spätrömischen Befestigung zu urteilen, liegt Koblenz sogar ganz sicher an der Mosel.

Auch die mittelalterliche Stadt hat ihren Schwerpunkt im oder dicht am spätrömischen Kastell. Die einstige Stiftskirche St. Florin, hervorgegangen aus der Kapelle des Königshofs, erhebt sich zwar am Rand, aber doch innerhalb der antiken Umwehrung, ebenso die Pfarrkirche Liebfrauen. Und die mittelalterliche Balduinsbrücke führt nicht über den Rhein, sondern über die Mosel. Nahe an diesem Überweg liegt die alte kurfürstliche Burg, ihr Kernbau sitzt der römischen Stadtmauer auf. Das bürgerliche Koblenz ist mit dem Schöffen- und dem späteren Rathaus am Florinsmarkt vertreten, auch sie reihen sich in die Moselfront ein.

Einen wirklichen Einschnitt für die Stadtgeschichte bedeutet der Mauerbau von 1270–80. Er bezieht nun auch die Rheinfront ein, oder besser das, was einmal die Rheinfront werden will. Am Rhein, dicht beim Deutschen Eck als Denkmal für Kaiser Wilhelm I., liegen dann die Deutschordenskommende und die Basilika St. Kastor. Mit dieser Kirche sowie mit St. Florin und Liebfrauen kann Koblenz gleich drei Doppelturmfassaden aufweisen. Nur machen sich bei St. Kastor die Türme sehr viel nachdrücklicher geltend. Die Dominanz erklärt sich aus der Entstehungsgeschichte: Das Langhaus ist breiter als der vorgelagerte Westbau, dessen Grundriss den karolingischen Vorgänger respektiert. Und weil das Statussymbol Doppelturm offenbar wichtiger war als die Ausgewogenheit der Proportionen, wurde eine schmalbrüstige Giebelwand in Kauf genommen. Zwei Gräber trierischer Kurfürsten beherbergt St. Kastor, beides Denkmäler von hohem künstlerischem Rang. Und dass die zahlreichen Fehden des Werner von Königstein (gest. 1418) den faktischen Staatsbankrott zur Folge hatten, sieht dem Kunstwerk niemand mehr an.

Das Neue Schloss entstand knapp südlich der barocken Stadtumwehrung. Es ist einerseits der früheste klassizistische Bau am Rhein und andererseits ein Bau aus der Götterdämmerung des Ancien Régime. Seine Innenausstattung war noch nicht fertiggestellt, als die Franzosen 1794 von der Stadt endgültig Besitz nahmen. An die 39 (!) Achsen des Corps de Logis schließen zwei niedrigere, gekrümmte Flügel an. Sie lassen sich als einladende Geste an die eben erst gegründete Neustadt verstehen, mit der Clemens Wenzeslaus von Sachsen als letzter Kurfürst von Trier Großes vorhatte.

FESTUNG EHRENBREITSTEIN

Weil hier selbst die Fußgänger auf den Verkehr achten müssen, können sie das grandiose Bauwerk unter der Ehrenbreitstein kaum angemessen würdigen. Balthasar Neumann lieferte die Pläne für diesen Sitz von Kurtriers weltlicher Zentralbehörde. Ohnehin genießt die Festung Ehrenbreitstein

Johann Adolf Lasinsky (1808-1871), *Blick auf das Rheinufer mit Ehrenbreitstein*, 1828, Öl auf Leinwand

mehr öffentliche Aufmerksamkeit. Ihre Wurzeln hat sie in der wohl ältesten Höhenburg am Mittelrhein. Sie entstand hier um 1020, bis zum ersten Wehrbau mit Bastionen dauert es dann rund 500 Jahre. Kölner Besucher werden zu würdigen wissen, dass ihr Jan von Werth hier 1637 die französische Besatzung aushungerte.

Eine machtvolle Zitadelle wurde Ehrenbreitstein, als Preußen Koblenz insgesamt zur Festungsstadt ausbaute. Die auch dank des roten Sandsteins imposante Anlage lässt sich heute gleich von zwei Seiten „erobern". Rechtsrheinisch liegt der großzügig dimensionierte Parkplatz und am linken Rheinufer die Talstation der Seilbahn, die zur Festung hinaufführt.

Deutsches Eck, um 1905

PETER LUDWIG (1925–1996)

Er war nicht ganz unumstritten, doch ohne den Koblenzer Unternehmer und Kunstmäzen Peter Ludwig sähe die deutsche Kunstlandschaft anders aus. Gemeinsam mit seiner Frau Irene ist er für zahlreiche Museumsgründungen und Stiftungen verantwortlich, seine Mitarbeit in verschiedenen Museumsvereinen und vor allem seine Schenkungen führten dazu, dass die moderne Kunst des 20. Jahrhunderts nach einer Zeit politischer und kultureller Engstirnigkeit wieder in Deutschland publik wurde. Schon in den 1950er-Jahren war er Vorsitzender des Museumsvereins Aachen und arbeitete zusammen mit Museen in Köln und Aachen. Seine Frau stammte aus der einflussreichen Schokoladenfabrikanten-Familie Monheim und unterstützte ihn in seinem Vorhaben; das Ehepaar sammelte in den nächsten Jahren unzählige Werke aus Expressionismus, Avantgarde oder Pop-Art. 1970 wurde auf Betreiben des Ehepaars das Ludwig Forum für Internationale Kunst in Aachen gegründet, sechs Jahre später folgte das Museum Ludwig in Köln direkt am Dom. Es gehört heute zu den bedeutendsten Kunstmuseen Europas und beherbergt neben der größten Pop-Art-Sammlung Europas u. a. die drittgrößte Picasso-Sammlung der Welt sowie eine der wichtigsten Sammlungen zum deutschen Expressionismus. Weitere Museen in Deutschland, aber auch im Ausland folgten, Peter Ludwigs Kunstsammlungen sind mittlerweile auf 19 Museen in fünf Ländern verteilt.

Die Peter und Irene Ludwig Stiftung, die aus der Ludwig Stiftung für Kunst und internationale Verständigung GmbH hervorging, wurde noch von Irene Ludwig nach dem Tod ihres Mannes initiiert. Heute steht sogar das institutionskritische Werk *Der Pralinenmeister* (1981) von Hans Haacke, in dem er Ludwigs kulturpolitischen Einfluss auf die Museumslandschaft in Nordrhein-Westfalen und die Verflechtung mit der Monheim AG anprangert, im Kölner Museum Ludwig.

Karl Wilhelm Friedrich Schlegel

E. T. A. Hoffmann

Ludwig Uhland

Annette von Droste-Hülshoff

LITERATUR DES 19. JAHRHUNDERTS

ROMANTIK

Die Romantik war in der deutschen Literatur des 19. Jahrhunderts zweifellos die vielfältigste und interessanteste Stilrichtung. Zunächst Reaktion auf den Rationalismus der Aufklärung und der Klassik, verzweigt sie sich, entwickelte neue Formen wie das literarische Fragment und rückte das Ich in den Mittelpunkt. Der romantische Mensch findet die Einheit des Seins in der Natur, in der sich wiederum das Göttliche offenbart. Das Leben als Ganzes soll poetisiert werden. Das irdische Leben und seine Begrenzungen will er überwinden. Die Literatur ist ihm dafür gleichzeitig Werkzeug wie auch Ziel der Suche.

Jean Paul (1763 in Wunsiedel in bis 1825 in Bayreuth): Steht an der Schwelle von der Klassik zur Romantik. Schrieb zahlreiche humorvolle, zuweilen auch bissig-satirische Romane voller liebevoll gezeichneter Figuren. Bekannt für seine zahlreichen Abschweifungen.

Karl Wilhelm Friedrich Schlegel (1772 in Hannover bis 1829 in Dresden): Gemeinsam mit seinem Bruder August Wilhelm einer der Protagonisten der Frühromantik. Während sein Bruder vor allem als Shakespeare-Übersetzer berühmt wurde, machte sich Friedrich einen Namen als Kunstkritiker, Altphilologe und Begründer der wissenschaftlichen Literaturgeschichte. Mit seinen eigenen literarischen Werken wie dem Roman *Lucinde* konnte er weniger nachhaltigen Eindruck machen.

Novalis (1772 auf Schloss Oberwiederstedt bis 1801 in Weißenfels): Erfinder der „Blauen Blume" als Symbol für das romantische Streben nach Unendlichkeit (erstmals im Roman *Heinrich von Ofterdingen*). Große Wirkung als Lyriker, am bekanntesten seine *Hymnen an die Nacht*.

Ludwig Tieck (1773 in Berlin bis 1853 ebd.): Auf seiner Wanderung, die er mit seinem Freund W. H. Wackenroder in Franken unternahm, entdeckte er die Landschaft, den Katholizismus und das Mittelalter. Diese Reise gilt als Ausgangspunkt der Romantik. Schrieb Novellen, Romane und sammelte Volksmärchen. Wichtig auch als Übersetzer des *Don Quijote*.

E. T. A. Hoffmann (1776 in Königsberg bis 1822 in Berlin): Vielbegabter Spätromantiker: Komponist, Maler, Zeichner und Autor zahlreicher, auch im Ausland einflussreicher Erzählungen, oft mit fantastischer Thematik. Interessierte sich für die Nachtseiten der Menschen. Kernthema ist der Zwiespalt zwischen bürgerlicher Existenz und freiem Künstlertum.

Clemens von Brentano (1778 in Ehrenbreitstein bis 1842 in Aschaffenburg): Bekannt für sein facettenreiches und umfangreiches Werk sowie für die Musikalität seiner Sprache. Als Lyriker wirkte sein Einfluss auf die gesamte deutsche Romantik und bis zu Baudelaire. Auch seine katholische Erbauungsliteratur fand über die Grenzen Deutschlands hinaus Verbreitung.

Joseph von Eichendorff (1788 auf Schloss Lubowitz bei Ratibor bis 1857 in Neisse): Neben Brentano der bedeutendste Spätromantiker. Viele seiner Gedichte wurden zu Volksliedern vertont. Seine bekanntesten Novellen sind *Aus dem Leben eines Taugenichts* und *Das Marmorbild.*

BIEDERMEIER

Geprägt wurde der Begriff nach den „Gedichten des schwäbischen Schullehrers Gottlieb Biedermeier und seines Freundes Horatius Treuherz" des badischen Dichters Ludwig Eichrodt. Zuerst eher negativ konnotiert, wandte er sich ins Positive. Zeitlich parallel zum Vormärz verlaufend, ging es in der Biedermeier-Literatur um den Rückzug ins Private und die Innerlichkeit. Ordnung und Traditionsbewusstsein waren Zeichen der konservativen Grundhaltung. Thematisch ging es meist um das kleine Glück im Alltag und die stille Unterordnung unter das Schicksal. Charakteristisch war die Neigung zu kürzeren Gattungen wie zu Lyrik und Erzählprosa.

Annette von Droste-Hülshoff (1797 auf Burg Hülshoff bei Münster bis 1848 auf der Burg Meersburg): Obwohl größte deutsche Lyrikerin des 19. Jahrhunderts, gelang es ihr erst spät, sich aus den Fesseln ihrer Familie zu befreien, sodass sie das Selbstbewusstsein fand, sich mit Hingabe ihrem Werk voll zu widmen. Bekannt für viele großartige Gedichte und die Kriminalnovelle *Die Judenbuche*.

Eduard Mörike (1804 in Ludwigsburg bis 1875 in Stuttgart): Von seinen Zeitgenossen oft als „schwäbischer Goethe" und als provinziell verspottet, wurde er spätestens mit den Vertonungen vieler seiner Gedichte durch Hugo Wolf wiederentdeckt.

VORMÄRZ

Eigentlich als politischer Begriff zur historischen Einordnung der Zeit vor der Märzrevolution 1848 gebraucht, wird der Vormärz zuweilen auch verwendet, um die literarisch sehr unterschiedlichen Autoren dieser Zeit zu fassen. Einen wichtigen Teil bilden hierbei die Schriftsteller des sogenannten Jungen Deutschlands. Geprägt ist die Zeit von der strengen Zensur und den „Demagogenverfolgungen", mit denen der Deutsche Bund die demokratischen und nationalen Bestrebungen im Land unterdrücken will. Leitbild ist eine engagierte Literatur und der Schriftsteller als Medium der bürgerlichen Kritik an den Verhältnissen.

Heinrich Heine (1797 in Düsseldorf bis 1856 in Paris) siehe Seite 68

Karl Gutzkow (1811 in Berlin bis 1878 in Frankfurt am Main): Zu seiner Zeit ein überaus populärer Lustspieldichter und Erzähler. Mit seinem Roman *Wally, die Zweiflerin*, in dem es um ein Mädchen aus vornehmer Familie zwischen zwei Männern und zwei Lebenskonzepten geht, war er so freizügig, dass das Buch die Zensur auf den Plan rief, die nun gegen das Junge Deutschland vorging.

Georg Büchner (1813 in Goddelau bis 1837 in Zürich): Büchners Nachruhm gründet sich trotz sehr überschaubaren Werks – *Dantons Tod, Leonce und Lena* sowie der unvollendet gebliebene *Woyzeck* – auf seinen großen Beitrag zur Genese des modernen Dramas. Politisch nachwirkend war das

Novalis

Ludwig Tieck

Joseph von Eichendorff

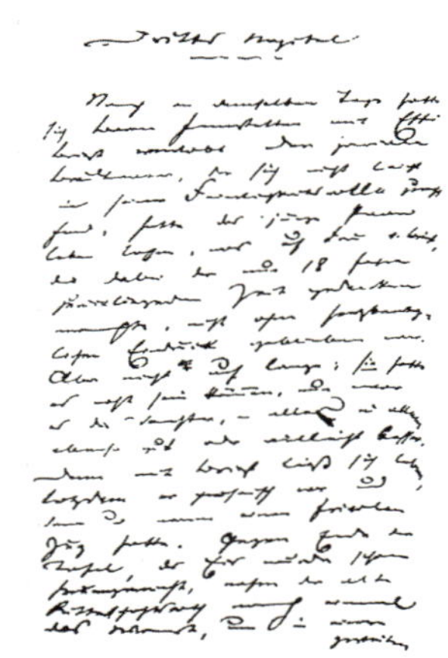

T. Fontane, *Effi Briest*, 1895 (Manuskriptseite)

Friedrich Hebbel

Theodor Storm

Arno Holz

Frank Wedekind

„Friede den Hütten! Krieg den Palästen!" aus seinem Pamphlet *Der Hessische Landbote*.

REALISMUS

Der Realismus in Deutschland ist gekennzeichnet durch die Hinwendung der Literatur zur Wirklichkeit. Die gesellschaftliche Realität wird dargestellt, wobei das Alltägliche zwar möglichst detailreich geschildert wird, allerdings nicht in seinen allzu hässlichen und negativen Seiten. Stattdessen geht es um die realistische Schilderung einer inneren, poetisch überhöhten Wahrheit. Das Bürgertum mit seinen politischen Ambitionen und Ansprüchen rückt in den Vordergrund. Im Realismus dominieren Romane und Dorfgeschichten mit detailreicher Sprache und einer distanzierten Erzählperspektive; Dramen geraten in den Hintergrund.

Friedrich Hebbel (1813 in Wesselburen, Dithmarschen, bis 1863 in Wien): Produktiver Dramatiker, der mit seiner *Maria Magdalena* eine neue Art des bürgerlichen Trauerspiels erschaffen hat, in dem es nicht mehr um den Rangunterschied seiner Protagonisten geht, sondern um die Kritik an dem überlebten Moralkodex innerhalb einer bürgerlichen Familie.

Gustav Freytag (1816 in Kreuzburg, Oberschlesien, bis 1895 in Wiesbaden): Trotz eines umfangreichen und vielfältigen Werks ist es bei Gustav Freytag vor allem ein Roman, an den man sich erinnert: In seinem Kaufmannsroman *Soll und Haben* gelingt Freytag, beeinflusst von Romanen Charles Dickens', ein spannender Querschnitt durch die sozialen Schichten Deutschlands um die Mitte des 19. Jahrhunderts.

Wilhelm Raabe (1831 in Eschershausen bis 1910 in Braunschweig): Einer der wichtigsten Vertreter des poetischen Realismus mit einem großen erzählerischen Werk, das sowohl historische wie zeitgenössische Stoffe behandelt. Am bekanntesten wurde gleich sein Erstlingswerk, *Die Chronik der Sperlingsgasse*, in dem es um die melancholischen Erinnerungen eines einsamen Alten an seine verlorene Jugendliebe geht.

Theodor Fontane (1819 in Neuruppin bis 1898 in Berlin) siehe Bd. 1, Seite 281

Theodor Storm (1817 in Husum bis 1888 in Hanerau-Hademarschen) siehe Bd. 1, Seite 132

NATURALISMUS

Vereinfacht ausgedrückt ließe sich sagen, dass der Naturalismus das fortführte, was im Realismus bereits angelegt war, nur mit weitaus größerer Konsequenz: Nun wurden auch die hässlichen Seiten nicht mehr ausgeblendet, sondern detailliert und manchmal drastisch dargestellt. Der Begriff Naturalismus wurde von den Protagonisten der Richtung selbst nicht verwendet, sondern ihnen in kritischer Absicht angeheftet; sie selbst sahen sich lieber als „modern". Im Naturalismus gewann die Dramatik wieder an Bedeutung. Kritik am Bürgertum wurde in sozialkritischen Dramen ausgebreitet.

Gerhart Hauptmann (1862 in Ober Salzbrunn bis 1946 in Agnetendorf (Agnieszków)): Die Epoche des deutschen Naturalismus wird von der Persönlichkeit und dem Werk Gerhart Hauptmanns überstrahlt. Das liegt weniger an dem Literaturnobelpreis, den er 1912 bekam, als an seinem immensen literarischen Einfluss. *Die Weber* und *Vor Sonnenaufgang* sind seine wichtigsten Dramen; die Novelle *Bahnwärter Thiel* vielleicht sein bekanntester Prosatext.

Arno Holz (1863 in Rastenburg bis 1929 in Berlin): „Unsere Welt ist nicht mehr klassisch/Unsere Welt ist nicht romantisch/Unsere Welt ist nur modern", lauten die entscheidenden Sätze des Literaturtheoretikers Holz, die er auch praktisch umzusetzen verstand, und das sowohl in seinem Erzählwerk wie in seinen Dramen (meist in Zusammenarbeit mit Johannes Schlaf oder Oskar Jerschke).

JAHRHUNDERTWENDE

Um die Wende vom 19. zum 20. Jahrhundert wirkten viele Autoren im deutschsprachigen Raum, die sich immer schwieriger unter nur einem Begriff fassen ließen. Begriffe wie Impressionismus, Jugendstil, Décadence oder Symbolismus fassen ein breites Spektrum an Autoren, zu denen auch viele Österreicher wie Rilke oder von Hofmannsthal zählen. Allen Strömungen gemein war ein tiefes Gefühl des Niedergangs. Die künstliche Welt des schönen Scheins war ein direkter Angriff auf den Naturalismus.

Detlev von Liliencron (1844 in Kiel bis 1909 in Hamburg): In seinem stilistisch kaum klar einzuordnenden Werk vereint Liliencron Elemente aus dem Impressionismus, Naturalismus und auch dem Symbolismus. Am stärksten war er in seinen Gedichten, die oft vertont wurden. Besonders mit seiner kraftvollen, saloppen Sprache begeisterte er die Naturalisten. Auch seine Novellen sind noch heute lesenswert, seine Dramen fallen dagegen qualitativ stark ab.

Eduard von Keyserling (1855 auf Schloss Paddern, Kurland, bis 1918 in München): Keyserling gilt bis heute als einer der wenigen echten impressionistischen Schriftsteller in Deutschland. Der Baltendeutsche war ein Meister in der Schilderung erotischer Sehnsüchte und Konflikte, die sich aus dem starren protestantischen Moralkorsett ergaben, in denen insbesondere Adlige wie er selbst gefangen waren.

Richard Dehmel (1863 in Wendisch-Hermsdorf bis 1920 in Blankenese): Der Eros und seine Macht auf das Leben und das Schicksal der Menschen waren auch Hauptthemen des Lyrikers Richard Dehmel, dessen Werk noch die spätere expressionistische Lyrik stark beeinflussen sollte. Bekannt machten ihn auch die zahlreichen Vertonungen seiner Gedichte wie jene durch Schönberg, Reger, Pfitzner und Sibelius.

Frank Wedekind (1864 in Hannover bis 1918 in München): Wedekinds *Lulu*, die bekannteste Figur des viel gespielten Dramatikers, ist die Verkörperung des weiblichen Eros, die zur Männermörderin, dann aber selbst zum Opfer eines Mordes wird, verübt vom Serienmörder Jack the Ripper. Damit wollte Wedekind die moralische Empörung über die bürgerliche Scheinmoral der Zeit anprangern, indem er sie mit der urwüchsigen Amoral des Mörders kontrastiert.

Wilhelm Raabe

T. Storm, *Der kleine Häwelmann*, 1849

Gerhart Hauptmann

Richard Dehmel

Schloss Stolzenfels, Koblenz

UNESCO-WELTERBE OBERER MITTELRHEIN

„Der schönste Landstrich von Deutschland, an welchem unser größter Gärtner sichtbar con amore gearbeitet hat, sind die Ufer von Mainz bis Koblenz. Das ist eine Gegend wie ein Dichtertraum, und die üppigste Phantasie kann nichts Schöneres erdenken als dieses Tal."
Heinrich von Kleist, 1803

2002 wurde der „Obere Mittelrhein" UNESCO-Welterbe. Die Aufnahme war auch das Ende einer Flucht nach vorn, der Gegend drohte ein schleichender Substanzverlust. Immer weniger Menschen wollten hier leben. Hauptsächlich rührte die Unlust aus einem bis heute fortdauernden Dilemma: Die Lebensqualität beeinträchtigen auf beiden Ufern sowohl eine viel befahrene Bundesstraße als auch eine stark frequentierte Bahnstrecke.

Diese Zeiten lagen noch fern, als Clemens Brentano und Achim von Arnim 1802 ihre berühmte Rhein-Reise antraten: „Es setzten zwei Vertraute/Zum Rhein den Wanderstab/Der Braune trug die Laute/Das Lied der Blonde gab." In den Versen Brentanos spiegelt sich, wie frohgemut die beiden den Stromabschnitt erkundet haben. Denn zur Romantik gehört nicht nur eine „Gegend wie ein Dichtertraum", sondern gehören auch zwei solche Gesellen, die den Traum zu leben willens sind. Und da stellt sich, im Rahmen der Romantik, sogleich das Bild vom Wanderer ein. Das Wandern ist auch heute nicht die schlechteste Art, den Mittelrhein zu entdecken.

DIE BURGENGASSE

Markantestes Merkmal dieser Rheinpartie ist die dichte Folge an Burgen. Die ersten lagen noch am Stromufer, und es hat gedauert, bis die Höhen so üppig bestückt waren. Die ältesten Wehranlagen wurden entweder erneuert oder mussten Nachfolgern weichen, allein die Sterrenberg (damals hatte sie noch keinen „feindlichen Bruder") ist ein Zeugnis der Frühzeit um 1100.

Burg Sterrenberg bei Kamp-Bornhofen

Burg Gutenfels bei Kaub

Um 1200 intensiviert sich das Baugeschehen. Damals entsteht mit der rechtsrheinischen Marksburg die einzige noch unzerstörte Feste an diesem Rheinabschnitt. Ab der Mitte des 13. Jahrhunderts gibt es dann sozusagen kein Halten mehr. Eigentlich hatte allein der König das Recht, den Bau von Wehranlagen zu gestatten. Aber dessen Stellung war jetzt so stark geschwächt, dass auch weniger mächtige Herren daran gehen konnten, sich eine Höhenburg zuzulegen.

Burg Katz, St. Goarshausen

Denn zuerst diente eine Burg dem Prestige. Aber natürlich ließ sich mit ihr auch der Forderung von Zöllen und Gebühren Nachdruck verleihen. So erhöhten sich mit der Burgenzahl die Kosten für die Schiffer, bis sie zu einem Handelshemmnis sondergleichen wurden.

Die Burgen veralteten, der Wunsch nach höherem Wohnkomfort führte wieder zurück an die Ufer. Ein originelles Zeugnis dafür ist Burg Pfalzgrafenstein bei Kaub. Sie liegt auf einer Insel, und ihr Grundriss erinnert an einen Schiffsrumpf. Erst im 18. Jahrhundert erhielt diese Burg ihre endgültige Gestalt.

So verfielen die Höhenburgen bereits, ehe ihnen die Franzosen im Pfälzischen Erbfolgekrieg (1688–97) den Rest gaben. Dafür erfüllte sich der spätere König Friedrich Wilhelm IV. seinen Traum von der Wiederkunft des Alten Reiches. Als Kronprinz hatte er den Strom bereist und war ob der Kulisse „matt vor Seligkeit“ gewesen. Sein Schloss Stolzenfels, an dessen Plänen auch Karl Friedrich Schinkel mitgewirkt hatte, wurde zum Kronjuwel der sogenannten preußischen Rheinromantik.

Schönburg bei Oberwesel

RHEINSTÄDTCHEN

Die Burgen standen fürs Heroische, die Städtchen fürs Pittoreske. Dazu muss angemerkt werden, dass sich englische Reisende über die altvorderen Zustände beklagten, die eine hygienisch bedenkliche Seite hätten. Heute aber bieten die Ortskerne beispielsweise von Osterspay und Oberlahnstein, Rhens oder St. Goar auf der anderen Rheinseite ein properes Bild. Vor allem Fachwerkbauten sind es, die hier als Einzelobjekte ins Auge fallen. Aus Fachwerk sind die Rathäuser von Rhens und Filsen, letzteres ein hochoriginelles. Einen massiven Bruchsteinsockel hat die Bürgermeisterei von Oberlahnstein. Zu den vielen möglichen Entdeckungen zählt auch die verschieferte kurpfälzische Zollschreiberei von Kaub.

Oberwesel verdankt der Schönburg den spektakulären Abschluss seiner Kulisse. Hinter der vorzüglich erhaltenen Stadtmauer sind gleich zwei ehemalige Stiftskirchen von Bedeutung. Dennoch ist es der um 1330, also früh entstandene „Goldaltar" in Liebfrauen, der allen anderen Schätzen den Rang abläuft. Dabei ist es nicht das Gold, sondern seine Schnitzkunst, die das Retabel auszeichnet. Und als steinerne Preziose steht ihr der Lettner gewiss nicht nach. Er „strömt eine Art geheimer Musik aus", so der begeisterte Georg Dehio, Doyen der deutschen Kunstgeschichtsschreibung.

Bacharachs Ruhm verdankt sich dem geschlossenen Ortsbild. Und auch Bacharach, lange Zentrum des Weinhandels, hat zwei Kirchen, die zu den bedeutenden Kunstwerken ihrer Epochen gehören. Das ist neben der romanischen Pfarrkirche St. Peter die Wernerkapelle. Noch ihre Ruine zeigt vollendete Gotik. Nur hält ihr Name einen besonders widerwärtigen Fall von christlichem Antisemitismus gegenwärtig. Den Juden wurde die Schächtung des „Knaben Werner" angehängt und Werner selbst als Märtyrer verehrt.

Gotischer Flügelaltar mit Holzschnitzereien und Figuren, Liebfrauenkirche, Oberwesel

Bacharach

Der Mäuseturm, aus: *Bilder vom Rhein* von Nikolai von Astudin, Köln 1923

BOPPPARD UND BINGEN

Boppard an der „weltgrößten" Rheinschleife käme auch ohne den Hinweis aus, dass es seinen Namen von einem lateinischen „Baudobriga" ableitet: Die Reste seines spätrömischen Kastells können heute noch besichtigt werden.

Die Spätantike hat hier lange nachgewirkt. Römische und fränkische Bevölkerung gingen fließend ineinander über, die Nennung im Jahr 643 als „Bodo fricense" deutet auf ein intaktes Siedlungsgeschehen hin. Für Boppards spätere Bedeutung spricht der Status einer Freien Reichsstadt. Den verlor es allerdings, als sich der Trierer Fürstbischof das Gemeinwesen untertan machte. Und so erklärt sich, dass die kurtrierische Zwingburg bis heute der bedeutendste Profanbau Boppards ist. Seine spätromanische St.-Severus-Kirche liegt auf dem Gelände des römischen Militärbads, in ihrer Architektur kündigt sich schon die Gotik an.

„Bingen am Rhein" heißt die Stadt mit vollem Namen, obwohl sie ebenso an der Nahe liegt, genauer gesagt an ihrer Mündung. Zweifellos liegt sie am Eingang zum Mittelrhein. Die spätgotische Kirche St. Martin mit ihrer romanischen Krypta hätte es verdient, ihr bekanntestes Bauwerk zu sein, doch darin läuft ihr der Binger Mäuseturm den Rang ab. Einmal mehr beruht die Popularität eines Mittelrhein-Gemäuers auf einer Sage. Der hartherzige Bischof Hatto verschanzte sich hier auf der Flucht vor Mäusen. Aber natürlich fanden die Mäuse auch Zugang zum Turm und machten dort ihrem Ruf als Nagetiere alle Ehre. Vom Bischof blieb nur das Skelett zurück.

Die Aussicht vom Binger Rochusberg hat Goethe 1814 genossen und für die Rochus-Kapelle ein Gemälde des Pestheiligen gestiftet. Der nahe Kaiser-Friedrich-Turm von 1888 weitet noch einmal den Horizont. Zwei gegensätzliche Landschaften liegen zu Füßen des Betrachters: der offene, sanft gewellte Rheingau hier und das Tal des Mittelrheins dort. Es hat aus dieser Perspektive etwas beinahe Abgründiges.

Boppard am Rhein, Farblithografie nach einem Aquarell von Carl Philipp Christian Köhler (1827–1890), aus: *Der Rhein*, Aquarelle von C.P.C. Köhler, Darmstadt 1873

Heil- bzw. Nähr-Pflanzen, Farblithografien, aus: F. E. Bilz, *Bilz Große Illustrierte Hausbibliothek,* VII. Bd., Leipzig (F.E. Bilz) 1901.

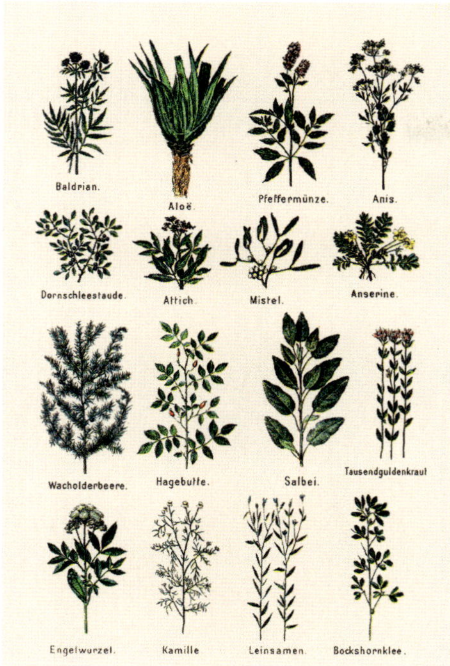

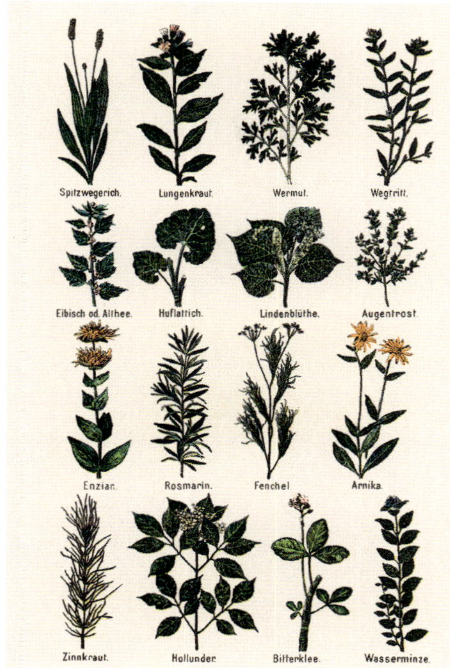

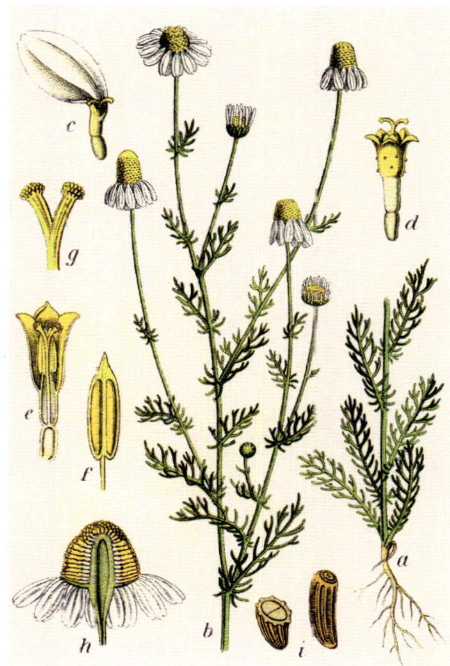

HILDEGARD VON BINGEN

Hildegard von Bingen wurde 1098 geboren, ihr genauer Geburtstag und Geburtsort sind nicht überliefert. Schon als Kind soll sie kränklich gewesen sein, und auch wegen der Visionen, unter denen sie litt, wurde sie als Oblatin in ein Kloster gegeben (mit der Oblation konnten Eltern ihre Kinder auf Lebenszeit einem Kloster übergeben).

Nach dem Tod ihrer Lehrmeisterin Jutta von Sponheim, in deren Klause am Kloster Disibodenberg sie erzogen wurde, gründete sie ihr erstes eigenes Kloster auf dem Rupertsberg bei Bingen und das noch heute bestehende Tochterkloster Eibingen bei Rüdesheim.

Bernhard von Clairvaux, der einflussreiche Zisterziensermönch, soll sie bestärkt haben, ihre Visionen zu Papier zu bringen. Hernach wurde sie zu einer Universalgelehrten, die sich mit vielen wissenschaftlichen Gebieten beschäftigte. Ihr umfangreiches Kräuterwissen bildete die Basis für ihr Werk *Causae et Curae,* in dem sie sich der Entstehung und der Behandlung verschiedener Krankheiten widmete. Daneben beschäftigte sie sich mit theologischen Fragen sowie mit Ethik und Kosmologie und schrieb auch Musik. Außerdem wirkte die Mystikerin als Beraterin des Kaisers Friedrich I. Barbarossa und des Papstes.

Obwohl sie schon zu Lebzeiten als Heilige verehrt wurde, zog sich ihre offizielle Heiligsprechung lange hin. Die Aufnahme in den Heiligenkanon erfolgte spätestens 1584. Im Jahr 2012 wurde sie zur Kirchenlehrerin erhoben.

Hildegard von Bingen, Wandmalerei, Kloster St. Hildegard, Rüdesheim am Rhein

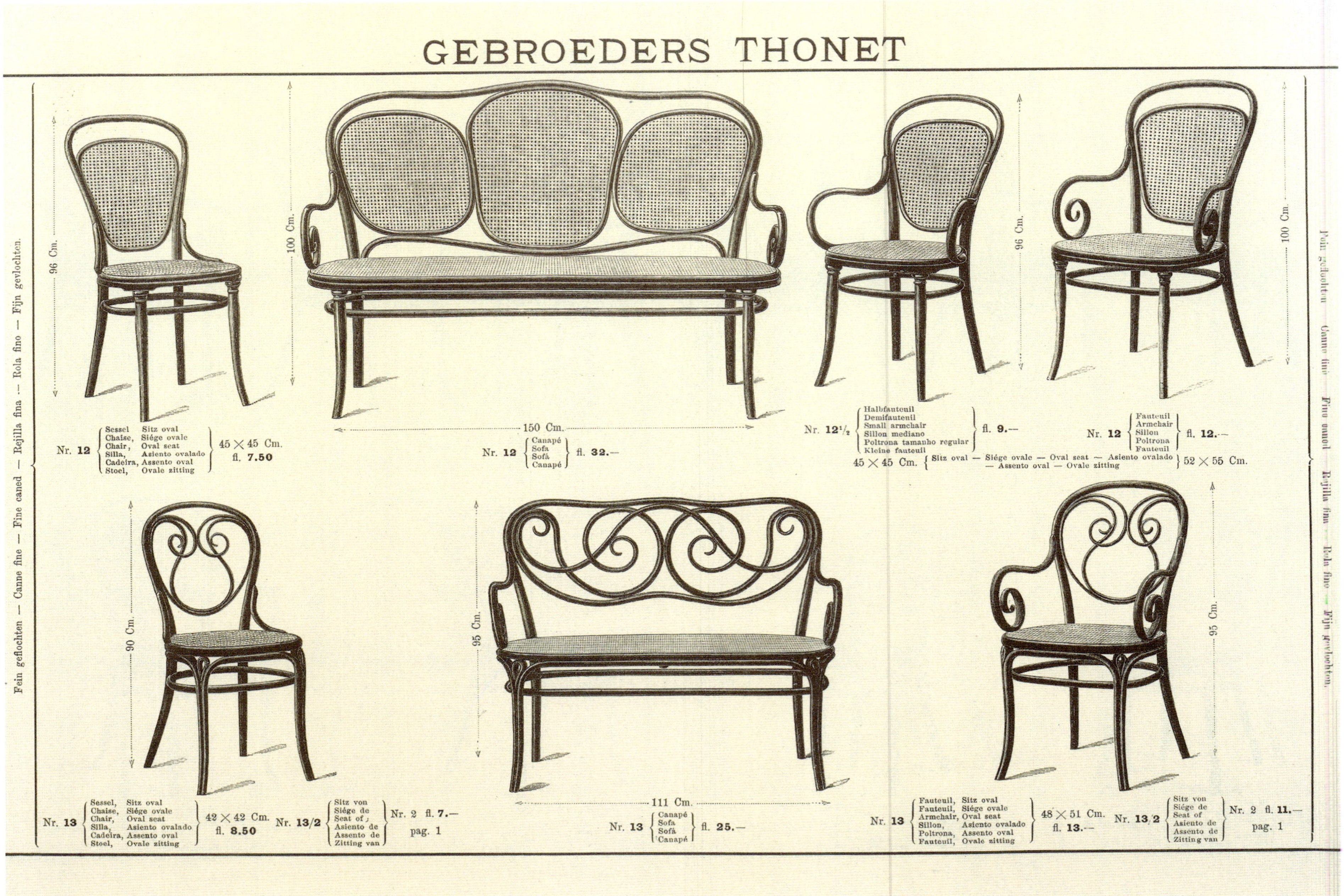

Katalogseite mit Stühlen und Sofas der Gebrüder Thonet, 1850

THONET

Auch bei bekannten Markennamen gilt die Vorsicht vor Anekdoten. Aber dass der gebürtige Bopparder Michael Thonet (1796–1871) dem Ruf des gebürtigen Koblenzers Fürst Metternich gefolgt ist, hat zumindest einen wahren Kern. Auf der Koblenzer Gewerbeausstellung 1841 sollen die entscheidenden Worte Metternichs gefallen sein: „In Boppard werden Sie immer ein armer Mann bleiben, kommen Sie nach Wien."

Thonet hatte eine Technik entwickelt, mit der sich Holzleisten biegen und in die gewünschte Form bringen ließen. Schon zu Anfang bewährte sie sich beim Bau von Stühlen. Statt der bisher üblichen schweren Sitzgelegenheiten ließ sich jetzt ein leichtes und doch stabiles Möbel herstellen.

Die Familie folgte dem Vater 1842 nach Wien. Im selben Jahr hatte Michael Thonet hier das Patent dafür erhalten, „jede, selbst die sprödeste Gattung Holz auf chemisch-mechanischem Wege in beliebige Formen und Schweifungen zu biegen". Im Jahr 1849 wurden die Thonets selbstständig, zwei Jahre später erteilte ein Wiener Kaffeehaus den ersten Großauftrag. Für den Durchbruch, also für die Möglichkeit einer seriellen Produktion, sorgte die Entwicklung eines Verfahrens, mit dem sich auch Massivholz biegen und formen ließ.

Der in Serie produzierte Wiener Kaffeehausstuhl Nr. 14 von 1859 sollte zum Klassiker werden. Die Geschäftstätigkeit gewann an Dynamik, mehrere Fabriken entstanden. Auch nach dem Tod des Gründervaters 1871 gedieh das Unternehmen weiter. 1889 wurde die Fabrik im hessischen Frankenberg gegründet, die 1929/30 zum ersten Mal Stahlrohrmöbel anfertigte.

In den Jahren darauf stieg Thonet auch zum weltweit größten Hersteller von Stahlrohrmöbeln auf. Die Modelle stammten von führenden Designern der Zeit, unter anderen von Le Corbusier. Nach dem Zweiten Weltkrieg musste sich die Firma neu orientieren. Das Frankenberger Unternehmen hat sich auf dem Markt behauptet und ist noch heute in Familienhand.

Luxusrestaurant in Wien, an den Tischen Thonet-Sessel, 1905

Gebogene Thonet-Möbel mit der Büste des Firmengründers Michael Thonet im Technologischen Gewerbemuseum in Wien

SCHLOSS
LINDENWIR
osselhof
HOTEL
Weing

Lorch am Rhein mit Kirche St. Martin

LORCH UND RÜDESHEIM – HESSISCHER MITTELRHEIN

Auch wenn Lorch erst seit 1885 eine Stadt ist, gab es dort bereits im 13. Jahrhundert eine mit Türmen bewehrte Mauer. Und vom 14. bis zum 16. Jahrhundert war Lorch ein durchaus rühriges Handelszentrum. Außerdem festigten sich hier an der Grenze des Mainzer fürstbischöflichen Territoriums etliche Adlige. Von früherem Wohlstand zeugt die Kirche St. Martin, vor allem der Schnitzaltar von 1483, der zu seiner Zeit vielleicht erste nicht bemalte Altar überhaupt. Der Renaissancebau des Hilchenhauses für den Feldmarschall Johann Hilchen war 1573 vollendet, sein vierstöckiger Staffelgiebel ist natürlich zum Rhein hin ausgerichtet.

Und Rüdesheim ist mehr als seine Drosselgasse. Es liegt im Grenzbereich von Mittelrhein und Rheingau, und wer aus dem Engtal kommt, dem wird das Stichwort Siedlungsgunst leicht einleuchten.

Die Kette von Adelshäusern an der Oberstraße lässt noch heute auf die Anziehungskraft von Rüdesheim schließen, auch hier haben sich Mainzer Ministeriale gern niedergelassen. Umwehrt war der Flecken auch, wie der Adlerturm aus der zweiten Hälfte des 15. Jahrhunderts zeigt. Von der Vorderburg am Markt blieb nur der Wohnturm über seinem quadratischen Grundriss erhalten; das völlig schmucklose Gemäuer aus Bruchstein wirkt in seiner Umgebung umso archaischer. Etwas außerhalb liegt die Brömserburg, die zwar ein hohes Alter hat, aber 1811 ganz im Sinne der Romantik umgestaltet wurde. Sie beherbergt heute das Rheingauer Weinmuseum.

WEINLAGEN UND WEINBAUBRACHEN

Wo immer vom Mittelrhein die Rede ist, hat der Weinbau eine Schlüsselstellung, zu der die terrassierten Hänge gehören. Die eigentümliche Stufung der Hänge setzte sich um 1150 durch, und das war damals eine epochale Neuerung. Erst nach 1250 wurden auch die Flanken der Nebentäler mit Reben bepflanzt. Im Spätmittelalter lebte ein Großteil der Bevölkerung direkt oder indirekt vom Weinbau. Dass „der Bacharacher" einen großen Ruf hatte, verwundert insofern nicht, als der Ort auch Zentrum des Weinhandels wurde.

Rüdesheim, Drosselgasse

Nach der Blütezeit im 16. Jahrhundert kam es mit dem Dreißigjährigen Krieg zu einem starken Einbruch. Seitdem verzeichnen die Quellen ein konjunkturelles Auf und Ab, die wirklichen Krisenjahre begannen nach 1870. Für den Niedergang des Mittelrheinweinbaus gab es viele Ursachen, also nicht nur die Reblaus als übliche Verdächtige. Immer mehr Flächen wurden aufgegeben, die hauptberufliche Tätigkeit des Winzers wurde zum Nebenberuf.

Besonders die schwere Arbeit in den Steillagen stand in keinem Verhältnis zum Ertrag. Als die Aufnahme ins UNESCO-Welterbe vorbereitet wurde, galt das großflächige Verschwinden der Weinbauterrassen als bedeutendstes Hindernis. Ebenso menschlich verständlich wie schmerzlich war die Aufgabe der kleinen Terrassen. Sie aber waren für das Bild der Kulturlandschaft von noch größerer Bedeutung als die zuvor flurbereinigten Hänge.

Inzwischen gibt es erfreuliche Anzeichen einer Umkehr. Das Engehöller ist eines der Rheinseitentäler, seine Lagen „Bernstein" und „Goldemund" haben einen guten Klang, und der hiesige St. Jost lässt die Weinkenner aufhorchen. Auch historische Weinbaubereiche wie am Rheindiebacher Fürstenberg werden neu erschlossen. Riesling ist auch hier die favorisierte Traube.

Wege im Weinberg

Uferpromenade und Dom
St. Martin, Mainz

MAINZ

Römisches Lager, Erzbistum, mittelalterliche Fachwerkstadt, kurfürstliche Residenz – die rheinland-pfälzische Landeshauptstadt ist eine der ältesten Städte Deutschlands, ihre Wurzeln reichen zurück bis in die Keltenzeit. Es war der keltische Gott Mogon, nach dem die ca. 50 n. Chr. eintreffenden Römer den Ort benannten: „Mogontiacum" wurde ihr neues Legionslager und neben Köln eine der germanischen Hauptstädte. Im 8. Jahrhundert wurde Mainz zum Erzbistum erhoben und im 10. Jahrhundert der Kaiserdom errichtet, das Wahrzeichen der Stadt am Rhein. Die dreischiffige romanische Pfeilerbasilika des Doms St. Martin weist in ihren Anbauten sowohl romanische als auch gotische und barocke Elemente auf. Eine andere berühmte Mainzer Kirche, St. Stephan, liegt auf einem Hügel oberhalb der Altstadt und besitzt als einziges deutsches Gotteshaus ein Werk von Marc Chagall: Die blauen Glasfenster wurden 1978 von dem französisch-russischen Maler als Beitrag zur jüdisch-deutschen Aussöhnung gestaltet.

Gleich in der Nähe erhebt sich auf dem Jakobsberg die Zitadelle aus dem 17. Jahrhundert. Die Anlage war Bestandteil der Festung Mainz und wird heute friedlich genutzt als Museum und Veranstaltungsort, seit 2015 ist sie durch die Haager Plakette der UNESCO als Baudenkmal geschützt. Wer sich von hier aus durch die romantischen Gassen der Altstadt zum Rheinufer aufmacht, kommt unweigerlich am Kirschgarten vorbei: Der reizende Platz mit seinen hübschen Fachwerkbauten und dem Marienbrunnen erhielt seinen ungewöhnlichen Namen während der Zeit der französischen Besatzung und taugt als Kulisse für einen Märchenfilm. Nicht weit davon entfernt liegt der Schillerplatz mit dem Denkmal des berühmten Dichters und dem fast 9 m hohen Fastnachtsbrunnen. Das südlich am Rhein gelegene Kurfürstliche Schloss ist ein weiteres Highlight der Stadt. In dem frühbarocken Schloss aus dem 18. Jahrhundert, das als eines der letzten Bauwerke der sogenannten „Deutschen Renaissance" gilt, befand sich lange das Römisch-Germanische Zentralmuseum, das nun in einen Neubau in der Neutorstraße gezogen ist.

St. Martin, genannt Mainzer Dom

Johannes Gutenberg in seiner Werkstatt

JOHANNES GUTENBERG (1400–1468)

Was hat der Mainzer Johannes Gutenberg mit Michelangelo, Martin Luther, William Shakespeare, Albert Einstein, Pablo Picasso oder Mutter Teresa gemeinsam? Wie sie alle wurde auch er vom *Time Magazine* zur „Person des Jahrtausends" gekürt. 1988 krönten ihn US-amerikanische Journalisten gar zum „Man of the Millennium", zur wichtigsten Person des zweiten Jahrtausends. Auszeichnungen, die keinesfalls übertrieben sind angesichts der Bedeutung seiner Erfindung. Johannes Gensfleisch, wie er eigentlich hieß, wurde als Sohn eines Mainzer Patriziers geboren und entwickelte um 1450 die Herstellung gleichartiger Drucktypen, die man auswechseln konnte. Damit gilt er als Erfinder des modernen Buchdrucks mit beweglichen Metalllettern (Mobilletterndruck) sowie der Druckerpresse. Dank seiner Innovationen konnten Bücher und Texte erstmals manufakturmäßig und in viel kürzerer Zeit hergestellt werden. In der Folge explodierte die Zahl der Publikationen erst in Deutschland, dann weltweit: Es war eine Informationsflut, die als dritte Medienrevolution (nach Ausbildung der Sprache und der Erfindung komplexer Schriftsysteme) in die Geschichte einging und mit der heutigen digitalen Revolution verglichen wird, die sich der Einführung des Internets verdankt. Ohne Gutenbergs Erfindung hätten sich die Reformation, der Humanismus oder die Aufklärung nicht so entwickelt, wie wir sie heute kennen. Im Mainzer Gutenberg-Museum wird mit der Gutenberg-Bibel das wichtigste und wertvollste Buch der Druckgeschichte ausgestellt.

Özlem Türeci

Uğur Şahin

BIONTECH

Als Uğur Şahin, Özlem Türeci und Christoph Huber 2008 die „BioNTech RNA Pharmaceuticals GmbH" gründeten, konnten sie sich wohl selbst nicht vorstellen, dass der Name ihrer Firma einmal weltweit derart bekannt werden würde. BioNTech, gebildet aus Biopharmaceutical New Technologies, ist seit 2019 ein börsennotiertes deutsches Biotechnologieunternehmen in Mainz und hat sich auf die Erforschung von Medikamenten auf mRNA-Basis spezialisiert. Der Einsatz bei Krebsimmuntherapien in der Onkologie oder als Proteinersatztherapie bei seltenen Erkrankungen ist neben der Entwicklung von Impfstoffen ein wichtiger Geschäftsbereich. Doch seit der Corona-Pandemie dürften diese Forschungen zumindest in der Öffentlichkeit in den Hintergrund getreten sein. BioNTech steht seit 2020 für den modRNA-basierten SARS-CoV-2-Impfstoff Tozinameran, der den zweifach Geimpften einen verlässlichen Schutz gegen die neue, lebensbedrohliche Krankheit bietet. Dabei löst er sowohl neutralisierende Antikörper als auch zelluläre Immunantworten gegen das Spike-Antigen (S-Protein) aus – beides trägt zum Schutz gegen COVID-19 bei. Auch wenn in der Zwischenzeit andere Impfstoffe auf den Markt gekommen sind, haben die millionenfachen Bestellungen bei BioNTech die Aktien auf ein Allzeithoch getrieben. Wohl auch deshalb weigert sich der Konzern, seine Patente freizugeben, will aber armen Ländern beim Preis entgegenkommen, um die Pandemie weltweit in den Griff zu bekommen.

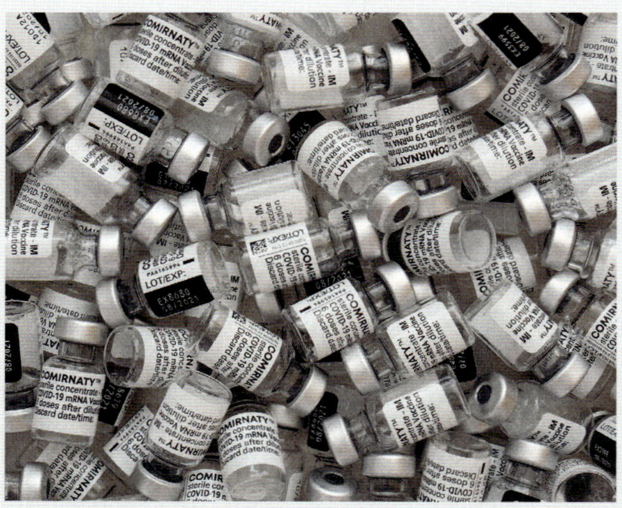

SARS-CoV-2-Impfstoff Comirnaty

Die Mainzer Hofsänger erstmals als Frauen verkleidet, 1968

MAINZER FASSNACHT UND MAINZELMÄNNCHEN

„Wolle mer se roilasse?" Diesen Satz aus dem deutschen Fernsehen dürfte wohl jeder schon einmal gehört haben, er gehört fast schon zum hiesigen Kulturgut. Mainz zählt neben Düsseldorf und Köln zu den rheinischen Hochburgen des Karnevals, die TV-Sendung *Mainz, wie es singt und lacht* hat seit Mitte der 1950er-Jahre ihren festen Stammplatz beim ZDF. Und so wird Jahr für Jahr geschunkelt, gereimt und gelacht, zuerst in der Rheingoldhalle, später dann im Kurfürstlichen Schloss. Prominente wie Helmut Kohl samt Gattin amüsierten sich hier und ließen wohlwollend die bissigen Kommentare und Witze der Büttenredner über sich ergehen. Herbert Bonewitz, Dieter Brandt, Ernst Neger oder Margit Sponheimer sind nur einige, die „roigelasse" und mit Narrhallamarsch verabschiedet wurden, dazu kamen und kommen die vielen Bands und Musikgruppen wie die Mainzer Hofsänger. Über 80 Fastnachtsvereine gibt es in Mainz, beim Rosenmontagszug ziehen gut 9500 Teilnehmer jedes Jahr auf aufwendig gestalteten Motivwagen an einer halben Million Zuschauer vorbei, schmeißen „Kamelle" und rufen „Helau". Begonnen hatte alles eine Nummer kleiner, aber nicht weniger ausschweifend. Erste Überlieferungen im Mittelalter berichten von einem Volksfest

Die Mainzer Bänkelsänger, 1966

Karnevalsumzug in Mainz, 1965

mit Maskerade, Völlerei und Tanz bei Tag und Nacht. Der erste richtige Karnevalsverein, der Mainzer Carneval-Verein, kurz MCV, wurde 1838 gegründet. (Historisch Interessierte sollten das Mainzer Fastnachtsmuseum besuchen, denn hier wird die Geschichte der Mainzer Fastnacht gezeigt.) Im Vorfeld der Revolution von 1848 wurde die Mainzer Fastnacht zunehmend politischer – eine Tradition, die bis heute fortgeführt wird. Reformversuche einer Modernisierung der Mainzer Fastnachtssitzung im Fernsehen scheitern am Traditionsbewusstsein der Mainzer Fastnachter und auch der Zuschauer. Mainz bleibt eben Mainz, wie es singt und lacht.

„Gut'n Aamd!" Auch diesen Satz kennt wohl jeder, der schon einmal das ZDF-Programm eingeschaltet hat. Seit 1963 sind die kleinen Wichtel nicht aus dem Fernsehen wegzudenken, die Werbetrenner zwischen den einzelnen Spots sind für viele deutlich interessanter als die Reklame selbst. Anton, Berti, Conni, Det, Edi und Fritzchen sind die Erfindung des Malers und Karikaturisten Wolf Gerlach. Im Laufe der Jahre haben sie sich dem jeweiligen Zeitgeschmack angepasst, doch eine Neuauflage in Anlehnung an den Stil japanischer Mangas rief heftige Proteste seitens der Zuschauer hervor. Seit 2016 gibt es eine eigene Mainzelmännchen-Ampel in der Stadt.

Die Mainzelmännchen

Lottokugeln und Ziehungsgerät

ZIEHUNG DER LOTTOZAHLEN

Ganze Generationen saßen am späten Samstagabend vor dem Fernseher und notierten sich eifrig die Zahlen, die auf den kleinen weißen Kugeln standen und von der „Lottofee" vorgelesen wurden. Nach Karin Dinslage, die 1965 damit begonnen hatte, war dies seit 1967 Karin Tietze-Ludwig, ihr Gesicht war wohl eines der bekanntesten in ganz Westdeutschland. Die vom Hessischen Rundfunk produzierte und in der ARD ausgestrahlte Ziehung der Gewinnzahlen der im Deutschen Lotto- und Totoblock zusammengeschlossenen Lotteriegesellschaften wurde bis 2013 gesendet, dann übernahm die LOTTO 6aus49 Ziehung per Livestream das Ruder, die gezogenen Zahlen werden samstags seitdem vor der *Tagesschau* bekannt gegeben. (Die Zahlen vom Mittwochslotto werden vor der heute-Sendung im ZDF genannt.) Es ist nicht ohne Ironie, dass ein Satz TV-Geschichte gemacht hat, der auf typisch deutsche Weise hölzern und verklausuliert daherkommt: „Der Aufsichtsbeamte hat sich vor dieser Sendung von dem ordnungsgemäßen Zustand des Ziehungsgerätes und der 49 Kugeln überzeugt."

Während die Lottozahlen im Ersten Deutschen Fernsehen vorgetragen wurden, entstand die 1964 gegründete „Aktion Sorgenkind" auf Initiative des Zweiten Deutschen Fernsehens (ZDF) als deutsche Sozialorganisation, die sich aus Lotterieeinahmen finanziert. Der damalige ZDF-Journalist Hans Mohl hatte es sich nach dem Contergan-Skandal 1961 zur Aufgabe gemacht, den geschädigten Kindern zu helfen und gründete den Verein „Aktion Sorgenkind", der vom ZDF gefördert wurde. Die Aktion wurde immer auch durch TV-Sendungen und viele prominente Stars wie Thomas Gottschalk, Jörg Pilawa oder Rudi Cerne unterstützt.Seit 2000 heißt sie „Aktion Mensch" und macht damit deutlich, dass Menschen mit Behinderung keine bemitleidenswerten Empfänger von Hilfen, sondern aktive Mitglieder der Gesellschaft sind. Außerdem sensibilisiert „Aktion Mensch" mit einer breit angelegten Aufklärungsarbeit die Bevölkerung für die Inklusion und Gleichberechtigung der Menschen mit Handicap.

Tagesschau-Sprecher Karl-Heinz Köpcke

Familie Schölermann

Wolfgang Menge

Spiel ohne Grenzen

FERNSEHEN – VON DEN ANFÄNGEN BIS IN DIE 1970ER-JAHRE

Die Geschichte des deutschen Fernsehens ist ein Teil der deutschen Kulturgeschichte seit dem Zweiten Weltkrieg. Auch wenn es schon während des Nationalsozialismus einzelne Übertragungen gegeben hatte – wie zu den Olympischen Spielen 1936 –, war das Fernsehen weder in technischer Hinsicht noch in puncto Quantität der Empfangsgeräte ein echtes Massenmedium.

Und auch die Anfänge nach dem Krieg deuteten zunächst nicht darauf hin, dass sich daran schnell etwas ändern würde. 1952 ging die bis heute erfolgreichste Nachrichtensendung des deutschen Fernsehens an den Start, die *Tagesschau*. Die Wenigsten werden sich aber noch daran erinnern, dass sie in den ersten Jahren nur dreimal in der Woche lief und noch keinen Sprecher hatte; vielmehr wurden lediglich Ausschnitte aus den Kinowochenschauen gezeigt (fünf Tage früher war die Ostversion *Aktuelle Kamera* gestartet). 1959 erschien dann erstmals Karl-Heinz Köpcke auf dem Bildschirm und sollte fast 30 Jahre lang *Tagesschau*-Sprecher bleiben.

Einer der ersten Fernsehstars wurde ein Fernsehkoch: Clemens Wilmenrod (der weder Koch war noch Wilmenrod hieß) brachte den Nachkriegsdeutschen den Toast Hawaii und ebnete den Weg für zahlreiche Nachfolger wie Ulrich Klever, Max Inzinger oder Kurt Drummer im DDR-Fernsehen, dessen Sendung *Der Fernsehkoch empfiehlt* ab 1958 ausgestrahlt wurde.

1954 startete mit der *Familie Schölermann* die erste Familienserie, deren Aktualität sich anfangs auch der Tatsache verdankte, dass sie anfangs live gesendet werden musste.

Im selben Jahr begann die lange Verbindung des Hamburger Ohnsorg-Theaters mit dem Fernsehen. Da der Nordwestdeutsche Rundfunk in Köln mit dem Millowitsch-Theater schon 1953 einen Kooperationspartner gefunden hatte, begab sich auch der NDR auf die Suche nach einem solchen und fand ihn im Ohnsorg-Theater. Die Live-Übertragung des Stückes *Seine Majestät Gustav Krause* war ein solch großer Erfolg, dass sie den Auftakt zu einer Reihe von weit mehr als 200 Aufführungen bildete, die der NDR bis heute aus dem Volkstheater übertragen sollte. Schauspieler wie Heidi Kabel und Henry Vahl wurden so bundesweit bekannt.

Schon 1955 fragte Robert Lembke erstmals seinen Gast, welches „Schweinderl“ er denn gern hätte. Mit *Was bin ich?* wurde die Mutter aller deutschen Rateshows aus der Taufe gehoben und lief mit kurzer Unterbrechung bis 1989, und 1956 lief erstmals *Ein Platz für Tiere* im Deutschen Fernsehen, moderiert vom Direktor des Frankfurter Zoos, Bernhard Grzimek.

Internationales Flair brachten ab der Mitte der 1950er-Jahre amerikanische Serien wie *Rin Tin Tin*, aber auch die jährliche Übertragung des *Grand Prix Eurovision de la Chanson Européenne*.

Ende der 1950er-Jahre wurde erstmals die vom ebenso kreativen wie produktiven Fernsehmann Wolfgang Menge entwickelte Krimiserie *Stahlnetz* ausgestrahlt, die zehn Jahre lang der Standard spannender Krimiunterhaltung im westdeutschen Fernsehen war.

Die 1960er-Jahre begannen mit weiteren Familienserien: *Die Firma Hesselbach* machte den hessischen Dialekt bundesweit bekannt und fuhr Einschaltquoten bis zu 93 % ein – fantastische Werte, denen sogar der Sendestart des Zweiten Deutschen Fernsehens (ZDF) im Jahr 1963 zunächst nichts anhaben konnte. Ab 1965 kamen *Die Unverbesserlichen* hinzu, die die Schauspielerin Inge Meysel zur Mutter der Nation machten.

Die Serie, die den Begriff des „Straßenfegers“ prägte wie keine andere, war jedoch *Das Halstuch* nach der Vorlage von Francis Durbridge. Die auf sechs Folgen verteilte Mördersuche hielt ganz Deutschland in Atem. Weitere Durbridge-Krimis folgten und waren ähnlich erfolgreich.

Die erste Innovation, die das ZDF 1963 in die deutsche Fernsehlandschaft einführte, war das *Aktuelle Sportstudio*, u. a. moderiert von Wim Thoelke und Harry Valérien – eine Institution, die sich bis heute gehalten hat, was auch an dem schon ein Jahr später eingeführten Torwandschießen lag, das bis heute selbst für die besten Fußballer eine echte Herausforderung darstellt. Die *Sportschau* in der ARD gab es zu diesem Zeitpunkt bereits zwei Jahre, anfangs noch ohne Fußball; das Tor des Monats kam erst 1971 hinzu.

Mitte der 1960er-Jahre starteten auch die großen Shows: *Einer wird gewinnen* (ein Wortspiel mit der Abkürzung EWG für die Europäische Wirtschaftsgemeinschaft) mit dem enorm populären Hans-Joachim Kulenkampff, seinem Europa-Quiz und dem schweigsamen Butler „Herr Martin“, der dem Moderator bis 1969 am Sendungsende immer Mantel, Schal und Hut reichte. Gespielt wurde dieser von Martin Jente, der die Show auch produzierte und von dem erst nach seinem Tod bekannt wurde, dass er als hoher SS-Mann Adjutant im Führerhauptquartier gewesen war.

Noch internationaler ausgerichtet war die europäische Gemeinschaftsproduktion *Spiel ohne Grenzen*, in der Städte aus vielen Ländern gegeneinander antraten.

Nicht nur die europäische Annäherung schlug sich im Fernsehprogramm nieder, sondern auch der Wettlauf der USA mit der Sowjetunion um den ersten bemannten Start zum Mond: *Die Raumpatrouille Orion* (1966) mit Dietmar Schönherr, Wolfgang Völz und Eva Pflug in den Hauptrollen mag aus heutiger Sicht oft unfreiwillig komisch wirken, wurde aber schnell zu einem oft wiederholten Klassiker.

Das ZDF konterte im Folgejahr mit etwas ganz anderem: Das von dem niemals auch nur lächelnden Eduard Zimmermann präsentierte *Aktenzeichen XY ... ungelöst* machte ganz Deutschland zu Verbrecherjägern; das ist man bis heute geblieben, auch wenn Zimmermann

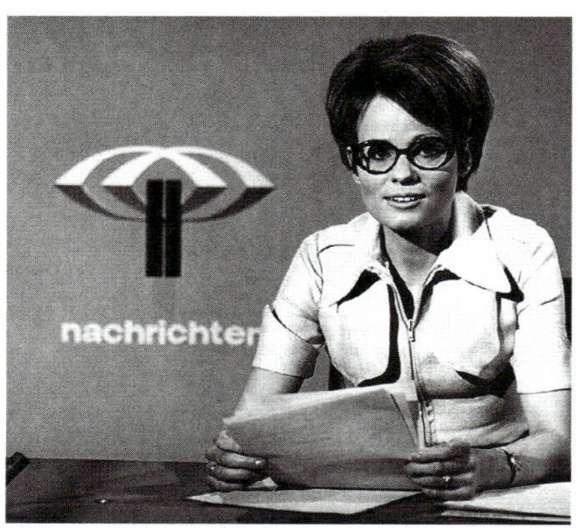

Wibke Bruhns

Was bin ich?

Einer wird gewinnen

Aktenzeichen XY ... ungelöst

ZDF-Hitparade

Rappelkiste

Je später der Abend

Am laufenden Band

selbst nicht mehr in Wien und Zürich nachfragen kann, ob es schon Hinweise von den Zuschauern gibt.

Und was ist mit der Musik? Der Popmusik hatte sich das Fernsehen lange verschlossen, weshalb sich viele junge Leute lieber den angloamerikanischen Soldatensendern wie BFBS und AFN zuwandten. Abhilfe schafften erst die Sendungen *Musik aus Studio B* mit Chris Howland und die Radio-Bremen-Sendung *Beatclub*, moderiert von Uschi Nerke und wechselnden männlichen Mitmoderatoren. Dagegen setzte das ZDF auf den erst 18-jährigen Ilja Richter, der die auf Anhieb erfolgreiche Sendung *Disco* moderierte, die nicht nur Musik von Pop bis Schlager bot, sondern auch Sketche und die berühmten Worte „Licht aus – Spot an!", bevor der Gewinner des Publikumspreises präsentiert wurde. Im Zweiten lief auch die *ZDF-Hitparade*, am längsten moderiert vom legendären Schnellsprecher Dieter Thomas Heck; hier hatte der deutsche Schlager bis zur Wende seine wichtigste Bühne.

Für die volkstümliche Musik bot der Hessische Rundfunk Heinz Schenk und Lia Wöhr mit ihrer Sendung *Zum Blauen Bock* auf. Ab 1971 gab auch das ZDF der Volksmusik eine Bühne, und zwar mit der Sendung *Lustige Musikanten*, die bis 2007 von wechselnden Moderatoren präsentiert wurde.

Im DDR-Fernsehen gab es nicht wenige Musiksendungen: als erste Unterhaltungsshow ab 1955 *Da lacht der Bär*, mit Sketchen und Musik, moderiert von Heinz Quermann. Noch erfolgreicher aber sollten zwei Shows werden, die ab Ende der 1960er-Jahre liefen: *Da liegt Musike drin* und *Ein Kessel Buntes* – zwei große, sich abwechselnde Samstagabendshows mit nationalen und internationalen Stars und relativ hohem Produktionsaufwand. Im DDR-Fernsehen lief übrigens auch die erste Casting-Show Deutschlands: Die ebenfalls von Heinz Quermann moderierte Sendung *Herzklopfen kostenlos*, bei der ab 1958 zahlreiche Kandidaten ihr Talent zum Besten gaben und einige tatsächlich Karriere machten, wie Frank Schöbel oder Nina Hagen.

Im Jahr 1971 startete auch eine Kindersendung, die noch immer zum Wichtigsten gehört, was der öffentlich-rechtliche Rundfunk leistet: *Die Sendung mit der Maus*. Überhaupt wurden in den 1970ern zahlreiche Kinderformate aus der Taufe gehoben, z. B. die *Rappelkiste* (ZDF), *Neues aus Uhlenbusch* (ZDF), *Das feuerrote Spielmobil* (ARD) und *Kli-Kla-Klawitterbus* (ZDF).

Insgesamt lässt sich beobachten, dass das Fernsehen in den 1970er-Jahren politischer wurde. Sicher, schon 1953 hatte das Fernsehen die im Hörfunk seit 1952 laufende Sendung *Der Internationale Frühschoppen* übernommen, in der der Journalist Werner Höfer sich mit sechs Journalisten aus mehreren Ländern unterhielt. Dort ging es sonntagmittags – bei Rheinwein – um die großen Fragen der Politik, und es wurde in einem Maße geraucht, das heute schlicht nicht mehr vorstellbar ist.

Anmoderiert wurde der *Frühschoppen* meist von Egon Hoegen, der auch als Sprecher einer äußerst informativen, wenn auch recht kurzen Sendung namens *Der 7. Sinn* bekannt wurde. Von 1966 bis 2005 wurde hier das in der Fahrschule gelernte Wissen aufgefrischt, über neue Verkehrsregeln informiert oder erklärt, warum der Bremsweg des eigenen Autos meist unterschätzt wird.

Zurück zur Politik: Auch die beiden noch heute wichtigsten Politmagazine der ARD – *Panorama* (NDR) und *Monitor* (WDR) existierten schon in den frühen Sechzigern, doch fehlte ihnen lange Zeit ein Resonanzraum, der den politischen Diskurs im Fernsehen verstärken sollte: die Talkshow. Erst mit den Talkshows der beginnenden 70er-Jahre wurde das politische Tagesgeschehen auch von mehr Menschen direkt und live diskutiert, was zu einer sehr viel lebhafteren politischen Öffentlichkeit in der Bundesrepublik führte.

Als erste deutsche Talkshow dieser Art gilt *Je später der Abend* mit Moderator Dietmar Schönherr (gefolgt von Hansjürgen Rosenbauer und Reinhard Münchenhagen). Dabei kam es oft zu sehr persönlichen Bekenntnissen, wie bei den Besuchen von Klaus Kinski oder Romy Schneider. Ein Jahr später zog Radio Bremen nach und ging mit *3 nach 9*, der ältesten noch immer laufenden Talkshow, auf Sendung. Das erste Moderatorentrio bestand aus Marianne Koch, Wolfgang Menge und Gert von Paczensky; seit mehr als 30 Jahren ist der heutige Chefmoderator Giovanni di Lorenzo schon dabei. Bald folgten die *NDR-Talkshow* und der *Kölner Treff*, und irgendwann gab es ein ganzes Heer ähnlicher Sendungen.

Politischer wurde das Fernsehen aber auch durch eine Ergänzung im Bereich der Politmagazine: Von 1969 bis 1987 präsentierte der Journalist Gerhard Löwenthal das *ZDF-Magazin*, dessen Hauptthema die seiner Meinung nach verfehlte Ostpolitik Willy Brandts war. Sein Gegenpart war der Chefkommentator des DDR-Fernsehens, Karl-Eduard von Schnitzler, der mit *Der schwarze Kanal* eine ähnliche Sendung moderierte.

Doch natürlich kam auch in den Siebzigern die Unterhaltung nicht zu kurz. Quizsendungen wie *Kennen Sie Kino?* (am längsten moderiert von dem Schauspieler Hellmut Lange) oder *Der große Preis* im ZDF mit Wim Thoelke waren sichere Quotenbringer. Neue Showformate wie Frank Elstners *Montagsmaler* oder Rudi Carrells *Am laufenden Band* (beide ab 1974) oder im ZDF *Dalli Dalli* mit Hans „Hänschen" Rosenthal und seinem „Das war spitze!"-Sprung erwiesen sich als so erfolgreich, dass sie es auf viele Sendungen brachten und die Familien in den Wohnzimmern versammeln konnten.

Was die fiktionale Unterhaltung angeht, zeigte sich das ZDF besonders an den Feiertagen innovativ: Zur Tradition wurden die Abenteuervierteiler in der Adventszeit (u. a. *Die Schatzinsel* und *Der Seewolf*) und später auch die Weihnachtsserie (z. B. *Timm Thaler*, *Silas*).

Zum Blauen Bock

Heinz Quermann

Der schwarze Kanal

Dalli Dalli

Erik Ode

Siegfried Lowitz

Musik ist Trumpf mit Peter Alexander, Barbara Schöne und Harald Juhnke

Ein Herz und eine Seele mit Heinz Schubert

FERNSEHEN – VON DEN 70ERN BIS HEUTE

Die Serie, die eine chronologische Zweiteilung der deutschen Fernsehgeschichte erschwert, ist die ARD-Krimireihe *Tatort*. Schon seit mehr als 50 Jahren und weit über 1000 Episoden schafft die zu Beginn gar nicht als solche angelegte Reihe ein facettenreiches Abbild der bundesrepublikanischen Wirklichkeit zwischen 1970 und heute. Mit der Folge *Taxi nach Leipzig* startete die Reihe im November 1970 (die ersten beiden Episoden wurden erst nachträglich zu *Tatort*-Folgen umdeklariert). Seit dieser Zeit sehen wir zahlreiche Ermittler und später auch immer mehr Ermittlerinnen, die in ihrer Kleidung, ihrer Sprache, ihren Hobbys und ihrer Berufsauffassung mehr über die sich verändernde Gesellschaft in Deutschland aussagen, als so manche soziologische Studie es vermochte. Vom nassforschen Frauenheld Kressin über den biederen Finke und den sensiblen Macho Schimanski bis zu den noch heute tätigen Kommissaren in Köln, München, Stuttgart und dem eher komödiantischen Duo Börne/Thiel aus Münster – sie alle bilden ein Kaleidoskop von Charakteren und Befindlichkeiten im ewigen Konflikt mit den Schattenseiten der Gesellschaft. Zunächst wohl eher der föderalen Struktur Deutschlands und den daraus resultierenden vielen Sendeanstalten geschuldet, entwickelte sich aus dieser Vielfalt auch die Chance, verschiedene Herangehensweisen und Sichtweisen auf die Polizeiarbeit durchzuspielen.

Auch wenn das DDR-Gegenstück, die Serie *Polizeiruf 110*, die als Reaktion auf den *Tatort* bereits kurze Zeit später auf dem Bildschirm erschien, sich ebenfalls großer Beliebtheit erfreute, konnte sie nicht die gleiche regionale Verortung erreichen wie der *Tatort;* die ostdeutschen Ermittler waren keiner bestimmten Stadt oder einem Bezirk zugeordnet, und auch sonst fehlte die Kontinuität, die den Zuschauern die Identifikation mit den Polizisten erleichterte. Nach der Wende verschob sich dann auch das Kräfteverhältnis, und einige der *Polizeiruf*-Episoden, insbesondere jene aus München und Rostock, waren qualitativ vielen *Tatort*-Folgen mehr als ebenbürtig.

Das ZDF verfolgte, was seine Krimiserien anging, ein anderes Konzept, das sich etwas vereinfacht beschreiben lässt mit dem Satz: Alle Morde geschehen in München. Angefangen mit *Der Kommissar*, gespielt von Erik Ode und von 1969–76 komplett in Schwarz-Weiß gedreht, über die Nachfolgeserie *Der Alte* (anfangs mit Siegfried Lowitz in der Titelrolle) und Horst Tapperts *Derrick* (lange Zeit die international erfolgreichste deutsche Serie überhaupt) bis zur Endlos-Vorabendserie *SOKO 5113* (ab 2015 *SOKO München*) spielen fast alle ZDF-Krimis in der bayerischen Hauptstadt. Und da letztgenannte Sendung ausgelaufen ist, ist es gut, dass es jetzt auch noch die Serie *München Mord* gibt.

Die Familienserien im ZDF der 1980er-Jahre waren geografisch interessanter verteilt: *Ich heirate eine Familie* (Berlin) mit Peter Weck und Thekla Carola Wied; *Diese Drombuschs* (Darmstadt) mit Witta Pohl und Günter Strack; *Die Wicherts von nebenan* (Berlin); *Der Landarzt* (das fiktive Deekelsen ist an das schleswig-holsteinische Kappeln angelehnt); und natürlich *Die Schwarzwaldklinik* (siehe Bd. 3, Seite 229).

Im Bereich der großen Musikshows spielte ein Mann auch in den 70er-Jahren eine große Rolle, der mit zahlreichen Sendungen schon das Jahrzehnt zuvor geprägt hatte: Peter Frankenfeld. Seine Show *Vergissmeinnicht* gehörte zu den beliebtesten Unterhaltungssendungen des Landes. Nach einem temporären Zerwürfnis mit dem ZDF kehrte er 1975 mit *Musik ist Trumpf* zurück, und auch wenn er diese Show nur drei Jahre präsentieren sollte, konnte er dort seine großen Entertainer-Fähigkeiten am besten ausspielen: Er schrieb alle Drehbücher selbst, beherrschte zahlreiche Dialekte nahezu perfekt und konnte in den Sketchen seine humoristischen Fähigkeiten einsetzen. Ähnliches galt auch für Peter Alexander, dessen Show (1969–96) nach einem ähnlichen Muster gestrickt war, aber mehr internationale Gäste vorweisen konnte. Nach dem Ausfall Peter Frankenfelds übernahm Harald Juhnke *Musik ist Trumpf*, was eigentlich eine gute Wahl war, aber wegen der alkoholbedingten Unzuverlässigkeit Juhnkes auch nur für 16 Sendungen reichte. Die Quizsendung *Erkennen Sie die Melodie* hingegen richtete sich eher an die Fans der Oper und Operette.

Die wohl wichtigste Innovation der 80er-Jahre auf dem Gebiet der großen Samstagabendshow war das von Frank Elstner entwickelte Format *Wetten, dass …?* Dank spektakulärer Wetten und oft international bekannter Gaststars wurde die Sendung zur populärsten Show ganz Europas und war die Sendung, über die montags im Büro gesprochen wurde. Nach Elstner prägte insbesondere Thomas Gottschalk Stil und Erscheinung der Sendung.

Auf dem Gebiet der Sitcom war es einmal mehr Wolfgang Menge, der mit *Ein Herz und eine Seele* die Gunst der Zuschauer gewann; Dieter Hallervorden leitete mit *Nonstop Nonsens* die Ära der Sketchsendungen ein, *Sketchup* führte diese fort. Eine Besonderheit auf dem Gebiet der TV-Komik war Michael Pfleghars albern-anarchische Reihe *Klimbim* mit Ingrid Steeger und Elisabeth Volkmann, die wie eine Nummernrevue funktionierte.

Formel Eins in allen dritten Programmen der ARD war die wichtigste Musiksendung der 80er, weil sie die Musikvideos spielte, die jeder sehen wollte, bis diese Funktion in den 90ern von MTV und von VIVA übernommen wurde.

Am 1. Januar 1984 begann in Deutschland die Ära des Privatfernsehens, einen Tag nach Sat.1 (zunächst unter dem Namen PKS) startete auch RTL seinen Sendebetrieb.

Noch in den 80ern steuerten die Privatsender einige neue Formate bei wie die sehr seltsame „Erotik"-Show *Tutti Frutti* mit Hugo Egon Balder, in der Spiele gespielt wurden, deren Regeln nicht einmal der Moderator selbst verstand. Länger hielt sich die Buchstabier-Show *Glücksrad* auf Sat1. Es wurde in diesen Jahren viel ausprobiert, und

Ich heirate eine Familie

Die Wicherts von nebenan

Wetten, dass …? mit Thomas Gottschalk, Wolfgang Lippert und Frank Elstner

Ingrid Steeger

Tutti Frutti mit Hugo Egon Balder

Lindenstraße

TV total mit Stefan Raab

Big Brother, 1. Staffel, Ankunft eines Promotionbusses von RTL mit dem ausgeschiedenen Kandidaten Zlatko Trpkovski (winkende Hand)

wenn es nicht funktionierte, auch schnell wieder eingestellt. RTL beschäftigte in den Pausen zwischen den Sendungen einen Hütchenspieler namens Salvatore und setzte jemanden auf einen „heißen Stuhl“, der mit einer möglichst steilen These für maximalen Streit im Studio sorgen sollte.

Da Streit Quote bringt, ließen einige Sender diesen auch in den Jahren darauf überall suchen: in Gerichtsshows, in Nachmittags-Talkrunden, in denen immer derjenige recht hatte, der am lautesten schrie, und in all den sogenannten Reality-Formaten, die eine Realität zeigten, die es nur im Fernsehen gab.

In der ARD lief ab 1985 jeden Sonntag die *Lindenstraße*, die Helga Beimer zur neuen Mutter der Nation machte. Aber nach 34 Jahren war dann wirklich jedes einzelne noch denkbare Problem ausreichend durchgespielt worden und die Sendung wurde abgesetzt. 1992 lief bei RTL die erste werktägliche Serie *Gute Zeiten, schlechte Zeiten* an. Weitere sollten folgen, auch die ARD setzte ab 1994 den *Marienhof* dagegen, später *Verbotene Liebe, Sturm der Liebe* usw.

Mitte der 90er-Jahre lief auch das Testbild langsam aus, sprich: Es wurde langsam überall abgeschaltet, sodass es manchen erst Jahre später aufgefallen sein dürfte, dass es fehlt. Zu sehen war es ohnehin nur bei technischen Störungen und nach Sendeschluss; Störungen wurden immer seltener, Sendeschluss gab es gar nicht mehr. Dabei gehörte das zuerst schwarz-weiße, später farbige Testbild über Jahrzehnte zur DNA des Mediums Fernsehen.

Ab den 90er-Jahren begann, grob gesehen, eine Trennung der deutschen Fernsehlandschaft: auf der einen Seite der öffentlich-rechtliche Bereich, der sich mehr oder weniger darauf beschränkte, die vorhandenen Formate zu verwalten und manchmal auszubauen; auf der anderen Seite immer mehr risikofreudigere private Sender, die mehr ausprobierten. So ließ RTL mit *Alarm für Cobra 11 – Die Autobahnpolizei* eine aufwändige Krimi-Action-Serie produzieren, die erst kürzlich eingestellt wurde. In den 25 Jahren ihrer Laufzeit wurden Dutzende von Autos geschrottet und das seit 2005 auf einem extra dafür gebauten, 1000 m langen Autobahnteilstück.

Am mutigsten und erfolgreichsten ging mit diesen Experimentiermöglichkeiten der Kölner Metzgerssohn Stefan Raab um. Dies gelang ihm mit seiner Sendung *TV Total*, die von 1995 an 16 Jahre lang erst wöchentlich, später viermal in der Woche lief und ein buntes Skurrilitäten-Panoptikum bot, souverän orchestriert und präsentiert vom begabtesten Entertainer seiner Generation. Raab schuf damit eine Art eigenen TV-Kosmos, der genügend Raum bot für zahllose neue Welten, neudeutsch Spin-offs genannt: Wok-Weltmeisterschaften, Castings, Poker- und Bowling-Wettbewerbe, gar Wahlumfragen. Alles geriet ihm zum Stoff, aus dem er eine eigene Sendung kneten konnte. Erst in den letzten Jahren ging der Schwung verloren, und die Sendung wurde allzu oft zum Vehikel zur Vermarktung von ProSieben-Produkten, was auch die Quoten nach unten trieb. Die letzten Knospen am TV-Total-Baum, die noch immer austreiben, sind die diversen *Schlag den Raab-* und *Schlag den Star*-Sendungen, während sich Raab selbst von der Arbeit vor der Kamera zunehmend zurückgezogen hat.

Das, was Stefan Raab für ein vor allem jüngeres Publikum leistete, gelang, zumindest für einige Jahre, Harald Schmidt mit seiner *Late-Night-Show* auf Sat.1 für ein reiferes Publikum. Da konnte sich dieser auch jede Menge elitären Blödsinn leisten, etwa eine komplette Sendung auf Französisch zu moderieren oder mit seinem Sidekick Manuel Andrack griechische Sagen mit Playmobil-Figuren nachzustellen. Bis 2003 funktionierte das trotz recht übersichtlicher Quoten bestens, weil er vom Feuilleton in den Himmel gehoben wurde. Kontrovers war Schmidt immer dann, wenn er sich über das von ihm sogenannte „Unterschichten-Fernsehen“ ausließ. Wahrscheinlich ahnte er, was alles noch kommen würde.

Dass RTL Menschen für die nur halb-ironisch so benannte Show *Big Brother* über Wochen in einen Container sperrte, um sie durch geschickte Schnitttechnik noch lächerlicher aussehen zu lassen, als sie es ohnehin schon waren, war ja nur der Anfang. Irgendwann mussten diese Menschen auch prominent, aber möglichst bankrott sein; ein anderes Mal sehr dick und willens sein, sich beim Abnehmsport filmen zu lassen. All diese Sendungen lassen sich mit dem Wort Voyeur-Fernsehen zusammenfassen. Ungekröntes Highlight dieses Genres ist die Sendung *Ich bin ein Star – Holt mich hier raus!*, meist nur *Dschungelcamp* genannt.

Beim öffentlich-rechtlichen Fernsehen gab es in dieser Zeit weiterhin das *Traumschiff* (ZDF) und zum Ausgleich Kulturmagazine wie *Aspekte* (ZDF) und *Titel, Thesen, Temperamente* (ARD). Für den Bildungsauftrag wurden aber auch neue Sender ins Leben gerufen wie 3sat und ARTE, ZDFneo und andere, auf denen auch einmal Spartenprogramme laufen können. Auf dem Kinderkanal KiKA etwa läuft mittlerweile seit 22 Jahren und in 17 Staffeln eine Serie wie *Die Pfefferkörner*, in der wechselnde Gruppen Hamburger Kinder Kriminalfälle lösen. Und *Löwenzahn* im ZDF gibt es bereits seit 40 Jahren!

Was die große Abendunterhaltung betrifft, haben die Privaten aber gegenwärtig die Nase vorn: *Wer wird Millionär?*, *Deutschland sucht den Superstar* und diverse andere, jüngere Formate mit Talenten wie Joko Winterscheidt und Klaas Heufer-Umlauf bringen ihnen Quoten, die ARD und ZDF oft nur noch mit der *Tagesschau* und WM-Endspielen einfahren.

Formel Eins mit Ingolf Lück, Stefanie Tücking, Peter Illmann und Kai Böcking

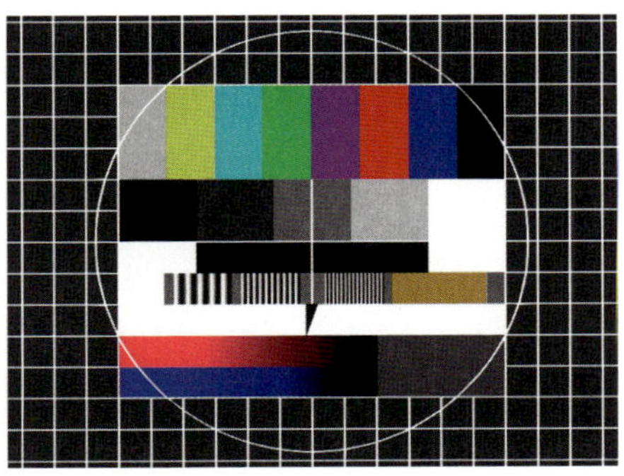

Testbild

Das Traumschiff mit Horst Naumann, Heide Keller und Siegfried Rauch

Wer wird Millonär? mit Günther Jauch

Binger Wald

Edelsteinschleiferei in Idar, 1930

HUNSRÜCK UND NAHETAL

Als in den 1980er-Jahren Edgar Reitz' Dokumentarfilm *Geschichten aus den Hunsrückdörfern* seinen Weg in die Wohnzimmer der Fernsehzuschauer fand, ahnte wohl kaum jemand, dass dies der Auftakt für eine über 50 Stunden umfassende Filmreihe sein würde, die Geschichte geschrieben hat. Bis heute gelten die zwischen 1981 und 2013 produzierten Staffeln der *Heimat*-Reihe als Meilensteine des historischen Erzählens im Film. In der Hauptrolle: der Hunsrück, genauer gesagt ein Dorf namens Schabbach und seine Bewohner.

Edgar Reitz ist mit *Heimat* nicht nur ein atmosphärisch dichtes Stimmungsbild gelungen, in dem er die großen Themen deutscher Geschichte im 20. Jahrhundert exemplarisch an einem Hunsrücker Dorf und den Schicksalen seiner Bewohner darlegt. Wer die Filmreihe gesehen hat, erinnert sich auch an lange Kamerafahrten und Aufnahmen von unwirtlichen, wilden Landschaften und Bildern von Dörfern wie aus der Zeit gefallen, in denen die Menschen harte und entbehrungsreiche Leben führen.

Noch heute ist der Hunsrück eine Region der Dörfer, nicht der Städte, traditionsbewusst und dünn besiedelt, kein touristischer Hotspot wie das Mittelrheintal oder Moseltal. Doch eben diese Eigenschaften verleihen ihm etwas Einmaliges, Unverstelltes, Authentisches und machen ihn zu einem Ziel, das immer mehr Besucher anzieht. Wer weite Naturlandschaften und aussichtsreiche Höhenzüge, dichte Wälder und Felsformationen, dazu antike Handelswege, mittelalterliche Burgen und kleine Fachwerkorte sucht, wird im Hunsrück fündig. All diese Vielfalt erstreckt sich auf 2703 km², einer Fläche, die in etwa der Größe des Bundeslandes Saarland entspricht, das sich im Südwesten anschließt. Die Saar markiert hier als natürliche Grenze die Ausläufer des Mittelgebirges Hunsrück.

Überhaupt gilt: Wer den Hunsrück ansteuert, egal aus welcher Himmelsrichtung, wird zunächst einen Fluss überqueren: „Mosel, Saar, Nahe, Rhein/schließen rings den Hunsrück ein" heißt die passende Eselsbrücke, die diese geografische Besonderheit beschreibt – und zugleich einen Hinweis auf den kulinarischen Rahmen des Hunsrücks gibt, denn mit Rheingau, Nahe und Mosel liegen gleich drei bekannte Weinanbaugebiete zum Greifen nah. Kehrt man nach einer ausgiebigen Wanderung durch waldreiche Landschaften und entlang von Burgen, Bächen und Felsen in einen der Gasthöfe mit Hunsrücker Spezialitäten ein, kann man also sicher sein, in den Genuss guter Weine zu kommen, die seit Jahrhunderten vor der Haustür angebaut und gekeltert werden.

CHRONIK

2. Jh. v. Chr. Archäologische Funde belegen die dauerhafte Besiedlung des Hunsrücks in der Bronzezeit.
1.–4. Jh. n. Chr. Die Römer errichten ein weitverzweigtes Netz aus Fernhandelswegen.
1688–1713 Zerstörung vieler Hunsrücker Orte im Zuge des Pfälzischen Erbfolgekrieges
Ab 1792 Annexion des Hunsrücks durch Frankreich
1815 Nach dem Wiener Kongress gehören weite Teile des Hunsrücks als Rheinprovinz zu Preußen.
1820–45 Hunger und Armut sorgen für eine große Auswanderungswelle von Hunsrückern.
1938/39 Bau der Hunsrückhöhenstraße als militärische Aufmarschstraße
1939 Bau des KZ Hinzert
1945 Errichtung des Kriegsgefangenenlagers bei Bretzenheim
1959 Die Hahn Air Base wird im Kalten Krieg zum Stützpunkt für Jagdgeschwader der U.S. Air Force.
1986 Großdemonstration gegen die geplante Lagerung von Cruise-Missile-Raketen auf der ehemaligen NATO-Raketenstation Pydna
1993 Ausbau des Flughafens Frankfurt-Hahn für die zivile Nutzung
2015 Einweihung des Nationalparks Hunsrück-Hochwald und der Hängeseilbrücke Geierlay

Höhenzug im Hunsrück

VON URWÜCHSIGER NATUR UND LIEBLICHEN KULTURLANDSCHAFTEN

Der Hunsrück verdankt seine landschaftliche Vielfalt einem geologischen Prozess, der vor rund 400 Mio. Jahren seinen Anfang nahm und in dessen Verlauf das Rheinische Schiefergebirge entstand, bei dem die Mittelgebirge Eifel, Hunsrück und Ardennen den linksrheinischen Teil bilden. Im Hunsrück besteht das prägnante Relief aus einem breiten Quarzitrücken, der vom Mittelrhein gut 100 km in südwestlicher Ausrichtung verläuft und in dem 816 m hohen Erbeskopf seinen topografischen Höhepunkt findet. Es ist ein waldreicher Höhenzug, einst überwiegend von Eichen und Buchen bestanden, die vielerorts durch Fichten verdrängt sind.

Das nahezu geschlossene Waldareal setzt sich aus Binger Wald, Soonwald und Idarwald zusammen, an die sich der Osburger und der Schwarzwälder Hochwald anschließen. Nirgendwo sonst in Europa findet sich eine größere Population an Wildkatzen. Das scheue Tier streift in der Dämmerung und des Nachts als Einzelgänger durch die Hunsrücker Waldareale und teilt sich das Habitat mit Rot-, Reh- und Schwarzwild ebenso wie mit Schwarzspechten und Schwarzstörchen. Auch 16 Fledermausarten haben im Hunsrück einen Lebensraum gefunden, von denen die seltene Mopsfledermaus einige Berühmtheit erlangte, als ihr Vorkommen nahe dem Flughafen Hahn den Ausbau der Start- und Landebahn verzögerte und beinahe verhinderte.

Mit abnehmenden Höhenmetern verändert sich das landschaftliche Bild: Auf dichte Waldareale folgen Wiesen, Weiden und Felder, die schließlich in den Grenzbereichen des Hunsrücks von sanften, mitunter aber auch steil abfallenden Hängen an Rhein, Mosel und Nahe abgelöst werden. Geschützt durch die Höhenzüge, herrscht in den Flusstälern ein mildes Klima mit wenig Niederschlag vor – perfekte Voraussetzungen für den Weinanbau, der hier seit Jahrhunderten erfolgreich betrieben wird.

Rehbock

Schwarzspecht-Weibchen

Wachtturm am Ausoniusweg

AUF DEN SPUREN DER RÖMER DURCH DEN HUNSRÜCK

Als der römische Kaiser Valentinian I. im 4. Jahrhundert Trier zu seiner Hauptresidenz erhebt – auch um von hier die Sicherung der Reichsgrenzen gegenüber einfallenden Germanenstämmen zu koordinieren –, beruft er den in Frankreich geborenen Ausonius als Erzieher, Staatsbeamten und Chronisten an seinen Hof. Nahezu 20 Jahre lebt und wirkt Ausonius in der Moselstadt und hinterlässt der Nachwelt einen einzigartigen, in Hexametern verfassten Reisebericht, der zugleich eine Hymne auf die Mosel ist. *Mosella* beschreibt Ausonius' Reise auf einer der römischen Fernstraßen, die ihn vom heutigen Mainz über Bingen, Simmern, Kirchberg und Morbach bis nach Trier führte. Während Anmut und Schönheit der Moselregion überschwänglich gefeiert werden, gestalten sich die Eindrücke aus dem Hunsrück anders: wild, einsam, ohne eine Spur menschlicher Besiedlung und mit Wäldern bedeckt, deren dichtes Geflecht aus Ästen den Blick auf den Himmel versperrt.

Ausonius' *Mosella* wurde vor 1650 Jahren verfasst – und doch haben die Schilderungen nicht gänzlich an Aktualität eingebüßt: Noch immer gibt es zahlreiche menschenverlassene Regionen im Hunsrück und noch immer präsentieren sich vor allem die Höhenzüge als eine menschenverlassene, waldreiche und ursprüngliche Naturlandschaft. Es gehört zu einer der reizvollsten Möglichkeiten des Hunsrücks, dass man diese mannigfaltigen Natureindrücke bis heute auf Wegen sammeln kann, die vor rund 2000 Jahren von den Römern angelegt wurden und dank der Initiative von Gemeinden und Vereinen als Wanderwege erschlossen und gepflegt werden. Der knapp 120 km lange Ausoniusweg ist nur eine der Wanderstrecken, die sich am Verlauf antiker Straßen orientieren und entsprechende Relikte oder archäologische Stätten ebenso einbeziehen wie beeindruckende Felsformationen oder malerische Fachwerkstädtchen.

Die Nahe bei Bad Münster am Stein-Ebernburg, eine ursprüngliche, wildromantische Flusslandschaft

NAHETAL UND NORDPFÄLZER BERGLAND

Seit 1971 wird die Nahe als eigenständiges Weinanbaugebiet geführt. Sie zählt mit 4200 ha Ertragsfläche zwar zu den kleinen Anbaugebieten, mit 180 Bodenvarianten aber zweifelsohne zu den interessantesten. Zwischen den Weinhängen fließt die 120 km lange Nahe, die den nördlich liegenden Hunsrück vom Nordpfälzer Bergland trennt, einem Mittelgebirge, an das sich im Nordosten das Rheinhessische Hügelland anschließt. Keine 80 km liegen zwischen Erbeskopf (816 m) und Donnersberg (687 m) als den topografischen Spitzen von Hunsrück und Pfalz, die trotz aller Eigenheiten auch viele Gemeinsamkeiten aufweisen.

Hier wie dort haben Kelten und Römer ihre Spuren hinterlassen. Vor mehr als 2000 Jahren war der Donnersberg von Kelten bewohnt, die ein Oppidum für mehrere Tausend Menschen errichteten. Ein Teil der alten Stadtmauer wurde rekonstruiert und gibt uns ein Gefühl für die Dimensionen

dieser einstigen keltischen Großstadt, die bis ca. 50 v. Chr. Bestand hatte. Auf die Kelten folgten die Römer, deren Kultur in dem Römerpark „Vicus Eisenberg“ bei Eisenberg erlebbar wird. An einer antiken Fernhandelsstraße gelegen, die Metz mit Trier verband, entstand im heutigen Eisenberg eine römische Siedlung, die aufgrund hoher Eisenerzvorkommen zu einem Zentrum der Eisengewinnung wurde und dank archäologischer Arbeiten heute zu besichtigen ist.

Lange nach dem Untergang des Römischen Reiches wurde der Grundstein einer Burganlage gelegt, die unbestritten zu den größten Attraktionen des Nordpfälzer Berglands zählt: Burg Lichtenberg bei Thallichtenberg. Ab 1200 entstand in mehreren Bauphasen eine Burganlage mit beträchtlichen Ausmaßen, die nicht nur besucht, sondern im Rahmen eines Jugendherbergsaufenthalts auch bewohnt werden kann.

Die Nahe und das Rotenfels-Gebirge bei Bad Münster am Stein-Ebernburg

Burg Lichtenberg

Felsformation über der Nahe

FELSFORMATIONEN

Manche tragen grimmige, martialisch anmutende Namen wie „Prosterather Wacken“ oder „Teufelsfelsen“, andere kommen als „Königsstuhl“ oder „Eulenfelsen“ eher hochherrschaftlich oder verwunschen daher. Die einen ragen unvermittelt als Monolithen inmitten eines dichten Waldes auf, die anderen sind weithin sichtbar und erstrecken sich über Hunderte Meter Länge. Zahlreiche wunderschöne Wanderwege wie der „Losheimer Felsenweg“ nahe Waldhölzbach oder der „Rockenburger Urwaldpfad“ nördlich von Hermeskeil führen an außergewöhnlichen und höchst sehenswerten Felsformationen vorbei. Was alle Gesteinsformationen der Region eint, ist ihre Bedeutung als Naturdenkmäler. Eindrucksvoll legen sie Zeugnis ab von den erdgeschichtlichen Phasen, in denen tektonische Verschiebungen, Auffaltungen, Tiefenvulkanismus, Verwitterungen und Erosionen zur Ausbildung der mitunter bizarr anmutenden Felsen beitrugen.

Neben der rot schimmernden Wandflucht des Rotenfels bei Bad Münster am Stein, die mit 1,2 km Länge und 202 m Höhe als höchste Felswand zwischen den Alpen und Skandinavien gilt und Kletterer aus der ganzen Welt anlockt, zählt der Königsstuhl im Nordpfälzer Bergland zu den bekanntesten Felsen der Region – kein Wunder, vereint er doch gleich mehrere herausragende Eigenschaften. Es handelt sich um einen sogenannten Kryptodom, entstanden durch aufsteigende Magmamassen, die jedoch noch unter der Erdoberfläche stecken blieben und die Deckschichten anhoben. Durch Erosion der umliegenden Schichten wurde schließlich der Königsstuhl freigelegt, der die majestätische Spitze des Donnersbergs und damit zugleich den höchsten Punkt der Pfalz bildet. Wer den Aufstieg bewältigt, bewegt sich im Bereich des einstigen keltischen Oppidums und damit auf geschichtsträchtigem Grund. Zudem gewähren die Aussichtspunkte fantastische Weitblicke über das Naheland, den Hunsrück und den Taunus.

Nahebrücke bei Bad Münster am Stein-Ebernburg

BAD MÜNSTER AM STEIN-EBERNBURG

Münster am Stein ebenso wie die Ortschaft Ebernburg, die ihren Namen von der hoch über der Nahe thronenden Höhenburg ableitet, finden sich um 1200 urkundlich erwähnt. Die Ebernburg selbst wurde im 16. Jahrhundert zu einem wichtigen Zufluchtsort für Anhänger des Humanismus und der Reformation, für die Reichsritter und „Burgherr" Franz von Sickingen ein wichtiger Fürsprecher war. Als Martin Luther 1521 gen Worms reiste, um seiner Vorladung vor dem Reichstag Folge zu leisten, bot ihm Sickingen Schutz in der Ebernburg an. Luther lehnte ab, doch zahlreiche andere Kirchenkritiker wie Ulrich von Hutten oder Martin Bucer verweilten in der mächtigen Burganlage, die als „Herberge der Gerechtigkeit" Geschichte schrieb.

Schon vor den Kriegswirren des 17. Jahrhunderts entwickelte sich in Münster am Stein ein Badebetrieb, der im 19. Jahrhundert einen großen Aufschwung durch den Bau der Nahetal- und der Alsenztalbahn erfuhr; 1905 wurde dem Kurort die Bezeichnung „Bad" zugesprochen. Nicht nur das Schonungsklima im Sommer und das reizmilde Bioklima im Winter, sondern eine im Kurpark gelegene Besonderheit tragen zum allgemeinen Wohlbefinden bei: Im Gradierwerk fließt salzhaltige Sole über Wände aus Schwarzdornhecken, die im Verdunstungsprozess ein frisches, salziges Klima entstehen lässt, das sich bei Atemwegserkrankungen lindernd und heilend auswirkt. Es kommt einer Zeitreise gleich, wenn man sich in der Brunnenhalle des im barockisierenden Jugendstil errichteten Kurhauses zu einer Trinkkur einfindet und dabei die Wässer genießt, deren heilsame Wirkung seit Jahrhunderten bekannt ist.

Die Gemeinden Bad Münster am Stein und Ebernburg wurden 1969 zusammengelegt und erhielten knapp 20 Jahre später das Prädikat Heilklimatischer Kurort. Seit der rheinland-pfälzischen Kommunalreform 2014 gehört die Doppelstadt zum nordöstlich gelegenen Bad Kreuznach.

Die Ebernburg bei Bad Münster am Stein-Ebernburg

Bad Münster am Stein-Ebernburg, Spa am Fuße der Klippe

Skipiste auf dem Erbeskopf, höchster Berg im Hunsrück

NATIONALPARK HUNSRÜCK-HOCHWALD

Natur Natur sein lassen – unter diesem Leitgedanken steht der Staatsvertrag zwischen den Bundesländern Rheinland-Pfalz und dem Saarland zur Errichtung und Unterhaltung des Nationalparks Hunsrück-Hochwald, der 2015 verabschiedet wurde. Eingebettet zwischen Erbeskopf und den Städten Hermeskeil und Birkenfeld, umfasst der Nationalpark mehr als 10 000 ha Fläche, von denen 90 % in Rheinland-Pfalz liegen. Oberstes Ziel ist eine naturdynamische Entwicklung, also der ungestörte Ablauf von Naturvorgängen in einem geschützten Raum. Beide Länder leisten damit einen wesentlichen Beitrag zur Umsetzung nationaler Biodiversitätsstrategien, die unter anderem die natürliche Entwicklung öffentlicher Waldflächen vorsehen, die wiederum einen Großteil des Nationalparks ausmachen. Bis 2045 sollen insgesamt 75 % als Naturzonen ausgewiesen sein, in denen Eingriffe des Menschen auf ein Minimum reduziert werden.

Für Besucher des Nationalparks Hunsrück-Hochwald bedeuten diese Ziele ein einzigartiges und selten zu findendes Naturerlebnis. Millionen Bäume, die hier wachsen, sterben und verrotten dürfen, ohne dass riesige Waldmaschinen ihnen zu Leibe rücken, sind Habitat zahlreicher Tierarten. Auch wenn die Entdeckung von Schwarzstörchen, Wildkatzen oder Rotwild sicherlich zu den Highlights eines Besuchs gehört, so ist es doch vor allem die naturräumliche Vielfalt, die den größten Eindruck hinterlässt: majestätische Baumkronen, Totholz, das durch unzählige Insekten und Pilze zum Leben erwacht, Farne und Moose in allen Grünabstufungen, Quarzit-Felsrippen, deren Entstehung 380 Mio. Jahre zurückreicht, Hangmoore, durch die Plankenwege führen, oder Offenland-Biotope mit vielen Wildbienen- und Schmetterlingsarten. Diese Vielfalt ist bei Touren in Begleitung eines der Ranger oder Nationalparkführer erlebbar oder eigeninitiativ auf den sogenannten Nationalpark-Traumschleifen und anderen Wanderwegen.

Einer dieser Wege, die Traumschleife „Gipfelrauschen", führt auf die Spitze des Nationalparks und des Hunsrücks insgesamt: den 816 m hohen Erbeskopf. Der Aufstieg lohnt schon allein wegen des Ausblicks: Vom hölzernen Aussichtsturm oder der begehbaren Skulptur „Windklang" blickt man über das Sport- und Skifreizeitgebiet in die umliegende Landschaft bis zu den Vulkanbergen der Eifel, dem Donnersberg in der Pfalz oder dem Schaumberg nahe Tholey. Wenige Kilometer nördlich vom saarländischen Tholey liegt – noch in den Grenzen des Nationalparks – der Ringwall Otzenhausen. Umgeben von dichten Wäldern ist der Wall mit einer Länge von 2,5 km und einer Höhe und Breite von bis zu 10 und 40 m ein beeindruckendes Zeugnis einer keltischen Befestigungsanlage, die seit 1999 intensiv erforscht wird und durch die Rekonstruktion eines Keltendorfs am Fuße des Walls Ergänzung fand.

NATURPARK SOONWALD-NAHE

Auf 85 km Länge verbindet der Soonwaldweg die Rheinstadt Bingen mit Kirn an der Nahe und führt damit von einem Hotspot des Mittelrheintals über die einsamen, waldreichen Höhenzüge des Hunsrücks zu den sanften Rebhängen des Nahetals. Die landschaftlichen Gegensätze, die sich auf dieser Tour erleben lassen, sind prägend für den Naturpark Soonwald-Nahe, der mit einer ungeahnten Naturnähe lockt. Wie weit diese reicht, macht der Umstand deutlich, dass etliche Kilometer des Weges fernab von Straßen verlaufen und sich auch keine unmittelbaren Übernachtungsmöglichkeiten bieten. Wer den Weg in vier Tagesetappen laufen möchte, kann sein Zelt stattdessen in den eigens eingerichteten Trekkingcamps aufschlagen und kommt in einer wolkenlosen Nacht und angesichts fehlender künstlicher Lichtquellen womöglich in den Genuss, von hier die Milchstraße zu sehen. Besonders spektakulär: Eines der Trekkingcamps befindet sich an den Ruinen der Schmidtburg, die zu den eindrucksvollsten Burganlagen des Hunsrücks zählt. Denn auch dies bietet der Naturpark Soonwald-Nahe: verborgene Gemäuer und Burganlagen, die von der keltischen und römischen Vergangenheit des Hunsrücks zeugen.

Straße auf dem Erbeskopf

Skulptur *Windklang* auf dem Erbeskopf

Die sagenumwobene Felsenkirche, Wahrzeichen von Idar-Oberstein

IDAR-OBERSTEIN

Eingefasst in eine 70 m hinaufragende Steilwand, ist die Felsenkirche das unbestrittene Wahrzeichen der Edelsteinstadt Idar-Oberstein. Es war Wirich IV. von Daun-Oberstein, der den gotischen Sakralbau zwischen 1482 und 1484 errichten ließ – als Sühne für einen Brudermord, so erzählt eine Legende. Über einen Tunnel mit Stufen gelangt man in das Innere der Kirche, die mit dem Felsen, der sie umgibt, eine geradezu lebendige Verbindung eingeht, mündet doch eine im Gestein verborgene Wasserader als Quelle direkt im Kirchenbau.

Der Kirchenfelsen wird von den Ruinen der einst mächtigen Burg Bosselstein gekrönt, die nur bis etwa 1600 bewohnt wurde und dann verfiel. Zuvor jedoch sorgten Auseinandersetzungen zwischen den Besitzerparteien der Burg Bosselstein dafür, dass im 14. Jahrhundert unmittelbar auf dem benachbarten Felsen das heutige Schloss Oberstein errichtet wurde. 1855 bei einem Brand zerstört, engagierte sich der Burgenverein in den 1980er-Jahren für den teilweisen Wiederaufbau, dank dessen Teile der Anlage heute besichtigt werden können.

Ungefähr zum Zeitpunkt der Errichtung von Burg Bosselstein setzte in Idar-Oberstein der Abbau von Achaten, Amethysten und anderen Edelsteinen ein. Die Verarbeitung und der Handel mit den wertvollen Steinen entwickelten sich zu einem blühenden Gewerbe, das bis heute das Stadtbild prägt, sei es durch Edelsteinschleifereien und Schmuckateliers, das Edelstein- und das Mineralienmuseum oder die ehemalige, 21 Stockwerke hohe Diamant- und Edelsteinbörse. Einen Einblick in diese spannende Historie der Region gewähren zudem die Edelsteinmine im Steinkaulenberg und die historische Schleiferei am Kallwiesenweiher oder die Edelsteinschleiferei Asbacher Hütte, wo man die aufwendige Kunst des Schleifens in früheren Tagen erleben kann.

Werkstätten der Edelsteinschleifer in Idar-Oberstein. Lager der Rohware in Zigarrenschachteln, um 1930

Werkstätten der Edelsteinschleifer in Idar-Oberstein; die Edelsteinschleiferin vor dem Schleifstein, um 1930

Kalzit (Kalkspat), ein sehr häufig vorkommendes Mineral und ein Vertreter der Mineralklasse der Carbonate; findet in Farben, Gläsern und Zement Verwendung

Achatscheiben

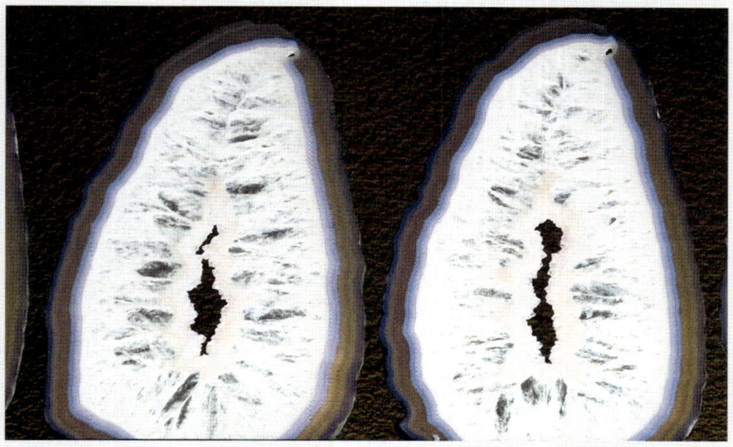

MINERALIEN

Die Anfänge der Edelsteinhistorie in der Saar-Nahe-Region klingen bei Chronisten geradezu märchenhaft: Bauern, die ihren Pflug über die Äcker ziehen, brauchen sich nur zu bücken, um massenweise Achate, Amethyste und andere Edelsteine aus der aufgebrochenen Erde herauszulesen. Der Boden bringt reichlich von dem hervor, was viele Millionen Jahre zuvor „geboren" wurde, als sich gigantische Lavamassen ihren Weg an die Oberfläche bahnten und das Land mit einer mächtigen Basalt- und Rhyolithschicht bedeckten. Im Abkühlungsprozess entstanden im Vulkangestein durch Gaseinlagerungen Hohlkammern, in die sich mineralische Stoffe wie Quarz, Achat oder Calcit entweder vollständig (Mandel) oder nur teilweise (Druse) einfüllten.

Spätestens im 15. Jahrhundert verlagert sich im Hunsrück die Suche nach Edelsteinen von der Oberfläche in den Untergrund. Stollen werden in das harte Magmagestein getrieben – angesichts spärlicher Werkzeuge ein ungemein kräftezehrender Vorgang. Das gilt in gleicher Weise für die Arbeit der Edelsteinschleifer, die sich seit der frühen Neuzeit zu Hunderten in Idar-Oberstein niederließen. Ihre Arbeitsplätze lagen an den Bachufern der Region, denn für den Antrieb und die Bewässerung der tonnenschweren Schleifsteine waren viel Wasser und Wasserkraft nötig. Auf Brust und Bauch vor den großen Schleifsteinen liegend, waren die Schleifer Kälte, Feinstaub und Sprühnebel ausgesetzt. Quarzstaub-Lungen und Tuberkulosen gehörten zu den typischen Berufskrankheiten der Schleifer, deren durchschnittliche Lebenserwartung bei knapp 40 Jahren lag.

Die Elektrifizierung setzte den Wasserschleifen ein Ende; zudem gingen die Achatvorkommen im Raum Idar-Oberstein zurück. Wirtschaftliche Depression und Armut griffen um sich und führten ab 1820 zu Auswanderungswellen, die sich überraschenderweise als Rettung für den Hunsrück erweisen sollten, denn manche der Auswanderer fanden in Brasilien nicht nur eine neue Heimat, sondern stießen hier auf beträchtliche Edelsteinvorkommen, die in den kommenden Jahrzehnten die Rohstoffbasis für ein wieder aufblühendes Gewerbe im Hunsrück bildeten.

Ende des 19. Jahrhunderts kam die Diamantschleiferei als Industriezweig hinzu. Noch einmal behauptete Idar-Oberstein seinen Ruf als weltweit anerkannte Edelsteinstadt, bis in den 1990er-Jahren durch die Konkurrenz aus Übersee eine Krise einsetzte, die bis heute anhält. Die Zukunft ist ungewiss, doch Idar-Oberstein ist gewillt, auch diese Herausforderung zu meistern.

Amethyst

Burgruine Balduinseck bei Kastellaun, erbaut von Erzbischof Balduin als Trutzburg gegen den Grafen von Sponheim

KASTELLAUN

Verglichen mit anderen Ortschaften des Hunsrücks, deren Entstehungsgeschichte bis in die vorchristliche Zeit zurückreicht, kommt Kastellaun vergleichsweise jung daher. Im 13. Jahrhundert entstand eine Burg, die wie zahlreiche andere Burgen im Zuge des Pfälzischen Erbfolgekrieges zerstört wurde und zu deren Füßen heute malerische Fachwerkhäuser liegen.

Kastellaun ist ein beliebter Ausgangspunkt für Wanderungen in das rund 10 km entfernte Mörsdorf, denn hier erwartet die Besucher seit 2015 eine im wahrsten Sinne des Wortes atemberaubende Attraktion: die Geierlay. Konstruiert nach dem Vorbild nepalesischer Hängeseilbrücken überspannt die 360 m lange Geierlay das Tal zwischen Mörsdorf und Sosberg. Dass die Überquerung starke Nerven erfordert, zeigt auch folgende Statistik: Von den mehr als 200 000 Besuchern pro Jahr kehrt rund ein Fünftel unverrichteter Dinge wieder um.

HERMESKEIL

Mit knapp 7000 Einwohnern zählt Hermeskeil zur Kategorie der Kleinstädte. Umso erstaunlicher ist es, dass sich hier gleich drei Museen finden, die die Herzen technikbegeisterter Besucher höher schlagen lassen: Knapp 80 000 m² umfassen Außengelände und Hallen von Europas größter privater Flugausstellung, die über 100 originale Flugzeuge und 60 Flugmotoren zur Schau stellt. Von den Transportmitteln der Lüfte ist es nur ein kurzer Weg bis zu den dampfenden und stampfenden Fortbewegungsmitteln auf Schienen, die in dem Dampflok-Museum auf Freiflächen und in einem Lokschuppen ausgestellt werden. Und wer sich noch nicht sattgesehen hat an technischen Wunderwerken, begibt sich in das Stadtzentrum von Hermeskeil, wo 2014 das Rheinland-Pfälzische Feuerwehrmuseum Hermeskeil eröffnet wurde, das sich den unterschiedlichen Themenfeldern rund um Feuer und Feuerbekämpfung widmet.

ORTSCHAFTEN ENTLANG DES AUSONIUSWEGES

Der Hunsrück ist dünn besiedelt, doch bereits in der Antike wurde der Grundstein gelegt für ein großmaschiges Netz aus Ortschaften, die nicht

Burgruine Balduinseck, Innenansicht

Hängeseilbrücke Geierlay, Mörsdorf

selten als Rast- und Herbergsstationen entlang antiker Straßen entstanden und im Verlauf der Jahrhunderte zu Siedlungen und Städten anwuchsen.

Einen langen Tagesmarsch von Bingen entfernt liegt die Stadt Simmern, deren Geschichte maßgeblich durch das Jahr 1689 geprägt ist. Nach dem Tod Karls II. aus dem Hause Simmern erhebt Sonnenkönig Ludwig XIV. für seine Schwägerin Liselotte von der Pfalz – Schwester des verstorbenen Kurfürsten – Ansprüche auf die Grafschaft Simmern. Der Konflikt führt zum Pfälzischen Erbfolgekrieg, in dessen Verlauf 1689 viele Siedlungen und Burgen im ehemals kurpfälzischen Gebiet zerstört werden. Auch Simmern zählt dazu. Die französischen Truppen sprengen die Stadtbefestigung und den Stadtturm, brennen Schloss und Gebäude nieder. Was übrig bleibt, sind ein paar Häuser, die Stephanskirche und der Pulverturm, der im ausgehenden 18. Jahrhundert einige Berühmtheit erlangt als Gefängnis für Johannes Bückler, besser bekannt als Schinderhannes. Das Leben des sagenumwobenen Räubers währte nur kurz: Mit 15 Jahren wurde er erstmals des Diebstahls bezichtigt und in der Öffentlichkeit mit 25 Schlägen bestraft. Es war der Auftakt zu zahlreichen weiteren Diebstählen, Raubüberfällen und Raubmorden, die ihn immer wieder in Gefängnisse brachten, aus denen er jedoch mehrfach fliehen konnte – so auch aus dem fensterlosen und als ausbruchsicher geltenden Pulverturm in Simmern. 1803 jedoch, im Alter von 24 Jahren, wurde ihm unter großem öffentlichen Interesse der Prozess gemacht und das Todesurteil im selben Jahr vollstreckt.

Hunsrückdom St. Christophorus in Ravengiersburg bei Simmern

Im Gegensatz zu Simmern, das in antiken Aufzeichnungen trotz nachgewiesener römischer Besiedlung nicht zu finden ist, entspricht das heutige Kirchberg dem „Dumnissus", das Ausonius in seinem Reisebericht *Mosella* erwähnt. Es lag verkehrsgünstig an der Kreuzung zweier Handelsstraßen und wurde bereits 1259 mit Stadtrechten ausgestattet. Zwei Gebäude ragen aus dem Fachwerkensemble der Kleinstadt auf: der Wasserturm aus dem Jahre 1900 und St. Michael, eine spätgotische Hallenkirche mit einem erhaltenen Westturm aus dem 13. Jahrhundert.

Wer Kirchberg Richtung Morbach verlässt, unternimmt eine Zeitreise, die 2000 Jahre umfasst: Der Weg führt vorbei an einem rekonstruierten Limes-Wachtturm, von dem man die Burgruine Dill sehen kann, und über römische Straßen hin zum Archäologiepark Belginum mit keltisch-römischen Gräberfeldern und einem Museum mit Ausstellungen, die das Leben an einer Handelsstraße in keltischer und römischer Zeit zeigen. Mit Burg Hunolstein und der Wasserburg Baldenau kann Morbach zudem auf zwei mittelalterliche Anlagen verweisen, die in den Kriegswirren des 17. Jahrhunderts zerstört wurden, doch auch als Ruinen ein lohnenswertes Ziel sind.

Burgruine Schmidtburg

BURGRUINEN UND SCHLOSSBAUTEN

Hunolstein und Baldenau sind nur zwei von rund 60 Burganlagen, die sich im Hunsrück und Nahetal verteilen. Bis heute stehen sie im Schatten der Burgen und Schlösser des Mittelrheintals, die im Zuge der Rheinromantik des 19. Jahrhunderts ins Rampenlicht gerückt und aufwendig saniert wurden. Mit dem Dreißigjährigen Krieg und dem Pfälzischen Erbfolgekrieg brachte das 17. Jahrhundert Krieg und Elend in den Hunsrück. Zahlreiche Burgen wurden zerstört, aufgegeben und verfielen nahezu in Vergessenheit – zu Unrecht. Selbst als Ruinen geben die Burgen des Hunsrücks uns ein eindrückliches Bild von ihrer einstigen Wehrhaftigkeit und Imposanz.

Besonders deutlich wird dies an den Ruinen von Burg Dalberg, einer ehemals 60 x 45 m großen Anlage, die im späten 18. Jahrhundert als Wohnsitz aufgegeben wurde und zur Ruine verkam, und der Schmidtburg, der größten Höhenburg des Hunsrücks. Lange Zeit lag sie verschüttet und verborgen im dichten Wald des Hahnenbachtals nahe Schneppenbach, bis man in den 1980er-Jahren mit der Freilegung und Rekonstruktion einzelner Bauabschnitte begann. Der Hahnenbach umfließt die Anlage in einer malerischen Schleife, sodass der Zugang zur Burg über eine steinerne Brücke erfolgt, die den Burggraben überspannt. Die Anlage selbst, die im 10. Jahrhundert errichtet wurde und eine Länge von 200 m umfasst, teilt sich in eine Unter- und Oberburg. Exponiert auf 320 m Höhe gelegen, besticht ihre Lage durch die Nähe zur keltischen Burganlage Altburg und zum Schieferbergwerk Herrenberg, das besichtigt werden kann.

Als Beispiel einer erstklassig restaurierten und erhaltenen Anlage gelten Schloss und Burg Gemünden. Auch diese Burg blieb nicht von Zerstörungen

Burg Dalberg

durch französische Truppen verschont. Doch unter der Leitung des Mainzer Baumeisters Johann Kaspar Herwarthel begann Anfang des 18. Jahrhunderts der Wiederaufbau mit dem Antlitz des heutigen Schlosses, das von den Eigentümern bewohnt wird.

Ronkarzgarten, Burgruine Scherenburg, Gemünden am Main

Kirche im Nahetal

WEINREGION NAHETAL

Es gibt keine schönere Art, sich die Weinregion Nahetal zu erschließen, als auf dem 97 km langen Weinwanderweg Rhein-Nahe. Er verläuft zwischen Bingen und Kirn nahe Idar-Oberstein und umfasst damit das gesamte Weinanbaugebiet am Mittel- und Unterlauf des Flusses. Da die Route häufig auf Wirtschaftswegen verläuft, kann man über das Jahr die unterschiedlichen Arbeiten der Winzer beobachten und taucht vollends in eine Kulturlandschaft ein, die seit Jahrhunderten vom Weinbau geprägt ist. Engräumig wechseln hier rund 180 Bodenvarianten einander ab und sorgen für eine Aromenvielfalt, die den Naheweinen ein außerordentliches Qualitätspotenzial verleiht.

Was mit den Römern zaghaft begann, entwickelte sich im Mittelalter zum systematischen Weinanbau. Um 1500 ist bereits der Export von Wein aus dem Nahetal dokumentiert. Heute wachsen in den Weingärten der Nahe, die sich überwiegend in Flach- und Hügellagen befinden, Trauben, aus denen pro Jahr rund 360 000 Hektoliter Nahewein gekeltert werden. Die wichtigsten Rebsorten sind Riesling, Müller-Thurgau und Silvaner.

Während die Winzer das ganze Jahr über mit der Pflege der Weingärten und der Ernte und Verarbeitung der Trauben beschäftigt sind, beginnt mit den Sommermonaten für Weinliebhaber die wichtigste – und schönste – Zeit des Jahres: Dann öffnen die Straußwirtschaften entlang der Nahe und ihrer Nebenflüsse die Türen. Diese traditionelle Form des Weinausschanks verdanken wir Karl dem Großen. Im Jahr 795 ordnete er die Einrichtung von Weinwirtschaften an, die mit „Kränzen aus Weintrauben“ zu kennzeichnen seien. Daher schmücken die saisonalen Weinausschankstellen heute ihre Türen mit Kränzen, Besen oder einem Strauß. An der Nahe ebenso wie in allen Weinregionen des Landes finden sich Jahr für Jahr Zigtausende Weinfreunde in den Straußwirtschaften ein, um in geselligen Runden die Weine und regionalen Spezialitäten zu genießen.

Ländliche Idylle bei Güttersbach

Eine Zigarrenrollerin in Marburger Tracht bei der Arbeit in einer Zigarrenfabrik bei Marburg, 1930er-Jahre

NÖRDLICHES HESSEN

Das nördliche Hessen ist einfach märchenhaft! Mit der sanften Hügellandschaft rund um Kassel, dem Waldecker Land, mit der weiten und unberührten Natur und dem hohen Mittelgebirgsmassiv im Fulda-Werra-Bergland mit dem Hohen Meißner ist es abwechslungsreich, artenreich und facettenreich. Hier gibt es üppig bewaldete Höhenzüge und bezaubernde Flusstäler, die für Wanderer, Radler und Wasserliebhaber ein reichhaltiges Angebot parat haben.
Die Region ist ein Paradies für Kultur- und Naturfreunde gleichermaßen. Dutzende bezaubernder Städte, malerische Fachwerkstädte wie Fritzlar bis hin zu Marburg und Weilburg sind umgeben von tiefen und endlos scheinenden Wäldern wie dem Reinhardswald, dem Habichtswald oder dem UNESCO-Welterbe Nationalpark Kellerwald-Edersee, in denen sich Burgen und Schlösser verstecken. Im Schatten der Buchenwälder, von denen es in Hessen mehr zu geben scheint als in jedem anderen Bundesland, rankten Märchen und blühten Visionen, die den in Hanau gebürtigen Brüdern Grimm zu verdanken sind. Bis heute führen sie in jenes geheimnisvolle Reich aus Fantasie, Poesie, Sagen, Mythen und Legenden. Durch Nordhessen führt die Märchenstraße und verzaubert Groß und Klein auf den Spuren von Frau Holle, Schneewittchen & Co. Es ist eine Region voller Erfindergeist – aber auch ein Gebiet voller Superlative: So ist Kassel nicht nur Ausrichtungsort einer der weltweit bedeutendsten Ausstellungsreihen zeitgenössischer Kunst, der „documenta", sondern weist mit der Wilhelmshöhe den größten Bergpark Europas auf, der mit seinen einzigartigen Wasserspielen seit 2013 zum UNESCO-Welterbe zählt. Witzenhausen ist die Kirschenstadt des Werratals und das Zentrum eines der größten Kirschanbaugebiete Europas, und in Bad Hersfeld hängt nicht nur die älteste Kirchenglocke Deutschlands, sondern existiert mit dem Lullusfest auch das älteste Volksfest. Die älteste deutsche Linde (über 1000 Jahre alt) findet man übrigens in Schenklengsfeld. Hessen war neben Sachsen außerdem jahrhundertelang bekannt für seine Zigarrentradition, die bis in die 1980er-Jahre bestand. An vielen Orten wurden in Manufakturen und in Heimarbeit vor allem die Longfiller aus ganzen Blättern per Hand gedreht. Das nördliche Hessen verzaubert mit seinem märchenhaften Charme und lädt zu einer Reise ein, die nach Wiederholung ruft!

CHRONIK

Das Gebiet des heutigen Hessen ist in der **Zeit v. Chr.** von keltischen und germanischen Stämmen besiedelt.
Um 80 n. Chr. trennt der obergermanische Limes Südhessen als Teil der römischen Provinz „Germania superior" von Nordhessen im „freien" Germanien.
Bis 260 markiert diese bis heute zu verfolgende Befestigungslinie die römische Grenze.
Mit der Herrschaft der Franken in den folgenden Jahrhunderten kommt das Christentum nach Hessen.
Um 738 wird die Völkergruppe der „Hessi" erstmals namentlich in einem Papstschreiben genannt.
1264 Heinrich I., Enkel Ludwigs IV. von Thüringen und der aus Ungarn stammenden Elisabeth, begründet in Marburg als erster „Landgraf von Hessen" das Fürstenhaus.
1277 macht er Kassel zur Residenzstadt.
1527 gründet Philipp der Großmütige in Marburg die heute älteste protestantische Universität der Welt und setzt eine Modernisierung Hessens in Gang.

Im 17. Jh. verschärft die konfessionelle Spaltung die dynastische Teilung der hessischen Staaten.
1803 wird Hessen-Kassel in den Rang eines Kurfürstentums erhoben.
1919 wird nach dem Ende der Monarchie aus dem Großherzogtum Hessen-Darmstadt der Volksstaat Hessen gebildet.
1946 tritt die Hessische Verfassung als erste Nachkriegsverfassung Deutschlands in Kraft.

Reinhardswald, Eichenallee im Herbst

MÄRCHENHAFTER REINHARDSWALD

Jeder kennt sie, die Märchen der Brüder Grimm – in Nordhessen haben sie ihren Ursprung. Die handschriftlich kommentierte Erstausgabe ihrer Märchensammlung ist in der „Grimmwelt" in Kassel zu sehen und wurde 2005 in das Weltdokumentenerbe der UNESCO aufgenommen. Und merkwürdig, viele Geschichten ähneln Schauplätzen aus der Jugend und Kindheit der Grimms rund um Hanau, Steinau, Marburg und Kassel – sie spielen in dichten, dunklen Märchenwäldern und auf Burgen, Türmen und Schlössern dieser Region. Ein Märchenwald beginnt gleich hinter Reinhardshagen. Hier führt eine Allee aus Eichen in ein knapp 200 km^2 großes Gebiet voller Buchen mit dichtem Blätterdach, dazwischen Kastanien und Fichten. Gibt es hier etwa Waldgeister, Kobolde oder Zwerge? Denn im größten geschlossenen Waldgebiet vor den Toren Kassels, dem Reinhardswald, soll Dornröschen gelebt haben – gilt doch die 1334 zum Schutz der Pilger aus dem nahen Wallfahrtsort Gottsbüren erbaute Sababurg, die nach dem Dreißigjährigen Krieg zusehends verfiel, sodass eine undurchdringliche Dornenhecke das Gebäude umgab, bis heute als „das" Dornröschenschloss. Sie zieht Tausende Besucher auf den Spuren der Brüder Grimm in den märchenhaften Wald, der von den Flüssen Weser, Diemel und Fulda umschlossen wird und mit mächtigen, jahrhundertealten Huteeichen, Buchenwäldern, steilen Kalksteinhängen und lichtem Magerrasen im Diemeltal beeindruckt. Sie gehören zu den artenreichsten Biotopen und sind als „European Prime Butterfly Area" ausgezeichnet. Über den urigen Naturpark Reinhardswald werden zahlreiche Sagen und Mythen erzählt. So sollen hier Riesen, Ritter und Prinzessinnen gesichtet worden sein, vom Turm der Trendelburg soll Rapunzel ihr Haar herabgelassen haben und Hans im Glück angeblich in Immenhausen zu Hause sein. Wer im Reinhardswald auf den zahlreichen Wander- oder Radwegen unterwegs ist, wird neben vielen Kulturschätzen gewiss auch dem ein oder anderen Charakter aus Grimms Märchenwelt begegnen.

Alte Buche im Urwald Sababurg, Naturpark Reinhardswald

Auf der Sababurg im Reinhardswald soll Dornröschen 100 Jahre geschlafen haben.

Hänsel und Gretel

Nationalpark Kellerwald-Edersee, Weidenbäume am Ufer der Wooghölle

DEUTSCHE MÄRCHENSTRASSE

Hier werden Märchen wahr – die Deutsche Märchenstraße ist eine der ältesten Ferienrouten und verbindet mehr als 60 Orte und Regionen, die im Leben der Brüder Grimm und ihren Märchen, Geschichten und Sagen eine inspirierende Rolle gespielt haben. Auf knapp 600 km – von Hanau bis nach Bremen zur Heimat der singenden „Tiercombo" – befindet sich zwischen Main und Meer dieser fabelhafte Reiseweg, der auf den Spuren der beiden Volks- und Sprachkundler wandeln lässt. Dabei kann man durch ihre Märchen reisen und manchem Bewohner aus dem Sagen- und Märchenreich „lebendig" begegnen. 1975 gegründet, sollte die Route die touristische Attraktivität der Region stärken. Seit 2007 gilt Kassel, wo Jacob und Wilhelm 30 Jahre lebten und arbeiteten, als Hauptstadt der Deutschen Märchenstraße und zeigt in der „Grimmwelt" die Brüder als weltweit vernetzte Sprachwissenschaftler. So werden hier unter anderem ihre persönlichen Handexemplare der *Kinder- und Hausmärchen* präsentiert, an der Dorothea Viehmann – eine bei Kassel lebende Bäuerin mit hugenottischen Vorfahren und eine Cousine fünften Grades von Goethe – großen Anteil hatte, denn die Grimm-Brüder übernahmen von ihr eine Reihe bekannter Märchen, die ihren Ursprung teilweise in Frankreich hatten. Beginnend am imposanten Grimm-Denkmal in Hanau, symbolisiert die Skulptur der Stadtmusikanten vor dem Bremer Rathaus das Ende der Reise. Ob mit Siebenmeilenstiefeln, Fahrrad oder dem Auto – eine Reise entlang der Märchenstraße verspricht neben Kunst, Kultur und Geschichte auch zauberhafte Fachwerkstädte, beeindruckende Höhlen, Museen und acht Naturparks, in denen sich sagenumwobene Burgen wie Rapunzels Trendelburg und märchenhafte Schlösser von Schneewittchen oder Dornröschen erkunden lassen. Die Deutsche Märchenstraße offenbart dabei viel Natur, reizvolle Mittelgebirgs- und Flusslandschaften, blühende Wiesen und tiefe Wälder, aber auch pulsierende und malerische Städte, in denen man einer märchenhaften Gastfreundschaft begegnet.

DIE LANDSCHAFT ALS MÄRCHENKULISSE

Als perfekte Kulisse für ihre schaurig-schönen Geschichten diente den Brüdern Grimm oft der wildromantische Nationalpark Kellerwald-Edersee – mit seinen verwunschenen Pfaden und tiefen Tälern könnten hier zwischen den knorrigen Bäumen alter Buchenwälder und dem dichten Unterholz Hexen lauern oder vielleicht auch Wölfe leben. Wer in der Grimmheimat in Nordhessen wandert, kann mit dem Märchendorf Bergfreiheit auch das malerische Schneewittchendorf mitsamt Schneewittchenskulptur entdecken. Der 5738 ha große Kellerwald liegt im nördlichen Landkreis Waldeck-Frankenberg und ist seit 2011 auch ein Teil der UNESCO-Weltnaturerbestätte „Buchenurwälder in den Karpaten und alte Buchenwälder in Deutschland". Er ist der einzige hessische Nationalpark und schützt einen der letzten großen und naturnahen Rotbuchenwälder Mitteleuropas. Zu seinen Naturschätzen gehören neben den urigen Naturwaldrelikten auch über 1000 Quellen und Bäche, Felsflure und Blockhalden, idyllische Dörfer sowie abwechslungsreiche Feld-, Wald- und Wiesenfluren. Der blaugrüne Edersee bietet, eingebettet in Krüppelwäldern und umgeben von steilen

Nationalpark Kellerwald-Edersee

Naturpark Reinhardswald

Herbstlabyrinth-Adventhöhle Breitscheid

Hängen, Naturfreunden paradiesische Erlebnisse: So können Wanderer beispielsweise auf dem Urwaldsteig durch naturbelassene wilde Eichen- und Buchenwälder laufen, ohne dass nur eine Straße oder Siedlung die Landschaft zerschneidet. An der Edertalsperre verbindet das Ende, oder auch der Anfang, des Habichtswaldsteigs den Kellerwald mit dem benachbarten Naturpark Habichtswald und somit auch mit dem Weltkulturerbe in Kassel. Ebenfalls geprägt von großen Buchenwaldbeständen bietet er mit Hecken und Bachläufen einer Vielzahl von seltenen Tieren und Pflanzen Lebensraum. Auf den warmen Kalkrücken und dem Hohen Dörnberg gedeiht eine steppenartige Flora, sogenannter Halbtrockenrasen, mit zahlreichen Enzianen und Orchideen. Beeindruckend sind auch die Basaltkuppen, die die Landschaft durchsetzen und der Region ihr typisches Aussehen verleihen. Sie sind vulkanischen Ursprungs und türmen sich am Westrand des Kasseler Beckens zu einem mächtigen Riegel über 600 m auf.

Nationalpark Kellerwald-Edersee, knorrige Buchen an der Mühlecke, Urwaldsteig

UNTER DER ERDE

Natürliche Höhlen gibt es in Hessen nicht viele, dafür aber besondere! Zu den bedeutendsten Karsthöhlen, die als Folge von Kalklösung entstanden sind, gehört die Herbstlabyrinth-Adventhöhle Breitscheid im Lahn-Dill-Kreis. Mit insgesamt 11 km Länge ist sie das größte und vielleicht auch schönste Höhlensystem Hessens. Die seit 2009 als Schauhöhle zugängliche „Knöpfchenhalle", ein Teil des Herbstlabyrinths, zählt mit zu den größten Einzelhöhlenräumen in Deutschland und zeigt Unterweltschätze wie Tropfsteine, Sinterorgeln und Sinterknöpfchen. Zu einem wahren Zauberreich werden sie, wenn die optisch fokussierten LED-Lampen sie beeindruckend in Szene setzen: Dann glitzern und funkeln die Tropfsteine und verwandeln sich zu faszinierenden Traumgebilden, die unvermutete Dinge erahnen lassen. Knapp 125 Stufen führen hinab in das Tropfsteinreich und in den allgemein zugänglichen Raum mit 40 m Länge, 10 m durchschnittlicher Breite und 25 m Höhe. Zudem zeichnet sich die Höhle durch einen extrem sauberen, weißen bis durchsichtigen Sinterschmuck aus.

Noch weiter in die Unterwelt geht es bei Weilburg in der Kubacher Kristallhöhle im Landkreis Limburg-Weilburg: 347 Stufen führen hinab zum Höhleneingang – in eine Kalksteinwelt in bis zu 70 m Tiefe, entstanden vor mehr als 350 Mio. Jahren. Damals war das Gebiet der heutigen Lahn noch Teil eines tropischen Meeres in Äquatornähe, in dem Korallen nach und nach ein mächtiges Kalkriff bildeten. Noch heute findet man an den Höhlenwänden die versteinerten Reste. Die Kubacher Kristallhöhle ist eine Spaltenhöhle im oberdevonischen Kalk. Die Wände sind mit unzähligen Kalkspatkristallen und Perlsinter besetzt; dieser Calcitkristall-Wandschmuck gilt als einzigartig in Deutschland und gibt Einblicke in erdgeschichtliche Vorgänge. Bisher konnte erst ein kleiner Teil des ganzen Höhlensystems freigelegt werden, heute besitzt es die mit 30 m höchste Halle aller deutschen Schauhöhlen.

Jacob und Wilhelm Grimm

Das tapfere Schneiderlein

Frau Holle

Bremer Stadtmusikanten

DIE BRÜDER GRIMM

Jacob und Wilhelm Grimm wurden 1785 bzw. 1786 in Hanau geboren und wuchsen zunächst bei ihrer Familie ab 1791 in Steinau auf, wo ihr Vater „Amtmann" war. Als er starb, schickte ihre Mutter die beiden Jungen zur Tante nach Kassel, die Hofdame der hessischen Kurfürstin war und die Familie finanziell unterstützte. Nach dem Abitur studierten die Brüder in Marburg Jura, wie der Vater es bestimmt hatte. Wilhelm schloss das Studium ab, Jacob nicht. Unter dem prägenden Einfluss ihres Professors Friedrich Carl von Savigny entwickelte sich ab 1803 ihr wissenschaftliches Arbeiten. Da sich die Brüder für Sprache interessierten, wurden sie in die Künstler- und Wissenschaftlergruppe aufgenommen, die heute als Heidelberger Romantiker bekannt ist. Mit dem Zusammentragen von Volksbüchern und dem Studium der Pariser Minnesängerhandschrift entdeckten sie ab 1805 ihre Leidenschaft und begannen, nach mündlichen Überlieferungen Märchen, Sagen und Legenden zu sammeln und deren Herkunft wissenschaftlich zu erforschen. Als Bibliothekare und später als Professoren in Göttingen befassten sie sich weiter intensiv mit der deutschen Sprache. Sie sahen ihre Arbeit als Dienst am deutschen Kulturerbe und rechneten nicht mit dem wirtschaftlichen Erfolg ihrer Märchensammlung. Mehr als 200 Kinder- und Hausmärchen haben die Brüder gesammelt und überarbeitet – einige davon illustrierte ihr jüngerer Bruder Ludwig Emil, selbst bedeutender Grafiker und Zeichner. Zu den bekanntesten Überlieferungen gehören Märchen wie *Schneewittchen, Aschenputtel, Dornröschen, Hänsel und Gretel* oder *Rumpelstilzchen* – und Sagen wie *Der Rattenfänger von Hameln.* 1840 vom König von Preußen an die Akademie der Wissenschaften nach Berlin gerufen, arbeiteten sie fortan vor allem an dem großen *Deutschen Wörterbuch.* 1859 starb Wilhelm, 1863 Jacob Grimm – da sich die Brüder nie trennen wollten, wurden sie Seite an Seite auf dem Alten St.-Matthäus-Kirchhof in Berlin begraben.

MÄRCHEN AUS DER SAMMLUNG DER BRÜDER GRIMM

Dornröschen
100 Jahre, nachdem eine Prinzessin zu einem langen Schlaf verwunschen wurde, gelingt es einem Prinzen, die sie umgebende Dornenhecke zu überwinden und sie wach zu küssen.

Rapunzel
Die in einen Turm eingesperrte Rapunzel benetzt die Augen des sie rettenden blinden Königssohns mit ihren Tränen, welche ihn wieder sehen lassen. So kann er sie mit in sein Königreich nehmen und heiraten.

Das tapfere Schneiderlein
Weil er es geschafft hatte, sieben Fliegen auf einmal zu erschlagen, ist ein armer Schneider so überzeugt von sich, dass er es danach mit zwei Riesen, einem Einhorn, einem Wildschwein und einem ganzen Königreich aufnimmt.

Frau Holle
Ein von ihrer Stiefmutter vernachlässigtes Mädchen gerät, durch den Fall in einen Brunnen, zu Frau Holle, für die sie fleißig arbeitet und von der sie mit Gold belohnt und zurückgeschickt wird. Bei der faulen Tochter funktioniert das nicht.

Hänsel und Gretel
Kannibalistisch veranlagte ältere Frau mit Vorliebe für Reime und originelles Wohnumfeld im Wald sperrt verirrte Kinder ein, von denen sie allerdings überwältigt und gebacken wird.

Rumpelstilzchen
Vater bringt Tochter durch Prahlerei in Schwierigkeiten. Weil die Tochter das zugesagte Gold aus Stroh nicht spinnen kann, geht sie auf das Angebot Rumpelstilzchens ein, dessen Namen sie beim dritten Versuch auch richtig errät.

Die Bremer Stadtmusikanten
Vier aufs Abstellgleis geschickte Tiere – Esel, Hund, Katze, Hahn – machen sich in die große Stadt auf, kommen aber zu einem Haus mit Räubern und bleiben, nachdem sie diese vertrieben haben, darin wohnen.

Vom Fischer und seiner Frau
Als der Fischer einen Butt fängt, bittet der ihn, ihn nicht zu essen, weil er ein verwunschener Prinz sei. Der Fischer willigt ein, seine Frau will danach aber immer mehr, bis sie am Ende gar nichts mehr haben.

Tischlein deck dich, Goldesel und Knüppel aus dem Sack
Verlogene Ziege treibt Keil zwischen Vater und Söhne einer Schneiderfamilie. Die Söhne wollen sich mit Geschenken wieder bei ihm beliebt machen. Die Ziege wird zur Strafe aber am Ende von einer Biene gestochen.

Schneeweißchen und Rosenrot
Zwei freundliche Schwestern helfen einem Bären im Streit mit einem Zwerg, wofür er (der Bär, zum Königssohn geworden) die eine (Schneeweißchen) heiratet und der anderen seinen Bruder als Ehepartner vermittelt.

Das Mädchen ohne Hände
Vater lässt sich auf Geschäft mit dem Teufel ein, unter dem seine Tochter zu leiden hat, die im Lauf der Geschichte ihre Hände verliert, welche ihr vom König durch silberne ersetzt werden; der Teufel hat das Nachsehen.

Aschenputtel
Von der Stiefmutter schlecht behandeltes Mädchen profitiert vom Wunschbaum, den ihre verstorbene Mutter ihr vermachte. Tauben helfen ihr beim Linsenlesen, sodass auch sie zum Ball gehen kann, wo ihr der Prinz begegnet, der sie später an ihrem Schuhwerk identifizieren kann.

König Drosselbart
Hochmütiger Königstochter wird vom künftigen Ehemann ihr Hochmut vorgeführt, indem er sich als Spielmann verkleidet, sie demütigt und sich ihr erst als König zu erkennen gibt, als sie geläutert ist.

Gevatter Tod
Armer Mann sucht Paten für sein 13. Kind, lehnt aber Gott und den Teufel ab und entscheidet sich für den Tod als Paten, weil der alle gleich behandle. Der Tod gibt dem Jungen ein Wunderkraut, mit dem er Kranke heilen kann, woraufhin dieser ein berühmter Arzt wird. Als er sich aber einmal nicht an die Anweisungen des Todes hält, muss er selbst sterben.

Der Froschkönig oder der eiserne Heinrich
Prinzessin verspricht wegen einer in den Brunnen gefallenen Goldkugel einem Frosch für die Wiederbeschaffung derselben, Tisch und Bett mit ihm zu teilen. Letzteres lehnt sie ab. Gegen die Wand geworfen, entpuppt er sich als Prinz, der sie dann heiraten wird.

Hans im Glück
Nach sieben Jahren Arbeit mit einem großen Klumpen Gold bezahlt, tauscht Hans diesen

Dornröschen

Schneewittchen

Rumpelstilzchen

Hans im Glück

Sterntaler

Der Wolf und die sieben Geißlein

Zwerg Nase

gegen ein Pferd, das er gegen eine Kuh tauscht, diese gegen ein Schwein. Es folgen weitere Tauschgeschäfte, die ihn aber nur noch glücklicher zu machen scheinen.

Der Eisenhans
Ein wilder Mann, wegen seiner Farbe Eisenhans genannt und im tiefen Tümpel eines Waldes lebend, wird nach seiner Gefangennahme vom Königssohn befreit, mit dem Eisenhans zurück in den Wald geht. Nach einigen Abenteuern erringt der Prinz die Hand der Königstochter eines anderen Reiches, was Eisenhans aus seiner Verwünschung befreit und ihn dazu bringt, dem Prinz all seinen Reichtum zu überlassen.

Brüderchen und Schwesterchen
Geschwisterpaar flieht vor der Stiefmutter in den Wald. Die folgt ihnen, verhext eine Quelle, was Brüderchen zum Reh macht. Nach weiteren Verwicklungen wird die Stiefmutter vom König bestraft, der inzwischen Schwesterchen geehelicht hat.

Sterntaler
Mädchen läuft herum und verschenkt fast alles, was es besitzt. Dann fallen zu Münzen werdende Sterne vom Himmel, die sie mit einem neuen Leinenhemd auffangen kann, was sie zu einer wohlhabenden Frau macht.

Bruder Lustig
Ein ehemaliger Soldat begegnet häufig Petrus, der ihn zu einem besseren Menschen machen will, aber immer wieder daran scheitert. Am Ende seines Lebens will ihn weder der Teufel in die Hölle noch Petrus in den Himmel lassen. Letzteren trickst Bruder Lustig aber aus, indem er ihm seinen Wunderranzen gibt, in den er sich hineinwünscht.

Der Wolf und die sieben Geißlein
Sieben zu Hause gelassene Geißlein öffnen beim dritten Täuschungsversuch des Wolfes diesem die Tür. Sechs der Geißlein frisst er, das siebte alarmiert die Mutter, welche ihre aus dem Wolfsbauch herausgeschnittenen Kinder durch Steine ersetzt.

Schneewittchen
Schneewittchen flüchtet vor der bösen Stiefmutter mit dem sprechenden Spiegel zu den Zwergen. Ein vergifteter Apfel versetzt sie in todesähnlichen Schlaf, den sie in einem gläsernen Sarg verbringt, bis ein Prinz sie wach küsst, der sie heiratet und auch die Stiefmutter bestraft.

Der Hase und der Igel
Ein Hase macht sich über die Beine des Igels lustig. Beim Wettlauf betrügt der Igel mithilfe seiner Frau. Der Hase will immer wieder laufen und bricht nach dem 74. Rennen erschöpft zusammen und ist tot.

Der süße Brei
Armes Mädchen bekommt von Frau Wundertopf geschenkt, der mithilfe eines Zauberspruchs süßen Hirsebrei produziert. Die Mutter merkt sich den Spruch nur halb und begräbt das Dorf unter Brei. Erst das Mädchen rettet alle.

Jorinde und Joringel
Liebespaar gerät zu nah an das Schloss einer bösen Zauberin. Jorinde wird in eine Nachtigall verzaubert, Joringel kann sie aber nach einiger Zeit mithilfe einer magischen Blume befreien.

MÄRCHEN VON WILHELM HAUFF

Die Geschichte von dem kleinen Muck
Der kleinwüchsige Muck erlebt Abenteuer mit Zauberpantoffeln und Feigen, mit denen er anderen Menschen Eselsohren wachsen lassen kann. Nach seiner Rache am treulosen König kehrt er, zum Zyniker geworden, nach Hause zurück.

Zwerg Nase
Der durch eine böse Fee verunstaltete Jakob wird zum erfolgreichen Koch. Das Kraut Niesmitlust, das er für eine von einem Gast seines Arbeitgebers verlangte Speise braucht, befreit ihn schließlich von seiner langen Nase.

Die Geschichte von Kalif Storch
Bei der Verwandlung in Störche sind der Kalif und sein Großwesir auf ihren Feind Zauberer Kaschnur hereingefallen. Mithilfe einer hässlichen Eule erfahren sie jedoch den benötigten Zauberspruch für die Rückverwandlung.

SAGEN

Schinderhannes
Die historische Gestalt des Johannes Bückler, der um 1800 im Hunsrück sein Unwesen als Räuberhauptmann trieb, wurde durch zahlreiche ihm angedichtete Episoden zur Legendenfigur überhöht. 1803 wurde er wegen mehr als 200 Verbrechen hingerichtet.

Loreley
Im Jahr 1799 schuf Clemens von Brentano die Sage der Lore Lay. 20 Jahre später wurde sie bei Aloys Schreiber zu einer Nixe, die sich vor dem Pfalzgraf, der sich an ihr für den Tod seines Sohnes rächen wollte, in den Rhein flüchtete und nie wieder gesehen wurde.

Drachenkampf in Furth im Wald
Die Grundlage des bis heute im Bayerischen Wald aufgeführten Schauspiels ist die Geschichte einer Burgherrin, die einem Drachen geopfert werden soll, um die Stadt Furth vor diesem zu retten. Ein mutiger Ritter tötet ihn und gewinnt die Burgherrin für sich.

Meistertrunk von Rothenburg
Der Legende nach rettete der Altbürgermeister Georg Nusch 1631 die Stadt Rothenburg ob der Tauber vor Plünderungen durch die Truppen unter General Tilly, indem er einen Humpen mit mehr als drei Liter Frankenwein in einem Zug leeren konnte, wogegen Tilly gewettet hatte.

Das Hornberger Schießen
Etwas „geht aus wie das Hornberger Schießen", sagt man, wenn etwas lautstark angekündigt wird, dann aber nichts Wesentliches passiert. Worauf genau sich die Redewendung bezieht, ist unklar. Nach einer Erklärung geht es dabei um den Besuch Hornbergs durch einen Herzog, der mehrfach falsch angekündigt wurde, sodass für den Begrüßungssalut kein Pulver mehr da war, als er tatsächlich kam.

Hänsel und Gretel

Der kleine Muck

Kalif Storch

Meistertrunk von Rothenburg

Feld-Mannstreu

Stranddistel

Wilde Möhre

Wilde Pastinake

Gefleckter Schierling

Waldengelwurz

Bärwurz

Große Sterndolde

DOLDENBLÜTLER

Nicht immer sind die Doldengewächse auf Anhieb zu erkennen. Dass der Feld-Mannstreu eines ist, erschließt sich erst bei genauerem Hinsehen. Nicht anders ist es bei seiner nahen Verwandten, der Meerdistel, die trotz des stacheligen Blattrands eben keine Distel ist. Die häufigste Art der Familie ist die Wilde Möhre. Aus diesem Tiefwurzler der Wildkrautfluren ist die Gartenmöhre hervorgegangen. Die Wildart lässt sich gut erkennen an der schwarzvioletten, sterilen Blüte im Zentrum. Ebenso lässt sich die Wilde Pastinake dank ihrer gelben Blüte recht sicher bestimmen.

Sonst ist es nicht immer leicht, einen Doldenblütler vom anderen zu unterscheiden. Dabei kann dieses Wissen nützlich sein: Der Gefleckte Schierling gehört in Deutschland zu den giftigsten Pflanzen überhaupt und sollte nicht verwechselt werden.

GEO-NATURPARK FRAU-HOLLE-LAND

Die Brüder Grimm sind zu Lebzeiten an einigen Orten gewesen, die Schauplätzen ihrer Märchen ähnelten oder vermutlich ihre Erzählungen beeinflusst haben. So zählen in der Region des heutigen „Frau-Holle-Land" die Kleinstadt Großalmerode (dort wurde Wilhelm konfirmiert), Hessisch Lichtenau (hier wohnte ein Freund Wilhelms), Nentershausen (Heimatdorf von Wilhelms Ehefrau Dorothea), Witzenhausen (wo Jacob eine Freiheitsrede hielt) und der Hohe Meißner nachweislich dazu. Viele Sagen, die sich um die Märchenfigur Frau Holle ranken, sollen in der Region des im Norden Hessens gelegenen Mittelgebirges gespielt haben. Sie hängen mit Mythen und Bräuchen zusammen, die sich teils bis in die Antike zurückverfolgen lassen. So soll Frau Holle für das Wetter verantwortlich sein – nicht nur für den Schnee, den ihre fleißige Magd aus den Kissen schüttelt, sondern auch für das Erwachen der Natur im Frühjahr, für fruchtbare Äcker und Wiesen. Im Geo-Naturpark gibt es bis zu 30 Sehenswürdigkeiten, Ausflugsziele und sonstige beeindruckende Orte, die darauf hinweisen – beispielsweise der Frau-Holle-Rundweg, der durch Hessisch Lichtenau führt, die Frau-Holle-Statue, strahlende Kirschblüten, seltene Orchideen auf den Magerrasen, der beliebte Werratal-Radweg und der Werra-Burgen-Steig-Hessen. Aber das absolute Highlight im Frau-Holle-Land findet im Frühsommer statt, wenn Millionen pinkfarbener Mohnblüten die Landschaft rund um Germerode und Grandenborn in ein strahlendes Blütenmeer verwandeln – soll doch der Mohn (neben dem namensgebenden Holunder) zu Frau Holles Lieblingsspeisen gehören.

Bad Wildungen, Fluss Eder, Bäume mit Raureif bedeckt

Gemeiner Teufelabbiss

Acker-Witwenblume

Wilde Karde

Echter Baldrian

Wald-Bingelkraut

Zypressen-Wolfsmilch

Knäuel-Glockenblume

Echtes Johanniskraut

GEISSBLATT- UND WOLFSMILCHGEWÄCHSE, EINE GLOCKENBLUME UND DAS ECHTE JOHANNISKRAUT

Die botanische Systematik sollte nicht täuschen: Zur Familie der Geißblattgewächse gehören recht unterschiedliche Pflanzen. Der Gemeine Teufelsabbiss gedeiht im feuchten Milieu. Abbiss heißt er wegen seines Wurzelendes, an dem natürlich nur der Teufel schuld sein konnte. Auch die Acker-Witwenblume hat einen sprechenden Namen, der allerdings unerklärt bleibt. Die Art bevorzugt basenreiche Böden und das Offenland. Die Wilde Karde wird gelegentlich Zisternenpflanze genannt, weil die gegenständigen, am Grund verwachsenen Blätter das Wasser auffangen. Zur Familie gehört ebenfalls der Echte Baldrian. Die Katzen lieben ihn, und ein gesuchtes Heilkraut ist er auch. Das wenig auffällige Wald-Bingelkraut prägt eine ganze Buchenwald-Gesellschaft, sein Vorkommen zeigt einen besser ausgestatteten Boden an. Auch dieses Bingelkraut gehört zu den Wolfsmilchgewächsen, denen die Zypressen-Wolfsmilch ganz zweifellos angehört. Die Gattung der Glockenblumen vertritt hier die Knäuel-Glockenblume, eine Art der eher trockenen Standorte und Säume. Am Ende des Stängels ballen sich ihre Blüten, manchmal 20 an der Zahl. Berühmt ist das Johanniskraut, das die Medizin als Beruhigungsmittel und Stimmungsaufheller nutzt.

Geo-Naturpark Frau-Holle-Land, Hessen

Künstlerische Leiter und Künstler der „documenta"

DOCUMENTA – MUSEUM DER 100 TAGE

Alle fünf Jahre wird Kassel für gut drei Monate zur Kulturmetropole – mit der Weltkunstausstellung „documenta" verwandelt sich die Stadt in ein „Museum der 100 Tage" und zeigt international bedeutende zeitgenössische Kunst an den unterschiedlichsten Orten. Sie gilt neben der Biennale von Venedig als bedeutendste, zyklisch wiederkehrende Ausstellung zur zeitgenössischen Kunst weltweit. In Kassel fanden bereits zu Beginn des 20. Jahrhunderts Ausstellungen mit Kunst aus aller Welt statt. Dabei fand die 1929 veranstaltete Vierte Kunstausstellung mit dem Schwerpunkt „Neue Kunst" besondere Anerkennung. Zur ersten „documenta" 1955 kam es dank der Initiative des Kasseler Kunstprofessors und Designers Arnold Bode, der anlässlich der Bundesgartenschau mit Ausstellungen junger Künstler mehr als 130 000 Besucher nach Kassel lockte. Ob Bode auch Namensgeber war, ist zwar umstritten, die Wortschöpfung jedoch beanspruchte Bode für sich. Dieser sensationelle Erfolg jedenfalls ermöglichte vier Jahre später eine „documenta 2", die sich aktiv in die Auseinandersetzung um abstrakte Kunst einschaltete. Weitere sollten im Rhythmus von vier Jahren folgen; ihr Schwerpunkt sollte sich immer mehr zur zeitgenössischen Kunst verlagern. Anfangs noch auf Europa beschränkt, umfasste die „documenta" bald auch Werke von Künstlern aus aller Welt. Jede „documenta" muss sich organisatorisch und konzeptuell neu erfinden, weshalb sie seit 1972 nur noch alle fünf Jahre stattfindet und für jede „documenta" ein künstlerischer Leiter ernannt wird. So präsentiert sie heute einen Querschnitt durch aktuelle Kunst aus dem Blickwinkel des jeweiligen Kurators. Allen Ausgaben gemeinsam ist jedoch ihr Selbstverständnis zur objektiven Dokumentation der Gegenwartskunst. Ihr autoritäres Auftreten verschaffte ihr die exklusive Position, als Weltkunstausstellung regelmäßig und verbindlich eine Definition zeitgenössischer Kunst zu geben. Dabei werden unterschiedliche Ausstellungsorte innerhalb des Stadtgebietes genutzt: Seit 1955 gilt das Fridericianum als fester Bestandteil, 1992 kam die documenta-Halle hinzu, und je nach Vorstellungen des jeweiligen künstlerischen Leiters werden auch Museen, Alltagsgebäude oder Außenanlagen wie der Friedrichsplatz, die Karlsaue oder andere Plätze innerhalb der Stadt Teil der jeweiligen „documenta". Zudem gab es auf der „dOCUMENTA (13)" Außenstellen in Kabul und Bamiyan in Afghanistan, in Alexandria und Kairo in Ägypten sowie im kanadischen Banff; die „documenta 14" fand in Kassel und am gleichberechtigten Standort Athen statt.

Karlsaue, Parkanlage in Kassel

KASSEL

Die mehr als 1000 Jahre alte Metropole Kassel ist kultureller und wirtschaftlicher Mittelpunkt Nordhessens und beeindruckt durch Gegensätze. Erstmals im Jahr 913 als „Chasalla" urkundlich erwähnt, geht Kassel auf einen fränkischen Königshof zurück, der im 12. Jahrhundert Stadt- und Befestigungsrechte erhielt. Von 1803–66 Hauptstadt des Kurfürstentums Hessen, wurde die Stadt dann preußisch und war bis 1944 Hauptstadt der Provinz Hessen-Nassau. Während des Zweiten Weltkriegs wurde die Innenstadt vollständig zerstört. Seither prägen moderne Zweckbauten und reizvolle Kontraste das Stadtbild. Landschaftlich an den Ufern der Fulda gelegen, durchziehen Kassel einerseits wunderschöne Grünflächen und Parks wie die Karlsaue, andererseits bescherte der Neuaufbau seinerzeit der Stadt Deutschlands erste Fußgängerzone, die 1953 eingeweihte „Treppenstraße". Dies begünstigte Kassels Karriere als Zentrum der modernen Kunst, und mittlerweile verfügt man hier über die dritthöchste Museumsdichte Deutschlands. Mit der größten Weltausstellung zeitgenössischer Kunst, der „documenta", werden seit 1955 regelmäßig Interessierte aus aller Welt angezogen. In Kassel stechen nicht nur die Kunstwerke vergangener documenta-Ausstellungen ins Auge, sondern auch eine Vielzahl kleiner und großer Sehenswürdigkeiten wie das UNESCO-Welterbe Bergpark Wilhelmshöhe, einschließlich des klassizistischen Schlosses, aber natürlich auch der Herkules als über der Stadt thronendes Wahrzeichen. Erwähnenswert sind überdies die am Rande der Wolfsschlucht liegende Löwenburg, Schloss und Park Wilhelmsthal, das Museum Fridericianum sowie die vielen Kirchen und Friedhöfe, Straßen und Plätze, Museen, Sammlungen, Galerien und Kunsträume. Hinzu kommt eine attraktive Kulturszene mit Klassik, Jazz und Weltmusik und internationalen Festivals sowie einer vielfältigen Theaterlandschaft – all das macht Kassel so attraktiv. Zudem haben in der historisch geprägten „Hauptstadt der Deutschen Märchenstraße" die Brüder Grimm ihre Jugendzeit verbracht und auch hier ihre weltberühmten Märchen und Sagen gesammelt.

Schloss Wilhelmshöhe

WILHELMSHOEHE

Der Bergpark Wilhelmshöhe in Kassel

WELTKULTURERBE BERGPARK WILHELMSHÖHE

Der 560 ha große barocke Bergpark Wilhelmshöhe, im Stil eines englischen Landschaftsgartens angelegt, bildet zusammen mit Schloss Wilhelmshöhe ein einzigartiges Ensemble, das Kultur, Natur und Gartenbaukunst unterschiedlicher Strömungen in perfekter Harmonie miteinander verbindet.

Er ist ein über 300 Jahre altes Gesamtkunstwerk, das seit 2013 UNESCO-Welterbe ist und als alte Kulturlandschaft exemplarisch für die Blüte der Landschaftsarchitektur im europäischen Absolutismus steht. Gehen die Gestaltungsanfänge auf die 1680er-Jahre zurück, entstand der Park schließlich ab 1696 nach einer Idee des Landgrafen Karl von Hessen-Kassel und sollte die Stellung der Kasseler Fürsten aufwerten. 1701 wurden weite Teile der Wasserkünste vom italienischen Baumeister Giovanni Francesco Guerniero errichtet, die schließlich 1717 von der gewaltigen Statue des alles überragenden Herkules gekrönt wurden. Die Kupferstatue sollte die Tugenden des Herrschers und die Allmacht des Landgrafen versinnbildlichen. Bis heute erstreckt sich der Park vom Herkulesbauwerk über eine 350 m lange Kaskadenanlage hinunter zum Schloss Wilhelmshöhe und beeindruckt mit einem großartigen Wasserspiel: Dabei sprudeln mehr als 750 000 Liter Wasser auf insgesamt 2,3 km langen Wasserläufen hinab – vorbei an Sehenswürdigkeiten wie auf Hörnern blasenden mythologischen Figuren, an einem Neptun, einem römischen Aquädukt und einer Teufelsbrücke –, bis das Wasser schließlich im Schlossteich in einer großen Fontäne durch natürlichen Druck etwa 52 m in die Höhe schießt. Dabei funktionieren die Spiele bis heute ohne Pumpen und ausschließlich durch das Gefälle. Ein in Höhe des Habichtwaldes angelegtes Graben- und Teichsystem speichert das Regen- und Oberflächenwasser, das durch unterirdische Rohre zum Herkules geleitet wird. Diese gartenkünstlerisch gestaltete Anlage gilt als eine der größten Europas. Das Schloss Wilhelmshöhe diente bis 1866 den Landgrafen und Kurfürsten von Hessen-Kassel, später den preußischen Königen und deutschen Kaisern als Sommerresidenz. Im Zweiten Weltkrieg schwer beschädigt, wurde es als Museum wieder aufgebaut und beherbergt heute die Staatlichen Kunstsammlungen. Es gilt neben den vielen verwunschenen Wegen, Grotten, Einsiedeleien, Pyramiden, Kleinarchitekturen, einer Pagode und der Löwenburg als Publikumsmagnet des Bergparks Wilhelmshöhe.

Der Bergpark Wilhelmshöhe mit Herkules-Statue

Brücke im Schlosspark in Kassel

Limburg an der Lahn, Stadtansicht mit Dom

LIMBURG

Limburg an der Lahn besitzt eine beeindruckende Silhouette und vereint das Idealbild einer Stadt: eine über alles herausragende farbenfrohe Kirche, ein idyllischer Fluss mit romantischen Ecken und sehr viel Grün. Limburg gehört mit seiner historisch gewachsenen Stadtstruktur und seiner unter Denkmalschutz stehenden Altstadt zu den bezauberndsten Städten Hessens und versprüht mit seinen zum Teil sehr alten Fachwerkhäusern und der Stadtmauer einen eigenen mittelalterlichen Charme.

Der über der Stadt thronende Sankt-Georgs-Dom, 1212 begonnen und 1235 geweiht, ist das Wahrzeichen Limburgs und gehört zu den bedeutendsten spätromanischen und frühgotischen Bauwerken Deutschlands. Die ursprüngliche Stiftskirche wurde 1827 zum Bischofssitz. Durch verschlungene Gassen der Altstadt erreicht man den Berg, auf dem sich der Domvorplatz befindet. Hier sollte man sich ein paar Minuten Zeit nehmen und die Einzigartigkeit des Gebäudes auf sich wirken lassen. Von außen imponiert das Gotteshaus durch prachtvolle Farben sowie durch seine Größe und zeigt eine Architektur voller Symbolik: So hat der Dom in Anlehnung an die sieben Sakramente auch sieben Türme. Im Inneren symbolisiert er die himmlische Stadt Jerusalem und beeindruckt neben dem fast 800 Jahre alten Taufstein mit dem Annenaltar aus dem 16. Jahrhundert. Außerdem ist dem Dom die Entstehung des Limburger Domschatzes zu verdanken. Die Limburger Burg hinter dem Dom bewachte einst den Lahnübergang. Durch diesen besaß Limburg bereits in frühen Zeiten eine große Bedeutung für die parallel zum Rhein verlaufenden Handelsströme.

Die Stadt wuchs recht schnell und konnte 1180 sogar eigene Münzen prägen. Unterhalb des Dombergs entstanden Wohn- und Patrizierhäuser – typische Hallenhäuser, deren Untergeschosse ursprünglich aus einem einzigen großen Raum bestanden, um Fuhrwerke zum Be- und Entladen hineinzuschieben. Die 1315 erbaute Lahnbrücke wird noch heute vom heiligen Nepomuk bewacht.

Fachwerkhäuser in Limburg an der Lahn

Kloster Schiffenberg, Gießen

GIESSEN

Die Geschichte der Stadt an der Lahn ist geprägt von Wissenschaft – lehrten hier doch auch Wilhelm Conrad Röntgen und Justus von Liebig, Namensgeber der 1607 gegründeten Universität - eine der ältesten und traditionsreichsten Universitäten Deutschlands. Zudem wurde dem Chemiker, der in Gießen eine Art Suppenwürze erfunden hat, das Liebig-Museum gewidmet. Die Hochschulstadt ist mit ihrem knapp 4 ha großen Botanischen Garten mitten in der Stadt eine grüne Oase und voller kreativer Köpfe, Studenten und allerlei Museen wie dem weltweit ersten Mathematikmuseum – einem Mitmachmuseum, das mit über 100 Exponaten neue Türen zur Welt des Rechnens öffnet. Das Stadtbild zeigt einerseits Besonderheiten wie das Alte Schloss aus dem 14. Jahrhundert, in dem sich das Oberhessische Museum befindet, das Zeughaus am Brandplatz, das älteste und größte Fachwerkhaus Hessens – das „Leib'sche Haus" – und den um 1500 errichteten Turm am Kirchenplatz, der als Rest der Stadtkirche an die fast vollständige Vernichtung des Stadtkerns Gießens im Dezember 1944 erinnert. Andererseits ist die Stadt geprägt von Nachkriegsbauten, einer modernen Einkaufsstraße und einer als viel zu groß geltenden Fußgängerüberführung mit drei Löchern, welche die Gießener liebevoll „Elefantenklo" nennen. Symbolisch und markant sind auch die Bronzefiguren *Die drei Schwätzer*, die in der Plockstraße so beisammenstehen, wie die Gießener typischerweise auf dem Stadtmarkt ein „Schwätzchen" halten. Neben Medizin ist Gießen bekannt für Theaterwissenschaften. Die Studierenden prägen die Kulturlandschaft und nutzen viele leer stehende Gebäude, organisieren Ausstellungen und Festivals. Deshalb gibt es hier auch eine ausgeprägte Kultur- und Kneipenszene. Gießen profitiert zwar von der Nähe zur Metropole Frankfurt, kann aber mit einem bezaubernden Umland aufwarten: So beeindrucken mittelalterliche Burgen und Schlösser wie Burg Gleiburg, Kloster Schiffenberg oder auch die 1530 als Herrensitz erbaute Badenburg, auf der man heute essen und trinken kann „wie die alten Ritter".

Zeughausbibliothek, Gießen

Fritzlar

GESCHICHTSTRÄCHTIGE STÄDTE

In der Region finden sich viele idyllische und geschichtsträchtige Orte und Städte wie die fast 1300 Jahre alte Dom- und Kaiserstadt Fritzlar im Schwalm-Eder-Kreis, deren Stadtbild der Dom St. Peter prägt und die einen der schönsten geschlossenen Fachwerkmarktplätze Nordhessens besitzt. Sieben Wart- und 23 Wehrtürme machten die Stadt einst zur mächtigsten Festung Hessens, in der heute noch das älteste deutsche Amtshaus steht.

Aufgrund seiner günstigen Lage an einem Kreuzungspunkt frühmittelalterlicher Straßen wurde Fritzlar zu einem gern besuchten Aufenthaltsort der deutschen Könige und Kaiser in Hessen. Hier wird 919 der Sachsenherzog Heinrich zum König von Franken und Sachsen ernannt. Später dann, in der zweiten Hälfte des 11. Jahrhunderts, geht Fritzlar in das Eigentum der Mainzer Erzbischöfe über, die hier freie Kaufleute ansiedeln, sodass sich der Ort zu einem wichtigen Handelsplatz entwickelt. Im Dreißigjährigen Krieg wird Fritzlar von den protestantischen Truppen besetzt, und am Ende des Krieges bricht die Pest aus; erst um 1840 zählt die Stadt wieder 2000 Einwohner.

Mit einem Marktplatz, umringt von Fachwerkhäusern aus dem 15. Jahrhundert, einem Brunnen aus dem 14. Jahrhundert und einem im Jahr 1560 erbauten Rathaus lockt die historische Fachwerkstadt Butzbach im Wetteraukreis. Rund 150 unter Denkmalschutz stehende Häuser, eine in großen Teilen erhaltene Stadtmauer mit als Schwibbogen bezeichneten Bogenkonstruktionen und den darin erbauten Schwibbogenhäusern gehören zu den Sehenswürdigkeiten der pittoresken Stadt.

Und einmal im Jahr wird Witzenhausen im Werra-Meißner-Kreis zu einer Attraktion der besonderen Art. Denn zur Kirschblüte, von April bis Mai, verwandelt sich die Landschaft rund um das Fachwerkstädtchen in ein Blütenmeer aus über 100 000 Kirschbäumen auf den wie mit Schnee bestäubten Plantagen. Zur Ernte lockt Witzenhausen mit dem großen Kirschenfest, der Kesperkirmes, auf dem alljährlich die neue Kirschenkönigin gewählt wird.

Kirschblüte in Witzenhausen

Dom St. Salvator, Fulda

BAROCKSTADT FULDA

Sie ist zwar nicht die größte, gehört dafür aber zu den schönsten Städten Hessens – Fulda liegt am gleichnamigen Fluss und grenzt an die Rhön. Ihr Ursprung geht auf ein Benediktinerkloster zurück, das Bonifatius im Jahr 744 aufgrund seiner Missionstätigkeit gegründet hat. Als er starb, wurde das Kloster zu einem Pilgerort und entwickelte sich bald zur Stadt. Als Sitz von Fürstäbten und -bischöfen war Fulda wichtiges Handelszentrum, in dem vor allem im 18. Jahrhundert viele prachtvolle Bauwerke entstanden wie der Dom St. Salvator, die komplexe Schlossgartenanlage mit dem prächtigen Schloss und der gegenüberliegenden Orangerie sowie mehrere elegante Palais und kirchliche Bauwerke. Die großzügig angelegten Gärten und Parkanlagen geben der Barockstadt noch heute ein mondänes Aussehen. Neben diesen prachtvollen Vierteln beeindruckt Fulda auch mit einer mittelalterlichen Altstadt, die mit malerischen Gassen, beschaulichen Häusern, lauschigen Plätzen und Bauwerken einschließlich des im 12. Jahrhundert als Teil der Stadtmauer erbauten, 14 m hohen Hexenturms aufwartet. Ursprünglich als Wachturm genutzt, wurde er im späteren Mittelalter dann zum Frauengefängnis und erinnert mit der 2008 auf dem Alten Dompfarrlichen Friedhof errichteten Gedenkstätte an die damaligen Hexenverfolgungen. Die in Fulda stets allgegenwärtige Geschichte wirkt hier keineswegs museal, im Gegenteil: Das Leben in den Gassen, auf den Plätzen und in den angelegten Parks und Gärten ist viel zu bunt und abwechslungsreich dafür. So verfügt Fulda auch über eine lebendige Kulturszene und weist eine sehr hohe Kneipendichte auf – von gefragten Studentenlokalen über gemütliche Pubs bis zu schicken Barockbars ist alles dabei. Auf dem Domplatz und im Schlosshof finden regelmäßig Open-Air-Konzerte statt, und das Freizeitangebot rund um die Sternenstadt Fulda ist mit seiner attraktiven Innenstadt, seinen vielen Museen, der grünen Umgebung und der faszinierenden Natur der Fulda-Aue sehr einladend. Hier locken auch Attraktionen wie Drachenfliegen, Kletterwald, Sommerrodelbahn oder Segelfliegen auf der Wasserkuppe.

Hexenturm, Fulda

Marktplatz mit Rathaus, erbaut 1512–27, Fotopostkarte vor 1924–26

MARBURG

In der fast 800 Jahre alten Stadt Marburg hält der Glanz alter Zeiten bis in die Gegenwart – schon von Ferne bestimmt das Marburger Landgrafenschloss die Silhouette der lebendigen Universitätsstadt. Und wer es auf den 287 m hohen Schlossberg schafft, den erwartet ein beeindruckender Blick über eine atmosphärische Altstadt mit Fachwerkhäusern, vielen Treppen und verwinkelten Gassen, dem schiefen Turm der Lutherischen Pfarrkirche, dem historischen Rathaus, der Elisabethkirche sowie dem Lahntal und den Lahnbergen. Mit gut 77 000 Einwohnern erstreckt sich Marburg als achtgrößte Stadt Hessens beiderseits der Lahn und begeistert mit ihrer einzigartigen Lage zwischen den Bergen. Über 100 Höhenmeter zieht sich die reizvolle Altstadt hinauf zum Schloss, dessen Schlossberg bis heute als größte noch erhaltene Festungsanlage Hessens fünf Kasematten durchziehen. Besonders sehenswert ist die Marburger Oberstadt, die sich aufgrund ihrer verwinkelten Bauart in den vergangenen 100 Jahren nur wenig verändert hat, zumal moderne Einkaufszentren nur unterhalb der Oberstadt entstanden sind. In die obere Altstadt kommt man nur zu Fuß oder über einen der zwei Aufzüge. Dort stößt man allerorts auf zahllose Spuren bekannter Größen wie der Brüder Grimm, Martin Luthers oder des Nobelpreisträgers Emil von Behring. Zentraler Ort ist der Marktplatz mit seinem spätgotischen Rathaus aus dem 16. Jahrhundert, wo seit über 400 Jahren ein Blechgockel zur vollen Stunde kräht. Zum bunten Szene- und Kneipenleben tragen die vielen Studenten bei, besitzt Marburg mit der Philipps-Universität von 1527 doch die älteste noch existierende protestantisch gegründete Hochschule der Welt, deren Bauwerke zu den architektonischen Highlights im Stadtbild zählen. Marburg vereint Gegenwart und Vergangenheit, Fortschritt und Tradition, altehrwürdige Geschichte und modernes Studentenleben. Neben dem Kaiser-Wilhelm-Turm („Spiegelslustturm“), dem Grimm-Dich-Pfad, der Lahn-Schifffahrt und der Weidenhäuser Straße gehört insbesondere die 1283 geweihte Elisabethkirche am Fuße der Altstadt zu den Sehenswürdigkeiten. Sie gilt als Meisterwerk der deutschen Frühgotik und unter anderem als Vorbild für den Bau des Kölner Doms.

Das Schloss zu Marburg, Holzstich, aus: *Illustrirte Zeitung*, November 1845, Neukolorierung

Carl Hasenpflug (1802–1858), *Ansicht von Marburg*, 1832, Öl auf Leinwand, Universitäts-Museum für Kunst und Kulturgeschichte, Marburg

Dillenburg, Wilhelmsturm

Kassel, Hessisches Landesmuseum

ORANIENSTADT DILLENBURG

Die Stadt im Lahn-Dill-Kreis ist die hessische Heimat der niederländischen Könige. Seit 2017 gilt Dillenburg auch offiziell als Oranienstadt. Die Stadt zwischen Siegburg, Gießen und Marburg blickt auf eine bewegte Geschichte zurück. Schon von Weitem sieht man auf der Hügelkuppe rund um das Flussbett das ehemalige Schloss Dillenburg und Teile der mächtigen Festungsmauer mit dem heutigen Wahrzeichen der Stadt – dem Wilhelmsturm – als stille Zeitzeugen thronen. 1533 wurde hier Graf Wilhelm von Nassau-Dillenburg, der niederländische „Vater des Vaterlandes" Wilhelm der Schweiger, geboren. Dillenburg war Stammsitz des oranischen Zweiges des Hauses Nassau, und das Schloss diente als Hauptresidenz. Ab 1536 wurde die Burg zu einer mächtigen Festung ausgebaut und erhielt eine solide Befestigungsmauer. Die Dillenburg war eine der größten mittelalterlichen Burgen Europas und wurde 1760 beim Einmarsch der Franzosen zerstört. Aus den Überresten bauten die Dillenburger ein neues Regierungsviertel. 1875 wurde zu Ehren von Wilhelm I. von Oranien auf dem ehemaligen Schlossplatz der Wilhelmsturm errichtet. Heute befindet sich in dem 40 m hohen Aussichtsturm das Oranien-Nassauische Museum. Sehenswert sind auch die noch heute existierenden riesigen unterirdischen Befestigungsanlagen, die sogenannten Kasematten.

Am Fuße des knapp 300 m hohen Schlossberges liegt das Altstadtensemble Dillenburgs. Liebevoll restaurierte Fachwerkhäuser, enge verwinkelte Gassen, aber auch Regierungsgebäude, der Hofgarten und die Orangerie berichten von den vergangenen herrschaftlichen Zeiten. In der Stadt selbst wird die Erinnerung an das Haus Oranien-Nassau gepflegt, so tragen zum Teil Schulen, Plätze und Straßen den geschichtsträchtigen Namen. Übrigens: Dillenburg ist nicht nur Startpunkt des Fernwanderwegs „Rothaarsteig", es liegt auch an der deutsch-niederländischen Ferienstraße „Oranier-Route" und der Deutschen Fachwerkstraße.

KULTUR

Das nördliche Hessen ist eine Region voller Geschichte und verfügt über ein reiches kulturelles Erbe. Burgen und Schlösser berichten über zauberhafte Zeiten, mittelalterliche Fachwerkstädte bergen märchenhafte Geschichten, in historischen Städten finden sich große und kleine Museumsschätze – ja sogar ganze Städte wie Kassel tragen mit der „documenta" und dem UNESCO-Welterbe Bergpark Wilhelmshöhe zur Kulturlandschaft bei. Festivals, Konzerte, Kultursommer, Theateraufführungen gehören ebenso zum vielfältigen Angebot wie Jazzkneipen und Kulturtreffs.

MUSEUMSLANDSCHAFT

So abwechslungsreich wie die Natur, so vielfältig präsentiert sich auch die Museumslandschaft der Region. Beginnend mit den berühmten Brüdern Grimm ist ihr ehemaliges Zuhause heute das Museum „Brüder Grimm Haus und Museum Steinau", und die „Grimmwelt" zeigt alles über ihr Lebenswerk. In Kassel selbst sind viele Museen und Galerien, im Schloss Wilhelmshöhe ist neben den Werken alter Meister auch eine der größten Rembrandtsammlungen Deutschlands zu bestaunen. Ein

Borken, Bergbaumuseum

Brüder Grimm-Haus, Museum der Gebrüder Grimm, Steinau an der Straße

Museum der ganz besonderen Art in dieser Stadt ist das „Wortreich“, das erste Mitmachmuseum mit geisteswissenschaftlichem Ansatz. In Fulda regt die Kinder-Akademie Fulda mit interaktiven Objekten aus Kunst und Kultur, Naturwissenschaft und Technik den Entdeckergeist an. Mit über 4000 m² Ausstellungsfläche befindet sich im Stadtschloss Fulda das Vonderau Museum, das größte Museum zwischen Kassel, Frankfurt und Würzburg. In Marburg locken sowohl im Landgrafenschloss das Museum für Kulturgeschichte der Philipps-Universität als auch das Kunstmuseum Marburg, seit 1927 ein zentraler Ort der Kunstpräsentation und -vermittlung in Stadt und Region. Im Gießener Mathematikum wird die theoretische Thematik zum wahren Erlebnis. Im dortigen Liebig-Museum kann man das Laboratorium des Chemikers weitgehend im Original betrachten. Darüber hinaus gibt es zahlreiche Kleinode zu entdecken: das Christian Daniel Rauch-Museum in Bad Arolsen, das Währungsmuseum in Fuldatal, das Grenzmuseum Schifflersgrund bei Bad Sooden-Allendorf, das Hessische Braunkohle Bergbaumuseum in Borken und das Eisenbahnmuseum am Wasserturm in Bebra. Die Vielfalt der Museen geht noch weiter – vom Hessischen Landesmuseum in Kassel bis hin zu Bergbau- und Naturkundemuseen wie dem Buchenhaus in Edertal.

Grimmwelt, Kassel

Die Ur-Leica (links) ihres Erfinders Oskar Barnack, Modell 1914

LEICA

Bitte recht freundlich – ganze Generationen von Hobbyfotografen, Reisejournalisten, Kriegsberichterstattern oder Kunstfotografen schwören auf ihre Leica-Kamera. Es war Oskar Barnack, Leiter der Filmkameraentwicklung der Wetzlarer Ernst-Leitz-Werke, der 1914 auf die Idee kam, für seine Wanderausflüge eine handliche Kamera zu entwickeln. Bis dahin war die Firma Leitz, die 1849 als Optisches Institut durch Carl Kellner gegründet wurde, bekannt für ihre Mikroskope, Ferngläser und professionellen Filmkameras. Mit Barnacks Erfindung wurde es möglich, schneller und unkomplizierter zu fotografieren, mit seiner Ur-Leica war das Format 24 × 36 mm geboren, das die Welt erobern sollte. Nachdem die künstlerische Avantgarde die Vorzüge der neuen Kamera erkannte und vielfältig ausprobierte, entdeckten Journalisten die schnelle Praktikabilität für ihre Arbeit und schufen damit eine neue Art der Reportagefotografie, die sich weltweit erfolgreich durchsetzen konnte. Wohl jede(r) hat schon einmal ein Foto gesehen, das von einer Leica aufgenommen wurde: der Kuss, den ein US-Soldat 1945 in New York nach der Kapitulation Deutschlands einer Krankenschwester auf der Straße gibt und den Alfred Eisenstaedt im Bild festhielt; der spanische Loyalist, der 1936 direkt vor der Linse von Robert Capa erschossen wird. Oder das kleine nackte Mädchen, das in Vietnam 1972 mit Napalm bedeckt vor ihren Angreifern flieht und von Nick Út fotografiert wird. Und vor allem eine der Bildikonen des 20. Jahrhunderts: das Porträt von Che Guevara, festgehalten 1960 von Alberto Korda mit seiner Leica M2.

Über die Jahrzehnte entwickelte sich die Leica – die Abkürzung für Leitz(sche) Camera – immer weiter und brachte eine Reihe von Innovationen auf den Markt: Systemkamera, austauschbare Wechselgewinde, Messsucherkamerasystem. Die Firma erfand auch die erste Kleinbild-Hybridkamera mit wahlweise analogem oder digitalem Betrieb und konnte so ans digitale Zeitalter anschließen. In der 2014 erbauten Leica-Welt im Wetzlarer Leitz-Park können Fotoenthusiasten auf eine spannende Entdeckungsreise durch die facettenreiche Welt der Fotografie gehen.

SÜDHESSEN

Odenwald

Darmstadt – Ausstellung der Künstlerkolonie Neue Dreihäusergruppe Mathildenhöhe vom 15. Juli bis 10. Oktober, Plakat, 1904, Entwurf: Johann Vincenz Cissarz, Farblithografie

SÜDHESSEN

Mit dem Taunus und der Wetterau als natürlicher Begrenzung zum nördlichen Teil des Bundeslandes Hessen entspricht Südhessen dem Regierungsbezirk Darmstadt, der seit 1981 besteht und eine der bevölkerungsreichsten und wirtschaftskräftigsten Regionen Deutschlands darstellt. Es ist eine außerordentlich vielseitige Region, reich an Kultur- und Naturschätzen und begünstigt durch ein sonnenverwöhntes, mildes Klima, das vielerorts ein mediterranes Flair hervorzaubert. Nirgendwo lässt sich dies eindrucksvoller erleben als im Rheingau und in der Bergstraße, die sich von Darmstadt bis zum Talkessel des Neckars bei Heidelberg erstreckt. Und selbst der waldreiche Taunus im Norden wartet im Gegensatz zu anderen Mittelgebirgsregionen mit einem vergleichsweise niederschlagsarmen und warmen Klima auf, verspricht im Sommer dennoch erfrischende Brisen, die in den umliegenden Talkesseln mitunter sehnsüchtig herbeigesehnt werden.

Doch es sind nicht nur die Naturräume, in denen sich der Reiz dieser Region offenbart: Mit Frankfurt als internationaler Handels- und Finanzmetropole, der Kur- und Residenzstadt Wiesbaden samt ihrem herausragenden architektonischen Erbe, Darmstadt als Wissenschaftszentrum und Blüte des Jugendstils, Offenbach mit seiner ausgeprägt kreativen und künstlerischen Szene und zahlreichen mittelalterlichen Fachwerkstädtchen wird die Vielfalt Südhessens auch auf städtebaulicher Ebene fortgesetzt.

Maßgeblich für die Besiedlung und spätere Entwicklung von Dörfern und Städten waren die Römer: Anfang des 1. Jahrhunderts n. Chr. entsteht im linksrheinischen Mainz das Legionslager Mogontiacum; gleichzeitig richtet Rom seinen Blick auf die rechtsrheinischen Gebiete und beginnt mit dem Bau des Obergermanisch-Raetischen Limes, der bis 260 n. Chr. Bestand hat. Gut 150 km dieser Außengrenze des Römischen Reichs führen durch Hessen – über die bewaldeten Höhen des Taunus bis nach Seligenstadt. Wachttürme und Kastelle erinnern an das historische Großprojekt, das die räumliche Gliederung bis heute beeinflusst, denn oft entstanden rund um die Kastelle zivile Siedlungen als Keimzellen späterer Stadtentwicklung sowie Handels- und Militärwege. Zu ihnen zählt auch die Bergstraße, deren landschaftsprägendes Element – der Wein – vermutlich ebenso ein Geschenk der Römer ist wie der Anstoß zur Errichtung von Thermen zur Nutzung der zahlreichen Mineralquellen, die Südhessen zu einer Wellnesshochburg mit zahlreichen namhaften Kurorten machen.

Neben seinem historischen Erbe besticht Südhessen heute als Region mit großer Internationalität, Modernität und Aufgeschlossenheit. Dafür sorgen einerseits Universitäten, Hochschulen, Forschungszentren und weltweit bekannte Produktionsstätten wie Opel, andererseits aber auch der Austausch zwischen Einheimischen und den zahlreichen Touristen, die sich in den Metropolen ebenso willkommen fühlen dürfen wie in den Weindörfern oder in den weitläufigen Naturlandschaften des Taunus und des Odenwaldes.

CHRONIK

1. Jh. n. Chr. Die Römer beginnen mit dem Bau des Obergermanisch-Raetischen Limes.
18. Jh. Offenbach entwickelt sich zu einem Zentrum der Leder- und Tabakindustrie.
Ab 1852 Wiesbaden steigt zur Weltkurstadt auf; umfangreiche Villenviertel und Prachtbauten entstehen.
1862 Adam Opel fertigt in Rüsselsheim die erste Opel-Nähmaschine an, später folgen Fahrräder und schließlich Automobile.
1899 Großherzog Ernst Ludwig von Hessen und bei Rhein ruft die „Künstlerkolonie“ ins Leben, die Darmstadt zum Zentrum des Jugendstils macht.
1945 Wiesbaden wird Hauptstadt des Landes Groß-Hessen, später kurz Hessen.
2021 Die Darmstädter Künstlerkolonie wird UNESCO-Welterbe.

Schloss Auberbach, Bensheim

BERGSTRASSE

Es gibt Regionen, die hinsichtlich der Schönheit und Vielfalt ihrer Landschaften und Orte, ihres Klimas und kulturellen Erbes besonders reich beschenkt sind. Zweifelsohne zählt die Bergstraße zu diesen privilegierten Regionen. Hier kann der Blick über bewaldete Bergkuppen, Weinhänge und Streuobstwiesen schweifen, an einer der zahlreichen Burgen, Kirchen und Klosteranlagen verweilen, um schließlich Städtchen zu fixieren, in deren Zentren Weinlokale und Gasthöfe inmitten historischer Fachwerkidylle zu einem Besuch einladen.

Den Charme und die Anmut der Bergstraße zu erfassen, fällt angesichts dieser Schätze nicht schwer. Komplizierter verhält es sich mit der Definition dessen, was die Bergstraße eigentlich ist. Die einen beziehen sich auf Hessens südlichsten Kreis mit 720 m^2 Fläche, andere meinen das 440 ha große Weinbaugebiet Hessische Bergstraße. Und wieder andere sprechen von der gut 60 km langen Straße, die zwischen dem hessischen Darmstadt und der baden-württembergischen Residenzstadt Heidelberg verläuft und einer Handels- und Heeresstraße folgt, die bereits in römischer Zeit bestand.

Alle drei Bestimmungen haben ihre Richtigkeit. Doch egal, wie weit oder eng man die Region fasst: In ihrem Zentrum steht eben jene historische, von Darmstadt ausgehende Nord-Süd-Achse, die heute flankiert wird von Ortschaften und Burgen, deren Entstehung Jahrhunderte zurückreicht. Es macht einen großen Reiz der Bergstraße aus, dass man ihr auf mehreren Arten folgen kann: mit dem Auto oder Fahrrad oder wandernd auf einem der Qualitätswanderwege, die zwischen Rheinebene und Odenwald verlaufen. So führt der zertifizierte, rund 120 km lange Burgensteig von Burg Seeheim auf dem Tannenberg in neun Tagesetappen bis zum Heidelberger Schloss – ein einmaliges Natur- und Kulturerlebnis.

Weinbaugebiet Hessische Bergstraße

WEINBAUGEBIET HESSISCHE BERGSTRASSE

Sie tragen mitunter furchteinflößende Namen wie „Umstädter Stachelberg", „Zwingenberger Steingeröll" und „Auerbacher Höllberg", dann aber auch wieder poetische Namen wie „Brensbacher Heilige Tanne" und „Heppenheimer Maiberg". Mal befinden sie sich in Steillagen mit einer Neigung von über 30 Prozent, mal kommen sie als sanft geschwungene Kulturlandschaft daher. Doch was alle Weinlagen der Hessischen Bergstraße eint, ist: Sie wachsen und gedeihen unter der wärmenden Sonne, die hier für rund 1600 Stunden im Jahr scheint, im Windschatten des Odenwaldes, der mit seiner topografischen Höchstmarke von 626 m vor kalten Nord- und Ostwinden schützt. Mehr als 600 Winzer teilen sich an der Hessischen Bergstraße eine Weinanbaufläche, die mit knapp 440 ha als kleinste der 13 deutschen Weinbaugebiete aufgeführt wird. Das Landschaftsbild wird deshalb von vielen kleinen Parzellen geprägt, die nicht selten von Hobbywinzern kultiviert werden. Doch trotz der vergleichsweise eingeschränkten Anbaufläche findet man im Weinland Hessische Bergstraße dank zahlreicher unterschiedlicher Böden eine überraschend große Rebsortenvielfalt. Noch dominiert der Riesling, der hier seit Jahrhunderten traditionell angebaut wird und mit dem Roten Riesling, einem aus roten Trauben gekelterten Weißwein, eine ebenso spannende wie bundesweit einzigartige Variante findet. Seit Jahren gewinnen aber auch die Grau- und Weißburgunder an Bedeutung, ergänzt vor allem um Müller-Thurgau, Silvaner, Spätburgunder und Cabernet-Sauvignon. Es ist kein Geheimnis, dass in Weinbaugebieten eine große Aufgeschlossenheit und Gastfreundschaft vorherrscht. Davon kann man sich während der viel besuchten Weinfeste „Bergsträßer Weinfrühling" und „Bergsträßer Weinherbst" ebenso überzeugen wie bei Weinproben und Mahlzeiten in einer der zahlreichen Straußwirtschaften und Gasthöfe entlang der Bergstraße.

Johann Heinrich Schilbach (1798–1851), *Blick vom Schloss Heiligenberg bei Jugenheim auf die Rheinebene*, 1846, Öl auf Leinwand, Hamburger Kunsthalle, Hamburg

ORTE ENTLANG DER HESSISCHEN BERGSTRASSE

Folgt man der Bergstraße von Darmstadt Richtung Süden, erreicht man schon bald die Doppelgemeinde Seeheim-Jugenheim, die neben dem historischen Rathaus von 1599 und den beiden Burgruinen gleich zwei Schlösser zu bieten hat: Seeheim und Heiligenberg. In den 1850er-Jahren errichtet, wurde Schloss Heiligenberg später zum Stammsitz des Adelsgeschlechts Battenberg/Mountbatten und entwickelte sich dank weitreichender dynastischer Verbindungen zu einem Treffpunkt internationaler Adels- und Königshäuser. Dieser Umstand blieb nicht ohne Wirkung auf die städtische Entwicklung, denn zu Füßen des Schlosses entstanden viele sehenswerte Villen.

Auch Bickenbach und Alsbach-Hähnlein verdienen einen Zwischenstopp, denn mit dem barocken Jagdschloss Bickenbach und Schloss Alsbach warten die zwei kleinen Gemeinden mit bedeutenden architektonischen Schätzen auf. Angesichts des fast 20 m hohen trutzigen Bergfrieds und der umlaufenden Wehrmauern erscheint die Bezeichnung „Schloss" Alsbach etwas irreführend. Sie setzte sich im 19. Jahrhundert durch, als mondäne Kurgäste der Umgebung die knapp 800 Jahre alte Anlage als Ausflugsziel für sich entdeckten und das mondäner klingende „Schloss" nach und nach Einzug in den Sprachgebrauch hielt.

Mit Zwingenberg erreicht man die älteste Ortschaft an der Bergstraße. Etliche Weinlokale reihen sich in diesem bezaubernden Winzerstädtchen aneinander. Sie zeugen von der langen Tradition des Weinbaus, der sich

Burgruine Tannenberg in Seeheim-Jugenheim

Schloss Alsbach

im Schatten des 517 m hohen Melibokus prächtig entwickeln konnte. Die Ortschaft ist ein beliebter Start- und Zielpunkt für Wanderer und Radfahrer, die den Gipfel des Melibokus ebenso ansteuern wie Drachen- und Gleitschirmflieger.

Angesichts seiner rund 40 000 Einwohner erscheint Bensheim verglichen mit den umgebenden Ortschaften geradezu großstädtisch. In den Randlagen haben sich moderne Dienstleistungsunternehmen und produzierendes Gewerbe niedergelassen. Die Altstadt samt Marktplatz hingegen zeigt mit ihrem Fachwerkensemble, der Alten Faktorei und Gerberei, dem Dahlbecker und Hohenecker Hof sowie weiteren Kulturdenkmälern das historische Erbe von Bensheim, das sich seit dem 9. Jahrhundert dokumentiert findet.

Heppenheim schließlich markiert die Grenze zwischen der hessischen und der badischen Bergstraße. Die 26 000-Einwohner-Gemeinde ist in vielfacher Hinsicht bekannt: als Weinstadt, als Geburtsort des Formel-1-Fahrers Sebastian Vettel, als einstiger Wohnort des jüdischen Religionsphilosophen Martin Buber und nicht zuletzt als Festspielstadt, denn seit 1993 findet hier das Straßentheaterfestival „Gassensensationen" statt. Zudem lässt sich kaum jemand den Besuch der berühmten Starkenburg entgehen, die im 11. Jahrhundert errichtet wurde und auf 295 m Höhe über Heppenheim thront.

St. Peter in Heppenheim

Eier mitteleuropäischer Singvögel
1 Heckenbraunelle
2 Goldammer
3 Mönchsgrasmücke
4 Teichrohrsänger
5 Rotkehlchen
6 Gebirgsstelze
7 Gartenrotschwanz
8 Waldlaubsänger
9 Nachtigall
10 Star
11 Blaukehlchen
12 Blaumeise
13 Kohlmeise
14 Feldlerche
15 Baumpieper
16 Tannenmeise
17 Pirol
18 Singdrossel
19 Kernbeißer
20 Goldhähnchen
21 Zaunkönig
22 Feldsperling
23 Haussperling
24 Buchfink
25 Stieglitz
26 Wasseramsel
27 Dompfaff
28 Hänfling
29 Rauchschwalbe
30 Mehlschwalbe
31 Erlenzeisig
32 Rotrückiger Würger
33 Fichtenkreuzschnabel
34 Steinschmätzer

Zoologie/Vögel: Mitteleuropäische Singvögel. III., Farblithografie nach R. Gerling aus: *Brockhaus' Konversations-Lexikon*, 14. Aufl., Leipzig (F.A.Brockhaus) o. J.
1 Pirol
2 Teichrohrsänger
3 Mönchsgrasmücke
4 Waldlaubsänger
5 Heckenbraunelle
6 Baumpieper
7 Nachtigall

Zoologie/Vögel: Mitteleuropäische Singvögel. I., Farblithografie nach R. Gerling aus: *Brockhaus' Konversations-Lexikon*, 14. Aufl., Leipzig (F.A.Brockhaus) o. J.
1 Erlenzeisig
2 Kernbeißer
3 Hänfling
4 Buchfink
5 Dompfaff
6 Kohlmeise
7 Blaumeise
8 Stieglitz (Distelfink)
9 Feldsperling
10 Haussperling

SINGVÖGEL

Der Gesang einer Amsel steht den prominenteren Sangeskünstlern nicht nach, obwohl ihr Zetern bei drohender Gefahr diese Klangschönheit kaum vermuten lässt. Außerdem gehört sie zu den verbreitetsten Vögeln Deutschlands. Aber ursprünglich ist die Amsel, auch Schwarzdrossel genannt, ein Waldvogel. Im dichten Blattwerk hält sich die Art auch heute noch auf, doch entschieden häufiger zieht es sie in die Gärten. Amseln sind wirkliche Kulturfolger, und in den Großstädten sind sie heute oft Standvögel.

Beim Spatz in der Hand unterscheidet ein Vogelkenner zwischen Haus- und Feldsperling. Wenigstens der Haussperling scheut die Nähe des Menschen nicht, der etwas kleinere Feldsperling bevorzugt jedenfalls hierzulande die Feldflur. Beide Arten sind (von Natur aus) Höhlenbrüter, wobei der Feldsperling das geselligere Wesen ist.

Zu den häufigen Arten unter Ihresgleichen zählt auch die Kohlmeise mit ihrem charakteristischen schwarzen Brustband. Sie ist in der Mitte Deutschlands der eifrigste Nutzer von Nistkästen. Unter den Männchen kann es im Frühling zu sehr heftigen Konkurrenzkämpfen kommen.

Die Mönchsgrasmücke verdankt ihren Namen der Kappe, die bei den Männchen schwarz, bei den Weibchen rötlichbraun ist. Sie lebt zurückgezogener als die vorher genannten Vögel und bevorzugt das dichtere Strauchwerk. Die Vorkommen der Heckenbraunelle konzentrieren sich auf Mitteleuropa, und jedenfalls in der Vergangenheit fanden sich die dichtesten Bestände in jungen Fichtengehölzen.

Der Singvogel mit dem klangvollsten Namen ist die Nachtigall. Sie leidet unter dem Verschwinden ihrer Brutplätze, ihr Winterquartier schlägt sie im tropischen Afrika auf. Der äußerlich wenig auffällige Vogel wird in den Volksliedern gern mit „Frau Nachtigall" angeredet, doch (auch in diesem Fall) singen nur die Männchen.

Ornithologie:Pfriemenschnäbler, aus: G. H. von Schubert, *Naturgeschichte der Vögel*, 9. Aufl. Eßlingen und München (J. F. Schreiber) 1886, Taf. XIII, Farblithografie, Sammlung Archiv für Kunst und Geschichte, Berlin

a Misteldrossel
b Wacholderdrossel
c Ringdrossel
d Blaumerle (nicht einheimisch)
e Amsel
f Seidenschwanz (Wintergast)

Weinberge auf der Bubenhäuser Höhe, bei Rauenthal im Rheingau

DER RHEINGAU

Die zweite Region Südhessens, bei deren Nennung die Herzen von Weinliebhabern höher schlagen, ist der Rheingau. Es ist der westlichste Abschnitt Südhessens, eingebettet zwischen Rheingaugebirge als Teil des Hohen Taunus und dem Rhein, der seinen nördlichen Kurs hier für rund 30 km zugunsten eines Ost-West-Kurses verändert. Dieser Kurswechsel sorgt dafür, dass im Rheingau Südhänge überwiegen, die der ganzen Kraft der Sonne ausgesetzt sind.

Bereits im Hochmittelalter kultivierten insbesondere die Mönche der umliegenden Klöster den Weinbau, doch der entscheidende Anstoß fand in den 1720er-Jahren statt, als in der Weinbaudomäne Schloss Johannisberg eine umfassende Neubestockung stattfand. Innerhalb von zwei Jahren pflanzte man knapp 300 000 Reben, wobei man sich fast ausschließlich für den Riesling als Rebsorte entschied. Dies war der Auftakt für den Siegeszug deutscher Rieslingweine, die bis heute weltweit hohes Ansehen genießen.

Die Weinhänge sind nicht das einzige landschaftsprägende Element des Rheingaus. Wunderschöne Orte wie Eltville oder Hattenheim säumen den Rhein zwischen Rüdesheim und Wiesbaden. In den Straußwirtschaften, Gutsschänken und gehobenen Restaurants werden nicht nur die erlesenen Weine der Region, sondern wird auch regionale Küche angeboten. Jenseits lukullischer Genüsse lohnt ein Aufenthalt im Rheingau, denn die Gegend ist reich an spirituellen Orten, die sich am besten wandernd erschließen lassen.

Schloss Vollrads bei Oestrich-Winkel, Prädikatsweingut im Rheingau mit einem als Wasserburg angelegten Wohnturm, umgeben von Weinbergen

Kloster Eberbach bei Eltville im Herbst

Das bekannteste Ziel dürfte Kloster Eberbach sein. Spätestens seitdem das Kloster als Kulisse für den Film *Der Name der Rose* diente, ist es über die Landesgrenzen hinaus bekannt. 1136 gegründet, entwickelte sich das Zisterzienserkloster noch im selben Jahrhundert zu einer der bedeutendsten Abteien Deutschlands, bis 1803 der letzte Abt zum Verlassen des Klosters gezwungen und das Gebäude zunächst als Gefängnis, später als psychiatrische Anstalt genutzt wurde. Seit 1998 befindet sich die ehemalige Klosteranlage nach einer umfassenden Sanierung im Besitz der Stiftung Kloster Eberbach.

Von Kloster Eberbach lässt sich auf einer rund 3-stündigen Wanderung die Abtei St. Hildegard erreichen, ein von Benediktinerinnen bewohntes Kloster, das Anfang des 20. Jahrhunderts erbaut wurde und sich als Nachfolgebau der beiden von Hildegard von Bingen in den Jahren 1148 und 1165 gegründeten Klöster Eibingen und Rupertsberg versteht. Auf dem Weg zu der weithin sichtbaren Abtei erlebt man den Rheingau von seiner allerschönsten Seite, denn die Wanderwege führen nicht nur durch Weinberge, sondern vorbei an den Schlössern Vollrads und Johannisberg, dem ehemaligen Kloster Johannisberg und Burg Schwarzenstein. Sie alle vervollständigen das Bild einer Region, deren Lebensqualität und Schönheit schon vor Jahrhunderten geschätzt wurde.

Burg Schwarzenstein

Kurgäste im Kurhaus
Wiesbaden, 1930er-Jahre

KURSTADT WIESBADEN

Wiesbaden vereint alles, was man sich von einem klassischen Kurort verspricht: ein mondänes Kurhaus samt Casino, Brunnenhäuser und Kolonnaden, weitläufige Parkanlagen und repräsentative Wohnviertel, ein mildes Klima und nicht zuletzt wohltuende Quellen und Thermen. Seit Jahrtausenden tritt hier warmes, mineralhaltiges Wasser aus zahlreichen Quellen – ein Geschenk der Natur, das auch den Römern nicht lange verborgen blieb. Gegenüber dem linksrheinisch gelegenen Legionslager Mogontiacum – dem heutigen Mainz – errichteten sie eine Zivilsiedlung, deren Bezeichnung *Aquae Mattiacorum* auf die heilsamen Quellen Wiesbadens und den einst hier ansässigen chattischen Stamm der Mattiaker Bezug nahm.

Während die Wasserquellen bis heute sprudeln und als solche für eine scheinbar endlose Kontinuität stehen, wechselten sich die Völker und Herrscherhäuser in Wiesbaden in vergleichsweise kurzen Intervallen ab. Auf die Römer folgten im 3./4. Jahrhundert die Alemannen, die im 6. Jahrhundert von den Franken vertrieben wurden. Diese gründeten einen Königshof, dessen Existenz allerdings im Hochmittelalter ein jähes Ende fand: 1242 lässt der Mainzer Erzbischof Wiesbaden niederbrennen, vermutlich weil die Stadt rund zehn Jahre zuvor zur konkurrierenden Reichsstadt erhoben worden war.

Erst im 19. Jahrhundert rücken die Quellen wieder in den Mittelpunkt städtebaulicher Planungen: Wiesbaden wird zur mondänen Kurstadt von Weltrang ausgebaut und in der Folgezeit zum Treffpunkt der europäischen Hautevolee. So beehrt unter anderem Kaiser Wilhelm II. über viele Jahre hinweg das „Nizza des Nordens“ mit seiner Anwesenheit. Er ist es auch, der den Bau des Neuen Königlichen Hoftheaters maßgeblich initiiert, das 1894 feierlich eröffnet wird und als Hessisches Staatstheater nach dem Zweiten Weltkrieg den Spielbetrieb wieder aufnimmt.

Das irisch-römische Bad,
Kaiser-Friedrich-Therme

Trinkbrunnen im
Kochbrunnentempel,
Thermalquelle

Im Curgarten zu Wiesbaden, 1871, Holzstich, aus: *Illustrirte Zeitung,* September 1871

DAS DEUTSCHE KURBAD

Wer auf der Website des Deutschen Heilbäderverbands nachschaut, erfährt, dass Deutschland über rund 350 Heilbäder und Kurorte verfügt. Es finden sich Mineral- und Thermalheilbäder, Moorheilbäder, Seebäder, Kneippheilbäder und viele andere mehr. Allen gemeinsam sind der Fokus auf Erholung vom stressigen Alltag und die Förderung der Gesundheit – der Begriff „Wellness" war zur Gründungszeit der meisten Kurbäder noch unbekannt. Während heute erschöpfte Berufstätige, Eltern oder Rentner ihr Heil in einer Kur suchen, galt diese in ihren Anfängen vor allem als ein gesellschaftliches Ereignis für die Oberschicht. Vom 18. bis zum frühen 20. Jahrhundert waren die deutschen Kurorte vor allem eines: ein Treffpunkt der Reichen und Berühmten ihrer Zeit, die sich ärztlich behandeln ließen und während ihres Aufenthaltes in den neu angelegten Kurgärten, Konzertpavillons oder Spielcasinos vergnügten.

Wiesbaden mit seinen heißen Thermalquellen lockte schon die alten Römer in die Bäder und war im 19. Jahrhundert sehr beliebt bei Künstlern wie Johann Wolfgang von Goethe, Fjodor Dostojewski, Richard Wagner oder Johannes Brahms. Die nahegelegene Spielbank mit den angrenzenden Kurhauskolonnaden – die mit 129 m Länge längste Säulenhalle Europas – sorgte seit 1810 für zahlende und spielende Kundschaft. Auch Baden-Baden verfügt neben seinem Kurhaus im klassizistischen Stil über eine

Das Curhaus zu Wiesbaden, 1871, Holzstich, aus: *Illustrirte Zeitung,* September 1871

Am Kochbrunnen in Wiesbaden, 1871, Holzstich, aus: *Illustrirte Zeitung,* September 1871

äußerst profitable Spielbank, die die wohlhabenden Kurgäste seit jeher anzieht. Die Stadt im Westen von Baden-Württemberg galt lange als die „Sommerhauptstadt Europas" und wurde 2021 in die UNESCO-Welterbeliste als eine von 11 herausragenden europäischen Kurorten aufgenommen. Die gleiche Ehre wurde auch Bad Ems und Bad Kissingen zuteil.

Ob Schriftsteller, Maler, Musiker, Schauspieler, Politiker, Adelige oder Militärs, sie alle genossen die elegante, erholsame und zugleich anregende Atmosphäre der Kurorte, die sich alle Mühe gaben, die anspruchsvolle Kundschaft zufrieden zu stellen. Theater wie das Neue Königliche Hoftheater in Wiesbaden oder das Theater in Baden-Baden wurden erbaut, prachtvolle Hotels entstanden. Ein repräsentatives Kurhaus war ebenso Pflicht wie ein Casino sowie ausgedehnte Parks und Gärten. Bei all der noblen Kundschaft ist es kein Wunder, dass deutsche Kurstädte auch Orte von welthistorischer Bedeutung wurden, so etwa Bad Ems im Jahr 1870. Die berühmte Emser Depesche, die sich um ein Gespräch des preußischen Königs Wilhelm mit dem französischen Botschafter über die spanische Erbfolge drehte, wurde von Bismarck gezielt manipuliert und provozierte die französische Regierung, die kurz darauf den Krieg erklärte. Und in Bad Kissingen überlebte nur wenige Jahre später der deutsche Reichskanzler leicht verletzt einen Pistolenanschlag, der wegen seiner antikatholischen Gesetze auf ihn verübt wurde.

Ein Spielsaal im Curhause zu Wiesbaden, 1871, Holzstich, aus: *Illustrirte Zeitung,* September 1871

Schloss Biebrich, Stahlstich, um 182

DAS HISTORISCHE FÜNFECK WIESBADENS

Wiesbaden hat seinen Quellen viel zu verdanken. Das offenbart sich nicht nur im imposanten Kurviertel mit seinem neoklassizistischen Kurhaus, dem Hessischen Staatstheater und den großzügigen Kolonnaden, sondern auch im „historischen Fünfeck", das sich gen Westen anschließt. Das Viertel geht auf einen Generalbebauungsplan zurück, der 1818 im Zuge des Ausbaus Wiesbadens zur Kurstadt entstand. Hoch ragen hier die fünf Türme der evangelischen Marktkirche empor, die ebenso wie das klassizistische Stadtschloss zum Ensemble historischer Gebäude gehört, die den Schlossplatz von Wiesbaden einrahmen.

Das Stadtschloss wurde in der ersten Hälfte des 19. Jahrhunderts als Residenz der Herzöge von Nassau errichtet und dient heute als Landtagsgebäude. Angesichts ihrer Finanzkraft und Größe sorgte die Tatsache, dass 1945 nicht die Stadt Frankfurt, sondern Wiesbaden zur hessischen Landeshauptstadt erklärt wurde, vielerorts für Irritation. Doch im Gegensatz zu Wiesbaden lag Frankfurt nach dem Zweiten Weltkrieg in Schutt und Asche. Zudem galt die Finanzmetropole als Anwärter auf die bundesdeutsche Hauptstadt, sodass die Wahl auf Wiesbaden fiel. Seit 1946 tagen die 110 Mitglieder des hessischen Landtags im Stadtschloss – nur rund 10 km entfernt vom rheinland-pfälzischen Landtag jenseits des Rheins in der Landeshauptstadt Mainz.

Direkt am Rhein liegt Schloss Biebrich, eines der bedeutendsten Barockschlösser. Zu Beginn des 18. Jahrhunderts ursprünglich als Gartenhäuschen konzipiert und zu einem Wohnschloss ausgebaut, diente es den Fürsten und Herzögen von Nassau bis 1841 als Hauptresidenz; heute wird es von der hessischen Landesregierung zu Repräsentationszwecken genutzt.

Ein weiterer Blickfang ist die russisch-orthodoxe Kirche aus der Mitte des 19. Jahrhunderts auf dem Neroberg, für die als Vorbild die Moskauer Erlöser-Kirche herhielt und die als Grabkirche für die verstorbene Ehefrau des Herzogs Adolph von Nassau diente.

Historisches Fünfeck Wiesbadens

Russisch-orthodoxe Kirche

Adam Opel AG, Teilansicht
mit Blick auf den Opel-
Turm (erbaut 1930)
und die versandbereiten
Neuwagen-Kolonnen,
1930er-Jahre

Autorennen auf der Opelbahn in Rüsselsheim, Start der 4-PS-Wagen, Mai 1925

RÜSSELSHEIM

Seit 2015 trägt Rüsselsheim den Namenszusatz „am Main". Das hessische Innenministerium erfüllte damit einen lang gehegten Wunsch der Stadtleitung und Bevölkerung Rüsselsheims: den Fluss mehr in den Fokus zu rücken und auf seinen Wert als Natur-, Freizeit- und Wirtschaftsfaktor zu verweisen. Tatsächlich prägt der Main nicht nur das Stadtbild – er verbindet mit der hochmittelalterlichen Festungsanlage im Osten und den rund 2 km westlich liegenden Opel-Werken zugleich die mittelalterlichen Ursprünge Rüsselsheims mit der 150 Jahre umspannenden Industriegeschichte der Stadt.

Rüsselsheims Historie beginnt mit den Grafen von Katzenelnbogen. Sie traten im 13./14. Jahrhundert nicht nur als Erbauer der mächtigen Burg Rheinfels im Mittelrheintal auf, sondern legten auch den Grundstein für die spätere Festung Rüsselsheim, die im 16. Jahrhundert ihren quadratischen Grundriss erhielt, der noch heute sichtbar ist. Im Verlauf der Jahrhunderte zum Spielball wechselnder Herrschergeschlechter und Interessenlagen werdend, erlebte die Festung Schleifungen und Wiederaufbau, bis der Pfälzische Erbfolgekrieg im 17. Jahrhundert ihr Schicksal vorerst besiegelte: 1689 sprengten die Franzosen die Festung und hinterließen eine Ruine, die über drei Jahrhunderte sich selbst überlassen blieb. Erst eine denkmalgerechte Restaurierung im Auftrag der Stadt Rüsselsheim ließ in den 1990er-Jahren die historischen Anfänge der Mainstadt sprichwörtlich wieder auferstehen, die durch Ausstellungen im dort ansässigen Stadt- und Industriemuseum eindrucksvolle Unterstützung erhalten. Anhand zahlreicher Exponate lässt sich nachvollziehen, wie sich der Weg Rüsselsheims vom mittelalterlichen Dorf zur zwischenzeitlich größten Automobilproduktionsstätte Europas vollzog.

Die Spuren dieser bemerkenswerten Industriegeschichte, die untrennbar mit dem Namen Adam Opel und seinen Nachfahren verbunden ist, sind in Rüsselsheim an mehreren Orten sichtbar, so auch am Ufer des Mains. Hier befinden sich die prachtvollen Opel-Villen, ein Ensemble aus drei hochherrschaftlichen Gebäuden, von denen zwei als Zentren für Kunst und Kultur fungieren, die immer wieder mit renommierten Ausstellungen auf sich aufmerksam machen. Folgt man dem breiten Strom flussabwärts, gelangt man nach rund 2 km zu den imposanten Produktionsstätten des Opel-Konzerns, der mit derzeit rund 10 000 Beschäftigten als wichtigster Arbeitgeber die Geschicke Rüsselsheims und der Region maßgeblich lenkt.

Noch im Frühjahr 2002 wurde ein neues, rund 800 Mio. Euro teures Produktionswerk mit einer Kapazität von jährlich 180 000 Wagen feierlich eingeweiht, das den Traditionsstandort Rüsselsheim langfristig sichern soll. Während Werksbesichtigungen einen Einblick in die Welt hochmoderner Produktionstechnik neuester Automodelle ermöglichen, wird das Altwerk von Opel als Motorworld Manufaktur Rüsselsheim/Rhein-Main zu einem Mekka für Oldtimer- und Sportwagenfans umgebaut.

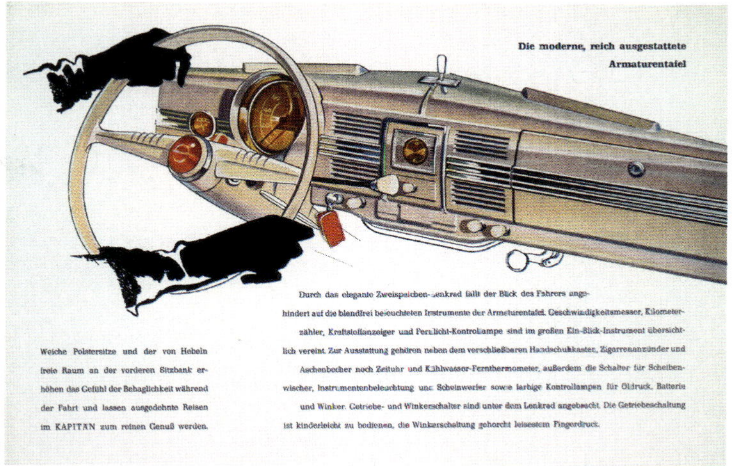

Farbdrucke nach farbigen Zeichnungen, anonym, aus einer Broschüre der Adam Opel AG, Rüsselsheim am Main, o. J. (1953), Sammlung Archiv für Kunst und Geschichte, Berlin

Rathausschloss von Heusenstamm

OFFENBACH

Die Gerüchte über die Rivalität zwischen Offenbach und Frankfurt sind ebenso alt wie vielschichtig. Mal geht es um böswilligen Ausschluss, mal um drohende Eingemeindung, dann wieder werden alte Handelsstreitigkeiten oder die unerbittliche Feindschaft zwischen der Eintracht Frankfurt und den Offenbacher Kickers angeführt. Oft steht der Vorwurf mangelnden Selbstbewusstseins im Raum, der es den Offenbachern unmöglich mache, sich von der großen Nachbarstadt Frankfurt zu emanzipieren.

Ob die ausgeprägte Feindseligkeit tatsächlich (noch) besteht, sei dahingestellt. Tatsache ist: Offenbach braucht sich nicht hinter Frankfurt zu verstecken. Als bedeutendes Zentrum für Handwerk und Industrie, zu dem die Mainstadt seit Ende des 17. Jahrhunderts insbesondere durch eine liberale Einwanderungspolitik aufstieg, entwickelte sich Offenbach zu einer stolzen Arbeiterstadt mit ganz eigenen Leitbildern, die an einen aufgeschlossenen Merkantilismus anknüpften.

Maßgeblich für die Entwicklung zum wichtigsten Industriezentrum des Großherzogtums Hessen-Darmstadt war der Zuzug von Hugenotten, die vor den Verfolgungen in ihrem katholisch regierten Heimatland Frankreich fliehen mussten. Sie brachten weitreichende handwerkliche Kenntnisse mit, insbesondere im Bereich der Textilproduktion und -verarbeitung, aber auch in der Tabakherstellung. Offenbach wird zum Zentrum der Lederindustrie – und bleibt dies, bis die Unternehmen ab den 1970er-Jahren nach und nach in Billiglohnländer abwandern. Von den einst so florierenden Wirtschaftszweigen zeugen heute neben dem Deutschen Ledermuseum samt angeschlossenem Schuhmuseum zahlreiche Industriedenkmäler im Stadtgebiet. Während sie zum Blick in die Vergangenheit anregen, wagt der Deutsche Wetterdienst, der in Offenbach seit den 1950er-Jahren seinen Sitz hat, auf der Grundlage tausender Wetterdaten täglich den Blick in die Zukunft.

Deutsches Ledermuseum

Offenbacher Hafen

Schiller-Eck
Baar
nhaus „Baar"
S. WRONKER & Co
Kleiderstoffe
Papeterien
Baumwollwaren
Strumpfwaren

Darmstadt, Marktplatz mit Rathaus,
Fotochrom um 1890/1900

DARMSTADT

Angesichts der alles überragenden Mathildenhöhe mit ihrem einzigartigen Jugendstilensemble gerät mitunter in Vergessenheit, dass Darmstadt nicht nur als Stadt der Künste, sondern seit Langem auch als bedeutendes Wissenschaftszentrum von sich reden macht. Hier befindet sich das Zentrum einer 30 Mitgliedstaaten umfassenden Organisation zur Nutzung meteorologischer Datensätze, hier wird im Helmholtzzentrum Schwerionenforschung betrieben, und hier befindet sich das Kontrollzentrum der Europäischen Weltraumorganisation ESA. Nicht zu Unrecht trägt Darmstadt deshalb seit 1996 als erste deutsche Metropole den Titel „Wissenschaftsstadt".

Die zahlreichen Forschungszentren bescheren Darmstadt ein aufgeschlossenes, lebendiges und internationales Ambiente, das im harmonischen Einklang zu dem historischen Erbe der Stadt steht. Wie im nordwestlich gelegenen Rüsselsheim waren es auch hier die Grafen von Katzenelnbogen, die mit der Errichtung einer Wasserburg den maßgeblichen Anstoß zur späteren Stadtentwicklung gaben. 1567 zur Residenzstadt erhoben, wurde der Ausbau der Burganlage zu einem opulenten Schloss zum ehrgeizigen Vorhaben, das jedoch lange Zeit keine systematische Umsetzung fand. Heute präsentiert sich das Schloss als ein Gebäudekomplex, der Architekturstile aus mehreren Epochen in sich vereint und einen imposanten räumlichen Rahmen für die Technische Universität Darmstadt bildet.

Zusammen mit dem alten Rathaus begrenzt das Schloss den großzügigen Marktplatz, der in seiner Fläche vom nahe gelegenen Luisenplatz noch übertroffen wird. Altes Palais, Ständehaus und das immer noch erhaltene Kollegiengebäude bildeten einst das politische Zentrum des Großherzogtums Hessen, dessen erster Repräsentant, Großherzog Ludwig I. von Hessen und bei Rhein, mit dem rund 40 m hoher, über eine Wendeltreppe zu begehenden Ludwigmonument geehrt wird.

Darmstädter Marktplatz, um 1920

Großes Glückerthaus, 1901,
Architekt: J. M. Olbrich

GESAMTKUNSTWERK MATHILDENHÖHE

Das Wahrzeichen Darmstadts – die von prachtvollen Jugendstilvillen gesäumte Parkanlage Mathildenhöhe – ist auf ihrer 180 m hohen Erhebung weithin sichtbar. Die „Akropolis des Jugendstils" wurde zu Beginn des 20. Jahrhunderts von der Darmstädter Künstlerkolonie geschaffen und stellt mit ihren neuzeitlichen Bauformen und den künstlerisch gestalteten Gartenanlagen ein weltweit einzigartiges Ensemble experimentellen Schaffens dar, das den Aufbruch von Kunst, Design und Architektur innerhalb einer internationalen Reformbewegung eindrucksvoll dokumentiert.

Um 1900 entstanden in Deutschland zahlreiche Künstlerkolonien, deren Ziel es war, Gegenentwürfe zur fortschreitenden Industrialisierung zu erschaffen. Die Darmstädter Künstlerkolonie wurde von Großherzog Ernst Ludwig von Hessen und bei Rhein (1868–1937) ins Leben gerufen, um die Region durch die Verbindung von Kunst und Handwerk kulturell zu bereichern. In der Gegend um Darmstadt gab es kaum nennenswerte Bodenschätze, und Ernst Ludwig erkannte, dass ein wirtschaftlicher Aufschwung nur zu erreichen sei, wenn die Manufakturen ihre Qualität steigerten. Folgerichtig stand seine Initiative unter dem Motto „Mein Hessenland blühe und in ihm die Kunst".

Innerhalb von etwa 15 Jahren erschuf die Künstlerkolonie Darmstadt, die seit 2021 UNESCO-Welterbe ist, mit namhaften Jugendstilkünstlern wie Peter Behrens, Albin Müller und vor allem Joseph Maria Olbrich auf der Mathildenhöhe ein weltweit einzigartiges architektonisches Ensemble. Im Mai 1914 eröffneten die Künstlerinnen und Künstler mit ihrer Ausstellung einen neuen Weltkosmos. Zu erleben war ein vielfältiges und harmonisches Zusammenspiel von Baukunst, einer von Goethe, Gauguin und asiatischer Kultur inspirierten Gartengestaltung, Malerei, Skulptur und angewandter Kunst sowie Musik und Tanz, aber auch Produktdesign, Textilkunst und Grafik.

Haus Deiters, 1901,
Architekt: J. M. Olbrich

Ernst-Ludwig-Haus, 1901,
Architekt: J. M. Olbrich

Ausstellungsgebäude mit Hochzeitsturm, Aquarell, 1908, von J. M. Olbrich

HOCHZEITSTURM UND RUSSISCHE KAPELLE

Bestehend aus dem knapp 50 Meter hohen Hochzeitsturm, der Russischen Kapelle, dem Platanenhain mit seiner Skulpturenanlage und dem Ausstellungsgebäude lädt das begehbare Gesamtkunstwerk Mathildenhöhe heute jährlich Zehntausende Besucher zum Schlendern und Besichtigen ein.

Der Hochzeitsturm mit seiner goldenen Turmuhr ist die Krönung der Mathildenhöhe. Alles dreht sich hier um die Trauung von Großherzog Ernst Ludwig und Eleonore zu Solms-Hohensolms-Lich im Jahr 1905. Der Name des Bauwerks mit seinem ausgefallenen Giebel – auch „Fünffingerdach“ genannt – geht auf den Wunsch der beiden zurück, ihrer Vermählung ein sichtbares Zeichen zu setzen. Mit seinen Linien der Sachlichkeit repräsentiert es nicht mehr den reinen Jugendstil, sondern ebnet bereits den Übergang zu einem modernen Wohn- und Lebensstil in einem künstlerisch gestalteten Umfeld. Heute finden im ehemaligen Gemach von Prinzessin Eleonore wieder standesamtliche Trauungen statt.

Gleich neben dem Hochzeitsturm liegt die Russische Kapelle, die bereits 1899 fertiggestellt wurde und somit auf der Mathildenhöhe existierte, noch bevor sich die Künstlerkolonie dort ansiedelte. Sie wurde für die Besuche der russisch-orthodoxen Zarenfamilie erbaut, die durch eine Heirat einer Schwester Ernst Ludwigs zum Familienkreis gehörte. Die Kostbarkeit im Stil russischer Baukunst präsentiert sich mit leuchtenden goldenen Kuppeln und einer reichen Ornamentik, die byzantinische Anmutung und die Formensprache des floralen Jugendstils in sich vereint.

Keine drei Monate nach der Ausstellungseröffnung brach der Erste Weltkrieg aus. Vor diesem Hintergrund gewinnt eines der Ausstellungsplakate etwas nahezu Visionäres: Es zeigt einen jungen Mann, der mit einer Keule auf einem Lavafeld steht und einen Drachen abwehrt, im Hintergrund ist die zu beschützende Mathildenhöhe zu sehen.

In den Jahrzehnten nach dem Zweiten Weltkrieg wurde die einstige Künstlerkolonie stark vernachlässigt. Erst 1981 stufte die Landesdenkmalpflege Hessen die Mathildenhöhe als „Denkmal von nationaler Bedeutung“ ein, und in der Bewerbung um die Anerkennung als UNESCO-Welterbe flossen in den vergangenen Jahren mehr als 40 Mio. Euro in Maßnahmen zum Erhalt dieses künstlerischen Ensembles.

Hochzeitsturm, Wandmosaik *Der Kuss* von F. W. Kleukens, 1908 (Ausschnitt)

Russische Kapelle

Reste der romanischen Kirche von Kloster Lorsch

UNESCO-WELTERBE GRUBE MESSEL UND KLOSTER LORSCH

Die Ernennung zum UNESCO-Welterbe ist eine der höchsten Auszeichnungen von Natur- und Kulturschätzen. Viele dieser ausgezeichneten Stätten sind weltbekannt, andere rücken erst durch ihre Ernennung in den Mittelpunkt eines größeren Interesses. Zu Letzteren zählt die Grube Messel, die sich nordöstlich von Darmstadt befindet. Vor rund 48 Mio. Jahren war die Region von einem subtropischen Regenwald bedeckt, in dem infolge eines Vulkanausbruchs ein Krater entstand, auf dessen Grund sich Ölschiefer ablagerte. Als im 19. Jahrhundert eben dieser Ölschiefer gefördert wurde, um Rohöl zu gewinnen, entdeckte man bestens erhaltene Fossilien. Paläontologen zeigten sich begeistert, und dennoch wurden lange Zeit Pläne verfolgt, nach denen die Grube Messel zur Mülldeponie werden sollte. Die Auszeichnung zum UNESCO-Weltnaturerbe – dem ersten auf deutschem Gebiet – vereitelte dieses Vorhaben endgültig. Seitdem können Paläontologen sensationelle Funde vermelden. Fehlender Sauerstoff im Kratersee sorgte dafür, dass Pflanzen und Tiere nicht verwesten, sondern mit Sedimenten bedeckt wurden, die sich schließlich in Ölschiefer wandelten. In ihnen wurde „Ida", ein Trockennasen-Affe, ebenso bestens konserviert wie Urpferde und andere Säugetiere sowie Echsen und Vögel. Einige dieser Sensationsfunde sind in dem Besucherzentrum ausgestellt, das 2010 eröffnet wurde und eine Zeitreise in dieses spannende Kapitel unserer Erdgeschichte ermöglicht.

Die Auszeichnung der Fossillagerstätte Grube Messel im Jahr 1995 war nicht die erste UNESCO-Auszeichnung auf südhessischem Gebiet: Vier Jahre zuvor würdigte das Komitee Kloster Lorsch als eines der bedeutendsten Relikte vorromanischer Baukunst und bestätigte zugleich dessen herausragende Rolle als weltliches und geistliches Machtzentrum mit weitgreifenden Verbindungen in die ganze Welt. Von der einst so mächtigen Klosteranlage, die sich unweit der Bergstraße in der kleinen Gemeinde Lorsch befindet, sind nur wenige Bauwerke erhalten. Zu ihnen zählen Fragmente der Basilika aus dem 12. Jahrhundert, die südlichen Bestandteile der Umfassungsmauer und schließlich die von einer bunten Sandsteinfassade geschmückte Königshalle als architektonisches Juwel aus karolingischer Herrscherzeit. Ende des 8. Jahrhunderts entbrannten Erbstreitigkeiten um

Kloster Lorsch, Torhalle, um 1910

Kloster Lorsch, Torhalle

das Kloster, in dessen Verlauf Abt Gundeland die Anlage an Karl den Großen übertrug. Zahlreiche Schenkungen und Erwerbungen ließen Kloster Lorsch in den darauffolgenden Jahrhunderten zu einem bedeutenden Machtzentrum heranwachsen, bis Lorsch im Jahre 1232 dem Erzbistum Mainz unterstellt wurde, mit der Zeit an Bedeutsamkeit verlor und schließlich zum Steinbruch verkam, ein Schicksal, von dem allein die wenigen erhaltenen Bauwerke verschont blieben.

Grube Messel, versteinerter Schlammfisch

Kartoffelkäfer

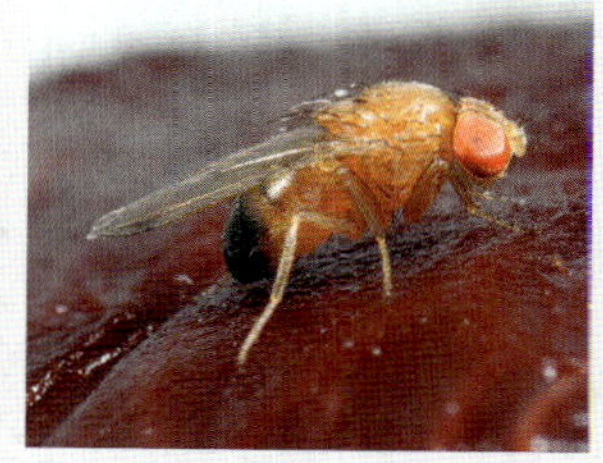

Kirschessigfliege

Rosskastanienminiermotte

Chinesische Wollhandkrabbe

Waschbär

Halsbandsittich

Ochsenfrosch

Asiatischer Marienkäfer

Sikahirsch

Nutria

NEOZOEN – DIE TIERISCHEN NEUBÜRGER

Bei ihnen spitzt sich alles auf die Frage zu: Schädlich oder nicht? Viel Schaden hat der Kartoffelkäfer angerichtet, und die Kirschessigfliege aus Südostasien bedroht die Ernten von Obst mit dünner Schale. Die Rosskastanienminiermotte lässt die Blätter der weißblütigen Art vorzeitig welken und mittelfristig eine Schwächung der Bäume befürchten. An und in den größeren Flüssen hat die Chinesische Wollhandkrabbe ein ungeheures Ausbreitungstempo an den Tag gelegt. Die erwachsenen Tiere leben im Süßwasser, müssen aber zur Fortpflanzung das (salzhaltige) Meer aufsuchen. Ein (vorerst?) wohlgelittener Neubürger ist der Halsbandsittich. Die Art trat hierzulande erstmals 1969 in Köln auf.

Die Starkenburg über der Stadt Heppenheim

DIE BURGENLANDSCHAFT SÜDHESSENS

Ob Kenner oder interessierter Laie – die deutsche Kulturlandschaft bietet jedem Besucher eine reichhaltige Palette an Burgen, Schlössern und Adelssitzen aus den unterschiedlichsten Epochen, wobei gerade die Region Südhessen mit ihren zahlreichen Höhenburgen einen ganz besonderen Stellenwert einnimmt.

So zählt Burg Breuberg bei Neustadt im Landkreis Odenwald, die rund 300 m über dem Tal der Mümling thront, dank ihres gut erhaltenen Zustands zu einer der ansehnlichsten Burganlagen Deutschlands. Die Grundsteinlegung der Sandsteinburg mit ihrem imposanten Bergfried erfolgte etwa zu Beginn des 12. Jahrhunderts und diente den Reichsprälaten der Benediktinerabtei zu Fulda vorranging zur Sicherung ihrer Besitztümer und Klosteranlagen. In den folgenden Jahrhunderten erweiterte man die Burg aufgrund ihrer exponierten Lage zusehends und passte sie den militärischen Neuerungen an. Für den Schutz der zahlreichen Unterkünfte und Wirtschaftshäuser wurden eine Vorburg errichtet, neue Wehrmauern, Zwinger und Geschütztürme gebaut und zuletzt ein Ringgraben hinzugefügt.

Auch die Starkenburg unweit der Hessischen Bergstraße entstand zum Schutz einer Klosteranlage. Hier war es die Benediktinerabtei Lorsch, die 1065 Verteidigungsmaßnahmen ergriff, als sie in den Besitz des Erzbischofs Adalbert von Bremen zu gelangen drohte. Auf einer vorgeschichtlichen Befestigungsanlage errichtete man zunächst eine mit Erdwällen, Türmen und Schutzwehren ausgestattete Fliehburg, die später zu einer Burganlage mit mächtigem Bergfried ausgebaut wurde, der allerdings 1924 aufgrund von Baufälligkeit gesprengt werden musste und 1930 durch einen neuen Bergfried ersetzt wurde. Insgesamt drei Belagerungen hielt die Burganlage im Zuge des Pfälzischen Erbfolgekrieges stand, sodass sich die französischen Truppen 1693 zum Rückzug gezwungen sahen. Dieser Rückzug vollzog sich nicht ohne die Plünderung und Brandschatzung der zu Füßen der Starkenburg liegenden Gemeinde Heppenheim. Heute ist die weithin sichtbare Burganlage, die ihren Namen dem Ritter Hugo von Starckimberg verdankt, ein beliebtes Ausflugsziel, das nicht zuletzt durch seinen spektakulären Ausblick bis in die Rheinebene besticht.

Südlich von Darmstadt und damit am Beginn der Bergstraße befindet sich die Ruine der Burg Frankenstein, die durch den Roman *Frankenstein oder Der moderne Prometheus* der britischen Schriftstellerin Mary Shelley zu zweifelhafter Berühmtheit gelangte. 1252 fand die Burg, die den äußersten Bergsporn des Langenbergs beherrscht und damit rund 400 m über der Rheinebene thront, ihre erste urkundliche Erwähnung. Ihre Geschichte ist geprägt vom raschen Niedergang des gleichnamigen, einst so reichen

Burg Breuberg

Burg Frankenstein

Adelsgeschlechts: Nachdem man auch hier die Burganlage durch An- und Umbauten beständig erweiterte, überließ man sie nach dem Wegzug der Freiherren von Frankenstein mehr und mehr sich selbst. Bis Mitte des 18. Jahrhunderts diente sie zunächst als Gefängnis, später als Invalidenhaus – und verfiel letztlich.

Als Ausnahme zu den Höhenburgen Südhessens, deren Anlagen mit teilweise enormen Ausmaßen aufwarten, präsentiert sich inmitten der Ortschaft Zwingenberg an der Bergstraße geradezu winzig das hiesige Stadtschloss. In seiner ursprünglichen Form als eine klassische Niederungsburg angelegt, dient der ehemalige Adelssitz der ältesten Stadt der hessischen Bergstraße seit 1968 als Sitz der Stadtverwaltung. Das Anwesen befindet sich in unmittelbarer Nähe zum ehemaligen Stadtgraben d beherbergt einen repräsentativen Vierkanttreppenturm mit Flachkuppel, der wiederum an zwei Seiten mehrgeschossige Fachwerkgebäude miteinander verbindet.

Schloss Zwingenberg

Nur einen Katzensprung von Zwingenberg entfernt, befindet sich mit Schloss Auerbach eine der imposantesten Höhenburgen Hessens. Flankiert vom 517 m hohen Melibokus, dem höchsten Gipfel der hessischen Bergstraße, markieren die beiden Rundtürme des Schlosses die Nord- bzw. Südseite der mächtigen Burgruine. Der trigonale Grundriss der Kernburg wurde im 13. Jahrhundert von den Grafen von Katzenelnbogen in Auftrag gegeben und wird noch heute beherrscht von einem riesigen Festsaal, dessen Decke vor undenklichen Zeiten eingebrochen ist. Nachdem mit Beginn des 14. Jahrhunderts um ein Vielfaches effizientere Waffen wie Wurfmaschinen und Brandgeschosse eine neue Ära des Kriegshandwerks einleiteten, verlor die Festung bald ihre Vormachtstellung in der Region, bis sie im Verlauf des Dreißigjährigen Krieges sowie nachfolgender Auseinandersetzungen geschleift und später ganz aufgegeben wurde.

Da Burgen und Schlösser unweigerlich mit Märchen und Sagen verbunden sind, lohnt sich zudem ein Blick auf den Stadtteil Dreieichenhain im Landkreis Offenbach. Zwar sind von der im Hochmittelalter entstandenen Burg Hayn, die auf den Grundmauern eines Jagdschlosses errichtet wurde, wenig mehr als einige Umfassungsmauern und ein eher gedrungener Turm erhalten geblieben. Doch soll einer Legende nach Fastrada, die vierte Gemahlin Karls des Großen, einen edelsteinbesetzten Zauberring in den unmittelbar an die Burg angrenzenden Weiher versenkt haben. Durch ihn wurde der König an sie und Dreieichenhain gebunden.

Siebenpunkt-Marienkäfer

Kleiner Leuchtkäfer

Zweipunkt-Marienkäfer, schwarze Variante

Hister unicolor

Salatschnellkäfer

Kurzflügliger Käfer

Gemeiner Nagekäfer

Grüner Scheinbockkäfer

Echter Widderbock

Weidenerdfloh

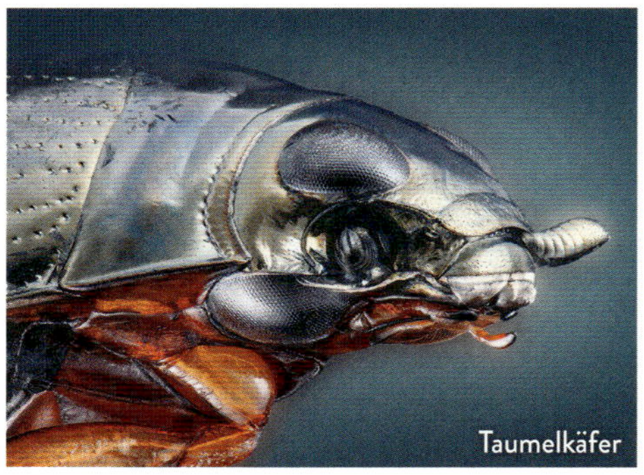
Taumelkäfer

Goldglänzender Blattkäfer

Juchtenkäfer

Gemeiner Weichkäfer

Goldlaufkäfer

Schwarzer Moderkäfer

Alpenbock

KÄFER

Weltweit rund 350 000 Arten in 179 Familien: Unter den Insekten bilden Käfer die größte Ordnung. Schätzungsweise 6500 Arten sind in Deutschland zu finden, genaue Zahlen fehlen hier. Um Käfer zu bestimmen und einzuordnen, ist viel Expertenwissen erforderlich. Da lässt sich schon sicherheitshalber mit dem bekanntesten Tier anfangen, das ist der Siebenpunkt-Marienkäfer. Er ist ein Glückssymbol und gilt wegen seines Appetits auf Blattläuse als Nützling. Dass der Kleine Leuchtkäfer leicht ausgemacht werden kann, lässt sich nicht sagen. Und doch zählt er zu den bekanntesten seiner Ordnung, allerdings unter seinem Künstlernamen Glühwürmchen. Unser Bild zeigt ein Weibchen, das eher einer Larve als einem ausgewachsenen Käfer gleicht und jedenfalls das Stammwort Würmchen auf sich gezogen hat. Wie bei Käfern haben die Männchen voll ausgebildete Flügel. Das dritte Bild zeigt die schwarze Variante eines Zweipunkt-Marienkäfers. Das irritiert ein wenig, aber vom Aussehen her gibt es doch keinen Zweifel an der Zuordnung. Ein Kontrastprogramm bietet *Hister unicolor*. Immerhin heißt seine Gattung auf Deutsch Stutzkäfer, aber das Inkognito der Art lässt sich nicht einmal mit einem deutschen Namen lüften, sie hat keinen. Artenvielfalt bedeutet auch Vielfalt der Ausstattung. Während viele Käfer, wenn sie einmal auf dem Rücken liegen, nur schwe auf die Beine kommen, haben die Schnellkäfer mit einem Sprung und einer Drehung wieder Boden unter den Füßen. Zu den Käfern, die im Wasser leben, zählt der Gelbrandkäfer. Er fliegt ebenso gut, wie er schwimmt, sein Appetit verlangt nach im Wasser lebenden Tieren, womöglich noch räuberische ernähren sich seine Larven. Ausgesprochen attraktive Flügeldecken haben der Goldlaufkäfer und der Goldglänzende Rosenkäfer. Die äußerst agilen Goldlaufkäfer sind ebenfalls Fleischfresser und scheuen auch vor größerer Beute nicht zurück. Der sagenhaft schöne Goldglänzende Rosenkäfer begnügt sich dagegen mit den Blüten. Eine Schönheit ist

Zweipunkt-Marienkäfer

Gelbrandkäfer

Maikäfer

Nashornkäfer

Rapsglanzkäfer

Waldmistkäfer

Schwarzblauer Ölkäfer

Hirschkäfer

Gemeiner Bienenkäfer

Siebenpunkt-Marienkäfer

Scharlachroter Feuerkäfer

Balkenschröter

Goldglänzender Rosenkäfer

Schnellkäfer

Marienprachtkäfer

Großer Eichenbock

ebenfalls der Alpenbock mit seiner unverwechselbaren Zeichnung. Er gilt als Eiszeitüberbleibsel, ist aber nicht zwingend aufs Hochgebirge angewiesen. Der Käfer ist sehr selten geworden und steht nicht nur deutschland-, sondern auch europaweit unter strengem Schutz. Auch der Große Eichenbock ist eine streng geschützte, weil sehr gefährdete Spezies. Dabei führt ihn die Waldbauliteratur des vorigen Jahrhunderts noch als „schlimmen Forstschädling" – so ändern sich die Sichtweisen. Äußerst rar macht sich der Eremit oder Juchtenkäfer, seinem Ledergeruch verdankt er den Namen. Er verbringt fast sein ganzes Leben im Mulm alter Bäume und war die große, letztlich aber vergebliche Hoffnung der Stuttgart-21-Gegner, denn auch er ist eine „streng geschützte Schirmart". Mit dem letzten Käfer-Terzett soll es wieder um bekanntere Arten gehen. Der blauschwarz schillernde Waldmistkäfer lässt sich im Sommer in fast jedem Baumbestand antreffen. Er ernährt sich von Kot und toten Insekten. Zumindest ein Bild vom Hirschkäfer hat jeder schon einmal gesehen, in der Natur begegnet er weniger oft. Seine „Geweihe" sind die massiv vergrößerten Oberkiefer, die – fast überflüssig zu erwähnen – nur die Männchen haben. Der Hirschkäfer ist selten, doch nicht so selten, wie man meinen könnte. Allerdings hat er lediglich für ein, zwei Sommerwochen seine großen Auftritte. Und selbst dann schwärmt er nur in der Dämmerung. Jetzt aber sind die Fluggeräusche des schweren Insekts unüberhörbar. Ein volksnäherer Schluss als der Maikäfer lässt sich nicht finden. Sicher, der schokoladenbraune Brummer kann auch lästig werden, aber die Literatur nimmt das eher von der heiteren Seite, wie beim fünften Streich von Max und Moritz, den die beiden bei Wilhelm Busch dem Onkel Fritz spielten. Joachim Ringelnatz empfiehlt „Maikäfermalen": ein frisch gewaschenes blütenweißes Betttuch, ein in Tinte getauchter Käfer – und es kann losgehen. Jedenfalls in Kinderhand ist der Maikäfer auch ein subversiver Geselle.

Bl ck auf die Eifelhügel

Ein Pfeifenbäcker aus dem Kannenbäckerland bei der Produktion von Tabakpfeifen aus Ton, 1930er-Jahre

WESTERWALD

Wer Westerwald sagt, muss auch Kannenbäckerland sagen. Im rheinzugewandten Teil des Mittelgebirges hat die Keramik eine große Tradition. Doch ausgerechnet ein Nischenprodukt hat den deutschlandweit höchsten Bekanntheitsgrad: die Pfeife des Weckmanns. Dass ihre Exemplare samt und sonders aus dem Westerwald stammen, wissen schon weniger.
Der Weckmann wird heute meist zu St. Martin an die Kinder verteilt. Nun war dieser 11. November zwar ein wichtiger Lostag im bäuerlichen Jahreskreislauf, aber das ist abgesunkenes Kulturgut. Rheinländer kennen ihn als 11. im 11., als den Beginn der närrischen Session, für das ganze Land ist er eine Art äußerster Vorposten von Weihnachten – jedenfalls im Hinblick auf das Geschenkversprechen.

Ursprünglich gehörte dieses Gebildbrot zu Nikolaus (6. Dezember), die Gaben an diesem Tag erinnern an seine legendäre Kinderfreundlichkeit. Für beide, also für Martin und Nikolaus, aber könnte zutreffen, was manche Volkskundler für möglich halten: nämlich dass die Pfeife ein umgedrehter Bischofsstab ist. Der Pfeifenkopf wäre dann dessen verdickte Krümme.

Nun ist damit noch nicht erklärt, warum der Stab zur Pfeife wurde. Und einmal mehr kann der Autor nur mit Mutmaßungen dienen: Unterm Horizont der Reformation habe dieses Zeichen der Bischofsgewalt einem weltlicheren Attribut weichen müssen. Der Übergang von Nikolaus zu Martin scheint jedenfalls in manchen Landstrichen neueren Datums zu sein. Als die Volkskundler im Westerwald- und Kannenbäckerdorf Hilgert 1974 die letzte Tonpfeifenproduktion von Hand dokumentierten, sprach die Belegschaft noch von Nikolauspfeifen.

Der Weckmann oder Stutenkerl oder wie immer er genannt wird, hat dieses auffällige Accessoire – die im Vergleich zur Figur selbst übergroße Pfeife. Sie hatte übrigens schon einmal Flöten als Vorläufer, und es versteht sich, dass auch die Tonflötenproduktion für den Westerwald belegt ist. Aber die Herstellerkataloge aus den 1950er- und 1960er-Jahren lassen doch erkennen, dass die Flöte schon damals ein Auslaufmodell war.

Wichtig vor dem Hintergrund Kannenbäckerland ist die Tonpfeife als solche. Der Tonpfeifenhorizont reicht hier über St. Martin hinaus und zurück bis ins 17. Jahrhundert, noch heute wird – wenn auch sehr vereinzelt – das Rauchutensil fabriziert. Die Martins- oder Nikolauspfeife war ein Zusatzgeschäft. Doch sie ist eben, im Gegensatz zu den Tonpfeifen, aus denen wirklich geraucht wurde, populär geblieben. Ihre Attraktivität für den Nachwuchs erklärt sich am ehesten aus der Möglichkeit, hier ein Privileg der Erwachsenenwelt gefahrlos für sich in Anspruch zu nehmen.

Und so blieb nicht aus, dass die Pfeife in Misskredit geriet. In der Folge verzichteten viele Großbäckereien auf ihre Verwendung, aber zu einer wirklichen Absatzkrise kam es dennoch nicht. Die Pfeife wurde von den Kunden trotz aller Bedenken so schmerzlich vermisst, dass sie der Figur bald wieder in die Hand gegeben oder unter den Arm geklemmt wurde.

Unter immer noch hat der Westerwald, hat das Kannenbäckerland hier das Monopol. Allerdings gibt es nur noch zwei Pfeifenbäckereien, die das Utensil herstellen, das aber in beachtlichen Stückzahlen. Ein heller Ton ist nötig, damit eine weiße Pfeife aus dem Brennofen kommt.

CHRONIK

Vor 25 Mio. Jahren Hauptzeitraum des Westerwald-Vulkanismus

Ca. 500 v. Chr. Kelten besiedeln zur La-Tène-Zeit den Westerwald, um 350 v. Chr. dringen die Germanen von Norden vor.

Ca. 80 n. Chr. Die Römer führen den Limes über den rheinzugewandten Teil des Westerwalds.

1048 In einer Urkunde der Trierer Fürstbischöfe erscheint erstmals der Name Westerwald.

Ca. 1300 Mehrere Orte im Westerwald erhalten Stadtrechte: Montabaur (1291), Westerburg (1292), Hachenburg und Altenkirchen (beide 1314).

1584 Gründung der Herborner Hohen Schule

1828–39 Die Gießhalle der Sayner Hütte entsteht.

2001 Montabaur wird Station der Schnellstrecke Köln-Frankfurt.

Schloss Montabaur

MONTABAUR

Die Stadt, sogar Kreisstadt Montabaur, hat einen ehrwürdigen Namen, der jeden Oberflächen-Übersetzer („Muntrer Bauer“) beschämen muss. Allerdings hießen Burg und Ort ursprünglich „Humbach“, der Name ist seit 959 belegt. Für die Entwicklung einer Siedlung spricht, dass sie an einer wichtigen Überlandroute lag. Erstmals 839 als „Via publica“ (öffentliche Straße) erwähnt, führte sie von Flandern über Köln, Frankfurt und Nürnberg bis nach Böhmen. Ein später Hinweis ihrer engen Verbindung zum Handelsweg könnte sein, dass die heutigen Plätze Großer und Kleiner Markt nur Erweiterungen der Kirchstraße sind.

Im 11. Jahrhundert kamen Burg und Siedlung in den Besitz der Trierer Fürstbischöfe, die sich eines mächtigen Nachbarn zu erwehren hatten. Mit diesen Nassauer Grafen maß der frisch gekürte Trierer Landesherr Dietrich von Wied 1212 seine Kräfte und zog nicht nur den Kürzeren, sondern geriet auch in Gefangenschaft. Erst zwei Jahre später kam er wieder frei. An seiner Burg baute er weiter – und änderte ihren Namen.

Hier kommt der fünfte Kreuzzug ins Spiel. Unter seinen Teilnehmern war Dietrichs Bruder Georg, der auf diesem Kreuzzug offenbar schon 1219 den Tod fand. Auch der familiäre Hintergrund wird Dietrich den Vergleich seiner Humbacher Anhöhe mit dem Inselberg Tabor in Galiläa nahegelegt haben – möglicherweise sogar im Hinblick auf dessen starke Befestigung durch den allerdings muslimischen Widersacher.

Vor allem aber war der Berg nach dem Zeugnis des Neuen Testaments von zentraler Bedeutung für die eigene Religion. Gleich drei Evangelien nennen ihn als Ort der Verklärung Christi. Mit dem Namen Mons Tabor (und 1227 erstmals „Muntabur“) für Humbach hatten Theologie und Politik eng ineinandergegriffen.

Vom Ende des 13. Jahrhunderts stammt der heutige Bergfried und erinnert an die trutzburgische Vergangenheit des Schlosses; kurz darauf erhielt die Siedlung unter der Feste Stadtrecht (1291). Als Stadt trat Montabaur aus dem Schatten der Burg heraus, hatte bald ein eigenes Schöffengericht und -kolleg, später dann auch Rat und Bürgermeister. Der mächtige Wolfsturm der Stadtmauer setzte ein machtbewusstes Zeichen, dass die da oben auf der Burg nicht amüsiert haben wird.

Von 1687 bis 1709 wandelte sich die Burg zum Schloss. Sein Hauptbau umschließt mit den vier Flügeln einen fast quadratischen Innenhof. Drei Rundtürme außen und der ehemalige Bergfried in der südwestlichen Ecke des Innenhofs betonen immer noch die Wehrhaftigkeit der Anlage. Die ehemalige Vorburg, ein wenig unterhalb gelegen, ist seit dieser Zeit ein Torbau, und das Ganze macht einen sehr repräsentativen Eindruck.

Jedenfalls hat Montabaur, schwerer Stadtbrände ungeachtet, noch einige schmucke Partien aufzuweisen. Prinzipalstücke sind die beiden Märkte und die Kirchstraße. Etliche Fachwerkbauten sind Doppelhäuser, die unter einem Giebel vereint sind. Bemerkenswert ist die Vielfalt dieser Abschlüsse. Das Rathaus ist ein neogotischer Bau, dessen aufwendige Fassade zwischen pittoresk und bizarr merkwürdig changiert. Die spätromanisch-frühgotische Kirche St. Peter in Ketten macht mit ihrer Doppelturmfassade fast den Eindruck, als wolle sie dem Schloss auf der anderen Stadtseite die Stirn

Montabaur, altes jüdisches Bethaus

Hachenburg

bieten. Der Bau vom Typ einer Stufenhalle mit Seitenschiffemporen sperrt sich gegen das Regelmaß durch seine verbreiterte Südflanke und eine auffällig geduckte Ostpartie. So bot die große Wandfläche am Ausgang des Mittelschiffs Gelegenheit zu einer monumentalen Malerei. Leider ist dieses spätgotische Jüngste Gericht im 19. Jahrhundert stark überarbeitet worden. Die später hinzugefügten Kapellen zwischen Chor und Langhaus könnten als Querhausersatz gedacht sein.

HACHENBURG

Sein Ortsteil Altstadt liegt weit ab vom Schuss, und urbanes Gepräge fehlt ihm ganz. So stiftet der Name Verwirrung, und doch beginnt hier die Geschichte Hachenburgs. Noch bis 1656 hielt der Ortsteil Altstadt sein höheres Alter in Erinnerung: Die Hachenburger Gläubigen mussten zum Gottesdienst immer noch die Altstädter spätromanische Pfeilerbasilika

Abteikirche Marienstatt

aufsuchen. Dabei hatte das Gemeinwesen im Vorfeld der Burg die Ursprungssiedlung längst überflügelt.

Der historische Kern Hachenburgs hat im weiten Umkreis seinesgleichen nicht. Der Alte Markt steigt leicht zur Burg hin an und versammelt eine Reihe ganz unterschiedlicher Bauten zu einem stimmungsvollen Ensemble. Das älteste Haus am Ort datiert aus den 1460er-Jahren, heißt Zur Krone oder Steinernes Haus, um seine Ausnahmestellung zu bestätigen. Wahrscheinlich entging es wegen seiner soliden Bauweise dem Schutt-und-Asche-Schicksal, das auch Hachenburg mehrmals getroffen hat.

Gleich neben der Krone liegt die heutige Pfarrkirche St. Mariä Himmelfahrt, die ein Alter vorspiegelt, das sie nicht hat: weniger mit ihrer gemäßigt barocken Fassade aus den 1730er-Jahren als mit ihrem Turm. Vom Portal bis zur Haube liefert er sozusagen ein Konzentrat des Stils. Nur entstand er erst 1906, als die Gebäude des Franziskanerklosters neben der Kirche abgebrochen waren. Und doch lassen sich Einwände gegen dieses krasse Beispiel vorgespiegelten Barocks nur schwer erheben, denn zweifellos macht dieser Turm Eindruck.

Das lässt sich von der evangelischen Pfarrkirche an der oberen Markt-Schmalseite nicht behaupten. Zur Freifläche hin glänzt sie durch demonstrative Schmucklosigkeit, der Turm von 1481 macht da keine Ausnahme. Selbst nach einem Stadtbrand wurde die Gelegenheit versäumt, sein Erscheinungsbild aufzuwerten. Ein verschiefertes Glockengeschoss und eine äußerst schlichte Haube mussten genügen.

Ein Torbogen verbindet die Kirche mit dem Torflügel der Schloss-Vorgebäude. Der heutige Komplex ist das Endglied einer Kette von Burganlagen, die um 1200 ihren Anfang nahmen. Dieses Schloss wurde im 18. Jahrhundert nach den Plänen von Julius Ludwig Rothweil (1676–1750) errichtet, der besonders im hessischen Raum Architekturgeschichte geschrieben hat. Über einem hufeisenförmigen Grundriss öffnen sich die fünf Flügel nicht zur Stadt oder zu den Vorgebäuden, sondern zum ehemaligen großzügigen Garten hin. Er wird heute von einer Straße durchschnitten, bietet aber immer noch genug Raum, um das Landschaftsmuseum Westerwald aufzunehmen.

Abteikirche Marienstatt, Ursulaaltar

Postweiher, Westerwald

WESTERWÄLDER SEENPLATTE

„Seenplatte“ scheint ein wenig hochgegriffen. Immerhin ist nicht auszuschließen, dass mit dem Wortteil „Platte“ möglicherweise auf die geringe Tiefe dieser Stillgewässer angespielt wird, dem Wasser-Hahnenfuß kann sie nur recht sein. Im Juli bildet er auf dem Dreifelder Weiher imposante weiße Blütenteppiche.

Die flachen Gewässer haben ausgedehnte Röhricht- und Seggengürtel zur Folge; sieben an der Zahl, sind sie auch von unterschiedlicher Größe. Größter ist der Dreifelder Weiher mit immerhin 123 Hektar, kleinster der Wölferlinger Weiher, dessen Größe von einem Hektar denn auch auf dem Weg ist, zu verlanden.

Die sieben lassen sich in zwei Gruppen einteilen, deren Teile untereinander mit einem Kanal verbunden sind. So naturbelassen die Seen heute ausschauen, sie wurden doch von Menschen geschaffen. Graf Friedrich III. von Wied (1618–1698) ließ sie für die Fischzucht erweitern oder neu anlegen. Noch heute werden die Seen, seltener als früher, abgelassen. Dann können die Zwergbinsen- und Strandlings-Gesellschaften ihren Vegetationszyklus rasch hinter sich bringen, vor allem aber finden sich auf den Schlammflächen besonders viele Watvögel auf der Durchreise ein. Überhaupt ist diese Seenplatte ein Eldorado für Limikolen, ganz gleich, ob sie hier brüten oder nur rasten. Zu den ortstreuen Wasservögeln gehören mit dem Rothals- und dem Schwarzhalstaucher zwei ausgesprochene Raritäten.

Nun besteht die Seenplatte nicht nur aus den Seen und ihren mehr oder weniger breiten Uferzonen. Vielmehr liegen auf ihrer sanft gewellten Hochfläche auch viele naturnahe Wiesen und Weiden. Die Blaue Himmels- oder Jakobsleiter, eine auffällige Blütenschönheit, hat hier einen nördlichen Vorposten, auch weiter westlich findet sich die Art nicht mehr. Die Wälder an den Rändern der Seenplatte beherbergen unter anderem den Schwarzstorch. Auch er profitiert vom reichen Nahrungsangebot der Weiher.

Schwarzstorch

Teichfrosch

Druidenstein in Herkersdorf

VULKANBAUTEN IM WESTERWALD

Rund 20 m strebt sein Kegel in die Höhe, dicht an dicht drängen sich seine kantigen Basaltsäulen zur Spitze hin. Dass der Druidenstein (bei Kirchen-Herkersdorf) die Fantasie beflügelt hat, leuchtet noch heute ein. Die meistverbreitete Version weiß von einem Heiligtum der Kelten, und ihre Priester, die Druiden, hätten hier ihren Göttern Menschen geopfert. Nüchterne Beobachter werden gern bestätigen, dass der Druidenstein die eindrucksvollste vulkanische Formation im Westerwald ist. Die Erosion hat für dieses Präparat gesorgt, indem sie die umgebende Grauwacke verwittern ließ.

Vor rund 25 Mio. Jahren bebte hier die Erde. Gewaltige Lavaströme wälzten sich über die Westerwaldhöhen. Zwei eng benachbarte, aber eigenständige Vulkanfelder lassen sich abgrenzen, ein kleineres im Südwesten und ein größeres im Nordosten. Und manche Formation zeugt davon, dass sich selbst der Basalt über die Jahrmillionen den Kräften von Wasser, Sonne und Wind, den extremen Temperaturwechseln während der Eiszeit nicht entziehen konnte.

So entstanden die Wolfssteine bei Bad Meinberg, auch sie von so imposant-unheimlicher Erscheinung, dass ihnen eine satanische Herkunft angedichtet wurde. Der Teufel habe einen Turm (oder eine Treppe) bis in den Himmel bauen wollen, und deshalb von weither alle verfügbaren Felstrümmer zusammengeholt. Aber auf seiner Fahrt durch die Luft gingen ihm einige verloren, und wo sie damals angeblich hingefallen sind, da liegen sie noch heute – eben als Großer und Kleiner Wolfsstein.

Von der Kraft des Wassers im Besonderen zeugt die Holzbachschlucht, deren Basaltwände bis zu 30 m hochragen. Hier fehlen die Geschichten, dieses großartige Naturdenkmal kann für sich selbst stehen.

Der Holzbach in der Holzbachschlucht

Botanik in der Holzbachschlucht

Ruine der mittelalterlichen Burg Greifenstein

DER HESSISCHE WESTERWALD UND DIE BURG GREIFENSTEIN

Der Westerwald im engeren Sinne gehört größtenteils zum Bundesland Rheinland-Pfalz, im erweiterten Verständnis reicht er deutlich nach Hessen hinüber. Hier liegt mit Burg Greifenstein auch die größte Wehranlage des Raums, die sogar als Ruine von imposanter Wirkung ist. Ihre Baugeschichte bewegt oder wechselvoll zu nennen, wäre stark untertrieben. Zuletzt sorgte Wilhelm Moritz von Solms-Greifenstein (1651–1724) für einen barocken Ausbau, welcher der Burg auch Züge eines Schlosses verlieh. Doch kaum hatte der Graf die Greifenstein derart aufgewertet, verlegte er seine Residenz an einen anderen Ort. Vom anschließenden Verfall blieb die Schlosskirche ausgenommen. Die sehr üppigen Stuckaturen im Inneren rahmen diesmal keine Bilder, sondern Bibelsprüche. Als evangelische Pfarrkirche hat sie die Zeiten eindrucksvoll überdauert. Im hergerichteten Geschützturm der Burg befindet sich heute ein Glockenmuseum.

HADAMAR UND HERBORN

Hadamar war Residenz einer Nebenlinie der weitverzweigten Grafen von Nassau und als Residenz Aushängeschild der regierenden Herrschaften. Glück im Unglück: Der Stadtbrand von 1540 ermöglichte gerade wegen seiner katastrophalen Ausmaße eine Neuanlage der Stadt. Das Revirement kam selbstredend auch dem Schloss zugute, obwohl es 90 Jahre dauern sollte, bis es sich als Renaissancebau mit dem nach Westen geöffneten Ehrenhof präsentieren konnte.

1629 vollzog das bisher reformierte Herrscherhaus mit Fürst Johann Ludwig einen Bekenntniswechsel. Sogleich zog er die Jesuiten in die Stadt, wenig später hielten die Franziskaner Einzug. Nun galt es auch, die

Herborn, Burg

Dillturm an der Dill, erbaut 13./14. Jh., Herborn

Gotteshäuser neu auszustatten, die Rückkehr zum althergebrachten Glauben bewirkte eine neue Spielart des Barockstils. Seine Bildhauer, allen voran Martin Volk, waren auch anderorts gefragte Meister. Das Etikett „Hadamarer Barock" ist eine Auszeichnung, hat also nichts mit Geringschätzung zu tun. Aufwendige Schnitzarbeiten kennzeichnen auch die Fachwerkhäuser der Stadt. Es sind wundervolle Beispiele dieser Bauweise darunter, allen voran das Rathaus am Untermarkt mit seiner reich verzierten Laube von 1643.

Hadamar, Schloss

Eine ganz andere Seite der Stadtgeschichte schlägt die Tötungsanstalt Hadamar auf. Dort wurden von Januar 1941 bis März 1945 14 500 Menschen mit körperlichen, geistigen oder seelischen Behinderungen umgebracht. Die Gedenkstätte auf dem Mönkeberg erinnert an diese Opfer der nationalsozialistischen Gewaltherrschaft.

Vom rekatholisierten Hadamar zum reformierten Herborn und seiner Hohen Schule. Ihr Gründer war mit Johann VI. Nassau-Dillenburg ein Bruder Wilhelms des Schweigers. 1584, im selben Jahr, als Wilhelm durch die Hand eines Attentäters starb, errichtete Johann die Hochschule, die zwar nie als Universität anerkannt, aber im 16. und 17. Jahrhundert ein intellektuelles Zentrum wurde. Berühmtester Student war der große Pädagoge Johann Amos Comenius (1592–1670).

Auch über Herborn erhebt sich eine Burg, die ihr heutiges, zweifellos schmuckes Erscheinungsbild zwei Sanierungen im 19. und 20. Jahrhundert verdankt. Herborn selbst erhielt 1251 die Stadtrechte, von der um 1300 folgenden Ummauerung sind einige Türme und Tore erhalten. Innerhalb des Berings steht die gesamte Altstadt unter Denkmalschutz. Die Hohe Schule kam ins Alte Rathaus, das zum Zweck der Lehre erweitert wurde. Erhalten blieb auch der Paulshof, der die Druckerei Corvin aufnahm, eine zentrale Einrichtung für die Schriften reformierter Gelehrten. Insgesamt bietet die Herborner Altstadt ein geschlossenes Fachwerkensemble, ein Schmuckstück reiht sich hier ans andere.

Zwei Töpfermeister aus dem Kannenbäckerland bringen unter freiem Himmel die Bügelverschlüsse der Steingutflaschen an, 1930er-Jahre

DER TON UND DIE KANNENBÄCKER

Natürlich hat man auch im Westerwald hier und da nach Eisen, Kupfer und Blei gegraben, aber auf der Länge des Zeitstrahls ist hier doch der Ton wichtigster Bodenschatz. Überhaupt ist der Westerwald, genauer der Unterwesterwald, die bedeutendste Tonbergbauregion des Landes, die Förderprodukte haben eine hohe Qualität. Noch heute sind etliche Gruben in Betrieb, die den Ton im Tagebau aus der Erde holen.

Auch die Keramikproduktion konzentrierte sich im sogenannten Kannenbäckerland. Schon früh wurde hier getöpfert. Einen großen Aufschwung nahm das Gewerbe, als Ende des 16. Jahrhunderts Euler aus anderen, kriegsbedrängten Zentren in den Westerwald kamen, besonders aus Siegburg und (dem heute belgischen) Raeren, aber auch aus Lothringen.

Die Anhöhen über dem rechten Rheinufer waren damals eine ruhigere Gegend, der Rhein nah und die Hohe Straße gut erreichbar, die Handelswege also gesichert. Es gab anfangs die eine oder andere Zwistigkeit mit den Einheimischen, aber letztlich setzte sich doch die Einsicht durch, dass mit solchem Klein-Klein niemandem gedient war. Und schon gar nicht ließ sich bestreiten, dass die Meister aus der Fremde das Niveau des Handwerks wesentlich gehoben hatten.

Massenproduktion gab es ebenfalls. Die ersten Flaschen, in die das berühmte Westerwälder Selterswasser abgefüllt wurde, waren aus dem braun gebrannten Steinzeug der Nachbarschaft. Weltweite Anerkennung aber erfuhr die grau-blaue, salzglasierte Ware, die lange Zeit das besondere Aushängeschild der Region gewesen war. Die hohe Kunst der Kannenbäcker bewährte sich noch einmal in der Gründerzeit, als die alten Formen und Muster aufs Virtuoseste wiederholt werden konnten. Ob eine Tüllenkanne aus der Zeit um 1680 oder 1880 stammt, lässt sich selbst auf den zweiten Blick oft schwer sagen.

Auch heute wird im Kannenbäckerland noch getöpfert, darüber hinaus spielt die technische Keramik inzwischen eine wichtige Rolle. Das „Bildungs- und Forschungszentrum Keramik" in Höhr-Grenzhausen ist das Dach von acht Einrichtungen, die sich vor allem mit der Zukunft des Werkstoffs beschäftigen. Die einst zahlreichen kleinen Fabriken haben aufgegeben, doch künstlerisch ambitionierte Werkstätten finden sich immer noch. Das faszinierende Material bietet einen weiten Fächer von Einsatzmöglichkeiten, große Kunst eingeschlossen. Wer daran interessiert ist, kommt im Höhr-Grenzhausener „Keramikmuseum Westerwald" auf seine Kosten.

Weckmann

Schloss Sayn

(BENDORF-)SAYN

Der Reiz des Bendorfer Ortsteils Sayn liegt in der bemerkenswerten Dichte an Sehenswürdigkeiten ganz unterschiedlicher Art. Es lohnt sich, hier die kulturlandschaftliche Lupe anzusetzen.

Ausgangspunkt ist das Gemäuer der Burg Sayn. Die Stammburg des Geschlechts, im 12. Jahrhundert erbaut, ist schon lange Ruine. Aber gleich unter ihr liegt Schloss Sayn, und das ist gottlob keine Ruine mehr, sondern ist wiederauferstanden in seiner neogotischen Pracht. Zum Ensemble gehört der weitläufige Schlosspark, ein Kleinod aus dem Geist der Romantik. Um das Wasser als gestalterisches Element musste sich niemand sorgen, denn mit Sayn- und Brexbach konnten hier gleich zwei Wasserläufe zuliefern. Zum Zauber dieser Örtlichkeit passt ein „Garten der Schmetterlinge“ mit dem betörenden Farbenspiel seiner Luftgaukler.

Ein wenig aufwärts des Brexbachs liegt die ehemalige, 1202 gegründete Prämonstratenser-Abtei Sayn. Einige barocke Klostergebäude blieben erhalten, vom romanischen Kreuzgang immerhin der Westflügel samt Brunnenhaus. Er allein lohnt bereits den Abstecher, denn die romanische Bemalung seiner Gewölbe konnte in der ganzen Vielfalt des Dekors wiedergewonnen werden. Apropos Dekor: Die Kirche, auch sie insgesamt glänzend restauriert, bietet auf ihrer Nordseite einen ganz seltenen Anblick: die ornamentale Außenmalerei, auch sie stammt aus der Zeit der Romanik. Im Innern ist das Hochgrab des Grafen Heinrich von Sayn III. (gest. 1220) leider nur eine Kopie. Das Original befindet sich im Germanischen Nationalmuseum Nürnberg, es zählt zu den bedeutendsten Holzbildwerken seiner Zeit. Dafür blieben der Kirche zwei Grabsteine aus späteren Jahrhunderten erhalten. Weit über den Tod der Verewigten hinaus sind die spätgotischen Figuren des Friedrich von Stein und seiner Gemahlin Fye Vohs von Diebach von großer Lebendigkeit. Ein ebenso prachtvolles wie erstrangiges Werk ist das Wandgrab des Johann Philipp Reiffenberg und seiner Ehefrau Maria Margaretha von Hoheneck aus dem Jahr 1722. Außerdem zeigt die Orgel der Brüder Stumm (1776) nicht mehr nur ihren Prospekt, sondern lässt auch ihren schönen Klang wieder hören.

Ein Kontrastprogramm bietet das grandiose Industriedenkmal der Sayner Hütte, aber doch eines, das sich der Gotik verpflichtet fühlt. Die große Zeit der Hütte begann, als 1818 Carl-Ludwig Althaus ihre Leitung übernahm und sich wenig später auf den Eisenkunstguss warf. Die zugehörige Gießhalle samt dem angeschlossenen Hochofen war 1830 vollendet. Es hat vieler glücklicher Zufälle bedurft, um dieses Zeugnis über die Zeiten zu retten. Die Gießhalle war der erste Industriebau ohne Mauerwerk, er überantwortete die konstruktive Last ganz dem gusseisernen Gerippe. Wo immer das Schlagwort von den Kathedralen der Neuzeit Verwendung findet, verhilft ihm die Sayner Gießhalle zur Anschaulichkeit.

Und dann steht oben auf dem Pulverberg noch der Nachbau des Wachtturms, der den oberrheinisch-raetischen Limes schützte. Ein Stück Palisadenzaun und ein Wall vervollständigen den Eindruck dieser Grenzbefestigung, die 25 km rheinabwärts ihren Anfang nimmt.

Schlosshotel, Westerwald

Schloss Sayn mit Teich

Frankfurter Skyline

Zum Römerberg
Samen-Handlung
LORENZ VOLL
AUSSCHANK
Frankfurter Bürgerbräu
THEODOR DAMBACHER
GEGRÜNDET 1779
Römerberg.
Apfelwein

Frankfurt am Main, Gerechtigkeitsbrunnen, angelegt 1541–43, Fotopostkarte vor 1924–26

FRANKFURT UND DER TAUNUS

Frankfurt und der Taunus bilden eine Einheit – trotz der immensen Gegensätze, die sich auf den ersten Blick zeigen: hier „Mainhattan“ mit einer machtvoll-herausfordernden Silhouette aus Stahl, Beton und Glas, dort Fachwerkromantik und Naturidylle; hier die kurzatmige Hektik des Bahnhofs-, Messe- und Finanzviertels, dort das tiefe Durchatmen in Wäldern hoch über dem Talkessel Frankfurts. Sucht man nach einer Verbindung, so findet man sie vielleicht hier: beim Geld. Frankfurt ist nach London die bedeutendste Finanzmetropole Europas. Viele derjenigen, die zur Einkommenselite der Handels- und Bankenbranche gehören, ziehen es vor, ihren Hauptwohnsitz in den Taunus zu legen. Seit vielen Jahren rangieren Königstein, Kronberg, Bad Homburg, Bad Soden und Glashütten unter den kaufkräftigsten Gemeinden Deutschlands.

Das bleibt nicht ohne Wirkung auf das Stadtbild: Während Frankfurt seit Jahrzehnten mit dem schlechten Image eines heruntergekommenen Bahnhofsviertels kämpft, glänzen die Gemeinden des Taunus mit herausgeputzten Stadtzentren, akkuraten Wohnvierteln und gepflegten Gartenanlagen. Selbstbewusst stehen der Hochtaunuskreis und der Main-Taunus-Kreis für sich: Man kennt und schätzt die Vorzüge der Mittelgebirgsregion – und ist damit nicht allein. Der Taunus ist beliebtes Ausflugs- und Ferienziel vor allem für Naturliebhaber und Kulturinteressierte, die auf rund 2700 km^2 ein unerschöpfliches Reservoir an Sehenswürdigkeiten und Orten der Erholung finden.

Drei Naturparks decken nahezu den gesamten Taunus ab: der Naturpark Rhein-Taunus, der sich zwischen Bingen und Bacharach gen Nordosten bis zur Idsteiner Senke erstreckt, der Naturpark Nassau im Mündungsbereich der Lahn und der Naturpark Taunus im östlichen Bereich der Mittelgebirgsregion mit dem Großen Feldberg als 880 m hohem Gipfel. Es ist nicht nur ein einmaliges Naturerlebnis, das hier geboten wird: Ringwallanlagen zeugen von keltischer Besiedlung, und der Limes, der die Grenzen des Römischen Reichs markierte, verlief einst über den Hauptkamm des Taunus. Auf den ausgewiesenen Rad- und Wanderwegen und der Straße entlang des Limes können Hunderte archäologische Zeugnisse dieses monumentalen Bauwerks als Ruinen oder Rekonstruktionen besichtigt werden. Mit Frankfurt zu Füßen dieses historischen Erbes werden über 2000 Jahre bewegte Geschichte in der Main-Taunus-Region sichtbar und spürbar.

CHRONIK

4. Jh. v. Chr. Der Kapellenberg bei Hofheim wird besiedelt, als Bestattungsplatz und Schutzanlage genutzt; Kelten errichten Ringwallanlagen auf dem Altkönig.
1. Jh. n. Chr. Römer besiedeln den Domhügel von Frankfurt.
794 Synode von Frankfurt auf Veranlassung Karls des Großen
11.–13. Jh. Blütezeit Frankfurts unter der Herrschaft der Staufer: 1240 erhält die Messe das Privileg gegenüber Mainz, 1245 wird Frankfurt unmittelbare Reichsstadt.
1356 Die „Goldene Bulle“ legt Frankfurt als Wahlort der deutschen Könige fest.
1806–66 Weite Gebiete des Taunus gehören dem Herzogtum Nassau an.
1848/49 Nationalversammlung in der Frankfurter Paulskirche
1866 Frankfurt und der Taunus werden von Preußen annektiert.
1900–07 Rekonstruktion des römischen Kastells Saalburg, das **2015** zum UNESCO-Welterbe gemacht wird.
1938 Zerstörung aller Synagogen der Stadt
1944 Die historische Altstadt Frankfurts wird durch Bomben flächendeckend zerstört.
Ab 1950 Frankfurt steigt zur zweitwichtigsten Finanzmetropole Europas auf.
1962–68 Gründung der Naturparks Taunus und Rhein-Taunus

Thailändischer Pavillon Sala-Thai,
Kurpark, Bad Homburg vor der Höhe

BAD HOMBURG VOR DER HÖHE

Seit den 1970er-Jahren wirbt Bad Homburg mit dem Slogan „Champagnerluft und Tradition". Während sich Sachsen-Anhalt bereits nach drei Jahren leicht zerknirscht von dem „Land der Frühaufsteher" verabschiedete, hält Bad Homburg bis heute überzeugend an seinem Slogan fest. Nicht ohne Grund. Die Tradition offenbart sich hier auf vielen Ebenen: in der Pflege des historischen Erbes als einstiger Residenzstadt und weltweit anerkanntem Heilbad, als Ort für Kulturveranstaltungen mit langer Tradition oder als Gemeinde mit strikten Gewerbeauflagen für die Innenstadt, die dem alteingesessenen Einzelhandel zugutekommen. Und was die „Champagnerluft" betrifft – der Begriff lässt Raum für Interpretationen. Manche beziehen ihn auf den edlen Schaumwein, der in einer der kaufkräftigsten Gemeinden Deutschlands sicherlich in größerem Umfang ausgeschenkt werden kann als anderswo. Die meisten jedoch verbinden mit ihm die Fallwinde, die im Sommer eine angenehme Kühlung versprechen und Bad Homburg den Status eines erstklassigen Kur- und Erholungszentrums verleihen.

Die Entdeckung von Heilquellen weckte in Bad Homburg ab den 1820er-Jahren den Wunsch, Kurstadt zu werden, doch die Pläne scheiterten zunächst. Erst die Vergabe einer Spielbankkonzession an die Brüder François und Louis Blanc, die sich im Gegenzug zum Bau eines Kurhauses verpflichteten, brachte Schwung in die Sache. 1843 wurde das imposante Kurhaus eröffnet, das sich zum mondänen Treffpunkt des internationalen Adels und der Finanzelite entwickelte. 1912 bestätigte Kaiser Wilhelm II. die Bezeichnung „Bad Homburg auf der Höhe".

Auch wenn das ursprüngliche Kurhaus 1945 zerstört wurde, zeugen das Kaiser-Wilhelm-Bad, die Orangerie oder der wunderschöne Kurpark von der Tradition Bad Homburgs als Kurstadt, deren Glanz durch das Schloss und das malerische Fachwerkensemble komplettiert wird.

Elisabethenbrunnen in
Bad Homburg, 1930er-Jahre

Elisabethenbrunnen, Kurpark, Bad Homburg vor der Höhe

Burg Hohenstein, Bad Schwalbach

HINTERTAUNUS

Eingerahmt von Rheingau und Mittelrheintal, Lahn und Idsteiner Senke, vereint der Westliche Hintertaunus zahlreiche Vorzüge in sich: eine vom Weinbau geprägte Kulturlandschaft, Baudenkmäler aus 2000 Jahren Geschichte, endlose Weiten und nicht zuletzt berühmte Bäder, in denen die Heilquellen bis heute sprudeln. Bereits im 16. Jahrhundert verbreitete sich die Kunde von den therapeutischen Wirkungen der eisenhaltigen und kohlensäurereichen Wässer des heutigen Bad Schwalbach, die den Ort zu einem florierenden Kurort machten.

Auch das nahe gelegene Schlangenbad mit seinem prachtvollen Kurhaus verdankt Thermalwässern seine internationale Bekanntheit. Seit Jahrhunderten reisen Gäste in den kleinen Ort und genießen in den Hallen- und Freibädern die besonders hautschmeichelnde Wirkung des kieselsäurehaltigen Wassers im Kurpark oder bei einem Spaziergang auf den Alleen und Waldwegen die Vorzüge des milden Klimas.

Wie zahlreich und hochgeschätzt die Quellen im Taunus sind, beweisen nicht nur Dutzende aufwendig gestaltete Brunnenanlagen wie der Chulalongkornbrunnen in Bad Homburg oder der Brunnenpark samt Solbrunnen in Bad Soden. Vielerorts wird das Wasser im großen Stil abgefüllt und vermarktet – so wie das weltberühmte Selters.

Die Abfüllstelle des Selters liegt nahe der Lahn, die stromaufwärts nach Wetzlar und damit zu einem „Außenposten“ des östlichen Hintertaunus führt. Hier wurde Johann Wolfgang von Goethe 1792 zu seinem Briefroman *Die Leiden des jungen Werther* inspiriert, und hier gründete Carl Kellner das „Optische Institut“, das die Stadt zum Zentrum der optischen Industrie machte. Dass Wetzlar nicht nur als wichtiger Wirtschaftsstandort besteht, sondern mit einem wunderschönen Dreiklang aus Altstadt, Flusspromenade und dem alles überragenden Dom aufwarten kann, macht die Stadt zu einem äußerst lohnenswerten Ziel im Taunus.

Fachwerkhäuser am Kornmarkt in Wetzlar

Wetzlarer Dom

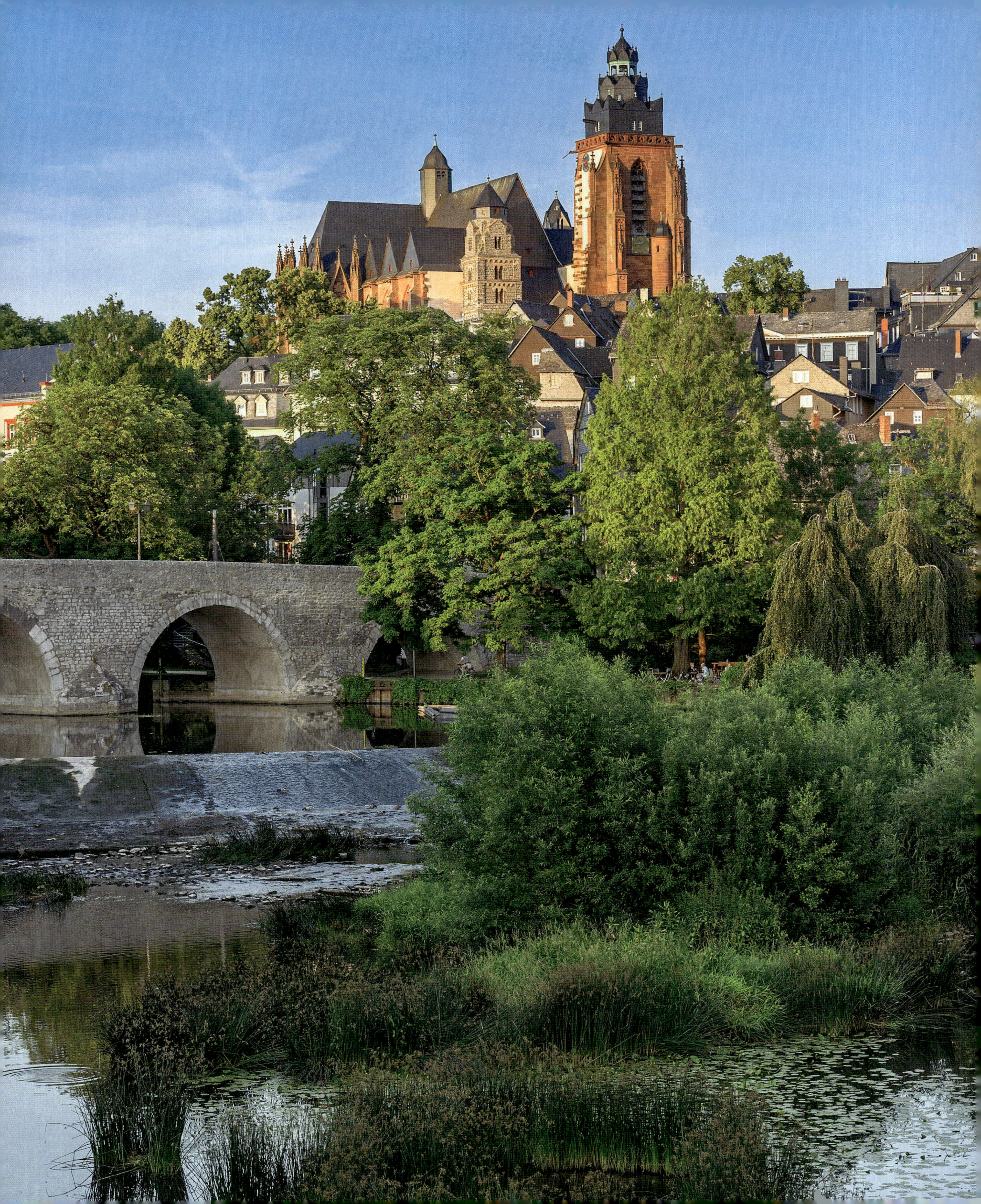

Burg Kronberg

Burgruine Burg Königstein, Königstein im Taunus

HOCHTAUNUS

Angesichts der Standortvorteile, die sich aus dem hohen Erholungswert des Taunus einerseits und der räumlichen Nähe zu Frankfurt und Wiesbaden andererseits ergeben, sind Orte wie Königstein, Kronberg oder Oberursel insbesondere bei der Finanzelite der Rhein-Main-Region beliebter denn je. Die meisten Gemeinden blicken auf eine Geschichte zurück, die weit vor dem Aufstieg Frankfurts zur modernen Finanzmetropole begann. So entstand etwa im 12. Jahrhundert auf einem 285 m hohen Felssporn die Oberburg der Burg Kronberg, die später um eine Mittelburg für die Kronberger Ritter erweitert wurde. Ein Besuch lohnt schon allein wegen des Panoramablicks, den der 44 m hohe Freiturm gewährt: über Frankfurt bis in den Odenwald und über die Oberrheinische Tiefebene bis zum Pfälzer Donnersberg. Unweit dieser Anlage ließ die ehemalige deutsche Kaiserin Viktoria zwischen 1889 und 1893 das Schloss Friedrichshof errichten, das ihr als Witwensitz diente und heute ein luxuriöses Hotel beherbergt.

Ihre Verbundenheit gegenüber der Kaiserwitwe mag ein Grund dafür gewesen sein, dass die in Frankfurt ansässige Familie um Wilhelm Carl von Rothschild die Kronberger Nachbargemeinde Königstein zum Standort ihrer Sommerresidenz machte. Ein Privatweg verband die rund 4 km auseinanderliegenden Anwesen miteinander. Mit dem zunehmenden Antisemitismus im Dritten Reich wurden die jüdischen Eigentümer 1938 zum Verkauf des Anwesens gezwungen und emigrierten in die Schweiz. Noch bevor die Villa in den 1950er-Jahren restituiert wurde, diente sie zwischen 1947 und 1949 als Tagungsort des Parlamentarischen Rates und der westdeutschen Ministerpräsidenten, die hier die Aspekte des deutschen Grundgesetzes diskutierten, so auch die Hauptstadtfrage, bei der Frankfurt zu den Anwärtern zählte. Nicht zu Unrecht gilt die Villa Rothschild, die zu einem Hotel umgewandelt wurde, als „Wiege des Grundgesetzes und der BRD".

Auch der Frankfurter Bankier Albert Andreae de Neufville ließ Ende des 19. Jahrhunderts eine auf dem Geisberg errichtete Villa in eine schlossartige Residenz mit Türmen, Erkern, Zwerchhäusern und Fachwerkteilen umbauen. 1987 erwarb der „Baulöwe" Jürgen Schneider das Anwesen, um es nach Investitionen in Höhe von 30 Mio. DM als hochherrschaftlichen Firmensitz seiner Immobiliengruppe zu nutzen. Die Pleite kam und Schneider ging – ins Gefängnis. Die Villa Andreae wurde verkauft, stand acht Jahre leer und fand erst 2016 in einem chinesischen Geschäftsmann einen neuen Besitzer.

So eindrucksvoll diese Bauwerke sind – sie werden dennoch durch die hoch über der Stadt thronende Burgruine Königstein in den Schatten gestellt. Während viele Burgen durch Beschuss und Feuer zerstört wurden, trägt den größten Anteil an der Verwüstung vermutlich die Königsteiner Bevölkerung selbst. Für den Wiederaufbau ihrer Wohnhäuser, die bei einem Brand 1792 nahezu alle vernichtet wurden, benötigte sie Baumaterial – und fand es in der beschädigten Burg Königstein. Übrig blieb eine Ruine, die 1922 durch Schenkung Hilda von Nassaus an die Stadt Königstein ging.

Frankfurt bei Nacht

MAINMETROPOLE FRANKFURT

Von allen deutschen Metropolen besitzt Frankfurt das auffälligste Alleinstellungsmerkmal: eine von Wolkenkratzern dominierte Innenstadt. Steht man in den Häuserfluchten des Bankenviertels, wandert der Blick höher und höher auf der Suche nach einem Stück Himmel. Die Stahl- und Glasgiganten stehen in einem spannungsvollen Kontrast zu einer Stadtarchitektur, die allen Kriegszerstörungen zum Trotz von einer langen Stadtgeschichte zeugt.

Frankfurts offizielles Bestehen setzt 794 mit einer urkundlichen Erwähnung als „Franconofurd" ein. Die Stadtentwicklung in den folgenden Jahrhunderten sollte maßgeblich von zwei Faktoren beeinflusst werden: Frankfurt wird zu einem Zentrum der Reichspolitik, als ab 1147 die meisten Königswahlen, später auch Kaiserkrönungen hier stattfinden, und sie wird, begünstigt durch die verkehrsstrategisch wichtige Lage, zur Handelsmetropole mit festgelegten Messen. Das alles bleibt nicht ohne Wirkung: Händler, Kaufleute, Abgesandte in politischen Angelegenheiten, Durchreisende – sie alle möchten essen, schlafen und sich vergnügen. Wirtshäuser, Bordelle und Herbergen entstehen und Frankfurt wächst kontinuierlich.

Das Aufeinandertreffen von Kaufleuten und Händlern aus allen Teilen des Landes und darüber hinaus bringt allerdings Herausforderungen mit sich: Jede Stadt und jede Region hat ihre eigene Währung, und über den Wert der Münzen herrscht geteilte Meinung. Aus diesem Grund drängen Messekaufleute 1585 auf die Festlegung einheitlicher und verbindlicher Wechselkurse zu Zeiten der Messe. Es ist die Geburtsstunde der Frankfurter Börse. Nach und nach entwickelt sich aus dem Geldgeschäft der Handel mit Wertpapieren, Wechsel- und Schuldscheinen, später Aktien, in dessen weiterer Entwicklung die Frankfurter Börse zu einer der weltweit größten Wertpapierbörsen und die Stadt zur Finanzmetropole des Landes wird.

Doch wer Frankfurt kennt, weiß: Die Bürotürme sind nur eine Facette der Stadt. Das Bahnhofsviertel bietet eine ganz andere. Einst galten die dortigen Stilaltbauten als Vorzeigehäuser, doch die Bomben des Zweiten Weltkriegs zerstörten mit der Altstadt zugleich das Zentrum der Prostitution, das sich nun in den Bahnhofsbereich verlagerte. Mit der Rotlichtmeile kamen Kriminalität, Drogen und Dreck und machten das Viertel zum Schandfleck der Stadt. Seit einigen Jahren jedoch ist Bewegung im Spiel. Szenebars und kleine, kreative Läden entstehen, Künstler und Hipster entdecken das Viertel für sich. Noch sind die Probleme des Bahnhofsviertels nicht gelöst. Doch die Zeichen deuten darauf hin, dass hier in naher Zukunft wieder ein Vorzeigeviertel entstehen könnte. Die Standortvorteile liegen auf der Hand: das Westend mit seinen Gründerzeitvillen, das historische Zentrum und die begrünte Mainpromenade rahmen das Viertel wunderschön ein.

Fachwerkhäuser am Römerberg

Stadtansicht mit Main und der Skyline im Bankenviertel

Die Deutsche Mark

WÄHRUNGEN IN DEUTSCHLAND

Die Geschichte der Währungen in Deutschland ist eng verbunden mit der Staatswerdung insgesamt. Über Jahrhunderte gab es nicht nur zahllose deutsche Staaten und Territorien, sondern auch ebenso viele unterschiedliche Währungen und Zahlungsmittel, die sich oft nur noch in Redensarten wie „auf Heller und Pfennig" oder „um keinen Deut besser" wiederfinden. Oder wer weiß heute noch, dass auch der Batzen einmal eine Münze in der Schweiz und in Süddeutschland war?

Seit Beginn der Neuzeit gab es immerhin den Reichstaler, der eine bestimmte Menge an Silber enthalten sollte. Doch wurde diese Münze zum einen nicht zentral geprägt, sondern von den einzelnen Staaten, weshalb sie überall anders aussah; darüber hinaus nahm auch der Anteil des Silbers kontinuierlich ab.

Erst ab 1871, also seit Beginn des Deutschen Kaiserreiches, verfügte ein Gesetz die Einführung der Mark, eine Maßeinheit aus dem Mittelalter aufgreifend. Eine Mark hatte den Wert von 100 Pfennigen und orientierte sich am Goldwert.

Mit der Inflation nach dem Ersten Weltkrieg verlor die Mark dramatisch an Wert. Die Lösung bestand zunächst in der Schaffung einer neuen Zentralbank, die eine neue Währung schuf: die Rentenmark. Später war es die Reichsmark, die zum neuen Standardzahlungsmittel werden sollte.

Nach dem Zweiten Weltkrieg wiederholte sich die Entwicklung, und auch die Reichsmark musste ersetzt werden, dieses Mal durch die Deutsche Mark, meist kurz als D-Mark bezeichnet. Bis zur Gründung der Bundesrepublik wurden die neuen Banknoten in New York gedruckt und heimlich nach Deutschland gebracht, wo jede erwachsene Person 40 D-Mark als sogenanntes Startgeld bekam. Dies galt jedoch nicht für die sowjetische Zone, die diese Währung ablehnte und deshalb die Mark der DDR als Währung festsetzte.

Ab 2002 wurde im mittlerweile wiedervereinigten Deutschland, wie in vielen anderen europäischen Staaten, der Euro als Zahlungsmittel eingeführt.

Reichsmark auf einer Postkarte mit Neujahrswünschen, undatiert

Jakob Fugger II. (der Reiche)

Mayer Amschel Rothschild

BANKER UND BANKEN

Die Anfänge des deutschen Bankwesens lagen in Italien. Dort fanden seit dem 11. Jahrhundert die wichtigsten Innovationen im Finanzwesen statt. Zunächst durch die Erfindung des „Wechsels", eines Schreibens, auf dem die Summe, auf die sich Käufer und Verkäufer geeinigt hatten, notiert war, und das später gegen Bargeld eingewechselt werden konnte.

Ab dem 14. Jahrhundert waren es die Medici in Florenz, die mit ihren guten Beziehungen zur Politik und Kirche ein immer dichteres Filialnetz in ganz Europa aufbauten. Durch in Italien tätige deutsche Kaufleute gelangten diese Geschäftsideen auch nach Deutschland. Allen voran durch Jakob Fugger aus Augsburg wurde dessen Familienunternehmen zu einem der wichtigsten europäischen Handels- und Finanzhäuser. So gilt die Fugger-Bank als erste Bank Deutschlands. Und bald schon spielte die Bank auch politisch eine bedeutende Rolle. Könige und Kaiser liehen sich bei den Fuggern Geld, sei es zum Führen eines Krieges, sei es, um sich weitere Königswürden leisten zu können.

Da die Fugger-Bank heute zwar noch existiert, aber mittlerweile Teil eines Konzerns ist, ist die 1590 in Hamburg gegründete Berenberg-Bank nunmehr die älteste noch in Privatbesitz befindliche Bank Deutschlands. Weitere Banken wurden auch von Städten eröffnet, insbesondere von jenen, in denen viel Handel getrieben wurde. Die Kölner „Banco di gyro d'affrancatione", die 1705 von Kurfürst Johann Wilhelm II. gegründet wurde, gilt als erste sogenannte Zettelbank in Deutschland, deren Geschäftszweck es war, Zettel, also Wechsel auszustellen.

Um die Gründerzeit entstanden die großen deutschen Privatbanken, die teilweise noch bis heute existieren: Deutsche Bank (1870), Commerzbank (1870) und im Kaiserreich dann die Dresdner Bank (1872). Ihre Gründungen wurden durch den immensen Kapitalbedarf der Großindustrie nötig, der nur durch entsprechend ausgestattete Großbanken oder Konsortien zu decken war.

Auf das späte 18. Jahrhundert gehen die ersten genossenschaftlich organisierten Bankinstitute zurück. 1770 begann die Schlesische Landschaft mit der Vergabe von Krediten, was sie zur ersten Hypothekenbank Deutschlands machte.

Die Ausdifferenzierung des Bankensystems setzte sich fort mit der Entstehung der ersten Sparkassen. Diese hatten die Aufgabe, auch Angehörigen ärmerer Bevölkerungsschichten die Möglichkeit zu bieten, auf sichere Weise kleine Kapitaleinlagen zurückzulegen, deren Zinsen sie zur Alters- oder Krankheitsvorsorge nutzen konnten. Nach modernen Maßstäben entstand die erste Sparkasse in Hamburg, wo die Allgemeine Versorgungs-Anstalt (1788) auch Seeleuten und Tagelöhnern die Eröffnung eines Sparbuchs erlaubte.

Noch wichtiger für das zu dieser Zeit noch in weiten Teilen agrarisch geprägte Deutschland waren jedoch die ländlichen Kreditgenossenschaften ab der Mitte des 19. Jahrhunderts. Nach mehreren gravierenden Missernten in den 1840er-Jahren ließ die Not der Bauern den Gedanken nach einer besseren Absicherung der Landwirte aufkommen. Politiker wie der Jurist Hermann Schultze-Delitzsch und der preußische Kommunalbeamte Friedrich-

Johann Friedrich Städel

Abraham Freiherr von Oppenheim

Ludwig Bamberger

Wilhelm von Finck

Hermann-Josef Abs

Iwan David Herstatt

Wilhelm Raiffeisen entwickelten unabhängig voneinander die Genossenschaftsidee auch für das Bankenwesen. Genossenschaftliche Banken und Sparkassen verfügen heute über das größte Filialnetz aller Banken.

Was die Privatbanken betrifft, ist das 20. Jahrhundert geprägt von einer Tendenz zur stärkeren Kontrolle und Reglementierung, bedingt durch die Erfahrung mehrerer schwerer Bankenkrisen. 1931 wurde mit dem Kreditwesengesetz auf die Weltwirtschaftskrise und den Bankencrash der Vorjahre reagiert. Einheitliche Meldevorschriften und die Pflicht zur Anzeige von Fehlentwicklungen wurden damit eingeführt, um dem Ausfall von Großkrediten vorzubeugen und besonders risikoreiche Kredite besser kontrollieren zu können.

Die Finanzkrise von 2007/8, die auch in Deutschland mehrere Banken in enorme Schieflagen brachte, hat jedoch gezeigt, dass in einer zunehmend globalisierten Welt insbesondere im Finanzwesen mit rein nationaler Gesetzgebung kaum noch etwas zu kontrollieren ist. Auch deshalb wurde seitdem die schon zuvor begonnene internationale Kooperation bei der Bankenreglementierung intensiviert. Zu den neuen Instrumenten gehören etwa die sogenannten Stresstests, mit deren Hilfe herausgefunden werden soll, wie eine Bank im Krisenfall aufgestellt ist und ob sie über genügend Eigenkapital verfügt.

FRANKFURTER BÖRSE

Die Anfänge der Frankfurter Börse liegen im Mittelalter. Mehrere Messen hatten der Stadt Reichtum gebracht. Ein Problem war die Vielzahl von unterschiedlichen Währungen in Deutschland mit seinen vielen Kleinstaaten. Die Festlegung einheitlicher Wechselkurse durch Frankfurter Kaufleute im Jahr 1585 sollte Abhilfe schaffen und gilt als Geburtsstunde der Frankfurter Wertpapierbörse; 80 Jahre später wurde die erste Börsenordnung erlassen und eine offizielle Verwaltung geschaffen. Die industrielle Revolution brachte einen enormen Schub. Zur Finanzierung teurer Projekte, wie etwa einer neuen Eisenbahnstrecke, wurden immer häufiger Aktien ausgegeben.

Selbst in der Gründerzeit blieben die Deutschen beim Aktienkauf jedoch eher zurückhaltend und kauften lieber internationale Staatspapiere oder amerikanische Anleihen. Das änderte sich erst, als mit der Börse in Berlin eine Konkurrenz entstand. Jetzt wurden auch in Frankfurt mehr Aktien gehandelt, um den Rang als wichtigster deutscher Handelsplatz nicht einzubüßen.

Der Erste Weltkrieg fegte sämtliche ausländischen Aktien vom Börsenparkett; auf einen kurzen Aufwärtstrend nach der Inflation folgte die Weltwirtschaftskrise, die riesige Vermögenswerte vernichtete. Während der NS-Zeit spielte die Börse kaum noch eine Rolle, da den Nationalsozialisten daran gelegen war, alles Kapital in die Kriegswirtschaft fließen zu lassen.

Nach dem Zweiten Weltkrieg dauerte es nicht lange, bis sich die Frankfurter Börse wieder einen Spitzenplatz in der Finanzwelt zurückeroberte und zu einem wichtigen Pfeiler des deutschen Wirtschaftswunders wurde.

Im Jahr 1969 hielt die Digitalisierung Einzug in die Börse, die als erstes Unternehmen die zentrale Geschäftsabwicklung auf EDV umstellte; 1988 wurde der Index DAX eingeführt. Seit 1993 ist die Deutsche Börse AG Träger der Frankfurter Börse. Und mit der Einführung des vollelektronischen Xetra-Handels setzte sich der Trend zur Digitalisierung fort.

BANKIERS

Jakob Fugger der Reiche (1459–1525) machte die Fugger zur einflussreichsten und wohlhabendsten Familiendynastie ihrer Zeit. Mit der Fuggerei gründete er die älteste Sozialsiedlung der Welt.

Johann Friedrich Städel (1728–1816) ist heute weniger als Privatbankier in Erinnerung denn als Sammler und kunstsinniger Mäzen, auf dessen Stiftung die Gründung des bedeutenden Städel-Museums zurückgeht.

Mayer Amschel Rothschild (1744–1812) stammte aus bescheidenen Verhältnissen im Frankfurter Judengetto und war der Begründer der Familiendynastie Rothschild. Er war zuerst in Münz- und Antiquitätengeschäften tätig, später dann als Bankier.

Abraham Freiherr von Oppenheim (1804–1878) übernahm das von seinem Vater gegründete Wechselhaus und baute es zur bedeutenden Privatbank aus. Er förderte die Entwicklung der Eisenbahnen und anderer Wirtschaftszweige.

Ludwig Bamberger (1823–1899) unterstützte die Revolution von 1848, wurde zum Tode verurteilt und floh nach Paris; dort und in London arbeitete er als Bankier. Zurück in Deutschland, saß er 1868 im Zollparlament, unterstützte Bismarck, den er auch lange finanzpolitisch beriet, bis er sich mit diesem über dessen Schutzzollpolitik zerstritt.

Wilhelm von Finck (1848–1924) war an der Gründung der Münchener Rückversicherungs-Gesellschaft (1880) und der Allianz Versicherungsgesellschaft (1890) sowie am Ausbau des deutschen Eisenbahnnetzes beteiligt.

Georg Solmssen (1869–1957) war einer der Geschäftsinhaber der Disconto-Gesellschaft und 1933 Vorstandssprecher der Deutschen Bank. Im April 1933 verfasste er einen berühmten Brief, in dem er Hitlers Pläne für das jüdische Volk vorhersah.

Friedrich Carl von Oppenheim (1900–1978) leitete das Bankhaus Sal. Oppenheim zur NS-Zeit und machte sich um die Rettung einiger jüdischer Familien verdient. Er setzte sich nach dem Zweiten Weltkrieg für die europäische Verständigung ein. Von der Gedenkstätte Yad Vashem wurde er 1996 als Gerechter unter den Völkern geehrt.

Hermann-Josef Abs (1901–1994) leitete in seiner Funktion als Vorstandssprecher der Kreditanstalt für den Wiederaufbau die deutsche Delegation bei der Londoner Schuldenkonferenz (1951–53). Er galt als wichtigster finanzpolitischer Berater Adenauers und war Vorstandssprecher der Deutschen Bank (1957–67) sowie deren Aufsichtsratsvorsitzender (1967–76).

Iwan David Herstatt (1913–1995) war 1974 als persönlich haftender Gesellschafter der Herstatt-Bank in die größte Bankenpleite der Bundesrepublik verwickelt, die aus riskanten Devisengeschäften resultierte. Er wurde zunächst wegen Untreue und Beihilfe zum Bankrott verurteilt, später wurde das Strafmaß auf zwei Jahre mit Bewährung reduziert.

Frankfurter Börse

Friedrich Carl von Oppenheim (M.)

Heute fehlt der unternehmerische jüdische Banker. Stattdessen reagiert recht hilflos die bürokratische BaFin (Bankenaufsicht).

Massenandrang auf der Internationalen Automobil-Ausstellung in Frankfurt, 1965

MESSE FRANKFURT

Aufgrund seiner verkehrstechnisch günstigen Lage ist Frankfurt seit jeher ein unverzichtbares Drehkreuz und Zentrum für den Warenhandel. Die Einrichtung von Messen, die ab 1150 schriftlich bezeugt sind, war mit Privilegien und Rechten nicht nur für die Stadt, sondern ebenso für Gäste und Bürger verbunden: freies Geleit auch im Falle der Reichsacht, Gerichtsschutz, das Recht der Beherbergung und das Recht für jedermann, Waren anzubieten und zu verkaufen. Im 14. Jahrhundert zählten die Messen bereits bis zu 40 000 Gäste, die sich in Ermangelung eines Messegebäudes oder klar ausgewiesenen Handelsplatzes auf das gesamte Stadtgebiet verteilten. Was also lag näher, als eben jenen Menschen einen festen Standort anzubieten, an dem sie zu festgesetzten Zeiten ein breitgefächertes Warenangebot präsentieren konnten?

Dieses Vorhaben wurde im Jahr 1907 umgesetzt, als sich Notabeln gemeinsam mit der Stadt Frankfurt zur „Ausstellungs- und Festhallengesellschaft mbH" zusammenschlossen und die eindrucksvolle Festhalle in Auftrag gaben, die zudem von einer Kuppel gekrönt wird. Damit

Internationale Automobil-Ausstellung, 1985

Verleihung des Friedenspreises des Deutschen Buchhandels auf der Frankfurter Buchmesse 1958 an Karl Jaspers (M.), rechts daneben Bundespräsident Theodor Heuss

legten sie den Grundstein für den weltweit größten Messe-, Kongress- und Eventveranstalter mit eigenem Gelände.

Die Messe wuchs. Mehr und mehr Ausstellungen kamen hinzu, und mit ihnen stiegen die Besucherzahlen in derartige Rekordhöhen, dass die alte Festhalle ihre Aufnahmekapazität schon bald erreicht hatte. Nach 1948 wurden Gelder bereitgestellt, weitere Gelände hinzugewonnen und schlicht gehaltene Zweckbauten durch Bauwerke namhafter Architekten ersetzt. In wenigen Jahrzehnten entstand auf diese Weise rund um die stolze Festhalle eine ganze Messestadt, als deren gigantisches Aushängeschild der 256 m hohe Messeturm gilt. Zu den wichtigsten Veranstaltungen gehört hier die internationale Frankfurter Buchmesse. Über mehrere Hallen und Etagen verteilen sich die Stände der Verlage, und seit 1988 wird alljährlich ein Gastland ausgewählt, dessen Literatur und Kultur besonders hervorgehoben werden. Zudem werden auf der Messe neben anderen Auszeichnungen der Deutsche Buchpreis und der Friedenspreis des Deutschen Buchhandels verliehen. Ergänzt wird das Messeprogramm durch Lesungen sowie durch Diskussionsrunden.

Eine Frau zeigt am 13.10.1961 in Frankfurt am Main den sechs Pfund schweren Katalog, eine Sonderausgabe des Börsenblattes für den deutschen Buchhandel, für die am 17.10.1961 beginnende Frankfurter Buchmesse. Die Frankfurter Buchmesse gilt als bedeutendste Messe für Literatur in der Welt.

Leopard und Boxer schmusend im Frankfurter Zoo, 1950er-Jahre

Palmenhaus von innen

FRANKFURTER ZOO

Der zweitälteste Zoo Deutschlands wurde 1858 gegründet und ist eng mit dem Namen Bernhard Grzimek verbunden, der nach dem Krieg 1945 Zoodirektor wurde und mit Millionenspenden für den Wiederaufbau des zerstörten Tierparks sorgte. Heute ist das Nachttierhaus für Kleinsäugetiere nach ihm benannt. Gleichzeitig profilierte sich Grzimek gemeinsam mit seinem Sohn Michael als Tierfilmer, sein Dokumentarfilm *Serengeti darf nicht sterben* wurde als erster deutscher Film nach dem Zweiten Weltkrieg mit einem Oscar ausgezeichnet. Im Zoo wurde 1965 der erste Gorilla in Deutschland geboren, und der heutige Borgori-Wald bietet eine Heimat für Bonobos, Orang-Utans und Gorillas. Dazu kommen noch das Ukumari-Land für südamerikanische Säugetiere, das zweistöckige Exotarium für Reptilien, Amphibien und Fische sowie viele andere Tierhäuser und -gehege. Im Großen Weiher in der Nähe des Eingangs gibt es mehrere kleine Inseln, die über Seilbrücken erreicht werden können, sowie einen gläsernen Wintergarten, wo ein Pärchen Nördlicher Weißwangen-Schopfgibbons lebt.

Auch im Frankfurter Zoo fanden von 1878 bis 1931 mehr als zwei Dutzend sogenannte Völkerschauen statt, die etwa für acht Labrador-Inuit tödliche Folgen hatten, da sie in Frankfurt an den Pocken erkrankten. Von diesem Konzept der Zurschaustellung wird sich heute entschieden distanziert, das 2018 vorgestellte Konzept ZOOKUNFT 2030+ hat vielmehr die Zukunft des Zoos als Ort der Arterhaltung und biologischen Vielfalt im Blick.

Prof. Bernhard Grzimek untersucht ein totes Zebra, getötet von Wilderern mit Drahtschlinge, der Schwanz abgeschnitten zur Herstellung eines Fliegenwedels

Pandabad im Frankfurter Zoo, 1958

DER PALMENGARTEN

Es verwundert nicht, dass in Frankfurt auch ein Park mit Aktien zu tun hat: Um in der Stadt einen geeigneten Garten für die Sammlung exotischer Pflanzen zu schaffen, die der international bekannte Gartenarchitekt Heinrich Siesmayer 1866 im Auftrag des Nassauer Herzogs verkaufen sollte, kam dieser auf eine Idee. Mit den sogenannten „Palmengarten-Actien“ sollte ein kunstvoller und gleichzeitig natürlich gestalteter Landschaftsgarten finanziert werden. Bankiers, Verleger, Rechtsanwälte und andere reiche Frankfurter unterstützten den Plan mit ihren Ankäufen, und so konnte 1871 einer der schönsten und mit gut 22 ha auch einer der größten Landschaftsparks Deutschlands realisiert werden. Zusammen mit dem Botanischen Garten und dem Grüneburgpark, die in direkter Nachbarschaft liegen, bilden die drei Gärten die größte Grünanlage in der Stadt.

Das Herzstück des Parks ist das bereits 1869 eröffnete Palmenhaus, das den gigantischen Wintergarten mit dem davor gelagerten Gesellschaftshaus mit Festsaal verband. Über 52 m lang, 30,5 m breit und an seinem Scheitel 18,5 m hoch – und das alles ohne Stützpfeiler im Innern der Halle: Das war Ende des 19. Jahrhunderts bahnbrechend in Europa und diente späteren Bauwerken als Vorlage. Auch heute noch hat das Haus mit seinen zahlreichen Palmen, Farnen, Araukarien sowie mit seinem Wasserfall, seinem Bassin und der kleinen Grotte nichts von seiner Faszination verloren. 2021 feierte der Palmengarten sein 150-jähriges Jubiläum, zahlreiche Veranstaltungen fanden trotz Corona-Maßnahmen statt.

Johann Heinrich Hasselhorst (1825–1904), *Äpfelweinstube in Sachsenhausen*, 1865, Öl auf Karton, Historisches Museum, Frankfurt am Main

SACHSENHAUSEN

Wer den Frankfurter Ebbelwoi genießen will, ist in Alt-Sachsenhausen genau richtig und das schon seit Jahrzehnten. Die Dichte an Bierlokalen, Nachtklubs und vor allem Apfelweinlokalen, für die der Frankfurter Stadtteil auch überregional bekannt ist, zog nach dem Krieg die im Rhein-Main-Gebiet stationierten US-Soldaten an. Sachsenhausen wurde zu einer Touristenattraktion und ist es bis heute, wobei es oft mit dem „Ballermann" auf Mallorca verglichen wird. Im Ebbelwoi-Viertel reiht sich Wirtschaft an Wirtschaft, und der saure Apfelmost fließt in Strömen.

Bis Ende des 19. Jahrhunderts war Sachsenhausen, das auf der anderen Seite des Mains gegenüber der Altstadt liegt, nicht mehr als ein Dorf und der Fisch-, Obst- und Gemüselieferant für Frankfurt, auch damals flossen schon reichlich alkoholische Getränke. Aus alter Zeit stammen noch die vielen Fachwerkhäuser und einige mittelalterliche Bauwerke wie der Kuhhirtenturm der Frankfurter Stadtmauer, in letzterem wohnte bis 1927 der Komponist Paul Hindemith, der zur Zeit der Weimarer Republik als junger Komponist zur musikalischen Avantgarde gehörte.

Sachsenhausen ist bekannt für seine Originale: Der „nackte Jörg", ein Nudist, der nur seinen Walkman und im Winter Sandalen trägt, hat es sogar auf die Sachsenhausen-Seite von Wikipedia geschafft; woher er kommt, bleibt sein Geheimnis. Einer anderen Berühmtheit haben die Sachsenhausener sogar ein eigenes Denkmal gewidmet: Die „Fraa Rauscher aus der Klappergass" steht als Bronzefigur in ebendieser Gasse und spuckt aus ihrem Mund unregelmäßig Wasser auf die Passanten.

Fritz Boehle (1873–1916), *Heckenwirtschaft in Sachsenhausen*, 1898, Öl auf Karton

Jürgen von Manger in Sachsenhausen, 1976

Kartoffelsalat mit Würstchen

Zutaten für die Frankfurter Grüne Soße

FRANKFURTER WÜRSTCHEN

Man sollte es nicht glauben, aber es gibt tatsächlich ein Frankfurter Würste-Casting! An einem solchen Wettbewerb nehmen die hiesigen Fleischer natürlich begeistert teil und präsentieren ihre Urkunden stolz im Geschäft und im Internet. Die dünne Brühwurst besteht – wenn sie denn eine echte Frankfurter sein will – aus reinem Schweinefleisch, als Hülle darf es der Darm vom Schaf sein. Das besondere Aroma wird durch ein spezielles Räucherverfahren erzeugt, die ersten Würstchen wurden ohne Nitritpökelsalz hergestellt. Mit dem Namen nimmt man es genau: Seit 1860 ist das Frankfurter Würstchen als geografische Herkunftsbezeichnung geschützt, seit 1929 dürfen nur solche Würstchen als Frankfurter bezeichnet werden, die tatsächlich aus dem Raum Frankfurt am Main kommen. Gegen Kopierversuche hatte man sich erfolgreich mit Klagen zur Wehr gesetzt. Umso verwunderlicher ist es daher, dass anderswo die gleiche Wurst als „Wiener“ oder „Wienerli“ verkauft wird. Schuld daran soll der Frankfurter Metzgermeister Johann Georg Lahner sein, der zu Beginn des 19. Jahrhunderts nach Wien auswanderte und dort seine Würstchen verkaufte, allerdings unter dem korrekten Namen. Seine Würstel fanden großen Anklang am Habsburger Hof und bei der Wiener Prominenz, und bei den Weltausstellungen in Paris und Chicago wurden sie begeistert verzehrt.

Doch zurück zu den Frankfurtern: Für die Herstellung zerkleinert man Schweinefleisch und -speck mit Gewürzen wie Salz (Pökelsalz), Pfeffer, gemahlenem Paprika, Muskat, Koriander und Ingwer zu einem feinen Brät. Dieses wird in lange dünne Schafsaitlinge gefüllt und paarweise abgedreht. Die Würste werden anschließend geräuchert, gebrüht und in kaltem Wasser abgekühlt. Dazu gibt es traditionell Senf oder Meerrettich, Kartoffelsalat oder Brot.

FRANKFURTER GRÜNE SOSSE

Angesichts der vielen Streitereien um historische Denkmäler im In- und Ausland ist es doch ein sehr sympathischer Zug von den Frankfurtern, einer Soße ein solches zu widmen. Im Stadtteil Oberrad steht seit 2007 das Grüne-Soßen-Denkmal von Olga Schulz, die damals Studentin der Hochschule für Gestaltung in Offenbach am Main war. Die sieben Häuschen mit transparenten, unterschiedlich grün gefärbten Polycarbonatflächen stehen für die Hauptzutaten der berühmten „Frankfurter Grünen Soße“: Borretsch, Kerbel, Kresse, Petersilie, Pimpinelle, Sauerampfer und Schnittlauch. Hier in Oberrad hat sich die Mehrheit der spezialisierten Gartenbaubetriebe und Gärtnereien angesiedelt, um ebendiese Kräuter anzupflanzen, die aus der Frankfurter Küche nicht wegzudenken sind. In Form von sogenannten Kräutergebinden darf keine Kräuterart mit mehr als 30 % vertreten sein, sonst erhält man bei der Zubereitung nicht den typischen Geschmack. Beim seit 2008 alljährlich stattfindenden „Grüne-

Kräuter für die Frankfurter Grüne Soße

Frankfurter Grüne Soße

Apfelwein

Soßen-Festival" muss das Publikum zwischen sieben verschiedenen Varianten entscheiden, welche die beste ist. Mittlerweile gibt es sogar „Grüne-Soßen-Festspiele".

Schon im 18. und 19. Jahrhundert war die Grüne Soße bei den Frankfurtern sehr beliebt, Goethe zählte sie zu seinen Leibspeisen. Er schwor vor allem auf diejenige, die seine Mutter Aja zubereitete, und ließ sie sich per Postkutsche bis nach Weimar bringen. Die kalte Soße wird traditionell mit Salzkartoffeln und gekochten Eiern, aber auch zu Fisch- oder Fleischgerichten wie Tafelspitz und Ochsenbrust gereicht. Ob die Vinaigrette von französischen Hugenotten oder katholischen Händlern aus der Lombardei mitgebracht wurde, lässt sich heute nicht mehr feststellen, doch das älteste gedruckte Rezept von Wilhelmine Rührig aus dem Jahr 1860 empfiehlt, ein hartgekochtes Ei mit Salatöl und danach mit Senf zu verquirlen und später die Kräuter dazuzugeben.

Frankfurter Grüne Soße mit sieben Kräutern

EBBELWOI

Es müssen Tausende von Bembeln gewesen sein, die Heinz Schenk und Lia Wöhr in der beliebten TV-Sendung *Zum Blauen Bock* in über 20 Jahren an ihre Gäste verschenkt haben. Die dickbauchige Kanne aus Westerwälder Steinzeug wurde seit jeher zum Ausschenken des Apfelweins benutzt. „Ebbelwoi", „Äbbelwoi" oder „Ebbelwei" ist aus Frankfurt und Umgebung nicht wegzudenken, dabei war es lange Zeit ein einfaches Alltagsgetränk der kleinen Leute, die vornehme Oberschicht genoss edle Tropfen aus dem Rhein-Main-Gebiet. Als im 19. Jahrhundert die Reblausplage die kostbaren Weinstöcke zerstörte, wurden die Flächen rund um Frankfurt als Obstplantagen genutzt, und die Ebbelwoi-Stuben in Sachsenhausen erhielten immer mehr Zulauf.

Der Obstwein, den schon die alten Römer kannten, wird auch in anderen deutschen Regionen an Rhein und Mosel hergestellt, in Luxemburg, Österreich und der Schweiz schwört man ebenfalls auf den „Most". Moussierende Varianten gibt es als Cidre in Frankreich oder als Cider im englischsprachigen Raum. Doch oft weisen diese Apfelweine einen eher süßlichen Geschmack auf, was Puristen schlichtweg ablehnen und sich lieber ihren Ebbelwoi im Bembel oder im Schoppen bestellen, der hier „Geripptes" heißt. Mindestens 0,3 Liter sollten es schon sein beim traditionellen Glas, alles andere wird als „Beschiss" gewertet. Auch bei der Säure gibt es kein Pardon: Ein echter Ebbelwoi wird aus Holzäpfeln oder alten säurehaltigen Apfelsorten hergestellt.

Heißgeliebter Kuchen,
Berlin, 1910er-Jahre

KUCHEN IN DEUTSCHLAND

Brot, Brezeln, Bier und Bratwurst – dafür ist Deutschland bekannt in aller Welt. Doch es kommt eine weitere Spezialität hinzu, die es in einer solchen Vielfalt nur im deutschsprachigen Raum gibt: Kuchen und Torten. Es mag an der deutschen Kleinstaaterei liegen, dass sich, ebenso wie beim Brot, in jeder Region die unterschiedlichsten Arten der süßen Backwaren entwickelten. Eines ist allerdings – immer noch – in ganz Deutschland verbreitet und das trotz mahnender Worte des Verbraucherschutzes beim Zuckerkonsum: das Kaffeekränzchen mit den entsprechenden Kuchenstückchen, das vorwiegend sonntags zelebriert wird.

Die Schwarzwälder Kirschtorte kennt man als Black Forest Cake von Australien über Asien bis Amerika. Der Klassiker der deutschen Torten schmeckt am besten mit Sahne und einer guten Portion Kirschwasser. Auch der „König der Kuchen", der Baumkuchen, hat von Salzwedel aus seinen Weg bis nach Japan gefunden, wo er sich extremer Beliebtheit erfreut. Der Frankfurter Kranz gilt in seiner runden Form als Reminiszenz an Frankfurt als Krönungsstadt, in Großbritannien kennt man die ringförmige Buttercremetorte daher als Frankfurt Crown Cake, in Frankreich als Couronne de Francfort. Ein deutscher Käsekuchen unterscheidet sich erheblich vom amerikanischen Cheesecake, hier wird Quark anstelle von Frischkäse sowie Mürbteig verwendet. Zumindest hinsichtlich der Farben ähnelt die Donauwelle der Schwarzwälder Kirschtorte, doch wird hier Buttercreme statt Sahne hinzugegeben, und die charakteristischen Wellen auf der Schokoglasur gaben dem Kuchen seinen Namen. Als deutscher Klassiker gilt der Bienenstich: ein süßer Hefeteig mit einer Füllung aus Vanille- oder Sahnecreme und einem Belag aus Fett, Zucker und Mandeln, der beim Backen karamellisiert. Ebenfalls aus Hefeteig ist der Streuselkuchen, der wahlweise mit Kirschen, Äpfeln, Rhabarber, Aprikosen, Zwetschgen oder Mohn variiert werden kann und dann umso saftiger wird. Als Rührkuchen gilt der Marmorkuchen mit seinem typischen Muster aus Vanille- und Schokoteig. Die Eierschecke mit ihrer cremigen Quark-Vanillepudding-Schicht und der fluffigen Masse aus Eigelb, Butter, Zucker, Vanillepudding und schaumig geschlagenem Eiweiß ist vor allem in Thüringen und Sachsen bekannt. Auch der Kalte Hund wird gerne in Ostdeutschland verzehrt, doch die Kekstorte mit Kakao-Kokosfett-Creme ist in einer abgewandelten Form sogar im englischen Königshaus bekannt: Prinz William schwört laut Medienberichten auf den Bräutigamkuchen aus Keksen, Schokolade, Feigen und Pistazien.

Und das ist noch längst nicht alles: Butterkuchen und Hefezopf werden aus Hefe und wenigen anderen Zutaten zubereitet, bei den Obstkuchen gibt es unendlich viele Variationen von der Erdbeer-Biskuitrolle über das Aprikosengitter bis zu den unzähligen Arten von Apfelkuchen, der in allen Teilen Deutschlands gebacken wird. Angesichts all dieser Vielfalt ist es kein Wunder, dass deutsche Bäcker sich im Ausland großer Beliebtheit erfreuen

Die Fußgängerbrücke „Eiserner Steg“ verbindet die Frankfurter Innenstadt mit Sachsenhausen auf der anderen Mainseite

Museumsufer Sachsenhausen

KULTURMETROPOLE FRANKFURT

Frankfurt ist ein Mekka der Kunst. Kaum eine andere Stadt im Land kann mit einer solchen Dichte an hochkarätigen Museen und Ausstellungshäusern aufwarten: Rund 60 sind es an der Zahl, und knapp die Hälfte findet sich eng versammelt im historischen Zentrum und entlang des Mainufers.

In Ermangelung kurfürstlicher Sammlungen waren es in Frankfurt vor allem die Bürger und Stadtoberen, die als Mäzen und Museumsgründer in Erscheinung traten. Was für eine vielseitige Kunstszene sich daraus entwickelt hat, erschließt sich am besten bei einer Rundtour, die am Hauptbahnhof starten und zunächst über die Friedensbrücke auf das andere Mainufer führen kann. Wie Perlen an einer Kette reihen sich hier die Kunsthäuser aneinander.

Eines der berühmtesten Kunsthäuser auf dieser Mainseite ist das Städel Museum. Mit dem Kaufmann Johann Friedrich Städel fand sich im 18./19. Jahrhundert ein wohlhabender Bürger, der seine zahlreichen Kunstschätze posthum der Öffentlichkeit zugänglich machen wollte. So entstand die landesweit älteste Museumsstiftung, die heute viele Tausend Gemälde, Zeichnungen und Fotografien verwaltet.

Die sich anschließenden Kunstpaläste entlang des Mains widmen sich den Themen Kommunikation, Architektur, Film, den Weltkulturen und der angewandten Kunst. Wer eine Erholungspause von den etlichen Eindrücken der Museen einlegen möchte, kann dies in dem angrenzenden Viertel Sachsenhausen mit seinen zahlreichen Cafés, „Ebbelwei“-Kneipen und kleinen, originellen Einzelhandelsgeschäften tun.

Von der Alten Brücke bietet sich noch einmal der unverstellte Blick auf das, was Frankfurt so einzigartig macht: ein Stadtpanorama, bestehend aus einer Mischung aus Wolkenkratzern einerseits und historischen Gebäuden andererseits, von denen der Kaiserdom St. Bartholomäus deutlich hervorsticht. Als Wahl- und Krönungsort deutscher Könige und Kaiser hat dieses Gotteshaus ebenso Geschichte geschrieben wie die nahe gelegene Paulskirche: Am 18. Mai 1848 trat die Frankfurter Nationalversammlung hier zu einer konstituierenden Sitzung zusammen und erarbeitete in den kommenden Monaten die Paulskirchenverfassung, die als Meilenstein in der Entwicklung des modernen, demokratischen Rechtsstaates gilt.

Der wohl berühmteste Platz der Stadt, der Römerberg, liegt nur einen Steinwurf von der Paulskirche entfernt. Einst fanden hier Märkte, Turniere und Kaiserwahlen statt, heute tummeln sich Touristen aus aller Welt und fotografieren die Sehenswürdigkeiten: Frankfurts Rathaus – der „Römer“ –, die Alte Nicolaikirche, den Gerechtigkeitsbrunnen und die rekonstruierten Fachwerkhäuser an der Nordseite. An der Ostseite schließt sich die Schirn Kunsthalle an. Als Kunstinstitution ohne eigene Sammlung hat sie sich in

Die Schirn

Städel Museum

Gerhard von Kügelgen (1772-1820), *Johann Wolfgang von Goethe*, 1810, Öl auf Leinwand

den vergangenen drei Jahrzehnten durch erstklassig kuratierte und kreative Ausstellungen den Ruf erworben, eines der renommiertesten Kunsthäuser Europas zu sein.

Im nahen Umfeld der Schirn decken 15 weitere Kunsthäuser alle möglichen Facetten der Kunstwelt ab und begeistern Kinder, die im Jungen Museum Frankfurt experimentieren und forschen dürfen, aber auch stadtgeschichtlich Interessierte, die das Historische Museum oder das Archäologische Museum ansteuern, das spektakulär in einer gotischen Karmeliterkirche samt Anbau untergebracht ist.

An zwei weiteren Standorten wird die von Duldung, Vertreibung, Vernichtung und Emanzipation geprägte Geschichte der Juden in Frankfurt im musealen Kontext thematisiert: in dem Museum in der Judengasse und in dem am Mainufer liegenden Jüdischen Museum – bestehend aus dem klassizistischen Rothschild-Palais und dem Lichtbau aus dem Jahre 2020. Die beiden Gebäude sind durch einen Vorplatz verbunden, der sich in Richtung des angrenzenden Bahnhofsviertels einladend öffnet und damit das zum Ausdruck bringt, was die Museumsplaner intendieren: Kunsthäuser zum Ort des öffentlichen Lebens zu machen.

Gedenkstätte Börneplatz – Jüdisches Museum Frankfurt

GOETHE IN FRANKFURT

Unter der Adresse Großer Hirschgraben 23 in der Frankfurter Innenstadt verbirgt sich das Geburtshaus des wohl berühmtesten Sohnes der Mainmetropole: Johann Wolfgang von Goethe. Am 28. August 1749 geboren, verbrachte der spätere Dichterfürst im Gewirr der Gassen rund um Roßmarkt und Römer seine Jugendjahre, die er in den Lebenserinnerungen *Dichtung und Wahrheit* ausführlich schildern sollte.

Der junge Goethe liebte seine Geburtsstadt. Wann immer es die anspruchsvolle Ausbildung seitens des Vaters und eines Privatlehrers zuließ, verlor er sich inmitten der ummauerten Klosterbezirke, der Gräben und Wälle. Es waren stille Zeugen längst vergangener Jahrhunderte, die, ebenso wie die Mainbrücke, von der aus er die Ankunft der Marktschiffe beobachten konnte, in ihm eine frühe Neigung zum Altertümlichen wie auch zum Reisen weckten.

Verlassen sollte er Frankfurt das erste Mal mit 16 Jahren, da sein Vater darauf bestand, er müsse in Leipzig Rechtswissenschaft studieren. Ob es der Trennung oder einem empfindlichen Charakter geschuldet war, lässt sich nicht mit Gewissheit sagen, fest steht jedoch, dass Goethe nach drei Studienjahren so schwer erkrankte, dass ihn erst die Rückkehr an den Main genesen ließ. Mittlerweile promovierter Advokat, sollte Goethe, der mit seinem Schauspiel *Götz von Berlichingen* bereits ersten nationalen Ruhm erlangt hatte, im Erwachsenenleben mehrere ausgedehnte Reisen unternehmen – und schließlich Frankfurt für immer verlassen.

Am 22. März 1944, genau zu Goethes 112. Todestag, wurde das Haus am Großen Hirschgraben 23 bei einem Luftangriff getroffen und schwer beschädigt. Erst am Ende einer erbitterten Auseinandersetzung über Sinn und Nutzen einer Rekonstruktion, für die sich auch Hermann Hesse und Karl Jaspers aussprachen, wurde 1947 mit dem Wiederaufbau begonnen. Seit 1951 ist das Haus für die Öffentlichkeit zugänglich.

Lufthansa-Stewardessen, 1970

LUFTHANSA

Der Kranich ist ihr Markenzeichen, das Firmenlogo auf jedem Heckleitwerk zu finden – seit ihrer Neugründung im Jahr 1953 gilt die Deutsche Lufthansa als größte deutsche Fluggesellschaft und als Flag Carrier des Landes. Mit weit über 150 Zielen in aller Welt ist der Frankfurter Flughafen das größte Lufthansa-Drehkreuz, hier verkehren die meisten Interkontinentalflüge. Ein zweites Lufthansa-Drehkreuz befindet sich in München, von hier starten die meisten Kontinentalflüge. Zum Konzern gehören neben diversen europäischen Fluggesellschaften auch die Luftfracht in der Lufthansa Cargo AG, die Flugzeugwartung in der Lufthansa Technik AG und das Catering in der LSG Service Holding AG.

Die Lufthansa stand in den 1960er- und 1970er-Jahren für den Neuanschluss Deutschlands an die Welt, immer mehr Ziele wurden angeflogen. Weltweit Beachtung fand die dramatische Entführung der Lufthansa-Maschine „Landshut" 1977 durch palästinensische Terroristen, bei der der Flugkapitän Jürgen Schumann ermordet wurde, die Befreiung der Geiseln durch die GSG9-Truppe aber erfolgreich war. Die nächsten Jahrzehnte standen für Wachstum und Deregulierung, nach der Wende war es der Lufthansa wieder möglich, in den Berliner Luftraum zu fliegen.

Deutschlands erfolgreichste Fluggesellschaft hat allerdings auch Flecken auf der weißen Weste: Da wären einerseits die nicht aufgearbeitete und verdrängte Verstrickung der Lufthansa mit dem nationalsozialistischen System und andererseits die Verbindung des Unternehmens zu sogenannten Steueroasen, die während der Corona-Pandemie bekannt wurde.

Lufthansa-Steward, um 1959

Abfertigungsgebäude und Terminals auf dem Gelände des Frankfurter Flughafens

FRANKFURTER FLUGHAFEN

Frankfurt ist eine Stadt in ständiger Bewegung. Das liegt nicht allein an dem Trubel in der Innenstadt, sondern maßgeblich auch an dem Flughafen Frankfurt am Main, kurz FRA. Vor der Corona-Pandemie gab es für Europas größten Frachtflughafen nur eine Devise: Wachstum. 2019 knackte man hier erstmalig die 70-Millionen-Marke im Fluggastaufkommen, die Zahl der Beschäftigten stieg auf über 80 000 Menschen aus knapp 90 Nationen, und im Bereich Cargo wies die Jahresbilanz sage und schreibe 2,1 Mio. Tonnen Frachtgut aus. Welche logistische Meisterleistung hinter all dem steht, lässt sich anschaulich am Beispiel der Gepäckbeförderung darlegen. Sie findet nahezu im Verborgenen statt und ist doch ein herausragender Faktor in der Beschleunigung von Prozessen. An Spitzentagen gilt es, jedes einzelne der bis zu 120 000 Gepäckstücke dem richtigen Flug, der richtigen Person zuzuordnen – und das in einem Minimum an Zeit. Dafür rasen Koffer und Taschen auf den insgesamt 80 km langen Transportbahnen von den Terminals

zu den Flugzeugen, werden kontrolliert und mehrfach gescannt. Längst arbeitet der Flughafen an der Möglichkeit, diese Vorgänge durch den Einsatz künstlicher Intelligenz zu optimieren, die eine automatische Bilderkennung möglich machen soll.

Man muss nicht nahe des Frankfurter Flughafens leben, um zu erahnen, dass sich angesichts der 190 000 Passagiere pro Tag und Starts und Landungen im 46-Sekunden-Takt nicht nur Befürworter der FRA-Expansion finden. Doch das Denken in kleinen Maßstäben war noch nie Frankfurts Sache. 1935 entstand hier die größte Luftschiffhalle der Welt. Die Flugbranche boomte – bis 1937 die „Hindenburg" auf dem Weg von Frankfurt nach New York explodierte und das Ende der Luftschifffahrt einläutete. Während im Zweiten Weltkrieg deutsche Jagd- und Kampfgeschwader auf einer von Zwangsarbeiterinnen errichteten Start- und Landebahn ihre Ziele ansteuerten, erhoben sich nach der Befreiung Deutschlands und zur Errichtung der Berliner Luftbrücke zwischen 1948 und 1949 von Frankfurt aus die sogenannten Rosinenbomber in die Luft.

Mit den 1950er-Jahren und der Zunahme des zivilen Luftverkehrs wuchs die Bedeutung Frankfurts als Drehkreuz für Passagiere und Fracht kontinuierlich. Terminals wurden errichtet, Start- und Landebahnen ausgebaut, wobei der Bau der Startbahn West Anfang der 1980er-Jahre von massiven Protesten begleitet wurde, ebenso wie der Bau der Landebahn Nordwest ab 2009. Gegenwärtiges Großbauprojekt des Frankfurter Flughafens ist Terminal 3: Allein 50 Baukräne sind im Einsatz – eine gigantische Investition in die Zukunft, in der die Lufträume nicht nur durch Cargo- und Passagiermaschinen, sondern auch durch Logistikdrohnen und Flugtaxis genutzt werden sollen. Die Prototypen dafür stehen in Frankfurt längst bereit.

Frankfurter Rundschau

Unabhängige Tageszeitung

Wetter: Kühler

Samstag, 23. November 1963 Jahrg. 19 Nr. 272 Preis: 0.50 DM Wochenendausgabe D 2972 A und D 2973 C

Präsident Kennedy ermordet

ÜBERREGIONALE TAGES- UND WOCHENZEITUNGEN

Frankfurter Allgemeine Zeitung, seit 1949, Frankfurter Allgemeine Zeitung GmbH. Die konservativ-liberal orientierte FAZ verfügt über eines der größten Korrespondentennetzwerke der Welt und die höchste Auslandsverbreitung aller deutschen Qualitätszeitungen.

Süddeutsche Zeitung, seit 1945, Süddeutsche Zeitung GmbH. Auflagenstärkste Tageszeitung Deutschlands. Geradezu legendär ist die Glosse „Streiflicht" auf der Titelseite. Mit dem Sender NDR gründete die SZ 2011 einen investigativen Rechercheverbund, seit 2014 ist auch der WDR dabei.

Frankfurter Rundschau, seit 1945, Frankfurter Rundschau GmbH. Einst linksliberales Vorzeigeblatt; machte durch seinen Konkurs 2013 die Zeitungskrise offenkundig. Seitdem unter neuem Dach.

Die Welt, seit 1946, Axel Springer SE. Bürgerlich-konservative Tageszeitung aus dem Hause Springer.

Bild, seit 1952, Axel Springer SE. Größte deutsche Boulevardzeitung mit vielen lokalen Ausgaben; seit den 1990ern wird sie auch in Palma de Mallorca gedruckt.

Tageszeitung, seit 1978, TAZ Verlags- und VertriebsGmbH Berlin. Links-alternative Zeitung, die seit 1992 von einer genossenschaftlich organisierten Holding getragen wird. Seit 2005 mit einem großen Foto als Bebilderung des Titelthemas, um die Reichweite an den Kiosken zu erhöhen.

Tagesspiegel, seit 1945, Verlag Der Tagesspiegel GmbH. Liberal ausgerichtet, ist es die meistzitierte Zeitung in Berlin, kann mit anderen überregional erscheinenden Tageszeitungen in der verkauften Auflage aber nicht mithalten.

Handelsblatt, seit 1946, Handelsblatt Media Group. Auflagenstärkste deutschsprachige Wirtschafts- und Finanzzeitung; Pflichtblatt der Wertpapierbörsen in Frankfurt am Main und Düsseldorf. Seit 2009 im Tabloid-Format erscheinend.

Die Zeit, seit 1946, Zeitverlag Gerd Bucerius GmbH & Co. KG. Größte deutsche Wochenzeitung, die zu den medialen Grundnahrungsmitteln des deutschen Bildungsbürgertums gehört.

Dumont Schauberg Mediengruppe Traditionsreiches Verlagshaus mit Wurzeln in Köln. Lange vor allem auf dem Markt der Lokalzeitungen aktiv, von denen nur noch der *Kölner Stadtanzeiger* und der *Express* übrig blieben;. dafür Beteiligungen an einigen lokalen Radiosendern.

Funke Mediengruppe Hervorgegangen aus einem Verbund um die Westdeutsche Allgemeine Zeitung ist die seit 2013 unter dem Namen der verbliebenen Besitzerfamilie Funke firmierende Mediengruppe im Markt der Lokalzeitungen aktiv, unter ihnen die *WAZ*, das *Hamburger Abendblatt*, die *Berliner Morgenpost* und zehn weitere.

Neues Deutschland, seit 1946, Neues Deutschland Druckerei und Verlags GmbH. In der sowjetischen Besatzungszone gegründet und in der DDR offizielle Parteizeitung der SED. Seit der Wiedervereinigung ist es erklärtes Ziel, „dem Osten eine Stimme zu geben". Die politische Ausrichtung liegt nah an jener der Partei Die Linke.

Alfred Kerr

Theodor Wolff

JOURNALISTEN

Alfred Kerr (1867 in Breslau bis 1948 in Hamburg) Der gefürchtetste und sprachmächtigste Kritiker des Berlins um die Wende zum 20. Jahrhundert; setzte die Theaterkritik als eigenständige Gattung durch. Während der Weimarer Republik schrieb er für das *Berliner Tageblatt* und die *Frankfurter Zeitung*. In der NS-Zeit ging er ins Exil nach London.

Theodor Wolff (1868 in Berlin bis 1943 ebd.) Journalistisch ausgebildet im Verlag seines Vetters Rudolf Mosse; bekannt wurde er durch seine Berichterstattung über die Dreyfus-Affäre während seiner Zeit als Korrespondent des *Berliner Tageblatts*. 1906–33 setzte er sich als Chefredakteur des *Berliner Tageblatts* gegen Militarismus und für eine Stärkung der Demokratie ein.

Carl von Ossietzky (1889 in Hamburg bis 1938 in Berlin) Bedeutend als Herausgeber der *Weltbühne* zwischen 1927 und dem Verbot durch die Nazis 1933. Im selben Jahr wird er von den Nazis verhaftet und gefoltert; Die *Weltbühne* wird verboten, er kommt ins KZ Sonnenburg. 1935 wird ihm der Friedensnobelpreis zuerkannt. 1938 stirbt er an den Misshandlungen und an Tuberkulose.

Kurt Tucholsky (1890 in Berlin bis 1935 in Göteborg) Tucholskys journalistische Arbeit fand auf vielen Ebenen statt: als Literatur- und Theaterkritiker für die *Schaubühne*, als Paris-Korrespondent der *Vossischen Zeitung* und schließlich auch als Herausgeber der *Weltbühne*.

Gerd Bucerius (1906 in Hamm, Westfalen, bis 1995 in Hamburg) Bucerius gehörte zu den großen Verlegerpersönlichkeiten der Bundesrepublik nicht nur wegen seiner Mitgründung der Wochenzeitung *Die Zeit*, sondern auch wegen der geschickten Querfinanzierung der *Zeit* durch die Gewinne mit der Illustrierten *Stern*.

Marion Gräfin Dönhoff (1909 auf Schloss Friedrichstein, Ostpreußen, bis 2002 auf Schloss Crottorf bei Friesenhagen) Zunächst freie Mitarbeiterin (1946), später Ressortleiterin für Politik (1955), dann Chefredakteurin (1968) und schließlich Herausgeberin (1972): Gräfin Dönhoff prägte das liberale Profil der *Zeit* über Jahrzehnte und nutzte die Zeitung, um sich für internationale Verständigung einzusetzen.

Axel Springer (1912 in Altona bei Hamburg bis 1985 in West-Berlin) Axel Cäsar Springer begründete sein Presse-Imperium mit der Programmzeitschrift *Hörzu*, gründete dann noch das *Hamburger Abendblatt* sowie die *Bild*-Zeitung und erwarb 1953 die *Welt*. Die Verlegung des Firmensitzes nach Berlin 1967 war ein starkes Signal für seine deutschlandpolitische Haltung.

Henri Nannen (1913 in Emden bis 1996 in Hannover) Der Name Henri Nannens blieb bis zu seinem Tod eng mit der Illustrierten *Stern* verbunden, die er erfunden hat. Da es ihn in den Redaktionsalltag zog, verkaufte er seine Anteile an Gerd Bucerius, um Chefredakteur zu werden. Auch als Sammler und Kunstmäzen machte sich Nannen einen Namen.

Marcel Reich-Ranicki (1920 in Włocławek bis 2013 in Frankfurt am Main) Reich-Ranickis häufige Ausflüge ins Fernsehen in den vergangenen Jahrzehnten ließen fast vergessen, was für ein begnadeter Kritiker er war und welchen immensen

Carl von Ossietzky

Gerd Bucerius

Rudolf Augstein

Einfluss er als Feuilletonist bei der *Zeit* und länger noch bei der *FAZ* innehatte.

Rudolf Augstein (1923 in Hannover bis 2002 in Hamburg) Zu den Besonderheiten Rudolf Augsteins gehörte es, dass er die Doppelrolle als Herausgeber und Journalist von Anfang seiner Karriere bis ganz zum Ende durchhielt. Auch sein überaus streitbarer Geist zeichnete ihn aus, mit dem er den *Spiegel* zum „Sturmgeschütz der Demokratie" machte.

Klaus Harpprecht (1927 in Stuttgart bis 2016 in La Croix-Valmer) Harpprecht war einer der vielseitigsten Talente unter den Journalisten des Nachkriegsdeutschlands. Rundfunk- und Fernsehkorrespondent; Verlagsleiter beim S. Fischer Verlag, Redenschreiber für Willy Brandt, Chefredakteur der *Geo*. Außerdem Verfasser vieler äußerst erfolgreicher Biografien.

Peter Merseburger (1928 in Zeitz) Peter Merseburger pendelte zwischen der Presse und dem Fernsehen. Schrieb für die *Neue Ruhr-Zeitung* und den *Spiegel*, bevor er das Gesicht des Politmagazins *Panorama* wurde. Auch als Korrespondent in Washington, London und Ost-Berlin wurde er einem breiten Publikum bekannt.

Fritz J. Raddatz (1931 in Berlin bis 2015 in Pfäffikon, Schweiz) Nach Anfängen in der DDR als Journalist und Lektor übersiedelte Raddatz in den Westen, war Feuilletonleiter bei der *Zeit* und einer der einflussreichsten Literaturkritiker des Landes. Lebte offen bisexuell und galt als hedonistischer Dandy, was er in seinen viel gelesenen Tagebüchern auch bestätigte.

Herbert Riehl-Heyse (1940 in Altötting bis 2003 in Eichenau) Von 1971 an war

Henri Nannen

Alice Schwarzer

Riehl-Heyse über drei Jahrzehnte leitender Redakteur und Kolumnist der Glosse *Streiflicht* bei der *Süddeutschen Zeitung*. Er war bekannt für eine besonders feine Ironie. In einigen seiner Bücher beschäftigte er sich mit der Rolle des Journalismus und seinem Verhältnis zur Politik.

Alice Schwarzer (1942 in Wuppertal) Die streitlustigste Feministin Deutschlands und ihr 1977 gegründetes, zweimonatlich erscheinendes Frauenmagazin *Emma* sind aus dem deutschen Journalismus nicht wegzudenken. Initiierte in Köln den sogenannten FrauenMediaTurm im historischen Bayenturm am Rhein.

Hans Leyendecker (1949 in Brühl) Leyendecker gehört zur Elite der deutschen Investigativjournalistenund war an einigen der spektakulärsten Enthüllungen beteiligt, wie der Flick-Affäre, der Spendenaffäre Helmut Kohls und viele andere.

Frank Schirrmacher (1959 in Wiesbaden bis 2014 in Frankfurt am Main) Frank Schirrmacher, schon in relativ jungen Jahren zum Mitherausgeber der *FAZ* geworden, öffnete als Leiter des Feuilletons dieses für technisch-philosophische Fragen und stieß mit seinen äußerst erfolgreichen Büchern wichtige gesellschaftliche Debatten an.

Michael Althen (1962 in München bis 2011 in Berlin) Althen galt als Filmkritiker zuerst bei der *SZ*, später bei der *FAZ* als versiertester Kenner des internationalen Films. In Anerkennung seiner Verdienste um die Filmkunst stiftete die *FAZ* 2012 den nach ihm benannten jährlich vergebenen Preis für Kritik.

Hans Leyendecker

Konrad Kujau, der Fälscher der Hitler-Tagebücher

ZEITSCHRIFTEN

Der Spiegel, seit 1946, Spiegel-Verlag Rudolf Augstein GmbH & Co. KG
Das erste und noch immer erfolgreichste Nachrichtenmagazin und das meistzitierte Pressemedium Deutschlands, gegründet und bis zu seinem Tod herausgegeben von Rudolf Augstein. Breites Themenspektrum von Politik über Wirtschaft und Kultur bis zu Medien, Gesellschaft und Sport.

Focus, seit 1993, Hubert Burda Media
Seit 1993 bemüht, das Nachrichtenmagazin-Monopol des *Spiegel* zu brechen. In den vergangenen Jahren setzt man verstärkt auf Servicethemen („Die 100 besten Ärzte Deutschlands").

Stern, seit 1948, Gruner + Jahr
Die meistgelesene Illustrierte Deutschlands machte sich früh einen Namen mit ambitionierten Fotoreportagen und beschäftigte namhafte Kolumnisten wie Sebastian Haffner. Erlitt 1983 einen Vertrauenseinbruch der Leserschaft nach der äußerst peinlichen Affäre um die gefälschten Hitler-Tagebücher Konrad Kujaus.

Hörzu, seit 1946, Funke Mediengruppe
Die traditionsreichste deutsche Programmzeitschrift, bis 2013 dem Springer-Verlag gehörend, seitdem Teil der Funke-Mediengruppe.

Bunte, seit 1948, Burda Verlag
Auf heute meist sogenannten People-Journalismus spezialisierte Illustrierte. Eheglück und Scheidungsunglück der Prominenten und Royals, Skandale und Skandälchen.

Brigitte, seit 1954, Gruner + Jahr
Vierzehntäglich erscheinende und thematisch wohl umfassendste Frauenzeitschrift mit Themen wie Gesundheit, Ernährung, Kochen, Beruf, Familie und Partnerschaft.

Kicker, seit 1920, Olympia-Verlag
Bei diesem zweimal wöchentlich erscheinenden Magazin dreht sich seit mehr als 100 Jahren alles um den deutschen Nationalsport Fußball; andere Sportarten werden aber zumindest gestreift.

THÜRINGER WALD

Blick vom Thüringer Schiefergebirge in den Frankenwald

Spitterfall im Thüringer Wald

THÜRINGER WALD

Der Thüringer Wald steht für wunderschöne Mittelgebirgslandschaften, tolle Wanderwege, gutes Essen und natürlich für Wintersport – die erfolgreichsten Bobfahrer, Rodler und Biathleten Deutschlands trainieren im Thüringer Wintersportzentrum Oberhof, der einstigen DDR-Kaderschmiede.

Lange Zeit war die Region zentral und abgelegen zugleich: Der Wald und seine Ausläufer zwischen Eisenach im Norden und Sonneberg im Süden liegen ziemlich genau in der Mitte Deutschlands, wobei nur der nordwestliche Teil des Thüringer Schiefergebirges eigentlich als Thüringer Wald bezeichnet wird. In früheren Jahrhunderten stellte das Mittelgebirge eine Verkehrsbarriere dar, die von den alten Handelswegen umgangen wurde: Die Via Regia verlief nordwestlich bei Eisenach, die Via Imperii weiter südöstlich bei Hof. Ausnahme war der Rennsteig, der alte Grenz- und Verbindungsweg zwischen Eisenach und Blankenstein, von dem es im Mittelalter hieß, dass jeder Thüringer Landgraf bei Herrschaftsantritt die gesamte Strecke abreiten musste. Bei Oberhof liegen die alten Übergänge der Handelsstraßen, die Rennsteigpässe am Grenzadler und am Rondell. Erst im 19. Jahrhundert wurden große Straßen angelegt; aufgrund der zunehmenden Industrialisierung und des einsetzenden Wandertourismus war die Region nicht mehr so abgeschottet wie zuvor. Noch vor etwas über 100 Jahren war das Gebiet des Thüringer Waldes in sage und schreibe zehn Herzogtümer, Fürstentümer und Königreiche aufgeteilt, unzählige Burgen und Schlösser zeugen bis heute davon. Die jahrhundertelange politische Zersplitterung und wechselnde Zuordnung zu den einzelnen Herrschaftshäusern hatten zur Folge, dass die Menschen sich mehr der Natur, ihren lokalen Bräuchen und regionalen Besonderheiten verbunden fühlten.

Entlang des Rennsteigs gibt es eine Sprachgrenze, die das Gebiet in einen sächsischen und einen fränkischen Teil aufspaltet. Während nördlich davon der Dialekt ähnlich klingt wie in Erfurt oder Jena, redet die Bevölkerung im südlichen Teil Hennebergisch oder Itzgründisch, ein mainfränkischer Dialekt. Zu DDR-Zeiten glaubte deshalb so mancher Uneingeweihte, einen Westdeutschen vor sich zu haben, wenn er bei einem Gespräch das rollende „R“ vernahm.

CHRONIK

340 000–100 v. Chr. Das Thüringer Becken ist eines der ältesten Siedlungsgebiete Europas, seit der Steinzeit, Bronze- und Eisenzeit leben hier Völker. Keltische und germanische Stämme treffen in der La-Tène-Zeit aufeinander.
4.–7. Jh. Die Franken wandern in das Stammgebiet der Thüringer ein und führen den christlichen Glauben ein.
Ab dem 10. Jh. Der Thüringer Wald wird aufgrund seiner Hochlage später besiedelt als die umliegenden Regionen. In den folgenden Jahrhunderten wird das Gebiet eine Grenzzone zwischen den nördlich agierenden Ludowingern und den südlich ansässigen Hennebergern.
1080 Bau der Wartburg
1131 Gründung des Prämonstratenserklosters Veßra
1521 Luther lebt als „Juncker Jörg“ auf der Wartburg.
1546/47 Schmalkaldischer Krieg, der die territoriale Zersplitterung des thüringischen Gebiets zur Folge hat, es entstehen zahlreiche kleine Herzogtümer.
Ab 1585 Bau der Wilhelmsburg in Schmalkalden mit protestantischer Schlosskapelle
Ende des 17. Jh. Entstehung von zehn ernestinischen, neun reußischen und drei Schwarzburger Adelslinien
18. Jh. Die thüringischen Kleinstaaten verharren in politischer Stagnation.
Ende des 18. Jh. Beginn der Industrialisierung in der Region; Gründung der Happelshütte in Schmalkalden
1866 Beitritt der thüringischen Kleinstaaten zum Norddeutschen Bund; Gründung der Zweiradfabrikation in Suhl durch Gerson Simson
1869 Gründung der Sozialdemokratischen Arbeiterpartei in Eisenach
1920 Gründung des Landes Thüringen durch die Vereinigung der verbliebenen thüringischen Kleinstaaten
1952 Nach dem Zweiten Weltkrieg wird Suhl eine der drei Bezirksstädte Thüringens (neben Erfurt und Gera).
1990 In Anlehnung an den Bundesstaat in der Weimarer Republik nennt sich das neu gegründete Bundesland seit der Wende „Freistaat Thüringen“.

Raufußkauz

BIOSPHÄRENRESERVAT VESSERTAL-THÜRINGER WALD

Deutschland hat eine ganze Menge Biosphärenreservate, aber das älteste befindet sich im Naturpark Thüringer Wald: Bereits 1979 wurde das Vessertal von der UNESCO zum Biosphärenreservat erklärt, 2006 und 2016 wurde die Region umbenannt und erweitert und heißt seitdem „Biosphärenreservat Vessertal-Thüringer Wald“. Zwischen Suhl im Westen, Ilmenau im Norden und Schleusingen im Süden wird das 337 km² große Gebiet, durch das der Rennsteig verläuft, vollständig vom Thüringer Wald umschlossen und umfasst auch Teile des Thüringer Schiefergebirges. Direkt in der Nähe sind die höchsten Erhebungen dieses Mittelgebirges zu finden: der Große Beerberg (982 m), der Schneekopf (978 m), der Große Finsterberg (944 m), der Fichtenkopf (944 m), der Sachsenstein (915 m) und der Adlersberg (849,9 m).

Die Landschaft besteht zum größten Teil aus geschlossenen naturnahen Waldgebieten, die von Bergwiesen und Siedlungen in den Tälern unterbrochen werden. Im Reservat entspringt die Vesser auf knapp 800 m Höhe südwestlich des Großen Eisenbergs (907 m) bei Schmiedefeld am Rennsteig. Das Vessertal mit seinen Mischwäldern, Bergwiesen und klaren Bächen zählt zur Kernzone des Schutzgebiets. Typische Flora-Gesellschaften sind unter anderem der Hainsimsen-Buchenwald, die Storchschnabel-Goldhafer-Wiese oder der Hainmieren-Erlen-Bachwald. Im Reservat wurden bisher über 193 Arten von Pflanzen, Pilzen und Flechten sowie über 245 Tierarten nachgewiesen, die in der Roten Liste Deutschlands und/oder der Roten Liste Thüringens aufgeführt sind. Stark gefährdete Arten wie das Wiesen-Vermeinkraut, die Sumpf-Fetthenne, das Holunder-Knabenkraut und die Grüne Hohlzunge wachsen auf den Wiesen und Hochmooren. Bei den Tieren sind es neben über 2200 Wirbellosen wie Insekten oder Spinnen vor allem gefährdete Vogelarten wie Schwarzstorch, Eisvogel oder Bekassine, die im Reservat eine Heimat finden. Daher ist das Gebiet auch als Europäisches Vogelschutzgebiet ausgewiesen und Teil der Gebietskulisse Natura 2000.

Wald und Bach bei Gehren, Thüringen

Leberblümchen

Frühlingsadonisröschen

Gemeine Küchenschelle

Gemeine Akelei

Blauer Eisenhut

Scharbockskraut

Sumpfdotterblume

Eisenhutblättriger Hahnenfuß

Stinkende Nieswurz

Grüne Nieswurz

HAHNENFUSSGEWÄCHSE

Die Familie hat den Namen Hahnenfußgewächse nach der Blattform, aber nicht alle haben die mehr oder weniger stark eingekerbten Blätter. Das Leberblümchen beispielsweise heißt nach seinem dreilappigen Grün. Zur Familie gehören ausgesprochene Blütenschönheiten, darunter das seltene Frühlings-Adonisröschen, die Gemeine Küchenschelle und die Gemeine Akelei. Höchste Vorsicht ist beim Blauen Eisenhut geboten. Sein zweifellos sehr attraktiver Blütenstand täuscht leicht darüber hinweg, dass er in Deutschland die wohl giftigste Pflanze überhaupt ist. Weitverbreitet ist das Scharbockskraut, als Frühlingsgeophyt zieht es sich schon im Mai aus dem oberirdischen Pflanzenreich zurück.

Wanderung zum Inselsberg im Thüringer Wald

STECKBRIEF THÜRINGER WALD

Von Eisenach aus erstreckt sich in südöstlicher Richtung das etwa 150 km lange Mittelgebirge. Mit dem Großen Inselsberg (916 m) im Nordwesten und dem Großen Beerberg (983 m) bei Suhl erreicht der Thüringer Wald seine maximale Höhe, auf den rauen Kammhöhen wachsen seit jeher reine Fichtenwälder. In den tieferen Lagen bedeckten einst dichte Mischwälder das gesamte Gebiet des Thüringer Waldes. Vor gut 1000 Jahren änderte sich das Landschaftsbild, erste Rodungen wurden vorgenommen. Siedlungen und Produktionsstätten entstanden und schufen Platz für Bergwiesen, die auch bewirtschaftet wurden. Ein typischer Vertreter aus dieser Zeit ist die Bärwurzwiese, die noch im Oberen Vessertal oder am Mordfleck am Rennsteig zu finden ist.

Durch die immer noch dichten Waldregionen zieht sich ein enges Fließgewässernetz, Bergbäche wie die Vesser oder der Fraubach sind Heimat für Feuersalamander und Bachforellen. Zahlreiche Wasserfälle fließen die Hügel hinab, der höchste von ihnen ist der 1896 künstlich angelegte Trusetaler Wasserfall, der 50 m in die Tiefe stürzt. Auch der Luisenthaler Wasserfall im Park von Schloss Altenstein ist nicht natürlichen Ursprungs, wohl aber der 19 m hohe Spitterfall. Im sogenannten Finsteren Loch in einer Schlucht bei Stützerbach strömt das Wasser zwischen den moosbewachsenen Felsen herab.

Wildromantisch ist auch das 53 km lange Schwarzatal, das zwar schon im Landkreis Saalfeld-Rudolstadt liegt, aber zum Naturpark Thüringer Wald zählt. In den ehemaligen Schieferbrüchen ist eine der artenreichsten Schmetterlingspopulationen Europas zu Hause, außerdem finden sich hier Eisvögel und wild wachsende Orchideen. Seit dem späten Mittelalter werden hier aus Kräutern wie Arnika, Wacholder und Bärwurz, aber auch aus Fichten- und Tannennadeln Heilmittel wie das „Thüringer Lebensöl" destilliert.

An der Nordseite des Thüringer Waldes befinden sich gleich mehrere Talsperren, die bekannteste ist wohl die Ohratalsperre. Nahe der Ortschaft Luisenthal wurde hier in den 1960er-Jahren das Wasser der Ohra aufgestaut und zur Trinkwasserversorgung genutzt. Zusammen mit der 1995 eingeweihten Schmalwasser-Talsperre liegt sie in einem canyonartigen Wald- und Flussgebiet. An der Lütsche-Talsperre südwestlich von Arnstadt gibt es neben einem Campingplatz und einigen Restaurants auch zahlreiche Wanderwege rund um den See.

Alles über die hier wachsenden Pflanzen erfahren Besucher im Rennsteiggarten Oberhof. In dem Botanischen Garten für Gebirgsflora wurde in den 1970er-Jahren auf dem Gelände eines ehemaligen Steinbruchs ein Garten mit rund 4000 verschiedenen Pflanzen angelegt. Hier gedeihen Enziane, Nelken, Edelweiß und Alpenrosen ebenso wie Blauer Himalayamohn, Andenpolster und Bitterwurz, auch ein Thüringer Heilkräutergarten fehlt nicht. Gebirgsflora aus ganz Europa sowie aus Asien, Nord- und Südamerika, Neuseeland und aus der arktischen Region kann hier bestaunt werden.

Trusetaler Wasserfall

SCHAFE UND ZIEGEN

Um das Rhönschaf, eine alte, ja altberühmte Rasse, war es fast geschehen, bis sich ein paar Züchter und die Region selbst seiner annahmen. Als Comicfigur Rhönhilde hat es in der Rhön für häuslichen Streit gesorgt und so die Rasse als Kulturerbe noch stärker in den Fokus gerückt. Das Alpine Steinschaf ist, wie der Name schon anklingen lässt, eine hochgebirgstaugliche Rasse mit besonders harten Klauen. Es ist eine der ältesten Nutztierrassen Deutschlands und nun ein Passagier der „Arche des Geschmacks“ der Slow-Food-Stiftung für Biodiversität. Die bayerischen Landkreise Miesbach, Rosenheim und Garmisch-Partenkirchen halten inzwischen wieder das Braune Bergschaf hoch. Die braune Wolle des ebenfalls sehr trittsicheren Tiers ist besonders für Lodenstoffe begehrt. Das Bentheimer Landschaf führt in den Nordwesten Deutschlands und in die benachbarten Niederlande; der markanteste Teil seiner Rückfront erinnert an eine Fuchsrute und hat ihm den Beinamen „Langsteert“ eingebracht. Es ist ebenso genügsam wie die beinahe sprichwörtlich anspruchslose Graue Gehörnte Heidschnucke, die mit der Lüneburger Heide eng verbunden ist.

Das nächste Bild zeigt die Bunte Deutsche Edelziege, eine Zucht aus den Jahren um 1929. Als Rasse, die einen hohen Milchertrag liefert, wird sie bei den Produzenten von Ziegenkäse geschätzt. Das Brillenschaf kam aus Österreich (Kärnten) nach Oberbayern. Nach anfänglich hoher Wertschätzung wurde seine Zucht später vernachlässigt, seit 1990 aber wird es als „gefährdete Nutztierrasse“ auch diesseits der Grenze gefördert. Die Thüringer Waldziege musste 1990 durch die Einkreuzung von Toggenburger Ziegen vor dem Aussterben gerettet werden. Noch schönere Hörner als sie hat das männliche Tier der Skudden. Diese kleinste deutsche Schafrasse war lange in Ostpreußen und dem Baltikum weitverbreitet, wäre aber ohne die intensiven Zuchtbemühungen nach dem Zweiten Weltkrieg nicht zu retten gewesen. Das Coburger Fuchsschaf, auch Fränkisches Schaf genannt, hat den rötlichen Schimmer im Vlies. Auch hier war und ist die Rettung durch den Inzuchtfaktor bedroht. Die geringe Zahl der erhaltenen Böcke bedingt einen genetischen Flaschenhals.

Rhönschaf

Alpines Steinschaf

Braunes Bergschaf

Bentheimer Landschaf

Graue Gehörnte Heidschnucke

Bunte Deutsche Edelziege

Brillenschaf

Thüringer Waldziege

Skuddenbock

Coburger Fuchsschaf

Käthe-Kruse-Puppen, 1930er-Jahre

KÄTHE KRUSE (1883–1968)

„Ick koof euch keene Puppen. Ick find se scheißlich. Macht euch selber welche." Mit dieser charmanten Aufforderung beeinflusste der berühmte Berliner Bildhauer Max Kruse das Schicksal seiner Familie und das von unzähligen kleinen Mädchen. Indem er den Wunsch seiner Tochter nach einer Puppe stur verweigerte, stellte er – vermutlich unfreiwillig – die beruflichen Weichen seiner späteren Frau Käthe. Diese war eine erfolgreiche Schauspielerin und mit dem gemeinsamen Kind 1904 ins Tessin zur lebensreformerischen Gemeinschaft am Monte Verità bei Ascona gezogen, um sich hier als Malerin auszuprobieren. Ganze fünf Jahre lang lebte die Familie getrennt, der Kontakt bestand aus gelegentlichen Besuchen und vielen Briefen. In dieser Zeit „entstanden" nicht nur zwei weitere Töchter, sondern auch die ersten Puppen, denn Käthe Simon, wie sie damals noch hieß, entschloss sich, ihren Kindern einfach selbst welche zu machen. 1909 zog sie zurück nach Berlin und heiratete. Als Käthe Kruse erlangte sie dann mit ihren Puppenkreationen großes Aufsehen, im berühmten Warenhaus von Hermann Tietz wurden die ersten Exemplare ausgestellt und begeistert angenommen. Weich, lebensecht, natürlich – das war der Unterschied zu den herkömmlichen steifen Puppen, in den folgenden Jahren begann eine echte Erfolgsgeschichte. Die Teilnahme an internationalen Ausstellungen, Auszeichnungen und Aufträge aus den USA vergrößerten den Bekanntheitskreis und die Produktion erheblich, die Familie zog nach Bad Kösen. Puppenstuben, Soldatenpuppen, Schaufensterpuppen, Echthaarpuppen, dazu die Teilnahme an der Pariser Weltausstellung 1937 – der Name Käthe Kruse war inzwischen weltweit mit ihren einzigartigen Kreationen verbunden. Nach dem Zweiten Weltkrieg wurde ihre Firma in einen volkseigenen Betrieb umgewandelt, sie selbst und ihre Kinder (einer von ihnen der Kinderbuchautor Max Kruse) gingen nach Donauwörth, wo sie neue Werkstätten gründeten. Heute noch werden die begehrten Sammlerstücke hier per Hand hergestellt.

Käthe-Kruse-Puppenfabrik

Märklin-Metallbaukasten, ca. 1930

Bär auf Rädern, um 1930

DEUTSCHES SPIELZEUG

Deutschland ist ein Spielzeug-Land, sein Zentrum liegt in Thüringen und Franken, wo auch die Deutsche Spielzeugstraße verläuft und mit der Nürnberger Spielwarenmesse jedes Jahr die weltgrößte Fachmesse der Spielwarenbranche veranstaltet wird. Generationen von thüringischen und fränkischen Handwerkern stellten im 19. und frühen 20. Jahrhundert in mühsamer Heimarbeit Puppen, Teddys oder Holzspielzeug her, Sonneberg nordöstlich von Coburg entwickelte sich zur „Weltspielwarenstadt". Noch heute kann man im hiesigen Spielzeugmuseum viele der alten Spielzeuge bewundern, neben den aufwendigen Schaubildern „Thüringer Kirmes" und „Gulliver in Liliput" weist die älteste Spielzeugsammlung Deutschlands rund 100 000 Objekte aus aller Welt auf. Die zum Museum gehörende Bibliothek gilt als eine der wichtigsten nationalen Sammlungen zur Spielzeuggeschichte.

Wie viele andere Produkte gilt auch deutsches Spielzeug als qualitativ hochwertig und unverwüstlich. Egal ob Puppen, Plüschtiere oder Eisenbahnen, bei deutschem Spielzeug erwartet der Kunde, dass es nicht beim ersten Gebrauch kaputt geht, und inzwischen kommt der Umweltaspekt dazu: Gerade bei kleinen Kindern wird Wert auf nachhaltiges und schadstofffreies Spielzeug gelegt. Dafür greifen Eltern und Großeltern auch schon mal tiefer in die Tasche, denn das Ganze hat natürlich seinen Preis.

Sehr deutsch ist der Anspruch, sich beim Spielen nicht bloß zu vergnügen, sondern gleichzeitig auch etwas zu lernen. So ist der Erfinder der beliebten Baukästen, der Pädagoge Friedrich Fröbel, der Vater der Kindergärten, seine „Spielgaben" werden in moderner Form noch heute verwendet. Auch Chemie-, Biologie- oder Experimentierkästen stellen sich in diese Tradition und bilden dabei kleine Hobbyforscher aus. Große Firmen wie Bosch oder Miele bieten eigene Werkbänke mit Werkzeug für die kleinen Bastler an. Schier unübersichtlich wird die Auswahl bei den deutschen Brett- und Gesellschaftsspielen, die mittlerweile sogar in Fernost überaus beliebt sind. In Zeiten von Smartphone und Computerspielen ist diese Art Retro-Spiel ein geschätzter analoger Ausgleich.

Noch immer wird in vielen Teilen Deutschlands Karten gespielt, wobei die traditionellen Varianten wie Skat, Mau-Mau oder Schafskopf moderne Konkurrenz bekommen haben: Uno, Skip-Bo oder Phase 10 sind bei den Jüngeren deutlich beliebter.

BEKANNTE DEUTSCHE FIRMEN

fagus: Hochwertiges Holzspielzeug, das seit Anfang der 1980er-Jahre in partnerschaftlicher Zusammenarbeit von Fachkräften und Menschen mit den unterschiedlichsten Behinderungen in Borken im Münsterland hergestellt wird.

fischertechnik: Das Konstruktions-Baukastensystem von Artur Fischer war 1964 ursprünglich ein Weihnachtsgeschenk für die Kinder von Geschäftspartnern, doch die Resonanz darauf war so enorm, dass man sich entschloss, das Ganze auf dem Markt einzuführen. 1965 spendete Fischer die ersten 1000 Baukästen der „Aktion Sorgenkind"

Kaufmannsladen, DDR, 1960er-Jahre

Kaufmannsladen, BRD, 1960

Schildkröt-Puppe

Steiff-Löwe

fischertechnik

(heute „Aktion Mensch“). Das Sortiment besteht aus sechs Reihen und umfasst 41 Baukästen und Ergänzungssets.

Haba: Holzspielzeug, Spieluhren, Greiflinge, Puppen, Kugelbahnen, Klangspielzeug, Fädelspiele, Wasserspielzeug, Brettspiele, Kaufläden – vor allem für die ganz Kleinen stellt die Firma aus Bad Rodach seit über 80 Jahren unverwüstliches Spielzeug her.

Kosmos: Der Medienverlag aus Stuttgart ist bekannt für seine Bücher, Familien- und Gesellschaftsspiele wie *Die drei Fragezeichen* oder *Catan*, aber eben auch für seine Experimentierkästen in den Bereichen Chemie, Elektronik oder Wind- und Solarenergie. Es gibt kleine Planetarien oder Urzeit-Vulkane genauso wie Duftlabore oder Kosmetikstudios.

Märklin: Kaum zu glauben, aber bei ihrer Gründung 1856 stellte die Firma Märklin Puppenküchen her. Das änderte sich jedoch, und Ende des 20. Jahrhunderts produzierte man die ersten Eisenbahnen. Eine geniale Idee dabei war, die Spurweiten der Modelle zu vereinheitlichen, sodass die Einzelteile unterschiedlicher Bahnen miteinander kombiniert werden konnten. Heute ist das Göppinger Unternehmen Marktführer der europäischen Modelleisenbahnbranche.

Playmobil: Legos großer Konkurrent ist Playmobil. Das Systemspielzeug der Brandstätter-Gruppe mit Sitz bei Nürnberg kam 1974 auf den Markt und etablierte sich in den Kinderzimmern. Die industriell hergestellte Massenware besteht aus Kunststoffeinzelteilen, die mit einem Klick zusammengefügt werden. Ein Playmobil-Männchen oder -Frauchen besteht immer aus einem Kopf, einer Perücke, zwei Armen sowie einem Rumpf mit Innenteil und Beinpaar und entspricht mit 7,5 cm der Modellbau-Nenngröße 2. Der Konzern gilt als umsatzstärkster deutscher Spielwarenhersteller, es gibt seit 1991 in Zirndorf einen Playmobil-Freizeitpark, den Playmobil FunPark, und weitere Parks folgten in Paris, auf Malta, in Athen und in Palm Beach.

Ravensburger Spiele: Das Unternehmen aus Ravensburg ist neben seinen Büchern bekannt für unzählige Spiele-Klassiker wie *Fang den Hut, Das verrückte Labyrinth, Scotland Yard, Schlag den Raab, Malefiz, Phase 10* oder *Hase und Igel*. Seit 1883 werden in der oberschwäbischen Stadt Spielzeuge aller Art hergestellt.

Schildkröt: Der älteste Puppenhersteller, der seit 1896 bis heute durchgehend Puppen anfertigt, hat seinen Sitz in Rauenstein, Thüringen. Die erste, wasserfeste „Badepuppe“ wurde aus Zelluloid produziert, das Firmenlogo der Schildkröte sollte das robuste, farbechte und hygienische Material symbolisieren, aus dem die Puppen bestanden. Klassiker sind die Puppen Bebi Bub, Hans, Bärbel, Ursel, Inge, Erika und Christel.

Schleich: Die Firma mit Sitz in Schwäbisch Gmünd stellte in den 1970er-Jahren bekannte Comicfiguren wie Die Schlümpfe, Biene Maja oder Micky Maus her, einige Jahre später kamen selbst entwickelte handbemalte Tierfiguren hinzu, für die der Konzern heute steht. Der siebtgrößte Spielzeuganbieter Deutschlands hat Standorte in den USA, Frankreich, Großbritannien, Spanien und Japan.

Schmidt Spiele: Der Berliner Spieleverlag wurde 1907 gegründet und kann auf viele Spiele verweisen, die als „Spiel des Jahres“ ausgezeichnet wurden: *Level X, Dodelido, Das magische Labyrinth* oder *Nacht der Magier* sind nur einige davon.

Selecta: Die 1969 in Edling bei Wasserburg gegründete Firma war bekannt für Holz- und Kinderspiele und wurde mehrfach international ausgezeichnet. 2017 übernahm sie der Spieleverlag Schmidt Spiele.

Siku: Die 1921 in Lüdenscheid gegründete Sieper GmbH produziert mechanische und ferngesteuerte Spielzeugmodelle in verschiedenen Maßstäben unter dem Markennamen SIKU und exportiert in zahlreiche europäische Länder, aber auch nach China, Japan, Korea, Neuseeland oder Mexiko. Mini-Ausgaben von Lastern, Krankenwagen, Autos, Traktoren oder ganzen Baustellen, alles wird aus Metall und Kunststoff naturgetreu hergestellt.

Steiff: Die Näherin Margarete Steiff begründete 1880 mit der Herstellung eines kleinen Stoffelefanten eine Weltmarke, ihr berühmter Bär erhielt Anfang des 20. Jahrhunderts durch den amerikanischen Präsidenten Theodore Roosevelt den Namen Teddy, heute das Synonym für einen Plüschbären. Ein Steiff-Tier erkennt jeder Kunde sofort am metallenen Knopf mit Fahne im Ohr, dem Markenzeichen der Firma.

Zapf: Auch der Puppenhersteller aus dem oberfränkischen Rödental hat eine lange Tradition und gilt als Europas führender Markenhersteller von Spiel- und Funktionspuppen. 1932 gegründet, wurde das Unternehmen vor allem bekannt durch seine Babypuppen: Baby Born, Baby Annabelle oder Chou Chou.

Rollschuhe, 1960er-Jahre

Haba, magnetisches Spielzeug

Familienspiel *Nacht der Magier*

Carrera-Bahn-Autos

DIE CARRERA AUTORENNBAHN

In den 1960er-Jahren leuchteten bei den Mädchen die Augen beim Anblick einer Barbie. Bei den Jungen war es die Carrera-Bahn, an der auch oft der eigene Vater stand und sich Rennen mit dem Nachwuchs lieferte. Damals war das Auto zentraler Bestandteil eines deutschen Lebens, und Autorennen faszinierten schon seit den frühen 1920ern. Der Spielzeughersteller Josef Neuhierl etablierte in den frühen 1960ern „Carrera“ als Marke, ab 1972 erfolgte mit dem Aufbau des Carrera-Structo-Modellbaubereichs die Produktion eigener Modellautos: RC-Cars, RC-Boote und RC-Flugmodelle und diese mit RC-Fernsteuerung. Die Rennbahnen gab es in unterschiedlichen Maßstäben, „Carrera Universal“, „Carrera 124“ oder „Servo 140“ waren allgemein bekannt unter den kleinen Autofans. Die Flugzeug- und Raketenbahn „Carrera Jet“ aus dieser Zeit ist eine Rarität und bei Sammlern heiß begehrt. Mitte der 1980er ebbte das Interesse an Autorennbahnen ab, die Fürther Firma ging in Konkurs und wurde später von der Salzburger Stadlbauer-Gruppe übernommen. Zu Beginn des neuen Jahrtausends wurde das digitale System „Carrera Evolution PRO-X“ eingeführt, das sich zu „Carrera Digital 132“ weiterentwickelte. Bis zu sechs Fahrzeuge können mittlerweile auf einer Bahn gefahren werden.

Thüringer Wald bei Sonnenaufgang

Meyers Konversations-Lexikon, 1895

MEYERS LEXIKON

Der deutsche Verleger Carl Joseph Meyer war ein Idealist, der den Menschen seiner Zeit eine universelle Bildung ermöglichen wollte. Schon 1826 gründete er sein Bibliographisches Institut in Gotha, zog aber zwei Jahre später um nach Hildburghausen und publizierte hier ab 1840 das Werk, das ihn berühmt machen sollte: Das *Große Conversations-Lexicon* für die gebildeten Stände ist die erste Ausgabe des größten deutschen Konversationslexikons des 19. Jahrhunderts, ganze 52 Bände geballtes Wissen mit zahllosen Tafeln und Textillustrationen standen im Laufe von 15 Jahren dem lesenden Bürgertum zur Verfügung. Es gab zwar weitere Lexika und Universalbände, aber Joseph Meyer kam es neben der Informationsvermittlung vor allem auf den erzieherischen Aspekt seiner Publikation an, Fortschritt und Aufklärung standen an erster Stelle. Nicht umsonst hatte er schon in früheren Jahren politische Schriften herausgebracht, die die Zustände in Deutschland kritisierten und Reformen verlangten. 1851 saß er sogar einige Zeit im Gefängnis, was seiner revolutionären demokratischen Gesinnung keinen Abbruch tat. Nach seinem Tod übernahm Meyers Sohn Herrmann Julius die Weiterentwicklung, ihm kam es weniger auf den aufklärerischen Aspekt als vielmehr auf die korrekte Wissensvermittlung an. Neben weiteren Publikationen konnte er den Sachbuchautor Alfred Brehm für ein Werk gewinnen, das ebenfalls lange Zeit in Deutschland ein Begriff war: *Brehms Illustrirtes Thierleben* war vor allem wegen seiner detailreichen Abbildungen beliebt. Das Meyer-Lexikon blieb bis 1986 ein unverzichtbarer Bestandteil bei der Wissenssuche, kurz vor der Fusion mit dem inzwischen bedeutenderen Brockhaus-Verlag erschien es ein letztes Mal als Meyers Großes Universal-Lexikon. Von 2006–09 gab es noch eine Online-Ausgabe, die aber mit derjenigen der Brockhaus-Enzyklopädie korrespondierte und deshalb aufgegeben wurde.

Im Stadtmuseum Hildburghausen wird an den berühmten Bewohner der Stadt erinnert.

Fachwerkhäuser am Kirchhof mit Kirche St. Georg in Schmalkalden

STÄDTE AM THÜRINGER WALD

Alle größeren Städte des Thüringer Waldes liegen an seinen Rändern. Schmalkalden im Westen begeistert mit dem malerischen Altmarkt und dem historischen Rathaus, dem Lutherhaus und der Stadtkirche St. Georg, einer spätgotischen Hallenkirche. Hochherrschaftlich kommt Meiningen daher: Die noch von den mittelalterlichen Wassergräben der einstigen Stadtbefestigung umschlossene Altstadt wird bestimmt durch die Stadtkirche „Unserer lieben Frauen“ und dem neoklassizistischen Bau des Meininger Hoftheaters, der Wiege des bis heute praktizierten modernen Regietheaters. Stadtpaläste wie Großes Palais und Kleines Palais oder die Struppsche Villa konkurrieren mit den adeligen Herrschaftssitzen wie Schloss Elisabethenburg oder Schloss Landsberg. Das in der Nähe liegende Zella-Mehlis verweist mit der Gesenkschmiede Lubenbach und mit einer Ausstellung über das Büchsenmacherhandwerk (Stadtmuseum) auf den einstigen Eisenerzbergbau der Gegend. Im „Erlebnispark Meeresaquarium“ werden auf 6650 m^2 Ausstellungsfläche über 4000 Tiere gezeigt. Und noch ein Schauspielhaus in der Region kann auf eine traditionsreiche

Henneberger Haus in Meiningen

Holzkirche in Neuhaus am Rennweg

Hölzerne Skulptur einer Thüringer Rostbratwurst im ersten Bratwurst-Kreisel der Welt, Holzhausen

Thüringer Klöße

Vergangenheit blicken: Das Stadttheater Hildburghausen gilt neben dem noch älteren Ekhof-Theater im Gothaer Schloss Friedenstein als eines der ältesten bespielten Theater Deutschlands.

Während all diese Städte eher im Westen des Thüringer Waldes liegen, befindet sich Ilmenau an seinem nordöstlichen Rand. Der Ort war im 19. Jahrhundert ein beliebter Luftkurort und das bevorzugte Ausflugsziel der Weimarer Prominenz, zu der auch Goethe gehörte – er widmete dem Ort sogar ein Gedicht. Heute besitzt die Stadt mit der Technischen Universität die zweitgrößte Hochschule in Thüringen.

Direkt am Rennsteig liegt Neuhaus am Rennweg. Hier fällt die neugotische Holzkirche ins Auge, eine der größten Holzkirchen des Bundeslandes. Das Heimatmuseum Geißlerhaus widmet sich Heinrich Geißler, dem Pionier der Vakuumtechnik und der Elektrizitätslehre. Der Ort sollte nicht mit Neustadt am Rennsteig verwechselt werden, der weiter nördlich liegt und Wandertouristen und Wintersportler gleichermaßen anzieht.

Theatermuseum Meiningen

THÜRINGER KÜCHE

Da ist natürlich die Thüringer Rostbratwurst, die eigentlich in jeder deutschen Stadt auf Rummelplätzen oder an Würstchenbuden als Wurst „Thüringer Art" angeboten wird. Nur selten verdient das angebotene Produkt auch seinen Namen. Denn die „echte", EU-markengeschützte Thüringer Wurst besteht aus gewolftem Schweinefleisch, wobei der reine Fettanteil bei höchstens 25 % liegen darf. Erlaubt sind kleinere Zugaben von Kalbs- und Rindfleisch. Dazu kommen die Gewürze und Kräuter: Majoran, Pfeffer, Salz, gemahlener Kümmel und ein Hauch Knoblauch, manchmal sogar Zitronensaft, Koriander und Paprika. Die Masse kommt in einen Naturdarm, der auf 15 bis 20 cm Länge abgeschnitten wird. Natürlich dürfen keine Konservierungsstoffe hinein. Damit die Wurst eine „echte" Thüringer ist, müssen 51 % der Zutaten aus Thüringen stammen und sie muss auch hier hergestellt worden sein. Das alles und noch mehr erfährt man im 1. Deutschen Bratwurstmuseum, das 2006 in Arnstadt eröffnet wurde und 2020 nach Mühlhausen/Thüringen umgezogen ist.

Und da wären natürlich noch die Thüringer Klöße. Egal ob Sumbarcher Rutscher, Lauschner Knölla, Meininger Hütes, Erfurter rohe Klöße oder Vogtländer grüne Klöße – fester Bestandteil der gelben Klopse sind die Kartoffeln, die im Idealfall aus Thüringen kommen und ein wenig mehlig sind. Anders als bei rheinischen Klößen werden rohe und gekochte Kartoffeln mit Kartoffelstärke und Salz zu einem weichen Brei zusammengerührt – eine kräftezehrende Aufgabe, an der mitunter mehrere Personen beteiligt sein können. Wenn die „Klees" mit ihrem Kern aus gerösteten Semmelwürfeln dann oben im heißen Wasser schwimmen, sind sie gar und können mit Rouladen oder Sauerbraten gegessen werden. Was übrig bleibt (und bei den Mengen, die sonntäglich hergestellt werden, bleibt immer etwas übrig), wird am nächsten Tag in Scheiben geschnitten und mit Butter in der Pfanne gebraten. Im Heichelheimer Kloßmuseum erfährt man alles über die Leibspeise der Thüringer.

Schloss Altenstein

WEHRBAUTEN UND ADELSSITZE

Der Thüringer Wald ist auch ein Land der Burgen und Schlösser, die von den zahlreichen Fehden und Herrschaftsansprüchen der Adelsfamilien in dieser Region zeugen. So war die bei Eisenach gelegene Creuzburg einer der Residenzorte der Ludowinger und bevorzugter Aufenthaltsort der Landgräfin Elisabeth von Thüringen, die bis heute als Heilige verehrt wird. Auf der Wartburg erinnert die prachtvolle Elisabethkemenate an die deutsche „Nationalheilige“ des Mittelalters.

Während diese beiden Bauten außerhalb des Thüringer Waldes liegen, befindet sich Schloss Altenstein schon in dessen Einzugsbereich. Die Sommerresidenz der Meininger Herzöge steht im Kurort Bad Liebenstein und erinnert an einen englischen Adelssitz. Mit 160 ha ist der Altensteiner Park eine der größten historischen Parkanlagen Thüringens und berühmt für seine Teppichbeete. Weiter südlich steht mit Schloss Wilhelmsburg in Schmalkalden eines der besterhaltenen Renaissanceschlösser Deutschlands. Es ist schwer zu beurteilen, was der schönste Teil der Anlage ist: die ausgedehnten Terrassengärten, der eindrucksvolle Gefängnisturm, die Kassettendecke des Bankettsaals oder die Schlosskirche mit ihrer Renaissanceorgel aus dem 16. Jahrhundert.

Nicht minder beeindruckend ist Schloss Elisabethenburg in Meiningen, das zu den größten Schlossbauten in Thüringen zählt und aus der Barockzeit stammt. Die große, dreiflügelige Anlage war bis 1918 das Residenzschloss der Herzöge von Sachsen-Meiningen und beherbergt heute unter anderem die Meininger Museen mit dem Max-Reger-Archiv.

Schloss Elgersburg

Schloss Bertholdsburg

Südlich von Meiningen liegt der einstige Stammsitz der Grafen von Henneberg: Die Burg Henneberg stammt aus dem 11. Jahrhundert und ist heute eine Ruine, von der noch Reste der Ringmauer, der Bergfried und ein Teil eines Wohn- und Wirtschaftsgebäudes mit Kellerportal stehen. Wesentlich besser erhalten ist dagegen Schloss Bertholdsburg in Schleusingen im Landkreis Hildburghausen, wo sich mit dem Naturhistorischen Museum eines der modernsten Museen in Thüringen befindet. Das Schloss selbst stammt in seiner heutigen Gestalt aus dem frühen 16. Jahrhundert, erinnert mit Turmverlies, Wehrgang, Rittersälen und Schießscharten im Mauerwerk aber immer noch an seine Zeit als Ritterburg.

In Hildburghausen steht auch das einzige deutsche Burgenmuseum: Die Veste Heldburg thront als „fränkische Leuchte“ auf einem 405 m hohen Vulkankegel hoch über dem gleichnamigen Ort und gilt als Pendant zur weiter südlich liegenden Veste Coburg.

Als Hotel mit Restaurant dient heute Schloss Elgersburg bei Ilmenau. Der Bau auf einem Porphyrfelsen hoch über dem kleinen Ort stammt aus dem 11. Jahrhundert und wurde nie erobert, wohl auch deshalb befindet er sich in sehr gutem Zustand.

Veste Heldburg

Markt mit Fachwerk-Rathaus
und Stadtkirche Zur Gotteshilfe
in Waltershausen

GOTTESHÄUSER

Thüringen ist neben Sachsen-Anhalt das Land der Reformation, unzählige Kirchen und viele Klöster zeugen von der religiösen Vergangenheit. Oft sind hiervon nur Reste erhalten, wie etwa beim Kloster Georgenthal am nördlichen Rand des Thüringer Waldes.

Anders dagegen das Prämonstratenserkloster Veßra bei Hildburghausen, das wohl das bekannteste Kloster in der Gegend sein dürfte. Es wurde im 12. Jahrhundert gegründet, heute sind hier das Hennebergische Museum Kloster Veßra sowie ein Freilichtmuseum für Regionalgeschichte und Volkskunde untergebracht. Gebäude aus der Klosterzeit, ein Ensemble umgesetzter Fachwerkhäuser und verschiedene Ausstellungen zur Landtechnik vermitteln einen Einblick in die damalige Zeit.

Die Kirchen der zahlreichen Orte im Thüringer Wald enthalten zum Teil unverhoffte Schätze. So steht in der Stadtkirche Waltershausen im Nordosten mit 47 Registern, drei Manualen und Pedal die größte Barockorgel Thüringens vom bekannten Orgelbauer Trost aus dem Jahr 1730.

Zwischen Eisenach und Schmalkalden liegt der kleine Erholungsort Ruhla, hier fällt die Winkelkirche St. Concordia durch ihren eigenartigen rechtwinkligen Bau auf.

In Suhl stehen gleich mehrere sehenswerte Gotteshäuser: Die Hauptkirche St. Marien gilt mit ihrer Rokoko-Innenausstattung von 1761 als die größte erhaltene Rokoko-Kirche Ostdeutschlands, während die Kreuzkirche im Innenraum barock ausgestaltet ist und einen prachtvollen Kanzelaltar aufweist. Bescheidener kommt die Kirche St. Ulrich daher, die einst zum Kloster Reinhardsbrunn in Friedrichroda gehörte. Sie beherbergt die Reliquie einer „Schwarzen Hand“, deren Alter und Herkunft allerdings unbekannt sind. Ein ungewöhnlicher Bau steht in Neuhaus am Rennweg: Die hiesige Stadtkirche wurde Ende des 19. Jahrhunderts als schieferverkleidete Holzkirche errichtet und ist eine neugotische Saalkirche mit seitlichen Anbauten. Auch der Kirchenraum ist vollständig holzverkleidet und hat eine dreiseitig umlaufende Empore.

Türme von Kloster Veßra bei Themar

Schleiereule

Zwergohreule

Waldohreule

Sumpfohreule

Habichtskauz

Waldkauz

Steinkauz

Sperlingskauz

Raufußkauz

Uhu

EULEN

In Europa gibt es 13 Eulenarten, 10 davon in Deutschland. Das Größenspektrum reicht vom Sperlingskauz bis zum Uhu mit seinen 160 cm Flügelspannweite. Eine Art Medienstar ist der Waldkauz. Sehen lässt er sich nicht, aber umso öfter hören, sein „Huu-huu“ sorgt für den Gruselsound. Diese häufigste Eule Deutschlands besiedelt nicht nur ihren namentlichen Lebensraum, sondern manchmal auch die Städte. Einen ganz anderen Ruf hat die weitverbreitete Schleiereule mit dem herzförmigen Gesichts-„Schleier“. Sie scheut die Nähe des Menschen nicht und ist eine Art Kulturfolger.

Mittelbau des Gradierwerkes in Bad Salzungen

INDUSTRIE UND ALLTAGSKULTUR

Thüringen gilt als das Grüne Herz von Deutschland, was wohl vor allem am Thüringer Wald liegt. Besucher wie Einheimische schätzen die vielen Wandermöglichkeiten, die Skigebiete, die hübschen Städte und das gute deftige Essen. Der Tourismus ist eine relativ neue Entwicklung in diesem Landstrich, viele Jahrhunderte unterlag das Mittelgebirge den unterschiedlichsten Einflüssen und Herrschaftsansprüchen, auch die reichen Bodenschätze haben die Alltagskultur geprägt. So führten die Salzvorkommen westlich des Waldgebiets schon seit frühgeschichtlicher Zeit zu einem ausgedehnten Salzabbau. Im Mittelalter wurde in Bad Salzungen im Wartburgkreis das Gradierverfahren eingeführt, die vielen Gradierhäuser und -werke, in denen das weiße Gold getrocknet wurde, erzählen heute noch davon. Dem reichen Vorkommen von Eisen, Kupfer und anderen Bodenschätzen im Thüringer Wald ist die tausendjährige Tradition des Bergbaus zu verdanken, viele Orte um Ilmenau, Neuhaus und Schmalkalden entstanden nahe der Stollen und Abbaugebiete. Schaubergwerke und Technische Museen wie die Marienglashöhle Friedrichroda oder das Technische Museum Neue Hütte in Schmalkalden sind Zeugnisse dieser jahrhundertalten Industrie, aber auch Orte wie Tabarz (Taub-Erz) und Carbarz (Kauf-Erz). Ein weiterer Erwerbszweig lag in der Glasproduktion: In Langenbach, Fehrenbach und natürlich in der Gläserstadt Lauscha wurden einst die zerbrechlichen Produkte hergestellt und weiterverarbeitet. Die Glasmacher fanden in der Region alle Materialien, die sie für ihr Metier benötigten: Feuerholz aus dem Wald, Quarzsand, Kalkstein und Buchenholz zum Sieden der Pottasche. Rodungen, Sandgruben und Wassermühlenanlagen prägten dabei eine ganze Landschaft.

Neben Eisenach gibt es noch ein zweites „Tor zum Thüringer Wald“: Arnstadt, rund 20 km südlich von Erfurt gelegen. Die älteste Stadt Thüringens (704 erstmals erwähnt) ist eine der fünf Bachstädte, der große Komponist hatte hier seine erste Anstellung als Organist. Arnstadt kann nicht nur mit der ersten urkundlichen Erwähnung der Thüringer Bratwurst (1404) aufwarten, sondern auch mit der des ersten deutschen Weizenbiers außerhalb Bayerns (1617). Die barocke Puppenstadt „Mon plaisir“ im Neuen Palais lohnt ebenso den Besuch wie die Schlossruine Neideck mit begehbarem Schlossturm.

Auf dem 169 km langen Rennsteig auf dem Kamm des Thüringer Waldes, der zu Zeiten des Kalten Krieges insgesamt sechsmal die damalige innerdeutsche Grenze überschritt, wandern heute wieder die Menschen entlang des weißen „R“ und denken vielleicht auch an das

Lauscha

Schloss Wildprechtroda, Bad Salzungen

Brunnen im Atem-Zentrum des Gradierwerks, Bad Salzungen

Heinrichs (Suhl), ehemaliges Rathaus in der Meininger Straße; Sockel von 1551, Fachwerk von 1657

bekannte „Rennsteiglied“. Seit 1973 wird auf dem historischen Grenzweg der GutsMuths-Rennsteiglauf veranstaltet – ein Volkslauf mit mehr als 14 000 teilnehmenden Läufern und Wanderern.

SUHL

Im Jahr 1991 erklärte der Stadtrat Suhl zur „Stadt des Friedens“ – trotz oder gerade wegen einer jahrhundertelangen Vergangenheit als Standort für Waffenherstellung. Der Ort mit den drei höchsten Erhebungen des Mittelgebirges – Großer Beerberg, Schneekopf und Großer Finsterberg – war schon in keltischer Zeit besiedelt und zählte im Mittelalter zum Gebiet der fränkischen Grafen von Henneberg. Seit dem 13. Jahrhundert wurde in der Gegend Eisenerz abgebaut, 1553 wurde Suhl zur Bergstadt. Die Eisenerzförderung bildete die Grundlage für das florierende Rohrschmiede- und Büchsenmacherhandwerk, für das Suhl in der Folgezeit als „Waffenschmiede Europas“ berühmt werden sollte. Die Industrialisierung des Büchsenmacherhandwerks im 19. Jahrhundert brachte bedeutende Waffenfabriken hervor. Während der beiden Weltkriege und auch zu DDR-Zeiten war die Stadt ein wichtiger Standort der Rüstungsindustrie, aus Suhl kamen Jagdgewehre, Kleinkaliberwaffen und Maschinenpistolen. Im technischen Denkmal der Schillingschmiede Suhl wird die alte Kunst der Eisenverarbeitung vorgeführt.

Doch es gibt noch andere, friedlichere Erwerbszweige: Die hier beheimatete Firma Simson stellte Anfang des 20. Jahrhunderts die ersten Kraftfahrzeuge und Zweiräder her, bis heute ist der Betrieb der größte Zweiradhersteller Deutschlands. Im Fahrzeugmuseum kann man Oldtimer wie den berühmten Motorroller „Schwalbe“ oder das Haenel Leichtmotorrad bewundern. Im 17. Jahrhundert war Suhl auch Produktionsstätte für Orgeln, in der hiesigen Kreuzkirche befindet sich ein prachtvolles Exemplar von Eilert Köhler.

Der 2012 erschiene Spielfilm *Sushi in Suhl* zeigt eine ganz andere Seite der Stadt: Er erzählt auf sehr humorvolle Weise die Geschichte des Gastronomen und Objektleiters des HO-Restaurants „Waffenschmied“ Rolf Anschütz, der 1966 in der thüringischen Kleinstadt das erste japanische Restaurant der DDR gründete und zu einer Berühmtheit wurde. Er hielt mit seinem Gasthaus, zu dem auch ein kleines Sentō-Bad gehörte, 15 Jahre lang die Alleinstellung, bis 1981 in Leipzig im Interhotel Merkur ein weiteres japanisches Restaurant eröffnete.

Arnstadt, Rathaus

Waffenmuseum in Suhl

Pferdeschlitten in Oberhof, 1911

WINTERSPORT IM THÜRINGER WALD

Neben dem Wandern auf dem Rennsteig ist es vor allem der Wintersport, der jedes Jahr die meisten Touristen in den Thüringer Wald zieht. Viele der Wanderwege können während der kalten Jahreszeit als Loipen für Skilanglauf genutzt werden. In Oberhof, das öfter auch als „St. Moritz der einstigen DDR" bezeichnet wird, treffen sich im hiesigen Wintersportzentrum die Spitzensportler des Biathlons, Bobsports, Skilanglaufs und der Nordischen Kombination. Hier trainierten Olympiasieger/-innen und Weltmeister/-innen wie die Biathlet/-innen Arnd Pfeiffer und Kati Wilhelm, Bobfahrer wie Wolfgang Hoppe und André Lange, Skispringer wie Andreas Wank oder Stephan Hocke, der Skilangläufer Tobias Angerer und die Rennrodlerin Silke Kraushaar-Pielach. Die Liste ließe sich mühelos fortsetzen. Auch der Ausnahme-Skispringer Jens Weißflog startete oft von der hiesigen Schanze. Oberhof ist ein fester Bestandteil des Weltcup-Kalenders, was an den vielen hervorragenden Sportstätten liegt, hier gibt es die Sprungschanzen „Schanzenanlage im Kanzlersgrund" und „Jugendschanze Oberhof", das Biathlon-Stadion „Lotto Thüringen Arena am Rennsteig" sowie die Bob- und Rodelrennbahn „Lotto Thüringen Eisarena". Während der Sommermonate werden Hänge und Rodelbahn ebenfalls genutzt, in der „Skisporthalle Oberhof", der ersten Langlaufhalle Deutschlands, können ganzjährig Skilanglauf und Biathlon betrieben werden.

Bis zu Beginn des 20. Jahrhunderts war Oberhof nur ein kleiner Ort, der sich aufgrund des hier vorherrschenden rauen Klimas kaum entwickeln konnte. Erst mit dem aufkommenden Wintertourismus begann der Aufstieg, 1904 wurde der Oberhofer Wintersportverein gegründet, im Laufe weniger Jahre wurde aus Oberhof ein mondäner Wintersportort. Im Jahr 1906 wurden die erste Bobbahn und die erste Skisprungschanze eingeweiht, 1931 die ersten Weltmeisterschaften ausgetragen, 1939 wurde Oberhof Luftkurort. Nach dem Zweiten Weltkrieg fanden von 1951 bis 1956 DDR-Wintersportmeisterschaften statt, es folgte 1964 der Bau der Großschanze am Rennsteig. Für die wachsende Zahl an Besuchern wurde 1969 das aufsehenerregende Hotel Panorama in Form zweier Sprungschanzen erbaut, das heute noch das Stadtbild bestimmt.

Historische Schanze, Oberhof

Rennsteig im Schnee

SAALETAL

Der Herzogstuhl der Jagdanlage Rieseneck in Thüringen

SAALETAL

Sie mag nicht so bekannt wie der Rhein oder die Elbe sein, aber die Saale, die in Oberfranken entspringt und auf ihren 413 km Länge auch durch Thüringen fließt, kann mit Fug und Recht als eine der schönsten deutschen Flusslandschaften bezeichnet werden. Mit der Bleilochtalsperre besitzt sie den größten Stausee Deutschlands, an der Hohenwarte-Talsperre erinnert die Landschaft an die Fjorde Skandinaviens. Wer im wildromantischen Schwarzatal auf dem „Olitätenweg" unterwegs ist, fühlt sich mancherorts wie in einem Märchenland. Und wem das noch nicht genug Zauber ist, der findet genug verwunschene Plätze in den Saalfelder Feengrotten.

Die Region, die sich vom Thüringer Schiefergebirge bis hoch ins Holzland erstreckt, war einst fast ausschließlich mit dichtem Wald bedeckt und in weiten Teilen ein sehr beliebtes Jagdrevier der adeligen Herrschaften. Wohl auch deshalb finden sich an allen Ecken des Landes Burgen, Schlösser und Jagdanlagen, die heute als Museen, Hotels oder Gedenkstätten zu besuchen sind. Viele Wander- und Radwege wie die Rundwanderung um das „Thüringer Meer", der Saaleradweg oder die Wasserwege des Blauen Bands locken zahlreiche Gäste hierher, die vor allem die naturnahe Landschaft schätzen.

Wem das zu wenig Kultur ist, der sei daran erinnert, dass Goethe seine angebetete Frau von Stein regelmäßig auf Schloss Kochberg besuchte und Schiller in Rudolstadt seine spätere Ehefrau kennenlernte – wie übrigens auch den Dichterfürsten persönlich. Das ehemalige Wohnhaus der Familie von Lengefeld ist heute als Schillerhaus ein Literaturmuseum und erinnert an die erste richtige Begegnung der beiden Dichter, die sich zuvor in Stuttgart nur kurz bei einer Preisverleihung gesehen hatten. Auch das reizende Liebhabertheater in Kochberg und das Rudolstädter Theater besinnen sich auf diese Zeiten und führen noch heute Werke aus Klassik und Romantik auf.

CHRONIK

Seit 1000 v. Chr. In Ostthüringen ist die sog. Lausitzer Kultur ansässig.
700–450 v. Chr. Metallfunde, Grab- und Wallanlagen auf dem Alten Gleisberg bei Eisenberg geben Hinweise auf die Hallstatt-Zeit (ältere Eisenzeit).
750 v. Chr.–500 n. Chr. Nach der Eisenzeit folgt die keltische, germanische und später slawische Besiedelung in der Saale-Region.
766 Rudolstadt findet als Schenkung Karls des Großen an das Kloster Hersfeld erstmals urkundliche Erwähnung als Rudolfestat (Siedlungsstätte des Rudolf).
899 Saalfeld wird zum ersten Mal urkundlich erwähnt und ist damit eine der ältesten Ortschaften Ostthüringens.
1208 erhält Saalfeld als vierter Ort in Thüringen das Stadtrecht.
1530 Beginn des aktiven Bergbaus im Arnsgereuther Tal oberhalb von Garnsdorf
1760 Unter Fürst von Schwarzburg-Rudolstadt wird das Porzellan in Thüringen erfolgreich „nacherfunden"; 1762 wird in Volkstedt die älteste, heute noch produzierende Porzellanmanufaktur Thüringens gegründet.
1840 Erster Kindergarten in Bad Blankenburg. Das Konzept des Kindergartens des in Oberweißbach geborenen Pädagogen Friedrich Fröbel findet weltweit Nachahmer.

1926 Die Bleilochtalsperre wird innerhalb von sechs Jahren erbaut, es folgen weitere vier bis 1945; die sog. Saalekaskade ermöglicht die Schifffahrt auch bei geringem Wasserstand.
Ab 1945 Rudolstadt-Schwarza entwickelt sich zu einem Zentrum der chemischen Industrie in der DDR.
2008 Pößneck erhält den von der Bundesregierung verliehenen Titel „Ort der Vielfalt".

Morgennebel über der Bleilochtalsperre mit Wetterabrücke

DIE SAALEKASKADE

Ein Meer kann auch innerhalb von nur 40 Jahren entstehen – jedenfalls, wenn es in Thüringen liegt. Die Saale, die noch bis vor 100 Jahren ungestört durch das Thüringer Schiefergebirge floss, wurde in der Zeit von 1920–60 zur sogenannten Saalekaskade aufgestaut. Mit insgesamt fünf Talsperren bildet der Lauf der oberen Saale zwischen Blankenstein und Eichicht den zweitgrößten deutschen Verbund von Wasserkraftwerken. Neben den Talsperren Burgkhammer, Walsburg und Eichicht sind die Bleilochtalsperre und die Hohenwartetalsperre die beiden bekanntesten. Über 200 Mio. m^3 Wasser fasst die Bleilochtalsperre, sie ist der größte Stausee Deutschlands: Die Staumauer ist gut 65 m hoch und 205 m lang, und die Saale kann bis zu einer Höhe von 60 m aufgestaut werden. Von hier aus folgen die anderen Staubecken, die zu der 80 km langen, fünffach gestuften Saalekaskade gehören. Während die Bleilochtalsperre zur Zeit ihrer Entstehung vor allem als Energieversorger der Carl-Zeiss-Werke im 50 km entfernten Jena diente, wird sie heute auch touristisch stark genutzt: Zahlreiche Wassersportmöglichkeiten wie Surfen, Segeln, Baden, Angeln oder Wasserski sind ebenso vorhanden wie schön gelegene Campingplätze. Wer es weniger aktiv mag, kann eine gemütliche Schiffsrundfahrt auf dem Wasser unternehmen.

Weiter nördlich bei dem kleinen Ort Hohenwarte ist man dann am „Thüringer Meer" angekommen: Die Hohenwartetalsperre ist rund 27 km lang und verfügt über eine beeindruckende Staumauer von 75 m Höhe und 412 m Länge. Das Wasser des Stausees schafft hier eine fjordähnliche Landschaft mit steilen Felswänden und tiefen Einbuchtungen, die seit den 1930er-Jahren ein beliebtes Naherholungsgebiet ist. Auch hier werden Rundfahrten per Schiff angeboten, dazu kommen unzählige Surfer, Taucher, Kanufahrer oder Ruderer. Die Campingplätze liegen an idyllischen Plätzen rund um den Stausee.

Rad- und Wanderwege wie etwa der zum Jagd- und Sommerschloss Burgk, das hoch über der gleichnamigen Talsperre liegt, erschließen das gesamte Gebiet. In der Nähe liegt mit dem Naturschutzgebiet Dreba-Plothener Teichgebiet ein weiteres Highlight, das an eine finnische Seenlandschaft erinnert: Seit dem Mittelalter wurden hier über 500 Teiche angelegt, die Heerscharen von Vögeln anlocken und im Herbst die Kulisse für das Plothener Starenwunder sind.

Talsperre Burgkhammer

Bleilochtalsperre

Hohenwarte-Talsperre, Saale

Schloss Burgk

BURGEN IM OBEREN SAALETAL

Goethe zog es oft hierhin, was vor allem an der Schlossherrin lag: Im Renaissanceschloss Kochberg in Großkochberg bei Rudolstadt lebte die von ihm verehrte Charlotte von Stein mit Mann und Kindern. Das filmreife Wasserschloss ist umgeben von einem Landschaftspark, zu dem eine überbaute Gartenbrücke führt. Ursprünglich eine Burg, wurde das Schloss im 17. Jahrhundert umgebaut und das prägnante Hohe Haus errichtet. Am Eingang zum Schlosspark steht ein ganz besonderes Gebäude: Das Liebhabertheater wurde um 1800 von Carl von Stein, Charlotte von Steins ältestem Sohn, nach dem Weimarer Vorbild als kleiner Musenhof in Auftrag gegeben. Noch heute finden hier Aufführungen von Werken des Barock, der Klassik und der Romantik statt.

In der Nähe von Pößneck grüßt die wehrhafte Burg Ranis hoch über der gleichnamigen kleinen Stadt. Nur ein einziger Zugang auf der weniger stark ansteigenden Ostflanke des Hügels mit Zwinger, Burggraben und Zugbrücke gewährte erfolgreichen Schutz vor Eindringlingen, Ranis galt als Grenzfeste gegen die Slawen. Die Höhenburg aus dem 11. Jahrhundert besteht aus einer kleinen Hauptburg im Westen, dem 38 m hohen Bergfried, einem Südflügel und zwei Vorburgen. Seit einigen Jahren wird die Dauerausstellung in den Burgräumen modernisiert und erweitert, im Museum Burg Ranis können jetzt neben dem Seismologischen Kabinett und der Burggeschichte auch die Ausstellungen „Geologie des Orlatales“ und „Blick in die Eiszeit“ besucht werden.

Hoch über der Talsperre Burgkhammer thront das Schloss Burgk aus dem 15. Jahrhundert. Die gut erhaltene Anlage entführt die Besucher in die Zeit des späten Mittelalters mit Palas, Bergfried, Schlossküche und erst kürzlich gefundener Bohlenstube, dem einzigen beheizten Raum zu jener Zeit. Höhepunkt eines Besuchs ist die prächtige Silbermann-Orgel in der Schlosskapelle aus dem Jahr 1743.

Ein wenig schlichter, aber nicht weniger beeindruckend ist das Neue Schloss am Rand der Altstadt von Bad Lobenstein, das im 18. Jahrhundert im Barockstil errichtet und im 19. Jahrhundert aufgrund mehrerer Brände umgebaut wurde. Es beherbergt heute ein Museum mit Schwerpunkt auf reußischer Regional- und Münzgeschichte. Der großzügige Herrengarten präsentiert sich im Stil eines englischen Landschaftsgartens, dessen Mittelachse zu einem quadratischen Pavillon mit auffälligen Fensterläden führt.

Burg Ranis

Schloss Brandenstein bei Ranis

Mutzbraten

MUTZBRATEN

So ganz genau weiß man nicht, woher er stammt, doch es wird vermutet, dass er im Altenburger Land und hier vor allem in Schmölln seinen Ursprung hat: der Mutzbraten. Aber auch im Thüringer Holzland ist er bestens bekannt und darf auf keinem Stadt- oder Dorffest fehlen. Faustgroße Stücke Fleisch aus der Schulter oder dem Kamm vom Schwein werden mit Salz, Pfeffer und Majoran gewürzt, mariniert und anschließend zwei Stunden lang auf sogenannten Mutzbratenständen über Birkenholzrauch gegrillt. So erhält das Fleisch seine charakteristische dunkle Kruste, bleibt innen aber rosa und saftig. Dazu werden meist Brot, Sauerkraut und Senf serviert.

Wichtig bei der Zubereitung ist die Beschaffenheit des Fleisches, das nicht zu mager sein darf, sonst würde es beim Braten austrocknen. Die Marinade gibt den speziellen Geschmack, aber auch das Birkenholz ist unverzichtbar, sonst wird aus dem Fleisch kein Mutzbraten. Schon zu Beginn des 20. Jahrhunderts gab es die ersten Mutzbratenstände, die allerdings aus vier in die Erde gesteckten Stäben und seitlichen Auflagen für die Spieße bestanden, die per Hand über einem Lagerfeuer gewendet wurden. Der zu DDR-Zeiten sehr beliebte Braten wurde oft in eigens gebastelten Ständen geröstet, heute gibt es richtige, zerlegbare Profi-Varianten mit motorbetriebenen Spießen und Auffangrinnen für das abtropfende Fett.

Doch woher kommt der Name? Ein Mutz ist dem Pieres-Universallexikon von 1844 zufolge „etwas verkürztes, verstümmeltes“ bzw. ein „Thier, dem der Schwanz fast ganz abgeschnitten ist, oder welches ohne Schwanz geboren ist, obgleich es einen haben sollte“. Also eine Art Fabelwesen der Thüringer Wälder, vergleichbar mit dem bayerischen Wolpertinger? Angeblich kennt die genaue Herkunft nur eine ausgewählte Schar von Jägern und Fleischern in der Region, die das Geheimnis bestens bewahren. Glaubwürdiger ist die Geschichte, dass in der damals sehr bekannten Wallfahrtsstätte Schmölln auf sogenannten „Mutschenmärkten“ kleine Schweinefleischhäppchen, die „Mutschen“, angeboten wurden und sich daraus später der heutige Name ableitet hat.

Wie dem auch sei, lecker ist es allemal, und wer seinen Mutzbraten verzehrt, sollte nicht den Fehler begehen, nach einer Portion Ketchup zu fragen. Alles hat seine Grenzen.

Schloss Heidecksburg, Rudolstadt

STÄDTE MIT KULTURELLER VIELFALT

Das Thüringer Saaleland ist vor allem wegen seiner Hügellandschaft und den Stauseen bekannt. Doch auch die Städte weisen manch unerwarteten Schatz auf, wie etwa Saalfeld mit der größten Hallenkirche Thüringens: Die dreischiffige Johanniskirche mit ihren beiden 64 m hohen Türmen thront auf einem Hügel über der Saale in unmittelbarer Nähe zum Marktplatz. Am Markt dominieren das stattliche Rathaus aus der Frührenaissance und die Stadtapotheke aus dem Jahr 1170 das Bild. Die einstige Hofapotheke ist Deutschlands ältestes Apothekenhaus, in dem noch immer Arzneien und Salben verkauft werden. An einen steilen Hang der Saaleterrasse schmiegt sich das Schlösschen Kitzerstein mit seinen reich verzierten Giebeln, das unmittelbar auf der Stadtmauer errichtet wurde und heute eine Musikschule beherbergt.

Ganz in der Nähe liegt Bad Blankenburg, die Wirkungsstätte des Pädagogen Fröbel, dem hier ein eigenes Museum gewidmet ist. Blankenburg bezeichnet sich selbst als Lavendelstadt, da vor 200 Jahren rund um den Ort das duftende Gewächs angebaut und verarbeitet wurde.

Weiter nördlich liegt im Saaletal die ehemalige fürstliche Residenz Rudolstadt mit dem hochherrschaftlichen Barockschloss Heidecksburg, das heute das Thüringer Landesmuseum beheimatet. Neben den fürstlichen Repräsentations- und Wohnräumen und dem Festsaal im Rokokostil sind die Porzellangalerie sowie die Gemäldegalerie mit Werken von Caspar David Friedrich und Otto Mueller zu besichtigen. Außergewöhnlich sind zudem die umfangreiche Waffensammlung und die Miniaturwelt „Rococo en miniature – Die Schlösser der gepriesenen Insel“ in der ehemaligen fürstlichen Hofküche. Zu den Staatlichen Museen gehört auch das Volkskundemuseum „Thüringer Bauernhäuser“ mit seinen Gebäuden aus dem 17. und 18. Jahrhundert, die

Residenzschloss Saalfeld, Schlossgarten

Das Kloster Paulinzella in Thüringen ist eine ehemalige Benediktinerabtei und gehört zu den bedeutendsten romanischen Bauwerken in Deutschland

schon 1914/15 im Rudolstädter Stadtpark aufgestellt wurden. Ein besonderer Gast der Stadt war Friedrich Schiller, der hier 1788 die Sommermonate verbrachte und seine spätere Frau Charlotte von Lengefeld kennenlernte. Im Schillerhaus wird an diese Zeit erinnert, außerdem finden hier regelmäßig Konzerte, Lesungen und Theateraufführungen statt. Auf dem Anger steht das Theater Rudolstadt, das auf das 1792/93 gegründete fürstliche Sommertheater zurückgeht: Hier schauten sich die bäuerliche Bevölkerung und der angereiste Hochadel fast schon demokratisch gemeinsam die Aufführungen an, zu denen auch Schillers Werke gehörten – die einen auf den Stehplätzen, die anderen oben in den Hoflogen. Unterhalb der Heidecksburg befindet sich das barocke Stadtschloss Ludwigsburg.

Nach so viel Barock und Rokoko erwartet den Besucher in Zeulenroda-Triebes eine andere Epoche: Aufgrund eines verheerenden Brands im Jahr 1790 wurde die Stadt im klassizistischen Stil wieder aufgebaut. Neben der Dreieinigkeitskirche, die 1820 eingeweiht wurde, fasziniert vor allem das Rathaus von 1825. Der strahlend helle Bau wird überragt von dem 38 m hohen Turm, auf dem eine Statue der Themis, der griechischen Göttin für Gerechtigkeit und Philosophie, thront.

Ein Kulturgut ganz eigener Art findet sich in Neustadt/Orla: Die sogenannten Fleischbänke im Durchgang vom Markt zum Kirchplatz stammen aus dem Jahr 1475 und sind in Europa einmalig. Nur hier und unter Aufsicht eines Fleischaufsehers durften die Metzger im Mittelalter ihre Ware verkaufen, dabei wurde streng auf Hygiene und Qualität geachtet.

Schlösschen Kitzerstein

Friedrich Fröbel

FRIEDRICH FRÖBEL (1782–1852)

Den meisten wird sein Name kein Begriff sein, aber wohl kaum jemand hat mit seinem Wirken so viele Menschen beeinflusst wie Friedrich Fröbel – und das weltweit! Der Pfarrerssohn war Pädagoge und Schüler von Pestalozzi. Beeinflusst durch die modernen Ideen seiner Zeit, führte er die Elementarmethode des Schweizer Pädagogen weiter aus und stellte die Bedeutung der frühkindlichen Entwicklung in den Vordergrund.

Im Jahr 1840 gründete Fröbel in Bad Blankenburg den ersten „Allgemeinen deutschen Kindergarten“. Das Revolutionäre an dieser Einrichtung, die sich erheblich von den damals üblichen Kinderverwahranstalten unterschied, war das Konzept des freien Spiels, durch das sich der kindliche Charakter weiterentwickeln sollte. Dazu erfand Fröbel eigene Spielmaterialien mit Ball, Kugel, Würfel und Walze/Kegel und ergänzte diese durch Legetäfelchen oder Ketten. Damit kann er als Pionier der sogenannten Reformpädagogik des frühen 20. Jahrhunderts angesehen werden.

Trotz Widerstände seitens der preußischen Staatsverwaltung nahmen andere die fortschrittlichen Ideen auf, sodass viele Kindergärten in ganz Deutschland entstanden, schon 1842 gab es die ersten Kindergärtnerinnenkurse in Blankenburg. Ende der 1850er-Jahre war das Konzept des Kindergartens in den USA angekommen, in Wisconsin, Boston und New York wurden die ersten Einrichtungen gegründet, und die Idee des deutschen Pädagogen eroberte die englischsprachige Welt – bis heute wird der Begriff „Kindergarten“ nicht übersetzt. Neben den Vereinigten Staaten finden sich Kindergärten vor allem in Österreich, Japan, Korea und Russland, zahlreiche Einrichtungen sind nach Fröbel benannt.

Das von Fröbel entwickelte Spielgabensystem wird noch heute in aller Welt eingesetzt, die sogenannten dreidimensionalen Fröbelsterne hat wohl schon jedes Kind einmal gebastelt. Kreative Köpfe wie Walter Gropius oder Frank Lloyd Wright bezogen sich in ihrer Arbeit auf den deutschen Reformpädagogen. In den Niederlanden spricht man heute noch vom „fröbeln“, wenn man die Beschäftigung von Kindern in einer Krabbelgruppe meint.

Schwarzatal

Feengrotte, Saalfeld

MÄRCHENLAND – DAS SCHWARZATAL UND DIE SAALFELDER FEENGROTTEN

Obwohl das Schwarzatal zum Thüringer Wald gezählt wird, gehört es zum Landkreis Saalfeld-Rudolstadt, was an seiner Ausdehnung liegt. Unmittelbar am Rennsteig entspringt die Quelle der Schwarza, die sich dann auf 53 km Länge bis zur Mündung in die Saale bei Rudolstadt durch das wildromantische Tal schlängelt. Von den Hochflächen des Thüringer Schiefergebirges über enge Schluchten und weite Täler bis zur Saalemündung erleben Wanderer im wohl schönsten Flusstal der ganzen Region pure und teilweise noch unberührte Natur. Mit der Oberweißbacher Bergbahn und der Schwarzatalbahn geht es hinauf ins Schiefergebirge oder nach Katzhütte. Vom Fröbelturm in Oberweißbach, benannt nach dem Begründer des Kindergartens, der hier geboren wurde, hat man einen atemberaubenden Ausblick auf die Umgebung. Das Schwarzatal und besonders Oberweißbach ist „Olitätenland“: Fast 300 Jahre verdienten die Menschen ihr Auskommen mit der Zubereitung und dem Handel von Ölen aus Kräutern und Blüten, die im Übermaß auf den Bergwiesen oder in den Wäldern gedeihen. Die symbolhaften Figuren des Buckelapothekers und der Kräuterfrau zeugen von dieser Tradition, noch heute gibt es Kräuterseminare im Geburtshaus von Friedrich Fröbel.

Wahrhaft märchenhaft ist auch ein anderer Ort im Saaletal: Die Saalfelder Feengrotten stehen seit 1993 als die „farbenreichsten Schaugrotten der Welt“ im Guinness-Buch der Rekorde. Wer im „Märchendom“, dem ältesten und schönsten Hohlraum der Tropfsteingrotten, steht und mit offenem Mund die „Gralsburg“ bestaunt, wundert sich nicht, dass Siegfried Wagner, der Sohn des berühmten Komponisten, sich hier zu einem Bühnenbild für die Oper *Tannhäuser* inspiriert fühlte. Gut 300 Jahre alt sind die Stalagmiten und Stalaktiten auf dieser dritten Sohle des Schaubergwerks, das schon im 16. Jahrhundert als Alaunschieferbergwerk in Betrieb war. Auf den beiden anderen, oberen Sohlen wird über die Arbeit der Bergleute und das mineralhaltige Heilwasser der Quellgrotten informiert. Hier befinden sich auch die ältesten Heilstollen Deutschlands, die Mediziner aufgrund des staub-, keim-, bakterien-, allergen-, ozon- und pollenfreien Mikroklimas für sehr gesundheitsfördernd halten. Klangmeditationen und Qigong-Entspannungsreisen sorgen für die komplette Tiefenentspannung. Im Erlebnismuseum Grottoneum und im Abenteuerwald Feenweltchen können sich vor allem Familien mit Kindern auf Spurensuche nach den Sagengestalten begeben.

Jagdschloss Hummelshain

THÜRINGER HOLZLAND

Der Waldreichtum des Thüringer Holzlandes ist heute für Wanderurlauber sehr angenehm, in früheren Zeiten war dies jedoch kein Standortvorteil, eher im Gegenteil. Die unfruchtbaren Sandsteinböden der Region erschwerten die Landwirtschaft, und so lag der Schwerpunkt der Arbeit auf der Verarbeitung von Holz, das reichlich in den Wäldern zur Verfügung stand. Ende des 19. Jahrhunderts kam die Porzellanindustrie hinzu, in Kahla wird die weiße Keramik noch heute produziert. In Stadtroda befindet sich neben dem barocken Schloss und der sehenswerten Stadtkirche St. Salvator die Ruine des Zisterzienserinnenklosters Roda, eine der größten Klosterruinen in Thüringen. Eisenberg im Norden des Saale-Holzland-Kreises beeindruckt durch sein Schloss Christiansburg, eine barocke Dreiflügelanlage aus dem späten 17. Jahrhundert mit der prunkvollsten Barockkirche Thüringens, der Schlosskirche St. Trinitatis. Wahrzeichen des in der Nähe von Hermsdorf gelegenen Bad Klosterlausnitz ist die romanische Pfeilerbasilika des ehemaligen Augustinerinnenklosters.

Seit jeher war das Holzland Jagdrevier, und so verwundert es nicht, dass sich hier viele Adelige niederließen, um ihrem Zeitvertreib nachzugehen. Im Südwesten der Region liegt das Fachwerkdorf Reinstädt, wo sich mit der Kemenate und der Wehrkirche St. Michael noch Reste eines typischen Thüringer Adelssitzes erhalten haben. Deutlich repräsentativer kommt das Neue Jagdschloss in Hummelshain daher, das ab 1880 auf Wunsch von Herzog Ernst I. von Sachsen-Altenburg im wilhelminischen Historismus erbaut wurde. Ein weiteres Jagdschloss mit dem kuriosen Namen „Fröhliche Wiederkunft“ liegt nicht weit davon entfernt in Wolfersdorf mitten auf einer Insel in einem kleinen See. Der damalige Kurfürst Johann Friedrich I. geriet im Schmalkaldischen Krieg in kaiserliche Gefangenschaft, nach seiner Rückkehr feierte er mit seiner Familie in Wolfersdorf die „fröhliche Wiederkunft“. Die imposanten Hof- und Staatsjagden führten zu ausgedehnten Jagdgebieten, von denen die Jagdanlage Rieseneck bei Kleineutersdorf eine der größten und besterhaltenen barocken Anlagen ist. Heute informiert Rieseneck als Kulturdenkmal über die Jagdtechnik und -geschichte des 18. und 19. Jahrhunderts.

Schloss Christiansburg mit Schlosskirche St. Trinitatis

Gewitter bei der Leuchtenburg, Seitenroda

DIE LEUCHTENBURG IN KAHLA

Auf der Leuchtenburg dreht sich alles um Porzellan: Die „Porzellanwelten Leuchtenburg" geben einen faszinierenden Einblick in die Herstellung und Verbreitung dieses zerbrechlichen Materials. Künstler aus aller Welt haben sieben Erlebniswelten gestaltet, die eine Reise mit allen Sinnen ermöglichen. Besucher erfahren hier kuriose Details und staunen über die größte Porzellanvase der Welt und die weltweit einzigartige Porzellankirche. China als Ursprungsland dieses Materials wird vorgestellt, und es werden die faszinierenden Verbindungen zur Natur aufgezeigt. Neugierige können sich außerdem selbst einmal am Brennofen versuchen. Im Archiv der Wünsche wird man dazu aufgefordert, sich selbst ein Stück Porzellan auszusuchen, es mit seinem Wunsch zu beschriften und anschließend auf dem 20 m langen Steg der Wünsche in die Tiefe zu werfen. Denn Scherben bringen bekanntlich Glück.

Calit-Dreherei, Zweigniederlassung der Porzellanfabrik Kahla

Die mittelalterliche Burg aus dem 13. Jahrhundert erhebt sich als „Königin des Saaletals" hoch über dem Flusstal, zu ihren Füßen liegt die Porzellanstadt Kahla. Deren Name wurde schon im 9. Jahrhundert erstmals urkundlich erwähnt, ist aber heute aufgrund der hier ansässigen Porzellanindustrie weit über die Landesgrenzen hinaus bekannt. Hier ist die Kahla/Thüringen Porzellan GmbH zu Hause, ein deutscher Hersteller von Haushalts- und Hotelporzellan. Begründet wurde die Produktion im Jahr 1844, vor dem Ersten Weltkrieg war die Fabrik einer der größten Porzellanhersteller in Deutschland. Vor allem das berühmte Kobaltblau und das in vielen Haushalten benutzte Seriengeschirr mit Strohblumen- und Zwiebelmusterdekor waren ein Markenzeichen der Kahlaer Porzellanindustrie. Zu DDR-Zeiten verstaatlicht, wurde aus dem Betrieb die VEB Feinkeramik und Kahla zum Zentrum der Porzellanindustrie in der DDR. Nach der Wende modernisierten Investoren die Anlage und erweiterten die Produktionspalette. 2018 wurden in Kahla mehr als 2000 unterschiedliche Produkte hergestellt, vom Porzellanservice bis zu „intelligentem Porzellan" mit innovativer RFID-Technologie. Aufgrund eines weggebrochenen Großauftrages und der zunehmenden Billigkonkurrenz aus dem Ausland musste das Unternehmen 2020 allerdings Insolvenz anmelden. Inzwischen hat der Inhaber eines hessischen Werbeartikelherstellers das traditionsreiche Werk als Investor übernommen.

Die Thüringer Porzellanstraße führt neben der Leuchtenburg auch zu anderen wichtigen Orten wie der Porzellanmanufaktur Reichenbach, dem Schloss Heidecksburg in Rudolstadt, dem Thüringer Museum Eisenach und dem Museum 642 in Pößneck.

HALLE UND SAALE-UNSTRUT

Ruine Rudelsburg, Saaleck

Neuenburg und Herzoglicher Weinberg, Freyburg

HALLE UND SAALE-UNSTRUT

Das nördlichste Qualitätsweinanbaugebiet Europas, die weltweit älteste astronomische Darstellung des Himmels, eine der größten deutschen mittelalterlichen Burganlagen, die größte Fachwerkkonstruktion Europas, einer der berühmtesten Komponisten der Musikgeschichte, die älteste Schokoladenfabrik Deutschlands, das größte Plattenbau-Wohnhaus der DDR und die schönste Frau des Mittelalters – wenn das keine Superlative sind!

Die Saale-Unstrut-Region und die Salzstadt Halle haben auf verhältnismäßig kleinem Raum einen Reichtum an kulturellen Schätzen vorzuweisen, der seinesgleichen sucht. Die südliche Route der „Straße der Romanik“ verläuft hier, auf der man die schöne Uta im Naumburger Dom, die mächtige Höhenburganlage von Schloss Neuenburg oder den majestätischen Merseburger Dom bewundern kann. Im Burgenlandkreis reihen sich die einst prachtvollen Adelssitze an Saale und Unstrut aneinander: das barocke Schloss Moritzburg bei Zeitz, die Rudelsburg, Schloss Neu-Augustusburg bei Weißenfels oder Schloss Droyßig sind nur einige davon.

In Halle kann man den Spuren der Halloren nachgehen, die früher die reichen Salzvorkommen abgebaut haben. In Naumburg trifft man im Nietzsche-Haus auf Leben und Werk des berühmten Philosophen. Nebra ist nicht nur der Fundort der berühmten Himmelsscheibe, sondern auch die Heimat der einst sehr beliebten Romanautorin Hedwig Courths-Mahler, an die mit einem eigenen Museum erinnert wird.

Und Musik gibt es allerorten: bei den Händel-Festspielen in Halle, den Köthener Bach-Festtagen, den Fasch-Festtagen in Zerbst und bei den Merseburger Orgeltagen, die an die Zeit erinnern, als Franz Liszt für die hiesige Domorgel eigene Kompositionen verfasste. Wer dazu noch ein Glas Saale-Unstrut-Wein genießt und eine Halloren-Kugel vernascht, ist ganz und gar in der Region angekommen.

CHRONIK

2200–800 v. Chr. Bereits in der Bronzezeit wird in der Region um Halle Salz gewonnen; der Grund dafür ist die sog. Hallesche Marktplatzverwerfung.

800 v. Chr. Im Gebiet des heutigen Merseburgs finden sich Funde u. a. aus der Hallstattzeit, aber auch aus der früheren Jungstein- und Bronzezeit.

806 In der Chronik von Moissac wird der Ort Halle als „Halla“ das erste Mal erwähnt.

968 Gründung des Erzbistums Magdeburg, dem Halle bis 1680 angehört.

1012 Erste urkundliche Erwähnung von Naumburg

Ende des 12. Jh. Gründung der Innung der sog. Pfänder und damit eines Bürgertums in Halle

1278 Die Naumburger Messen werden zum ersten Mal abgehalten.

1281 Halle wird Mitglied der Hanse.

1542 Luther weiht im Naumburger Dom den ersten evangelischen Bischof, die Stadt ist eng mit der Reformation verbunden.

16. Jh. Halle ist die Lieblingsresidenz des prunksüchtigen Kardinals Albrecht von Brandenburg, einem der größten Gegner Martin Luthers.

1694 Gründung der Universität Halle, die 1817 mit der Universität Wittenberg zur Friedrichs-Universität vereinigt wird. Heute heißt die Hochschule Martin-Luther-Universität und bezieht sich in ihrem Doppelsiegel auf die Vereinigung im 19. Jh.

1795 Nach langen Jahren der Vorbereitung wird auf der Unstrut der Schiffsverkehr freigegeben.

1841 In der Merseburger Domstiftsbibliothek werden die Merseburger Zaubersprüche entdeckt.

1963 Beschluss des ZK-Büros der SED zum Aufbau von Halle-Neustadt, in den 1980er-Jahren erfolgt auch in der Hallenser Innenstadt eine Erneuerung in industrieller Plattenbauweise.

1999 Spektakulärer Fund der sog. Himmelsscheibe von Nebra, der ältesten bisher bekannten Himmelsdarstellung der Menschheit, 2013 nimmt die UNESCO sie ins Weltdokumentenerbe auf.

2018 Der Naumburger Dom wird in die Liste des UNESCO-Welterbes aufgenommen.

Klosterkirche St. Bonifatius in Zscheiplitz

WEINREGION SAALE-UNSTRUT

Innovativ, experimentell und teilweise exotisch – Europas nördlichstes Weinanabaugebiet, das „Qualitätswein des bestimmten Anbaugebietes" (sogenannte QbA-Weine) produziert, gilt seit einigen Jahren unter Kennern als eine echte Entdeckung. Zu diesem Gebiet gehören zwar auch die Weinlagen bei Westerhausen (Thale) und Quedlinburg nördlich des Harzes sowie das Weinanbaugebiet in Werder (Brandenburg) und der Erfurter Petersberg (Thüringen), aber das unbestrittene Zentrum ist die Region um Freyburg und Naumburg in Sachsen-Anhalt. Hier treffen Saale und Unstrut direkt aufeinander, hier prägen die terrassierten Weinberge das Landschaftsbild. Entlang der beiden Flüsse ragen mittelalterliche Burgen auf, die wie die prächtigen Schlösser und Kirchen von der einstigen Blütezeit der Gegend zeugen. Hier kreuzen sich auch die Südroute der „Straße der Romanik" und die gut 60 km lange „Weinstraße Saale-Unstrut", die von Memleben nach Bad Sulza führt und in großen Teilen im Naturpark Saale-Unstrut-Triasland liegt.

Schon seit 998 wird in der Region Wein angebaut. Der Lauf der Jahrhunderte brachte große Erträge, aber auch Missernten durch Kriege, Trockenheit und Reblausbefall, sodass von der einst 10 000 ha umfassenden Fläche im frühen 20. Jahrhundert nur noch knapp 100 ha übrig waren. Zwar wurde auch noch zu DDR-Zeiten der Weinanbau betrieben, doch erst nach der Wende setzte der Aufschwung ein. Vor allem die Sorten Müller-Thurgau, Weiß- und Grauburgunder, Kerner, Riesling und Silvaner werden kultiviert. Knapp ein Viertel der angebauten Weine sind Rotweine wie Dornfelder, Blauer Zweigelt, Blauer Portugieser, Blauer Spätburgunder und Regent. Eine besondere ostdeutsche Erfolgsgeschichte kann die in Freyburg ansässige Rotkäppchen Sektkellerei vorweisen. Der Betrieb, der schon 1856 als „Fabrik zur Herstellung moussierender Weine" gegründet worden war, konnte zu Wendezeiten bekannte westliche

Burg und Schleuse Wendelstein an der Unstrut im Abendlicht

Naumburg, Mündung der Unstrut (rechts) in die Saale

Unternehmen wie Godefroy H. von Mumm & Co., Matheus Müller und Chantré & Cie übernehmen und ist heute Marktführer auf dem gesamtdeutschen Sektmarkt.

Bei einer Tour durch das romantische Unstruttal gibt es eine Menge Highlights zu entdecken: sei es die ottonische Kaiserpfalz Memleben, Freyburg als Zentrum des Weinanbaus mit seinem mächtigen Schloss Neuenburg oder Großjena mit dem „Steinernen Bilderbuch". Weiter nördlich Richtung Halle liegt Merseburg, eine der ältesten Städte im mitteldeutschen Raum, mit dem prächtigen Renaissanceschloss und dem Dom aus dem 11. Jahrhundert. Direkt bei Naumburg lockt in Weißenfels das frühbarocke Schloss Neu-Augustusburg mit seiner weitgehend im Original erhaltenen Schlosskirche St. Trinitatis die Besucher an, im Schloss selbst ist das Schuhmuseum Weißenfels untergebracht.

Steinernes Bilderbuch, Großjena

Himmelsscheibe von Nebra

DIE HIMMELSSCHEIBE VON NEBRA

Im Juli 1999 machten zwei Raubgräber einen wahrhaft himmlischen Fund auf dem Mittelberg in der Nähe von Nebra: Zusammen mit anderen, teilweise reich verzierten Gegenständen gruben sie eine kreisrunde Bronzescheibe mit vergoldeten Himmelskörpern aus. Statt sie ordnungsgemäß abzuliefern, versuchten die Finder ihren Schatz in Hehlerkreisen zu verkaufen, und so dauerte es mehrere Jahre, bis die Himmelsscheibe von Nebra an ihren angestammten Platz im Landesmuseum für Vorgeschichte gelangte. Im Jahr 2002 wurde sie mit Polizeiaufwand unter einem fingierten Kaufangebot in Basel sichergestellt, seitdem ist sie das Prunkstück der Ausstellung in Halle. 2013 nahm die UNESCO die kostbare Scheibe als Weltdokumentenerbe in ihren Bestand auf.

Trotz eines Expertenstreits im Jahr 2020 gilt inzwischen als gesichert, dass die Himmelsscheibe von Nebra die älteste bekannte Darstellung kosmischer Phänomene ist und das Wissen mehrerer Generationen beinhaltet. Das Alter wird auf ungefähr 3600 Jahre geschätzt, somit stammt sie aus der frühen Bronzezeit und wird als das erste astronomische Instrument angesehen, das sie die genaue Abgleichung des unterschiedlich langen Mond- und Sonnenjahres exakt bestimmen kann. Um Sonne und Mondsichel sind 32 goldene Sterne geordnet, sieben davon zeigen das Sternbild der Plejaden, mit deren Hilfe man angeblich den günstigsten Zeitpunkt für Aussaat und Ernte bestimmen konnte. Am Rand der Scheibe befindet sich außerdem die Darstellung einer Schiffsbarke, was auf eine mythische Bedeutung hinweist. Damit wären die Menschen in der damaligen Region auf einem astronomischen Kenntnisstand gewesen, den es zu dieser Zeit nur bei den Hochkulturen im Vorderen Orient gab. Neueste Materialuntersuchungen brachten bisher verborgene Details zum Vorschein, so wurde die Scheibe von unterschiedlichen Handwerkern in mehreren Phasen bearbeitet und war wohl ursprünglich schwarz gewesen. Unter dem Motto „Himmelswege" können Sternengucker auf eine Zeitreise gehen: Vom 30 m hohen Aussichtsturm auf dem Mittelberg kann man den genauen Fundort in Augenschein nehmen, die nahe gelegene „Arche Nebra" mit Planetarium und Infozentrum entstand 2007. In Goseck bei Weißenfels liegt das weltweit älteste Sonnenobservatorium, das aus der Steinzeit stammt und sagenhafte 7000 Jahre alt ist. Und für die Mythologie sorgt das Grab der Dolmengöttin in Langeneichstädt.

Allee nahe Merseburg

Merseburg, Dombezirk über der Saale mit Dom und Schloss

ENTLANG DER ROMANIKSTRASSE (SÜDLICHE ROUTE)

Unbestritten ist der Naumburger Dom das Highlight auf der südlichen Straße der Romanik: St. Peter und Paul zählt zu den bedeutendsten Kulturdenkmälern aus der Zeit des europäischen Hochmittelalters. Der spätromanische Neubau wurde im 13. Jahrhundert auf den Fundamenten einer älteren Basilika errichtet. An der Nordseite des Doms liegt die romanische Ägidienkapelle, im Dom selbst ist die dreischiffige Hallenkrypta das älteste Bauteil. Zwei hochmittelalterliche erhaltene Lettner trennen die Chöre räumlich vom Kirchenschiff, innerhalb einer einzigen Kirche gibt es das weltweit kein zweites Mal. Natürlich kommen die meisten Besucher wegen der schönen Uta, einer der zwölf Stifterfiguren aus dem 13. Jahrhundert im Westchor, bei der es sich um eine Darstellung der Ehefrau des Markgrafen Ekkehard II. von Meißen handelt. Ihre ebenmäßigen Gesichtszüge, die ihr den Ruf der „schönsten Frau des Mittelalters" eintrugen, und das charmante Lächeln der Markgräfin Reglindis, einer anderen Stifterfigur, faszinieren die Menschen bis heute. Seit 2018 ist der Naumburger Dom UNESCO-Weltkulturerbe.

Ein weiteres Juwel der Romanikstraße ist der Dom St. Johannes und St. Laurentius in Merseburg, der den vierten Flügel von Schloss Merseburg bildet und 1015 erbaut wurde. Insbesondere das spätgotische Langhaus mit seinem Netzgewölbe und der monumentalen, von Friedrich Ladegast geschaffenen Orgel zeugen von der einstigen Bedeutung des Kaiserdoms. In der Bibliothek des Domkapitels wurden 1841 die *Merseburger Zaubersprüche* entdeckt: zwei althochdeutsche Sprüche zur Befreiung Gefangener und gegen Fußverrenkung.

In der Nähe von Naumburg liegt Bad Kösen mit einem der ältesten mitteldeutschen Profanbauten von 1040, dem Romanischen Haus, in dem seit 1955 ein Museum mit einer Ausstellung von Käthe-Kruse-Puppen beheimatet ist. Hoch über der Stadt grüßen die Ruinen der beiden Höhenburgen Saaleck und Rudelsburg. Während die erste Burg schon 1050 als Grenzburg erbaut wurde, stammt die Rudelsburg als „schönste aller Saaleburgen" aus dem 12./13. Jahrhundert und war ein Sehnsuchtsort der Romantiker im 19. Jahrhundert. So dichtete der Berliner Student Franz Kugler auf der Burg das noch heute bekannte Lied *An der Saale hellem Strande*.

Nördlich von Naumburg thront bei Freyburg eine der ältesten und wichtigsten Burgen der Landgrafen von Thüringen majestätisch über dem Unstruttal: Schloss Neuenburg (um 1090) mit dem Bergfried „Dicker Wilhelm" und der außergewöhnlichen Doppelkapelle. Ebenso eindrucksvoll ist der über 27 m hohe Turm „Dicker Heinrich" der Burg Querfurt, die aus dem 10./11. Jahrhundert stammt und zu den größten mittelalterlichen Burganlagen Deutschlands zählt. Die imposante Anlage wird gern als Filmkulisse benutzt. Auch die Ruine der Eckartsburg (um 1190) in Eckartsberga hat noch ihren Bergfried, der als Gefängnis und Marterturm genutzt wurde.

Aus der Zeit der Spätromanik des 13. Jahrhunderts stammen die im Original erhaltene Krypta der Ruine des Benediktinerklosters St. Marien in Memleben sowie die Freyburger Stadtkirche St. Marien, die als „kleine Schwester" des Naumburger Doms erbaut wurde. Deutlich früher wurden die Klosterkirche, der Chor und die Krypta (11. Jahrhundert) auf Schloss Goseck und die Krypta (10. Jahrhundert) des Zeitzer Doms St. Peter und Paul errichtet; letztere zählt zu den ältesten Hallenkrypten in Deutschland.

Naumburger Dom St. Peter und Paul, Naumburg

Uta von Naumburg

Halloren

DIE HALLENSER

Wie nennt man jemanden, der aus Halle kommt? Keinesfalls Haller oder Hallerer, das wäre komplett falsch! Denn die Bewohner der Salzstadt an der Saale werden in drei Kategorien aufgeteilt: Da gibt es die Hallenser – die „normalen" Bürger der Stadt –, die in früheren Zeiten oft als Händler um den höher gelegenen Alten Markt lebten und mit Salz handelten. Zugereiste werden als „Hallunken" bezeichnet – man beachte das doppelte „l"! Und dann gibt es da noch die Halloren, die Nachfahren der früheren Salzarbeiter, die sich im 17. Jahrhundert zur Salzwirker-Brüderschaft im Thale zu Halle zusammengeschlossen hatten. Noch heute tragen die Männer die prunkvolle Sonntagskleidung mit Stolz, aber nicht jeder von ihnen ist tatsächlich ein Abkömmling der alten Zunft.

Das prächtige Festkleid besteht aus mehreren Teilen: aus dem mit schwarzem Samt bezogenen Dreispitz, dem „Pelz"; aus einem roten oder blauen Dreiviertelmantel mit Pelzbesatz an den Stulpen und 18 Zierknöpfen sowie aus dem Latz, einer Weste aus Goldbrokat oder Seide. Als Beinkleider dienen eine Kniebundhose sowie blaue oder weiße Strickstrümpfe mit Zopfmuster. Der Aufzug wird gekrönt von einem schwarzen Umhang und schwarzen Halbschuhen mit Silberschnallen. Die 18 silbernen Zierknöpfe beziehen sich auf eine alte Legende, der zufolge Saale-Nixen einer armen Salzarbeiterfrau als Taufgeschenk Mohnknöpfe und eine Nelkenkrone versilbert haben – als Dank für die Rettung von 18 Kindern. Rund 4000 Euro kostet das Gewand, dazu kommen noch einmal mindestens 600 Euro für die Schuhe.

Heutzutage wird die Uniform zu besonderen Festen und Feierlichkeiten getragen, doch früher galt sie als Statussymbol. Die Hallenser legten so in unsicheren Zeiten ihr Geld an, das sie als Salzarbeiter verdienten. Aufgrund der Tatsache, dass sie oft als einzige Bewohner schwimmen konnten, waren sie immer wieder als Lebensretter, Feuerwehr oder zur Verteidigung der Stadt im Einsatz. Und auch heute dienen sie dem Allgemeinwohl, wenn sie in ihrer stattlichen Berufskleidung den Besuchern als Stadtführer die Sehenswürdigkeiten der alten Salzmetropole nahebringen.

Halle-Neustadt, im Hintergrund Wohnhäuser in Plattenbauweise, 1973

PLATTENBAU

Es sollte der ganz große Wurf werden: Am 17. September 1963 beschloss das Politbüro der SED den Aufbau der „Chemiearbeiterstadt" Halle-West, um den Werktätigen der südlich gelegenen Buna-Werke in Schkopau und der Leunawerke in Leuna eine passende Unterkunft zu bieten. Der damalige Staatsratsvorsitzende Walter Ulbricht setzte sich mit Nachdruck für die Errichtung einer sozialistischen Arbeiterstadt ein, die geradezu musterhaft daherkommen sollte: Geplant waren fünf Baukomplexe mit eigenem Teilzentrum, in dem Kaufhalle, Ambulatorium, Apotheke, Post und Gaststättenkomplex sowie Schulen, Kindergärten und Sportanlagen Platz finden sollten. 1965 zogen die ersten Mieter ein, das neue Wohngebiet wurde noch vor Fertigstellung des ersten Wohnkomplexes 1968 umbenannt in Halle-Neustadt (im Volksmund Ha-Neu) und zur eigenen Stadt erklärt. Die „Sozialistische Stadt der Chemiearbeiter" erreicht zu Beginn der 1980er-Jahre mit über 90 000 Einwohnern ihren Höchststand, nach der Wende zogen viele von ihnen weg, und die Zahl hat sich inzwischen halbiert.

Die Gliederung des Wohngebietes in acht, vorwiegend aus Plattenbauten bestehende Wohnblöcke mit zahlreichen Grünanlagen entsprach der Notwendigkeit, vielen Menschen auf begrenztem Gebiet Wohn- und Gestaltungsraum zu verschaffen. Von den Projekten, die tatsächlich realisiert wurden, sind zwei besonders eindrucksvoll: zum einen die fünf Scheibenhochhäuser im Stadtzentrum und zum anderen das Wohnhaus Block 10, das aus 23 000 Einzelelementen zusammengesetzt wurde. Der „Weiße Riese" ist das größte in der DDR errichtete Wohnhaus mit 380 m Länge sowie 320 Mehrzimmer- und 536 Einraumwohnungen; gut

Platz der Völkerfreundschaft, Halle an der Saale

Halle-Neustadt

Süßwarengeschäft in Halle, 1968

3300 Mieter konnten hier wohnen. Weitere ambitionierte Bauvorhaben wie das „Haus der Chemie“ am „Magistralenknie“ wurden nach dem SED-Machtwechsel nicht mehr in die Tat umgesetzt, da Erich Honecker den Schwerpunkt auf republikweite Wohnungsbauprogramme und auf Ostberlin legte. Aufgrund fehlender zentraler Infrastruktureinrichtungen blieb Halle-Neustadt in weiten Teilen eine Schlafstadt für die im Schichtrhythmus der Chemieanlagen tätigen Arbeiter und deren Familien. Heute versucht die Stadt, mit ambitionierten Umbauprogrammen der Schrumpfung und dem Verfall entgegenzuwirken.

Kachelkunst an der Fassade eines Hochhauses in Halle

HALLOREN-KUGELN

Vor allem in Ostdeutschland dürften sie jedem ein Begriff sein, doch nach der Wende haben sie auch den westlichen Teil der Republik erobert: die Halloren-Kugeln. Die süßen Bällchen kommen aus Deutschlands ältester Schokoladenfabrik – im Jahr 1804 gründete Friedrich August Miethe in Halle sein Unternehmen, das im 19. Jahrhundert unter dem Namen Friedrich David & Söhne florierte und mit Pralinen der Marke „Mignon“ bekannt wurde. Um der nationalsozialistischen Verfolgung zu entgehen, nannte sich der Betrieb 1933 in Mignon Schokoladenwerke AG um, obwohl der Eigentümer kein Jude war. Nach dem Zweiten Weltkrieg wurde das Werk enteignet und als VEB Schokoladenfabrik Halloren weitergeführt. Anfang der 1950er-Jahre kamen die berühmten Kugeln auf den DDR-Markt, die so begehrt waren, dass sie oft als „Bückware“ unter dem Ladentisch gehandelt wurden. Die „Volkspraline“ blieb auch nach der Wende ein Verkaufsschlager und ist mittlerweile im ganzen Land erhältlich. Nach der Übernahme einiger westlicher Schokoladenfabriken ging das Unternehmen an die Börse und exportiert seitdem auch ins Ausland, darunter nach Schweden, Russland, Rumänien, Australien, Südafrika und Brasilien. Heute können Besucher im Halloren-Schokoladenmuseum in einer gläsernen Fabrik bei der Herstellung zusehen.

Offiziell darf die Halloren-Kugel nicht als Praline verkauft werden, dafür ist ihr Schokoladenanteil zu gering – ein „Erbe“ aus der DDR-Zeit, als der Rohstoff Kakao knapp war. Dafür gilt sie als die einzig vertikal geteilte Schokokugel der Welt und ist inzwischen sogar ein Star in den sozialen Medien. Blogger oder Youtuber stellen die kleinen Kugeln auf Instagram & Co. ihren Followern vor. Dem Geschmack sind übrigens keine Grenzen gesetzt, es gibt alles Mögliche: vom Klassiker aus Sahne-Kakao über u. a. Joghurt-Erdbeere, Latte Macchiato, Schoko-Rum oder Karamell-Salz. Neuerdings sind auch Eis-, Diät- und vegane Varianten dazugekommen. Die Halloren-Kugeln gehen mit der Zeit, wohl auch deshalb werden sie heute noch so gerne vernascht. Übrigens: Wer kein Gelächter bei den Eingeweihten ernten will, sollte niemals „Halloreen“ mit betontem „e“ sagen.

Dom, Inneres

Georg Friedrich Händel

HALLE

Salz machte die Stadt an der Saale einst reich. Besonders deutlich sieht man das heute noch am historischen Markt mit seinem Roten Turm und der viertürmigen Marktkirche „Unserer lieben Frauen" – wegen dieser beiden Gebäude wird Halle auch als „Stadt der fünf Türme" bezeichnet. Der imposante Rote Turm steht fast genau im Zentrum der Stadt, er wurde im Jahr 1506 im spätgotischen Baustil errichtet und besitzt das größte Glockenspiel Deutschlands. Zusammen mit der Marienkirche ist er das Wahrzeichen von Halle, doch am Markt stehen noch weitere prächtige Gebäude wie das Stadthaus, der Ratshof, das Kaufhaus „Julius Lewin" oder das Marktschlösschen. Über dem Geschehen wacht auf seinem Denkmal Georg Friedrich Händel, der berühmte Sohn der Stadt. Sein Geburtshaus in der Großen Nikolaistraße ist heute das Händelhaus: Das Musikmuseum gehört zusammen mit den Museumseinrichtungen der Franckeschen Stiftungen (mit dem Langen Haus im oberen Lindenhof die größte Fachwerkkonstruktion Europas) und dem Landeskunstmuseum Moritzburg als „kulturelle Leuchttürme" zum sogenannten Blaubuch der Bundesregierung. Während die durch den pietistischen Theologen August Hermann Francke gegründeten gleichnamigen Stiftungen bis heute zahlreiche kulturelle, wissenschaftliche, pädagogische und soziale Einrichtungen beherbergen, ist die Moritzburg das Kunstmuseum des Landes Sachsen-Anhalt. In der Unterburg der Burg Giebichenstein ist seit Anfang der 1920er-Jahre die Hochschule für Design und Kunst untergebracht. Von der Oberburg der einstigen Residenz der Magdeburger Erzbischöfe ist aufgrund der Zerstörungen des Dreißigjährigen Krieges nur noch die Ruine erhalten.

Nicht weit vom Markt entfernt thront auf dem Domplatz der ungewöhnliche Bau des Halleschen Doms. Die gotische Hallenkirche aus dem 16. Jahrhundert gehörte zur Residenz der Erzbischöfe von Magdeburg. Ein weiteres Gotteshaus steht in der südwestlichen Ecke der Altstadt: Die wuchtige Moritzkirche war die Stammkirche der Halloren. Von hier aus führt der Alte Markt, neben dem Hallmarkt einer der ersten Siedlungskerne von Halle, zum Eselsbrunnen, dessen Statue sich auf eine alte Sage aus der Region bezieht.

Wer mehr über die Geschichte der Salzgewinnung erfahren möchte, ist im Halloren- und Salinemuseum bestens aufgehoben. 1967 in Gebäuden der ehemaligen Königlich-Preußischen Saline eingerichtet, informiert das technische Museum über den Abbau des weißen Goldes seit der Bronzezeit und zeigt neben dem Silberschatz der Halloren auch mehrmals im Jahr den Vorgang der Förderung der Sole bis zum Abpacken des Siedesalzes, das dann käuflich erworben werden kann.

Halle um 1900

GEORG FRIEDRICH HÄNDEL (1685–1759)

Von Halle ins Herz des britischen Empires: Neben Johann Sebastian Bach gilt der Barockmusiker Georg Friedrich Händel als einer der bedeutendsten Komponisten der Geschichte. Rund 40 Opern und 25 Oratorien, darunter *Der Messias*, aber auch die genialen Orchestersuiten *Wassermusik* und *Feuerwerksmusik* haben seinen Weltruhm begründet. Geboren wurde er 1685 in Halle an der Saale als Sohn eines wohlhabenden Barbiers und Wundarztes. Bereits mit neun Jahren begann er zu komponieren. Ein Jahr zuvor hatte der Herzog von Sachsen-Weißenfels den begabten Jungen Orgel spielen hören, dessen Talent erkannt und den Vater gedrängt, den Knaben zum Musiker ausbilden zu lassen. Schon in seinen Jugendjahren erwarb sich Händel einen legendären Ruf, zu seinen Bewunderern zählten der preußische König Friedrich Wilhelm I. und Georg Philipp Telemann, mit dem ihn eine lebenslange Künstlerfreundschaft verbinden sollte. Mit 18 Jahren zog es Händel nach Hamburg zum dortigen ersten deutschen Opernhaus, wo er im Orchester spielte. Schon wenige Jahre später wurden hier seine ersten eigenen Opern mit großem Erfolg aufgeführt. 1706 reiste der junge Musiker für vier Jahre nach Italien, um die dortige Oper ausgiebig zu studieren und mit *Agrippina* und *Dixit Dominus* seinen internationalen Ruf zu begründen. „Il Sassone", der Sachse, wie er genannt wurde, begeisterte damalige Größen wie Domenico Scarlatti und nahm schließlich in Venedig das Angebot an, als Kapellmeister an den Hof des Kurfürsten Georg Ludwig von Hannover zu kommen. 1711 reiste Händel zum ersten Mal nach London, um die Uraufführung seiner Oper *Rinaldo* mitzuerleben, nur wenig später beschloss er, sich endgültig in der britischen Hauptstadt niederzulassen. Sein einstiger Arbeitgeber, der Kurfürst von Hannover, wurde 1714 zum britischen König Georg I. gekrönt und förderte ihn nach Kräften. Händel wurde Hauskomponist bei mehreren Earls und erfolgreicher Opern-Unternehmer, viele seiner Werke wurden in der Royal Academy of Music am King's Theatre und später im neu erbauten Covent Garden aufgeführt. 1759 starb er als hoch angesehener Künstler und wurde in der Westminster Abbey beigesetzt – eine der höchsten Ehren im britischen Königreich.

ANHALT, DESSAU UND WITTENBERG

Herbst im Park Wörlitz

ANHALT, DESSAU UND WITTENBERG

Viermal so groß wie Berlin, zentrale Wirkungsstätte der Reformation und Aufklärung, drei als UNESCO-Welterbe ausgezeichnete Kulturstätten, Biosphärenreservate und Schutzgebiete, ehemalige Braunkohlereviere, die heute Naherholungsgebiete sind – all das ist die Region Anhalt, bestehend aus den beiden Landkreisen Anhalt-Bitterfeld und Wittenberg sowie der kreisfreien Stadt Dessau-Roßlau.

Prägender und alles verbindender Fluss dieser im Osten von Sachsen-Anhalt gelegenen Region ist die Elbe: Von Dresden aus schlängelt sie sich durch Auenlandschaften gen Nordwesten, um alsbald mit der Lutherstadt Wittenberg, dem Gartenreich Dessau-Wörlitz und dem Bauhaus in Dessau drei Sehenswürdigkeiten von Weltrang zu passieren. Nirgendwo sonst in Deutschland findet man eine solche Dichte an UNESCO-Welterbestätten. Diese Auszeichnungen zeugen auch von den umfassenden Bemühungen, die in Anhalt ergriffen werden, um das kulturelle Erbe in der Region zu bewahren und einer breiten Öffentlichkeit zugänglich zu machen – ein Anliegen, das sich nicht zuletzt in einem regen Tourismus niederschlägt, und das umso mehr, da Anhalt in den vergangenen Jahren gleich zwei große Jubiläen feiern durfte.

2017 rückte Wittenberg – und mit ihr die zahlreichen Wirkungsstätten des Kirchenreformers Martin Luther – in den Blick der Weltöffentlichkeit, als des 500. Jahrestags von Luthers Thesenanschlag gedacht wurde. Und so wie von Wittenberg eine der wichtigsten Reformen der frühen Neuzeit ausging, so wurde Dessau im 20. Jahrhundert mit dem Bauhaus zum Zentrum einer Erneuerungsbewegung, bei der moderne künstlerische Konzepte im Kontext eines gesellschaftspolitischen Reformbestrebens entwickelt und von hier aus in die Welt getragen wurden. 2019 weihte Dessau anlässlich des Jubiläums „100 Jahre Bauhaus" ein Museum ein, das – neben der Bauhaussiedlung, den Meisterhäusern und dem Schulgebäude – den Status Dessaus als zentralen Wirkungsort des Bauhauses bekräftigt.

Es ist bemerkenswert, dass auch das dritte UNESCO-Welterbe auf dem Gebiet von Anhalt das Ergebnis unermüdlichen Reformwillens ist. Wo anderswo Gartenanlagen ausschließlich zu repräsentativen und dekorativen Zwecken entstanden, ist das Gartenreich Dessau-Wörlitz das Lebenswerk eines aufgeklärten, humanistisch gesinnten Fürsten, der Land so umzugestalten verstand, dass es zu einer Verbesserung der Lebensqualität aller beitrug. Das Schöne mit dem Nützlichen verbinden, Flächen optimal nutzen und für alle zugänglich machen – mit diesen Leitideen entstand im 18. Jahrhundert in Anhalt ein Gesamtkunstwerk aus Natur, Kunst und Architektur.

CHRONIK

1212 Durch Erbteilung entsteht das Fürstentum Anhalt, benannt nach Burg Anhalt über dem Selketal.
1213 Erste urkundliche Erwähnung von Dessau, Stadtherren sind die Fürsten von Anhalt.
1517 Luther veröffentlicht seine 95 Thesen, Wittenberg wird zum Ausgangspunkt der Reformation.
1530er-Jahre Die Fürsten von Anhalt treten dem Schmalkaldischen Bund als Bündnis protestantischer Fürsten und Städte bei.
1583 Die Dessauer Elbbrücke wird errichtet.
1626 Wallenstein schlägt Ernst von Mansfeld an der Elbbrücke bei Dessau, Sieg der katholischen Truppen über die protestantischen Heere.
18. Jh. Rege Bautätigkeit in Dessau: Erweiterung der Stadt, Errichtung der Gartenanlagen bei Wörlitz, Ansiedlung einer großen jüdischen Gemeinde
1871 Beitritt des Herzogtums Anhalts zum Deutschen Reich
1949 Auf dem Gebiet der sowjetischen Besatzungszone wird die DDR gegründet.
2017 500-Jahr-Feier zum Thesenanschlag Luthers
2019 100 Jahre Bauhaus

Englischer Garten zu Wörlitz,
Kirchturm St. Petri

DESSAU-WÖRLITZ

Obgleich Dessau seit Juli 2007 zusammen mit Roßlau eine Doppelstadt bildet, die mit knapp 83 000 Einwohnern die drittgrößte Stadt Sachsen-Anhalts darstellt, wird sie meist in einem Atemzug mit einem Ortsteil genannt, der sich rund 15 km weiter östlich befindet: das zu Oranienbaum gehörende Wörlitz. Der Grund für diese Namensverbindung ist das 142 km^2 große Gartenreich, das sich südlich der Elbe im Biosphärenreservat Mittelelbe erstreckt und beide Stadtteile miteinander verbindet.

Der Eindruck, zwischen Dessau und Wörlitz in einen Garten Eden einzutauchen, verstärkt sich, wenn man zuvor von Süden kommend Zeuge der Landschaftsgestaltung geworden ist, die sich im 19. und vor allem 20. Jahrhundert durch den Braunkohle-, Kali- und Salzabbau und die Ansiedlung weiterer Industriezweige vollzog. Der Kontrast könnte nicht größer sein: Hier ein scheinbar unversöhnlicher Bruch zwischen Natur und Industrie, dort ein Refugium, im dem die harmonische Einheit aus Gartengestaltung, Architektur und Kunst von einer großen Vision zeugt, die im 18. Jahrhundert ihre Umsetzung fand.

Die Person hinter dieser Vision ist Leopold III. Friedrich Franz von Anhalt-Dessau, der von 1758 bis zu seinem Tod im Jahre 1817 fast 60 Jahre lang als regierender Fürst, später als Herzog die Geschicke von Anhalt-Dessau lenkte. Als Verfechter der Aufklärung und des Humanismus führte er Reformen auf zahlreichen Gebieten durch: Er veranlasste den Bau eines Armenhauses und eines Hospitals, in dem Mittellose unentgeltlich behandelt und geimpft wurden. Ferner schuf er mit seiner Toleranzpolitik die Grundlage für eine wachsende jüdische Gemeinde, sorgte für Agrarreformen und beauftragte Johann Bernhard Basedow mit dem Bau des Philanthropins, einer von der Kirche unabhängigen Schule, in der statt Zucht und Prügelstrafe die Erziehungsmaximen der Menschenliebe, Gleichheit und Vernunft galten.

Gotisches Haus im Wörlitzer Park

Schloss Oranienbaum

Blick in das Wörlitzer Gartenreich mit Synagoge

Schloss

Holzbrücke

DAS GARTENREICH VON DESSAU-WÖRLITZ

So revolutionär seine Reformen im Gesundheits-, Sozial- und Bildungswesen waren – Leopold III. Friedrich Franz, liebevoll „Vater Franz" genannt, ist nachfolgenden Generationen vor allem als Schöpfer des Dessau-Wörlitzer Gartenreichs bekannt.

Inspiriert durch Klassizismus, Tudorgotik und den neuen englischen Gartenstil, gestaltete er mit Unterstützung des Architekten Friedrich Wilhelm Freiherr von Erdmannsdorff und des Hofgärtners Johann Friedrich Eyserbeck weite Teile seines Herrschaftsgebietes in ein Gartenreich von Weltrang um. Dafür wurden Altarme der Elbe in Teiche und Kanäle verwandelt, Brücken gebaut, Wege und Inseln geschaffen, Schlossanlagen und Wirtschaftshäuser errichtet sowie Figuren und Hermen, ein Pantheon und ein Nymphäum nach antikem Vorbild gestaltet. Gleichzeitig sorgten Obstpflanzungen, Landwirtschaft und Viehhaltung für Erträge, mit denen die Sozial- und Bildungsmaßnahmen finanziert werden konnten.

Das Credo, Nützliches und Schönes zu verbinden, galt für alle Areale des Gartenreichs inklusive der privaten Rückzugsorte des Fürsten: So gediehen rund um das Gotische Haus nicht Koniferen und Edelhölzer, sondern Obstplantagen und Maulbeerbäume als Quelle einer ertragreichen Seidenraupenzucht.

Das Gartenreich Dessau-Wörlitz ist als Gesamtkunstwerk zu verstehen, das man auf vielfältige Weise und immer wieder neu erkunden kann: zu Fuß auf Alleen und verschlungenen Wegen, bei einer Bootsfahrt oder in weiten Teilen auch mit dem Fahrrad.

Wiedehopf mit Beute

GESCHÜTZTE NATUR

Dank seiner Einbettung in das Biosphärenreservat Mittelelbe wechseln sich im Gartenreich Dessau-Wörlitz kunstvoll gestaltete Landschaften mit Lebensräumen ab, in denen sich die Natur nahezu frei entfalten kann. Eindrucksvoll belegen dies die Auenwälder, die zwischen Wittenberg und Gommern nahe Magdeburg ein nahezu geschlossenes Auenwaldgebiet bilden.

Neben mehr als 180 Vogelarten, darunter Kranich, See- und Fischadler sowie Schwarzstorch, haben hier 500 Schmetterlingsarten und 20 Amphibien- und Reptilienarten ein Zuhause gefunden. Shootingstar ist der Elbebiber. In den Überschwemmungsgebieten zwischen Elbe und Mulde fand das scheue Tier ein Rückzugsgebiet, das ihn vor dem vollständigen Aussterben bewahrte. Sein Lebensraum und sein beeindruckender Damm- und Burgenbau lassen sich im eigens eingerichteten Biberland des Schutzgebiets hautnah erleben.

Die Naturschönheiten Anhalts beschränken sich jedoch nicht allein auf das Biosphärenreservat Mittelelbe. Im Süden der Region erstreckt sich auf rund 770 km^2 Fläche der Naturpark Dübener Heide. Es war vor allem der im Raum Bitterfeld voranschreitende Braunkohletagebau, der eine Gruppe von Menschen noch zu DDR-Zeiten dazu veranlasste, sich an „grünen Tischen“ zusammenzufinden und sich für die Einrichtung von Naturschutzgebieten einzusetzen. 1992/93 wurde dieses Engagement mit der Ernennung der Dübener Heide zum Naturpark belohnt.

Nördlich der Elbe wiederum befindet sich der mit unzähligen Wander- und Radwegen sowie Naturlehrpfaden durchzogene Naturpark Fläming, benannt nach dem eiszeitlich gebildeten Höhenzug Fläming. Begrenzt wird der Naturpark im Süden u. a. durch das Städtchen Coswig, das auch das Informationszentrum des Parks beheimatet.

Mäusebussard

Kernbeißer

Junge Höckerschwäne

Schloss Coswig

COSWIG

Es ist kein Zufall, dass sich zwischen Coswig am Nordufer der Elbe und dem mehrere Kilometer südlich des Flusses gelegenen Wörlitzer Park kein einziges Gebäude befindet. Hier liegt das Überschwemmungsgebiet der stark mäandernden Elbe, die als Lebensader schon vor vielen Jahrhunderten die Besiedlung des Gebiets maßgeblich beeinflusst hat: Im Fluss konnte gefischt und in den Wäldern gejagt werden, zudem sorgten regelmäßige Überschwemmungen, abgelöst von Trockenperioden, für fruchtbare Böden und Äcker.

Eine kleine Fähre setzt vom Südufer der Elbe nach Coswig über und macht unweit des imposanten Schlosses fest. Das berühmteste Bauwerk der Stadt hat eine wechselvolle Geschichte hinter sich: In der zweiten Hälfte des 17. Jahrhunderts als Witwensitz erbaut, geriet es im 19. Jahrhundert zum Lazarett, um bald darauf erweitert und im Kaiserreich, im Dritten Reich und zu DDR-Zeiten als Gefängnis und Zuchthaus genutzt zu werden. 1961, im Jahr des Mauerbaus, wurde das Schloss zum Außenlager des Landes- und Staatsarchivs der DDR. Heute befindet es sich in privater Hand und soll zu einem touristischen und kulturellen Zentrum umgestaltet werden.

Das Schloss ist nicht das älteste Bauwerk in Coswig. Diesen Status kann die im 13. Jahrhundert als Stiftskirche eines Dominikanerinnenklosters erbaute St.-Nicolai-Kirche für sich beanspruchen. Die lang gestreckte Saalkirche mit dem schlicht gestalteten, hoch aufragenden Turm lässt nicht vermuten, dass Altar, Orgel oder Kanzel eine üppige barocke Ausgestaltung aufweisen.

Wer den 52 m hohen Kirchturm besteigt, wird mit einem herrlichen Ausblick auf die bewaldeten Höhen des Flämings im Norden und die Gartenanlagen von Wörlitz im Süden belohnt. Gen Osten wiederum sind die Kirchtürme der Lutherstadt Wittenberg auszumachen, die 2017, im Reformationsjahr, zum Schauplatz zahlreicher Feierlichkeiten wurde.

Hochwasserallee

Gierseilfähre auf der Elbe zwischen Coswig und Wörlitz

HOTEL

QVAE SACRORUM SEDES EMENDATORUM BELLI DIRUTA FLAMMIS III. EID. OCTOBR. CIƆIƆCCLX MAXIMO NOS MOERORE AFFECIT.
ANNI X. FINE PROSPERE PERACTO NUNC PULCHRIOR SURREXIT SOLI DEO CONSECRATA VIII. EID. AUG. CIƆIƆCCLXX.
FRIDERICVS·GVILELMVS·IV·REX·PORTAM IN QVA MARTINVS LVTHERVS A·DOM·MDXVII
M·OCTOBR·D·XXXI·INDVLGENTIIS·ROMANIS IMPVGNANDIS THESES AFFIXIT·LXXXXV
REFORMATIONIS·SACRORVM·PRAENVNTIAS INCENDIO VASTATAM REFECIT SIGNIS EXORNAVIT
VALVAS·EX·AERE·FIERI·ATQVE·ILLAS·THESES INSCRIBI IVSSIT·A·DOM·MDCCCLVII.

Wittenberg, Marktplatz

Porträt Martin Luthers von Lucas Cranach d. Ä., 1529 (Ausschnitt)

LUTHERSTADT WITTENBERG

Die meisten Besucher der Lutherstadt Wittenberg steuern zielstrebig die Schlosskirche an, um jene Tür in Augenschein zu nehmen, an die Martin Luther am 31. Oktober 1517 unter lauten Hammerschlägen seine berühmten 95 Thesen angeschlagen haben soll. So filmreif diese Episode auch sein mag – viele Geschichtsforscher zweifeln ihren Wahrheitsgehalt an und verlassen sich vielmehr auf das, was historisch gesichert ist: Luther verfasste Briefe, in denen er den gängigen Ablasshandel der römisch-katholischen Kirche anprangerte. Er legte diesen Briefen 95 Thesen bei, die große Verbreitung fanden und schließlich Reformbewegungen ungeahnter Schubkraft in Gang setzten, die u. a. die Spaltung der christlichen Kirche und erbitterte Konfessionskriege zur Folge hatten.
Die sagenumwobene Holztür der Schlosskirche fiel 1760 einem Feuer zum Opfer. Sie fand Ersatz in einer imposanten Bronzetür, in die Luthers Thesen eingegossen sind und die an das epochale Ereignis von 1517 erinnert.

Luther selbst kehrte, nachdem 1521 die Reichsacht über ihn verhängt worden war und er ein knappes Jahr auf der Wartburg mit der Übersetzung des Neuen Testaments in die deutsche Sprache zubrachte, nach Wittenberg zurück. Hier predigte er in der noch immer bestehenden Stadt- und Pfarrkirche St. Marien – dem ältesten Gebäude der Stadt – und lebte mit seiner Familie im sog. Lutherhaus, einem ehemaligen Augustinerkloster, in dem heute das weltweit größte reformationsgeschichtliche Museum zu finden ist.

Wer aufmerksam durch die Gassen der historischen Altstadt geht, entdeckt die Wirkungsstätten anderer bedeutender Persönlichkeiten Wittenbergs. Philipp Melanchthon und Johannes Bugenhagen gingen als Reformatoren und Wegbereiter Luthers ebenso in die Geschichte ein wie Lucas Cranach d. Ä., der als Hofmaler und Unternehmer hohes Ansehen errang.

Lutherhaus und Augusteum aus dem ehemaligen Pfarrgarten

Schlosskirche, Thesentür

LUTHER – ANTIJUDAISMUS, ANTISEMITISMUS ODER BEIDES?

„Ich habe das Meine getan. Jeder muss sehen, dass er das Seine tut. Ich bin entschuldigt." Das, was der große Reformator Martin Luther vor allem in seinen späten Jahren in Bezug auf die Juden von sich gab, ist durchaus nicht zu entschuldigen, auch wenn es den damaligen Denkgewohnheiten entsprach. Heute würde man ihn einen Hassprediger nennen und sich entsetzt von ihm abwenden. Aufgewachsen in einer Zeit eines weitverbreiteten Antijudaismus, übernahm Luther die menschenverachtenden Vorurteile gegenüber der jüdischen Bevölkerung, eigenen Kontakt zu ihr hatte er kaum. Mittels christologischer Bibelexegese versuchte er, seine Einstellung zu untermauern. Und so lesen sich seine Aufforderungen an aufrechte Christen wie eine Steilvorlage für die späteren Antisemiten, Nationalsozialisten und Rassisten. Sein Sieben-Punkte-Programm aus seinem Pamphlet *Von den Juden und ihren Lügen* von 1543 empfiehlt neben dem Anzünden der Synagogen sowie der jüdischen Schulen und Häuser die Zerstörung ihrer Bücher, ferner Berufsverbote und Versklavung sowie das Wegsperren oder die Vertreibung aus den Städten. Fatalerweise verbreitete sich diese Ansicht mit dem Aufkommen des Protestantismus in großen Teilen der Bevölkerung und blieb trotz der sich wandelnden Zeiten durchaus gesellschaftsfähig. Adolf Hitler und die Nazis griffen die Hasstiraden des berühmten Religionsgelehrten nur allzu gern auf und zitierten ihn in ihren eigenen Publikationen. Es war wohl kein Zufall, dass 1938 die Synagogen im Deutschen Reich ausgerechnet am 10. November brannten, dem Geburtstag Luthers. Die evangelische Kirche protestierte nicht, im Gegenteil, es fanden sich Geistliche, die die Verbrechen mit Luthers Texten begründeten. Auch die Bekennende Kirche widersetzte sich nicht den staatlichen Übergriffen auf Juden, eine Ausnahme bildete der lutherische Theologe Dietrich Bonhoeffer, der später im KZ ermordet wurde. „Was Hitler getan, hat Luther geraten, mit Ausnahme der direkten Tötung durch Gaskammern." Zu diesem Schluss kommt der Philosoph Karl Jaspers nach dem Krieg und hebt damit Luthers langen unheilvollen Schatten in der Geschichte hervor. Erst seit 1980 beschäftigt sich die evangelische Kirche konkret mit dem schwierigen Erbe ihres Gründers und bekennt sich zur eigenen Mitschuld.

Walther von der Vogelweide

Hartmann von Aue

Wolfram von Eschenbach

Nibelungenlied

LITERATUR VOM MITTELALTER BIS ZUR BAROCKZEIT

HOHES MITTELALTER

Das Hochmittelalter war die Blütezeit des Minnesangs. Viele Minnesänger waren nicht sesshaft, sondern zogen von einem Fürstenhof zum nächsten. In Wettbewerben maßen sie sich dort mit anderen Vortragenden. Thematisch ging es in den Minnegesängen um die Liebe, entweder die des Ritters zu einer Hofdame oder zu den Eltern, aber auch Freundschaft wurde thematisiert. Der höfische Roman, die andere wichtige literarische Form dieser Zeit, behandelt die alte Sagenwelt.

Hartmann von Aue (gestorben wohl zwischen 1200 und 1220): Schöpfer einflussreicher höfischer Epen und Legenden. Sein höfisches Epos *Erec*, Ende des 12. Jahrhunderts vollendet, greift französische Quellen auf und führt die Artuslegende in die deutsche Literatur ein. Darin findet sich auch das beherrschende Thema der mittelalterlichen Ritterepen: die Suche nach dem richtigen Maß zwischen ehelichem Glück und ritterlicher Ehre.

Walther von der Vogelweide (um 1170 bis um 1230): Für viele der Inbegriff des höfischen Minnesängers schlechthin. Nicht nur in der meist mit der Minne verbundenen Liebeslyrik tat er sich hervor, sondern auch in der politischen Spruchdichtung, wenn er sich etwa für einen König gegenüber den Machtansprüchen des Papstes starkmachte oder für den Kreuzzug Friedrichs II. warb.

Wolfram von Eschenbach (um 1160/80 wohl in Wolframs-Eschenbach bis nach 1220): Der um 1200 entstandene in Versform verfasste Roman *Parzival* gilt als Höhepunkt der hochmittelalterlichen Literatur. Nach französischen Quellen (Chrétien de Troyes) erschuf Wolfram hier den Typus des „tumben Toren“, dessen Bildungs- und Entwicklungsgeschichte bis in die moderne Literatur hinein nachwirkte.

SPÄTES MITTELALTER

Das späte Mittelalter war allgemein geprägt von Schwermut und Untergangsstimmung, die durch verheerende Seuchen und Naturkatastrophen befördert wurde. Zugleich brachte es neue literarische Gattungen hervor, wie das Volkslied, das den Minnegesang ablöste. Mit Schwänken und Fastnachtsspielen wurden die Menschen erheitert und belehrt; mit Passionsspielen religiös unterwiesen. Zur stark verbreiteten didaktischen Dichtung gehörten Allegorien und Fabeln. Nach wie vor beherrschte die Versform nicht nur die Lyrik im engeren Sinne, sondern etwa auch die in dieser Zeit entstehende Geschichtsschreibung.

Meister Eckhart (um 1260 in Hochheim oder in Tambach bis um 1328 in Avignon): Am Übergang vom hohen zum späten Mittelalter steht der Dominikanerprediger Meister Eckhart,der mit seinen mehr als 200 erhaltenen Predigten das Denken und auch das literarische Schaffen anderer Autoren maßgeblich beeinflusste. Wichtig war dem Begründer der „deutschen Mystik“ die Gottgleichheit des Menschen (die ihn in den Augen der Kirche zum gefährlichen Häretiker machte).

Heinrich Seuse (1295/96 in Konstanz oder Überlingen bis 1366 in Ulm): Mit dem um 1362 abgeschlossenen *Der Seuse* schuf Heinrich Seuse im ersten Teil des Werks die erste deutsche Autobiografie. Der zweite Teil besteht aus religiösen Unterweisungen, da er als Dominikanerprior die Aufsicht über die Frauenklöster in seiner Region innehatte. Wollte ein Muster eines gelungenen mystischen Lebens abbilden.

Oswald von Wolkenstein (um 1377 vermutlich auf Burg Schöneck/Pustertal bis 1445 in Meran): Oswalds Lyrik ist Erlebnisdichtung, realistisch und packend. Schildert sein bewegtes Leben zwischen Fehden, Reisen und dem steten Werben um eine Dame namens Sabine Jäger, deren Familie mit seiner verfeindet war. So schuf er eine poetische Selbstbiografie, deren individuelle Züge bereits weit über den klassischen Minnegesang hinausweisen.

RENAISSANCE UND HUMANISMUS

Auch wenn der Renaissance an einer strikten Trennung zum als dunkel und unaufgeklärt empfundenen Mittelalter gelegen war, erfreuten sich viele aus der vorherigen Zeit stammende Gattungen weiterhin großer Beliebtheit: so etwa die Schelmen-, Abenteuer- und Ritterromane, als deren Helden jetzt allerdings auch Zeitgenossen (wie *Till Eulenspiegel*) vorkommen können. Auch in der Lyrik ist eine gewisse Kontinuität zu sehen: Die beliebten Volkslieder ähneln sehr der niederen Minne. Satiren blühten auf, um Kritik an den Fürsten zu üben.

Johann Fischart (1546/47 in Straßburg bis 1591 in Forbach): Fischarts populärstes Werk ist sein *Gargantua*, in dem er Handlung und Thematik des französischen Vorbilds von François Rabelais auf die deutschen Verhältnisse überträgt. Prangert darin den Sittenverfall an. Mit vielen Wortspielen und parodistischen Elementen bereicherte er das stilistische Repertoire.

Hans Sachs (1494 in Nürnberg bis 1576 ebd.): Der Schuhmacher Hans Sachs nimmt schon durch den Umfang seines Werkes eine Sonderstellung in der deutschen Literatur ein. Mit seinen mehr als 4000 Meisterliedern und 130 dramatischen Werken, zahlreichen Schwänken und Spruchdichtungen war er äußerst produktiv. Lange Zeit vergessen, wurde er im 19. Jahrhundert als „Idealtyp des deutschen Bürgers“ gefeiert (besonders in Wagners *Meistersingern*).

Sebastian Brant (1457 in Straßburg bis 1521 ebd.): Brant gehört zu den Autoren, deren Bekanntheit sich fast ausschließlich auf ein einzelnes Werk gründet; in seinem Fall war dies sein satirischer Roman *Das Narrenschiff*. In dem 1494 erstmals erschienenen Werk macht er sich über allerlei Schwächen seiner Zeitgenossen lustig, die auf einem Schiff in Richtung des fiktiven Landes Narragonien unterwegs sind.

Heinrich Seuse (lat. Suso)

Oswald von Wolkenstein

Hans Sachs

Sebastian Brant, *Das Narrenschiff*, Holzschnitt

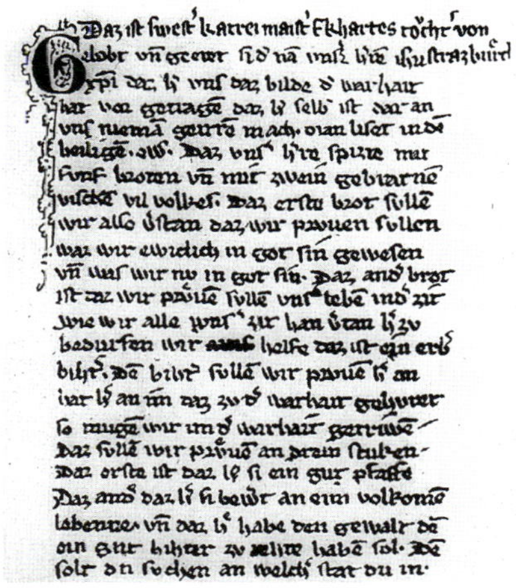

Meister Eckhart, Handschrift 14. Jh.

Johann Baptist Fischart

Hans Jakob Christoffel von Grimmelshausen, *Simplicius Simplicissimus*

Hans Jakob Christoffel von Grimmelshausen

BAROCK

Waren zur Zeit der Renaissance und des Humanismus noch viele Werke auf Latein verfasst worden, begann im Barockzeitalter die deutschsprachige Literatur im engeren Sinne. Ähnlich wie in der Bildenden Kunst spielte auch in der Literatur die Gedankenwelt der Gegenreformation eine Rolle, wenn auch in geringerem Maße. Wichtiger war das Vanitas-Motiv, also die Vergänglichkeit allen Lebens. Gegensätze von Diesseits und Jenseits, Tod und Leben, Blüte und Verfall rückten in den Vordergrund. Formal waren vielerlei sprachliche Experimente typisch und eine oft übertriebene, manierierte Sprache.

Martin Opitz (1597 in Bunzlau bis 1639 in Danzig): Opitz stand am Anfang des deutschen Barock und beeinflusste mit seinem Werk alle weiteren Autoren. Schuf eine neue, deutsche Poetik auf Basis des Humanismus. Verfasste selbst Lieder, Oden und Sonette. Übersetzungen aus vielen Sprachen. Für Heinrich Schütz' *Dafne*, die als erste deutsche Oper gilt, schrieb er das Libretto. Von Kaiser Ferdinand II. zum *poeta laureatus* ernannt.

Paul Fleming (1609 in Hartenstein bis 1640 in Hamburg): Hauptberuflich als Arzt tätig, gilt er dennoch als einer der bedeutendsten deutschen Lyriker des Barock. Nahm an einer holsteinischen Gesandtschaft nach Russland und Persien teil, die ihm sehr viel Stoff für seine kunstvollen Gedichte lieferte. Nach vielen auf Latein verfassten Gedichten schrieb er zahlreiche Oden, Sonette und Trinklieder.

Andreas Gryphius (1616 in Glogau bis 1664 ebd.): Sein Leben war einschneidend durch den Krieg geprägt, was sich sowohl thematisch als auch gedanklich in seinen Dramen und seiner Lyrik niederschlug, vor allem im barocktypischen Motiv der Vergänglichkeit und Vergeblichkeit allen Seins. Durch den Optimismus der Aufklärung lange verdrängt, wurde sie im 20. Jahrhundert wiederentdeckt und aufgewertet.

Hans Jakob Christoffel von Grimmelshausen (um 1622 in Gelnhausen bis 1876 in Renchen): Mit seinem Zeit- und Kriegsroman *Simplicius Simplicissimus* verarbeitete Grimmelshausen nicht nur seine eigenen Erfahrungen in dem die ganze Barockzeit prägenden Dreißigjährigen Krieg, sondern schuf den in vielerlei Hinsicht bedeutendsten Roman jener Zeit: enorm realistische Kriegsschilderungen; er brachte das Volkstümliche zu neuer Geltung und ging formal oft über den Barock hinaus.

Daniel Casper von Lohenstein (1635 in Nimptsch, Schlesien, bis 1683 in Breslau): Im Hauptberuf Anwalt und Diplomat. Neben Gryphius wichtigster deutscher Autor barocker Trauerspiele, stark vom französischen Klassizismus geprägt. Wichtigstes Werk aber war der Roman *Großmütiger Feldherr Arminius*, der auf mehr als 3000 Seiten die Geschichte der Varusschlacht ausbreitete. Höhepunkt des heroisch-galanten Romans.

ARTEN DER DICHTUNG

Heldenepos

Das mittelalterliche Heldenepos war ein langes Gedicht, das sich der Gestalten und Stoffe aus den germanischen Heldensagen bediente. Diese Sagenstoffe wurden dichterisch erweitert, indem neue Nebenfiguren und neue ausführlich geschilderte Episoden eingeführt wurden. Vom thematisch ähnlichen Heldenlied unterschied sich das Epos dadurch, dass es schriftlich festgehalten und nicht nur mündlich vorgetragen wurde. Das bekannteste deutsche Heldenepos bildet das *Nibelungenlied*, in dem sich die Sage um Siegfried mit den Sagenkreisen um Dietrich von Bern und Attila verbindet.

Höfisches Epos

Das höfische Epos war europaweit die wichtigste Form der höfischen Dichtung. Im Unterschied zum Heldenepos war die Grundlage zwar stets ein Sagenmotiv, doch ausschließlich aus fremden Sagenkreisen, seien es keltische, wie bei Tristan und dem König Artus, oder antike Stoffe, wie die Trojanischen Kriege oder Alexander der Große. Protagonist ist stets ein höfischer Ritter. Formal zeichnet es sich durch meist vierhebige Reimpaare aus.

Minnesang

Die im Hochmittelalter wichtigste weltliche Form der Lyrik war der Minnesang. Grob lassen sich die Dichtungen in die hohe und niedere Minne unterteilen. In der hohen Minne geht es um die unerfüllbare Liebe des Minnesängers zu einer Hofdame, die er in seinem Vortrag von seinen ritterlichen Tugenden Stolz, Bescheidenheit und Treue zu überzeugen sucht. Die niedere Minne, zu der Walther von der Vogelweide Ende des 12. Jahrhunderts überging, wird auch als Mädchenlied bezeichnet und stellt eine eher gleichberechtigte Form der Liebe dar.

Lehrdichtung

Ein nicht geringer Teil der mittelalterlichen Literatur bestand in der unterhaltenden Belehrung. Die dabei vermittelten Erkenntnisse konnten alle möglichen Themen von Bibelfragen bis zur Politik, Medizin und Wahrsagerei umfassen. Beispiele sind die Spruchdichtung Walther von der Vogelweides; *Der Welsche Gast*, eine vom Italiener Thomasin von Zerclaere verfasste zehnbändige Tugendlehre; und Eberhard von Gandersheims *Gandersheimer Reimchronik*, ein historiografisches Werk über die Geschichte des dortigen Stifts. Die Grenze zu ähnlichen Gattungen wie Fabeln und Legenden ist nicht immer eindeutig zu bestimmen.

Schäferdichtung

Die schon in der griechischen und römischen Antike beliebte lyrische Gattung des Schäfergedichts (oder Hirtengedichts) gelangte über England auch ins deutsche Barock, wo sie in Martin Opitz ihren größten Meister fand. In ihrer Weltabgewandtheit und Suche nach Natürlichkeit entsprach sie dem Denken des Barock ebenso wie dem Bild eines friedlichen, goldenen Zeitalters, das darin ihren Ausdruck fand.

Martin Opitz

Paul Fleming

Andreas Gryphius

Daniel Casper von Lohenstein

Bauhaus Dessau, Kornhaus

BAUHAUS DESSAU

„Bilden wir also eine neue Zunft der Handwerker ohne die klassentrennende Anmaßung, die eine hochmütige Mauer zwischen Handwerkern und Künstlern errichten wollte! Wollen, erdenken, erschaffen wir gemeinsam den neuen Bau der Zukunft, der alles in einer Gestalt sein wird: Architektur und Plastik und Malerei …" Was Walter Gropius 1919 enthusiastisch einforderte – die Synthese von Kunst und Handwerk, das Zusammenführen getrennter Kunstbereiche –, wurde zu den Leitideen einer Kunstschule, die trotz ihres kurzen Bestehens von nur 14 Jahren Weltruhm erlangte: das Bauhaus. Seine Anfänge liegen in Weimar. Hier gründete Walter Gropius 1919 als Direktor das „Staatliche Bauhaus in Weimar" und konnte bereits früh namhafte Künstler als Meister gewinnen, unter ihnen Wassily Kandinsky und Paul Klee.

Unter politischem Druck zog das Weimarer Bauhaus 1924 nach Dessau, wo es seine größte Wirkung entfaltete. Keine andere Stadt der Welt zählt mehr originale Bauhausgebäude. Neben dem lichtdurchfluteten Lehrgebäude, dessen „Bauhaus"-Schriftzug eines der meistfotografierten Motive Dessaus ist, entstanden 1924/25 nach Plänen von Walter Gropius die sogenannten Meisterhäuser, die heute Ikonen moderner Architektur sind. Schon hier fand ein Konzept Anwendung, das in den darauffolgenden Jahren beim Bau der 314 Reihenhäuser umfassenden Siedlung Dessau-Törten weiter perfektioniert wurde: die Standardisierung und Rationalisierung der Bauweise. Dank vorfabrizierter Bauelemente konnten selbst ungelernte Arbeiter ein Haus samt Verputz in weniger als neun Stunden fertigstellen.

Anlässlich des 100. Gründungsjubiläums der Bauhaus-Schule wurde 2019 im Zentrum von Dessau ein Museum eröffnet. Die Architektur des Gebäudes rief ein geteiltes Echo hervor, nicht jedoch die klug arrangierte Ausstellung, die als weltweit zweitgrößte Sammlung zum Thema Bauhaus gilt.

Bauhaus Dessau

Haus Feininger/Moholy-Nagy; Meisterhaussiedlung

Johannes Itten

László Moholy-Nagy

Walter Gropius

Paul Klee

Marcel Breuer

Gerhard Marcks

Deckenlampe

MENSCHEN AM BAUHAUS

1919 gründete der Architekt Walter Gropius durch Zusammenlegung der ehemaligen Kunstgewerbeschule und der Kunstakademie das Bauhaus Weimar. Im ersten Satz des im Jahr zuvor verfassten Bauhaus-Manifests, das als Programm der Schule gelesen werden kann, heißt es: „Das Endziel aller bildnerischen Tätigkeit ist der Bau!" Es sollte zu den Widersprüchen der Bauhaus-Akademie gehören, dass an ihr von der Weberei und Metallverarbeitung über Töpferei und Malerei bis zu Möbelgestaltung und Buchbinderei fast alles gelernt werden konnte, es aber bis 1928 keine Architekturausbildung gab. Dafür gab es von Beginn an den legendären Vorkurs, der von jedem Studenten belegt werden musste und aus Formunterricht und Materialübungen bestand.

Gropius konnte renommierte Künstler als Lehrer (meist Formmeister genannt) gewinnen oder solche, die es schon bald wurden, darunter Oskar Schlemmer, Wassily Kandinsky, Lyonel Feininger und Paul Klee. Vieles am Bauhaus war improvisiert und unkoordiniert, die Disziplin der Studenten ließ oft ebenso zu wünschen übrig wie die Produktivität, und doch: Das Konzept einer gestalterischen Ausbildung auf Basis einer soliden Handwerksausbildung setzte Maßstäbe und wurde weltweit wegweisend für ähnliche Ausbildungsstätten.

Auf Druck der neuen Rechtsregierung musste das Bauhaus Weimar 1925 verlassen und fand in der sozialdemokratisch regierten Stadt Dessau ein alternatives Quartier. Das neue Bauhausgebäude in Dessau wurde zu einer architektonischen Ikone der Moderne. Doch auch in Dessau gab es bald Querelen mit der Stadt, Walter Gropius übergab sein Amt an Hannes Meyer, der jedoch schon nach zwei Jahren wieder entlassen wurde. Mit dem dritten Direktor Ludwig Mies van der Rohe rückte die Bauabteilung dann tatsächlich ins Zentrum der Ausbildung, doch blieben der Schule nur noch wenige Jahre, bis der politische Druck seitens der neuen nationalsozialistischen Machthaber zu stark wurde und auch sie schließen musste. Nur wenige Monate konnte es in Form eines von Mies van der Rohe geführten Privatinstituts in Berlin-Lankwitz weiterlaufen, bis es endgültig aufgeben musste.

PERSÖNLICHKEITEN

Gertrud Grunow (1870 in Berlin bis 1944 in Leverkusen): Die Musikerin Gertrud Grunow hatte sich schon vor dem Ersten Weltkrieg mit Fragen der Beziehung zwischen Klang, Bewegung und Farbe beschäftigt. 1919 kam sie ans Bauhaus und lehrte bis 1923 die von ihr entwickelte „Harmonisierungslehre". Mit dieser konnte sie sich jedoch nicht recht durchsetzen.

Lyonel Feininger (1871 in New York bis 1956 ebd.): Feininger kam, wie fast alle Bauhausmeister der ersten Stunde, aus den Expressionistenkreisen um Herwarth Waldens Sturm-Galerie in Berlin. Zugleich war er der erste namhafte Künstler, den Gropius verpflichten konnte, und wurde zum Formmeister der Druckgrafischen Werkstatt bestimmt. Pädagogisch eher unbegabt und desinteressiert, wirkte er auf seine Schüler durch den Gedankenaustausch und sein gewinnendes Wesen.

Paul Klee (1879 in Münchenbuchsee, Kanton Bern, bis 1940 in Muralto, Tessin): Als der Schweizer Paul Klee 1921 ans Bauhaus kam, war noch gar nicht sicher, welche Aufgabe er genau übernehmen sollte. Anfangs in der Buchbinderei tätig, dann in der Glasmalerei, konnte er in beiden Werkstätten keine neuen Impulse setzen. Sein großer Verdienst lag deshalb vor allem in der theoretischen Unterweisung der Studenten. Ging 1925 zwar mit dem Bauhaus nach Dessau, war aber bis zu seinem Wechsel an die Düsseldorfer Akademie 1931 unzufrieden, weil er zu wenig Zeit für seine künstlerische Arbeit fand.

Adolf Meyer (1881 in Mechernich bis 1929 auf Baltrum): Bevor Meyer als Assistent der Architekturabteilung nach Weimar kam (wo er auch das private Bauatelier Walter Gropius' leitete) hatte er mit Gropius bereits das Fagus-Werk in Alfeld gebaut, eine Inkunabel der Moderne. Am Bauhaus blieb er bis 1925 und lehrte Werkzeichnen und Konstruktion.

Walter Gropius (1883 in Berlin bis 1969 in Boston): Gropius war nicht nur der Gründer und erste Direktor des Bauhauses; zu Recht wird er auch als der Erfinder desselben bezeichnet, hatte er doch als Erster die konkrete Vision einer Schule als „Einheitskunstwerk" aus Handwerk und Kunst im Kopf. Von 1919 bis 1928 fungierte er als Direktor der Schule, holte namhafte Künstler und vielversprechende Talente ans Bauhaus. Daneben setzte er seine Arbeit als Architekt insbesondere im Siedlungsbau fort. 1928 gab er, entnervt von andauernden Streitigkeiten mit der Stadt Dessau, seinen Posten an den Schweizer Stadtplaner Hannes Meyer ab.

Josef Albers (1988 in Bottrop bis 1976 in New Haven, Connecticut): Albers kam als Student nach Weimar, stieg schnell zum Gesellen in der Glasmalereiwerkstatt auf, die er de facto leitete. Den größten Einfluss übte er durch die praktischen Materialübungen im Vorkurs aus, den er von 1923 bis 1933 hielt. Mit dem Umzug nach Dessau wurde er „Jungmeister" und übernahm nach dem Weggang Moholy-Nagys auch offiziell die Leitung des Vorkurses. 1933 emigrierte er, des „Kulturbolschewismus" bezichtigt, als erster Bauhausmeister in die USA, wo er an das berühmte Black Mountain College in North Carolina ging.

Johannes Itten (1888 in Wachseldorn, Kanton Bern, bis 1967 in Zürich): Der Schweizer Itten gehörte von Beginn an zu den prägenden Figuren am Bauhaus, an dem er bereits in der Gründungsphase von Gropius als Meister verpflichtet wurde. Führte den berühmten Vorkurs als Rückgrat der Bauhaus-Lehre ein. Beeinflusst vom Mystiker Jakob Böhme und theosophischen Schriften. Geriet mit seinem esoterischen, sehr autonomen Künstlertum recht bald in Konflikt mit der pragmatischen Ausrichtung der Schule und verließ Weimar 1923.

Meisterhaus Feininger, Treppe, Dessau

Ehemalige Kunstgewerbeschule, Weimar

Probstzella, Kiosk im Park von A. Arndt

O. Schlemmer (l., 2. v. o.), unter ihm Tut Schlemmer
Josef Albers (r. am Boden), Gunta Stölzl (M.)

László Moholy-Nagy, Ohne Titel, ca. 1920

Treppenhaus, Bauhaus Weimar

Ludwig Mies van der Rohe, Barcelonasessel

Marianne Brandt, Teekanne, 1924

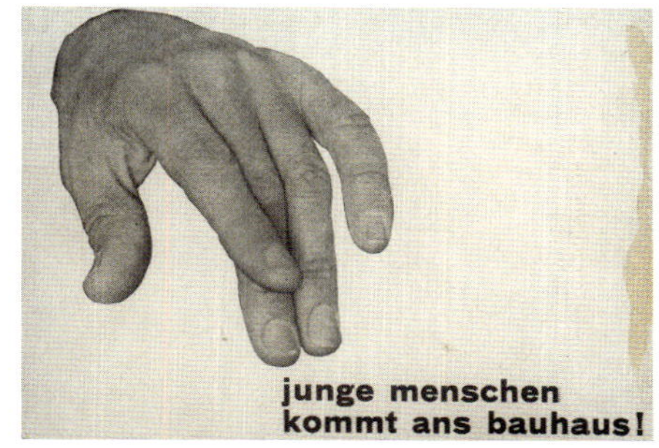

Hannes Meyer, Werbebroschüre, 1929

Gerhard Marcks (1889 in Berlin bis 1981 in Burgbrohl): Den Bildhauer Gerhard Marcks, erster Lehrer der Keramikwerkstatt am Bauhaus, kannte Gropius schon sehr lange. 1914 hatten sie gemeinsam für die Kölner Werkbundausstellung gearbeitet. Durch zahlreiche Entwürfe von Tierplastiken für verschiedene Porzellanhersteller war Marcks prädestiniert, die Studenten in der keramischen Formgebung zu unterrichten. Unzufriedenheit mit den Lehr- und Studienbedingungen ließen ihn aber 1924 das Beschäftigungsverhältnis beenden.

Hannes Meyer (1889 in Basel bis 1954 in Crossifisso di Savosa): Die Amtszeit Hannes Meyers als zweiter Direktor des Bauhauses war eine recht kurze. Nachdem Gropius ihn 1927 als Leiter der Architekturabteilung geholt hatte, versuchte er durch eine Neuorganisation des Lehrbetriebs der gestiegenen Nachfrage nach Bauhausentwürfen gerecht zu werden. Ein wichtiges Projekt dieser Zeit war die Bundesschule des Allgemeinen Deutschen Gewerkschaftsbundes in Bernau bei Berlin. Weil er es nicht verstand, der kommunistischen Radikalisierung vieler Studenten Einhalt zu gebieten, wurde er 1930 entlassen.

Marianne Brandt (1893 in Chemnitz bis 1983 in Kirchberg): 1923 kam Marianne Brandt als Studentin ans Bauhaus, besuchte den Vorkurs bei László Moholy-Nagy und Josef Albers sowie den Unterricht bei Kandinsky und Klee. Nachdem sie am Weimarer Bauhaus schon in der Metallwerkstatt bei Moholy-Nagy studiert hatte, entwarf sie Beleuchtungskörper für das Dessauer Bauhaus und war zwischen 1928 und 1929 Leiterin der Metallwerkstatt.

László Moholy-Nagy (1895 in Bácsborsód, Österreich-Ungarn, bis 1946 in Chicago): Von 1923–28 am Bauhaus für den Vorkurs und die Metallwerkstatt zuständig. Seine Lehrtätigkeit beinhaltete aber auch Studien zur Bewegung, Gleichgewichtsstudien, Licht und Schatten, Dreidimensionalität und die Grenzbereiche zwischen Skulptur und Architektur. Nach seinem Weggang vom Bauhaus war er an mehreren Theatern als Bühnengestalter tätig, bevor er 1937 in die USA übersiedelte, wo er ans „New Bauhaus" in Chicago ging.

Georg Muche (1895 in Querfurt bis 1987 in Lindau): Georg Muche war der jüngste Bauhausmeister, als er ab 1920 zunächst mit Organisationsfragen und dem pädagogischen Aufbau betraut wurde. Anschließend wurde ihm die Leitung der Weberei übertragen und 1923 hatte er die Gesamtverantwortung für die erste Bauhaus-Ausstellung. Auch nach 1925 in Dessau führte Muche die Webereiwerkstatt, verließ jedoch 1927 nach internen Konflikten die Schule und fand eine Beschäftigung an der Ittenschule in Berlin.

Lothar Schreyer (1886 in Blasewitz bei Dresden bis 1966 in Hamburg): Schreyer war Schriftleiter und Leiter der von ihm mit Herwarth Walden gegründeten Sturm-Bühne, als Gropius ihn als Leiter der Bühnenwerkstatt nach Weimar berief. Nachdem seine Aufführung des *Mondspiels* ein ziemlicher Misserfolg war, verließ er das Bauhaus jedoch schon 1923 wieder.

Ludwig Mies van der Rohe (1886 in Aachen bis 1969 in Chicago): Der dritte und letzte Direktor des Bauhauses, Ludwig Mies van der Rohe, übernahm das Amt in der wirtschaftlich ungemein prekären Zeit der Weltwirtschaftskrise, was die öffentliche wie private Bautätigkeit fast zum Erliegen brachte. Mies musste auf politischen Druck reagieren, verschlankte den Lehrplan und machte aus dem Bauhaus eine reine Architekturschule. Ein letzter Versuch, die in Dessau geschlossene Schule in Berlin weiterzuführen, scheiterte. Für Mies aber sollte seine eigentliche Karriere im US-amerikanischen Exil erst richtig beginnen.

Joost Schmidt (1893 in Wunstorf bis 1948 in Nürnberg): Joost Schmidt kam 1919 als Student ans Bauhaus und wurde, da er bereits ein Kunststudium abgeschlossen hatte, schon früh mit wichtigen Aufträgen betraut wie der Innengestaltung des Hauses Sommerfeld und dem Entwurf eines Plakats für die Bauhaus-Ausstellung 1923. Er lernte bei Itten und Schlemmer in der Werkstatt für Stein- und Holzbildhauerei und wurde 1925 Lehrer für Schrift sowie Leiter der Plastischen Werkstatt und der Reklamewerkstatt.

Walter Peterhans (1897 in Frankfurt am Main bis 1960 in Stetten bei Stuttgart): Peterhans kam 1929 ans Dessauer Bauhaus, um dort die Werkstatt für Fotografie aufzubauen, die er bis zur Auflösung der Schule 1933 leitete. Er machte sich einen Namen als fotografischer Perfektionist – eine Haltung, die er auch an seine Schüler weitergab. Seine Werke sind meist bis ins Letzte durchkomponierte Stillleben, die viel mit Licht und Schatten spielen.

Alfred Arndt (1898 in Elbin, Westpreußen, bis 1976 in Darmstadt): Alfred Arndt durchlief zwischen 1921 und 1927 ein komplettes Studium am Bauhaus und war danach als freier Architekt in Thüringen tätig. 1929 wurde er vom zweiten Bauhaus-Direktor Hannes Meyer nach Dessau geholt, um die neue Bauwerkstatt zu leiten, die aus der Zusammenlegung der Werkstätten für Wandmalerei, Tischlerei und Metall hervorgegangen war. 1932 verließ er Dessau und wandte sich wieder der Architektur und Reklamegrafik zu. Nach dem Krieg wirkte er am Aufbau des Bauhaus-Archivs mit.

Marcel Breuer (1902 in Pécs, Österreich-Ungarn, bis 1981 in New York): Marcel Breuer kam mit 18 Jahren als Student ans Bauhaus und wurde mit dem Umzug nach Dessau Jungmeister und Leiter der Möbelwerkstatt. Schon bald verband ihn eine enge Freundschaft mit Walter Gropius, die auch in den Jahren des Exils in den USA halten sollte. In Dessau fertigte Breuer Prototypen seiner Stahlrohrstühle. 1928 startete er seine Karriere als selbstständiger Designer und Architekt, die aber erst in den USA richtig an Fahrt aufnehmen sollte.

v. l. n. r.: Josef Albers, Marcel Beuer, Gunta Stölzl, Oskar Schlemmer, Wassily Kandinsky, Walter Gropius, Herbert Bayer, László Moholy-Nagy, Hinnerk Scheper

Modell zu Serienhäusern

Joost Schmidt, Plakat, 1923

Braunkohlebagger in Ferropolis

BITTERFELD UND GRÄFENHAINICHEN

Einer Anekdote zufolge waren es tief im Boden wühlende Wildkaninchen, die auf dem Pomselberg von Bitterfeld zur Entdeckung von Braunkohlelagerstätten beitrugen und damit die Geschichte der Stadt maßgeblich beeinflussten. Vor 150 Jahren wurden Bitterfeld und Wolfen – seit 2007 offiziell zusammengelegt – Zentrum des Braunkohlebergbaus, später und bis heute zudem wichtiger Standort der chemischen Industrie. Dies hat tiefe Spuren hinterlassen, die dem Image der 38 000-Einwohner-Stadt lange Zeit nicht zum Vorteil gereichten.

Seit vielen Jahren jedoch zeichnet sich in der Region Bitterfeld-Wolfen ein Struktur- und Imagewandel ab, der nirgendwo deutlicher zutage tritt als am Großen Goitzschesee, kurz Goitzsche. 1998 begann man mit der Flutung der Braunkohlegrube, die nach vier Jahren abgeschlossen war. Heute erstreckt sich der See über eine Länge von 27 km und verströmt mit seinen Badestränden, der ufernahen Gastronomie und den Segelbooten auf dem Wasser ein maritimes Flair.

Am Nordufer befindet sich der 26 m hohe, aus Stahl errichtete Pegelturm, der scheinbar auf dem Wasser zu schwimmen scheint und über eine doppelläufige Spindeltreppe zu besteigen ist. Von hier schweift der Blick über die umliegenden Ortschaften und über den weitläufigen Naturpark Dübener Heide, der sich unmittelbar an die Goitzsche anschließt.

Eine andere Form der Metamorphose lässt sich nahe der rund 15 km entfernten Ortschaft Gräfenhainichen bestaunen: Der ehemalige, vom Braunkohlekombinat Bitterfeld genutzte Tagebau Golpa-Nord wurde nach seiner Auskohlung ab 2000 mit Wasser geflutet. Die fünf Großgeräte aus dem Tagebau wurden zum Besuchermagneten des Freilicht-Industriemuseums Ferropolis, das zugleich als spektakulärer Veranstaltungsort für Konzerte und Festivals wie das Melt! bis zu 25 000 Besucher aus aller Welt anlockt.

Eimerkettenbagger

Großbagger aus dem Tagebau im Freilicht-Industriemuseum Ferropolis, Gräfenhainichen

ERFURT, WEIMAR UND JENA

Morgennebel über Jena

Erfurt in Thüringen, Dämmchen

ERFURT, WEIMAR UND JENA

Eisenach, Gotha, Erfurt, Weimar, Jena und Gera – fast wie auf einer Perlenschur aufgereiht liegen die Orte nördlich des Thüringer Waldes, die Linie wird daher auch als Thüringer Städtekette bezeichnet. Historisch betrachtet wurden die ersten drei Ortschaften, die im Westen Thüringens liegen, durch die mittelalterliche Handelsstraße Via Regia miteinander verbunden. Weimar erhielt seine Bedeutung in der frühen Neuzeit als Residenz der ernestinischen Herrscher, und Jena und Gera wuchsen im Zuge der Industrialisierung ab dem späten 19. Jahrhundert zu wichtigen Städten an. Mit der Region sind große Namen verbunden, religiöse, philosophische, künstlerische und technische Innovationen gingen von hier aus in die ganze Welt. Luther, Meister Eckhart, Cranach, Goethe, Schiller, Wieland, Herder, Fichte, Zeiss, das Bauhaus, Optik- und Glastechnik, Spielkarten – die Liste ließe sich mühelos fortsetzen. So verwundert es nicht, dass die UNESCO hier gleich in mehreren Städten Welterbe-Auszeichnungen vergeben hat. Auch wenn sämtliche Orte heute durch Autobahnen und Bahnstrecken miteinander verbunden sind, gibt es eine Methode, die wesentlich angenehmer ist, um Land und Leute kennenzulernen: Der 240 km lange Radfernweg „Thüringer Städtekette" verläuft von Creuzburg im Wartburgkreis bis nach Altenburg östlich von Gera.

CHRONIK

230 000–100 v. Chr. Funde wie die Silexspitze von Weimar-Ehringsdorf bezeugen eine Besiedelung schon in der Altsteinzeit. Weitere Funde weisen Kulturen aus der Jungstein-, Bronze- und Eisenzeit nach.
4.–6. Jh. n. Chr. Das Thüringer Reich etabliert sich, fällt jedoch 531 unter fränkische Herrschaft.
8./9. Jh. Pfalzen entstehen, außerdem Klöster und Kirchen (Peterskloster und Pfalz auf dem Petersberg in Erfurt); das 742 gegründete Bistum Erfurt wird 755 mit dem von Mainz vereinigt.
1080 Bau der Wartburg in Eisenach
1230 Jena wird zur Stadt erklärt.
1392 Gründung der Universität in Erfurt, 1557 erfolgt die kaiserliche Bestätigung der Universitätsgründung von Jena.
1410 Weimar, das schon seit dem 10. Jh. als Grafschaft existiert, erhält die Stadtrechte.
1521 Martin Luther übersetzt auf der Wartburg das Neue Testament ins Deutsche.
1775–1828 Herzog Carl August von Sachsen-Weimar-Eisenach wird prägender Förderer und Patron der Weimarer Klassik und ist ein enger Freund von Goethe. Schon seine Mutter, Herzogin Anna Amalia von Sachsen-Weimar und Eisenach, fördert als Mäzenin die schönen Künste.
Ende des 18. Jh. Beginn der industriellen Revolution in Thüringen; Gründungen von Textilfabriken u. a. in Gera und Greiz
1806 Napoleon siegt in der Schlacht bei Jena und Auerstedt über das Königreich Preußen. Beim Fürstenkongress in Erfurt (1808) treffen der französische Herrscher und Zar Alexander I. zusammen und unterzeichnen einen Bündnisvertrag.
1860 Gründung der Weimarer Kunstschule
1889 Ernst Abbe gründet die Carl-Zeiss-Stiftung in Jena.
1898 Beginn des Automobilbaus mit der Ehrhardtschen Fahrzeugfabrik in Eisenach
Ende 19./Anfang 20. Jh. In Eisenach, Erfurt und Gotha entsteht eine starke Arbeiterbewegung, die Region wird zur Wiege der Sozialdemokratie.
1919 Beschluss der Weimarer Verfassung im Deutschen Theater Weimar; Gründung des Weimarer Bauhauses durch Walter Gropius
1945 Befreiung des Konzentrationslagers Buchenwald bei Weimar durch die US-Armee. In einem der größten KZs auf deutschem Boden sterben von 1937 bis Kriegsende weit über 50 000 Häftlinge, heute ist der Ort eine Gedenkstätte.
1952 Thüringen wird in die Bezirke Erfurt, Gera und Suhl aufgeteilt. Nach der Wende 1990 wird es wieder als eigenes Bundesland neu gegründet, mit Erfurt als Landeshauptstadt.
1970 Erfurt ist Schauplatz des gleichnamigen Gipfeltreffens. Hier treffen sich Bundeskanzler Willy Brandt und der Vorsitzende des Ministerrates der DDR, Willi Stoph.
1994 Neugründung der Universität und des katholischen Bistums Erfurt
1999 Weimar wird europäische Kulturhauptstadt.
2004 Ein Brand zerstört 50 000 Bücher in der berühmten Herzogin-Anna-Amalia-Bibliothek in Weimar, 2007 erfolgt die Wiedereröffnung.
2016 Erfurt wird der Titel „Reformationsstadt Europas" verliehen.

HAUS ZUM SONNEBORN
15
46
6

Krämerbrücke

ERFURT, DIE KAUFMANNSSTADT

Dank seiner günstigen Lage an der mittelalterlichen Via Regia ist Erfurt stark geprägt durch Handel und Handwerk. Zwischen Petersberg und Domhügel verläuft noch heute die alte Handelsstraße, der Domplatz bildet seit jeher den Großmarkt der Stadt. Der Ort an der Gera-Furt war lange bekannt für das Blaufärbemittel Waid, das vor den Stadttoren angebaut und in Färbereien und Textilbetrieben weiterverarbeitet wurde, erst die Einführung des günstigeren Indigos beendete die wirtschaftliche Blütezeit.

Die verwinkelte Altstadt mit ihren prächtigen Patrizier- und Gildehäusern vereint Barock, Rokoko und Renaissance und zeugt von der einst stolzen Kaufmannstradition. In der Johannesstraße sind davon noch viele Bauten zu finden, wie etwa das Haus zum Stockfisch, in dem sich das Stadtmuseum befindet und das mit dem technischen Museum Neue Mühle an der Schlösserbrücke eine Außenstelle besitzt. Am Fischmarkt thront das Haus zum Roten Ochsen in all seiner Pracht und gilt zu Recht als eines der schönsten Renaissancegebäude Deutschlands. An dem Platz zwischen Anger und Domplatz befindet sich auch das neogotische Rathaus aus den 1870er-Jahren, das von zwei höchst unterschiedlichen Gebäuden flankiert wird: Links befindet sich das Haus zum Breiten Herd mit seiner reich verzierten Fassade, rechts steht das Sparkassengebäude im Stil der Neuen Sachlichkeit aus den 1930er-Jahren. Auch der Anger, einstiger Haupthandelsplatz für Waid, Wein und Weizen, der sich südlich der Johannesstraße als lang gezogene Hauptgeschäftsstraße erstreckt, weist eine Vielzahl von Prachtbauten auf. Erwähnt seien hier nur einige Häuser wie der barocke kurmainzische Pack- und Waagehof, in dem sich das Angermuseum befindet, sowie das ehemalige Biereigen- und Waidhändlerhaus Haus zum Schwarzen Löwen von 1577. Aus der gleichen Zeit stammt auch das Haus Dacheröden, das zwei Gebäude miteinander verbindet: das Haus „Zum güldenen Hecht" und das nebenan liegende „Haus zum Großen und Neuen Schiff".

Vom Wenigemarkt mit seinen Restaurants und Cafés sind es durch ein begehbares Tor der mittelalterlichen Ägidienkirche nur wenige Schritte bis zur berühmten Krämerbrücke, der längsten durchgehend mit Häusern bebauten Brücke Europas und ein Touristenmagnet der Stadt. Auf beiden Seiten säumen Fachwerkhäuser die Brückenstraße, in der sich heute viele Läden für Kunsthandwerk und Antiquitäten angesiedelt haben.

Die doppeltürmige Kaufmannskirche, in der die Eltern von Johann Sebastian Bach getraut wurden und wo auch Martin Luther predigte, zeugt allein in ihrem Namen von der alten Handelstradition der Stadt, an der auch immer schon die jüdische Bevölkerung ihren Anteil hatte. In der Altstadt befindet sich die 900 Jahre Alte Synagoge, die älteste in Europa. Zusammen mit der 750 Jahre alten Mikwe und dem 1998 gefundenen Jüdischen Schatz von Erfurt strebt die Stadt die Aufnahme in die Liste des UNESCO-Welterbes an.

Haus zum Sonneborn von 1546, heute Standesamt

Haus zum Roten Ochsen am Fischmarkt

Erfurter Dom und Severikirche

KIRCHEN UND ZITADELLEN IN ERFURT

Der Missionserzbischof Bonifatius erwähnt den Ort Erfurt erstmals 742 in einem Brief und bittet den Papst um die Bestätigung des von ihm gegründeten neuen Bistums, das sich Jahre später mit dem von Mainz (wo Bonifatius Erzbischof wird) vereinigt. Erfurt entwickelt sich im 14. Jahrhundert zu einer bedeutenden Großstadt und kann zu seiner Blütezeit ganze 38 Kirchen (inklusive der Klosterkirchen der 14 Erfurter Klöster) in der Altstadt vorweisen, von denen heute noch 22 Kirchen und fünf freistehende Kirchtürme ehemaliger Gotteshäuser stehen. So hielt in der Predigerkirche der deutsche Mystiker Meister Eckhart seine Andachten, während im Augustinerkloster der junge Martin Luther einige Jahre als Mönch verbrachte und in der Augustinerkirche seine erste Messe las. Von 1501–05 studierte der spätere Reformator an der hiesigen Universität Hierana, die nach Prag die älteste und zeitweise beliebteste Hochschule im deutschsprachigen Raum war. Nach einer „Zwangspause" ab 1861 nahm die Universität nach der Wende im Jahr 1994 ihren Hochschulbetrieb wieder auf.

Mittelpunkt und Wahrzeichen von Erfurt ist seit jeher das Architekturensemble von Dom und Severikirche auf dem Domplatz. Der Erfurter Dom, die frühere St.-Marien-Kirche, ist über 80 m hoch und besitzt mit der Gloriosa die größte freischwingende mittelalterliche Glocke der Welt. Direkt gegenüber thront die dreitürmige Severikirche, einer der bedeutendsten gotischen Bauten Deutschlands. Die Gotteshäuser auf dem Domberg, zu denen die 70 Domstufen führen, bestimmen das Stadtbild.

Nicht weit davon liegt mit dem 230 m hohen Petersberg der zweite Blickfang. Auf dem schon seit der Steinzeit besiedelten Hügel erstreckt sich die Zitadelle Petersberg aus dem 17. Jahrhundert, eine der besterhaltenen Festungen in ganz Europa. Die gewaltige Anlage bot hier einst auch dem Benediktinerkloster St. Peter und Paul (Peterskloster) Schutz vor Angriffen, erhalten hat sich davon nur die Peterskirche aus romanischer Zeit. Von den Wallanlagen des Petersbergs genießt man einen weiten Ausblick über die Stadt, doch es gibt noch eine andere Möglichkeit für Panoramablicke: Die ältere Zitadelle Cyriaksburg liegt südwestlich der Altstadt mitten auf dem Gelände des egaparks Erfurt. Das einstige Kloster aus dem 12. Jahrhundert, das später zur Burg und Festung umgebaut wurde, integrierte man 1919 in eine städtische Gartenanlage, die in DDR-Zeiten Schauplatz der Internationalen Gartenschau (IGA) war. Von der Bedeutung Erfurts als Blumen- und Gartenstadt zeugt heute in der historischen Defensionskaserne der Cyriaksburg das Deutsche Gartenbaumuseum, das einzige seiner Art in Deutschland.

Erfurter Dom (l.) und Severikirche (r.), Ansicht aus dem 19. Jh., aus: *El Mundo En La Mano*, 1878

Stadtschloss Weimar

RESIDENZSTADT WEIMAR

Mit Weimar sind große Namen verbunden: Lucas Cranach war Hofmaler von Herzog Johann Friedrich I., Johann Sebastian Bach musizierte hier als Kammermusiker, Hoforganist und Konzertmeister, Martin Wieland, Johann Wolfgang Goethe, Gottfried Herder und Friedrich Schiller prägten die Epoche der Weimarer Klassik. Franz Liszt, Richard Strauss und Friedrich Nietzsche verbrachten im 19. Jahrhundert entscheidende Jahre in der Residenzstadt. Walter Gropius gründete hier die Bauhaus-Schule, Hugo Preuß verabschiedete im Deutschen Nationaltheater gemeinsam mit der Weimarer Nationalversammlung den Gesetzentwurf zur Weimarer Republik.

Weimar, seit 1547 Haupt- und Residenzstadt des Herzogtums Sachsen, existierte schon Jahrhunderte zuvor als politisch eigenständige Grafschaft der ernestinischen Wettiner, erlebte seine Blütezeit aber Ende des 18./Anfang des 19. Jahrhunderts unter der Herrschaft von Carl August von Sachsen-Weimar-Eisenach, dem Sohn von Herzogin Anna Amalia. Wie seine Mutter, die sich als Mäzenin und Förderin der schönen Künste hervortat, widmete sich auch der von seinem Lehrer, dem Dichter Wieland, beeinflusste Carl August am liebsten der Literatur und Philosophie und zählte neben Goethe auch Schiller und Herder zu seinen Freunden. An der prachtvollen Herzogin-Anna-Amalia-Bibliothek, die 1691 als „Herzogliche Bibliothek" von Herzog Wilhelm Ernst gegründet wurde, kann man die Vorliebe der Weimarer Herrscher für Bildung und Kunst ablesen. Besonders der ovale und über drei Geschosse reichende Rokokosaal verschlägt Besuchern den Atem. 2004 vernichtete ein Brand rund 50 000 Bücher und 35 Gemälde, dank weltweiter Spenden konnte die Bibliothek 2007 wieder eröffnet werden.

Als Teil des UNESCO-Welterbes „Klassisches Weimar" zeugt das Stadtschloss am nördlichen Ende des Ilmparks von Weimars Bedeutung als Residenzstadt. Die dreiflügelige Anlage mit klassizistischer Säulenhalle, mittelalterlichem Rundturm mit Barockaufsatz und Bastille wurde nach einem Brand von Herzog Carl August unter Goethes Aufsicht wieder errichtet. Heute beherbergt das Schloss die Kunstsammlungen mit Schwerpunkt auf der Malerei zwischen 1500 und 1900: Albrecht Dürer, Lucas Cranach der Ältere, Johann Friedrich August Tischbein, aber auch Auguste Rodin oder Claude Monet sind hier vertreten.

Rokokosaal der Herzogin Anna Amalia Bibliothek

Weimarer Stadtschloss mit Schlossturm

Schloss Belvedere bei Weimar

WEIMAR – DIE KULTURSTADT

Im Jahr 1999 war Weimar die „Kulturhauptstadt Europas", ein Jahr vorher hatte die UNESCO die thüringische Stadt als historischen Brennpunkt europäischer Kultur zum Welterbe erklärt. Das Zentrum des deutschen Geisteslebens zog im 18. und frühen 19. Jahrhundert eine Vielzahl von Dichtern, Musikern und Gelehrten an, was sich auch an zahlreichen Bauten erkennen lässt: In der Herderkirche St. Peter und Paul in der Altstadt predigte der Theologe und Philosoph Johann Gottfried Herder, im Kircheninneren befindet sich ein dreiflügeliges Altargemälde von Lucas Cranach. Herders Wohnhaus hinter der Kirche kann zwar nicht besichtigt werden, dafür aber sein historischer Garten hinter dem Pfarrhaus. Während das Liszt-Haus als Museum Besuchern offensteht, werden für die adäquate Nutzung des Bachhauses noch fleißig Spenden gesammelt. Das Nietzsche-Archiv in der Villa Silberblick widmet sich dem Leben und Werk des eigenwilligen Philosophen.

Am Theaterplatz grüßen Goethe und Schiller auf ihrem Sockel vor dem Deutschen Nationaltheater, dem einstigen Weimarer Hoftheater, das Goethe über viele Jahre hinweg als Direktor leitete und wo Meisterwerke wie *Iphigenie auf Tauris*, *Egmont*, Schillers *Wallenstein* oder *Maria Stuart* vor einem begeisterten Publikum uraufgeführt wurden. Neben Goethes Haus am Frauenplan kann auch Schillers einstiges Wohnhaus ganz in der Nähe besichtigt werden. Nicht weit davon liegt das Haus der Frau von Stein, wo Charlotte von Stein, Goethes langjährige Vertraute, lebte. Im Wittumspalais, dem Witwensitz von Anna Amalia, empfing die Herzogin ihre berühmten und gebildeten Gäste, auch er kann besichtigt werden.

Direkt am Markt mit seinen hübschen Renaissancebauten wie dem Cranach-Haus begrüßt seit dem 17. Jahrhundert das Hotel Elephant seine Gäste. Hier trafen sich die berühmten Weimarer Klassiker, aber auch Franz Liszt, Richard Wagner und später Martin Buber, Ernst Rowohlt, Walter Gropius oder Oskar Schlemmer gingen hier ein und aus. Thomas Mann machte das Hotel unsterblich in seinem Roman *Lotte in Weimar*. Auch

Chinesisches Teehaus im Landschaftspark Schloss Tiefurt

Nietzsche-Archiv in der Villa Silberblick

Liszt-Haus

Haus der Frau von Stein

zu DDR-Zeiten wurde der Hotelbetrieb weitergeführt, nach der Wende wechselte es mehrfach die Besitzer und gilt heute als historisches Luxushotel. Das ebenfalls am Markt gelegene kleine Gingko-Museum informiert seine Besucher über die Kulturgeschichte und die Verwendungsmöglichkeiten der Samenpflanze. An der Westseite des vollkommen quadratischen Marktplatzes steht ein Wahrzeichen der Stadt: Das dreigeschossige Rathaus mit Balkon und Glockenturm samt Porzellanglockenspiel aus Meissener Porzellan ist schon der dritte Bau seiner Art und wurde 1841 im neugotischen Stil erbaut.

Goethes Gartenhaus

GOETHE IN WEIMAR

Johann Wolfgang von Goethe hat Weimar schon zu seinen Lebzeiten geprägt, sein Name wird immer mit der Stadt verbunden sein. 1775 reiste er auf Einladung des jungen Herzogs Carl August an dessen Hof, freundete sich mit ihm an und blieb dort bis zu seinem Tod 1832. War er zunächst auch in politischen Ämtern als Finanzminister und Legationsrat tätig, so gab er diese nach seiner Italienreise auf und widmete sich voll und ganz seiner dichterischen Tätigkeit. Gemeinsam mit Friedrich Schiller, der im nahen Jena auf Goethes Geheiß eine Stelle als Professor an der dortigen Universität erhielt, prägte er eine ganze literarische Epoche. Die Weimarer Klassik bezieht sich allerdings nicht nur auf die gemeinsame Schaffensperiode der beiden berühmten Freunde, sondern schließt auch Martin Wieland und Gottfried Herder mit ein. In den Jahren zwischen 1786 und 1832 entstanden unzählige Werke, die Goethe zum bedeutendsten deutschen Dichter machten, wie *Iphigenie auf Tauris*, *Die Italienische Reise*, *Die Wahlverwandtschaften*, *Der West-Östliche Divan* und vor allem *Faust I* und *II*. Mit zunehmendem Alter erwachte auch sein Interesse an naturwissenschaftlichen Themen, so konzipierte er eine eigene Farbenlehre, die in der Fachwelt allerdings keine große Beachtung fand. Goethes literarischer Nachlass wurde 2001 in das UNESCO-Weltdokumentenerbe aufgenommen.

In Weimar begegnet man dem berühmten Dichter auf Schritt und Tritt, sei es in seinem Wohnhaus am Frauenplan und dem angegliederten Goethe-Nationalmuseum, am Goethe- und Schillerdenkmal vor dem Deutschen Nationaltheater, an seinem Gartenhaus am Stern im Park an der Ilm oder in der Fürstengruft, die für die herzogliche Familie von Carl August errichtet wurde und wo sich auch Goethes Gebeine befinden. Der Sarg neben ihm, von dem man lange Zeit glaubte, dass hier sein enger Freund Friedrich Schiller ruhte, ist mittlerweile leer, weil ein 2008 durchgeführter Gentest ergab, dass die dortigen sterblichen Überreste nicht Schiller zugeordnet werden können.

Johann Christoph Gottsched

Gotthold Ephraim Lessing

Ernst Deutsch als Nathan der Weise

Sophiens Reise von Memel nach Sachsen (1770–75)

LITERATUR VON DER AUFKLÄRUNG BIS ZUR KLASSIK

AUFKLÄRUNG

Die Gedanken der Aufklärung kamen aus England und vor allem aus Frankreich nach Deutschland. Wie dort wurde bald auch in der deutschen Literatur die kirchliche Autorität infrage und die Vernunft des Menschen in den Mittelpunkt gestellt. Rationalismus und ein an Leibniz geschulter Optimismus gewinnen an Einfluss. Ideen von Weltbürgertum und Toleranz durchdringen die Literatur.

Die Dichtung ist geprägt von einem lehrhaften, teils auch sozialkritischen Charakter. In der erzählenden Dichtung sind Fabeln beliebt. In Satiren wird unterhaltende Kritik an der politischen Ordnung geübt. Mit Lessing entsteht das bürgerliche Trauerspiel, das auf die bisher genutzte Versform verzichtet.

Johann Gottfried Schnabel (1692 in Sandersdorf bis zwischen 1744 und 1748): Interessante Figur der deutschen Frühaufklärung, der als Chronist und Journalist ebenso arbeitete wie als Romancier. Als letzterer schrieb er den vierbändigen Roman *Wunderliche Fata einiger Seefahrer*, der in der Neubearbeitung durch Ludwig Tieck fast 100 Jahre später als *Die Insel Felsenburg* zu großem Ruhm kommen sollte. Dabei handelte es sich um die wahrscheinlich gelungenste Variation von Daniel Defoes Robinson-Thema, das in Deutschland zwischen zwischen 1720 und 1760 von rund 50 anderen Autoren aufgegriffen wurde.

Johann Christoph Gottsched (1700 in Juditten bis 1766 in Leipzig): Gottscheds wichtigster Beitrag zur Literatur der Aufklärung war ein theoretischer. In mehreren programmatischen Schriften formulierte er Regeln für das Drama und forderte, die bis dahin gekünstelte Redeweise des zeitgenössischen Theaters durch Klarheit in Sprache und Handlung zu ersetzen. Verbannte die Figur des Hanswursts von der Bühne und schuf gemeinsam mit der Theatergruppe von Friederike Caroline Neuber in Leipzig eine Musterbühne.

Christian Fürchtegott Gellert (1715 in Hainichen bis 1769 in Leipzig): Gellert versuchte, moralische Absichten unterhaltsam zu verbreiten. Sein Roman *Das Leben der schwedischen Gräfin von G**** gilt als erster bürgerlicher Roman. Seine Fabeln und Erzählungen wurden zum moralischen Hausbuch und zum ersten Bestseller der deutschen Literatur. Beliebt waren auch seine „rührenden" Lustspiele. Seine Abhandlung über das Briefeschreiben wurde zum geschätzten Lehrbuch.

Wilhelm Ludwig Gleim (1719 in Ermsleben bis 1803 in Halberstadt): Gleim spielte eine große Rolle als Netzwerker innerhalb der literarischen Aufklärung in Deutschland. Milderte die strenge Regelpoetik Gottscheds ab und betonte eher die Natürlichkeit der Volksdichtung. Als gut verdienender Domsekretär in Halberstadt unterstützte er befreundete Dichter wie Bürger, Herder und Voß finanziell.

Gotthold Ephraim Lessing (1729 in Kamenz bis 1781 in Braunschweig): Seine bekanntesten Werke, das Toleranzdrama *Nathan der Weise* und die Tragödie *Emilia Galotti* überstrahlen bis heute ein wenig seine sonstigen Werke, doch wirkte Lessing zu Lebzeiten auch durch zahlreiche theoretische Schriften (am wichtigsten die Hamburgische Dramaturgie und seine Literaturbriefe, in denen er sich gegen die allzu strenge Regelpoetik Gottscheds wendet) auf die Literatur der Aufklärung.

EMPFINDSAMKEIT

Der Begriff Empfindsamkeit wurde von Lessing geprägt in Anlehnung an den einflussreichen Roman *The Sentimental Journey through France and Italy* von Laurence Sterne. Verstanden werden kann die Empfindsamkeit als Reaktion auf die allzu einseitige Betonung des Rationalismus in der Dichtung der Aufklärung. Beeinflusst wurden die Autoren der Empfindsamkeit dabei vom Pietismus vor allem Süddeutschlands. Das Gefühl rückte überall in den Vordergrund. Wichtig waren nun die sittlich-moralische Erziehung zur Tugend und auch die schwärmerische Hingabe. Formal spiegelte sich dies in moralisierenden Tugendromanen und zum Teil auch in ziemlich rührseligen Dramen wider.

Friedrich Gottlieb Klopstock (1724 in Quedlinburg bis 1803 in Hamburg): Mit seinem religiösen Heldenepos *Messias*, mit dem er versuchte, das epische Gedicht *Paradise Lost* des Engländers John Milton zu überbieten, begründete Klopstock die Epoche der Empfindsamkeit. Formal brachte er der deutschen Literatur eine Fülle an Neologismen (so prägte er etwa den Begriff Innerlichkeit) und die erstmalige Verwendung von Hexametern in der Dichtung.

Sophie von La Roche (1730 in Kaufbeuren bis 1807 in Offenbach am Main): Unter dem Einfluss des Engländers Oliver Goldsmith wird La Roche zur ersten deutschen Unterhaltungsschriftstellerin, etwa mit ihrem viel gelesenen Roman *Geschichte des Fräuleins von Sternheim*. In Koblenz unterhielt sie einen frühen literarischen Salon und wurde mit *Pomona für Teutschlands Töchter* zur Herausgeberin der ersten deutschen Frauenzeitschrift.

Johann Timotheus Hermes (1738 in Petznick, Hinterpommern, bis 1821 in Breslau): Auch das Werk Johann Timotheus Hermes' erfährt wichtige Impulse durch die englische Literatur, in seinem Fall durch die Romane Samuel Richardsons. Seine bekanntesten Romane waren *Sophiens Reise von Memel nach Sachsen* (einer der meistgelesenen deutschen Romane des 18. Jahrhunderts) und *Die Geschichte der Miss Fanny Wilkes*.

Matthias Claudius (1740 in Reinfeld, Holstein, bis 1815 in Hamburg): Der aus Holstein stammende Matthias Claudius ist heute vor allem bekannt als einziger Redakteur des *Wandsbecker Bothen*, einer Zeitung, die die literarische und intellektuelle Elite des Landes versammelte. Unter seinen eigenen Texten stechen die zahlreichen volkstümlichen Lieder und Gedichte hervor, von denen sich viele bis heute großer Beliebtheit erfreuen, wie das *Abendlied (Der Mond ist aufgegangen)*.

Johann Heinrich Voß (1751 in Sommersdorf bis 1826 in Heidelberg) siehe Bd. 1, Seiten 87 und 264

Christian Fürchtegott Gellert

Wilhelm Ludwig Gleim

Friedrich Gottlieb Klopstock

Sophie von La Roche

„Weimar 1803" (Goethe (Mitte) mit den Humboldt-Brüdern, Wieland, Niebuhr, Schleiermacher, Herder, Gauß, W. von Schlegel, Iffland, Schiller, Klinger, Tieck, Jean Paul, Pestalozzi u. a.)

Jakob Michael Reinhold Lenz

Christoph Martin Wieland

STURM UND DRANG

1776 verfasste Friedrich Wilhelm Klinger in Weimar sein Drama *Sturm und Drang* (ursprünglich *Wirrwarr* betitelt), von dem die Epoche zwischen 1767 und 1785 ihren Namen erhielt. Als Beginn dieser Zeit werden Herders Fragmente über die neuere deutsche Literatur gesehen, als Endpunkt die Hinwendung Goethes und Schillers zur Klassik. Den Stürmern und Drängern ging es um die Revolte gegen die einseitig rationale Aufklärung. Ein emphatischer Gefühlsüberschwang und Freiheitsdrang waren Kennzeichen des Stils. Goethes Gedicht *Prometheus* kann als Programm verstanden werden, in dem er sein Ideal des genialen, schöpferischen Menschen darlegt.

Johann Gottfried Herder (1744 in Mohrungen, Ostpreußen, bis 1803 in Weimar): Auch wenn die literarische Produktion im eigentlichen Sinn hinter seinen philosophischen und historischen Werken zurücksteht, gilt Herder als eigentlicher Auslöser der Sturm-und-Drang-Epoche. Mit seiner Forderung nach einer „originalen" und nationalen Kunst, die sich aus der Volkspoesie speist, regt er zumindest einen Strang der literarischen Entwicklung an, die sich noch bis in die Romantik ziehen sollte.

Gottfried August Bürger (1747 in Molmerswende, Südharz, bis 1794 in Göttingen): Bürgers Ballade *Lenore* gilt als erste deutsche Kunstballade. Nicht nur in dieser Gattung, sondern auch als Übersetzer von Homer und Shakespeare machte er sich einen Namen. Strebte in seinen Gedichten nach Unmittelbarkeit des Empfindens und nach Spontaneität, womit er es neben Goethe zum besten Lyriker des Sturm und Drang brachte. Populärstes Werk aber blieb seine Erzählung vom *Baron Münchhausen*, die Basis für zahlreiche weitere literarische und filmische Interpretationen des Stoffes.

Jakob Michael Reinhold Lenz (1751 in Seßwegen, Livland, bis 1792 in Moskau): Es gehört zum posthumen Schicksal des Baltendeutschen Lenz, dass er bis heute weniger durch sein eigenes Werk denn als Titelfigur der Novelle von Georg Büchner bekannt ist. Wird 1774 schlagartig bekannt mit seinem Stück *Der Hofmeister oder die Vorteile der Privaterziehung.* Kann aber nie recht an den ersten Erfolg anknüpfen, endet im psychischen Zusammenbruch, und Goethe, der ihn gefördert hatte, konstatiert: „Nur ein vorübergehender Meteor."

Friedrich Wilhelm Klinger (1752 in Frankfurt am Main bis 1831 in Dorpat, Estland): Klinger war hochrangiger Soldat in russischen Diensten, der ein Gesamtwerk von 14 Romanen und 23 Dramen schuf. Sein Werk durchlief mehrere Phasen: Ab den 1780er-Jahren wandte er sich vom Sturm und Drang ab und der klassischen Form zu; im letzten Lebensjahrzehnt schrieb er philosophische Romane.

Karl Philipp Moritz (1756 in Hameln bis 1793 in Berlin): Vielen dürfte Moritz als Schullektüre aus dem Deutschleistungskurs bekannt sein, in dem sein etwas langatmiger Roman *Anton Reiser* noch immer gelesen wird. Übte allerdings als Psychologe, Mythologe und Theoretiker des klassischen Ideals vom Schönen und als Wiederentdecker der Antike großen Einfluss auf Goethe aus und bereitete so die Klassik mit vor.

KLASSIK

Vorbereitet durch die Wiederentdeckung der Antike durch den Altertumsforscher J. J. Winckelmann. Um die literarische Epoche besser zu fassen und sie vom allgemeinen Begriff der Klassik als einer als musterhaft und vorbildlich verstandenen Zeit abzugrenzen, wird auch von der Weimarer Klassik gesprochen. Das ist insofern berechtigt, als ihre vier wichtigsten Repräsentanten – Goethe, Schiller, Herder und Wieland – in dieser Zeit hauptsächlich dort wirkten. Als Anfangspunkt werden meist die Italienreise Goethes und die vermehrten Aufenthalte Schillers in Weimar gesehen, als Endpunkt Schillers Tod im Jahr 1805. Im Zentrum steht bei allen die Suche nach dem richtigen Maß, nach dem Guten, Wahren und Schönen.

Christoph Martin Wieland (1733 in Oberholzheim bis 1813 in Weimar): Enorm wichtig als Übersetzer der Werke Shakespeares, in deren Übertragung etwa Goethe sie kennenlernt. War aber auch ansonsten ungemein produktiv und das über mehrere Stilepochen hinweg. Wichtig auch für die Entwicklung des modernen, komplexeren Romans: Wieland nutzte erstmals Perspektivenvielfalt, wandte sich direkt mit ironischen Kommentaren an den Leser und brach die chronologische Handlungsabfolge auf. Sein *Agathon* gilt als erster deutscher Bildungsroman.

Johann Wolfgang von Goethe (1749 in Frankfurt am Main bis 1832 in Weimar): In noch stärkerem Maße, als es bei Wieland und Herder der Fall ist, wäre Johann Wolfgang von Goethe eigentlich in allen hier behandelten Epochen einzutragen. Denn waren sein Drama *Götz von Berlichingen* und seine *Leiden des jungen Werther* veritable Erzeugnisse des Sturm und Drang, trat er mit *Iphigenie auf Tauris* (von Goethe selbst später ein „verteufelt humanes Drama" genannt) in seine klassische Phase ein, die ihren Höhepunkt im Drama *Faust* finden wird.

Friedrich von Schiller (1759 in Marbach am Neckar bis 1805 in Weimar): Und auch hier: Waren Schillers *Räuber* und sein bürgerliches Trauerspiel *Kabale und Liebe* echter Ausdruck seiner heftigen Sturm-und-Drang-Phase so findet er in seiner Weimarer Zeit zu einem gemäßigten, abgeklärteren, eben klassischen Ton. Exemplarisch lässt sich dies an der langen Arbeit am *Don Carlos* beobachten, dessen erste Entwürfe noch im Sturm und Drang verwurzelt waren, das sich aber zusehends zu einem idealistischen Ideendrama entwickelte („Geben Sie Gedankenfreiheit!").

Matthias Claudius

Johann Gottfried Herder

Gottfried August Bürger

Karl Philipp Moritz

Der Erlkönig

Faust

Der Zauberlehrling

Goethe und der Herzog von Sachsen-Weimar auf dem Faulhorn

DEUTSCHE GEDICHTE

Bei der folgenden Auswahl bedeutender Lyrik deutscher Sprache handelt es sich naturgemäß um keine objektive. Mit Rainer Maria Rilke und Georg Trakl sind zwei Österreicher dabei, deren Werk allerdings so bedeutsam für die Entwicklung der deutschsprachigen Dichtung war, dass es auch hier Berücksichtigung finden sollte. Zum anderen ist der ausschnittweise Abdruck lyrischer Meisterwerke immer etwas Unbefriedigendes, in unserem Rahmen jedoch unvermeidlich, wenn möglichst viele Stimmen zu Wort kommen sollen. Das gilt insbesondere für jene Dichter, die anderenorts noch keine Erwähnung fanden, z. B. Friedrich Hölderlin (1770–1843), ein Dichter hymnischer Verse voller Pathos; Stefan George (1868–1933), den konsequentesten Verfechter des „L'art pour l'art"-Prinzips, dessen Kreis schon fast sektenartige Züge trug; oder Else Lasker-Schüler (1869–1945), Verfasserin großartiger Liebesgedichte; und Georg Heym (1887 bis 1912), der trotz seines frühen Todes mehr als 500 zum Teil bedeutende Gedichte schrieb und zum Pionier des Expressionismus wurde.

Martin Opitz (1597–1639)
Carpe diem (1624)
Ich empfinde fast ein Grauen,/dass ich, Plato, für und für/bin gesessen über dir./Es ist Zeit hinauszuschauen/und sich bei den frischen Quellen/in dem Grünen zu ergehn./wo die schönen Blumen stehn/und die Fischer Netze stellen!

Wozu dienet das Studieren/als zu lauter Ungemach!/Unterdessen läuft die Bach/unsers Lebens, das wir führen,/ehe wir es inne werden,/auf ihr letztes Ende hin;/ dann kömmt ohne Geist und Sinn/dieses alles in die Erden.

Andreas Gryphius (1616–1664)
Es ist alles eitel (1637)
1. und 2. Strophe (moderne Fassung)
Du siehst, wohin du siehst, nur Eitelkeit auf Erden./Was dieser heute baut, reißt jener morgen ein:/Wo jetzt noch Städte stehn, wird eine Wiese sein,/Auf der ein Schäferskind wird spielen mit den Herden.

Was jetzt noch prächtig blüht, soll bald zertreten werden./Was jetzt so pocht und trotzt, ist morgen Asch' und Bein,/Nichts ist, das ewig sei, kein Erz, kein Marmorstein./Jetzt lacht das Glück uns an, bald donnern die Beschwerden.

Matthias Claudius (1740–1815)
Abendlied (1779), 1. Strophe
Der Mond ist aufgegangen/Die goldnen Sternlein prangen/Am Himmel hell und klar;/Der Wald steht schwarz und schweiget,/Und aus den Wiesen steiget/Der weiße Nebel wunderbar.

Johann Wolfgang von Goethe (1749–1832)
Prometheus (1774), 1. Strophe
Bedecke deinen Himmel Zeus/Mit Wolkendunst!/Und übe Knabengleich/Der Disteln köpft/An Eichen dich und Bergeshöhn!/Musst mir meine Erde/Doch lassen stehn,/Und meine Hütte/Die du nicht gebaut,/Und meinen Herd/Um dessen Glut/Du mich beneidest.

Wandrers Nachtlied (1780)
Über allen Gipfeln/Ist Ruh,/In allen Wipfeln/Spürest Du/Kaum einen Hauch;/Die Vögelein schweigen im Walde./Warte nur! Balde/Ruhest du auch.

Der Erlkönig (vor 1782)
Wer reitet so spät durch Nacht und Wind?/Es ist der Vater mit seinem Kind./Er hat den Knaben wohl in dem Arm/Er fasst ihn sicher, er hält ihn warm.

Mein Sohn was birgst du so bang dein Gesicht? –/Siehst Vater du den Erlkönig nicht?/Den Erlenkönig mit Kron und Schweif? –/Mein Sohn es ist ein Nebelstreif. –

Du liebes Kind, komm, geh mit mir!/Gar schöne Spiele spiel ich mit dir,/Manch bunte Blumen sind an dem Strand,/Meine Mutter hat manch gülden Gewand. –

Mein Vater, mein Vater und hörest du nicht,/Was Erlenkönig mir leise verspricht? –/Sei ruhig, bleibe ruhig Kind,/In dürren Blättern säuselt der Wind. –

Willst feiner Knabe du mit mir gehn?/Meine Töchter sollen dich warten schön,/Meine Töchter führen den nächtlichen Reihn/Und wiegen und tanzen und singen dich ein. –

Mein Vater, mein Vater und siehst du nicht dort/Erlkönigs Töchter am düstern Ort? –/Mein Sohn, mein Sohn ich seh es genau,/Es scheinen die alten Weiden so grau. –

Ich liebe dich, mich reizt deine schöne Gestalt,/Und bist du nicht willig, so brauch ich Gewalt! –/Mein Vater, mein Vater, jetzt fasst er mich an!/Erlkönig hat mir ein Leids getan. –

Dem Vater grauset's; er reitet geschwind,/Er hält in Armen das ächzende Kind,/Erreicht den Hof mit Mühe und Not;/In seinen Armen das Kind war tot.

Ganymed (1789)
Wie im Morgenrot/Du rings mich anglühst/Frühling Geliebter!/Mit tausendfacher Liebeswonne/Sich an mein Herz drängt/Deiner ewigen Wärme/Heilig Gefühl/Unendliche Schöne!

Dass ich dich fassen möcht/In diesen Arm!/Ach an deinem Busen/Lieg ich, schmachte,/Und deine Blumen dein Gras/Drängen sich an mein Herz./Du kühlst den brennenden/Durst meines Busens/Lieblicher Morgenwind!/Ruft drein die Nachtigall/Liebend nach mir aus dem Nebeltal.

Ich komme! Ich komme!/Wohin? Ach wohin?

Hinauf! Hinauf strebt's!/Es schweben die Wolken/Abwärts die Wolken,/Neigen sich der sehnenden Liebe./Mir! Mir/In euerm Schoße/Aufwärts!/Umfangend umfangen!/Aufwärts/An deinem Busen/Alliebender Vater!

Faust I (1790)
Da steh ich nun, ich armer Tor! Und bin so klug als wie zuvor.
Hier bin ich Mensch, hier darf ich's sein!
Zwei Seelen wohnen, ach, in meiner Brust.

Mignon (1795)
Kennst du das Land, wo die Zitronen blüh'n,/Im dunkeln Laub die Goldorangen glüh'n,/Ein sanfter Wind vom blauen Himmel weht,/Die Myrte still und hoch der Lorbeer steht,/Kennst du es wohl?/Dahin! Dahin/Möcht' ich mit dir, o mein Geliebter, zieh'n!

Der Zauberlehrling (1797), 1. Strophe
Hat der alte Hexenmeister/Sich doch einmal wegbegeben!/Und nun sollen seine Geister/Auch nach meinem Willen leben./ Seine Wort und Werke/Merkt ich, und den Brauch,/Und mit Geistesstärke/Tu ich Wunder auch.

Walle! walle/Manche Strecke,/Dass zum Zwecke,/Wasser fließe/Und mit reichem vollem Schwalle/Zu dem Bade sich ergieße.

Friedrich Schiller (1759–1805)
Ode an die Freude (1785), 1. Strophe
Freude, schöner Götterfunken,/Tochter aus Elysium,/Wir betreten feuertrunken/Himmlische, dein Heiligtum./Deine Zauber binden wieder,/Was der Mode Schwert geteilt;/Bettler werden Fürstenbrüder,/Wo dein sanfter Flügel weilt.

Das Lied von der Glocke (1799), 1. Strophe
Fest gemauert in der Erden/Steht die Form, aus Lehm gebrannt./Heute muss die Glocke werden!/Frisch, Gesellen, seid zur Hand!/Von der Stirne heiß/Rinnen muss der Schweiß,/Soll das Werk den Meister loben;/Doch der Segen kommt von oben.

Die Bürgschaft (1798), 1. und letzte Strophe
Zu Dionys, dem Tyrannen, schlich/Möros, den Dolch im Gewande;/Ihn schlugen die Häscher in Bande./„Was wolltest du mit dem Dolche, sprich!"/Entgegnet ihm finster der Wüterich./„Die Stadt vom Tyrannen befreien!"/„Das sollst du am Kreuze bereuen."

Und blicket sie lange verwundert an./Drauf spricht er: „Es ist euch gelungen,/Ihr habt das Herz mir bezwungen,/Und die Treue, sie ist doch kein leerer Wahn,/So nehmet auch mich zum Genossen an/ Ich sei, gewährt mir die Bitte,/In eurem Bunde der Dritte."

Friedrich Hölderlin (1770–1843)
Hälfte des Lebens (1805)
Mit gelben Birnen hänget/Und voll mit wilden Rosen/Das Land in den See,/Ihr holden Schwäne,/Und trunken von Küssen/Tunkt ihr das Haupt/Ins heilignüchterne Wasser.

Weh mir, wo nehm ich, wenn/Es Winter ist, die Blumen, und wo/Den Sonnenschein,/Und Schatten der Erde?/Die Mauern stehn/Sprachlos und kalt, im Winde/Klirren die Fahnen.

Novalis, eigentlich Georg Philipp Friedrich von Hardenberg (1772–1801)
Geistliche Lieder VI. (1802), 1. Strophe
Wenn alle untreu werden,/So bleib ich dir doch treu;/Dass Dankbarkeit auf Erden/Nicht ausgestorben sei./Für mich umfing

Else Lasker-Schüler

Joachim Ringelnatz

Jacob van Hoddis

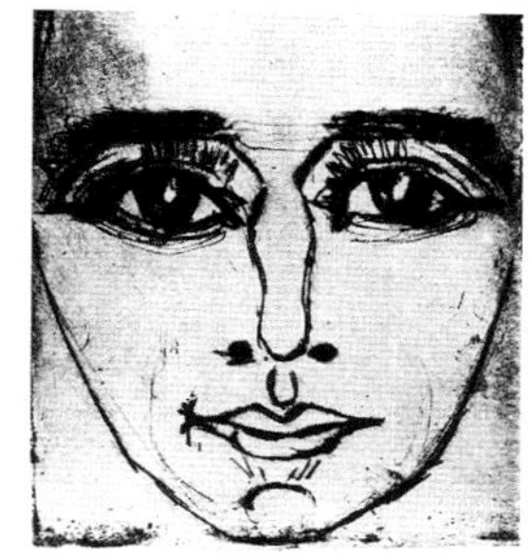

Georg Heym

dich Leiden,/Vergingst für mich in Schmerz;/ Drum geb ich dir mit Freuden/Auf ewig dieses Herz.

Ludwig Tieck (1773–1853)
Geliebter, wo zaudert (1797), 1. und 2. Strophe
Geliebter, wo zaudert/Dein irrender Fuß?/Die Nachtigall plaudert/Von Sehnsucht und Kuß.
Es flüstern die Bäume/Im goldenen Schein,/Es schlüpfen mir Träume/Zum Fenster hinein.

Clemens Brentano (1778–1842)
Ich weiß (1834)
Ich weiß wohl, was du liebst in mir –/Es ist die Glut in meiner Brust –/Es ist die zauberhafte Zier/Der tief geheimen innern Lust,/Die strahlt aus mir, und ruft zu dir:/Schließ mich in einen Felsenstein,/So ruf ich doch durch Mark und Bein!/Komm, lebe, liebe, stirb bei mir/Du musst, du musst!

Joseph von Eichendorff (1788–1857)
Mondnacht (1837)
Es war, als hätt der Himmel/Die Erde still geküsst,/Dass sie im Blütenschimmer/Von ihm nun träumen müsst.
Die Luft ging durch die Felder,/Die Ähren wogten sacht,/Es rauschten leis die Wälder,/So sternklar war die Nacht.
Und meine Seele spannte/Weit ihre Flügel aus,/Flog durch die stillen Lande,/Als flöge sie nach Haus.

Winternacht (1839)
Verschneit liegt rings die ganze Welt,/Ich hab nichts, was mich freuet,/Verlassen steht der Baum im Feld,/Hat längst sein Laub verstreuet.
Der Wind nur geht bei stiller Nacht/Und rüttelt an dem Baume,/Da rührt er seinen Wipfel sacht/Und redet wie im Traume.
Er träumt von künft'ger Frühlingszeit,/Von Grün und Quellenrauschen,/Wo er im neuen Blütenkleid/Zu Gottes Lob wird rauschen.

Heinrich Heine (1797–1856)
Nachtgedanken (1844), 1. Strophe
Denk ich an Deutschland in der Nacht,/ Dann bin ich um den Schlaf gebracht,/ Ich kann nicht mehr die Augen schließen,/ Und meine heißen Tränen fließen.

Annette von Droste-Hülshoff (1797–1848)
Der Knabe im Moor (1842), 1. und 2. Strophe
O schaurig ist's übers Moor zu gehn,/Wenn es wimmelt vom Haiderauche,/Sich wie Phantome die Dünste drehn/Und die Ranke häkelt am Strauche,/Unter jedem Tritte ein Quellchen springt,/Wenn aus der Spalte es zischt und singt,/O schaurig ist's übers Moor zu gehn,/Wenn das Röhricht knistert im Hauche!
Fest hält die Fibel das zitternde Kind/ Und rennt als ob man es jage;/Hohl über die Fläche sauset der Wind –/Was raschelt drüben am Hage?/Das ist der gespenstige Gräberknecht,/Der dem Meister die besten Torfe verzecht;/Hu, hu, es bricht wie ein irres Rind!/Hinducket das Knäblein zage.

Eduard Mörike (1804–1875)
Er ist's (1832)
Frühling lässt sein blaues Band/Wieder flattern durch die Lüfte;/Süße, wohlbekannte Düfte/Streifen ahnungsvoll das Land./ Veilchen träumen schon,/Wollen balde kommen./ – Horch, von fern ein leiser Harfenton!/Frühling, ja du bist's!/Dich hab' ich vernommen!

Theodor Fontane (1819–1898)
Herr von Ribbeck auf Ribbeck im Havelland (1889), 1. Strophe
Herr von Ribbeck auf Ribbeck im Havelland,/ Ein Birnbaum in seinem Garten stand,/ Und kam die goldene Herbsteszeit/Und die Birnen leuchteten weit und breit,/Da stopfte, wenn's Mittag vom Turme scholl,/Der von Ribbeck sich beide Taschen voll,/Und kam in Pantinen ein Junge daher,/So rief er: „Junge, wist' ne Beer?"/Und kam ein Mädel, so rief er: „Lütt Dirn,/Kumm man röwer, ick hebb' ne Birn."

Stefan George (1868–1933)
Komm in den totgesagten Park und schau .. (1897)
Komm in den totgesagten park und schau:/ Der schimmer ferner lächelnder gestade ·/ Der reinen wolken unverhofftes blau/Erhellt die weiher und die bunten pfade.
Dort nimm das tiefe gelb · das weiche grau/Von birken und von buchs · der wind ist lau ·/Die späten rosen welkten noch nicht ganz ·/Erlese küsse sie und flicht den kranz ·
Vergiss auch diese letzten astern nicht/ Den purpur um die ranken wilder reben/ Und auch was übrig blieb von grünem leben/ Verwinde leicht im herbstlichen gesicht.

Else Lasker-Schüler (1869–1945)
Ein Liebeslied (1917)
Aus goldenem Odem/Erschufen uns Himmel./O, wie wir uns lieben ...
Vögel werden Knospen an den Ästen,/ Und Rosen flattern auf.
Immer suche ich nach deinen Lippen/ Hinter tausend Küssen.
Eine Nacht aus Gold,/Sterne aus Nacht .../Niemand sieht uns.
Kommt das Licht mit dem Grün,/ Schlummern wir;/Nur unsere Schultern spielen noch wie Falter.

Rainer Maria Rilke (1875–1925)
Herbsttag (1902)
Herr: es ist Zeit. Der Sommer war sehr groß./ Leg deinen Schatten auf die Sonnenuhren,/ und auf den Fluren lass die Winde los.
Befiehl den letzten Früchten voll zu sein;/gib ihnen noch zwei südlichere Tage/ dränge sie zur Vollendung hin und jage/die letzte Süße in den schweren Wein.
Wer jetzt kein Haus hat, baut sich keines mehr./Wer jetzt allein ist, wird es lange bleiben,/ wird wachen, lesen, lange Briefe schreiben/und wird in den Alleen hin und her/ unruhig wandern, wenn die Blätter treiben.

Der Panther (1903)
Sein Blick ist vom Vorübergehn der Stäbe/so müd geworden, dass er nichts mehr hält./Ihm ist, als ob es tausend Stäbe gäbe/und hinter tausend Stäben keine Welt.
Der weiche Gang geschmeidig starker Schritte,/der sich im allerkleinsten Kreise dreht,/ist wie ein Tanz von Kraft um eine Mitte,/in der betäubt ein großer Wille steht.
Nur manchmal schiebt der Vorhang der Pupille/sich lautlos auf –. Dann geht ein Bild hinein,/geht durch der Glieder angespannte Stille –/und hört im Herzen auf zu sein.

Joachim Ringelnatz (1883–1934)
Die Ameisen (1912)
In Hamburg lebten zwei Ameisen,/Die wollten nach Australien reisen./Bei Altona auf der Chaussee,/Da taten ihnen die Beine weh,/ Und da verzichteten sie weise,/Denn auf den letzten Teil der Reise.
So will man oft und kann doch nicht/Und leistet dann recht gern Verzicht.

Jakob van Hoddis (1887–1942)
Weltende (1911)
Dem Bürger fliegt vom spitzen Kopf der Hut,/In allen Lüften hallt es wie Geschrei./ Dachdecker stürzen ab und gehn entzwei/Und an den Küsten – liest man – steigt die Flut.
Der Sturm ist da, die wilden Meere hupfen/An Land, um dicke Dämme zu zerdrücken./Die meisten Menschen haben einen Schnupfen./Die Eisenbahnen fallen von den Brücken.

Georg Heym (1887–1912)
Der Gott der Stadt (1910), 1. und 2. Strophe
Auf einem Häuserblocke sitzt er breit./Die Winde lagern schwarz um seine Stirn./Er schaut voll Wut, wo fern in Einsamkeit/Die letzten Häuser in das Land verirrn.
Vom Abend glänzt der rote Bauch dem Baal,/Die großen Städte knien um ihn her./ Der Kirchenglocken ungeheure Zahl/Wogt auf zu ihm aus schwarzer Türme Meer.

Georg Trakl (1887–1914)
Im Winter (1913)
Der Acker leuchtet weiß und kalt./Der Himmel ist einsam und ungeheuer./Dohlen kreisen über dem Weiher/Und Jäger steigen nieder vom Wald.
Ein Schweigen in schwarzen Wipfeln wohnt./Ein Feuerschein huscht aus den Hütten./ Bisweilen schellt sehr fern ein Schlitten/Und langsam steigt der graue Mond.
Ein Wild verblutet sanft am Rain/Und Raben plätschern in blutigen Gossen./Das Rohr bebt gelb und aufgeschossen./Frost, Rauch, ein Schritt im leeren Hain.

Schmalfilmkamera „Pentacon AK 8“

Carl Zeiß, später Zeiss (1816–1888)

Astrowerkstatt der Zeiss-Werke, um 1922

GLAS

Teekannen, Brillen, Elektronenmikroskope oder Präzisionsfernrohre – all diese Dinge verbindet eine Erfindung aus Jena. Es war 1891, als der Chemiker Otto Schott ein hitzebeständiges und chemisch resistentes Borosilikatglas entwickelte, das äußerst erfolgreich sowohl in der Industrie als auch in Alltagsprodukten eingesetzt werden sollte. Gemeinsam mit dem Mechaniker Carl Zeiß, der sein Labor finanziell unterstützte, schuf er das Jenaer Glaswerk Schott und Genossen, die heutige Schott AG. Carl Zeiß arbeitete schon seit 25 Jahren mit dem Physiker Ernst Abbe an der Verbesserung von Mikroskopobjektiven. Diesem war es gelungen, die Objektive auf rechnerischer Grundlage zu bauen, und damit war Zeiß mit seiner Firma in der Lage, die weltweit einzigen Mikroskope mit vorberechneten Eigenschaften zu produzieren. In Schott fand der findige Unternehmer den geeigneten Partner für die Produktion des notwendigen optischen Glases. Heute ist die Carl Zeiss AG ein weltweit operierendes Unternehmen der feinmechanisch-optischen Industrie mit vielen Standorten im In- und Ausland und noch immer auch in Jena.

Das Optische Museum präsentiert neben Kameras und Fernrohren aus fünf Jahrhunderten auch die größte Brillensammlung Europas. Direkt vor dem Museum steht das Ernst-Abbe-Denkmal, die Gedenkhalle am Carl-Zeiss-Platz erinnert an den Physikprofessor und Sozialreformer, der gemeinsam mit Schott und Zeiß die Grundlagen der modernen Optik schuf. Im Zeiss-Planetarium können die Besucher dank des Powerdome-Velvet-Projektionssystems der Firma Zeiss die Sterne so realistisch wie möglich bestaunen. Dass Glas für alles Mögliche eingesetzt werden kann, erfährt man beim Besuch des Glasmuseums in der Schott-Villa westlich des Stadtzentrums: Luftfahrt, Automobilbranche, Medizintechnik oder Unterhaltungselektronik sind nur einige Bereiche, in denen Jenaer Glas seine Anwendung findet.

Stadtansicht mit JenTower und Friedrich-Schiller-Universität

JENA

Den besten Überblick verschafft man sich vom JenTower, dem gut 145 m hohen und weithin sichtbaren Wahrzeichen der Stadt, das 1972 als Zeiss-Forschungszentrum erbaut wurde, aber bis 1995 von der Universität und seitdem als Firmensitz, Hotel und Restaurant genutzt wird. Wer dazu noch durch ein Objektiv der Firma Zeiss schaut und dabei die sieben Wunder von Jena auf Latein aufsagen kann, beweist, dass er ein echter Kenner der thüringischen Universitätsstadt ist. Im 18. und frühen 19. Jahrhundert war die Stadt an der Saale neben Weimar das geistige Zentrum im deutschsprachigen Raum, wo die großen Vertreter der Klassik und Frühromantik wirkten: Goethe, Schiller, Fichte, Hegel, Schelling, Feuerbach, aber auch Tieck, Brentano und die Schlegel-Brüder. Ihren Spuren kann man überall in der Stadt nachgehen: Schillers Gartenhaus entführt die Besucher in die private Welt des berühmten Dichters, der Ende des 18. Jahrhunderts in dem bescheidenen Haus wohnte und hier *Wallenstein* und *Maria Stuart* schrieb. Den Frühromantikern begegnet man im Literaturmuseum Romantikerhaus, dem einstigen Wohnhaus des Philosophen Johann Gottlieb Fichte, wo auf drei Etagen anschaulich über die damals herrschende Aufbruchstimmung unter den liberalen Intellektuellen informiert wird. Hegel, Fichte und Schelling lehrten am Collegium Jenense, Gründungsort der Universität und einstiges Dominikanerkloster, heute sind hier Teile der Medizinischen Fakultät untergebracht.

So sehr Jena von seiner Hochschule geprägt ist, hat es jedoch auch andere Sehenswürdigkeiten zu bieten. Zwar richteten die Bombardierungen am Ende des Zweiten Weltkrieges schwere Zerstörungen in der auch industriell wichtigen Stadt an, aber am historischen Marktplatz sind glücklicherweise noch einige Gebäude erhalten geblieben. Das spätgotische Rathaus aus dem 14. Jahrhundert wird dominiert durch seine spitz zulaufenden Walmdächer und den barocken, achtseitigen Uhrenturm mit seiner zentralen Figur des „Schnapphans“ – übrigens eines der sieben Wunder. Auf dem Platz steht das Denkmal Johann Friedrichs I. des Großmütigen, des Begründers der Jenaer Universität, auch Hanfried genannt. Gleich in der Nähe befindet sich das Stadtmuseum in der Göhre: In dem stattlichen neugotischen Fachwerkhaus betrieb der damalige Besitzer Paul Göhre einen Weinhandel mit Restaurant. Nach einer grundlegenden Sanierung können neben dem Museum auch die

Johannisplatz, hinten Friedenskirche und Landgrafenberg

Schillerhaus

Bibliothek der Friedrich-Schiller-Universität

Jenaer Kunstsammlungen moderner und zeitgenössischer Künstler wieder besichtigt werden.

Überragt wird die Altstadt vom Turm der Stadtkirche St. Michael. Der spätgotische dreischiffige Bau wurde zwischen dem 14. und 16. Jahrhundert errichtet. Martin Luther predigte mehrfach in der größten Hallenkirche Ostthüringens, seit 1571 befindet sich hier seine bronzene Grabplatte – allerdings nicht sein Grab, das liegt in Wittenberg mit einer Kopie der hiesigen Platte. Ein Stück weiter die Straße entlang gelangt man zum Hotel „Schwarzer Bär", wo der große Reformator mehrmals übernachtete und sich in einem heftigen Disput mit den radikalen Theologen Karlstadt und Reinhart nicht einigen konnte. Auch Goethe und später Otto von Bismarck, Ernst Haeckel und Fritz Reuter quartierten sich in dem Hotel ein, das heute noch als solches besteht.

Übrigens: Wer mehr Details über die Wunder von Jena erfahren will, sollte sich im Jenaer Stadtmuseum umschauen.

UNIVERSITÄT

„Ara, caput, draco, mons, pons, vulpecula turris, Weigeliana domus, septem miracula Jenae." Dieser Spruch bedeutete im 18. Jahrhundert ein Qualitätsmerkmal. Die Jenaer Universität, 1558 gegründet, war zu jener Zeit eine der begehrtesten deutschen Hochschulen. Geistesgrößen wie Schiller, Fichte, Schelling und Hegel lehrten hier als Professoren, und Jena wurde zum Zentrum der deutschen idealistischen Philosophie. Dies zog Studenten von nah und fern an, doch gab es auch solche, die den erfolgreichen Besuch an der Hochschule bloß vortäuschten. Um sie zu entlarven, nutzte man den Spruch daher als informelle Identifikationsmöglichkeit für Absolventen, denn nur ein „echter" Student wusste um die Beschaffenheit der sieben Jenaer Wunder.

Die Universität besaß im 18. und frühen 19. Jahrhundert den Ruf, besonders liberal zu sein: Tieck, Schlegel, Brentano oder Novalis prägten von hier die Frühromantik. Aber auch Naturwissenschaftler wie der Biologe und Zoologe Ernst Haeckel, der deutsche Vertreter von Darwins Evolutionslehre, waren in Jena tätig. Sein Wohnhaus Villa Medusa gedenkt heute dem Zoologen, Philosophen und überzeugten Darwinisten als Museum und ist als Ernst-Haeckel-Haus der Friedrich-Schiller-Universität Jena das zweitälteste wissenschaftshistorische Institut in Deutschland. Schon Jahrzehnte zuvor hatte Goethe sich für die Anlage eines Botanischen Gartens mit Pflanzen aus allen weltweiten Klimazonen eingesetzt, der nach dem „natürlichen System" des Jenaer Botanikers und Mediziners August Batsch gestaltet wurde und heute noch zu bewundern ist.

Heute gilt die Friedrich-Schiller-Universität als führend in den Fächern Biologie, Physik und Psychologie und unterrichtet rund 20 000 Studenten an vielen Lehranstalten in der Stadt. Seit 2018 gibt es einen UNESCO-Lehrstuhl für ein „Weltumfassendes Verständnis für Nachhaltigkeit" mit dem Ziel, die Einbindung der Sozial- und Geisteswissenschaften in die Nachhaltigkeitsforschung zu stärken.

Aussicht über den Thüringer Wald zur Wartburg

WARTBURG UND EISENACH

Wer auf die Wartburg steigt, will den Tintenfleck sehen! 1521 soll hier Martin Luther in seiner kleinen Stube den Teufel in Gestalt eines herumstreunenden Hundes vertrieben haben, indem er mit dem Tintenfass nach ihm warf. Eine andere Geschichte erzählt von einer Teufelsfratze und einem Kratzen an der Wand, das Luther von seiner Arbeit abgelenkt hat. Bis vor 100 Jahren wurde der berühmte Fleck an der Wand unzählige Male erneuert, heute fehlt er ganz, nur der Putz ist an der Stelle hinter dem grünen Ofen abgetragen, doch es gibt Leute, die behaupten, den blauen Tintenfleck ganz deutlich gesehen zu haben. Erinnert er doch daran, dass der unbequeme Reformator hier einst ein knappes Jahr als „Juncker Jörg" Schutz vor der Verfolgung durch die katholische Kirche fand und in nur elf Wochen das Neue Testament ins Deutsche übersetzte, wobei er nebenbei die neuhochdeutsche Schriftsprache entscheidend prägte. Wer mehr über Luther erfahren will, kann sich in der Ausstellung im Eisenacher Lutherhaus umschauen. Auf der historischen Burg, die 1080 das erste Mal erwähnt wird, ist Luther allerdings nicht der einzige berühmte Gast gewesen. Unter der Herrschaft des Ludowinger Landgrafen Hermann I. versammelten sich hier dereinst die talentiertesten Minnesänger ihrer Zeit zum berühmten Sängerkrieg auf der Wartburg; die Namen Walther von der Vogelweide, Heinrich von Ofterdingen und Wolfram von Eschenbach sind heute noch ein Begriff. Der Haken an der Sache ist, dass dieser Wettstreit so nie stattgefunden hat: Die bedeutendste Sammlung mittelhochdeutscher thüringischer Spruchdichtung, die auch im *Codex Manesse* überliefert ist, wurde derart populär, dass man schon bald nicht mehr zwischen Fiktion und Realität unterscheiden konnte und den Sängerkrieg für historisch echt erklärte. Also gab es auch schon im Mittelalter Fake News! Geschadet hat es nicht: Die Wartburg ist die erste deutsche Burg, die in die Liste des Welterbes der UNESCO aufgenommen wurde. Wirklich stattgefunden hat hier allerdings das Treffen der Burschenschaftler im Jahr 1817 zum sogenannten Wartburgfest, auf dem die Errichtung eines deutschen Nationalstaats angestrebt wurde. Neben der Luther-Stube können die Besucher heute auf einem Rundgang durch die Burganlage den prachtvollen Ritter- oder Festsaal im Palast, die Elisabeth-Kemenate, die an die Heilige Elisabeth und das Rosenwunder erinnert, den Bergfried mit dem weithin sichtbaren vergoldeten Kreuz oder das romantische Ritterbad bewundern. Unterhalb der mächtigen Burganlage liegt Eisenach, das „Tor zum Thüringer Wald". Charlotte von Stein, Goethes

Vertraute aus Weimar und Hofdame am herzoglichen Hof, erblickte hier 1742 das Licht der Welt. Knapp 60 Jahre zuvor, 1685, wurde Johann Sebastian Bach als jüngstes von acht Kindern der lutherischen Musikerfamilie Bach in Eisenach geboren und lebte hier die ersten neun Jahre bis zum Tod seiner Mutter. Im Bachhaus am Frauenplan eröffnete 1907 die Leipziger Neue Bachgesellschaft eine Gedenkstätte und ein Bachmuseum, und an einem der ältesten erhaltenen Eisenacher Wohnhäuser wurde 100 Jahre später ein Museumsneubau angebaut, in dem über 250 Originalexponate präsentiert werden. Das Reuter-Wagner-Museum am Fuße der Wartburg im Helltal erinnert an den niederdeutschen Schriftsteller Fritz Reuter, der in der thüringischen Kleinstadt seinen Lebensabend verbrachte. Und dass Eisenach noch mehr als die Wartburg zu bieten hat, beweisen die vielen Adels- und Kirchensitze in der Stadt: Stadtschloss, Palais Bechtolsheim, Schloss Berteroda, Schloss Neuenhof, das Untere Schloss sowie Schloss Fischbach und die Villa auf dem Pflugensberg.

Wartburg

Stifts- und Schlosskirche St. Georg vom Agnesgarten, Altenburger Schloss

ALTENBURG

Stolz thront das Altenburger Residenzschloss auf dem gewaltigen Felsen hoch über der Stadt: Schon um 800 befand sich an der strategisch günstigen Stelle eine slawische Wallburg, ab dem 10. Jahrhundert legte man eine Burg an, die im 16. Jahrhundert zum Renaissanceschloss ausgebaut und 200 Jahre später mehrfach barock überformt und erweitert wurde. Grund für all den Prunk ist der Beschluss des Staufenkaisers Friedrich I. Barbarossa, der Altenburg einst zur Kaiserpfalz erklärte. Noch heute beeindrucken die herrlichen Residenzräume sowie der Bachsaal, der barocke Festsaal und der klassizistische Goldsaal die Besucher. In der Stifts- und Schlosskirche St. Georg aus dem 15. Jahrhundert befindet sich die berühmte Trost-Orgel, die wegen ihrer klanglichen Schönheit und dem prächtigen Orgelprospekt als herausragendes Beispiel für barocke Orgelbaukunst in Mitteldeutschland gilt. Im barocken Schlossgarten mit Teehaus und Orangerie gibt es noch drei weitere sehenswerte Gebäude: Die Herzogin-Agnes-Gedächtniskirche mit der Fürstengruft stammt aus dem Jahr 1906.

Das historische Naturkundemuseum Mauritianum wurde ungefähr zur gleichen Zeit erbaut und kann unter seinen 40 000 Objekten ein einzigartiges, wenn auch ziemlich gruseliges Exponat aufweisen: das weltweit größte Exemplar eines Rattenkönigs, ganze 32 an Schwänzen miteinander verknotete Ratten.

Deutlich angenehmer ist da der Anblick der frühen italienischen Tafelbilder im Lindenau-Museum, mit 180 Werken die größte Spezialsammlung außerhalb Italiens. Griechische Vasen, Hunderte von antiken Gipsabrücken sowie Kunst aus Ägypten und Mesopotamien, der italienischen Renaissance und des Klassizismus komplettieren die Sammlung des Gelehrten Bernhard von Lindenau.

Wer vom Schlossberg heruntersteigt, erblickt den Neorenaissancebau des Landestheaters Altenburg, das 1871 mit dem *Freischütz* von Carl Maria von Weber eingeweiht wurde. Direkt dahinter erstreckt sich der Brühl, wo der Skatbrunnen mit den kämpfenden Wenzeln dem berühmten Kartenspiel gedenkt. Am Brühl befindet sich auch das Seckendorffsche Palais, in dem einst der deutsche Verleger Friedrich Arnold Brockhaus wohnte und dessen Räumlichkeiten heute vom Theater genutzt werden. Neben dem ältesten Marktplatz der Stadt gibt es noch vier weitere, nämlich den Markt mit dem prachtvollen Renaissance-Rathaus, den Korn- und Topfmarkt sowie den

Theater

Skatbrunnen

Roßplan. Während die Bartholomäikirche die älteste Kirche der Stadt ist, sind die Roten Spitzen der einstigen Marienkirche neben dem Schloss das Wahrzeichen von Altenburg. Im romantischen Nikolaiviertel mit seinen engen Gassen und kleinen Handwerkerhäuschen hat man vom Nikolaiturm einen wunderbaren Ausblick über die Stadt.

Standesamt Altenburg

Beim Druck der Skatkarten mit der Offsetmaschine, 1932

SKAT UND SPIELKARTEN

Kontra, Re, Bock, Hirsch, Reizen oder Drücken – die Spielregeln beim Skat sind für den Laien ziemlich undurchschaubar, doch wer über strategisch-mathematisches Denken verfügt, hat mehr als reines Glück und geht meist als Gewinner hervor. Im Jahr 1813 tauchte in Altenburg zum ersten Mal der Name „Skat" auf, der sich vom italienischen „scatare" (beiseite- oder ablegen) ableitete. In der thüringischen Kleinstadt wurde das Kartenspiel erstmals gespielt, die Regeln beziehen sich auf andere Spielvarianten wie das Tarockspiel oder das bayerische Schafskopf, wurden aber so komplex erweitert, dass es weniger auf Zufall als auf Geschick ankam. Bald schon fanden in Altenburg die ersten Skatkongresse statt; Studenten und Kaufleute trugen das neue Spiel bis nach Leipzig, Halle, Jena oder Heidelberg. Schnell hatte es sich über die nationalen Grenzen hinaus verbreitet, obwohl es immer noch vorwiegend in Deutschland gespielt wird. Die Deutsche UNESCO-Kommission hat es 2016 in das Bundesweite Verzeichnis des immateriellen Kulturerbes aufgenommen. Noch heute gilt das Altenburger Farbenreizen als die ursprüngliche Variante des Spiels.

Im Spielkartenmuseum des Altenburger Schlosses entführt eine Dauerausstellung die Besucher in die Welt des Spiels: 500 Jahre Spielkartenherstellung werden ebenso gezeigt wie zahlreiche Spielkarten aus aller Welt, ganze Spielkartenbogen hängen in der nachgestellten historischen Kartenmacherwerkstatt. 2020 wurde der Bestand, immerhin 25 000 Unikate, um die wertvolle Brett- und Gesellschaftsspielesammlung von Ferdinand de Cassan aus Österreich erweitert. Die Witwe des Spielesammlers vermachte dem Museum die 30 000 Spiele auf Betreiben des Berliner Instituts für Ludologie. Altenburg wird damit ein Institutsstandort für die recht neue Wissenschaft, die sich neben modernen Computerspielen und deren Designentwicklung auch mit historischen Spielen befasst. Außerdem soll im Josephinum in der Innenstadt bis 2025 eine ganze Spielewelt mit Erlebnis- und Ausstellungswelt, Spielecafé und InnovationLab entstehen.

Grünfink

FINKEN

Das Panorama täuscht nicht: Die Familie der Finken bietet ein buntes Bild. Das Prachtkleid des Männchens ist ein leuchtendes Gelbgrün, dichte Hecken sind sein bevorzugter Aufenthaltsort. Wie der Grünfink (und wie bei Finken öfter zu beobachten) ist der Stieglitz oder Distelfink ein geselliges Wesen. Er ist einer unserer farbenprächtigsten Vögel überhaupt, allerdings hat das Weibchen ein unauffälligeres Federkleid. Und tatsächlich turnt er nicht selten an den kräftigeren Distelarten, verschmäht aber auch andere Sämereien nicht. Als Stieglitz taucht er schon im 13. Jahrhundert auf, das Wort stammt zweifelsfrei aus dem Slawischen und ahmt wohl den Ruf des Vogels nach. Dagegen leuchtet der Name Dompfaff ohne Weiteres ein, immer gesetzt den Fall, dass ein Männchen gemeint ist, denn nur sie haben die prachtvolle rote Unterseite. Welches Amt er bei der Vogelhochzeit versieht, muss nicht weiter erörtert werden; im Vergleich zu anderen Finken ist er von kräftiger Statur. Der Bergfink brütet nur ausnahmsweise bei uns, seine Heimat liegt im Norden des Kontinents. Aber er hat unter den Finken das auffälligste Zugverhalten, und im strengen Winter können seine Schwärme den südwestdeutschen Himmel schon einmal verfinstern. Auch an den Futterhäuschen lassen sie sich dann beobachten und sollen eine besondere Vorliebe für Sonnenblumenkerne haben. Unter seinesgleichen am bekanntesten ist hierzulande der Buchfink. Früher musste er wegen seines ausdruckvollen Gesangs sein Leben oft in Vogelkäfigen verbringen. In der freien Natur wurden Buchfinken für Regenkünder gehalten, weil sie im Gegensatz zu anderen Vögeln vor dem Niederschlag nicht zu singen aufhörten. Der Girlitz, kleinster unter den heimischen Finken, war bis zum 19. Jahrhundert nur im mediterranen Raum verbreitet und gilt als typischer Stadtrandbewohner. Größter heimischer Fink ist der Kernbeißer, und sein Schnabel lässt keinen Zweifel daran, dass er kräftig zubeißen kann. Er ist sogar in der Lage, Kirschkerne zu knacken, um an den Samen zu kommen. Während er sonst im Wald und hier im Gipfelbereich der Bäume lebt, kann sich der eigentlich scheue Vogel winters am Futterhäuschen recht energisch Platz schaffen. Der Birkenzeisig ist hauptsächlich in Europas Norden vertreten, lebt aber auch im Alpenraum. Sein roter Vorderscheitel ähnelt einer Punkfrisur; die erwachsenen Männchen haben außerdem ein rötlich überhauchtes Brustgefieder. Der Fichtenkreuzschnabel trägt sein Werkzeug im Gesicht und hat es offensichtlich auf die Sämereien in den Nadelbaumzapfen abgesehen. Wenn die Fichten oder Tannen reichlich fruchten, können sich Angehörige der Art zahlreich einstellen. Die Farbe Rot spielt auch beim Bluthänfling eine erkennungsdienstliche Rolle. Zur Balzzeit sind Brust und Stirn des Männchens besonders lebhaft gefärbt, und es musste wegen seines Gesangs ebenfalls öfter ein Käfigleben führen. Draußen lässt sich sein erstaunlicher Einfallsreichtum beim Nahrungserwerb beobachten.

Grünfink

Stieglitz

Dompfaff

Bergfink

Buchfink

Girlitz

Kernbeißer

Birkenzeisig

Fichtenkreuzschnabel

Bluthänfling

Veste Wachsenburg bei Holzhausen

SCHLÖSSER UND BURGEN ENTLANG DER THÜRINGER STÄDTEKETTE

Die Wartburg im Westen, das Altenburger Schloss im Osten – dazwischen liegen unzählige Adelssitze, von denen hier nur einige genannt werden können. Zwischen Gotha und Erfurt verteilen sich die Drei Gleichen, ein mittelalterliches Burgenensemble auf drei Hügeln, von denen die Mühlburg von 704 die älteste Anlage ist. Die Burg Gleichen war im Mittelalter die imposanteste, was sich heute noch am mächtigen Bergfried erkennen lässt. Im Gegensatz zu diesen beiden heute nur noch als Ruinen erhaltenen Anlagen wird die Veste Wachsenburg als Hotel genutzt. Nicht weit davon steht Schloss Molsdorf im gleichnamigen Erfurter Stadtteil, das als eines der sehenswertesten Barockschlösser Thüringens gilt.

Um Weimar herum befinden sich zahlreiche Herrschaftshäuser, die barocke Lustschlossanlage von Schloss Belvedere wurde mitsamt Park als Teil des Ensembles „Klassisches Weimar" von der UNESCO zum Weltkulturerbe erklärt. Das Landschloss Tiefurt wiederum war der Sommersitz von Herzogin Anna Amalia, dort empfing sie auf ihren berühmten Tafelrunden Goethe, Schiller oder Wieland. Ein weiteres herzogliches Sommerdomizil war Schloss Ettersburg, das ebenfalls zum UNESCO-Erbe gehört und wo Schiller seine *Maria Stuart* vollendete. Das Renaissanceschloss Kromsdorf war einst ein Rittersitz gewesen, im 16. Jahrhundert wurde das heutige Schloss südlich der Kirche erbaut, auffallend sind die 64 Steinbüsten in den halbrunden Nischen der Schlossmauer. Rustikaler kommt Burg Tannroda daher; das „Blaue Schloss" in Bad Berka stammt aus dem 12. Jahrhundert und wird heute als Heimatmuseum genutzt.

Aussicht auf die Burgruine Gleichen und die Veste Wachsenburg

In der Mitte des Städtedreiecks Jena – Weimar – Apolda liegt die Wasserburg Kapellendorf, eine der besterhaltenen Burgen in Thüringen. Der Bau aus dem 12. Jahrhundert wurde 200 Jahre später an die Stadt Erfurt verkauft, heute ist er eine Außenstelle des Stadtmuseums Erfurt. Auch in der Umgebung von Jena finden sich beeindruckende Adelssitze wie die Leuchtenburg mit einem Porzellanmuseum oder die Ruine der Lobdeburg, die nachts angestrahlt wird. Das Ensemble der Dornburger Schlösser, bestehend aus Altem Schloss, Renaissanceschloss und Rokokoschloss, wurde durch Goethe bekannt, der hier seine *Dornburger Gedichte* verfasste. Um die Anlagen herum befinden sich ein englischer Landschaftsgarten und ein französischer Barockgarten mit Terrassen, Rosenspalieren und Weinbergen

Rokokoschlösschen der Dornburger Schlösser

Schloss Friedenstein von Süden

GOTHA

Das östlich von Eisenach gelegene Gotha war Residenzstadt des Herzogtums Sachsen-Coburg und Gotha, das durch seine geschickte Heiratspolitik mit nahezu allen europäischen Königshäusern verwandt ist. Die Stadt ist eine der ältesten Siedlungen in Thüringen und wurde 775 in einer Urkunde Karls des Großen erwähnt. Nachdem es im 12. Jahrhundert das Stadtrecht erhielt, wurde Gotha ebenso wie das nahe gelegene Erfurt durch den Handel mit dem Färbemittel Waid reich. Schon früh förderten die Gothaer Herzöge Kunst und Wissenschaft, und im 18. Jahrhundert zog die Residenzstadt viele namhafte Persönlichkeiten an. Conrad Ekhof begründete im herzoglichen Schloss das gleichnamige erste deutsche Hoftheater mit festem Ensemble. Noch heute ist die barocke Bühne mit der funktionstüchtigen Kulissenmaschine zu bewundern. Das kleine Theater gehört zur Anlage von Schloss Friedenstein, dem größten frühbarocken Feudalbau Deutschlands aus der Mitte des 17. Jahrhunderts, der über gleich vier Museen verfügt: das Herzogliche Museum, das Historische Museum, das Museum der Natur und das Schlossmuseum. Zum Anwesen gehört auch der Englische Garten im Schlosspark, der die älteste Gartenanlage nach englischem Vorbild außerhalb Großbritanniens ist und damit vom Alter sogar die in Dessau übertrifft. An der Ostseite des Schlosses schließt sich der barocke Gartenteil mit Schloss Friedrichsthal an. Gothas historische Altstadt wird bestimmt durch das Alte Rathaus am Hauptmarkt, wegen seiner Fassade auch Rotes Rathaus genannt, sowie durch die Wasserkunst, ein kunstvolles System zur örtlichen Wasserversorgung. Zwei bekannte Namen sind mit Gotha verbunden: zum einen der Buchhändler und Verleger Johann Georg Justus Perthes, der hier seine Verlagsbuchhandlung gründete und neben Kalendern und Atlanten vor allem durch sein Adelslexikon Der Gotha berühmt wurde. Zum anderen der Kaufmann und Publizist Joseph Meyer, der in Gotha das Bibliographische Institut eröffnete und dessen Konversations-Lexikon zu den wichtigsten Bucherscheinungen des 19. Jahrhunderts zählt.

Innenhof im Schloss Friedenstein

Schloss Friedenstein, Ekhof-Theater

Saaleschleife an der Talsperre Burgkhammer

Sonnenaufgang bei Jocketa im Vogtland

VOGTLAND

Das Vogtland ist eine Region, die sich historisch über mehrere Länder hinwegzog und auch heute noch zumindest zwei Bundesländer berührt: den Osten Thüringens mit der Stadt Gera und dem Kreis Greiz sowie das westliche Sachsen mit dem Vogtlandkreis. Am östlichen Rand des Vogtlandkreises liegt die Fast-Großstadt Zwickau.

Im weiteren Sinne gehörten aber auch Teile des heutigen Bayern und Tschechien zum Vogtland, das in seiner langen Geschichte seine Grenzen und seine Gestalt häufig änderte.

Seinen Namen hatte das Vogtland von den kaiserlichen Vögten, die das ab dem frühen 13. Jahrhundert zum Reich gehörende Gebiet verwalteten. Ursprünglich saßen diese in Voigtsberg bei Oelsnitz und in Dobenau, seit 1230 in Plauen.

Heute besticht das Vogtland auf beiden Seiten der thüringisch-sächsischen Grenze durch eine vielfältige Kulturlandschaft und eine ebenso spannende Natur, allein im Vogtlandkreis gibt es 41 Naturschutzgebiete: ein Paradies für Wanderer und Kletterfreunde, Hobbybiologen und Radwanderer. Und die Familienattraktion schlechthin: die Drachenhöhle von Syrau. Vor allem an den Flüssen, die durchs Vogtland führen – an der Weißen Elster, dem Syrabach, der Göltzsch oder der Trieb –, finden sich Aktivurlauber fernab jeden Massentourismus wieder. Denn auch das ist etwas, was viele am Vogtland schätzen: Es macht nicht viel Gewese um sich und hat nicht so viel Spektakuläres zu bieten, sodass es ein Reiseziel für Kenner und echte Liebhaber bleibt, ein ewiger Geheimtipp. Und: Mit Bad Brambach und Bad Elster hat es zwei traditionsreiche Kurbäder, die denen auf der anderen Seite der Grenze zu Tschechien in puncto Erholung und Entspannung in nichts nachstehen.

Wenn es um die Kultur im Vogtland geht, findet sich diese fast überall und in vielfältigster Weise: in den Werkstätten der Instrumentenbauer im Musikwinkel, in den fast verfallenen Burgruinen und aufwendig restaurierten Schlössern sowie nicht zuletzt an den beiden großen Ziegelsteinbrücken, die echte Glanzleistungen der Ingenieurskunst des 19. Jahrhunderts sind.

CHRONIK

1209 Der Begriff Vogtland wird erstmalig in einer Urkunde des Klosters Mildenfurth erwähnt. Der Ursprung des Vogtlands ist beim Stauferkaiser Friedrich I. Barbarossa zu finden.
13. Jh. Die Verstädterung beschleunigt sich, es entstehen Weida als vorläufiger Hauptsitz der Vögte sowie Gera, Plauen und später auch Greiz.
1354–57 Vogtländischer Krieg; Höhepunkt der Auseinandersetzungen mit Wettinern, die Herrschaft Plauen wird erbliches Lehen der böhmischen Krone.
1356 In der „Goldenen Bulle“ wird das Vogtland aufgeteilt, der südliche Teil ist nun ein Teil von Böhmen. Die nächsten Jahrhunderte gibt es Machtkämpfe zwischen den Reußen, den sächsischen Kurfürsten und den Markgrafen aus Meißen.
1485 Wettinische Landesteilung. Die Ämter Plauen und Voigtsberg kommen zur ernestinischen Linie.
1546/47 Schmalkaldischer Krieg. Nach der Schlacht bei Mühlberg ändern sich die Grenzen des Vogtlands erneut. Böhmische Truppen besetzen Plauen.
1559 verpfänden die Brüder Heinrich V. und Heinrich VI. das Vogtland wegen Zehntrückständen an Kursachsen. Damit endet die Herrschaft der Vögte von Plauen.
1874 Änderung der Ämterstruktur: Errichtung der Amtshauptmannschaften Auerbach, Oelsnitz und Plauen als untere staatliche Verwaltungsorgane

1996 Bildung des Vogtlandkreises aus den bisherigen Landkreisen Auerbach, Klingenthal, Oelsnitz, Plauen-Land und Reichenbach. Der Sitz des Landratsamtes Vogtlandkreis ist in der Stadt Plauen.

Wasseramsel

ELSTERTAL

Die Quelle der Weißen Elster liegt im äußersten Norden Tschechiens bei Aš und fließt über etwas mehr als 250 km in nördlicher Richtung bis nach Sachsen-Anhalt, wo sie bei Halle in die Saale mündet. Zweifellos liegt einer der schönsten Flussabschnitte zwischen Plauen-Chrieschwitz und Elsterberg. In einem steilen Felsental bahnt sich hier der Fluss seinen Weg durch eine dicht bewachsene Gegend. Kurz nachdem die Trieb in die Weiße Elster mündet, wird der Fluss von der fast 70 m hohen Elstertalbrücke überspannt. Hier befindet man sich genau an der Grenze zwischen Sachsen und Thüringen.

Die Burgruine Liebau am rechten Talhang wurde erstmals 1327 erwähnt und ist seit Jahrhunderten verfallen. Allerdings ist kaum eine romantischere Lage für eine Burg denkbar als gerade hier, oberhalb des rauschenden Flusses und mitten im dichten Wald.

Während auf thüringischer Seite der Weißen Elster nun ein großer, nur noch wenig genutzter Steinbruch liegt, erreicht man auf sächsischer Seite bald das Steinicht, und nun wird es geradezu alpin: Hohe, fast senkrecht nach oben strebende Felswände säumen den Flusslauf; ein Paradies für wagemutige Kletterer. Setzt man den Weg weiter fort in Richtung Norden, gelangt man zum Höhepunkt der Wanderung: zur Burgruine Elsterberg bei der gleichnamigen Kleinstadt. Mit 1,5 ha bebauter Fläche ist es die mit Abstand größte noch vorhandene Burgruine des Vogtlands. Die Geschichte Elsterbergs ist eng mit den Herren von Lobdeburg verknüpft, die hier Ende des 12. Jahrhunderts auf einem Bergkegel eine Wehranlage errichteten. Zu sehen ist eine Ringwallanlage mit ausgedehnter Zwingerbefestigung und flankierenden Türmen. Was heute noch übrig ist, stammt aus der Zeit nach dem Vogtländischen Krieg (1354–57), in dem der ursprüngliche Burgkomplex zerstört wurde.

Blick von der Elstertalbrücke auf die Weiße Elster

Burgruine Elsterberg

Die Weiße Elster nahe der Elstertalbrücke

TRIEBTAL

Das schmale Triebtal in der Vogtländischen Schweiz wird durchflossen von dem namensgebenden Nebenarm der Weißen Elster mit ihren Stromschnellen vorbei an felsigen Hängen und dichten Wäldern. Es ist ein einzigartiges Naturrefugium, insbesondere im südlichen Teil zwischen der Talsperre Pöhl und dem Ort Jocketa, wo sich das 1930 als solches ausgewiesene und 131 ha große Naturschutzgebiet Triebtal befindet. Auf einer Länge von 2 km durchbricht die Trieb hier das harte Diabasgestein (auch Grünstein genannt); auf dem naturbelassenen Weg am linken Flussufer kann man das schluchtähnliche Tal durchwandern und sich an den moosbewachsenen Felsen im wilden Flüsschen erfreuen. Mit etwas Glück lassen sich hier nicht nur Eisvögel und Wasseramseln beobachten, sondern auch Wildkatzen, die hier vereinzelt die Wälder durchstreifen.

Anfang der 1960er-Jahre wurde in diesem attraktiven Erholungsgebiet die Talsperre Pöhl gebaut, die nach dem Ort benannt wurde, der für den entstandenen Stausee weichen musste und noch heute auf dem Grund des Sees liegt: das Dorf Pöhl. Die eindrucksvolle, 59 m hohe Staumauer gibt den Blick frei auf den Stausee, von den Einheimischen auch als Vogtlandmeer bezeichnet. Private Motorboote sind hier nicht erlaubt, nur die „Plauen" und die „Pöhl", zwei alte Ausflugsboote, schippern über das Vogtlandmeer. Wenn der Wasserpegel nach einem regenarmen Sommer gesunken ist, tauchen immer wieder Reste von Häusern des einstigen Dorfes auf, sogar Teile des früheren Schlosses wurden gefunden.

Um den besten Blick auf die Gegend um den Stausee zu haben, sollte man den 435 m hohen Eisenberg erklimmen. Dort steht im 30 km entfernten Marieney der nach dem vogtländischen Heimatdichter Julius Mosen benannte Turm, der 1879 noch als Charlottenturm errichtet wurde.

Pöhl-Talsperre

Die Trieb im Triebtal

Göltzschtalbrücke bei Netzschkau, die größte Ziegelsteinbrücke der Welt

KÜHNE BRÜCKENKONSTRUKTIONEN

Warum, so mag sich der kritische Leser und Kenner des Vogtlands fragen, gibt es hier einen Abschnitt unter der Überschrift „Brückenkonstruktionen"? Würde es nicht ausreichen, einen Abschnitt nur über diese eine Brücke zu schreiben? Diesem Einwand sei erwidert, dass dieser mehr Platz eingeräumt wird als den anderen, die es eben auch noch gibt.

Natürlich geht es um die Göltzschtalbrücke. Sie ist eine Brücke der Superlative und das Wahrzeichen des Vogtlands. Gebaut zwischen 1846 und 1851 von monatlich fast 2000 Arbeitern unter Verwendung von 26 Mio. Ziegeln, ist sie die größte Ziegelbrücke weltweit. Allein für die Holzgerüste waren 23 000 Baumstämme nötig.

Nötig geworden war die Brücke durch den Bau der Eisenbahnlinie Nürnberg–Leipzig durch die Sächsisch-Bayerische Eisenbahn. Konstruiert wurde sie von Johann Andreas Schubert, der 15 Jahre zuvor bereits die erste in Deutschland hergestellte Dampflokomotive („Saxonia") sowie Dampfschiffe für die Elbe gebaut hatte.

Der Grund, dass zum Bau der Brücke hauptsächlich Ziegel verwendet wurden, bestand darin, dass es ganz in der Nähe der geplanten Brücke große Lehmlager gab und Lehm der günstigste Baustoff war. Als man aber bei den Arbeiten am Baugrund nicht auf festen Untergrund stieß, musste bei der Statik nachgebessert werden, was den Bau verzögerte. Nach fünf Jahren Bauzeit konnte die Brücke im Juli 1851 feierlich freigegeben werden. Mit ihrer Gesamthöhe von 78 m war sie zu dieser Zeit die höchste Eisenbahnbrücke

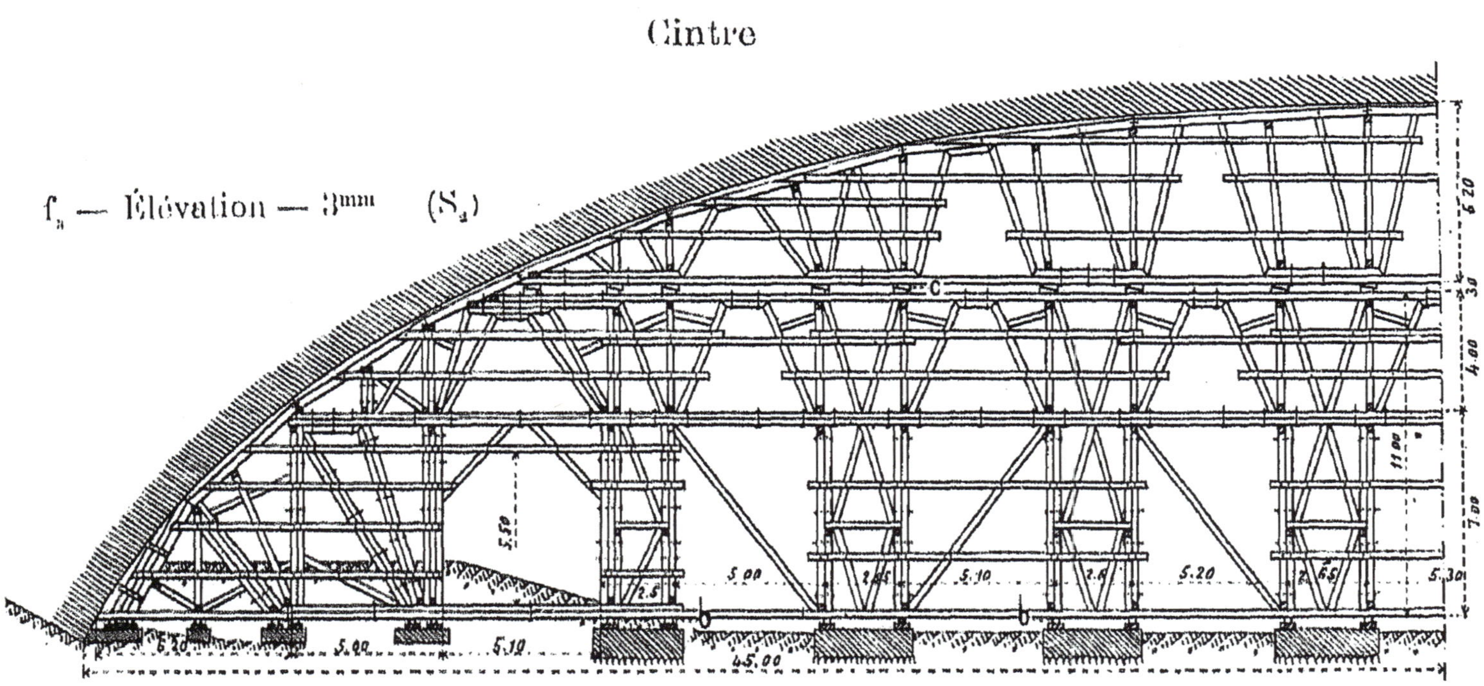

Friedensbrücke in Plauen, Konstruktionszeichnung

Elstertalbrücke bei Jocketa

der Welt und ist mit ihrer beeindruckenden, an ein römisches Viadukt erinnernden Gestalt bis heute eine Sehenswürdigkeit ersten Ranges im westlichen Sachsen.

Am selben Tag wie die Göltzschtalbrücke wurde die Elstertalbrücke, die über das Tal der Weißen Elster führt, bei Jocketa eingeweiht. Der Konstrukteur war auch hier Johann Andreas Schubert, der mit der Elstertalbrücke dafür sorgte, dass Sachsen bis heute auch die zweitgrößte Ziegelsteinbrücke sein Eigen nennen kann. Im Vergleich mit der Schwesterbrücke ist sie etwa halb so lang, hat nur zwei Etagen und erreicht eine Höhe von 68 m. Das alles macht sie aber nicht weniger imposant. Kurz vor Ende des Zweiten Weltkriegs wurde die Brücke von der Wehrmacht gesprengt (was militärisch völlig sinnlos war), 1946 provisorisch und bis 1950 endgültig wiederhergestellt.

Neueren Datums als diese beiden Vorzeigebauwerke des Vogtlandkreises ist die Friedensbrücke (auch bekannt als Syratalviadukt) in Plauen, die im Jahr 1905 eröffnet wurde. Von ganz anderer Art als die beiden hohen Ziegelsteinbrücken handelt es sich bei der Brücke über den Syrabach um eine 133 m lange, steinerne Straßenbrücke, die allerdings auch einen Superlativ vorzuweisen hat: Mit einer Stützweite von 90 m zwischen den am weitesten auseinanderliegenden Bogenpfeilern ist sie weltweit eine der größten steinernen Bogenbrücken.

Blick über die Brückenpfeiler der Göltzschtalbrücke

Göltzschtalbrücke, Bogenkonstruktion

Burg Mylau

HISTORISCHE GEBÄUDE DES VOGTLANDS

Das Vogtland ist eine an Burgen und Schlössern reiche Gegend. Das gilt für den thüringischen Teil ebenso wie für den sächsischen.

Die größte Burganlage des sächsischen Vogtlands ist die Burg Mylau. Obwohl bereits aus dem späten 12. Jahrhundert stammend, gehört sie noch zu den am besten erhaltenen. Der älteste Teil ist der Bergfried aus Tonschiefer: ein runder, 25 m hoher Turm mit 2,5 m dicken Mauern. Der Bau des Westtores und des Zwingers gehen auf einen Besuch Kaiser Karls IV. im Jahr 1367 zurück, der diese Erweiterungen vornehmen ließ. Auch Umbauten im 19. Jahrhundert hinterließen ihre Spuren. Heute dient die Burg als Rathaus und Museum.

Nur einige Kilometer entfernt von Mylau liegt Schloss Netzschkau. Auffallend ist dieser Bau aus der Zeit der Spätgotik schon allein wegen seines leuchtend weißen Putzes mit den roten Verzierungen an den epochentypischen Staffelgiebeln. Von der Innenausstattung sind besonders die mit Stuckdekorationen überzogenen Holzbalkendecken aus der Renaissance von kunsthistorischem Interesse.

Osterburg, Weida

Schloss Netzschkau

Greiz, Sommerpalais

Die hoch über Weida thronende Osterburg stammt aus dem späten 12. Jahrhundert, und zumindest der Unterbau des noch erhaltenen Bergfrieds dürfte noch auf diese Zeit zurückgehen. Dass der Großteil der heute vor uns stehenden Anlage aus dem späten 17. Jahrhundert stammt, verweist einmal mehr auf die ungeheuren Verwüstungen, die der Dreißigjährige Krieg auch in diesem Landstrich angerichtet hat.

In Greiz gibt es mit dem Oberen Schloss, dem Unteren Schloss und dem Sommerpalais gleich drei beachtenswerte Bauten, von denen das klassizistische Sommerpalais vielleicht das bedeutsamste ist, zumal in ihm auch die umfangreiche Bücher- und Kupferstichsammlung untergebracht ist, die aus der fürstlichen Bibliothek hervorging.

Greiz, Oberes Schloss

Greiz, Unteres Schloss

Rapsfeld im Vogtland

Königliches Kurhaus in Bad Elster

SEHENSWERTE ORTE

Wenn es um sehenswerte Orte geht, mag es naheliegen, diese mit der Größe einer Stadt in Verbindung zu bringen, hier aber vor allem mit der fehlenden Größe. Sind kleine Orte nicht meist überschaubarer, ruhiger, romantischer? Denkt man ein wenig darüber nach, muss man dieser These wohl widersprechen: Auch größere Städte, Metropolen gar, können unseren Sinn für Ästhetik ansprechen. Und so finden sich auch hier Ortschaften ganz unterschiedlicher Historie und Größe wieder, wobei jede auf ihre eigene Art etwas Schönes ausstrahlt, das es wert ist, zu entdecken.

Beginnen wir ganz im Südwesten des Vogtlands, der wegen der beiden darin liegenden Kurorte Bad Brambach und Bad Elster auch Bäderwinkel genannt wird. Bad Elster ist der größere Ort und zieht schon seit Beginn des 19. Jahrhunderts heilungssuchende Gäste an, die sich seit 1851 an dem Kurhaus erfreuen konnten. Um die Wende zum 20. Jahrhundert kamen die Kurbauten mit der Wandelhalle und der sprudelnden Moritzquelle hinzu.

Bad Brambach, unmittelbar an der tschechischen Grenze gelegen, verfügt über das gleiche angenehm milde Klima und sticht ansonsten durch die seltenen Radonbäder heraus, die insbesondere bei Rheuma- und Gelenkerkrankungen wahre Wunder wirken sollen.

Zwischen diesen beiden liegt das Dorf Raun, das zu Recht als einer der ansehnlichsten Orte im Vogtland gilt. Der gesamte Dorfkern steht unter Denkmalschutz und wartet mit alten Fachwerkhäusern mit verzierten Giebeln auf.

Ebenfalls nicht weit entfernt liegt Adorf, eine Kleinstadt, die bei vielen Familien bekannt sein dürfte, bietet sie doch mit ihrer Miniaturschauanlage Klein Vogtland und den dort versammelten, mehr als 50 vogtländischen Bauten den Kleinsten eine willkommene Abwechslung von den ansonsten anstehenden Wanderungen mit den Eltern. Schon länger berühmt ist Adorf jedoch für sein Museum im Freiberger Tor, das sich der regionalen Perlenfischerei und Perlmuttverarbeitung widmet. Dort ist zu erfahren, dass die in der Weißen Elster früher häufig zu findenden Flussperlmuscheln ausschließlich von den kurfürstlichen Perlenfischern aus dem Wasser geholt werden durften, um die Perlen zu entnehmen. Auch das in seiner jetzigen Gestalt aus dem späten 18. Jahrhundert stammende Freiberger Tor ist eine Sehenswürdigkeit, handelt es sich doch um das einzige noch vollständig erhaltene Stadttor des Vogtlands.

Im thüringischen Teil des Vogtlands befindet sich der Ort Zeulenroda, gelegen auf halber Strecke zwischen Schleiz und Greiz und direkt an einem lang gestreckten Stausee. Mittelpunkt und bekanntestes Bauwerk der Stadt ist das recht originelle, zwischen 1825 und 1827 gebaute klassizistische Rathaus, dessen Bau wegen eines verheerenden Brandes notwendig geworden war. Wenn das hoch aufgeschossene, alle anderen Bürgerhäuser am Marktplatz überragende Rathaus etwas überdimensioniert wirkt, mag das damit zu tun haben, dass es nach den Plänen eines Quereinsteigers errichtet wurde: Christian Heinrich Schopper verdiente sein Geld üblicherweise als Strumpfverleger und betrieb die Baukunst nur als Hobby.

Weida, ebenfalls im thüringischen Kreis Greiz zu finden, hat neben seiner hübschen Altstadt mit alten Fachwerkhäusern, der Kirchenruine der Widenkirche und der Marienkirche noch einige interessante technische Schaudenkmäler zu bieten. Zum einen lässt sich in der direkt am Fluss Weide

Zeulenroda, Rathaus

Umgebindehaus in Raun

Geigenbauer in Markneukirchen liefern die fertigen Instrumente aus (um 1920).

gelegenen Lohgerberei einiges über die traditionelle Lederherstellung lernen, zum anderen befindet sich in Weida-Liebsdorf das älteste noch funktionstüchtige Hammerwerk Thüringens.

Und weil es nur einen Katzensprung von Weida entfernt liegt, sei noch eine kulturhistorische Kuriosität genannt: das ehemalige Kloster Mildenfurth im gleichnamigen Ortsteil von Wünschendorf (in dem es eine bekannte gedeckte Holzbrücke über die Weiße Elster gibt). Gegründet als Prämonstratenserkloster, war es lange Zeit das Hauskloster der Vögte von Weida. Nach der Reformation aber wurde die dreischiffige Klosterbasilika in ein Renaissanceschloss verwandelt, was es zu einer spannenden architektonischen Rarität macht.

Vierseitenhof am Dorfanger von Nitschareuth bei Greiz

MUSIKWINKEL

Zwischen Klingenthal, Schöneck und Markneukirchen liegt der sogenannte Musikwinkel, der seinen Namen mehr als verdient hat. Seit über 300 Jahren werden hier Musikinstrumente höchster Qualität gefertigt, die dann im 19. Jahrhundert die Region zu einem der weltweit führenden Zentren für den Instrumentenbau machten. In Markneukirchen richteten die USA deshalb sogar eine Zweigstelle ihres Konsulats ein. Fast 30 Ortschaften gehören zum Musikwinkel, der es auf die deutsche Liste des Immateriellen Kulturerbes schaffte.

Und dabei geht es um sehr unterschiedliche Instrumente. In Schöneck wurde Franz Rudolph Wurlitzer geboren, der, nachdem er nach Amerika ausgewandert war, stark nachgefragte Pianos und Musikboxen baute. Während in Klingenthal die älteste Akkordeonfabrik der Welt steht (1854 gegründet), in der etliche Mundharmonikas, Bandoneons und Konzertinas gefertigt und dann auch exportiert wurden, waren es in Markneukirchen Geigen, die die Musikerherzen in aller Welt höherschlagen lassen. Das dortige Musikinstrumenten-Museum im spätbarocken Bürgerhaus des Paulus-Schlössels von 1784–89 besitzt mehr als 3000 Instrumente, darunter ein Clavichord aus dem mittleren 18. Jahrhundert. Besonders interessant sind die im gegenüberliegenden Gerber-Hans-Haus rekonstruierten Werkstätten eines Holzblasinstrumentenbauers, eines Zupfinstrumentenbauers und eines Bogenmachers. Bei einer solch geballten Handwerksleistung liegt es nahe, dass auch einige Renommierstücke darunter sind, mit denen die Meister ihr Können vorführen wollen, wie etwa eine 4,27 m große Geige, für die drei Musiker benötigt werden, um den über 5 m langen Bogen zu führen. Hier werden echte Musiker vielleicht ein wenig die Nase rümpfen, denn die vielen sonstigen Attraktionen sind interessant genug, ohne dass es solche Showstücke brauchte.

Burg Schönfels

KULTURREGION VOGTLAND

Im Gegensatz zu Gotha war das weiter östlich gelegene Gera eine Stadt, die im 18. und 19. Jahrhundert vor allem durch die Textil- und später Maschinenbauindustrie reich wurde. Heute noch zeugen die vielen Fabrikantenvillen vom einstigen Wohlstand, wie etwa das Haus Schulenburg, das vom belgischen Architekten Henry van de Velde entworfen wurde. Auch Gera besitzt einen hübschen Marktplatz mit Renaissance-Rathaus, dem barocken Simsonbrunnen und der historischen Stadtapotheke. Bekanntester Sohn der Stadt ist der Maler und Grafiker Otto Dix, dessen Geburtshaus heute als Kunstmuseum viele Zeichnungen, Ölgemälde sowie gedruckte Grafiken des Künstlers präsentiert.

Die barocke Salvatorkirche, zu Beginn des 20. Jahrhunderts nach Entwürfen Adolph Marschs umgestaltet, gewinnt ihren besonderen Wert nicht zuletzt durch ihre einheitliche Saalausstattung im Jugendstil. Grundlegend wiederhergestellt werden musste die barocke Orangerie, die heute die Kunstsammlung der Stadt beherbergt. Das Theater Gera residiert in einem schön restaurierten Jugendstilbau.

Von Thüringen nach Sachsen: Wie fast überall im Vogtland war auch in Reichenbach die Wirtschaft lange Zeit von Bergbau und Textilgewerbe geprägt. Für die Kulturgeschichte bedeutsam wurde es jedoch schon durch die Ende des 17. Jahrhunderts geborene Friederike Caroline Weißenborn, genannt die Neuberin, die mit ihrer Wandertruppe das deutsche Theater grundlegend reformierte.

Eine halbe Stunde von Reichenbach entfernt liegt Plauen, die größte Stadt des sächsischen Vogtlandes. Auch Plauen wuchs im 19. Jahrhundert rasant, was vor allem an der Plauener Spitze lag. Gegen Ende des Jahrhunderts belieferten sechs Plauener Tüllwebereien die Welt mit Gardinen und anderen feinen Textilien – wertvolle Handelsbeziehungen, die durch den Ersten Weltkrieg verloren gingen.

Das Rathaus Plauens gilt wohl zu Recht als eines der schönsten ganz Sachsens. Es hat einen spätgotischen Unterbau von 1508, während der Renaissancegiebel 40 Jahre später fertiggestellt wurde. Besondere Attraktion ist die in Nürnberg gefertigte Kunstuhr mit integrierter Sonnenuhr und den sich zur vollen Stunde bewegenden Tierfiguren. Ein Besuch des Vogtlandmuseums lohnt allein schon wegen der prächtigen Säle

Theater Gera

Plauen

Weiße Elster mit Untermhäuser Brücke und Marienkirche, Gera

im Inneren der drei Patrizierhäuser, in denen es untergebracht ist. Spannend ist auch eine Besichtigung des Alaunbergwerks, dessen Eingang sich mitten im Stadtzentrum befindet.

Nicht nur Bergbauinteressierte sollten einen Besuch des Vogtländischen Bergbaumuseums in Netzschkau ins Auge fassen, prägte doch der Abbau vieler unterschiedlicher Mineralien wie Alaun, Zinnerz, Kupfererz und Wolfram das Vogtland zwischen dem 14. und 19. Jahrhundert.

Auf halber Strecke zwischen Reichenbach und Zwickau liegt die Burg Schönfels. Der Grundstein soll zwar schon im späten 12. Jahrhundert gelegt worden sein, doch verdankt die Burg ihre heutige Erscheinung den Umbauten im 15. Jahrhundert und einigen Ausbesserungen der Schäden aus dem Dreißigjährigen Krieg. Allein schon die zweihöfige Anlage und der umlaufende Wall machen die Burg zu etwas Besonderem und erklären, warum sie solch ein beliebtes Ausflugsziel ist. Sehenswert ist auch die Burgkapelle mit dem spätgotischen Flügelaltar. Die Burg verfügt außerdem über eine in Europa einmalige Schrank-Holzorgel, die ca. 1730 geschaffen wurde.

Über Jahrzehnte bildete Zwickau den Sehnsuchtsort Tausender DDR-Bürger, die bis zu zehn Jahre auf ihren bestellten Trabant warten mussten. Die Automobiltradition der Stadt ist jedoch eine viel ältere, und bis heute bildet die Branche das Rückgrat der Wirtschaft für die Region. Mehr über all dies ist im August-Horch-Museum zu erfahren.

Zwickaus schönstes Gebäude steht am Markt: Das 1522–25 als Zunfthaus der Tuchmacher gebaute Gewandhaus dient heute als Spielstätte des Theaters Plauen-Zwickau. Überall präsent in der Stadt ist der berühmteste Sohn Zwickaus, der Komponist Robert Schumann, ob in seinem Geburtshaus oder als Denkmal. Darüber hinaus hat Zwickau viel Jugendstil zu bieten, so im Konzert- und Ballsaal Neue Welt oder im Johannisbad.

Zwickau, Gewandhaus und Rathaus

Schloss Osterstein in Zwickau

LEIPZIG

Sonnenuntergang über Leipzig

Montagsdemonstration in Leipzig, 1989

LEIPZIG

„Wir sind das Volk!" Wie stark die Kraft des friedlichen Widerstands sein kann, bewiesen die Leipziger Montagsdemonstrationen im Herbst 1989, die zum Ende der SED-Herrschaft und damit einhergehend zur Auflösung der DDR führten. Aus den anfänglichen Friedensgebeten in der Nikolaikirche wurde im Laufe weniger Wochen eine ganze Bewegung, jeden Montag kamen mehr Menschen, aus Tausenden wurden Hunderttausende, die sich von der Staatsführung nicht mehr den Mund verbieten lassen wollten. Und so wurde Leipzig zur „Heldenstadt" – ein weiterer Titel für den „Lindenort" (so der einstige Name, der sich vom sorbischen *lipa* ableitete) am Zusammenfluss von Weißer Elster, Pleiße und Parthe, der 1165 zur Stadt ernannt wurde.

Im Laufe der Jahrhunderte entwickelte sich Leipzig zur Messestadt, zur Buchstadt und zur Musikstadt. Der Handel mit Pelzen machte den Ort reich; Wissenschaft, Literatur und Kunst trugen mit dazu bei, dass Weltoffenheit und Innovationsgeist vorherrschten. Schon zu Goethes Zeiten galten die Leipziger als „helle", und die rege Publikation von Druckerzeugnissen aller Art im 19. Jahrhundert verstärkte die Demokratisierung der Gesellschaft. Hier wurden der Allgemeine Deutsche Arbeiterverein und der Allgemeine Deutsche Frauenverein gegründet.

Auch nach der Wende regt sich immer noch humorvoller Widerstand gegen die Obrigkeit: Leipzig ist die Metropole des deutschen Kabaretts und kann sich in seinen Anfängen auf berühmte Künstler wie Joachim Ringelnatz, Hans Reimann oder Lene Voigt berufen. Bühnen wie das Kabarett-Theater SANFTWUT, das Leipziger Central Kabarett, die academixer, die Funzel oder die Leipziger Pfeffermühle nehmen heute Politik und Gesellschaft aufs Korn. Und natürlich gibt es in der Messestadt Leipzig eine eigene Lachmesse. Im beliebten Szene-Stadtteil Connewitz erfährt dagegen die Polizei öfters heftigen Widerstand, wenn Teile der linksgerichteten Anwohner auf Demonstrationen mit der Staatsmacht aneinandergeraten.

CHRONIK

1165 Die Siedlung an der Kreuzung der bedeutenden Handelsstraßen Via Regia und Via Imperii erhält durch Markgraf Otto den Reichen von Meißen das Stadtrecht, in dieser Zeit werden die Thomaskirche und die St.-Nikolaikirche erbaut.
1409 Gründung der Universität Leipzig als „Alma Mater Lipsiensis"
1497 Leipzig wird von Kaiser Maximilian I. zur Reichsmessestadt erhoben. Neben London wird die Stadt mithilfe der jüdischen Gemeinde zum internationalen Handelszentrum der Pelzwirtschaft.
1519 Leipziger Disputation: Streitgespräch von Martin Luther, Andreas Karlstadt und Philipp Melanchthon mit dem katholischen Theologen Johannes Eck
1650 Erste Publikation der „Einkommenden Zeitungen", sie ist damit die älteste Tageszeitung der Welt.
17. Jh. Leipzig wird während des Dreißigjährigen Krieges mehrfach belagert und teils schwedisch besetzt. Gustav II. Adolf fällt in der Schlacht bei Lützen ca. 10 km südwestlich von Leipzig.
1813 Völkerschlacht bei Leipzig, in der die verbündeten Heere der Österreicher, Preußen, Russen und Schweden dem Heer von Napoleon die entscheidende Niederlage bringen. Das Völkerschlachtdenkmal von 1913 erinnert an die größte militärische Auseinandersetzung des 19. Jahrhunderts.
1825 Gründung des Börsenvereins der Deutschen Buchhändler

1843 Gründung der ersten Musikhochschule Deutschlands, des „Conservatoriums der Musik", durch Felix Mendelssohn Bartholdy
Wende 19./20. Jh. Bau des Leipziger Hauptbahnhofs, einer der seinerzeit größten Kopfbahnhöfe Europas
1945 Durch die Luftangriffe der Alliierten werden große Teile der Leipziger Innenstadt zerstört.
1989 Die Montagsdemonstrationen im Anschluss an die Gottesdienste in der Nikolaikirche leiten das Ende der DDR ein.

MESSEHAUS
EINGANG A
MÄDLER-PASSAGE
MESSEHAUS
STEINGUT TONWAREN

Kuppel der Mädler-Passage

PASSAGEN

„Mein Leipzig lob ich mir! Es ist ein klein Paris und bildet seine Leute." Goethes Loblied aus dem *Faust* erklingt in Auerbachs Keller. Hier unten in dem traditionsreichen Gasthaus können die Gäste im historischen Fasskeller auf Mephisto und den unglücklichen Doktor anstoßen. Über ihren Köpfen erstreckt sich Leipzigs bekannteste und eleganteste Passage: Die Mädler-Passage wurde 1912–14 erbaut und gilt als das Herzstück einer in Mitteleuropa einzigartigen Dichte an Passagen, die sich über die gesamte Innenstadt erstrecken. Auf dem Gelände des einstigen Messehauses „Auerbachs Hof" entstand eine Einkaufs- und Flanierpassage mit über 8000 m^2 Ausstellungsfläche auf vier Etagen. Das Dach war zur damaligen Zeit eine ingenieurtechnische Meisterleistung.

Wer hier flaniert, entdeckt neben den Auslagen in den Geschäften zahlreiche Kunstwerke wie die lebensgroßen Sandsteinfiguren, die das Rundbogenportal an der Grimmaischen Straße flankieren, oder die Bronzefiguren des Leipziger Bildhauers Mathieu Molitor, die die Faustsche Kellerszene verkörpern.

Doch auch die anderen 24 Passagen, die in der Messe- und Handelsstadt die vielen Geschäftshäuser miteinander verbinden, beeindrucken durch ihre spektakuläre Architektur. Der sechsgeschossige Specks Hof etwa kann Leipzigs älteste Ladenpassage vorweisen und bezaubert durch seine kunstvollen Lichthöfe. Das historische Bürgerhaus Webers Hof steht für den Übergang von der Renaissance zum Barock, während Barthels Hof der letzte, fast im Originalzustand erhaltene „Durchhof" aus der Zeit der Pferdefuhrwerke ist. Moderner sind das in den 1990er-Jahren erbaute Bauwens-Haus oder der Petersbogen auf dem Areal der juristischen Fakultät. Prachtvoll laden die Portale von Steibs Hof oder der Dussmann-Passage zum Besuch in den Innenhöfen ein, während der Messehof als der erste städtische Messehausneubau nach dem Zweiten Weltkrieg spartanischer ausgestaltet ist.

Mädler-Passage, 1950er-Jahre

KLASSIZISMUS IN LEIPZIG

Leipzigs Bedeutung als Handelsstadt lässt sich auch heute noch an den (spät-) klassizistischen Gebäuden ablesen, die in der Blütezeit im 18./19. Jahrhundert entstanden, von denen viele allerdings während des Zweiten Weltkriegs und in der DDR-Zeit zerstört wurden. Prestigeträchtige tempelartige Großbauten sucht man vergebens, vielmehr sind es Bürgerhäuser, Bahnhöfe oder Handelshäuser, die im frühen 19. Jahrhundert nach klassizistischem Vorbild errichtet wurden. Zwar kommt der vom Leipziger Architekten Christian August Eduard Pötzsch erbaute Bayerische Bahnhof von 1842 mit seinem vierbogigen Portikus äußerst repräsentativ daher, doch der älteste Kopfbahnhof der Welt galt den damaligen Aktionären als ein „Tempel der Verschwendung". Angesehener war dagegen der Neubau der Universität am Augustusplatz, für dessen Fassade Karl Friedrich Schinkel verantwortlich zeichnete. Das Augusteum überstand zwar die heftigen Bombardements im Zweiten Weltkrieg, wurde aber 1968 zusammen mit der benachbarten Paulinerkirche, deren Schaufront ebenfalls klassizistisch war, auf Betreiben der SED gesprengt. In das heutige Neue Augusteum von 2012 wurde das alte Schinkeltor integriert. Ein Musterbeispiel klassizistischer Architektur steht am Richard-Wagner-Platz: Das Wohn- und Geschäftshaus Großer Blumenberg wurde 1826–32 nach Entwürfen des Leipziger Stadtbaudirektors Albert Geutebrück errichtet. Derselbe Architekt entwarf 1861 auch das Königliche Palais, das durch die italienische Renaissance geprägt wurde und heute als Rektorat der Universität dient. Im Stil des Spätklassizismus wurde die Kaufhalle am Markt erbaut: ein fünfgeschossiges Gebäude mit Durchgangshof zur Klostergasse und zum Barfußgäßchen. Klassizistische Bürgerhäuser finden sich auch in den Außenbezirken, so etwa mit dem Schumann-Haus im Graphischen Viertel. Und auch im Waldstraßenviertel, das als eines der größten geschlossen erhaltenen Gründerzeitviertel in Europa gilt und wo zahlreiche bekannte Musiker wohnten, finden sich noch Villen und Wohnbauten im klassizistischen Stil wie das Wohnhaus Gustav Mahlers.

Technische Messe in Leipzig, Innenansicht der Halle 9, um 1938

WIRTSCHAFTSZENTRUM UND MESSESTADT LEIPZIG

Große Handelsstädte können sich immer auf ihre strategisch günstigen Standorte berufen: Hamburg hat seinen Hafen, Frankfurt am Main seinen Fluss, bei Leipzig ist es die Lage an der Kreuzung zweier großer mittelalterlicher Handelsrouten, der Via Regia und der Via Imperii. Genau dieser Standort verschaffte Leipzig im 15. Jahrhundert den Rang einer Reichsmessestadt, und sie entwickelte sich zum wichtigsten deutschen Handelsplatz für den Warenverkehr zwischen Ost- und Westeuropa. Eine besondere Rolle spielte der Pelzhandel: Bis ins 20. Jahrhundert hinein war Leipzig neben London das bedeutendste internationale Handelszentrum der Pelzwirtschaft, woran die große jüdische Gemeinde der Stadt maßgeblichen Anteil hatte.

Eine zweite Blütezeit setzte nach dem Dreißigjährigen Krieg ein: Das 17. und 18. Jahrhundert war die Epoche von „Pleiß-Athen", neue Handelsbeziehungen in Richtung Osten wurden durch den sächsischen Kurfürsten und zugleich polnischen König August den Starken geschaffen. Überall in der Stadt ging es bergauf: Die erste Tageszeitung der Welt erschien, am Naschmarkt wurde eine der ersten europäischen Handelsbörsen eröffnet, einige Jahre später folgte eines der ersten Opernhäuser des Kontinents. Zu Beginn des 18. Jahrhunderts wurde eine Straßenbeleuchtung eingeführt, und die einsetzende Industrialisierung sowie die traditionellen Handelsbeziehungen machten Leipzig zur maßgebenden deutschen Messestadt. Trotz des Siebenjährigen Krieges und der Völkerschlacht im Zuge der sogenannten Befreiungskriege 1813 ging es im 19. Jahrhundert weiter: 1825 wurde der Börsenverein der deutschen Buchhändler gegründet, 1839 die Leipzig-Dresdner Eisenbahn als erste deutsche Fernbahnstrecke eröffnet. Die Stadt entwickelte sich zum wichtigsten Verkehrsknotenpunkt in Mitteldeutschland, was im Bau des größten Kopfbahnhofs Europas zu Beginn des 20. Jahrhunderts gipfelte. Gleichzeitig war Leipzig auch Geburtsort der Proletarierbewegung, 1863 wurde hier der Allgemeine Deutsche Arbeiterverein gegründet, zwei Jahre später der Allgemeine Deutsche Frauenverein, von dem wesentliche Impulse in Bezug auf die Frauenemanzipation ausgingen.

All diese Innovationen sind heute noch an jeder Ecke der Stadt zu sehen und zu spüren. Pracht und Wohlstand der einstigen Handelsleute zeigen sich an der Alten Börse am Naschmarkt: Das älteste Barockbauwerk der Stadt war das Versammlungsgebäude der Kaufmannschaft und diente unter anderem für Börsenveranstaltungen und Auktionen. Noch im Renaissancestil wurde die Alte Waage am Marktplatz erbaut, der heutige Nachbau aus den 1960er-Jahren nahm sich bei der Fassade den früheren Bau zum Vorbild. Die Leipziger Erfindung der Mustermesse, also der Einführung von Warenmustern statt der Vorstellung des kompletten Güterbestands, führte ab 1895 zum Bau der vielen Messehäuser und Passagen, die die traditionellen Kaufmannshöfe ablösten und für die Leipzig heute noch berühmt ist. So ist am Geschäftshaus Selters Haus ein fünfteiliger Majolika-Fries angebracht, in dem fünf Putti Kleinpelzwaren zeigen und auf den Eigentümer, Pelzhändler und Konsul Alfred Selter verweisen. Auch die Fassade des Steibs Hof bezieht sich in ihrer Ornamentik auf Handel und Industrie, zwei Putti tragen als Attribute Handelsschiff und Hammer.

PRACHT AUS GLAS UND STAHL

Doch die Innenstadt wurde zu Beginn des 20. Jahrhunderts trotz der zahlreichen Passagen allmählich zu klein für die wirtschaftlichen Ansprüche. So entstand im Südosten unweit des Völkerschlachtdenkmals die Alte Messe mit ihrem bekannten Logo, dem Doppel-M, das für Mustermesse steht. Von 1920–91 wurden hier die unterschiedlichsten Ausstellungen veranstaltet: von der Technischen Messe und Baumesse über die Internationale Pelz-

Messegelände mit Teich
und Fußgängerbrücke

Fachausstellung bis zu zahlreichen Fachmessen in DDR-Zeiten. Die Frühjahrsmesse im März 1991 war die weltweit letzte Universalmustermesse. Fünf Jahre später erfolgten der Umbau und die Umnutzung des Alten Messegeländes mit dem Anspruch, es in den kommenden Jahrzehnten zum führenden Forschungszentrum auf dem Gebiet der Biotechnologie auszubauen. Als Ersatz entstand 1996 im Norden der Stadt das doppelt so große und hochmoderne Neue Messegelände, wo jedes Jahr rund 40 Messen sowie 100 Kongresse und Veranstaltungen stattfinden. Die fünf Messehallen, die HALLE:EINS und das Kongresszentrum werden noch übertroffen von der 238 m langen, 80 m breiten und 30 m hohen Glashalle, deren Bogenkonstruktion aus Stahl und Glas mit dem Crystal Palace von Joseph Paxton für die erste Weltausstellung 1851 in London verglichen wird und die für allgemeine Veranstaltungen mit bis zu 4500 Personen genutzt werden kann.

Ähnlich beeindruckend präsentiert sich der Leipziger Hauptbahnhof mit seiner gläsernen Dachkonstruktion. Aufgrund der ersten Fernbahnstrecke Deutschlands besaß Leipzig schon recht früh gleich sechs Bahnhöfe, und im Jahr 1909 entschloss man sich zum Bau eines gewaltigen Hauptbahnhofs, dessen Querhalle allein schon 267 m lang, 32 m breit und 27 m hoch war. Der im Zweiten Weltkrieg schwer zerstörte Bahnhof wurde in den 1950er-Jahren wieder aufgebaut, doch erst 1995 begann eine grundlegende Restaurierung, wobei einige Teile vollständig entkernt wurden, um das Einkaufszentrum mit zwei zusätzlichen Geschossen unterhalb des Querbahnsteigs einbauen zu können.

Leipziger Messe, Plakat 1948

Johannespassion (BWV 245, 1724, mehrmals umgearbeitet)
Partitur, Seite 14, Takt 5 bis Seite 15, Takt 11, eigenhändig

Bachhaus in Leipzig, Kupferstich

JOHANN SEBASTIAN BACH (1685–1750)

Bachs Name ist untrennbar mit der Stadt Leipzig verbunden. Der begnadete Musiker, der von vielen als der größte Komponist der Musikgeschichte angesehen wird, arbeitete fast 30 Jahre lang als Kantor der hiesigen Thomaskirche. 1685 in Eisenach als das jüngste von acht Kindern in eine Musikerfamilie hineingeboren, war sein beruflicher Weg von Anfang an vorgezeichnet. Nachdem ihn seine erste Stelle als Organist zuerst nach Arnstadt geführt hatte, kam Bach über weitere Stationen in Mühlhausen, Weimar und Köthen schließlich in die Messestadt Leipzig, wo er die hochgeschätzte Kantorenstelle annahm, die zuvor dem berühmten Komponisten Georg Philipp Telemann angeboten worden war. Dieser hatte allerdings zugunsten Hamburgs abgelehnt. Bach blieb bis zu seinem Tod 1750 in Leipzig, komponierte im Wochenrhythmus Kantaten, gab Konzerte in der Nikolai- und in der Thomaskirche und leitete den traditionsreichen Thomanerchor, der schon 1212 gegründet wurde und bis heute Deutschlands berühmtester Knabenchor ist.

In den Leipziger Jahren entstanden Werke, die bis heute überall auf der Welt aufgeführt werden und nichts von ihrer Kraft und Faszination eingebüßt haben: Die *Johannespassion*, die *Matthäuspassion*, das *Weihnachtsoratorium*, rund 200 Bachkantaten, aber auch weltliche Kompositionen wie die Cembalokonzerte sind nur einige Beispiele seiner unermüdlichen Schaffenskraft. Möglicherweise ist das bekannteste Werk europäischer Orgelmusik, die *Toccata und Fuge in d-Moll*, die in unzähligen Versionen als Filmmusik, Popsong und sogar in Computerspielen wieder aufgegriffen wird, gar nicht vom Meister selbst, wobei hier die Fachmeinungen stark auseinandergehen.

Zu Lebzeiten ein angesehener Kantor und geachteter Komponist, wurde Bachs Weltruhm jedoch erst durch seine Nachfolger begründet. Da sich gegen Ende seines Lebens der europäische Musikgeschmack änderte, geriet er ein wenig in den Hintergrund und wurde erst gut 80 Jahre später von dem damals 20-jährigen Felix Mendelssohn Bartholdy wiederentdeckt. Der bedeutende Musiker der Romantik rückte mit der Wiederaufführung der Matthäuspassion 1829 in Berlin den Meister der lutherischen Kirchenmusik ins öffentliche Bewusstsein. Mendelssohn, der das erste Konservatorium in Deutschland gründete, spielte als Kapellmeister des Leipziger Gewandhauses neben Händel auch zahlreiche Bach-Werke und machte sie so wieder einem breiteren Publikum zugänglich. Ihm folgten Robert Schumann, Franz Liszt und der Thomaskantor Moritz Hauptmann, die 1850 eine „Bach-Gesellschaft" gründeten, aus der zu Beginn des 20. Jahrhunderts eine „Neue Bach-Gesellschaft" wurde.

Der Einfluss, den Bach auf die nachfolgenden Musikergenerationen ausübte, kann nicht hoch genug eingeschätzt werden. Neben den unzähligen klassischen Aufführungen in den Konzertsälen und Kirchen der Welt finden sich Anspielungen, Zitate und Adaptionen auch im Jazz oder in der Rock- und Popmusik: von Nina Simone, Dave Brubeck oder Keith Jarrett über Paul McCartney, Jethro Tull, Procol Harum bis zu Deep Purple, um nur einige Namen zu nennen.

Johann Sebastian Bach

Gewandhaus, um 1900

MUSIKSTADT LEIPZIG

Neben Johann Sebastian Bach sorgen auch andere große Namen für Leipzigs Ruf als Musikstadt. Felix Mendelssohn Bartholdy reformierte hier als Dirigent des Gewandhausorchesters das städtische Musikleben, er gründete die erste deutsche Musikhochschule und inszenierte zeitgenössische Uraufführungen: Franz Schubert, Franz Liszt, Hector Berlioz, Richard Wagner, Niccolò Paganini, sie alle traten im Gewandhaus auf, das im 18. Jahrhundert im einstigen Zunfthaus der Tuchmacher gegründet worden war. Robert Schumann lebte und arbeitete mit seiner Frau Clara vier Jahre in Leipzig, hier entstand rund die Hälfte seines gesamten Liedschaffens sowie die berühmte *Sinfonie Nr. 1 in B-Dur*, die „Frühlingssinfonie". Seine *Neue Zeitschrift für Musik*, die er einige Jahre zuvor gegründet hatte und in seinen Leipziger Jahren weiter publizierte, setzte in Bezug auf Musikkritik neue Maßstäbe.

Im späten 19. und beginnenden 20. Jahrhundert traten weitere Größen im Gewandhaus auf: Johannes Brahms, Anton Bruckner, Pjotr Iljitsch Tschaikowsky, Gustav Mahler, Edvard Grieg – die Liste liest sich wie ein Who is Who weltbekannter Musiker. Dazu kommen berühmte Dirigenten wie Arthur Nikisch, Wilhelm Furtwängler, Bruno Walter oder später Kurt Masur, der 1970 hier Kapellmeister wurde und eine entscheidende Rolle bei der friedlichen Revolution von 1989 spielte, indem er die Demonstranten zu Gewaltlosigkeit aufrief. Heute schwingt der lettische Dirigent Andris Nelsons den Taktstock beim ältesten bürgerlichen Konzertorchester des deutschsprachigen Raums.

Traditionell begleiten die Gewandhausmusiker den Thomanerchor, der ein weiteres musikalisches Aushängeschild von Leipzig ist. Im frühen 13. Jahrhundert wurde er im Thomaskloster gegründet und gehörte zum Augustiner-Chorherrenstift. Seitdem sangen und singen Generationen von Chorknaben, die sogenannten „Thomasser", vor Millionen von Menschen in aller Welt und erwecken vor allem die Bach-Kantanten und Motetten jedes Mal aufs Neue zum Leben. Wer sie einmal in der Leipziger Thomaskirche bei einem Gottesdienst hat singen hören, wird dies nicht so schnell wieder vergessen und vor allem verstehen, weshalb der Knabenchor zusammen mit den beiden Dresdner Chören zum immateriellen Weltkulturerbe der UNESCO zählt.

Drei weitere weltbekannte Musiker sind mit Leipzig verbunden. Richard Wagner, 1813 hier geboren, wurde ein Schüler von Thomaskantor Christian Theodor Weinlig, der seine Begabung erkannte und förderte. Als Jugendlicher hörte Wagner Beethovens Oper *Fidelio* im Gewandhaus und wurde durch sie zur Komposition einer eigenen Sinfonie angeregt. Der österreichische Komponist Gustav Mahler nahm dagegen als junger Mann die Einladung des hochgeachteten Arthur Nikisch an, eine Stelle als zweiter Kapellmeister des Leipziger Stadttheaters, dem Vorgänger des heutigen Opernhauses, anzutreten. Nach einer Erkrankung des älteren Dirigenten übernahm Mahler dessen Posten und dirigierte Wagners *Ring*, die *Meistersinger* und den *Tristan*, Beethovens *Fidelio*, Mozarts *Don Giovanni* und andere Meisterwerke der damaligen Zeit. Ein weiterer Komponist, Max Reger, wirkte mehrere Jahre in Leipzig, sein Klavierkonzert wurde im Gewandhaus uraufgeführt. 1907 nahm er die Stelle des Universitätsmusikdirektors und Professors am Königlichen Konservatorium Leipzig an.

In der Leipziger Oper, einem der ältesten deutschen Musiktheater, wurden ebenfalls berühmte Kompositionen uraufgeführt, etwa *Zar und Zimmermann* von Albert Lortzing, *Aufstieg und Fall der Stadt Mahagonny* von Bertolt Brecht und Kurt Weill oder *Catulli Carmina* von Carl Orff und nach der Wende Teile aus dem Zyklus *Licht* von Karlheinz Stockhausen.

Eine Besonderheit im Leipziger Musikleben ist der Synagogalchor, der 1962 gegründet wurde und sich der Bewahrung synagogaler Musik sowie jiddischer und hebräischer Folklore widmet. Der gemischte Chor umfasst 35 Mitglieder und tritt deutschland-, aber auch weltweit auf.

Heinrich Schütz

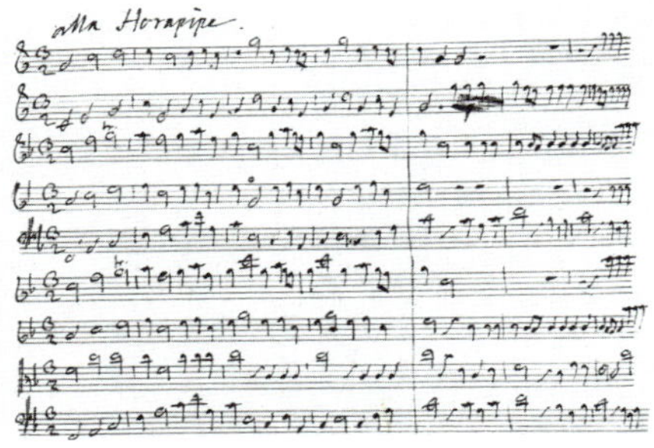

Georg Friedrich Händel, Notenhandschrift der *Wassermusik*

Carl Philipp Emanuel Bach, *Sechs leichte Klaviersonaten*, Titelblatt des Notendrucks, Leipzig 1766

Der junge Mendelssohn Bartholdy bei Goethe (November 1821; neben dem Flügel Carl Friedrich Zelter),Holzstich, 1867, nach Zeichnung von Karl Emil Döpler (1824–1905)

DEUTSCHE KOMPONISTEN

Heinrich Schütz (1585 in Köstritz bis 1672 in Dresden): Nach dem Musikstudium in Weißenfels ging Schütz, gefördert vom Landgrafen Moritz von Hessen, nach Kassel. Wichtigste Werke waren die *Symphoniae Sacrae*, eine Sammlung von 20 Kompositionen, sowie vor allem seine Oratorien, insbesondere *Die sieben Worte Christi*.

Dieterich Buxtehude (1637 in Oldesloe bis 1707 in Lübeck): Geboren in Oldesloe, das damals zu Dänemark gehörte, wurde Buxtehude Organist an der St. Marienkirche in Lübeck und bekannt als großer Virtuose auf dem Instrument. Ebenso bekannt wurde er für seine immense Produktivität: Mehr als 80 Orgelkompositionen gehen auf sein Konto, ebenso 20 Triosonaten und 25 Cembalowerke.

Johann Pachelbel (1653 in Nürnberg bis 1706 ebd.): Wirkte in mehreren deutschen Städten als Organist. Bedeutend sind seine Kompositionen vor allem im Bereich des Orgelchorals, in dem er zu einem Stil findet, der noch Johann Sebastian Bach beeinflussen wird. Sein bis heute bekanntestes Werk, der *Kanon und Gigue in D-Dur*, ist, da der einzig von ihm erhaltene Kanon, nicht repräsentativ für sein Gesamtwerk.

Georg Philipp Telemann (1681 in Magdeburg bis 1767 in Hamburg): Leben und Werk des nach Bach wichtigsten deutschen Barockkomponisten sind eng verbunden mit der Stadt Hamburg. Denn obwohl er zuvor schon in anderen Städten angestellt war, dauerte seine Anstellung als städtischer Musikdirektor dort mehr als 45 Jahre, in denen er um die 25 Bühnenwerke, 2000 geistliche Kantaten und rund 100 kammermusikalische Werke schuf. Eine recht unterschiedliche Qualität all dieser Werke kann nicht ausbleiben, aber als herausragend gelten etwa seine 1733 beendeten *Tafelmusiken*.

Georg Friedrich Händel (1685 in Halle an der Saale bis 1759 in London; siehe Seite 523): Händel gehörte zu den musikalischen Kosmopoliten, und so haben die Engländer alles Recht, ihn ebenfalls zu ihren Komponisten zu zählen. Trotz seines umfangreichen Werks, das alle geistlichen und weltlichen Genres jener Zeit abdeckte, wird er wohl immer vor allem als der Komponist des *Halleluja*-Chores aus dem *Messias-Oratorium* in Erinnerung bleiben.

Johann Sebastian Bach (1685 in Eisenach bis 1750 in Leipzig; siehe Seite 600): Johann Sebastian Bach war ein talentierter Organist und wurde mit 40 Jahren Thomaskantor in Leipzig, was er bis zum Lebensende blieb. Vor allem aber ist er neben Beethoven der bedeutendste deutsche Komponist. Dies gründet sich sowohl auf die pure Masse seiner Werke, mehr noch aber auf deren herausragende Qualität.

Carl Philipp Emanuel Bach (1714 in Weimar bis 1788 in Hamburg): Der bekannteste Bach neben seinem Vater Johann Sebastian. Nach dem Studium des Cembalos und der Komposition bei seinem Vater trat er bereits mit 24 Jahren die Stelle als Hofcembalist beim preußischen Kronprinzen an. Nachfolger seines Vaters als Thomaskantor in Leipzig zu werden, schaffte er dagegen nicht. Dafür trat er die Nachfolge Telemanns als Musikdirektor in Hamburg an. C. P. E. Bachs Name wird oft im Zusammenhang mit der Epoche der Empfindsamkeit genannt, als deren wichtigster Vertreter in der Musikgeschichte er gilt.

Ludwig van Beethoven (1770 in Bonn bis 1827 in Wien; siehe Seite 185): Mit seinen neun Symphonien wurde Beethoven zum Maßstab allen symphonischen Schaffens nach ihm und zum Sinnbild des kompositorischen Genies. Unter seinen kammermusikalischen Werken ragen die Streichquartette heraus.

Louis Spohr (1784 in Braunschweig bis 1859 in Kassel): Spohr machte sich zunächst einen Namen als Geiger und Dirigent, der schon mit 21 Jahren die Hofkapelle in Gotha als Kapellmeister leitete (1805-12). Als Hofkapellmeister in Kassel führte er das dortige Musikleben zu großer Blüte. In seinem kompositorischen Werk ist besonders seine abwechslungsreiche Kammermusik in zum Teil sehr ausgefallenen Besetzungen hervorzuheben.

Carl Maria von Weber (1786 in Eutin bis 1826 in London): Aus einer Musikerfamilie stammend, kam Weber schon früh mit Musik in Berührung. In Dresden war er zehn Jahre lang als Hofkapellmeister tätig. Am meisten geschätzt wurde er als Komponist für seine Oper *Der Freischütz* und für seine Klarinettenwerke.

Felix Mendelssohn Bartholdy (1809 in Hamburg bis 1847 in Leipzig): Neben Mozart das vielleicht bekannteste Wunderkind der abendländischen Musikgeschichte. Enkel des Philosophen Moses Mendelssohn. Schon als Kind tat er sich als Pianist und Organist hervor, mit 17 Jahren schrieb er die Ouvertüre zum *Sommernachtstraum*, sein bekanntestes Werk. Schrieb fünf Symphonien und berückend schöneKammermusik. 1835 wurde er Gewandhauskapellmeister in Leipzig. Verdienste erwarb er sich auch als Wiederentdecker der Musik Johann Sebastian Bachs.

Robert Schumann (1810 in Zwickau bis 1856 in Endenich, heute Bonn; siehe Seite 69): Die ursprünglich geplante Karriere eines Klaviervirtuosen musste Schumann wegen einer Überdehnung einer Sehne im Finger aufgeben und wurde ein Komponist, dem wir nicht nur ein großes kammermusikalisches Werk vor allem für Klavier und einige der schönsten deutschen Lieder verdanken, sondern auch großartige Symphonien wie die 1. *(Frühlingssymphonie)* und die 3. *(Rheinische)*. Sein Leben endete tragisch: Auf einen missglückten Suizidversuch im Rhein folgte ein langes Dahindämmern in einer Nervenheilanstalt.

Richard Wagner (1813 in Leipzig bis 1883 in Venedig; siehe Bd. 3, Seite 453): Der Komponist, der mit dem Grünen Hügel in Bayreuth zugleich ein Gesamtkunstwerk schuf.

Dieterich Buxtehude, Notenhandschrift

DDR-Briefmarke mit dem Konterfei Telemanns

Johann Sebastian Bach

Streichquartett im Hause Spohr, Zeichnung um 1840 von Carl Heinrich Arnold (1798–1874)

Robert Schumann, eigenhändige Partiturseite der 2. Sinfonie

Clara Schumann, Zeichnung von Eduard Bendemann, 1859

Richard Strauss, um 1905

Kurt Weill mit seiner Frau Lotte Lenya, 1928

Jacques Offenbach (1819 in Köln bis 1880 in Paris): Der im Rheinland geborene Jakob Offenbach kam schon als Kind mit seinen Eltern nach Paris, wo ihn sein Vater im Konservatorium anmeldete. Dort sollte er für immer bleiben und zum umjubelten Star der französischen Musikszene zur Mitte des 19. Jahrhunderts werden. Er schrieb den *Can-Can* und etablierte die Operette als eigenständiges Genre. Seine bekanntesten Stücke sind *Orpheus in der Unterwelt* und *Hoffmanns Erzählungen.*

Clara Schumann (1819 in Leipzig bis 1896 in Frankfurt am Main; siehe Seite 69): Die Frau Robert Schumanns gehörte zu den wenigen deutschen Musikerinnen des 19. Jahrhunderts, die auch als Komponistinnen deutlicher in Erscheinung traten. Zunächst jedoch machte sie als begnadete Pianistin Karriere. Als Komponistin ständig von Selbstzweifeln gequält, schuf sie dennoch so zauberhafte Werke wie das *Klavierkonzert in a-Moll.* In ihren späteren Werken ist der Einfluss ihres Ehemanns deutlich zu spüren.

Johannes Brahms (1833 in Hamburg bis 1897 in Wien; siehe Bd. 1, Seite 194): Mit seinen vier Symphonien wurde er zum bedeutendsten deutschen Symphoniker des „nach-Beethovenschen" 19. Jahrhunderts.

Max Bruch (1838 in Köln bis 1920 in Berlin): Wäre Bruch Popmusiker gewesen, könnte man ihn mit etwas Übertreibung ein One-Hit-Wonder nennen: Sein erstes Violinkonzert (1866–68) ist schon mit Abstand sein bekanntestes Werk. Dabei war er zu Lebzeiten ähnlich geachtet wie sein Zeitgenosse Brahms.

Richard Strauss (1864 in München bis 1949 in Garmisch-Partenkirchen): Der Name Richard Strauss (keinerlei Verwandtschaft mit der Walzer-Familie Strauss) ist vor allem verbunden mit der Erfindung der Gattung des sinfonischen Gedichts, die als Programmmusik besonders offen für Einflüsse aus der Volksmusik und deshalb während der Romantik so beliebt war. Bei Strauss waren es insbesondere literarische Topoi wie *Till Eulenspiegel, Don Juan* und wohl am bekanntesten Nietzsches *Also sprach Zarathustra,* die ihn zu seinen Werken inspirierten.

Carl Orff (1895 in München bis 1982 ebd.): Auch bei Carl Orff ist es hauptsächlich ein Werk, für das er berühmt wurde und dessen Einfluss etwa auf die Lehre der Musik an den deutschen Schulen er dank seines hohen Alters noch miterleben konnte: die *Carmina Burana.* Bei diesem, aber auch bei anderen seiner Werke spielte das perkussive Element stets eine große Rolle.

Paul Hindemith (1895 in Hanau bis 1963 in Frankfurt am Main): Schon mit 20 Jahren übernahm der frühbegabte Hindemith die Stelle als Konzertmeister der Frankfurter Opernbühne. Er war ein gefragter Bratschist und später einer der besten Dirigenten Deutschlands. Neben seiner originellen Kammermusik am bekanntesten für seine Symphonien (z. B. *Mathis der Maler*). Während der NS-Zeit im türkischen Exil, später in den USA.

Hanns Eisler (1898 in Leipzig bis 1962 in Ost-Berlin): Ein Grenzfall der Zuordnung, da Eisler von der Herkunft Österreicher war. Aber: Nicht nur wurde er in Leipzig geboren, sondern spielte allein schon wegen der Komposition der DDR-Nationalhymne eine große Rolle für das deutsche Musikleben. Zu seinen Arbeiten gehörten allein 40 Filmmusiken, die meisten davon entstanden im US-amerikanischen Exil.

Kurt Weill (1900 in Dessau bis 1950 in New York): Weill studierte bei Humperdinck und Busoni, feierte erste Erfolge in der Zusammenarbeit mit Bertolt Brecht, für den er die Musik zur *Dreigroschenoper* und dem *Aufstieg und Fall der Stadt Mahagonny* schrieb. Als 1933 die Aufführung verboten wurde, ging er ins amerikanische Exil, wo er nicht nur als Musicalkomponist gefeiert wurde, sondern auch für einige Songs, die Teil des Jazz-Standardrepertoires wurden.

Bernd-Alois Zimmermann (1918 in Bliesheim, heute Erftstadt, bis 1970 in Frechen): Einer der wichtigsten deutschen Komponisten der zweiten Jahrhunderthälfte. Arbeitete als Professor an der Kölner Musikhochschule, schrieb viel Musik für WDR-Hörspiele, erwarb sich seinen internationalen Ruhm aber vor allem durch seine Oper *Die Soldaten* (1965).

Karlheinz Stockhausen (1928 in Mödrath, heute Kerpen, bis 2007 in Kürten): Der Einfluss Karlheinz Stockhausens weist weit über die Grenzen der sogenannten E-Musik hinaus. Schüler Olivier Messiaens; Meister der seriellen Musik. Durch seine Tätigkeit im Studio für Elektronische Musik des WDR in Köln wurde er zur Symbolfigur der musikalischen Avantgarde, der großen Einfluss auf die Popmusik ausübte.

Mauricio Kagel (1931 in Buenos Aires bis 2008 in Köln): Als 24-Jähriger kam Mauricio Kagel, in Argentinien in eine jüdisch-russisch-deutsche Familie geboren, mit einem Stipendium des Deutschen Akademischen Austauschdienstes nach Köln, wo er in Stockhausens Studio für Elektronische Musik arbeiten konnte. Im Gegensatz zu Stockhausen setzte er bei seinen Kompositionen auf das Unerwartete, Zufällige.

Max Bruch, um 1905

Paul Hindemith dirigiert in Berlin, 1949

Hanns Eisler im amerikanischen Exil, 1946/47

Karlheinz Stockhausen, um 1960

Bruno Walter

Christa Ludwig

Fritz Wunderlich und Hermann Prey

Wilhelm Backhaus

KLASSISCHE INTERPRETEN

DIRIGENTEN

Bruno Walter (1876 in Berlin bis 1962 in Beverly Hills, USA): Ende des 19. Jahrhunderts Assistent von Gustav Mahler in Hamburg, 1929–33 Generalkapellmeister in Leipzig, floh als Jude erst nach Wien, später in die USA, wo er Chefdirigent der New Yorker Philharmoniker wurde.

Wilhelm Furtwängler (1886 in Schöneberg bis 1954 in Ebersteinburg): Furtwängler war schon in den 1920ern führender Dirigent des Landes. 1928 Wechsel von Leipzig nach Wien. Blieb in der NS-Zeit in Deutschland, wurde aber nach 1945 entnazifiziert.

Wolfgang Sawallisch (1923 in München bis 2013 in Grassau): Sawallisch war jüngster Gastdirigent bei den Berliner Philharmonikern. Dirigierte sechs Jahre in Bayreuth, war zehn Jahre Generalmusikdirektor in Hamburg und Chefdirigent der Wiener Philharmoniker.

Kurt Masur (1927 in Brieg, Niederschlesien, bis 2015 in Greenwich, Connecticut): Nach vielen Stationen in Opern der DDR längstes Engagement am Gewandhaus in Leipzig. Nach der Wende mehrere Chefdirigate in New York, Paris und London.

Christian Thielemann (1959 in West-Berlin): Der gegenwärtig renommierteste deutsche Dirigent und Großmeister der deutschen und österreichischen Romantik. Setzt sich sehr für Anton Bruckner ein. Noch bis 2024 Chefdirigent der Staatskapelle in Dresden.

GESANG

Wolfgang Windgassen (1914 in Annemasse, Frankreich, bis 1974 in Stuttgart): Windgassen verdiente sich nach dem Zweiten Weltkrieg große Meriten als Wagnertenor in Bayreuth, wo er zwischen 1950 und 1970 alle großen Heldenrollen sang.

Dietrich Fischer-Dieskau (1925 in Berlin bis 2012 in Berg): Der wohl bedeutendste deutsche Bariton des 20. Jahrhunderts setzte sich vor allem für das deutsche Lied ein. Mehr als 400 Tonträger, so viele wie kein anderer Sänger.

Christa Ludwig (1928 in Berlin bis 2021 in Klosterneuburg): Ausgebildet durch ihre ebenfalls singende Mutter und gefördert durch Böhm, Karajan und Bernstein, glänzte sie in Strauß- und Mozartopern genauso wie als Liedsängerin.

Hermann Prey (1929 in Berlin bis 1998 in Krailing): Prey war der vielleicht vielseitigste deutsche Bariton, der sich nicht nur der Oper, der Operette und dem Liedgesang widmete, sondern auch gelegentliche Ausflüge in die U-Musik nicht scheute.

Fritz Wunderlich (1930 in Kusel bis 1966 in Heidelberg): Der lyrische Tenor und begnadete Mozartsänger Fritz Wunderlich war berühmt für seinen klaren Gesang. Er starb im Jahr 1966 bei einem Treppensturz und wurde damit nicht älter als Mozart.

Peter Schreier (1935 in Meißen bis 2019 in Dresden): Der Tenor Schreier begann seine internationale Karriere an der Staatsoper in Dresden, wechselte 1963 an die Berliner Staatsoper. Sein Album mit Weihnachtsliedern war mit 1,4 Mio. Tonträgern die meistverkaufte Schallplatte in der DDR.

Waltraud Meier (1956 in Würzburg): Ab 1983 begann die Weltkarriere der Sopranistin in Bayreuth als Kundry in Wagners *Parsifal*, eine Rolle, in der sie ein Jahrzehnt lang brillierte, bis sie ins dramatische Sopranfach wechselte. 2018 verabschiedete sie sich als Ortrud in *Lohengrin* vom grünen Hügel.

Andreas Scholl (1967 in Eltville am Rhein): Einer der Pioniere des gegenwärtigen Countertenor-Revivals. Mit seinen Händel- und Bach-Interpretationen wurde er zum Vorbild vieler jüngerer Stars der Szene wie Philippe Jaroussky und Valer Sabadus.

INSTRUMENTE

Klavier

Wilhelm Backhaus (1884 in Leipzig bis 1969 in Villach, Österreich): Debütierte 1900 in London und wurde zu einem der bedeutendsten Beethoven- und Brahms-Interpreten. Unzählige Konzertreisen führten ihn in die ganze Welt. Eine extreme Klarheit in der technischen Ausführung war typisch für seinen Stil.

Wilhelm Kempff (1895 in Jüterbog bis 1991 in Positano/Italien): Der aus Jüterbog stammende Kempff richtete seinen Fokus ganz auf Beethoven und vernachlässigte die sogenannten „Neutöner". Ließ sich früh für die NS-Propaganda einspannen. War auch als Komponist tätig.

Walter Gieseking (1895 in Lyon bis 1956 in London): Musikalischer Kosmopolit und einer der besten Ravel- und Debussy-Interpreten überhaupt. Sein stupendes Gedächtnis verhalf ihm zum größten Repertoire aller Star-Pianisten. Andererseits sehr umstritten wegen seiner Nähe zum NS-Regime.

Christoph Eschenbach (1940 in Breslau): In den 1960er-Jahren begann Eschenbachs Karriere mit dem Gewinn mehrerer bedeutender Wettbewerbe und ab 1966 mit Auftritten in London und New York. Seit den 1970ern ist er auch als Dirigent sehr erfolgreich.

Geige

Frank Peter Zimmermann (1965 in Duisburg): Mit elf Jahren gewann Zimmermann den Wettbewerb Jugend musiziert. Verbindet einen warmen Geigenton mit einer hohen Virtuosität. Setzt sich sehr für Neue Musik ein.

Anne-Sophie Mutter (1963 in Rheinfelden/Baden): Debütierte als 13-Jährige bei den Salzburger Pfingstkonzerten unter Karajan und entwickelte sich zu einer der weltweit renommiertesten Geigerinnen der Gegenwart.

Bratsche

Paul Hindemith (1895 in Hanau bis 1963 in Frankfurt am Main): Nicht nur einer der bedeutendsten Komponisten der ersten Jahrhunderthälfte, sondern auch weltweit konzertierender Bratschist und Pionier des Instruments. Schrieb unter anderem vier Konzerte und sieben Sonaten für die Bratsche.

Nils Mönkemeyer (1978 in Bremen): Weltweit gastierend und mit zahlreichen Preisen ausgezeichnet. Seit 2009 ist er auch Professor für Bratsche, zunächst in Dresden, 2011 in München.

Tabea Zimmermann (1966 in Lahr): Erfolgreiche Solistin und passionierte

Kurt Masur

Christian Thielemann

Waltraud Meier

Wilhelm Kempff

Frank Peter Zimmermann

Siegfried Palm

Ludwig Güttler

Gewandhausorchester Leipzig

Kammermusikerin; schon mit 21 Jahren jüngste Professorin an einer Musikhochschule.

Cello
Emanuel Feuermann (1902 in Kolomea, Österreich-Ungarn, bis 1942 in New York): Einer der besten Cellisten des 20. Jahrhunderts, insbesondere geschätzt von anderen Cello-Virtuosen, wie etwa Pablo Casals.

Siegfried Palm (1927 in Barmen, Wuppertal, bis 2005 in Frechen): Der aus Wuppertal stammende Siegfried Palm war der wohl renommierteste deutsche Cellist der zweiten Jahrhunderthälfte. Nach Anstellungen als Solo-Cellist bei mehreren Orchestern widmete er sich ab 1968 ganz seiner Lehrtätigkeit.

Klarinette
Sabine Meyer (1959 in Crailsheim): Seit Jahrzehnten gilt Sabine Meyer als weltweit führende Klarinettistin, sie trug mit ihren Performances zur Renaissance des Instruments bei. Lehrt an der Musikhochschule Lübeck.

Horn
Hermann Baumann (1934 in Hamburg): Der mit Abstand renommierteste deutsche Hornist lehrte an der Essener Folkwangschule und gilt als ein Wiederentdecker des Naturhorns.

Oboe
Albrecht Mayer (1965 in Erlangen): Seit rund 30 Jahren spielt der Franke Mayer bei den Berliner Philharmonikern und ist in dieser Zeit in die kleine Riege der weltweit führenden Oboisten aufgestiegen.

Trompete
Ludwig Güttler (1943 in Sosa, Erzgebirge): Einer der international bekanntesten Trompetenvirtuosen, der sich auch als Professor und Dirigent einen Namen machte. Seinen musikalischen Schwerpunkt legt er auf die Musik des 18. Jahrhunderts.

ORCHESTER

Berliner Philharmoniker Die 1882 gegründete Berliner Philharmonie gilt als eines der führenden Orchester der Welt. Die letzten drei Chefdirigenten waren Herbert von Karajan, Claudio Abbado und Sir Simon Rattle; 2015 wurde der Russe Kirill Petrenko zum neuen Chefdirigenten gewählt. Seit 2008 werden mit der Digital Concert Hall ganze Konzerte kostenpflichtig online zum Abruf angeboten.

Symphonieorchester des Bayerischen Rundfunks Das jüngste der hier aufgeführten Klangkörper sah seine Gründung im Jahr 1949. Nur fünf Chefdirigenten prägten bisher die Geschichte des Orchesters: Eugen Jochum, Rafael Kubelík, Sir Colin Davis, Lorin Maazel und Mariss Jansons.

Sächsische Staatskapelle Dresden Gegründet 1548 als Hofkapelle des Kurfürsten Moritz von Sachsen, kann die heutige Sächsische Staatskapelle auf eine beeindruckende musikalische Tradition zurückblicken. Stammhaus der Staatskapelle ist die Dresdner Semperoper. Chefdirigent ist seit 2012 Christian Thielemann.

Leipziger Gewandhausorchester Seit 1781 ist das Leipziger Gewandhausorchester offiziell im Gewandhaus zu hören. Da es sich um keine Hofkapelle handelte, gilt es als ältestes aus dem Bürgertum hervorgegangenes Orchester. Heutiger Gewandhauskapellmeister ist Andris Nelsons und damit Nachfolger von Felix Mendelssohn Bartholdy, Wilhelm Furtwängler und Kurt Masur.

Bamberger Symphoniker 1946 gegründet von ehemaligen Mitgliedern der Deutschen Philharmonie Prag, haben die Bamberger bis heute mehr als 7000 Konzerte in mehr als 60 Ländern gegeben. 2018 wurde der langjährige Chefdirigent Jonathan Nott vom Tschechen Jakub Hrůša abgelöst.

Gürzenich-Orchester Die Wurzeln des Kölner Gürzenich-Orchesters reichen bis ins Spätmittelalter zurück. Seit 1888 ist es das Orchester der Stadt Köln und benannt nach dem Festsaal, in dem es seit 1857 Konzerte gab. Gegenwärtiger Chefdirigent ist François-Xavier Roth.

KLASSIKFESTIVALS

Da es verständlicherweise nicht möglich ist, alle mehr als 550 Klassikfestivals in Deutschland auch nur zu nennen, sei hier nur eine kleine Auswahl besonders renommierter Veranstaltungen aufgeführt:

Das Beethovenfest Bonn gehört, mit seinem Gründungsjahr 1845, zu den ältesten noch laufenden Festivals. Neben Musik des Bonner Meisters gibt es auch zeitgenössische Musik zu hören.

Nur ein wenig jünger sind die Bayreuther Festspiele, die sich ganz der Musik Richard Wagners verschrieben haben. Noch immer ist es schwierig, an Karten für den Grünen Hügel zu kommen.

Das Schleswig-Holstein Musik Festival, 1986 vom Pianisten und Dirigenten Justus Frantz gegründet, ist nach der Zahl seiner Veranstaltungen ein Festivalgigant. Aber auch die besondere Atmosphäre zieht viele Besucher jedes Jahr wieder an.

Ein vergleichsweise junges Festival ist das Bachfest Leipzig, das sich seit 1999 aber in kurzer Zeit zu einem der populärsten und auch international bekanntesten Klassikveranstaltungen gemausert hat.

Im folgenden Jahr, also 2000, hatte das Klassik Open Air in Nürnberg sein Debüt und entwickelte sich in den vergangenen zwei Jahrzehnten zur größten Freiluftveranstaltung mit klassischer Musik. Zu hören sind zwar nur zwei Konzerte, der kostenlose Eintritt lockt dennoch jährlich um die 160 000 Zuschauer nach Nürnberg.

WETTBEWERBE

Der renommierteste und nach Teilnehmerzahlen auch größte klassische Musikwettbewerb ist der seit 1952 jährlich stattfindende Internationale Musikwettbewerb der ARD in München, zu dem sich rund 200 Musiker aus bis zu 40 Ländern treffen.

Der Deutsche Musikwettbewerb wurde 1975 ins Leben gerufen und gilt der Förderung von Solisten, Komponisten und Kammermusikensembles. Träger ist der Deutsche Musikrat.

Eine Sonderstellung nimmt der seit 1964 ausgetragene Wettbewerb Jugend musiziert ein. Fast eine Million Kinder und Jugendliche nahmen hieran bereits teil, unter denen auch einige später zu großer Bekanntheit gelangte Musiker waren.

Anne-Sophie Mutter

Tabea Zimmermann

Sabine Meyer

Bamberger Symphoniker

Leipziger Zoo, Gondwanaland mit tropischem Regenwald, Dschungelwegen und Urwaldfluss

LEIPZIGER ZOO

Gründergarten, Gondwanaland oder Pongoland – schon beim Eintritt in den Leipziger Zoo wird den Besuchern klar, dass hier einiges anders ist als (noch) in vielen anderen Zoos. Der Tierpark ist einer der artenreichsten in Europa, seit der Jahrtausendwende wird er großflächig umgestaltet. Angefangen hatte alles eine Nummer kleiner. Im Jahr 1878 gründete der Leipziger Gastwirt Ernst Pinkert einen privaten zoologischen Garten auf dem Ratsgut Pfaffendorf. Wie bei Hagenbeck in Hamburg veranstaltete man auch in Leipzig bis 1931 die aus heutiger Sicht menschenverachtenden Völkerschauen, zeigte dem zahlenden Publikum Ureinwohner aus Samoa, Ostafrika oder Sibirien, aber auch immer mehr exotische Tiere. Im Leipziger Zoologischen Garten wurde erstmals in Deutschland ein Borneo-Orang-Utan der staunenden Öffentlichkeit präsentiert. Nach dem Ersten Weltkrieg erfolgte in den 1920er-Jahren ein mühsamer Wiederaufbau, es entstanden das Dickhäuterhaus für die Elefanten, die Bärenburg oder die Rhesus- und Paviananlage. Eine erneute Unterbrechung kam mit dem Zweiten Weltkrieg, doch schon 1945 wurde der Betrieb wieder aufgenommen. Zu DDR-Zeiten wurde der Zoo Leipzig bekannt für die erfolgreiche Züchtung der bedrohten Amurtiger, und einen besonderen Stellenwert nahm seit jeher die Löwenzucht ein: Über 2300 Löwen kamen hier zur Welt – auch heute noch werden Jungtiere an andere Zoos vermittelt, wie zuletzt 2020 nach Berlin.

WILDRESERVAT STATT KÄFIGHALTUNG

Nach der Wende begann man 1998 mit der Planung eines „Zoos der Zukunft“, insgesamt sechs Themenbereiche sollten in einen Naturerlebnispark integriert werden, der den Wildtieren mehr Möglichkeiten zur Entfaltung, aber auch zum Rückzug gibt. Statt wie früher die Tiere nur in oft zu engen Käfigen vorgeführt zu bekommen, sollen sich die Zoobesucher fast wie in einem Wildreservat fühlen. 2001 wurde die weltweit größte Menschenaffenanlage gemeinsam mit dem Max-Planck-Institut für evolutionäre Anthropologie erbaut, Schimpansen, Bonobos, Gorillas und Orang-Utans leben seitdem im Pongoland, das gleichzeitig das Wolfgang-Köhler-Primaten-Forschungszentrum beheimatet. Rund 200 exotische Tiere und fast 500 Pflanzenarten aus Asien, Afrika und Südamerika sind im Gondwanaland zu finden, auf einer überdachten Fläche von der Größe zweier Fußballfelder ist ein tropischer Regenwald mit verschlungenen Dschungelwegen, einem Baumwipfelpfad und sogar einem Urwaldfluss entstanden. Gleich am Zooeingang liegt der Gründergarten im historischen Teil des Parks mit dem Entdeckerhaus Arche, dem Koala-Haus sowie dem Aquarium und Terrarium. Der Bereich Asien bietet eine Lippenbären-Schlucht, eine Steppenlandschaft mit Przewalskipferden sowie die Hochgebirgslandschaft Himalaya mit Schneeleoparden und Roten Pandas. Ganesha Mandir ist eine der modernsten Elefantenanlagen Europas, durch eine Unterwasserscheibe im Tempelkeller können die Gäste die Dickhäuter beim Schwimmen beobachten. Auch der Bereich Afrika ist eine Nummer größer als anderswo: Auf der 25 000 m² großen Kiwara-Savanne teilen sich Rothschildgiraffen, Grevyzebras, Strauße, Säbelantilopen, Thomsongazellen und Zwergflamingos ihren Lebensraum und können von der Terrasse der Kiwara-Lodge beobachtet werden. Zu guter Letzt gibt es noch den Bereich Südamerika mit einer Flamingolagune und den Landschaften von Pantanal, Pampa und Patagonien, die Ameisenbären, Mähnenwölfen, Guanakos, Darwin-Nandus und seltenen Chaco-Pekaris eine Heimat geben. Und als ob das alles noch nicht genug wäre, entsteht in der Zukunft Feuerland, eine Wasserwelt für Pinguine und Robben mit Wellenanlage und begehbarem Unterwassertunnel.

TIERE ANSCHAUEN UND GLEICHZEITIG SCHÜTZEN?

Im Zuge der nun schon seit Jahrzehnten andauernden Debatte um artgerechte Tierhaltung bemühen sich Leipzig und auch die anderen deutschen Zoos um eine grundlegende Verbesserung der Lebensbedingungen ihrer Schützlinge. Dass die Tiere trotzdem eingesperrt sind, ist vielen Tierschützern ein Dorn im Auge, doch die Zoos verweisen auf ihre immer wichtigere Rolle bei der Arterhaltung und Nachzucht bedrohter Tierarten. Der Leipziger Zoo engagiert sich hier in rund 80 weltweiten Zuchtprogrammen, zum Beispiel für eine Schimpansen-Stiftung in Westafrika, für eine Auffangstation für seltene Affenarten oder für die Wiederansiedlung von Goldkopflanguren in Vietnam. Außerdem ist der Zoo an Auswilderungsprogrammen beteiligt, die Tierarten wie Uhu, Steinkauz, Przewalskipferd und Säbelantilope wieder in ihre ursprünglichen Lebensräume zurückführen.

Abbildung eines Orang-Utans und eines Gorillas nebeneinander, historische Buchillustration, Stahlstich, Brockhaus Konversationslexikon von 1908

BUCHSTADT LEIPZIG

„Die Welt allein bildet einen vollkommenen Menschen nicht. Das Lesen der besten Schriftsteller muss dazu kommen."

Die Leipziger scheinen den Ausspruch von Gotthold Ephraim Lessing, seinerzeit Student der im Jahr 1409 gegründeten Universität, seit jeher sehr ernst zu nehmen. Bereits 1493 reisten Händler aus dem In- und Ausland zur ersten Leipziger „Buchmesse" – eine Tradition, die bis heute anhält.

In der sächsischen Stadt nahm das Druckwesen richtig Fahrt auf, Verleger, Journalisten und Schriftsteller fanden hier beste Bedingungen. Ob E. T. A. Hoffmann, Jean Paul, Johann Wolfgang von Goethe oder Friedrich Nietzsche, sie alle lebten und studierten in Leipzig. 1818 eröffnete der Verleger Friedrich Arnold Brockhaus in Leipzig seine Druckerei und publizierte in seinem gleichnamigen Verlag sein berühmtes Conversations-Lexikon, den großen Brockhaus; 1825 gründete sich der Börsenverein der Deutschen Buchhändler.

Im späten 19. und beginnenden 20. Jahrhundert nahm Leipzig die beherrschende Rolle im deutschsprachigen Verlagswesen und Buchgewerbe ein, rund ein Zehntel der Bevölkerung war in diesem Bereich tätig. Mehr als 2200 Firmen waren am Buchgewerbe beteiligt, 1914 zählte man 323 Druckereien mit insgesamt 18 307 Beschäftigten. Zahlreiche renommierte Verlage wie Reclam, das Bibliographische Institut oder Baedeker waren in Leipzig ansässig, dazu kamen die Zuliefererbetriebe für Maschinen, Farben, Papier oder Einbände. Der Großteil der Branche konzentrierte sich im Graphischen Viertel, doch leider wurde es durch die Zerstörungen im Zweiten Weltkrieg sowie durch Enteignungen und Misswirtschaft zur DDR-Zeit stark beeinträchtigt. Eine ganze Branche ging fast vollständig unter, da viele Firmen und Verlage nach Westdeutschland zogen.

Die Gründung des Deutschen Literaturinstituts Leipzig im Jahr 1955 – damals Literaturinstitut „Johannes R. Becher" – war jedoch ein Versuch der Wiederbelebung und hatte das Ziel, die ideologische und künstlerische Ausbildung der Schriftsteller zu fördern. Das zu Wendezeiten in Verruf geratene Institut nahm 1995 wieder seinen Betrieb auf und bietet seitdem neben Wien und Hildesheim den Studiengang „Literarisches Schreiben" an. Die Wiederansiedlung von Verlagen, das Literaturhaus/Haus des Buches, das Leipziger Museum für Druckkunst, die Hochschule für Grafik und Buchkunst, die Deutsche Nationalbibliothek und das im Rahmen der Buchmesse stattfindende größte Lesefestival Europas „Leipzig liest" – sie alle sorgen dafür, dass Leipzig auch heute noch eine Stadt des Buches ist.

Leipziger Buchmesse 2012

BUCHMESSE LEIPZIG

Schon seit dem Mittelalter ist Frankfurt die große Konkurrentin in Sachen Buchmesse. Zuerst hatte die Stadt am Main die Nase vorn, doch im Zuge der Gegenreformation überstieg im 17. Jahrhundert die Zahl der in Leipzig vorgestellten Bücher erstmals die der hessischen Metropole und etablierte die Stadt in Sachsen für Jahrhunderte als Zentrum des deutschen Buchhandels. Bis 1945 behauptete Leipzig diesen Spitzenplatz, danach übernahm wieder Frankfurt. Doch auch zu DDR-Zeiten blieb die Leipziger Buchmesse ein wichtiger Treffpunkt für Buchliebhaber und Buchhändler aus Ost und West, ab 1952 waren auch westdeutsche Verlage wieder mit dabei. In Zeiten von Zensur und Stasi-Überwachung war die Leipziger Buchmesse eine ideale Gelegenheit für lesehungrige DDR-Bürger, sich auch auf dem internationalen und westdeutschen Markt umzuschauen. Berühmt-berüchtigt war der alljährliche Bücherklau, der von den westlichen Verlagen toleriert wurde, da er zur Verbreitung von Werken „unliebsamer" Autoren im sozialistischen Staatsgebiet führte.

Bis 1963 versammelte sich die Buchbranche im Hansahaus, doch das traditionelle Messehaus erwies sich als zu eng für den regen Betrieb. Daher verlegte man das Geschehen in das wiedererrichtete fünfstöckige Messehaus am Markt, wo die Buchmesse bis 1997 stattfand. 1998 erfolgte dann auf dem Neuen Messegelände die alljährlich stattfindende Veranstaltung, die sich besonders dem Dialog zwischen Ost und West verschrieben hat und seit 1994 einen Buchpreis zur Europäischen Verständigung verleiht. Die Leipziger Buchmesse war schon immer eine Publikumsmesse, interessierte Laien haben die ganze Zeit Zugang zu den Hallen und können die Lesungen und Diskussionen live miterleben. Beim Literaturfestival „Leipzig liest" sind die Autoren und Autorinnen nicht nur auf dem Messegelände, sondern auch an allen möglichen Standorten in der Innenstadt zu hören und zu sehen. Parallel zur Leipziger Buchmesse finden auch die Manga-Comic-Con (MCC) und die Leipziger Antiquariatsmesse statt.

Kirow-Werke, Werkshalle mit Kugel-Café

KIROW-WERKE

Die Leipziger Firma Kirow war schon zu DDR-Zeiten Weltmarktführer für Eisenbahnkräne und Schlackentransporter, 1994 übernahm der erst 27-jährige Ludwig Koehne aus Oberhausen den Betrieb für eine symbolische Mark und führte ihn wieder an die Weltspitze. Auf seinen Wunsch hin wurde auf dem Dach einer der Werkshallen ein Bau realisiert, der mit Fug und Recht als Eyecatcher bezeichnet werden kann: Das futuristische Café ist das letzte Werk des brasilianischen Star-Architekten Oscar Niemeyer. Auf einer Dienstreise nach Brasilien entdeckte Koehne die außergewöhnlichen Bauten des Südamerikaners und kam auf die Idee, die Kantine seiner eigenen Firma in gleichem Stil zu errichten, um seinen auch international erfahrenen Koch zu überzeugen, weiterhin in Leipzig zu bleiben. Koehne nahm Kontakt zu dem 104-jährigen Niemeyer auf und erhielt tatsächlich einen Termin. Der berühmte brasilianische Baumeister schuf dann noch die ersten Konzepte, starb allerdings im darauffolgenden Jahr. Sein engster Mitarbeiter Jair Valera übernahm das Projekt und arbeitete eng mit dem deutschen Architekten Harald Kern zusammen, der für die Realisierung verantwortlich war. Die mächtige Betonkugel mit ihren Glasflächen aus dreieckigen Fenstern scheint zu schweben und gleicht einer Art Astronautenhelm aus den *Star-Wars*-Filmen. Von drinnen schaut man durch sogenanntes Liquid Crystal Glas auf das Werksgelände – das gleiche Material wird übrigens auch für Handy-Displays verwendet und ist für solche Größenordnungen schwierig zu bekommen und zu bearbeiten.Wohl auch deshalb brauchte das 2011 von Niemeyer entworfene Projekt so lange, um realisiert zu werden. Doch seit 2020 ist es fertig, und die Presse ist sich nicht ganz sicher, ob das Ganze nun eher wie ein UFO oder ein überdimensionierter Tennisball aussieht. Was eigentlich auch egal ist, denn Leipzigs Westen hat nun eine architektonische Sehenswürdigkeit mehr.

Kugel-Café, Innenansicht

Grassimuseum

MUSEUMSSTADT LEIPZIG

Seit Jahrhunderten prägen Bücher die Stadt, und so ist es kein Wunder, dass Leipzig ein eigenes Museum für Druckkunst vorweisen kann. Anhand 100 funktionierender Maschinen und Pressen werden hier 500 Jahre Druckgeschichte anschaulich vorgeführt und Techniken wie Schriftguss-, Satz- und Druckverfahren den Besuchern nahegebracht. Das Deutsche Buch- und Schriftmuseum der Deutschen Nationalbibliothek widmet sich dagegen den schon druckfertigen Produkten und gilt als wissenschaftliche Dokumentationsstätte für die Buch- und Medienkultur. Im Jahr 1884 als Deutsches Buchgewerbe-Museum gegründet, ist es das weltweit älteste Museum seiner Art und bewahrt wertvolle Zeugnisse der Buch-, Schrift- und Papierkultur.

Auch der Ruf als Musikstadt bringt es mit sich, dass in Leipzig einige Stätten weltbekannten Musikern gedenken. Das Bach-Museum mit kleinem Konzertraum und der zentralen Forschungs- und Dokumentationsstelle zum Leben und Werk des genialen Künstlers befindet sich im Bosehaus am Thomaskirchhof. Im Mendelssohn-Haus wohnte der berühmte Komponist bis zu seinem Tod, seit 2017 ist hier das Internationale Kurt-Masur-Institut untergebracht. Das Schumann-Haus ist das ehemalige Wohnhaus von Robert und Clara Schumann und verfügt ebenfalls über einen Konzertsaal, in dem heute noch Musikaufführungen stattfinden.

Darüber hinaus bezeugen einige bemerkenswerte naturwissenschaftliche und technische Museen, dass Leipzig nicht nur eine Stadt der Geisteswissenschaft und der Musik ist, schließlich hat der Nobelpreisträger Werner Heisenberg von 1927–41 als Professor für Physik an der hiesigen Universität gelehrt. Und so gibt es neben der Mineralogisch-petrographischen Sammlung der Universität Leipzig auch ein Automatikmuseum der HTWK Leipzig mit Exponaten und Ausstellungen zum Phänomen Industrie 1.0 bis Industrie 4.0. Das Deutsche Museum der Galvanotechnik zeigt in seiner Ausstellung die Rolle Leipzigs als Wiege der Galvanotechnik in Deutschland, während das Eisenbahnmuseum Bayerischer Bahnhof historische Eisenbahntechnik erlebbar macht. Das Naturkundemuseum mit seinen paläontologischen, botanischen, zoologischen und archäologischen Sammlungen vermittelt 10 000 Jahre Natur- und Kulturgeschichte, wobei hier die Dermoplastiken des niederländischen Tierpräparators Herman H. ter Meer besonders interessant sind.

Höhepunkt einer Museumstour durch Leipzig ist allerdings das Grassimuseum im Art-déco-Stil der 1920er-Jahre mit seinen

Museum der bildenden Künste

Elsterlofts in Leipzig

drei Einzelmuseen. Im Museum für Angewandte Kunst lagern über 230 000 Objekte des europäischen und außereuropäischen Kunsthandwerks, seine Sammlungen zählen zu den bedeutendsten in Europa. Ob Gefäße aus der griechischen und römischen Antike, chinesische Teeschalen aus der Qing-Dynastie oder Bauhaus-Klassiker und Designerstühle der Pop-Ära – in der Dauerausstellung lassen sich unzählige Schätze auf drei Rundgängen erkunden. Das zweite Museum ist das für Völkerkunde, das auf einem Rundgang über die Mongolei und Tibet nach Amerika, Ozeanien und Australien Skulpturen, Masken, Kleidung und Alltagsgegenstände zeigt und auch traditionelle Bauweisen aus der Südsee und Sibirien vorführt. Die Diskussion um geraubte Kunst während der Kolonialzeit geht auch am Leipziger Museum nicht spurlos vorbei, und so werden mit globalen Themen wie Migration, Identität, Klimawandel oder ökologische Ungleichheit Brücken zwischen den unterschiedlichen Kulturen und Lebensweisen geschlagen. Letztlich wäre da noch das Musikinstrumentenmuseum mit der Heyer'schen Sammlung historischer Musikinstrumente, einer der größten Sammlungen ihrer Art weltweit. Im Museum steht das älteste Klavier der Welt, und eine Original-Kino-Orgel entführt in die Stummfilmzeit der Goldenen Zwanziger.

Wer noch mehr über alte Völker erfahren will, sollte das Ägyptische Museum gegenüber der Oper aufsuchen. Die Sammlung mit mehr als 7000 Fundstücken umfasst einen Zeitraum von mehreren Jahrtausenden und präsentiert Gefäße, Statuen und Köpfe aus vordynastischer, pharaonischer bis hin zur griechisch-römischen und frühen islamischen Zeit.

Alte deutsche und holländische Meister und zeitgenössische Malerei finden sich im Museum der bildenden Künste, während die Galerie für Zeitgenössische Kunst ein Ausstellungshaus und Museum für moderne Kunst nach 1945 ist. Auch das Kunstkraftwerk im industriell geprägten Westen von Leipzig befasst sich mit zeitgenössischer Kunst und stellt auf über 2000 m^2 Raum für internationale Ausstellungen, Symposien, Lesungen, Konzerte, Partys und Gastronomie zur Verfügung. Galerien, Künstlerwerkstätten und Ateliers haben sich auch in der alten Spinnerei angesiedelt und machen den einstigen Industriestandort so zu einer lebendigen Szene-Location.

LEIPZIG UND SEINE FLÜSSE

Eins vorneweg: Es gibt eine Weiße und eine Schwarze Elster, die jedoch getrennt voneinander fließen. Die Schwarze Elster ist ein kleiner Nebenfluss der Elbe und entspringt im Westlausitzer Bergland, die Weiße Elster dagegen ist ein rechter Nebenfluss der Saale und fließt vom tschechischen Elstergebirge nach Halle auch durch Leipzig. Aber der vogtländische Schwarzbach, der in die Weiße Elster fließt, wurde früher einmal Schwarze Elster genannt. All das hat nichts mit den Elster-Vögeln zu tun, der Name kommt von dem indogermanischen Wort Al-astra oder Al-istra und bedeutet „fließen" oder „strömen".

In Leipzig fließen Parthe, Pleiße und Weiße Elster zum Leipziger Gewässerknoten zusammen, der sich in der Elster-Luppe-Aue und der Saale-Elster-Aue fortsetzt. Zu Barockzeiten noch als „Pleiß-Athen" bekannt, nutzte die Stadt mit Beginn der Industrialisierung ihre Flüsse vor allem als Transportwege. Um die regelmäßigen Hochwasser in den Flussauen zu bekämpfen, setzte man auf Deiche, Flutbetten und Wehranlagen. Die Flüsse wurden begradigt, Nebenarme verfüllt. Der Braunkohleabbau im Süden Leipzigs brachte die dramatischsten Eingriffe mit sich: Die Auen wurden großflächig abgebaggert, Flüsse verlegt oder zubetoniert, Nebenarme vom Hauptlauf abgezweigt. Die ansässigen Chemiebetriebe ließen ihre Abwässer ungefiltert in die Flusssysteme abfließen, zudem sank der Grundwasserspiegel.

Nach der Wende begann man mit der Renaturierung der Leipziger Gewässer und der verbliebenen Auwälder, sodass der Grundwasserspiegel wieder anstieg. Auch in der Stadt selbst besann man sich auf die alten Flussverläufe und öffnete seit den frühen 1990er-Jahren wieder die innerstädtischen Pleiße-Mühlgräben, die überwölbt oder teilweise ganz zugeschüttet worden waren. Und die Weiße Elster teilt sich in Leipzig in zwei größere Hauptarme, wovon der nördliche den Namen behält und unterhalb des halleschen Stadtteils Silberhöhe in die Saale mündet. Der südliche, kanalisierte und eingedeichte Arm ist die Neue Luppe, die sich bei Rübsen wieder mit der Weißen Elster vereint.

Schloss Delitzsch

NORDSACHSEN UND TORGAU

Bei der Umgebung von Leipzig mag mancher unweigerlich an die alten Braunkohlereviere im Süden denken, die nach und nach geflutet und zum Leipziger Neuseenland umgestaltet werden. Vielleicht kommt einem auch noch die ehemalige Pelzgewerbestadt Schkeuditz in den Sinn, die vor allem als Standort des Flughafens Leipzig-Halle bekannt ist und mit dem Schkeuditzer Kreuz das erste Autobahnkreuz Deutschlands vorweisen kann.

Doch die Region hat mehr zu bieten: Delitzsch beispielsweise mit seinen Bürgerhäusern im Stil der Renaissance, des Barocks und der Gotik sowie den kopfsteingepflasterten Straßen und Gassen. Am nordwestlichen Ende der Altstadt befindet sich mit dem Barockschloss Delitzsch eines der ältesten Schlösser Sachsens. Dann wäre da noch Eilenburg an der Mulde, das neben seiner Burgruine in Sachsen vor allem für seinen alljährlichen Rosenmontagsumzug bekannt ist. Nordwestlich davon liegt Torgau. Die Stadt mit ihren rund 500 Baudenkmälern aus der Zeit der Spätgotik und Renaissance kann mit dem ältesten Spielwarenladen der Welt aufwarten. Direkt an der Elbe und am Ende der Altstadt steht Schloss Hartenfels, das besterhaltene Schloss der Frührenaissance und einstiger Sitz der ernestinischen Wettiner, wo sich mit der Torgauer Schlosskappelle von 1544 der erste evangelische Kirchenneubau befindet. Vom Burggraben aus bewachen Braunbären das historische Gemäuer – eine alte Tradition, die seit dem Mittelalter besteht und heute unter artgerechten Bedingungen weitergeführt wird. Doch Torgau hat auch eine dunkle Vergangenheit: Nahe des Flusses befindet sich der Geschlossene Jugendwerkhof aus DDR-Zeiten. Von 1964–89 wurden hier Heimkinder, jugendliche Straftäter und solche, die sich dem SED-System nicht anpassen wollten, im Sinne des Sozialismus „umerzogen" und mit repressiven Maßnahmen drangsaliert. Der Ort ist heute eine Gedenkstätte, in einer Dauerausstellung wird anhand von Zeitzeugenberichten an die jungen Opfer erinnert.

Herrschaftliche Adelssitze gibt es auch östlich von Leipzig, wie das mächtige Schloss Hubertusburg in der Nähe von Oschatz. Im einst größten barocken Jagdschloss Europas wurde 1763 der sogenannte Hubertusburger Friede zwischen Preußen, Österreich und Sachsen geschlossen, der den Siebenjährigen Krieg beendete. Beschaulicher präsentiert sich Schloss Machern bei Wurzen: Das einstige Wasserschloss aus dem 16. Jahrhundert liegt heute auf dem Trockenen und besitzt einen englischen Landschaftspark mit Teich, Ritterburgruine, zwei Tempeln und einer Pyramide.

Schloss Hartenfels

Typisches Gebäck, Katharinenkranz und selbst gemachte Kräuterbutter, Schloss Hartenfels

Kornfeld im Sonnenuntergang, Leipzig

DRESDEN, DAS ELBTAL UND DIE SÄCHSISCHE SCHWEIZ

Blick vom Rathausturm auf das fast völlig kriegszerstörte Dresden, 1945

DRESDEN, DAS ELBTAL UND DIE SÄCHSISCHE SCHWEIZ

„Dresden – hier wurde die Schönheit erfunden. Nichts als Fluss und Wiesen – in zartesten Farben und märchenhaftem Licht", schwärmte um 1755 ein schwer verliebter Begründer der deutschen Kunstgeschichte: Johann Joachim Winckelmann. Der Mann wusste, wovon er schrieb. Auch gute 250 Jahre später gilt die sich sanft windende Elbtallandschaft mit ihren unberührten Auen und den steilen Weinbergen als malerisch und Augenweide schlechthin.

Ob die sächsischen Herrscher das ähnlich empfanden, als sie Dresden vor einem halben Jahrtausend zu ihrer Residenz erwählten? Wir wissen nur, dass die Kurfürsten und Könige von Sachsen dieses zauberhafte Fleckchen Erde über Generationen architektonisch opulent bestückten und zu einem Juwel der schönen Künste schliffen.

Heute prägt eine innovative Theater- und Kinolandschaft die Stadt, locken hochkarätige Festivals für Klassik und Jazz jährlich Tausende Menschen an die Elbe, künden über 40 Museen vom Kunstverständnis und Sammelwahn der Wettiner, eines der ältesten Adelsgeschlechter in deutschen Landen.

Doch die sächsische Landeshauptstadt, die dank Eisenbahn-, Flugzeug- und Schiffsbau auf eine bewegte Vergangenheit als Industriestandort zurückschauen kann, wehrt sich ein wenig, als reine Kulturperle oder als Synonym für das Zerstörungsszenario des Zweiten Weltkriegs abgetan zu werden, in dem Dresdens Zentrum (wie das fast aller großen deutschen Städte) im Bombenhagel unterging.

Bekannt ist Dresden zuallererst für seine Altstadt, die mit einer Fülle von außergewöhnlichen Prunkbauten wie dem Zwinger, der Semperoper und der Frauenkirche aufwartet. Zu bestaunen sind diese Kleinode nur deshalb, weil sie allesamt nach 1945 wieder aufgebaut wurden. Dass dies zu 70 % im real existierenden Sozialismus geschah, ist erstaunlicherweise relativ unbekannt.

Berühmt wiederum wurde Dresden durch seine grandiosen Kunstsammlungen, allen voran durch die Gemäldegalerie mit der Sixtinischen Madonna. Unter August dem Starken, dem legendären Herrscher Sachsens, blühte die Residenz zu einem Hotspot der Reichen und Schönen auf. Den Ruf eines sächsischen Sonnenkönigs genießend, war August ein Freund großer Feiern und Feste, gönnte sich zahllose Prunkschlösser und begründete die bedeutendste Schatzkammer Deutschlands: das Grüne Gewölbe.

Geschätzt wird die flächenmäßig viertgrößte Stadt der Bundesrepublik für zahllose Erfindungen wie das Odol-Mundwasser, die Spiegelreflexkamera oder die Filterzigarette. Erfinderisch war man in Dresden schon immer, neugierig ist man hier immer noch. Insgesamt 12 Hochschulen, unter ihnen die einzige Exzellenzuniversität der neuen Länder, unterrichten 40 000 Studenten.

Geliebt indes wird „Elbflorenz", wie Gottfried Herder Dresden zärtlich nannte, für seine rauschenden Bälle, zahllosen Sommer-Open-Airs und altmodischen Elbdampfer. Dem Charme der gemütlichen Kaffee-und-Kuchen-Mentalität der Dresdner fällt man ebenso schnell anheim wie ihrer Feierfreudigkeit. Öffentliche Events halten die Elbtalbewohner ganzjährig auf Trab, insbesondere in der Adventszeit, wenn die Weihnachtsmärkte das Zentrum der Metropole in ein funkelndes Wintermärchen verwandeln.

Oder um es mit Erich Kästner zu sagen: „Wenn es zutreffen sollte, dass ich nicht nur weiß, was schlimm und hässlich, sondern auch, was schön ist, so verdanke ich diese Gabe dem Glück, in Dresden aufgewachsen zu sein."

CHRONIK

600 v. Chr. Slawische Besiedlung des Elbtals
1206 Erste urkundliche Erwähnung Dresdens
1434 Erster Weihnachtsmarkt (Striezelmarkt)
Ab 1485 Dauerhafte Residenz der Herzöge von Sachsen
Ab 1547 Aufstieg zur kurfürstlichen Residenz
Ab 1700 Ausbau zur Barockstadt
1806 Sachsen wird Königreich.
1849 Dresdner Maiaufstand
1918/19 Novemberrevolution
1945 Zerstörung der Stadt im Zweiten Weltkrieg
1989 Friedliche Revolution
1990 Hauptstadt des Freistaates Sachsen

Bombardierung Dresdens, 14.2.1945

BOMBENNÄCHTE

„Denn sie säen Wind und werden Sturm ernten." Beim Anblick der zerstörten deutschen Städte nach dem Zweiten Weltkrieg kommt einem unweigerlich dieser Satz aus dem Alten Testament in den Sinn. All die Gewalt und Aggression, die vom Deutschen Reich ausging, fiel mit brutaler Macht auf das Land zurück. Hatte die deutsche Wehrmacht zuvor Tausende Briten bei der Luftschlacht um England getötet und zahllose europäische Städte mit Flächenbombardements verwüstet, so wendete sich das Blatt ab 1942: Deutschland wurde Ziel der alliierten Streitkräfte. Ein systematischer Bombenterror setzte ein, der sich bis Kriegsende hinzog und die Bevölkerung mürbe machen sollte. Köln, Rostock und Lübeck traf es zuerst, die bekanntesten Bilder aus dieser Zeit stammen aus Hamburg, wo während des „Unternehmens Gomorrha" der berüchtigte Feuersturm einsetzte und weite Teile der Hansestadt zerstörte. Anfang Februar 1945 traf es Berlin mit voller Wucht, erste Bombardements hatten schon 1943 Teile der Stadt und die Kaiser-Wilhelm-Gedächtniskirche getroffen. In der Nacht vom 13. auf den 14. Februar regneten die Bomben dann auf Dresden nieder – eine der wenigen deutschen Städte, die bis dahin relativ unbeschadet durch die Kriegsangriffe gekommen waren – und zerstörten eine der schönsten Kunstmetropolen auf dem europäischen Festland, die Zahl der Todesopfer wird auf 25 000 geschätzt. Insgesamt wurden während des Krieges 2 Mio. Tonnen Bomben über Deutschland abgeworfen, rund 600 000 Menschen kamen dabei ums Leben.

Das bittere Erbe des Krieges ist heute immer noch überall in Deutschland sichtbar, in vielen Städten gibt es Trümmerberge, die sich neu ins Stadtbild einfügten. Und noch immer werden von West bis Ost und von Nord bis Süd Bomben entschärft, die bis dahin unerkannt im Boden liegen und eine Gefahr darstellen. Schätzungen zufolge sollen es etliche Zehntausend Sprengkörper sein, die mit zunehmendem Alter immer empfindlicher werden und sogar von allein detonieren können.

Wiederverwertung von Trümmern für den Wiederaufbau von Dresden nach dem Krieg. Eine selbst gebaute, 9 m lange Rollbahn für den Transport von Ziegelsteinen, 1946

ANGRIFF AUF DRESDEN

Es gibt Berichte von Menschen, die den furchtbaren Angriff auf Dresden in der Nacht von Faschingsdienstag auf Aschermittwoch 1945 überlebt haben. Beim Lesen dieser Berichte stellen sich einem noch immer die Nackenhaare auf, die Wucht und das Ausmaß der Zerstörung, die mit den Bomben der britischen und amerikanischen Streitkräfte kamen, ist kaum vorstellbar. In drei Wellen wurden innerhalb von 15 Stunden knapp 3500 Tonnen Luftminen, Brand- und Sprengbomben abgeworfen, die flächendeckende Zerstörung führte zu einem Feuersturm, ähnlich dem in Hamburg zwei Jahre zuvor. Zehntausende Menschen verloren ihr Leben, Hunderttausende ihre Heimat, auf einer Fläche von 15 km^2 wurde die komplette Innenstadt mit den angrenzenden Vierteln dem Erdboden gleichgemacht. Dresden hatte lange gehofft, verschont zu bleiben, galt es doch als Elbflorenz mit unschätzbaren Kunst- und Kulturgütern, deren Vernichtung schlicht keinen Sinn ergab. Zudem besaß die Elbmetropole eine kriegswichtige militärische Infrastruktur. Auch dies mag den Ausschlag für ein Bombardement gegeben haben,

Aktion zur Wiederverwertung von Ziegelsteinen in Dresden. Trümmerfrauen mit wiederverwendbaren Ziegelsteinen, 1946

nur wurde tatsächlich erschreckend wenig davon zerstört, der Großteil der Bomben fiel auf das Stadtzentrum, das am 15. Februar den vierten Angriff erlebte.

Die komplette Auslöschung ihrer Stadt ist den Dresdnern noch heute im Gedächtnis, am Abend des 13. Februars treffen sich viele von ihnen jedes Jahr an der Frauenkirche und beten für den Frieden. Der Wiederaufbau des durch den Angriff zerstörten Gotteshauses fand weltweit Beachtung, 23 Staaten beteiligten sich mit Spenden daran. Bei der Wiedereinweihung im Oktober 2005 waren neben deutschen Politikern aller Parteien auch Vertreter des englischen Königshauses und der USA anwesend. Die Frauenkirche steht seitdem als Symbol für Wiederaufbau und Versöhnung zwischen den einstigen Feinden und für die prächtige Wiedergeburt einer Stadt.

Schild mit der Aufschrift „Hitlers Werk“ an einem kriegszerstörten Haus in Dresden, 1945

Wiederaufbau und Trümmerbeseitigung in Dresden. Zwei Frauen bedienen Dieselloks der Spurweite 60 und mit 25 PS, um Trümmer wegzufahren, 1946

Erste Sendeminute des DDR-Fernsehens am 21.12.1952; Fernsehansagerin: Margit Schaumäker (Start des offiziellen Fernsehversuchsprogramms der DDR; erst am 3.1.1956 begann der Deutsche Fernsehfunk (DFF) von Ostberlin aus mit seinem Sendebetrieb)

DDR: Angehörige der VEG-Bretsch-Priemern beim gemeinschaftlichen Fernsehen, 1965

DAS TAL DER AHNUNGSLOSEN

In Westdeutschland wusste natürlich jeder, was die ARD ist, doch in der DDR hatte die Abkürzung der ersten deutschen Rundfunkanstalt noch eine andere Bedeutung: „Außer Rügen und Dresden“. Gemeint waren damit die Regionen, in denen Westfernsehen und UKW-Rundfunk kaum oder gar nicht zu empfangen waren und wo der kapitalistische Einfluss auf die sozialistische Arbeiterschaft geringer war als in den übrigen Landesteilen. Über 15 % der Bevölkerung hatten somit nur Zugang zu den DDR-Medien und galten als ahnungslos. In einem solchen Tal lebten demnach die Dresdner, aber auch Teile Ostsachsens (ebenso Gebiete der Oberlausitz) und Vorpommerns gehörten dazu. Im Falle Dresdens ließ der Elbkessel, in dem die Stadt liegt, keine Übertragung der westlichen Funkwellen zu, und man musste sich mit einem „Kessel Buntes“ oder dem „Schwarzen Kanal“ zufriedengeben. Wenn die damaligen Stasi-Leute gewusst hätten, was Forscher in einer Studie 2009 herausfanden, hätten sie sich wohl um einen besseren Zugang zu den West-Medien bemüht. DDR-Bürger, die regelmäßig West-Fernsehen schauten, waren wohl weniger unzufrieden mit dem System als ihre ahnungslosen Mitbürger. Man vermutet dahinter das Phänomen des medialen Eskapismus, wonach sich Menschen dank TV und Rundfunk gedanklich in andere Welten flüchten können, ohne selbst zu emigrieren.

Heute gibt es hier und da immer noch ein Tal der Ahnungslosen, dies bezieht sich allerdings auf die schlechte Internetanbindung manch deutscher Region. Aber in Zeiten der ständigen virtuellen Verfügbarkeit werben inzwischen Orte in abgelegenen Gebieten mit Digital-Detox-Urlaub, wo sich die Touristen mal komplett analog erholen können.

DER ZWINGER

Früher für Festlichkeiten des Hofes genutzt, bestaunt man heute im Dresdner Zwinger, dem Wahrzeichen der Stadt, antikes Porzellan, lauscht klassischen Klängen oder trinkt einen Cappuccino mit Ausblick.

Woher aber stammt der Begriff Zwinger? Bis heute in Burgen und Festungen gebräuchlich, kennzeichnet er den Bereich zwischen innerer und äußerer Wehrmauer. Als man 1709 im Zwingerbereich der Stadtfestung Dresden zu bauen beginnt, überträgt sich der Name des ersten Baugrundes, also des Zwingers, alsbald auf die gesamte Anlage.

Den Anlass zum Bauen gab unter anderem eine Reise. Denn hätte August der Starke als junger Mann auf seiner Kavalierstour nicht Versailles besucht und wäre von dem Prunk am Hofe des Sonnenkönigs nicht beeindruckt gewesen, wäre vielleicht eines der bedeutendsten Bauwerke des Barocks nie entstanden. So aber lässt sich der spätere Kurfürst von Sachsen und König von Polen, der Repräsentationspflicht entsprechend, zwischen 1709–19 inmitten Dresdens Stadtzentrum eine Art Mini-Versailles aus dem Boden stampfen: den Dresdner Zwinger.

Aus Geldmangel wird nur das Teilstück einer viel größer angedachten Anlage verwirklicht. Aber dieses hat es in sich: Showtreppen, ein goldbekröntes Eingangsportal und dann der Figurenschmuck – knapp 700 Plastiken, die auffälligste zeigt August als antiken Atlas, mit nichts als einer Weltkugel bekleidet.

Der kunstsinnige Monarch holt sich mit dem Architekten Matthäus Daniel Pöppelmann und dem Bildhauer Balthasar Permoser zwei absolute Ausnahmekünstler an den Hof. Flugs avanciert die Vierflügelanlage unter dem sächsischen Sonnenkönig zur barocken Festarena der Sonderklasse. Als solche ist sie ausschließlich der High Society vorbehalten. Bei Geburtstagen und Karneval verwandeln sich die weitschweifigen Balustraden in hochkarätige VIP-Lounges. Fächerwedelnd wirft hier Europas Hochadel begehrliche Blicke in den Innenhof, der als Bühne für Ballett, Theater, Reiteraufzüge und Feuerwerk fungiert. Als Paukenschlag versteht sich gleich die Einweihung anlässlich der Jahrhunderthochzeit im Jahr 1719. Der Zwinger glänzt als prätentiöser Austragungsort der Vermählung von Augusts Sohn mit der Kaisertochter Maria Josepha von Habsburg. Minutiös plant August der Starke jedes Detail dieser vier Wochen währenden Feierlichkeiten, die der Aristokratie bei

ausschweifenden Planetenfesten, schweißtreibenden Jagdgesellschaften und dekadenten Schnabulier-Gelagen nahezu alles an Kondition abverlangen.

Aber irgendwann geht jede Party zu Ende. Ein Jahrhundert später gilt barocke Architektur als altmodisch, sind absolutistische Attitüden derart verpönt, dass der Hamburger Architekt Gottfried Semper einen Zwingerflügel abtragen lässt. Die Bildersammlung des sächsischen Königshauses benötigt dringend Platz.

Im Jahr 1855 weiht man den Semperbau ein, der bis heute die Gemäldegalerie Alte Meister beherbergt. In den verbliebenen barocken Bauteilen des Zwingers finden das Uhrenkabinett, die Porzellansammlung und der Mathematisch-Physikalische Salon ihren Platz, der Saal des Wallpavillons verwöhnt Klassikfreunde mit Konzerten. Fast noch wichtiger sind dem Dresdner, der die Gemütlichkeit schätzt, die zwei Cafés im Zwinger, wo man ein „Scheelchen Heeßen", also eine Tasse Kaffee, offeriert. Natürlich mit „Versailles"-Blick.

Zwinger, das Kronentor mit den beidseitig anschließenden Langgalerien

Blick auf Dresden und Elbe

Bernardo Bellotto (1721–1780), genannt Canaletto, *Dresden vom rechten Elbufer unterhalb der Augustusbrücke*, 1748, Öl auf Leinwand, Gemäldegalerie Alte Meister, Dresden

DIE FRAUENKIRCHE

Unter dem Motto „Brücken bauen, Versöhnung leben" machte der Wiederaufbau die Dresdner Frauenkirche überregional bekannt.

Das mediale Interesse war gigantisch. Über Jahre begleiteten Filmteams den Fortgang der Arbeiten, wurde in Fernsehen, Radio und Zeitschriften die Werbetrommel gerührt. Selbst in Sydney sammelten Fans Spenden für ein evangelisches Gotteshaus am anderen Ende der Welt. Eines, das ob der größten steinernen Kuppel jenseits der Alpen von sich reden machte.

Als Meisterwerk gilt die Kirche, deren Vorgängerbauten schon im Mittelalter der Mutter Gottes geweiht waren, bereits Mitte des 18. Jahrhunderts. Ein Gebäude allerdings, das dem erzgebirgischen Baumeister George Bähr heftigen Gegenwind bringt. Wie soll die Kuppel statisch funktionieren? Zwei massive Sandsteingewölbe, freitragend, so schwer wie 2000 Elefanten? Doch Bähr setzt seinen Dickkopf durch.

Apropos, als die Preußen im Siebenjährigen Krieg in Dresden alles kurz und klein schlugen, prallten die Kanonenkugeln von der Frauenkirche ab. Der Alte Fritz gibt klein bei und knurrt angeblich: „Lasst den ollen Dickkopp stehen."

Im Zweiten Weltkrieg ist der 91 m hohen steinernen Glocke weniger Glück beschieden. Dass die Brandbomben der Kuppel wenig anhaben, verhindert nicht das Eindringen der Feuersbrunst. Zwei Tage wird die Kirche in Flammen stehen, bevor der ausgeglühte Sandstein nachgibt und das Gebäude am 15.2.1945 in sich zusammenfällt. Die monströsen Ruinen des einst so stolzen Barockbaus werden bewusst nicht abgetragen, sondern (ähnlich der Gedächtniskirche in Berlin) zum Mahnmal erklärt – und damit zu einem Ort, der seine Wunden offen zeigt, um kommenden Generationen ins Gedächtnis zu rufen, was Krieg bedeutet.

Vor diesem Hintergrund empfangen den Ende der 1990er-Jahre gegründeten Förderkreis zum Aufbau der Frauenkirche nicht nur wehende Fahnen. Doch das Vorhaben gewinnt an Fahrt und wächst sich zur weltweiten Lawine der Begeisterung und Unterstützung aus: Mit 90 Mio. Euro an Spenden wird die Einweihung 2005 (mit einem Jahr Bauvorsprung) zum medialen Ereignis der Sonderklasse. Die Pforten der Frauenkirche öffnen sich wieder zu Gottesdiensten, Führungen, Konzerten und zur Kuppelbesteigung mit Weitsicht.

Frauenkirche, um 1910

Bernardo Bellotto, *Dresden vom rechten Elbufer unterhalb der Augustusbrücke* (Ausschnitt)

Semperoper

SEMPEROPER – WIE PHOENIX AUS DER ASCHE

Zweimal komplett abgebrannt, präsentiert sich die Dresdner Semperoper heute bei Opernabenden, Balletten, Konzerten und rauschenden Bällen glanzvoller denn je.

Die Sache mit dem Räucherkerzchen war keine gute Idee. Aber eins nach dem anderen.

Seinen Ruhm sollte der Architekt Gottfried Semper gleich mit seinem ersten Hauptwerk begründen: dem Königlichen Hoftheater zu Dresden. Der 1841 eingeweihte Rundbau nach Art der italienischen Frührenaissance ist ein Auftragswerk des sächsischen Königshauses. Ausgestattet mit moderner Beleuchtung und Gasheizung, wird es bald als eines der schönsten und komfortabelsten Opernhäuser Europas gerühmt. Kapellmeister ist kein Geringerer als Richard Wagner, der von seiner sächsischen Hofkapelle als „Wunderharfe" schwärmt.

Während Semper sich über die Gestaltung des Theaterplatzes samt neuer Gemäldegalerie Gedanken macht und Wagner mit der Uraufführung seiner Opern (*Rienzi*, *Der fliegende Holländer* und *Tannhäuser*) den künstlerischen Durchbruch feiert, wendet sich das Blatt. Im Jahr 1849 kommt es in Dresden zum Maiaufstand. Die daran beteiligten Freunde Semper und Wagner müssen Hals über Kopf fliehen.

Dann, 20 Jahre später, sind am Hoftheater Reparaturarbeiten fällig: ein Leck in der Gasleitung. Das austretende Gas riecht unangenehm. Nachdem versucht wurde, mit einer Räucherkerze den Gestank zu vertreiben, sich dadurch aber das Streichholzfeuer verbreitete, brennt das Opernhaus bis auf die Grundmauern ab, um 1878 wie Phoenix aus der Asche emporzusteigen, größer und prächtiger als je zuvor. Äußerlich mit reichem Figurenschmuck versehen, prunkt die Innengestaltung mit üppigen Vergoldungen, handbemalten Decken und farbigen Stuckmarmorsäulen.

Und wieder ist es Semper, der die genialen Ideen liefert. Das Fest für die Augen wird nur noch getoppt durch die unglaubliche Akustik, wodurch die Sächsische Staatskapelle einen Erfolg nach dem anderen feiert und Richard Strauss nahezu alle Opern hier aufführen lässt.

Dem Bombenhagel des Zweiten Weltkriegs und dem anschließenden Feuersturm fällt die komplette Altstadt Dresdens und mit ihr die Semperoper zum Opfer. Im Jahr 1977 beginnt der originalgetreue Wiederaufbau des Hauses, ab 1985 lädt das Haus wieder zu Führungen und Aufführungen, seit 2006 glüht einmal jährlich beim Semperopernball der rote Teppich. Ohne Räucherkerzchen.

Gottfried Semper (1803–1879)

Semperoper, Fassadendetail

A

Durchgang am Dresdner Neumarkt

Schloss Pillnitz

DRESDNER BAROCK

Sie sind eigentlich nur in einem Atemzug zu nennen: Dresden und Barock. Canaletto malte die schönsten Stadtansichten, Casanova besuchte seine einzig wahre Herzdame, und August der Starke machte den Tag zur Nacht.

Den Auftakt zum Dresdner Barock machte nach Ende des Dreißigjährigen Kriegs Kurfürst Johann Georg III., als er ab 1676 vor den Toren seiner Residenz einen Lustgarten nach französischem Vorbild anlegen und sich mittendrin eines der ersten barocken Bauwerke im deutschsprachigen Raum bauen ließ: das Palais im Großen Garten. Als Austragungsort für rauschende Hoffeste bildet es lediglich das Vorspiel für das, was sein Sohn August der Starke an Bautätigkeit einläutete. Auf seinen Reisen quer durch Europa schaute der junge Fürstensohn fleißig über den Tellerrand, nun holt er die Welt zu sich nach Sachsen. Die Elbe wird zu seinem persönlichen Canal Grande, auf dem Gondeln nach venezianischem Vorbild von Dresden gen Pillnitz fahren. Doch man steuert nicht wirklich Pillnitz an. August, mit Leidenschaft allem Asiatischen verfallen, lässt sich an der Elbe eine Schlossanlage im China-Stil errichten. Geschwungene Dächer und üppig mit chinesischen Motiven gestaltete Fassaden erwecken die Illusion, in Peking zu sein. Zwölf Rasenspielfelder, barocke Heckenquartiere und Wasserspiele lassen Majestät in der warmen Jahreszeit die Zeit totschlagen. Große Feste hingegen feiert man in der Stadt, im Zwinger. Für die Jagd lässt August der Starke die Schlösser Moritzburg und Wermsdorf errichten, für seine Porzellane das Japanische Palais. Der exotischen Pflanzensammlung widmet er den Barockgarten Großsedlitz. Der Kurfürst von Sachsen und König von Polen lebt die Repräsentationspflicht seiner Epoche mit jeder

Faser und überhäuft seine wechselnden Mätressen mit Reichtümern. Augusts überaus kunstsinnigem Sohn (Friedrich August II., als König von Polen August III.) verdankt Dresden mit der *Sixtinischen Madonna* und dem *Schokoladenmädchen* nicht nur die Highlights seiner Gemäldesammlungen, sondern mit ihm kommt 1747 Canaletto, der unbestrittene Vedutenmaler, in die Stadt. Bereits 1738 avanciert Casanovas Mutter („La Buranella") zum Shootingstar der Theaterszene, und es entsteht ein italienisches Dörfchen neben dem Schloss. Die Italiener werden das prächtigste Gotteshaus Dresdens, die katholische Hofkirche, errichten. Ausgestattet mit einer Orgel des Sachsen Gottfried Silbermann, wird hier ein gewisser Mozart die Tasten bedienen, um hernach zu befinden: „Es sind über die Maßen herrliche Instrumente."

Der Fürstenzug, das größte Porzellanbild der Welt, Stallhof, Dresdner Residenzschloss

Palais im Großen Garten

Louis de Silvestre (1675–1760), *König August II. von Polen zu Pferde*, um 1718, Öl auf Leinwand, Gemäldegalerie Alte Meister, Dresden

AUGUST DER STARKE (1670–1733)

August der Starke prägte wie kein anderer sein Land. Ohne ihn gäbe es weder den Dresdner Zwinger noch das Meissener Porzellan oder das Grüne Gewölbe. Kein sächsischer Herrscher hinterließ so nachhaltige Spuren wie der in Dresden geborene Friedrich August I. Seine beeindruckende körperliche Statur bringt ihm später den Beinamen „der Starke" ein. Dem zweitältesten Sohn des Kurfürsten Johann Georg III. ist die klassische Militärlaufbahn vorgezeichnet. Doch das Schicksal lässt den erstgeborenen Bruder an den Pocken sterben und August 1694 überraschend auf dem Thron landen.

Das neue Oberhaupt ist machtpolitisch ambitioniert. Der Kurfürstentitel ist schön, eine Königskrone wäre besser. Die Möglichkeit dazu ergibt sich im benachbarten Polen mit seiner Wahlmonarchie. Horrende finanzielle Zuwendungen sorgen für den gewünschten Wahlausgang. Selbst die Tatsache, dass Polen streng katholisch ist und Sachsen das Mutterland der Reformation, stellt für August den Starken keine Hürde dar, er gibt sich religiös flexibel. Mit gerade mal 27 Jahren darf er sich (dann als August II.) König von Polen nennen. Obzwar ihn die Staatsgeschäfte fortan zum Pendeln zwischen den Residenzen Dresden und Krakau zwingen, kurbelt der repräsentationswütige Kulturfetischist einen nie gekannten Bauboom an. In wenigen Jahren entstehen das Japanische Palais, der Barockgarten Großsedlitz, die Wasserschlösser Übigau und Pillnitz sowie das Jagdschloss Moritzburg. An seinem Hof geben sich internationale Künstler die Klinke in die Hand. Im Zwinger empfängt der sächsische Sonnenkönig seine wechselnden Mätressen.

Als August der Starke, schwer von Diabetes gezeichnet, mit 62 Jahren in Polen das Zeitliche segnet, hinterlässt er einen überbordenden Barockkosmos aus Kunst, Kultur und Architektur. Und ein vergoldetes Reiterstandbild, das in der Honecker-Ära von sich reden machte, als das Volk forderte: „Lieber August, steig hernieder und regiere Sachsen wieder. Lass in diesen schweren Zeiten unsern Erich weiterreiten."

Blick von der Neustädter Seite über die Elbe auf das Ständehaus, das Königliche Schloss (Residenzschloss) und die Katholische Hofkirche, um 1900

Der Hauptbau des Milchladens Pfunds Molkerei entstand 1891 an der Bautzner Straße 79; die Motive für den Verkaufsraum wurden gemeinsam mit Villeroy & Boch entworfen, die Fliesen anschließend von Hand bemalt. Im Jahr 1997 wurde das Geschäft als „Schönster Milchladen der Welt“ ins Guinness-Buch der Rekorde aufgenommen.

KUNSTSTADT DRESDEN – WIE LUFT ZUM ATMEN

„Dresden hat mir große Freude gemacht und meine Lust, an Kunst zu denken, wieder belebt. Es ist ein unglaublicher Schatz aller Art an diesem schönen Orte.“

Johann Wolfgang von Goethe

Der Kaiser musste 1918 abdanken und das Gros der Kunst- und Kulturgüter ging per Staatsvertrag an den Freistaat Sachsen.

Überschaut man heute die Dresdner Museumslandschaft mit ihren zahllosen Ausstellungen zu den verschiedenen Themen wie Verkehrswesen, Skulpturen, Uhren und DDR-Zeit, stolpert man allenthalben über die Staatlichen Kunstsammlungen, die Erben des königlichen Vermächtnisses. Insgesamt 48 Museen machen einem die Entscheidung in Dresden nicht leicht. Als innovativstes gilt ohne Zweifel das Deutsche Hygienemusem, ein von Odol-Erfinder Karl August Lingner ins Leben gerufener Gesundheitstempel.

Das Grüne Gewölbe im Residenzschloss ist indes deutschlandweit einzigartig. Vor knapp 300 Jahren als erstes Schatzkammer-Museum der Welt von August dem Starken initiiert, beherbergt die zweigeteilte Pretiosensammlung über 4000 Kunstwerke, darunter sagenhafte Gold- und Silberarbeiten, Intarsien und Elfenbeinschnitzereien. Als funkelnder Höhepunkt rauben einem die umfangreichen Juwelengarnituren des sächsischen Herrscherhauses förmlich den Atem. Allen voran der größte, von Natur aus grüne Diamant, verarbeitet in einer riesigen Hutschmuck-Komposition. Derartiges findet man sonst kaum in Museen. Im Dresdner Schloss hingegen, das einem Museumsuniversum (ähnlich der Berliner Museumsinsel) gleicht, sind solche Exponate gang und gäbe. Aller Orten stolpert man hier über originale Prunksättel, Prunkwaffen und Prunkgewandungen Augusts des Starken. Kaum einer anderen historischen Persönlichkeit kommt man dadurch so nahe wie ihm.

Als Goethe vor gut 200 Jahren mit der Stadt an der Elbe auf Tuchfühlung geht, hat er es vorrangig auf die Gemäldegalerie abgesehen: Canaletto, Cranach, Dürer, Rembrandt, Rubens, Tizian, Vermeer ... Überwältigt von der Masse der Hochkaräter notiert der Dichterfürst: „Ich trat in dieses Heiligtum und meine Verwunderung überstieg jeden Begriff, den ich mir gemacht hatte!“

Kein Wunder, Goethe sollte dem 1754 angekauften Glanzpunkt der Galerie gegenübertreten, der *Sixtinischen Madonna* von Raffael. Benannt nach Papst Sixtus und vor 500 Jahren für eine Klosterkirche in Piacenza gemalt, wechselt es unter dem Sohn Augusts des Starken (für eine horrende Summe) nach Dresden. Seither bezaubert das ehemalige Altarbild Millionen Schaulustige. Der Vorhang öffnet sich, und dann sieht man sie: die Madonna, überirdisch schön, vorausahnend, rätselhaft. Und doch im Ranking weit abgeschlagen hinter dem lausbubenhaft dreinschauenden Engelpaar am unteren Bildrand. Die frechen Flügelknaben führen als meistgeklautes Detail eines Gemäldes ein munteres Eigenleben – auf Schirmen, Pillendosen, Bettwäsche und Armbanduhren.

Möglich ist die Sammelleidenschaft der Wettiner, weil Sachsen mit dem Erzgebirge über gigantische Silbervorkommen verfügt. Bei Hofe beschäftigt man herausragende Künstler und Kunsthandwerker, ruft 1560 die Kunstkammer ins Leben. Doch auch Theater und Musik fördern die Sachsenfürsten in hohem Maße. Die 1548 gegründete Sächsische Hofkapelle (heute Sächsische Staatskapelle) ist eines der ältesten Orchester weltweit und punktet mit namhaften Komponisten wie Heinrich Schütz, Carl-Maria von Weber und Richard Wagner.

Die kulturelle Vielfalt wirkt anziehend auf andere Künstler. In der Zeit der Romantik ist Elbflorenz ein Anziehungspunkt für namhafte Köpfe: Gottfried Herder, Novalis, E. T. A. Hoffmann, Caspar David Friedrich, Friedrich Schiller, Robert Schumann. Das aufbegehrende Bürgertum stiftet nun eigene Theater, ebenso die Dresdner Philharmonie, und legt die Grundlage für unkonventionelle Kunstströmungen wie den Expressionismus und für die

Der „Dresdner Grüne Diamant“, Hutagraffe, Grünes Gewölbe

Anfang des 20. Jahrhunderts in Dresden gegründete Künstlergruppe Die Brücke. Nahezu zur gleichen Zeit kommt Erich Kästner hier zur Welt, machen Mary Wigman und Gret Palucca mit modernem Ausdruckstanz von sich reden, bevor die Stadt 1945 im Bombenhagel versinkt.

Dass bereits drei Jahre später ein wiederaufgebautes Schauspielhaus zu Oper, Konzert und Theater lädt, mag angesichts von Hunger und Trümmerlandschaften bemerkenswert erscheinen. Für die Dresdner, die Kunst und Kultur wie Luft zum Atmen brauchen, war es schlichtweg überlebensnotwendig.

Geändert hat sich daran nichts, das beweisen die Jazztage Dresden genauso wie die Internationalen Musikfestspiele, das Dixielandfestival und das Filmfest Dresden, eines der höchstdotierten Kurzfilmfestivals Europas. Während Fanta 4 & Co. die Freilichtbühne des Großen Gartens rocken, fallen in der Semperoper die Wagnerianer, unter dem Dirigat von Christian Thielemann, der Götterdämmerung anheim.

Am seligsten aber erlebt man die Stadt im Sommer, wenn fabelhafte Freiluftangebote wie die Comödie im Schloss, der PalaisSommer und Deutschlands größtes Film-Open-Air, die Filmnächte am Elbufer, die Herzen leicht und froh machen.

Odol, Werbung, 1902

GERHARD RICHTER (GEB. 1932)

Er gilt als der teuerste lebende Künstler weltweit. Richters Werke finden sich in Ausstellungspalästen rund um den Globus. Der britische Musiker Eric Clapton zählt mit über 50 Werken zu den eifrigsten privaten Sammlern seiner Gemälde.
Der in Dresden geborene Richter absolvierte zu Beginn der 1950er-Jahre ein Malereistudium an der dortigen Kunstakademie, floh 1961 zusammen mit seiner Frau nach Westdeutschland, wo er sein Studium bis 1964 an der Kunstakademie Düsseldorf fortsetzte. Hier lehrte er von 1971 bis 1993 Malerei. Im Jahr 2004 wurden die Gerhard-Richter-Räume im Dresdner Albertinum eröffnet.

A.R. PENCK (1939–2017)

Der erhobene Mittelfinger war für ihn Programm. Der gebürtige Dresdner Ralf Winkler alias A.R. Penck wurde von den Kunsthochschulen abgelehnt, vom DDR-Staat bespitzelt, verboten, drangsaliert. 1980 wurde er ausgebürgert, doch schon einige Jahre zuvor arbeitete er mit dem westdeutschen Maler Jörg Immendorff zusammen; beide setzten sich für die Abschaffung der deutsch-deutschen Grenze ein. Nach der Beendigung seiner Lehrtätigkeit an der Kunstakademie Düsseldorf und Emeritierung im Jahr 2003 lebte Penck in Irland.

Im Dresdner Penck-Hotel befindet sich in jedem der 174 Zimmer ein Originalwerk von Penck, und auf dem Dach des Hotels steht an einer Ecke eine 4 m hohe Bronzeplastik eines Strichmännchens des Künstlers – wohlgemerkt mit erhobenem Finger.

Wilhelm Lehmbruck

Käthe Kollwitz

Erich Heckel

George Grosz

KUNST DES 20. JAHRHUNDERTS

Heinrich Zille (1858 in Radeburg bis 1929 in Berlin): Zentrales Thema der Zeichnungen Zilles war das Leben der Menschen in den Berliner Mietskasernen und Hinterhöfen, aber auch in den Bordellen und Kneipen, sogenannte „Milljöh"-Studien (siehe Bd. 1, Seite 624).

Lovis Corinth (1858 in Tapiau, Ostpreußen, bis 1925 in Zandvoort, Niederlande): Corinths Malerei entwickelte sich vom Realismus und der Historienmalerei seines Frühwerks hin zum Symbolismus und Impressionismus.

Käthe Kollwitz (1867 in Königsberg bis 1945 in Moritzburg): Stilistisch oszilliert Kollwitz' Werk zwischen Realismus, Symbolismus und Expressionismus. Meisterin der Grafik und der Bildhauerei, die sie in den Dienst sozialen Engagements stellte.

Emil Nolde (1867 in Nolde bis 1956 in Seebüll): Nach anfänglicher Beeinflussung durch den Impressionismus zum bedeutenden Expressionisten geworden, dessen Rolle während der NS-Zeit ihn jedoch zu einem der umstrittensten Künstler des 20. Jahrhunderts machte (siehe Bd. 1, Seite 133).

Max Slevogt (1868 in Landshut bis 1932 in Leinsweiler-Neukastel, Pfalz): Zunächst an den dunklen Paletten Wilhelm Leibls und Arnold Böcklins orientiert, wurde Slevogt neben Max Liebermann und Lovis Corinth zu den wenigen deutschen Impressionisten von internationalem Rang.

Ernst Barlach (1870 in Wedel bis 1938 in Rostock): Zu den bekanntesten Künstlern des deutschen Expressionismus gehört Ernst Barlach, der seine geschaffenen Figuren auf das Nötigste reduzierte, um deren innere Verfassung über die Gesichter und Hände zum Ausdruck zu bringen (siehe Bd. 1, Seite 233).

Lyonel Feininger (1871 in New York bis 1956 ebd.): Zu Beginn als Zeichner und Karikaturist tätig, wandte er sich der Malerei zu und ließ sich von den Kubisten beeinflussen. Lange Zeit am Bauhaus tätig.

Max Liebermann (1874 in Berlin bis 1935 ebd.): Nach seinem Studium an der Kunstschule in Weimar zieht Liebermann nach Paris, wo er künstlerische Anregungen in den Werken der französischen Naturalisten findet; einige Jahre später entstehen seine ersten Bilder der Freilichtmalerei in den Niederlanden. Liebermann gehört zu den wichtigsten Vertretern des deutschen Impressionismus (siehe Bd. 3, Seite 698).

Paula Modersohn-Becker (1876 in Dresden bis 1907 in Worpswede): Die einflussreichste Künstlerpersönlichkeit, die das Künstlerdorf Worpswede hervorbrachte. Durch ihre Parisaufenthalte auch wichtig als Vermittlerin der aktuellen französischen Kunst in Deutschland.

Gabriele Münter (1877 in Berlin bis 1962 in Murnau am Staffelsee): Nach ersten Werken im Stil des späten Impressionismus wurde sie zum festen Mitglied der Gruppe Blauer Reiter um ihren Lebensgefährten Wassily Kandinsky, an deren Ausstellungen sie mit eigenen Werken vertreten war.

Franz Marc (1880 in München bis 1916 bei Verdun): Hauptvertreter des deutschen Expressionismus, Mitglied des Blauen Reiters. Danach auch vom französischen Kubismus beeinflusst, doch im Ersten Weltkrieg gefallen.

Ernst Ludwig Kirchner (1880 in Aschaffenburg bis 1938 in Frauenkirch-Wildboden, Schweiz): Bedeutender Vertreter des deutschen Expressionismus; entwickelte den Brücke-Stil, in dem Einflüsse des Postimpressionismus, des Futurismus und der afrikanischen Kunst verarbeitet wurden.

Wilhelm Lehmbruck (1881 in Meiderich bei Duisburg bis 1919 in Berlin): Neben Kollwitz und Barlach der bedeutendste Bildhauer des Expressionismus. Schuf mit *Der Gestürzte* und *Die Kniende* zwei ikonische Werke. Das nach Lehmbruck benannte und sein Werk umfassend präsentierende Museum in Duisburg wurde von seinem Sohn Manfred erbaut.

Max Pechstein (1881 in Zwickau bis 1955 in West-Berlin): Mitglied der Künstlervereinigung Die Brücke. Brachte die expressionistische Malerei nach Berlin und begründete dort die Künstlergruppe Neue Secession mit.

Erich Heckel (1883 in Döbeln bis 1970 in Radolfzell): Heckels Frühwerk war noch vom französischen Postimpressionismus geprägt; der Künstler war vor dem Ersten Weltkrieg Mitglied der Künstlergruppe Die Brücke. Stärker als bei anderen Expressionisten spielten in Heckels Werk Lithografien und Holzschnitte eine wichtige Rolle.

Max Beckmann (1884 in Leipzig bis 1950 in New York): Landschaften, Städte und zahlreiche Porträts – dafür ist Beckmann berühmt. Sein Werk ist geprägt von einem unverwechselbaren Stil, der zwischen Expressionismus und Neuer Sachlichkeit changierte.

Karl Schmidt-Rottluff (1884 in Rottluff, heute Stadtteil von Chemnitz, bis 1976 in Berlin): Der der Künstlergruppe Die Brücke angehörende Maler war auch als Grafiker und Plastiker tätig. Zu seinen bekanntesten Bildern zählen *Roter Turm im Park* und *Vier Badende am Strand.*

Hans Arp (1886 in Straßburg bis 1966 in Basel): Hans Arp gründete 1916 gemeinsam mit Hugo Ball, Richard Huelsenbeck und Tristan Tzara in Zürich die Dada-Bewegung. Typisch für sein Werk sind seine biomorphen Formen (siehe Seite 318).

August Macke (1887 in Meschede bis 1914 bei Perthes-lès-Hurlus, Champagne): Zunächst von den französischen Impressionisten, dann von den Fauves beeinflusst, zeichnen sich Mackes Werke durch deutlich nebeneinander gesetzte Formen und intensive Farben aus (siehe Seite 87).

Kurt Schwitters (1887 in Hannover bis 1948 in Kendal, England): Abgeleitet von dem Wort „Kommerz" hat Schwitters seine sogenannten „Merz"-Bilder geschaffen, in denen er Alltagsgegenstände, z. B. Zeitungsausschnitte, Busfahrkarten oder Holzstücke, zu Collagen zusammensetzte.

Josef Albers (1888 in Bottrop bis 1976 in New Haven, Connecticut): Zunächst einflussreicher Lehrer am Bauhaus, begann Albers im US-amerikanischen Exil mit der Malerei und schuf dort unter anderem die Serie *Homage to the Square.* Seit 1983 widmet sich das Museum im Quadrat in Bottrop dem Werk des Künstlers.

Oskar Schlemmer (1888 in Stuttgart bis 1943 in Baden-Baden): Der zunächst als freier Maler tätige Oskar Schlemmer wurde 1921 von Walter Gropius an das Bauhaus gerufen, wo er u. a. Steinbildhauerei sowie Akt- und Figurenzeichnen unterrichtete. Aktiv als Maler, Bildhauer und Bühnenbildner war es seine Idee, ein Gesamtkunstwerk zu schaffen, das aus Bildern und darstellender Kunst besteht.

Lovis Corinth

Max Slevogt

Max Beckmann

Max Ernst

Christian Schad

Georg Baselitz

Markus Lüpertz

Martin Kippenberger und Albert Oehlen

Max Ernst (1891 in Brühl, Rheinland, bis 1976 in Paris): Der bedeutendste Vertreter des deutschen Surrealismus war anfangs noch geprägt vom Dadaismus, fand aber über vielerlei Experimente mit unterschiedlichen Techniken zu seiner ganz eigenen Handschrift.

Otto Dix (1891 in Untermhaus, heute Gera, bis 1969 in Singen): Der Maler und Grafiker meldete sich während des Ersten Weltkrieges 1914 freiwillig zum Dienst und hat später wie kein anderer deutscher Künstler seine Kriegerlebnisse in seinem Werk verarbeitet. In seinem Triptychon *Die Großstadt* thematisiert er das Nachtleben, aber auch die gesellschaftlichen Gegensätze der Goldenen Zwanziger.

George Grosz (1893 in Berlin bis 1959 ebd.): Mitbegründer des Dadaismus in Deutschland. In der Zwischenkriegszeit wurde er mit drastisch überzeichneten Darstellungen des Großstadtlebens neben Otto Dix zum wichtigsten Vertreter des veristischen Flügels der Neuen Sachlichkeit.

Christian Schad (1894 in Miesbach, Oberbayern, bis 1982 in Stuttgart): Durchlief stilistisch mehrere Phasen vom Dadaismus der Zeit nach dem Ersten Weltkrieg über seine wohl bekanntesten Werke – die unterkühlten Porträts der Neuen Sachlichkeit – bis zum „Magischen Realismus" seines Spätwerks.

Joseph Beuys (1921 in Krefeld bis 1986 in Düsseldorf): Bei keinem anderen deutschen Künstler war das künstlerische Schaffen so sehr mit der eigenen Person verbunden wie bei Joseph Beuys, der stets mit Hut und Weste bekleidet war. Beuys war Aktionskünstler, Zeichner, Bildhauer, Kunsttheoretiker und engagierte sich in den 1980er-Jahren politisch für die Grünen. Eine Auseinandersetzung mit seinem Werk eröffnet mitunter neue Perspektiven für Kunst und Gesellschaft (siehe Seite 75).

Werner Tübke (1929 in Schöneberg an der Elbe bis 2004 in Leipzig): Der vermutlich einflussreichste Maler der DDR schuf sein bekanntestes Werk in Bad Frankenhausen, wo auf dem Schlachtberg zwischen 1976 und 1989 sein monumentales Bauernkriegspanorama mit 3000 Figuren entstand.

Günther Uecker (1930 in Wendorf): Der aus Mecklenburg stammende Uecker begann nach seiner Übersiedlung in die Bundesrepublik in den 1950er-Jahren mit der Schaffung von reliefartigen Nagelbildern, die zu seinem Markenzeichen werden sollten.

Gerhard Richter (1932 in Dresden): Richters Werk lässt sich wohl am besten mit dem Begriff Vielseitigkeit beschreiben, denn thematisch festlegen lässt es sich nicht. Erst unlängst gab der Künstler bekannt, dass für ihn mit dem Malen angesichts seines langen künstlerischen Schaffens nun Schluss sei (siehe Seite 631).

Georg Baselitz (1938 in Deutschbaselitz): Geboren als Hans-Georg Kern. Mit seinen „Helden"-Bildern aus den 60er-Jahren und mit seinen auf dem Kopf stehenden Figuren erlangte er einen hohen Wiedererkennungswert.

A. R. Penck (1939 in Dresden bis 2017 in Zürich): Unverkennbar sind seine Werke mit den Strichmännchen und grafischen Zeichen, die mitunter wie ein moderner „Primitivismus" anmuten, was vielleicht der archaisch wirkenden Bildsprache geschuldet ist (siehe Seite 631).

Imi Knoebel (1940 in Dessau): Nach einem ersten Studium in Darmstadt wechselte er in den 60ern an die Düsseldorfer Akademie in die Klasse von Joseph Beuys. Wurde seitdem als Maler und Bildhauer zum geschätzten Repräsentanten der Minimal Art in Deutschland.

Sigmar Polke (1941 in Oels, Niederschlesien, bis 2010 in Köln): Einer der erfolgreichsten Künstler der Bundesrepublik. Prägte gemeinsam mit Gerhard Richter den Begriff des „Kapitalistischen Realismus". Dazu rekurrierte er häufig auf die US-amerikanische Konsumkultur und schuf großformatige Gemälde voller popkultureller Anspielungen und Humor.

Markus Lüpertz (1941 in Reichenberg, heute Liberec, Tschechien): Lüpertz' Werk ist schwer zu kategorisieren und wird zuweilen mit dem Begriff Neoexpressionismus beschrieben. Typisch für sein Werk sind große Formate sowie die Mischung aus figürlicher und abstrakter Darstellung und die Beschäftigung mit der deutschen Geschichte. War 20 Jahre lang Rektor der Kunstakademie in Düsseldorf.

Anselm Kiefer (1945 in Donaueschingen): Noch stärker als im Werk Lüpertz' sind die deutsche Geschichte, Mythologie und Identitätssuche das Thema im Schaffen Anselm Kiefers. Charakteristisch für Kiefer ist die Verwendung zum Teil außergewöhnlicher Materialien wie Blei oder auch organische Stoffe wie Stroh, Haare und Asche, was seinen Bildern und Installationen oft eine geheimnisvolle Aura verleiht.

Jörg Immendorff (1945 in Bleckede bis 2007 in Düsseldorf): Nach einem Studium bei Joseph Beuys in Düsseldorf (1964-69), bei dem er durch provokante politische Happenings auffiel, war er bis 1977 Kunsterzieher. Einem breiteren Publikum wurde er durch seinen Zyklus *Café Deutschland* bekannt.

Rosemarie Trockel (1952 in Schwerte): Sehr einflussreiche Künstlerin, berühmt für ihre komplexen Werke, die sich oft mit feministischen Theorien befassen, sowie mit der künstlerischen Produktion selbst. Am bekanntesten sind ihre Strickbilder.

Martin Kippenberger (1953 in Dortmund bis 1997 in Wien): Kippenbergers enorm vielfältiges (und auch rein quantitativ beeindruckendes) Werk umfasst Gemälde, Installationen, Skulpturen und Zeichnungen. Da es schwierig ist, sein mit trockenem, oft auch mit schwarzem Humor durchsetztes Schaffen zu kategorisieren, gilt er als dem Neodadaismus zugehörig.

Albert Oehlen (1954 in Krefeld): Nach einem Studium bei Sigmar Polke in Hamburg ging Oehlen nach Köln, wo er Teil der lockeren Künstlergruppe der Neuen Wilden war, die zum Neoexpressionismus gerechnet wurden. Auch wenn sein Schaffen multimedial ausgerichtet ist, steht die Malerei immer im Zentrum.

Neo Rauch (1960 in Leipzig): Protagonist der sogenannten Neuen Leipziger Schule. Seine Gemälde sind gekennzeichnet durch Verzerrungen, dynamische Größenverhältnisse und eine eigene, oft skurrile Bildsprache, die bisweilen ins Surreale reicht.

Jonathan Meese (1970 in Tokio): Meese ist ein Konzeptkünstler, dessen Werk von der Performance und Installation bis zu klassischeren Gattungen wie der Malerei und Bildhauerei reicht. Oft macht er sich selbst zum Teil seiner Bilder.

Werner Tübke

Sigmar Polke

Anselm Kiefer

Jonathan Meese

Verpackung von Dresdner Christstollen im VEB Koba Dresden, 1954

DIE SCHÖNSTE ZEIT DES JAHRES: DER ADVENT

Wenn Dresden Ende November im sehnlichst erwarteten Weihnachtstaumel versinkt, wähnt man sich zugleich in ein Weihnachtsmärchen versetzt, das jährlich 2 Mio. Besucher anlockt. Allen voran der Striezelmarkt: Die liebevoll geschmückten Stände überbieten sich mit Handgemachtem aus der Region wie erzgebirgischer Schnitzkunst, Herrnhuter Weihnachtssternen, Pulsnitzer Lebkuchen und Pflaumentoffel. Als Publikumsliebling gilt das nachmittägliche Öffnen des Adventskalenders mit dem Weihnachtsmann, während sich Feierabendler in den frühen Abendstunden gut gelaunt den Gaumenfreuden hingeben. Tägliche Adventskonzerte und Märchenstunden, Riesenrad, Wichtelkino, Kindereisenbahn und Puppentheater, das kulturelle Angebot ist riesig – und ist doch nichts gegen das alljährliche Stollenfest. Ein 4 m langer Riesenstollen prozessiert, begleitet von Tausenden Schaulustigen, durch die Altstadt, um auf dem Striezelmarkt scheibchenweise für einen guten Zweck veräußert zu werden.

Anno 1434 sah das noch ganz anders aus. Nur an einem Tag im Jahr, am Heiligen Abend, war es gestattet, Markt abzuhalten – kein Glühwein, keine Kräppelchen, keine Thüringer Bratwurst. Lediglich Fleisch bot man feil und Christbrot, den sogenannten Striezel. Doch selbst da gab es Bedenken, ob der Striezel, ein fades Fastengebäck aus Hafer, Wasser und Rübenöl, das dem ältesten Dresdner Weihnachtsmarkt zu seinem Namen verhalf, überhaupt gebuttert sein durfte.

Mittlerweile hat man die Wahl zwischen Rosinenstollen, Mohnstollen, Mandelstollen, Marzipanstollen, Quarkstollen, Schokostollen ... Welche Sorte auch immer, ohne Stollen geht in der Dresdner Weihnachtszeit definitiv nichts.

STOLLEN

Das Adventsgebäck wurde ursprünglich erst am Heiligen Abend angeschnitten, heute darf es schon mal der erste Advent sein. Der Stollenklassiker mit Rosinen hält bei guter Kühlung einige Monate und sollte vor dem Verzehr vier Wochen reifen. Erst dann sind Aromen und Konsistenz optimal.

DRESDNER EIERSCHECKE

Ganzjährig verzehrt der Dresdner eine Delikatesse namens Eierschecke. Ein schmaler Hefeboden, eine dünne Quarkschicht, eine geschlagene Eiermasse – was simpel klingt, ist schwierig zu backen. Eine gute Eierschecke sollte saftig und flauschig sein.

MILCHSCHOKOLADE

Im Jahre 1839 und damit knapp 30 Jahre vor den Schweizern entwickelte man die erste Milchschokolade in der Schokoladenfabrik Jordan & Timaeus auf der Basis von Eselsmilch. Zahllose Manufakturen und Schokoladenfabriken sollten folgen, Dresden produzierte um 1900 ein Drittel der in Deutschland verzehrten Schokolade. Heute laden kleine feine Manufakturen zum Verkosten und ein Schokoladenmuseum zum Staunen ein.

Dresdner Eierschecke

Sörnewitz bei Meißen, 1905

SÄCHSISCHE WEINSTRASSE UND WEINANBAU

Die steilen Rebhänge der Sächsischen Weinstraße veranschaulichen, wie Genuss eine Landschaft prägen kann. Dass der Wein hier erst ab dem 12. Jahrhundert gepflanzt wurde, lag eindeutig an den Römern. Ängstlich wie sie waren, trauten sie sich nicht in den wilden Osten.

Drei bis vier Flaschen Wein pro Tag sollen sein normales Pensum gewesen sein. Doch der Lieblingswein von Sachsens berühmtestem Herrscher, August dem Starken, war mit Sicherheit kein sächsischer. Majestät liebte liebliche Tropfen wie den ungarischen Tokajer. Den konnten ihm seine heimischen Winzer nicht bieten. Von 1600 bis etwa 1750 hatte die Kleine Eiszeit Europa im Griff. Kurze kühle Sommer bescherten wenigen und sauren Wein.

Aber die Zeiten ändern sich. Heute gelten die sonnenverwöhnten Hänge zwischen Sörnewitz und Pirna als Qualitätsweinlage, das Elbtal profitiert vom Klimawandel. Die anhaltenden heißen Sommer lassen Winzer jubeln und Dessertweine wahr werden. Nie waren sächsische Traubengärungen begehrter, räumen Goldriesling und Grauburgunder von der Elbe Preise ab, wird in der Feinkostabteilung des KaDeWe ganz selbstverständlich die Meißener Scheurebe offeriert. Dafür, dass die Sächsische Weinstraße mit 447 ha Rebfläche zu den kleinsten Anbaugebieten Deutschlands zählt, ist man mit über 50 Rebsorten relativ gut vertreten, angeführt von Müller-Thurgau, Riesling, Weißburgunder, Spätburgunder, Kerner und Traminer.

Dabei gestaltete sich die Geschichte des Weinanbaus hierzulande mehr als wechselhaft. Vom römischen Einzugsgebiet viel zu weit entfernt, verpasst Sachsen den kulinarischen Kulturschock. Erst um 1161 findet der erste sächsische Weinberg in Meißen urkundliche Erwähnung. In der Folgezeit breitet sich der Anbau nach Norden und Osten aus und wird zur zweiten wirtschaftlichen Stütze des Landes. Sicher spielt die Tatsache, dass der Ausschank von Wein mehr einbringt als schnödes Handwerk, dabei eine Rolle. Doch die Freude währt nur bis zum Dreißigjährigen Krieg, der ein verwüstetes Land zurücklässt. Hungersnöte zwingen die Landesherren zu dem Erlass „Wo der Pflug kann gehen, soll kein Weinstock stehen“. Lediglich die schwer zu bewirtschaftenden Steillagen stehen noch zur Verfügung. Aber selbst diese werden dezimiert. Befördert durch die Gründerzeit, setzt in Dresden und Radebeul ein geradezu wahnwitziger Bauboom ein, die steilen Lagen mit erhabenem Ausblick sind heiß begehrt. Damit nicht genug, holt um 1890 die Reblaus zum finalen Schlag gegen den Wein aus. Große Flächen gehen verloren, einzige Rettung für die verbliebenen Weinberge bringt das Aufreben von resistenten Weinstöcken aus Amerika.

Weinführungen und -wanderungen erinnern bis heute an diese bewegten Zeiten. Gefeiert wird der Traubensaft bei stimmungsvollen Weinfesten in Meißen und Radebeul ebenso wie beim alljährlichen Tag des offenen Weingutes, wo 50 Lokationen zum geselligen Weinlauf animieren. Dann machen die ollen Kamellen vom sauren Wein zu Augusts Zeiten die fröhliche Runde: „Um Sachsenwein zu trinken“, so scherzte damals der Volksmund, „braucht es drei starke Männer. Einen, der ihn trinkt. Zwei, die ihn festhalten.“

Schloss Wackerbarth bei Radebeul; das Erlebnisweingut präsentiert die 850-jährige Tradition des Weinanbaus in Sachsen

Dresden-Loschwitz, Fachwerkhaus

DRESDNER VILLENVIERTEL

Wo einst Weinreben die steilen Elbhänge bedeckten, labt sich heute das Auge an prächtigen Schlössern und Villen.

Die Lage, die Lage, die Lage ... In Dresden-Loschwitz ist sie zuallererst schuld daran, dass an den sonnigen Hängen einst flächendeckend Wein angebaut wurde. In einem dieser Weinberge findet Friedrich Schiller Ruhe und Muße. Seine Gönner, die Verleger-Familie Körner, überlassen dem genialen Schwaben ein winziges Winzerhaus, hier wird *Don Carlos* entstehen.

Ab dem 18. Jahrhundert bewirkte die malerische Lage, dass sich hier etliche Adlige Sommerhäuser errichteten, einige sogar Schlösser. Das größte gehörte Albrecht von Preußen, der vor einem Skandal aus Berlin flüchten musste. Die anderen zwei Nobelbehausungen machten durch smarte Erfinder von sich reden: Karl August Lingner (Odol-Mundwasser) und Ottomar Heinsius von Mayenburg (Chlorodont-Zahnpasta). Seither wird die noble Wohnlage vom Dresdner scherzhaft als Dentisten-Hang oder Zahnpflege-Hügel bezeichnet.

In der Gründerzeit musste die herrliche Lage dafür herhalten, dem aufkommenden Anspruch nach prätentiösem Wohneigentum gerecht zu werden. Da traf es sich gut, dass Ende des 19. Jahrhunderts die Reblaus in Dresden vorbeigeschaut hatte. So entstand um 1890 ein geradezu märchenhaftes Viertel, über und über bestückt mit prunkvollen Villen im Neobarock oder im Jugendstil, meist umrahmt von großzügigen Parkanlagen. Ebenso überwinden seither zwei charmante Technik-Veteranen die knapp 100 Höhenmeter des Hangs: die Schwebebahn und die Standseilbahn. Letztere endet im Stadtteil Weißer Hirsch, wo Universalgenie Manfred von Ardenne, auf den rund 600 Erfindungen und Patente zurückgehen, in den 1950er-Jahren sein berühmtes Institut gründete. Bis heute forscht man dort im Bereich Biomedizintechnik.

Leider schon Geschichte sind die weitläufigen, um die Ecke gelegenen Kuranlagen von Heinrich Lahmann. In dessen luxuriösem Naturheil-Sanatorium hielten sich in den 1930er-Jahren Prominente wie Heinz Rühmann, Zarah Leander, Johannes Heesters und Marika Rökk auf. Sie alle genossen hier: die Lage.

Lingnerschloss (Villa Stockhausen), erbaut 1850–53

Die Schwebebahn Dresden verbindet die Stadtteile Loschwitz und Oberloschwitz

Burgberg mit Albrechtsburg

MEISSEN

Meißen ist mehr als Porzellan. Die unglaublich schöne, mit Renaissancehäusern geschmückte Stadt gilt als die Wiege Sachsens. Über den mächtigen Dom notierte Goethe: „... inwendig das schlankste, schönste aller Gebäude jener Zeit, die ich kenne".

Dieser erhabene Moment ist atemberaubend. Man lugt um die Ecke und da steht er, stolz in den Himmel gereckt, der Meißner Burgberg. Terrassierte Wege und Rebflächen lenken den Blick nach oben, zu einem gewaltigen Dom und dem ersten deutschen Schlossbau, der Albrechtsburg mit ihren Vorhangbogenfenstern. Der Aufstieg lohnt sich in mehrfacher Hinsicht: prächtige Domherrenhäuser, urige Schankwirtschaften mit phänomenaler Biergartenaussicht und die als Museum genutzte Albrechtsburg. Vor allem der Dom ist eine Augenweide. Das riesige gotische Gotteshaus mit dem reich geschnitzten Chorherrengestühl gilt als Wahrzeichen der Stadt. Ihm widmete in den 1970er-Jahren die Rockband Electra einen ihrer bekanntesten Songs: *Tritt ein in den Dom.*

Daran war 929 nicht zu denken. Hoch droben auf dem Berg hatte der erste deutsche König Heinrich I. nach einem erfolgreichen Slawenfeldzug sein Militärlager aufgeschlagen. Von hier aus sollte das Land regiert und die Osterweiterung des Reiches vorangetrieben werden. Ob er ahnte, dass er damit das Fundament für einen starken Territorialstaat schuf?

Nachdem sein Sohn Otto I. das Bistum gestiftet hat, logieren über Jahrhunderte Bischof und Markgrafen von Meißen auf dem Berg, ist Meißen das Zentrum der geistigen wie weltlichen Macht einer nach ihr benannten Verwaltungseinheit: der Mark Meißen. Hier wirkt um 1100 der legendäre Bischof Benno. Auf den heutigen Schutzpatron von München geht auch der erste Weinstock Sachsens zurück, die Grundlage für den flächendeckenden Weinanbau im Elbtal. Der Wein gedeiht, und auch der Handel erblüht.
Die am Fuß der Burg gelegene Stadt wird durch Tuchmacher, Bierbrauer und Ziegeleien reich. Sie schmückt sich mit anmutigen Kirchen und Bürgerhäusern, deren prunkvolle Sitznischenportale zum Schwatz einladen. Die eng geschmiegte Bebauung der steil ansteigenden Gassen beherbergt zahllose Handwerker. Meißen boomt.

Blick auf Meißen

Meißener Altstadt

Burgtor zur Albrechtsburg

Doch die Herrscherfamilie aus dem Geschlecht der Wettiner zerstreitet sich. Mehr noch, sie macht Sachsen zum Mutterland der deutschen Reformation. Meißen verliert im 16. Jahrhundert auf einen Schlag seinen Status als Residenz und Bischofssitz. Und macht 1710 mit einem Paukenschlag wieder von sich reden. August der Starke begründet in der Albrechtsburg, dem leer stehenden Schloss seiner zankenden Vorfahren, die erste Porzellanmanufaktur Europas. Und bis heute wird in der lieblichen Stadt an der Elbe, die unbeschadet durch den Zweiten Weltkrieg kam, die sogenannte Meißner Fummel gebacken, ein hauchdünnes, mit Luft gefülltes Backwerk. Angeblich soll August der Starke sie in Auftrag gegeben haben, denn er war es leid, dass seine Porzellanlieferungen viel zu selten heil in Dresden ankamen, weil die Kuriere während des Transfers zu sehr dem Meißner Wein zugetan waren. Fortan musste jeder Bote als Beweis seiner Unschuld eine heile Fummel abliefern.

Weinschänke in Meißen, 1899

Porzellanfigur

Porzellanmanufaktur Meissen mit den bekannten Schwertern

Markenzeichen Meissener Porzellan

MEISSENER PORZELLAN

Anmut, Zartheit und Strahlkraft machen es einzigartig, die gekreuzten Schwerter machen es unverwechselbar: Europas erstes Porzellan.

Es war der Lohn für jahrelanges Tüfteln. Dem „Forscherteam" rund um Ehrenfried Walther von Tschirnhaus, Johann Friedrich Böttger und Gottfried Pabst von Ohain muss ein Stein vom Herzen gefallen sein, als sie am 15. Januar 1708 in der Dresdner Jungfernbastei ihre Erfindung verkündeten: Porzellan!

Ab dem 13. Jahrhundert aus Asien importiert, wurde Porzellan einst mit Gold aufgewogen. Auf Sachsens Vorzeigeherrscher August den Starken übte das weiße Gold eine derartige Faszination aus, dass er im Scherz verkündete, der „Porzellan-Krankheit" verfallen zu sein. Die Diagnose schien nicht unbegründet: Mit ca. 25 000 Porzellanen galt seine Sammlung vor 300 Jahren europaweit als die größte.

Doch das Hobby verschlingt exorbitante Geldsummen. Was, so grübelt der Kurfürst von Sachsen und König von Polen, wenn er die begehrten Luxusartikel selbst herstellen könnte? So begründet der smarte Kunstkenner 1710 in Meißen die erste Porzellanmanufaktur Europas. Ab da klingelt es in der Staatskasse, und die sächsischen Kurschwerter werden zum Produktmarkenzeichen. Auf der Grundlage von Kaolin, Feldspat und Quarz entstehen auf Schloss Albrechtsburg Figuren, Prunkvasen und Speiseservices aus qualitätvollem Porzellan. Anfangs noch an asiatische Vorbilder angelehnt, schwimmt sich das Meissener Porzellan gestalterisch schnell frei, entwickelt eigene Glasurfarben wie Dekore und das berühmte „Zwiebelmuster", das erfolgreichste Blaudekor in der Geschichte des Porzellans.

Bis heute wird mit höchstem künstlerischen Anspruch und unglaublicher Präzision von Hand modelliert und gemalt – hautnah erlebbar in der manufaktureigenen Schauwerkstatt.

Paul de Vos (1593–1678), *Wolf im Kampf mit Hunden, dabei ein toter Rehbock*, Gemälde

JAGDSCHLOSS MORITZBURG

Im Jagdschloss Moritzburg verschmelzen Architektur und Landschaft zu einem Gesamtkunstwerk. Vor 300 Jahren jagte August der Starke dort nicht nur dem Wildbret nach. Zu DDR-Zeiten diente das Anwesen als Drehort für einen der romantischsten Märchenfilme.

„Hier, Mademoiselle, regieren nur sie. Und aus dem Großsultan, den ich jetzt noch spiele, wird ihr Sklave werden." Mit diesen Worten soll der sächsische Kurfürst und polnische König August der Starke seine erste Mätresse auf Schloss Moritzburg empfangen haben. Etliche Maskenbälle, Jagdausflüge und Schlossteich-Seeschlachten später fiel Aurora von Königsmarck seinem Werben anheim. Der gemeinsame Sohn sollte nach dem Zeugungsort benannt werden: Moritz von Sachsen.

Bereits seit Jahrhunderten war die Gegend rund um den heutigen Ort Moritzburg das bevorzugte Jagdrevier der sächsischen Herrscher. Jagen gilt als Privileg des Adels und zugleich als Training für Körper und Geist. Ständig herrscht Krieg, auch da gilt es, tagelang bei Wind und Wetter im Sattel auszuharren. Während man Moritzburg heute in einer halben Autostunde von Dresden aus erreicht, benötigen die Kutschen von damals mehrere Stunden für die Strecke. Um das Angenehme mit dem Nützlichen zu verbinden, lässt sich Kurfürst Moritz Mitte des 16. Jahrhunderts ein von vier Wehrtürmen umgebenes Jagdhaus errichten, die Moritzburg. Ab 1723 wird August der Starke die Anlage komplett um- und ausbauen, im barocken Stil aufputzen und ringsherum Seen anlegen lassen, sodass der Eindruck einer Insel entsteht. Aus der wehrhaften Burg wird ein elegantes Schloss. Und was für eins: vier Prunksäle, über 200 Zimmer, gigantische Geweihsammlungen und kostbare Ledertapeten, so weit das Auge reicht. Tapeten, die mit Blattsilberauflagen versehen, anschließend aufwendig geprägt und bemalt werden. Allein einen Raum auszustatten kostet ein Vermögen, August adelt 60 damit. Vom Tapetenwechsel profitieren immerhin einige Herrschaften, verbringt hier auf Moritzburg doch der versammelte sächsische Hof die Wochen der Jagdsaison, hält im Ballsaal riesige Gelage ab und genießt Theater, Tanz und Spiel. Das Leben scheint ein immerwährendes Fest, Moritzburg eine Insula Fortunata zu sein.

Schloss Moritzburg

Die Nachfolger Augusts des Starken behalten die Tradition des Jagens bei und legen im Ort ein formidables Gestüt an. Die feurigen Warmblüter genießen auch heute noch bei Pferdefreunden einen guten Ruf und begeistern bei den Moritzburger Hengstparaden mit ihrem Können. Eine noch ältere Tradition ist mit dem „Moritzburger Fischzug" – dem herbstlichen Abfischen im Schlossteich – ein beliebtes Volksfest, beim dem man Karpfen in allen Variationen feilbietet. Im Winter hingegen, wenn die Natur schläft, werden die Seen zum verschneiten Schlittschuhparadies, wird das seit 1947 als Museum genutzte Schloss zum Eldorado für Märchenfreunde. Von November bis Februar huldigt eine Ausstellung jenem beliebten Märchenfilm, der in den 1970er-Jahren hier gedreht wurde: *Drei Haselnüsse für Aschenbrödel.*

Karl May im Old-Shatterhand-Kostüm, 1896

KARL MAY (1842–1912)

„Erzähle nicht die Wahrheit, solange dir etwas Interessanteres einfällt", sagte Karl May.

Bereits vor einem Jahrhundert machte eine Kunstfigur von sich reden: Winnetou. Erfunden hat ihn der Mann aus Sachsen. Damals setzte der weltweite Boom eine gewaltige Vermarktungsmaschinerie in Gang. Hunderte Millionen verkaufter Bücher, aufwendige Verfilmungen, Hörbücher, Fanartikel, Festivals ...

Karl May jedoch wird seine Geschichten als eigene Reisetagebücher ausgeben. May, der dem erzgebirgischen Hohenstein-Ernstthal entstammt, ist seit Kindertagen ein Träumer. In seinen fiktiven Welten wirft der erfolglose Karl alle Sorgen ab, wird als Held von den Damen umschwärmt und von den Herren gefürchtet. Dort nennt sich der schmächtige Sachse Old Shatterhand und sorgt, den Schurken moralisch wie kriegerisch meilenweit überlegen, für Recht und Ordnung.

Es entbehrt nicht einer gewissen Komik, dass Karl May in seiner Jugend mehrere Jahre hinter Gittern verbringt, mehrmals verurteilt wegen Diebstahls, Betrugs und Hochstapelei. Mit selbst erfundenen Geschichten versüßt er seinen Mitgefangenen die Haftzeit. Das Gefängnis erweist sich für den Erzähler als segensreicher Testballon, denn es beschert ihm etwas ganz Wichtiges: Zeit, Ruhe und Publikum, um jene Figuren zu entwickeln und zu erproben, die seine späteren Romanhelden bereits erahnen lassen.

Die überbordende Fantasie und das erzählerische Ausnahmetalent gießt Karl May fortan in unterhaltsame Abenteuerlektüre. Ab 1892 sorgen die *Gesammelten Reiseerzählungen* für ungeahnten Ruhm, internationale Bekanntheit und finanziellen Erfolg. Der Geldregen ermöglicht ihm den Kauf der „Villa Shatterhand" (heute Karl-May-Museum) im noblen Radebeul bei Dresden und das Reisen zu den exotischen Schauplätzen seiner Romane. Doch die inneren Welten, sie werden Karl May bis ans Lebensende die liebsten bleiben.

Weinbaumuseum Hoflößnitz und Bismarckturm in den Weinbergen bei Radebeul

VILLENSTADT RADEBEUL

Als sächsisches Nizza wird die Villenstadt Radebeul gerühmt, deren Weinberge zu Spaziergängen verführen. Karl May wohnte hier genauso gern wie der Naturheilkundler Friedrich Eduard Bilz.

Es ist mehr als ein Radebeuler Stadtteil. Der lang gestreckte Anger von Kötzschenbroda, idyllisch am Elberadweg gelegen, ist ein kleines Paradies. Weinbauernhäuser mit einladenden Höfen umsäumen einen mit üppigen Bäumen gestalteten Platz. Eine dörfliche Idylle, die sich von ihrer besten Seite zeigt, wenn sie mehrmals im Jahr gestört wird. Nämlich dann, wenn bei Weinfest und Weihnachtsmarkt Tausende Bacchanten mit dem Weinglas in der Hand von Bühne zu Bühne flanieren und ausgelassen bei Theater, Musik und Tanz das Leben feiern.

Zusammengesetzt aus vielen ehemaligen Weindörfern, ist die vor den Toren Dresdens gelegene Villenstadt Radebeul nahezu ausschließlich in der Gründerzeit zu ihren formidablen Anwesen gekommen. Ausladende Landhäuser mit weitläufigen Parks lassen keinen Zweifel, welche Gehaltsklasse um 1880 nötig war, um sich hier eine bescheidene Bleibe zu leisten. Kein Problem für Karl May. Mit seinem Winnetou wurde der Schriftsteller weltberühmt. Seine „Villa Shatterhand" beherbergt im rückseitigen Blockhaus ein Indianermuseum und im Hauptgebäude eine Karl-May-Ausstellung. Im Mai feiert man alljährlich gleich um die Ecke

Villa Shatterhand

Pavillon am Spitzhaus über den Weinbergen bei Radebeul

das Karl-May-Festival. Dann wird der Lößnitzgrund zum Wilden Westen, Sternreiter aus allen Teilen Deutschlands kommen mit ihren Pferden zum Set. Aber dann wird es gefährlich für den legendären Lößnitzdackel, eine liebenswerte Schmalspurbahn, die von Radebeul nach Moritzburg schnauft. Mehrmals am Tage überfallen Banditenbanden mit Platzpatronen den kleinen Zug, sehr zum Vergnügen der kleinen und großen Besucher.

Doch auch außerhalb dieser Festivitäten lockt die Kulturlandschaft Lößnitz mit den liebenswerten Weingütern Aust und Hoflößnitz, vor allem mit dem traditionsreichen Restaurant Spitzhaus. Hoch oben auf der Hangkante des Elbtalkessels gelegen und durch die sogenannte Himmelstreppe zu erreichen, speist man hier seit Jahrhunderten mit Panoramablick über Radebeul und Dresden. Ein Blick, den auch der Lebensreformer Friedrich Eduard Bilz über Jahre genoss. Täglich wanderte der Vater der volkstümlichen Naturheilkunde durch seine Lößnitz, wo ab 1892 in seinen Sanatorien die vornehme Gesellschaft das Tautreten im Morgengras zelebrierte. Auf Bilz geht die erste europäische Markenlimonade „Sinalco" zurück, ebenso das beliebte Radebeuler „Bilzbad" mit dem ältesten noch betriebenen Wellenbad der Welt.

Arbeitszimmer, Villa Shatterhand

Deutscher Schäferhund

DER DEUTSCHE SCHÄFERHUND

Horand von Grafrath und sein Bruder Luchs Sparwasser – das könnten durchaus Figuren aus einem historischen Fantasyroman sein. Dass die beiden die Stammväter der Deutschen Schäferhunde sind, dürfte wohl nur Hundeliebhabern bekannt sein. Ende des 19. Jahrhunderts kaufte der Dresdner Offizier Max Emil Friedrich von Stephanitz die beiden Rüden, deren Rasse eigentlich als Hütehunde für Schafsherden eingesetzt wurde, für eine neue Zucht. Ohne weibliche Beteiligung ging es natürlich nicht: Als Stammmutter wird die Schäferhündin „Mari von Grafrath" angegeben. Stephanitz teilte die neue Rasse in drei Klassen ein: rauhaarige, glatthaarige und langhaarige Hunde. Das Erscheinungsbild wurde folgendermaßen bestimmt: spitze Stehohren, eine gestreckte Schnauze und eine abwärts getragene, buschige Rute. Als durchschnittliche Größe galten 50–55 cm, das Fell konnte schwarz, weiß, grau oder rotgelb sein.

Im Jahr 1899 wurde in Karlsruhe der Verein für Deutsche Schäferhunde gegründet, dessen Vorsitzender Max von Stephanitz war. Gemeinsam mit seinem Freund Artur Meyer schuf er mit dem Deutschen Schäferhund einen Arbeitshund und legte einen neuen Rassestandard fest, der bis heute fast unverändert gilt. Schon bald erregten die neuen Hunde großes Aufsehen, und Politiker wie Reichspräsident Hindenburg zeigten sich gerne mit ihnen. Während der Zeit des Nationalsozialismus galten Schäferhunde als Symbol deutscher Tugenden, Hitler ließ sich bei jeder Gelegenheit mit seiner Hündin Blondi fotografieren. In beiden Weltkriegen wurden Schäferhunde gegen den Gegner eingesetzt und kamen auch in den Konzentrationslagern zum Einsatz. Obwohl der Deutsche Schäferhund auch heute noch als potenziell gefährlich eingestuft wird, findet er seinen Einsatz als Diensthund bei Militär, Zoll und Polizei, als Rettungs- oder Blindenhund, da er von seinem Wesen her als ausgeglichen, nervenfest, aufmerksam und führig gilt.

Nationalpark Sächsische Schweiz

SÄCHSISCHE SCHWEIZ – GEOLOGISCHE ENTSTEHUNG UND NATIONALPARK

Die höchste Erhebung ist 560 m hoch, die Gesamtfläche beträgt gerade mal 400 m². Superlative sehen anders aus. Und doch zählt das kleine Elbsandsteingebirge mit seinen Kleckerburg-Felsen zu den absoluten Ausnahmelandschaften. Wie kam es dazu?

Das Naturschauspiel, das dieses Naturparadies schuf, liegt unvorstellbare 100 Mio. Jahre zurück. Ein Kreidemeer bedeckt, bedingt durch die Absenkung der gesamten Elbzone in Richtung Nordost, das heutige Sachsen. Zahllose Flüsse speisen es mit einem bunten Cocktail aus Sand, Lehm, Ton, Muschel- und Tierteilchen. Tief unter dem Meer verfestigen sich per Eigendruck die Sedimente, nimmt das Geschehen 7 Mio. Jahre lang seinen Lauf. Dann senkt sich die Elbzone erneut, das Wasser fließt ab und enthüllt eine 600 m hohe kompakte Sandsteinplatte. Doch das Auf und Ab geht weiter. Als sich die massive Tafel unter dem Einfluss angrenzender Gebirge wie der Lausitz und des Erzgebirges hebt und senkt, entstehen heftige Brüche und Zergliederungen. Den markantesten Einschnitt indes verursachen vor 500 000 Jahren die letzten Ausläufer des nordischen Festlandeises. Langsam aber sicher schürfen sie sich durch den zu Stein gewordenen Sand, legen das Elbtal an und hinterlassen bei ihrem Rückzug Sedimente, die zur Grundlage für Vegetation werden.

Für das anschließende Feintuning zeichnet Verwitterung verantwortlich. Der Regen und die Wasserläufe der Region waschen über Jahrtausende jene knuffigen Formen in die Felsformationen, die der Sächsischen Schweiz ihr Markenzeichen und den allseits beliebten Wanderzielen Namen wie Lokomotive, Zirkelstein und Herkulessäulen geben.

Ostrauer Aufzug, Bad Schandau

Doch damit ist die Erosionslandschaft mitnichten fertig. Die bis zum heutigen Tag stattfindende Modellierung und Veränderung des Elbsandsteingebirges durch Wind und Wasser ist ein langsamer, aber stetiger Prozess. Irgendwann wird alles abgetragen sein. Vielleicht senkt sich dann die Elbzone erneut in Richtung Nordost, und alles beginnt von vorn …

Per Multivisionsshow wesentlich anschaulicher nachvollziehbar ist die spannende Entstehung der einmaligen Flusslandschaft im NationalparkZentrum Sächsische Schweiz in Bad Schandau. Die Ernennung einer 93,5 km² großen Fläche zum Nationalpark Sächsische Schweiz geschah übrigens am 1.10.1990 und gilt als letzte Amtshandlung der ehemaligen DDR. Mit dem Ziel, die seltenen Tier- und Pflanzenarten des Naturparadieses zu schützen und zu bewahren sowie Verständnis für dieses besondere Biotop zu wecken, bietet das zentrale Besucher- und Informationszentrum des Nationalparks vielfältige Kennenlernprogramme an, wie etwa geführte Wanderungen, Workshops, Seminare, Ausstellungen und Kinderprojekttage.

Elbsandsteingebirge

Sonnenaufgang im Nationalpark Sächsische Schweiz

KULTURREGION SÄCHSISCHE SCHWEIZ

Über Jahrhunderte war sie eine schwer zugängliche Wildnis, der Lebensraum von Bergbauern, Flößern und Steinbrechern. Heute ist sie ein spektakulärer touristischer Hotspot für Naturliebhaber, Hobbyfotografen und Aktivurlauber. Schuld daran war Rousseau. Ohne seine Zurück-zur-Natur-Welle hätte es die touristische Entdeckung der Sächsischen Schweiz so nicht gegeben, existierte der Name Sächsische Schweiz nicht. Erfunden haben ihn zwei Schweizer.

1766 an die Dresdner Kunsthochschule berufen, folgen Anton Graff und Adrian Zingg prompt dem Rousseau'schen Ruf der Natur und geraten auf Motivsuche in unglaubliches Verzücken ob der wilden Schluchten und gewaltigen Felsformationen des sogenannten Meißner Hochlands. Das kaum bewohnte, unwegsame Gelände lässt sich schwer bewirtschaften. Die raue Unberührtheit erinnert sie an ihre Heimat und lässt den Begriff Sächsische Schweiz entstehen. Bald wird der Landstrich weiteren Künstlern zur Muse werden. Sie sind auf der Suche nach eindrücklichen Szenen, wo die Natur übermächtig auftritt, wo Gegensätze große Gefühle erzeugen. Hier werden sie im Übermaß fündig. Allen voran Caspar David Friedrich, der berühmteste Maler der Romantik. Seine schaurig-schönen Gemälde transportieren tiefes, ja geradezu übersinnliches Naturerleben. Der 115 km lange Malerweg, 2016 zum schönsten deutschen Wanderweg gekürt, folgt der abwechslungsreichen Naturwunderkulisse zu jenen Stationen, wo sich einst Maler wie Friedrich, aber auch Musiker und Literaten inspirieren ließen.

Richtig Fahrt auf nimmt der Besucherstrom gen Elbsandsteingebirge ab 1850. Die neu eröffnete Eisenbahnlinie durchs Elbtal bietet von nun an allen Bevölkerungsschichten einen schnellen Transfer ins Wandergebiet. Das Wandern, für das sich Ende des 19. Jahrhunderts die aufkommende Licht-Luft-Sonne-Bewegung begeistert, erfreut sich bis heute im Nationalpark Sächsische Schweiz (1200 km markierte Wanderwege) größter Beliebtheit. Das Paradies für Aktivurlauber lebt vom Tourismus und ist vielfältig erlebbar bei geführten Touren und Kletterkursen, bei Wassersport sowie beim Radeln auf dem Elberadweg. Faulenzer tauchen in der Toskana-Therme ab, derweil die traditionsreiche Felsenbühne Rathen seit den 1930er-Jahren den *Winnetou* an seinem Geburtsort reinkarniert. Die Festung Königstein samt Hochseilgarten verbindet unterhaltsam Militärgeschichte, Kultur und Kinderspaß. Und natürlich kommt niemand um den bekanntesten Hotspot herum: Die millionenfach fotografierte Postkartenaussicht der Felsformation Bastei bietet das atemberaubende Panorama schlechthin, 200 m über der Elbe.

Kirnitzschtalbahn, Elbtal

Morgenstimmung im Elbsandsteingebirge

Blick vom Carolafelsen über das Elbsandsteingebirge mit Schrammsteinen, Falkenstein, Königstein und Lilienstein

Über dem Nebelmeer auf den Schrammsteinen im Elbsandsteingebirge

KLETTERN – VOM ÜBERWINDEN DER SCHWERKRAFT

Die Sächsische Schweiz gilt als Wiege des Freeclimbings. Über 1000 Sandsteinfelsen bieten rund 27000 Kletterrouten. Extremsportler kommen im größten Klettergebiet Deutschlands genauso auf ihre Kosten wie blutige Anfänger.

„Kalte Hände, kalte Zehen, lass uns schnell nach Hause gehen." Die Strapazen der geglückten Kletterpartie sind nicht zu überlesen. Dass die kleinen, grauen Gipfelbücher der Sächsischen Schweiz oft aberwitzig Gereimtes, teils sogar politische Äußerungen offenbaren, ließ zu DDR-Zeiten die Stasi auf sie aufmerksam werden. Bis zurück in die 1920er-Jahre gehen die gesammelten Einträge in den Archiven des Sächsischen Bergsteigerbundes. Dokumentiert wird der Klettersport in Sachsen seit ca. 150 Jahren.

Fünf Turnern aus Bad Schandau wird der Beginn des sächsischen Volkssports zugeschrieben. 1864 besteigen sie, mit Baumstämmen und Leitern bewaffnet, ihren Hausberg, den Falkenstein. Doch das wahllose Einschlagen von Ringen, die unbedarfte Nutzung von Stiften, Tritteisen und Steigbäumen setzen der empfindsamen Felsenwelt in den folgenden Jahrzehnten nachhaltig zu. Um den Naturschutz zu gewährleisten, beginnt man umzudenken.

Erste Ideen zu einer sauberen, naturschonenden Kletterarbeit finden sich bereits im 1908 erschienenen Kletterführer für den sächsischen Sandstein. Wichtigster Punkt: Die Fortbewegung des Kletterers am Fels darf nur mit eigener Körperkraft an natürlichen Haltepunkten erfolgen. Es ist die Geburtsstunde des sportlichen freien Kletterns.

1918 setzen sich die „Sächsischen Kletterregeln" durch, die zu den strengsten weltweit gehören. In den 1920er-Jahren etabliert sich nach und nach der naturnahe, enorm anspruchsvolle Sport. Die Entwicklung der Klettertechnik, die von Jahrzehnt zu Jahrzehnt neue Blüten treibt, ermöglicht immer riskantere Wand- und Rissklettereien und die Erschließung zahlloser Gipfel.

Für einen Schnupperkurs mit dem Volkssport für Schwindelfreie besucht man im Elbsandsteingebirge am besten Kletterkurse oder Kletterschulen vor Ort. Die warme Jahreszeit eignet sich ideal zum sogenannten Boofen oder Pofen, dem streng geregelten Schlafen in der Natur, das lediglich den Kletterern (nach vorheriger Anmeldung) an 58 gekennzeichneten Stellen im Nationalpark erlaubt ist. Verheißungsvoll klingende Klettergipfel wie Schinderkopf, Kladderadatsch und Höllenhund warten nur darauf, dass nach geglücktem Aufstieg die Überwindung der Schwerkraft gefeiert wird.

Kletterer um 1930 in der Sächsischen Schweiz

GEOLOGISCHE BESONDERHEITEN

Nicht nur die Form der ungewöhnlichen Felsen in der Sächsischen Schweiz gibt Aufschluss über ihre Entstehung, auch die Namen weisen darauf hin: Königstein, Papststein und Lilienstein etwa bestehen aus Sandstein; Großer Winterberg, Raumberg oder Rosenberg sind dagegen vulkanischen Ursprungs mit Basalt- oder Granitgestein. Der vielfältige Formenreichtum des Elbsandsteingebirges, entstanden durch Jahrmillionen dauernde Erosionsprozesse beginnend in der Kreidezeit, kann in drei übereinanderliegende Gruppen aufgeteilt werden: Die Steine (Tafelberge), Riffe und Felsen bilden die obere Etage, die Ebenen die mittlere und die Täler und Schluchten die untere Etage.

Anders als in der südlichen Pfalz ist der Sandstein der Sächsischen Schweiz sehr weich und empfindlich und daher auch für ungeübte Kletterer geeignet. Doch nicht ohne Grund gibt es besondere Regeln für das Klettergebiet, wie das Kletterverbot bei Nässe und das Verbot von Magnesia sowie metallischer Sicherungsmittel. Zu groß ist die Gefahr, den Stein erheblich zu beschädigen oder abzustürzen, da die eisernen Hilfsmittel im weichen Material nicht halten.

Sandsteinformationen

FESTUNG KÖNIGSTEIN

Sie erlebte glanzvolle Feste, durchstand zahllose Kriege, wurde von Napoleon bestaunt und doch niemals eingenommen. Mit 9,5 ha Fläche punktet sie als eine der größten ihrer Art: die Festung Königstein.

Die Pfälzer waren schlauer. Sie stellten ihr Riesenweinfass in den trockenen Räumen des Heidelberger Schlosses auf, wo es bis heute zu besichtigen ist. Die Sachsen hielten den kühlen Fasskeller ihrer größten und wichtigsten Militärbastion für eine schlaue Idee. Das feuchtkalte Klima indes zersetzte das Holz, und übrig blieben nur Erinnerungen und alte Stiche, die belegen, dass die Festung Königstein von 1725–1819 das größte jemals befüllte Weinfass der Welt sein Eigen nannte. Das Fass war 10,5 m hoch, 15 m lang und mit hölzernen Treppen und einer Balustrade ausgestattet; es bot nicht nur 20 Paaren Platz zum Tanzen, sondern hatte auch ein Fassungsvermögen von sage und schreibe 238 600 Litern – Ausmaße, die selbst den ambitionierten Durst von August dem Starken überstiegen. Doch warum deponierte man das Fass auf einer Festung? Über Jahrhunderte bot der 240 m über der Elbe gelegene Königstein dem Sächsischen Hof nicht nur eine atemberaubende Aussicht auf die Felsformationen und Tafelberge der Sächsischen Schweiz, sondern auch Platz und Abgeschiedenheit für intime höfische Feste und geheime Treffen auf politischer Ebene. Üblicherweise floss in beiden Fällen der Traubensaft in Strömen. Abgesehen davon waren Kriege an der Tagesordnung. Sachsens Vorzeigefestung beherbergte zu Friedenszeiten 150 Militärs, im Krieg bis zu 1500. Doch auch wenn die hoch gelegene Festung aufgrund ihrer exorbitanten Verteidigungsanlagen als nahezu uneinnehmbar galt, konnte man in jahrelanger Belagerung die Belegschaft aushungern, besser noch: verdursten lassen. Von einem mächtigen Haus geschützt, wird der 152 m tiefe, um 1565 in den Sandstein gegrabene Burgbrunnen für lange Zeit das wichtigste Bauwerk bleiben.

Dass die heutige Festungsanlage als durchgängiges Plateau erscheint, ist das Ergebnis einer Jahrhunderte währenden Bautätigkeit. Auf dem 1241 erstmals erwähnten „Lapide regis", dem Stein des Königs Wenzel, nimmt das bauliche Geschehen ab dem 16. Jahrhundert unter den Wettinern Fahrt auf. Es entsteht ein Marktplatz mit Bäckerei und Brauerei. Dem militärischen Hintergrund geschuldet sind die Wachttürme, die Kellergeschosse für Geschütze und eine lang gestreckte Kaserne. Hinzu kommen Lazarette, ein Proviantmagazin,

mehrere Torgebäude und repräsentative Wohnbauten. Die Arbeiter rekrutierte man aus Gefangenen. Bis 1945 dient der Königstein als Gefängnis, insbesondere für politisch und religiös Andersdenkende. Die Verurteilung zur Festungshaft kommt oft einem Todesurteil gleich, so mancher arme Teufel wird kurz vor seiner Entlassung über die Festungsmauer entsorgt.

Die gewaltige Anlage, die seit 1955 ausschließlich als Museum fungiert, überwältigt uns bis heute mit ihrer machtvollen Größe und dem unglaublichen Ausguck in alle Himmelsrichtungen. Bereits der Aufstieg über mehrere Burgtore, Zwingerbereiche und Zugbrücken vermittelt Prinz-Eisenherz-Feeling. Die Vielfalt der spannenden Ausstellungen, u. a. zur Festungsgeschichte und zu Waffen, verlangt mehr als einen Besuch. Kulinarische Genießer finden sich mit frischem Blechkuchen vom festungseigenen Holzofenbäcker verwöhnt, und ganz Mutige wagen sich mit einer Spezialführung in die schaurig-kühlen Kasematten, in das einstige Zuhause des sagenumwobenen Riesenfasses.

Lilienstein mit Elbtal und Friedrichsburg auf der Festung Königstein in der Morgensonne

HOTEL

Schaufelraddampfer bei Rathen

ELBSCHIFFFAHRT

Der Faszination Schaufelraddampfer erliegt man an der Elbe seit fast 200 Jahren. Die mit neun Schiffen größte und älteste Raddampferflotte der Welt beschert einem die einzigartige Kulturlandschaft zwischen Meißen und Sächsischer Schweiz aus der Wasserperspektive.

Glänzende Männeraugen, den Mund offen vor Staunen ... mitten in das pulsierende Herz eines Schiffs zu schauen, bei laufender Fahrt, das passiert einem nicht alle Tage. In Dresden schon. Zwischen April und Oktober verkehren hier regelmäßig neun charmante Schiffsveteranen. Hier kann man bei kleinen und großen Touren mit und ohne Livemusik, auf jeden Fall stets mit Kaffee und Kuchen, den scheckheftgepflegten Stolz der Sächsischen Dampfschifffahrt erleben.

Das Heiligtum, der Maschinenraum, liegt von oben gut einsehbar. Es ist heiß da unten. Früher, als man noch durchweg mit Kohlen heizte, herrschten aufgrund der Hitze extreme Arbeitsbedingungen. Heute sind (bis auf eine Ausnahme) alle Kähne auf Dieselbetrieb umgestellt. Ansonsten ist im Prinzip alles noch so wie um 1837, als mit der „Königin Maria" Sachsens erstes Dampfschiff zu seiner Jungfernfahrt in die Elbe stach. Damals wie heute verfolgt man gebannt die Bewegungsabläufe der von Öl triefenden Kolben. Man riecht die schwitzende Maschine und sieht, wie der Dampf in zischenden Wölkchen aufsteigt.

Dampf, das ist das Zauberwort. Dank ihm gleiten, im Gleichmaß eines Uhrwerks, schwere Metallblöcke leichtfüßig auf und ab, um die mächtigen, seitlich gelegenen Schaufelräder anzutreiben. Ähnlich einem umgekehrten Mühlrad verdrängt das vor- wie rückwärts sich drehende Räderpaar die braunen Fluten des Flusses, vollführt punktgenaue Stopps und geschmeidige Wendemanöver.

Über Jahrhunderte war der wichtige Handelsweg zwischen Hamburg und Tschechien einzig mit unendlich langsamen, gegen die Strömung treidelnden Segelbooten schiffbar. Die flache Elbe im großen Stile zu beschiffen, diese Möglichkeit boten erst die Neuerungen des 19. Jahrhunderts. Große Ladungen konnten fortan rasch in alle Fließrichtungen bewegt werden. Doch das technische Wunder Dampfmaschine brachte gravierende Veränderungen mit sich. Um auch bei Niedrigwasser Passierbarkeit zu gewähren, wurde der Strom begradigt, Deltas und Inseln weitestgehend entfernt und die Fahrrinne vertieft. Dass die Elbauen (aufgrund von Hochwassergefahr) nahezu unbebaut blieben, erweckt bis heute den Eindruck einer unberührten Flusslandschaft, sodass der Anblick der gemächlich dahinziehenden Elbdampfer zum Entschleunigen einlädt. Entgegen den permanent vibrierenden Schiffen mit Verbrennungsmotor gleiten die Oldtimer der Sächsischen Dampfschifffahrt mit der Leichtigkeit eines Segelbootes über die Wellen. Lediglich ihr regelmäßiges Schnaufen erinnert daran, wer hier tiefenentspannt Dampf ablässt.

Die Elbe in der Sächsischen Schweiz

Anlegestelle bei Pirna

Bernardo Bellotto (1720–1780), genannt Canaletto, *Der Marktplatz zu Pirna*, 1753/54, Öl auf Leinwand, Gemäldegalerie Alte Meister, Dresden

PIRNA

Nicht weit entfernt von Dresden liegt Pirna, eine Stadt mit kleinen Shops, Cafés und Restaurants. Das Highlight der Stadt ist die historische Altstadt mit ihrem Marktplatz, dieser Meinung war zumindest der berühmte Maler Bernardo Bellotto, besser bekannt unter dem Namen Canaletto. Mit seinem Gemälde *Der Marktplatz zu Pirna* hielt er das Sujet eines gewöhnlichen Markttages in einer Kleinstadt fest. Von 1753–55 wird Canaletto die Sandsteinstadt aus unterschiedlichen Perspektiven in elf Veduten würdigen. Normalerweise kommen ausschließlich europäische Residenzen in den Genuss von Canalettos Gunst. Das kleine sächsische Pirna mit seiner anheimelnden Atmosphäre, seiner lieblichen Melange aus Gotik, Barock und Renaissance wird die Ausnahme bleiben. Und das aus gutem Grund: Mit seiner reizvollen Berg-und-Tal-Lage und der über der Stadt thronenden Festung Sonnenstein bieten sich stets andere, aufregende Sichtachsen, malerisch gerahmt von den Hügeln des beginnenden Elbsandsteingebirges.

Pirna ist sich dieser besonderen Ehre bewusst. Einmal jährlich inszeniert man hier mit historisch gewandeten Laienschauspielern und Komparsen ein ganz besonderes Open-Air-Event: das „lebendige Canalettobild".

Dass Pirnas Altstadt immer noch den Charme der Canaletto-Ära versprüht, liegt vor allem daran, dass sie unbeschadet durch die Wirren des Zweiten Weltkriegs kam. Entspannt über den landschaftlich reizvollen Elberadweg angesteuert, belohnt das sogenannte Tor zur Sächsischen Schweiz mit liebevoll sanierten Bürgerhäusern, bezaubernden Kleinkunstbühnen und gemütlichen Lokalen. Das einnehmende Rathaus freut sich ebenso über Besucher wie die spätgotische Marienkirche, eine der größten und bedeutsamsten sächsischen Hallenkirchen, die besonders durch ihre üppigen Gewölbeformen und Malereien beeindruckt.

Durchaus einen Abstecher wert ist auch das Geburtshaus von Pirnas berüchtigtstem Bürger: Johannes Tetzel. Mit moralisch fragwürdigen Geschäftsideen zog der gerissene Ablasshändler seinerzeit den geballten Zorn Martin Luthers auf sich. Sein Slogan lautete: „Sobald das Geld im Kasten klingt, die Seele in den Himmel springt."

Kirchturm von St. Marien in der Altstadt von Pirna

Das reich bemalte Gewölbe der Marienkirche

4. REGV. 2
PATER MI PATER MI
CVRRVS ISRAEL ET AV
RIGA EIVS
REQVIEVIT
SPIRITVS H
LIE SVPER
IVSTVS VT
LEO CONFI
DES ABSQVE

Sonnenaufgang im Zittauer Gebirge

Rakotzbrücke oder Teufelsbrücke im Kromlauer Park

OBERLAUSITZ UND NIEDERSCHLESIEN

Wer die zauberhafte Rakotzbrücke im Rhododendronpark Kromlau nahe der polnischen Grenze sieht, kann nachvollziehen, weshalb der Volksmund sie auch Teufelsbrücke nennt. Denn die 1860 erbaute Brücke, die in kühnem Bogen den See überspannt und im klaren Wasser gespiegelt wird, hat schon etwas Unwirkliches an sich, das nur ein Werk des Satans sein kann. Und sie passt zur Geschichte von Otfried Preußler über Krabat, den Jungen aus der Oberlausitz, der in der unheimlichen Schwarzen Mühle im Koselbruch mit bösen Mächten in Berührung kommt. In Schwarzkollm bei Hoyerswerda steht die Krabat-Mühle, allerdings ist sie ein Nachbau und Erlebnishof, wo neben der alten Sage die Pflege des sorbischen Brauchtums im Vordergrund steht.

Es liegt wohl insbesondere an der hiesigen Landschaft, der oft eine geradezu magische Atmosphäre zu eigen ist: Wer von den Gipfeln der Zittauer Berge Richtung tschechisches Riesengebirge schaut, kann sich gut vorstellen, dass hier der Berggeist Rübezahl zu Hause ist. Und das Biosphärenreservat Oberlausitzer Heide- und Teichlandschaft, das über die meisten Teiche in ganz Deutschland verfügt, verzaubert durch seine einzigartige Tier- und Pflanzenwelt.

Der östlichste Zipfel Deutschlands im Städtedreieck zwischen Bautzen, Görlitz und Zittau weist eine enorme Vielzahl von kulturellen Schätzen auf. Große Namen sind mit der Oberlausitz verbunden: Napoleons letzte große Offensive fand in der Schlacht bei Bautzen statt, wo sich im Wurschener Schloss das Hauptquartier der Russen und Preußen befand. Fürst von Pückler-Muskau schuf mit dem gleichnamigen Park ein Meisterwerk europäischer Gartenbaukunst. Kamenz ist die Geburtsstadt von Gotthold Ephraim Lessing, dem bedeutenden Dichter der Aufklärung. Der neben Hegel wichtigste Vertreter des deutschen Idealismus, Johann Gottlieb Fichte, wurde in Rammenau geboren. Ebenfalls aus der Oberlausitz stammt der Maler, Bildhauer und Grafiker Georg Baselitz.

CHRONIK

5000–800 v. Chr. Im Neolithikum lassen sich verschiedene Kulturen wie die Trichterbecherkultur nachweisen. In der Bronzezeit bildet sich die Lausitzer Kultur heraus, danach die eisenzeitliche Billendorfer Kultur.

7. Jh. n. Chr. Zwischen dem heutigen Kamenz und Löbau sowie bei Bautzen lässt sich der slawische Stamm der sorbischen Milzener nieder und errichtet zahlreiche Burgwallanlagen.

10. Jh. Mit der deutschen Ost-Expansion wird die sorbische Bevölkerung durch Kriegszüge unterworfen. An die Stelle der Milzenerburgen treten deutsche Burgwarde wie die Ortenburg in Bautzen. Die Oberlausitz wird dem Bistum Meißen zugeordnet.

11. Jh. Die Oberlausitz fällt im Frieden von Bautzen zuerst an das Herzogtum Polen, kommt später allerdings wieder unter die Herrschaft der Meißener Markgrafen.

12. Jh. Die Oberlausitz gelangt unter böhmische Herrschaft: Alle bedeutenden Städte und kirchlichen Institutionen werden in dieser Zeit gegründet, neue deutsche Siedlungen entstehen und es bildet sich ein eigener Oberlausitzer Adel aus.

1346 Die fünf königlichen Städte der Oberlausitz Bautzen, Lauban, Löbau, Görlitz, Kamenz und das damals noch böhmische Zittau gründen den Sechsstädtebund.

15. Jh. Im Zuge der Hussitenkriege schließt sich die Region kurzzeitig dem ungarischen König Matthias an (in dessen Amtszeit auch der Name Lusatia superior, also Oberlausitz, eingeführt wird). Nach dessen Tod wird sie aber wieder Teil des böhmischen Königreichs.

16./17. Jh. Die Oberlausitz wird Teil des Habsburger Reichs.

1635 Im Prager Frieden werden die Ober- und die Niederlausitz an das Kurfürstentum Sachsen gebunden.

19. Jh. Auf dem Wiener Kongress 1815 muss Sachsen die Hälfte der Oberlausitz samt Görlitz an Preußen abtreten, das direkt danach mit der dringend notwendigen Modernisierung der Verwaltung beginnt. Die Region wird durch Eisenbahnverbindungen und Textilherstellung eine der ersten deutschen Industriegebiete, viele Betriebe siedeln sich hier an.

20. Jh. Im Dritten Reich wird die sorbische Bevölkerung systematisch unterdrückt. Nach 1945 kommt der östlich der Neiße gelegene Teil der Oberlausitz zu Polen, Görlitz liegt als geteilte Stadt nun in zwei Ländern.

1994 Nach langen Diskussionen um die historische Identität erhält der neu gebildete Landkreis den Namen „Niederschlesischer Oberlausitzkreis".

Fürst-Pückler-Park, Schlossteich

FÜRST-PÜCKLER-PARK BAD MUSKAU

Was Fürst Hermann von Pückler-Muskau an der heutigen deutsch-polnischen Grenze geschaffen hat, ist einmalig in seiner Art in Zentraleuropa. Das hat auch die UNESCO überzeugt, die das Meisterwerk englischer Landschaftsarchitektur 2004 in die Welterbeliste aufnahm. Auf beiden Seiten der Neiße erstreckt sich die ausgedehnte Anlage, die mitten im sogenannten Muskauer Faltenbogen, einem ebenfalls von der UNESCO ausgezeichneten Global Geopark, liegt.

Alles begann im Jahr 1815, als der Fürst seine ehrgeizigen Pläne den Muskauer Bürgern vorstellte. Nach seinen intensiven Studien zur englischen Gartenkunst wurde im Laufe von gut 30 Jahren ein Park in Form einer idealisierten Natur erschaffen, bis Pückler wegen finanzieller Probleme das Anwesen verkaufen musste. In den folgenden Jahrzehnten wurde es immer wieder erweitert und nach dem Zweiten Weltkrieg entlang der Neiße zweigeteilt, wobei der zentrale Parkbereich mit Pleasureground und den zerstörten Schlossgebäuden auf deutscher Seite lag. Im östlichen Teil fielen die weiten Parkflächen der polnischen Forstverwaltung zu und verwucherten mit der Zeit zu einem regelrechten Urwald. Erst nach der Wende konnte ab 1993 in länderübergreifender Zusammenarbeit eine grundlegende Restaurierung stattfinden, seitdem erstrahlt die Anlage wieder in ihrer vollen Pracht. Neues und Altes Schloss, Orangerie, Schlossvorwerk und Schlossgärtnerei mit Küchengarten finden sich im Kernbereich; Schlossgarten, Herrengarten und Blauer Garten in unmittelbarer Nähe

Altes Schloss im Pücklerpark

Beamtenwohnhaus im Schlossvorwerk

Fürst-Pückler-Park

Neues Schloss, Muskauer Park

zu den Gebäuden. An den Pleasureground schließen sich ausgedehnte Wiesenflächen, künstliche Wasserläufe und kleine Seen sowie dramaturgisch inszenierte Wege an. Zwei Drittel des Parks mit Terrassenpark, Oberpark und Arboretum liegen auf polnischer Seite. Über die Doppelbrücke an der Jeanetteninsel und die Englische Brücke sind die beiden Bereiche miteinander verbunden. Ein Panoramaweg verläuft die Hänge entlang im Bergpark und bezieht dadurch die Stadt Muskau komplett mit in die Parkanlage ein.

FÜRST-PÜCKLER-EIS

Es ist ein bisschen aus der Mode gekommen, aber dennoch ist das Fürst-Pückler-Eis immer noch in jedem Kühlregal der Supermärkte zu finden. Die heutige Variante Erdbeer-Vanille-Schokolade, zwischen zwei Waffelscheiben gepresst, ist aber nur ein Abklatsch des originalen Eises, das der Königlich-Preußische Hofkoch Louis Ferdinand Jungius im Jahr 1839 kreierte und dem extravaganten Fürsten widmete. Ursprünglich gab es das Schichteis aus Sahne und frischen Früchten in der Variante Grün-Rot-Gelb und es wurde nach jedem festlichen Mahl serviert. Wegen des hohen Fettgehalts gefror die Masse nur halb und war somit deutlich cremiger als das heutige Eis. Waren im Winter keine frischen Früchte zu bekommen, so nahm man stattdessen Konfitüre. Heute bestehen die drei Schichten aus Erdbeer/Himbeer, Vanille und Schokolade, das Eis wird zumeist industriell hergestellt. Während die preußische Spezialität in Frankreich als „demi-glace à la Pückler" bekannt ist, kennen die Briten sie als „Neapolitan ice cream" oder „Neapolitan slice" – eine Bezeichnung, die sich auf die Herstellung eines Schichteises in einer italienischen Eisform bezieht und nicht auf den auch in Großbritannien bekannten deutschen Fürsten. Wer das Eis selbst zubereiten will, muss folgende Zutaten mischen (10–12 Personen): 1 Liter geschlagene Schlagsahne, 400 g Zucker, gut 250 g Erdbeeren oder Himbeeren, reichlich Zucker für die Früchte (je nach Geschmack) oder je 175 g Konfitüre aus Mirabellen, Aprikosen oder Kirschen. Die Masse wird in drei Schichten aufgeteilt und im Kühlschrank für mehrere Stunden gefroren. Fertig ist das „Glace de crême foûettée aux fruits" (Gefrorenes von geschlagener Sahne mit Früchten nach Fürst Pückler), wie das Eis im Original heißt.

Rotfuchs, Jungtier in einer Wiese

Historisches Gasthaus
Goldener Adler von 1540

Ein wenig außerhalb von Bautzen liegen zwei weitere Attraktionen. Im Saurierpark Kleinwelka staunen vor allem Familien mit Kindern über die lebensgroßen Modelle der Urzeittiere, die in dem waldähnlichen Parkgelände thematisch nach den Erdzeitaltern aufgebaut sind. Schloss Rammenau bei Bischofswerda entführt dagegen in die vornehme Welt des sächsischen Adels und zählt zu den am besten erhaltenen barocken Landschlössern Sachsens. Der Bau des Schlosses hat aber auch so manchen in den Ruin getrieben, allen voran Ernst Ferdinand von Knoch, der zu Beginn des 18. Jahrhunderts das Rittergut zum Barockschloss ausbauen ließ. Wegen hoher Verschuldung und der Angst vor seinen Gläubigern ergriff er 1744 schließlich die Flucht.

Ehemalige Haftanstalt Bautzen II

GEDENKSTÄTTE BAUTZEN/ WOPOMNIŠĆO BUDYŠIN

Ein unrühmliches Kapitel ostdeutscher Geschichte ist im Bautzener Stadtteil Nordostring zu finden. Die berüchtigte Haftanstalt Bautzen II erlangte als „Stasi-Knast“ zweifelhafte Berühmtheit und ist seit 1993 Teil der Gedenkstätte Bautzen. Von 1906–92 wurden hier Straftäter eingesperrt, ab 1956 bis zur Wende unterstand das Gefängnis als Sonderhaftanstalt dem Ministerium für Staatssicherheit (MfS) und wurde zu einem Hochsicherheitstrakt mit 200 Haftplätzen für politische Sondergefangene. Schon während der nationalsozialistischen Herrschaft wurden hier politische Gegner eingesperrt, Bautzen galt als Zwischenstation zu den Konzentrationslagern Kupferhammer (Bautzen) und Hohnstein. Nach dem Krieg nutzte die sowjetische Geheimpolizei den Bau zur Verwahrung von Untersuchungshäftlingen und für Verhöre – ein Vorgehen, das vom DDR-Innenministerium ab 1950 übernommen wurde. Mit der Errichtung einer Sonderstrafvollzugsanstalt wurde Bautzen II als eigenständiges Gefängnis geführt und diente der Inhaftierung unliebsamer Personen: Staatsverbrecher, Westdeutsche, Ausländer, prominente DDR-Häftlinge sowie ehemalige MfS-Mitarbeiter und straffällig gewordene SED-Funktionäre. Sie alle litten unter den unmenschlichen Bedingungen, zu denen Isolationshaft, Misshandlungen und eine komplette akustische und visuelle Überwachung gehörten. Seit 1963 waren hier auch Frauen inhaftiert, damit war Bautzen II das einzige DDR-Gefängnis, in dem männliche und weibliche Gefangene gemeinsam einsaßen. In all den Jahren gelang 1967 nur einem Häftling die Flucht, er wurde allerdings nach nur neun Tagen gestellt. Am 22. Dezember 1989 kamen alle politischen Häftlinge frei, 1992 wurde die Anstalt dann endgültig geschlossen.

Die Gedenkstätte umfasst Bautzen I und II und ist Arbeitsstelle der „Stiftung Sächsische Gedenkstätten zur Erinnerung an die Opfer politischer Gewaltherrschaft“, die den Opfern der nationalsozialistischen und SED-Willkürherrschaft gedenkt und diese auch finanziell unterstützt.

Das Motiv aus einer Fotoreportage für die DDR-Illustrierte *Zeit im Bild* zeigt Angehörige der sorbischen Kulturgruppe in Bautzen, aufgenommen im November 1952

DIE SORBEN

Rund 60 000 Sorben leben heute noch in der Ober- und in der Niederlausitz und prägen mit ihren Bräuchen und Legenden das Bild der Region. Das westslawische Volk siedelte schon seit der Zeit der Völkerwanderung ab dem 6. Jahrhundert in einem Gebiet zwischen Ostsee und Erzgebirge und wurde in einer fränkischen Chronik als „Surbi", in anderen Quellen aus dieser Zeit als „Vendi" (Wenden) bezeichnet. Nach den Eroberungskriegen der Franken und Sachsen gut 200 Jahre später begann mit der planmäßigen Ansiedlung deutscher Volksgruppen eine Verdrängungspolitik der ursprünglichen Bevölkerung, die dazu führte, dass die sorbische Kultur nur in der Lausitz überleben konnte. Im 20. Jahrhundert erstarkte mit der Gründung der Heimatbewegung „Domowina" 1912 ein neues Selbstbewusstsein, dass jäh von den Nationalsozialisten beendet wurde. Ortsnamen wurden eingedeutscht, viele Sorben in Konzentrationslager gesperrt. Zu DDR-Zeiten wiederum erhielt die sorbische Minderheit verfassungsmäßig garantierte Rechte – insofern sie sich an die sozialistischen Regeln hielt. Nach der Wende konstituierte sich die „Domowina" wieder als eigenständiger Dachverband, außerdem wurde mit der „Lausitzer Allianz" eine regionalpolitische Vereinigung gegründet, die die sorbischen Interessen wahrnimmt. Eigene Hörfunk- und Fernsehstationen sowie das Institut für Sorabistik an der Universität Leipzig, das Institut für Volksforschung in Bautzen, das Deutsch-Sorbische Volkstheater, das Ensemble für sorbische Volkskultur und der Domowina-Verlag sorgen dafür, dass die alte Kultur nicht in Vergessenheit gerät.

Doch es sind vor allem die Bräuche der Sorben, die bis heute das Bild der Lausitz prägen: das traditionelle Färben der Ostereier, die sich durch besonders kunstvolle Verzierungen auszeichnen. Oder die aufwendigen Trachten, bei denen einem sofort die Spreewälder Festtagstracht der Frauen mit ihrer spitzenbesetzen „lapa", der großen, kunstvollen Kopfbedeckung, einfällt. Und dann gibt es die vielen folkloristischen Feste wie die Vogelhochzeit, das Zampern oder das Maibaumwerfen, die in einem eigenen sorbischen Veranstaltungskalender zu finden sind. Vieles davon stammt aus vorchristlichen Zeiten und wird zur Wintersonnenwende, zur Fastnachtszeit oder zum Frühlingsanfang begangen.

Auch die Kunst des Blaudrucks oder Reservedrucks ist eine sorbische Besonderheit: Die Museen in Bautzen, Hoyerswerda und Spremberg zeigen besonders schöne Beispiele dieser alten Technik, bei der das Muster durch eine Reservage, Papp genannt, auf dem Stoff abgedeckt wird und beim Färben weiß, also reserviert, bleibt.

Motiv aus derselben Fotoreportage, hier mit dem sorbischen Dudelsack (Mechawa)

Sorbische Ostereier mit traditionellen Mustern

Rheinischer Sauerbraten

Panhas/Pannas

Bergische Waffeln

Arme Ritter

SPEZIALITÄTEN AUS DER MITTE DEUTSCHLANDS

Rheinischer Sauerbraten mit Rosinen
Der beliebte Schmorbraten wird auch in anderen Teilen Deutschlands gegessen, dort als Schwäbischer, Sächsischer oder Westfälischer Sauerbraten. Während fast immer Rindfleisch verwendet wird, war der traditionelle Rheinische Sauerbraten aus Pferdefleisch, das oft alt und zäh war und durch die Beize weich gemacht wurde. Die Marinade besteht noch heute aus Essig, Wasser oder Wein, Zwiebeln, Karotten sowie Gewürzen wie Lorbeer, Gewürznelke und Pfefferkörnern. Doch mittlerweile wird auch im Rheinland vorwiegend Rinderbraten gegessen, die klassische süßsaure Soße mit Rosinen darf allerdings nicht fehlen, ebenso wenig wie die Klöße und der Rotkohl.

Rheinische Muscheln
Von September bis Februar werden die frischen Miesmuscheln in den traditionellen Restaurants der Städte am Rhein serviert. Der Sud aus Gemüse, trockenem Weißwein und Gewürzen wie Wacholder, Nelke und Lorbeer, in dem die Muscheln eine halbe Stunde ziehen, verleiht diesen den besonderen Geschmack.

Düsseldorfer Senfrostbraten
Ein Klassiker in der Altstadt und in den hiesigen Brauhäusern sehr beliebt: Das Rumpsteak wird in der Pfanne angebraten und mit einer Senf-Zwiebel-Soße serviert. Natürlich wird hierfür der echte Düsseldorfer Löwensenf genommen, der zu Beginn des 20. Jahrhunderts von dem eingewanderten Ehepaar Frenzel aus Metz nach dem Vorbild des Lyoner Senfs entwickelt worden war.

Panhas/Pannas
Zugegeben, etwas merkwürdig sieht das Ganze schon aus. Und die Basiszutaten – Speck, Haut, Schwarten und Fleisch von ausgebeinten Schweineköpfen, Blut und Buchweizenmehl – flößen heutigen Veggie-Fans auch kein Vertrauen ein. Doch es gibt Menschen aus dem Bergischen Land, dem Ruhrgebiet, aus Westfalen und dem Rheinland, die auf die gebratene Scheibe, die meist mit Kartoffelbrei serviert wird, schwören.

Mettbrötchen
Anderswo als Hackepeter bekannt, kommt im Westen Deutschlands das Mett aufs Brötchen und wird mit viel Zwiebeln verspeist. In den 1960ern und 1970ern war der Mettigel ein gern gesehener Gast am Partybuffet.

Rheinischer Kartoffelsalat
Wie im Norden wird auch im Rheinland der Kartoffelsalat mit Mayonnaise zubereitet, doch gibt man hier gerne auch noch Äpfel oder rheinische Fleischwurst dazu. Wichtig ist, dass festkochende Kartoffeln dazu genommen werden, sonst wird das Ganze ein wenig matschig.

Reibekuchen
Die gebackenen Fladen aus geriebenen Kartoffeln heißen anderswo Kartoffelpuffer oder Reiberdatschi, im Rheinland kennt man sie als Rievkooche. Mit Apfelmus oder mit Lachs schmecken die in heißem Fett ausgebackenen Kartoffelfladen am besten.

Bergische Waffeln
Die luftigen Waffeln aus Eiern, Zucker, Vanillezucker, Butter, Mehl und Backpulver (ursprünglich Hefe) werden für einige Minuten im heißen Waffeleisen gebacken und dann mit Kirschkompott und Sahne serviert. Sie können aber auch mit Ahornsirup oder Zimt verfeinert werden.

Bergische Kaffeetafel
Schon im 18. Jahrhundert kannte man die Kaffeetafel im Bergischen Land, heute gehören zu ihr Rosinenstuten, Schwarzbrot und/oder Pumpernickel. Dazu kommen süße Brotaufstriche wie Honig oder Zuckerrübensirup sowie gesüßter Milchreis und Quark, teilweise auch Apfelkompott und rote Grütze. Butter, Zucker und Zimt ergänzen das Angebot. Der Kaffee wird klassisch aus einer Kranenkanne (Dröppelminna) direkt am Tisch ausgeschenkt. Auch Waffeln, Brezeln oder sogar Wurst und Fleisch können zu einer solchen Tafel gehören.

Handkäs mit Musik
Laktosefrei und ein hoher Kalziumgehalt – wenn da nicht der Geruch wäre! Der Harzer Käse zieht in einer Marinade aus gehackten Zwiebeln, Weißweinessig, Öl, Salz, Pfeffer, Zucker und Kümmel und wird mit Brot und Butter verzehrt. Im Frankfurter Raum wird die Spezialität massenweise verspeist.

Kirschmichel
Die traditionelle Süßspeise wird in Süddeutschland, vor allem aber in Hessen und in der Pfalz als warme Hauptspeise serviert. Altbackene Brötchen werden mit Butter, Milch, Ei und Zucker zu einem Teig vermischt, unter den dann die Kirschen gehoben werden. Der süße Auflauf wird im Ofen gebacken und wahlweise mit Vanille, Zimt oder Mandeln verfeinert.

Arme Ritter
Auch hier werden altbackene Brötchen oder Weißbrotscheiben verwendet und dann in einer Mischung aus Milch, Eiern, Zucker, Vanille und Salz eingeweicht und in Fett gebraten. Das in vielen deutschen Regionen beliebte Rezept kannte man schon zu Römerzeiten. Ähnliche Varianten finden sich in vielen europäischen Ländern, aber auch in Kanada und den USA.

Rinderroulade
Auch wenn andere mitteleuropäische Länder dieses gewickelte Fleischgericht kennen, ist die Rinderroulade doch aus keiner deutschen Küche wegzudenken. Je nach Region kann die Füllung sehr unterschiedlich ausfallen: Mett, Speck, Gewürzgurken, Senf, Karotten, Lauch oder sogar ein gekochtes Ei. Die Masse wird umhüllt von großen Scheiben aus der Rinderkeule, die mit Küchengarn, Zahnstochern oder speziellen Rouladenklammern zusammengefasst werden. Als Beilage gibt es Kartoffelpüree, Klöße, Kartoffeln oder Spätzle, gerne wird dazu Rotkohl oder Sauerkraut gereicht.

Kalter Hund
Die Kalorienbombe hat verschiedene Namen: Kellerkuchen, Kalte Schnauze oder Keksmauer sind nur einige davon. Kekse und eine Kakao-Kokosfett-Creme werden übereinandergeschichtet und anschließend gekühlt, ein Backvorgang ist nicht nötig. Die

Rheinische Muscheln

Reibekuchen

Kirschmichel

Rinderroulade

Thüringer Rostbratwurst

Eierschecke

Dresdner Stollen

Letscho

extrem süße Speise gibt es auch in vielen anderen europäischen Ländern.

Thüringer Rostbratwurst
Der Exportschlager aus Thüringen, der in ganz Deutschland an Imbissbuden zu finden ist. Die Zutaten der 15 cm langen, mittelfeinen Rostbratwurst im Naturdarm müssen zu mindestens 51 % aus dem Bundesland stammen, sonst ist es keine originale. Je nach Region werden unterschiedliche Gewürze zum Brät hinzugefügt, in Ostthüringen ist es Kümmel, in Nordthüringen Majoran, in Mittelthüringen Knoblauch und in Südthüringen nur Salz und Pfeffer. Am besten schmeckt sie, wenn sie über einem Holzkohlegrill gegart wird.

Leipziger Allerlei
Was man in Supermärkten als fertiges Leipziger Allerlei kennt, hat nur wenig mit dem Originalgericht zu tun. Für das „echte" Allerlei wird junges Frühgemüse wie Erbsen, Karotten, Spargelköpfe, Sellerie, grüne Bohnen und Morcheln, oft auch junger Blumenkohl oder Kohlrabi in Kalbsfond gegart. Zum klassischen Allerlei gehört auch eine Krebssoße mit gekochten Krebsschwänzen und Grießklößchen. Das Gericht sollte früher Steuereintreiber und Bettler abschrecken, da man ihnen statt teures Fleisch nur diesen Gemüseeintopf vorsetzte, um zu zeigen, wie wenig Geld man besaß.

Quarkkeulchen mit Backpflaumen
Innen weiß, süß und cremig, außen braun und knusprig – das einstige Arme-Leute-Gericht findet man heute auf sächsischen Märkten und in Restaurants, wo die leckeren Keulchen reißenden Absatz finden. Wer sich nicht auskennt, wird kaum vermuten, dass die beliebte sächsische Süßspeise auch aus Pellkartoffeln besteht, die mit Quark, Mehl, Eiern, Zucker und Salz zu einem Teig verrührt werden. Wichtig ist auch die Zugabe von Rosinen.

Eierschecke
Die Dresdner Variante des beliebten Blechkuchens aus Sachsen und Thüringen besteht aus drei Schichten: auf den Boden, der ein Rühr- oder Hefeteig sein kann, kommt eine Quark-Vanillepuddingschicht mit Butter, Ei, Zucker und Milch. Darauf kommt dann die Scheckenmasse aus cremig gerührtem Eigelb mit Butter und Zucker, Vanillepudding und untergehobenem schaumig geschlagenem Eiweiß. Andere Varianten verwenden Rosinen, Streusel oder Schokolade als Überzug.

Dresdner Stollen
Obwohl es Christstollen zur Weihnachtszeit in ganz Deutschland gibt, verbinden die meisten den brotförmigen Kuchen unweigerlich mit Dresden. Der hiesige Christstollen besteht aus einem schweren, aber feinen Hefeteig, Butter und Trockenfrüchten (Zitronat, Orangeat, Sultaninen) und ist monatelang haltbar, weswegen er schon oft im Spätsommer/Frühherbst für die Weihnachtszeit zubereitet wird. Es gibt in ganz Deutschland zahlreiche Varianten und Füllungen: Mandelstollen, Marzipanstollen, Nussstollen oder Quarkstollen.

Pellkartoffeln mit Quark und Leinöl
Auch wieder ein Arme-Leute-Gericht, das seinen Weg in die gesamtdeutschen Küchen gefunden hat. Das traditionelle, einfache und gesunde Essen wurde früher in Schlesien, in der Lausitz und im Spreewald gegessen, wo es heute noch auf jeder Speisekarte steht. Vor allem das kaltgepresste, goldgelbe Leinöl, das von Ernährungsexperten empfohlen wird, verleiht dem Ganzen eine nussige Note, allerdings nur, wenn es frisch ist.

Soljanka
Die säuerlich-scharfe Suppe, die aus der osteuropäischen Küche stammt, ist der DDR-Klassiker schlechthin. Sie wird stets mit sauer eingelegtem Gemüse wie Gewürz- und Salzgurken oder Mixed Pickles und Tomatenmark zubereitet. Variiert werden dagegen die Einlagen: Schinken, Speck, Wurststücke, Fisch, Krebsfleisch oder Pilze können Bestandteile einer Soljanka sein.

Letscho
Eigentlich ist Letscho (Lecsó) ein ungarisches Schmorgericht aus Speck, gelber Spitzpaprika, Tomaten und Zwiebeln, das als Hauptgang verzehrt wird. In der DDR wurde Letscho dagegen gerne als Beilage zu Grillgerichten wie Schaschlik gereicht, oft diente es auch als Grundlage für eine Soljanka. Auch heute noch findet man in jedem ostdeutschen Supermarkt Konserven mit eingemachtem Letscho, aber selbst gemacht schmeckt es einfach besser.

Würzfleisch
Einer der Klassiker der DDR-Küche, der gerne als Vorspeise verzehrt wurde. Anderswo als Ragout fin unter Verwendung von Kalbsfleisch bekannt, nahm man in Ostdeutschland alternativ Schweine-, Geflügel- oder Kaninchenfleisch und füllte es in kleine Terrinen oder Blätterteigpasteten. Das Ganze wird dann mit Käse überbacken und mit Worcestersauce gewürzt.

Tote Oma
Tote Oma, Autounfall, überfahrene Katze – die Namen flößen nicht gerade Vertrauen ein, aber beim Anblick der braun-roten Masse auf dem Teller erscheinen einem die makabren Vergleiche gar nicht mehr so abwegig. Die Grützwurst aus Mett-, Leber- und Blutwurst ist ebenfalls ein beliebtes DDR-Gericht, es wird meist mit Salzkartoffeln und Kraut serviert und schmeckt deutlich besser als es aussieht.

Frikassee
Das Ragout aus hellem Fleisch in einer weißen Soße stammt ursprünglich aus Frankreich, in Deutschland kennt man vor allem das Hühnerfrikassee mit mundgerecht geschnittenen Fleischstückchen, Erbsen, Karotten, Spargel und Pilzen. Manchmal kommen auch Kapern in die cremige Soße aus Mehlschwitze und Hühnerbrühe.

Ochsenschwanzsuppe
In Zeiten einer fleischlosen Ernährung findet sich die Ochsenschwanzsuppe immer seltener auf den Speisekarten. Diese Suppe aus Ochsenschwanz und Wurzelgemüse, die es in klarer und in gebundener Form gibt, war eine gern verzehrte Vorspeise. Industriell hergestellte Ochsenschwanzsuppe muss in Deutschland übrigens keinen Ochsenschwanz enthalten – eine Folge der BSE-Krise aus den 1990er-Jahren.

Kalter Hund

Leipziger Allerlei

Soljanka

Hühnerfrikassee

Bertsdorf bei Zittau

ZITTAU UND KAMENZ

Der kulturelle Reichtum der Oberlausitz ist erstaunlich, was sich neben Bautzen und Görlitz auch an Zittau (Sitte) zeigt. Die Stadt, im Mittelalter an einer wichtigen Handelsroute zwischen West- und Osteuropa gelegen, hat eine wechselvolle Geschichte hinter sich: Ihre Bedeutung als Mitglied des Oberlausitzer Sechsstädtebunds schwand mit der Zerstörung im Siebenjährigen Krieg und der nachfolgenden Lage an der neuen preußisch-sächsischen Grenze. Nach einer wirtschaftlichen Hochphase in der Industrialisierung kam mit der Grenzlage nach dem Zweiten Weltkrieg eine erneute Isolation, die heute aufgrund der Wiederbelebung des Dreiländerecks Deutschland, Polen und Tschechien aufgehoben ist. Und so erstrahlt die Innenstadt nach umfangreichen Sanierungen wieder in ihrer ganzen Schönheit: Am Marktplatz fällt insbesondere das Rathaus im Stil der italienischen Renaissance ins Auge, das im 19. Jahrhundert nach den Plänen von Karl Friedrich Schinkel erbaut wurde. Der berühmte preußische Baumeister schuf auch die klassizistische Johanniskirche einige Meter weiter. Von besonderem Wert ist das Große Zittauer Fastentuch von 1472 in der Kreuzkirche. Es zeigt in 90 Bildern biblische Szenen von der Schöpfung bis zum Jüngsten Gericht und ist das einzig erhaltene Fastentuch des sogenannten bilderreichen Feldertyps in Deutschland. Ein kleines Fastentuch von 1573 mit dem Thema der Kreuzigung Christi ist im Kulturhistorischen Museum Franziskanerkloster ausgestellt, wo sich auch die Städtischen Museen Zittaus befinden.

Westlich von Bautzen wird in Kamenz dem berühmten Sohn der Stadt in einem eigenen Museum gedacht: Gotthold Ephraim Lessing wurde 1729 in Kamenz geboren, das Museum aus dem Jahr 1931 umfasst eine Bibliothek mit 5500 Titeln zum Leben und Wirken des Dichters sowie eine Sammlung zur Familiengeschichte Lessings.

In der gesamten Oberlausitz trifft der Reisende immer wieder auf die kursächsischen Postmeilensäulen aus der Zeit August des Starken, die an allen wichtigen Post- und Handelsstraßen und in den Städten des Kurfürstentums Sachsen zur Angabe der amtlichen Entfernungen aufgestellt wurden.

Die Eisenbahnbrücke über der Neiße bei Zittau verbindet Deutschland und Polen

Zittau, Marktplatz und Rathaus

ERZGEBIRGE

Schloss Augustusburg

Bergmann der Silberbergwerke in Freiberg in Sachsen, um 1895

ERZGEBIRGE

Das Erzgebirge bildet den 140 km langen und ca. 40 km breiten südlichen Abschluss Sachsens in Richtung Tschechien. Schon das „Erz“ im Namen verrät, dass der Bergbau hier eine besondere Bedeutung haben muss: Rund um die Silberfunde bei Freiberg erhob sich 1168 das Erste Berggeschrey. Spätestens seit diesem Zeitpunkt prägte das Erz in den Bergen – neben dem Silber auch Eisen, Zinn, Kupfer und Kobalt – nicht nur die Region, sondern ganz Sachsen. Selbst das Wort „Dollar“ erinnert an diesen Reichtum, den die Sachsen da aus den Bergen holen konnten: Es stammt vom sächsischen „Taler“ ab, ursprünglich vom „Joachimstaler“ – benannt nach dem böhmischen Sankt Joachimsthal nahe Oberwiesenthal, wo dieser silberne Guldengroschen um 1516 erstmals geprägt wurde. Heute gehört das tschechische Jáchymov zum UNESCO-Welterbe „Montanregion Erzgebirge“.

Alles kommt vom Bergbau her – diese Faustformel gilt im Erzgebirge von der Besiedlung an für Technologien, Wirtschaft und Kultur. Denn so urwüchsig die Natur von den Hochmooren und Bergwiesen der Kammlagen durch die waldreichen Täler der Flöha und der Zschopau bis in die hügeligen nördlichen Ausläufer der Pultscholle erscheint, so überformt ist sie auch. Das letzte „Berggeschrey“ im Erzgebirge ist erst 70 Jahre her. Als sich nach dem Zweiten Weltkrieg zwei politische Blocks im Kalten Krieg gegenüberstanden, erwuchs wieder einmal aus den Bodenschätzen des Erzgebirges ein besonderes Pfund der Ostmächte: diesmal in Form von Uran, das die Wismut AG in großem Stil abbaute. Über Jahrhunderte haben Gruben, Halden, Gräben und Wasserreservoirs der Landschaft ihren Stempel aufgedrückt. Manchmal sind die Bergbaufolgen im Rohzustand zu sehen wie bei der Altenberger Pinge oder den Halden bei Buchholz, andernorts sind sie längst mit artenreichen Bergwiesen überwachsen.

Die Notwendigkeit, erst das Erz aus dem Berg, dann das Metall aus dem Erz zu bekommen, lieferte Impulse für Entwicklungen und Erfindungen aller Art von der Forstwirtschaft bis zur Textilindustrie. Schon das Meissener Porzellan ist 1708 nicht aus einer Laune heraus in Dresden erfunden worden: Kurfürst August der Starke konnte dem glücklosen Goldmacher Johann Friedrich Böttger seinen erfahrenen Mineralogen Ehrenfried Walther von Tschirnhaus und seinen Freiberger Bergrat Gottfried Pabst von Ohain zur Seite stellen, die ihrerseits auf das Wissen der Freiberger Hüttenleute und Ofenbauer zurückgreifen konnten. Die 1765 gegründete Freiberger Bergakademie ist die älteste Montanuniversität der Welt mit durchgehendem Lehrbetrieb.

Mindestens ebenso viel Einfluss hatte das Erzgebirge auf die sächsische Weihnachtskultur. Bergmann und Engel, Nussknacker und Räuchermännchen („Räuchermännl“, wie es im sächsischen Erzgebirge genannt wird) zeugen vielschichtig von dieser speziellen Verwobenheit von Natur, Bergbau und Technologie: Da ist zum einen das Holz der Wälder, das die Erzgebirger traditionell meisterhaft bearbeiten – sei es, um Hohlformen für die Glashütten oder Alltagsgeschirr zu drechseln, sei es, die Dorfcharaktere in „Männl“ umzusetzen. Zum anderen ist da das Licht, das Engel und Bergmann tragen. Ihm kam bei der Arbeit unter Tage eine besondere Bedeutung zu. Und da ist der „Winter im Gebirg“, der auf den durchschnittlich 800 Höhenmetern des Erzgebirgskamms besonders schneereich und lang ausfällt – und der aus dem Weihnachtsfest einen warmen, hell erleuchteten Höhepunkt in der dunklen Jahreszeit macht.

CHRONIK

12. Jh. Besiedelung des nördlichen Erzgebirges

1168 Nach Silberfunden Erstes Berggeschrey bei Freiberg, danach dehnte sich die Besiedelung der Region in Richtung Kammlagen aus.

Ab 1470 Zweites oder auch Großes Berggeschrey nach der Entdeckung reichhaltigen Silbererzes im mittleren Erzgebirge, daraufhin Gründung von Schneeberg, Marienberg und Annaberg-Buchholz

1765 Gründung der Bergakademie in Freiberg, heute die älteste montanwissenschaftliche Hochschule der Welt

Ab 1946 Drittes Berggeschrey durch den Uranabbau der Wismut AG im Westerzgebirge

1991 Stilllegung des Uranbergbaus und des Zinnerzabbaus in Altenberg

Verschneiter Tannenwald, um 1940

WINTER IM ERZGEBIRGE

Hier oben gebe es eigentlich nur zwei Jahreszeiten, sagen die Olbernhauer auf dem Erzgebirgskamm: „Winter. Und harter Winter." Denn in Zeiten, in denen selbst in Chemnitz kaum noch genug Schnee für den Rodelhang fällt, bleiben die Kammlagen zu großen Teilen schneesicher – nicht selten von November bis in den April hinein.

Entsprechend strömten die Menschen bereits seit der Wende zum 20. Jahrhundert mit Ski und Schlitten und mithilfe eines immer besser ausgebauten Schienennetzes in die Berge. Zahlreiche Ski- und Loipengebiete finden sich in den Kammregionen, das größte befindet sich natürlich am Fichtelberg in Oberwiesenthal. Über 200 Skisprungschanzen verteilten sich einstmals zwischen Altenberg und Johanngeorgenstadt. Heute sind es immer noch über 60, in Oberwiesenthal gehören sie zum Olympiastützpunkt. Auch in der Altenberger Biathlonarena trainieren die Sportler für Olympia. Die Altenberger Bobbahn gilt als eine der anspruchsvollsten weltweit.

Mit etwas über 1214 m ist der Fichtelberg der höchste Berg im deutschen Erzgebirge, um 30 m übertroffen vom Klínovec gegenüber auf der tschechischen Seite. Der ganze Erzgebirgskamm als höchste Gebirgslinie der Pultscholle verläuft zumeist zwischen 800 und 1000 m Höhe – ganz normale Mittelgebirgsmaße also. Doch sie reichen aus, um dem Wetter eine extreme Note zu geben. Bereits im 18. Jahrhundert war die Region für ihren Nebel bekannt, resultierend aus der aufsteigenden feucht-warmen Luft aus dem böhmischen Becken. Der „Biehmsche Naabl" hält sich manchmal mehrere Tage in den oberen Regionen und hinterlässt eine von dickem Raureif überzogene Landschaft.

Winterurlauberin in Altenberg, 1955

Sommerwiese im Erzgebirge

EIN KRAUT MIT WIRKUNG – DIE BERGWIESEN DES ERZGEBIRGES

Ganz große Lektion zuerst: Es heißt *die* Bärwurz. Ines Schürer, Landschaftsplanerin im Naturschutzzentrum Erzgebirge, schüttelt sich richtig, wenn sie „der Bärwurz" hört. Wurz kommt doch von Wurzel, ein astreines Femininum! Und auch der Bär vorweg macht die Sache nicht männlicher, sondern verweist auf „gebären". Die Bärwurz war unseren Altvorderen vor allem als jene Pflanze vertraut, die Bewegung in den Unterleib bringen konnte: Wehen fördern, Verdauung anregen, Harn treiben und entgiften. Eine Duftmischung aus Liebstöckel, Harz und Maggi entströmt den tiefgrünen, dillartigen Blättern, und wer viele Urlaube im Erzgebirge verbracht hat, weiß: So riecht der Sommer in den Bergen.

In den Mittelgebirgen, um genau zu sein. Die Berglandpflanze wächst ab ca. 500 m Höhe im Erzgebirge und im Thüringer Wald, das Fichtelgebirge bildet die südwestliche Grenze. Das Kräutlein ist genügsam: Der Boden sollte kalkarm, mäßig sauer und wasserdurchlässig sein. Je weniger Nährstoffe, desto besser – eine typische Magerwiesenbewohnerin ist die Bärwurz, die mit ihren Wurzeln tief in die Erde greift, um etwas Verwendbares für sich zu finden. Auf den Bergwiesen des Erzgebirges steht sie in trauter Gemeinschaft mit dem Kleinen Klappertopf, mit klatschgelben Sumpfdotterblumen, violetten Knabenkraut-Orchideen, zierlichen Hasenpfoten-Seggen und Wildapfelbäumen auf den Steinrücken.

Die Steinrücken rund um die Wiesen entstanden einst, weil die Erzgebirger die Steine auf ihren kargen Äckern an den Rändern aufschichteten. Und die Bäume, die dort einwurzelten, beschnitten sie regelmäßig fürs Brennholz, das Wiesenheu brauchten sie für ihre Tiere.

Bis zu 100 Pflanzenarten lassen sich heute in diesen speziellen Biotopen zählen. Doch was so natürlich gewachsen aussieht, ist inzwischen das Ergebnis steter Bemühungen von Naturschützern – denn landwirtschaftliche Düngungen würden die Arten genauso vertreiben wie zu oft gemähte Wiesen, auf denen die Pflanzen keine Gelegenheit bekommen, sich auszusamen.

Bärwurz (frühere Bezeichnung Haarblätterige Bärwurz), botanische Illustration aus dem 19. Jahrhundert

Rothirsche im Erzgebirge

Kupferroter Lackporling

Speisemorchel

Flockenstieliger Hexenröhrling

Spitzkegeliger Kahlkopf

Birkenrotkappe

Parasolpilz

Herkuleskeule

Totentrompete

Bischofsmütze

Steinpilz

Riesenbovist

Gemeine Stinkmorchel

Gemeiner Hallimasch

Wiesenchampignon

Echter Pfifferling

Gefranster Erdstern

Schopftintling

Maronenröhrling

Gemeines Stockschwämmchen

Judasohr

Echter Zunderschwamm

Ästiger Stachelbart

Grüner Knollenblätterpilz

Fliegenpilz

PILZE

Um einen weitverbreiteten Irrtum gleich auszuräumen: Pilze sind keine Pflanzen. Sie betreiben keine Fotosynthese, sind nicht in der Lage, Blattgrün zu bilden. Ihre Zellwände bestehen aus Chitin, einem Mehrfachzucker, der wohl im Tier-, aber nicht im Pflanzenreich vorkommt. Pilze bilden neben Flora und Fauna ein eigenes Reich. Oft werden sie mit ihren Fruchtkörpern gleichgesetzt, obwohl es niemandem einfallen würde, einen Apfelbaum Apfel zu nennen. Der Pilz ist sein Geflecht, das sich durch den Boden oder das Holz zieht. Apropos Holz: Pilze leisten eine wesentliche Aufgabe beim Abbau organischer Materialien, die sie dem Stoffkreislauf wieder als anorganische Substanzen zur Verfügung stellen. Allerdings brauchen sie die Hilfe von Pflanzen, um an die Zuckerverbindungen (Glukose) aus der Fotosynthese zu kommen. Unterirdisch kehren sich die Verhältnisse um: Im Wurzelbereich schließen Pilze den Pflanzen Nährsalze und Wasser auf, an die das Grün aus eigener Kraft nicht gelangen kann. Die Menschen sehen meist nur die Fruchtkörper. Umso wichtiger ist es, auf die giftigen Vertreter hinzuweisen. Dass der Fliegenpilz toxisch bis hin zum Delirium wirkt, hat sich inzwischen herumgesprochen. Aber noch immer sterben in jeder Pilzsaison Menschen nach dem Genuss des Grünen Knollenblätterpilzes. Der Spitzkegelige Kahlkopf enthält eine sogenannte bewusstseinserweiternde Substanz, unbedenklich ist sein Verzehr nicht. Die großen drei im Reich sind Steinpilz, Pfifferling und Wiesen-Champignon. Aber auch Parasole, Maronen oder der Flockenstielige Hexenröhrling sind gute Speisepilze. Der Hexenpilz darf allerdings nicht mit dem Satanspilz verwechselt werden, bei dem schon der Name darauf hinweist, dass er giftig ist. Verwechslungen können für Pilzsammler tödliche Folgen haben.

Fliegenpilz

Besucherbergwerk „Fundgrube Weißer Hirsch“ im Schneeberger Revier, Schneeberg

Montanlandschaft Schneeberg, Schindlersches Blaufarbenwerk

ALLES KOMMT VOM BERGBAU HER

In den alten Quellen aus dem Frühmittelalter wird das Erzgebirge als Miriquidi bezeichnet – was so viel wie Dunkelwald bedeutet. Für Ansiedlungen war der Landstrich äußerst unattraktiv, denn das raue Klima machte die Landwirtschaft zu einem mühseligen Unterfangen.

Die ersten Silberfunde jedoch änderten die Situation grundlegend. Im 12. Jahrhundert brach das Erste Berggeschrey aus, und Markgraf Otto von Meißen war klug genug, sich erstens das Bergregal beim Kaiser zu sichern und zweitens seinen Untertanen Bergfreiheit zu geben. Auf seine Anweisung „Wo eyn man ercz suchen will, das meg her thun mit rechte“ folgte direkt die Gründung Freibergs um 1162. Dem Zweiten Berggeschrey im 15. Jahrhundert, wieder verbunden mit Silberfunden, folgten die Stadtgründungen von Schneeberg (1471), Annaberg (1496) und Marienberg (1521).

Bis 1913 wurden im Erzgebirge 6700 Tonnen Silber geschürft, doch die große Zeit des Silberbergbaus hatte ihren Zenit bereits im 16. Jahrhundert überschritten. Doch da ging es längst auch um andere Erze: Wismut, Kobalt, Nickel, Zinn, Kupfer, Blei, aber auch Arsen und Schwefel wurden aus dem Berg geholt.

Der Niedergang des Bergbaus im Erzgebirge erfolgte in Stufen, oft in Wechselwirkung mit politischen Ereignissen: Nach dem Dreißigjährigen Krieg und dem Siebenjährigen Krieg war Sachsen jeweils zunächst zu ausgeblutet, um teure Bergbauanlagen zu finanzieren. Im Laufe des 19. Jahrhunderts überschwemmte billigeres Silber aus Südamerika den europäischen Markt, was für viele Bergwerke das Ende bedeutete. Was bis heute im Erzgebirge geblieben ist, ist das Wissen um den Bergbau. Das Oberbergamt, das die sächsischen Kurfürsten im Laufe des 16. Jahrhunderts etablierten, untersteht heute dem sächsischen Wirtschaftsministerium. An der Freiberger Bergakademie, 1765 als eine der ersten montanwissenschaftlichen Universitäten gegründet, ist Bergbau bis heute ein Studienfach.

DER BERGBAU ALS WELTERBE

UNESCO-Welterbestätten sind gewöhnlich ein Monument, ein Gebäude, die Anlage einer Stadt oder eines Parks. Doch das Welterbe Montanregion Erzgebirge ist nicht so leicht zu überschauen. Zu ihm gehören 22 Orte, 17 auf deutscher und 5 auf tschechischer Seite. Jeder dieser Orte hat mit Bergbau zu tun, aber nicht bei jedem handelt es sich um ein Bergwerk. Da ist die historische Altstadt Marienbergs, so regelmäßig angelegt wie ein Schachbrett – was natürlich nur gelang, weil das unbedeutende Waldhufendorf Wüstenschlette 1521 nach den ersten Silberfunden vom sächsischen Kurfürsten Heinrich dem Frommen aus dem Stand Stadtrecht erhielt und einen Stadtgrundriss gleich dazu.

Das Schindlersche Blaufarbenwerk bei Zschorlau, ebenfalls Bestandteil des montanen Welterbes, verarbeitete die Kobalterze, die in der Schneeberger Gegend gefördert wurden, zu kobaltblauem Farbpulver. In den Saigerhütten von Grünthal wurde das Kupfer aus dem Erz geholt und zu jenen Blechen ausgewalzt, die später auf den Dächern des Dresdner Zwingers oder des Pillnitzer Schlosses Grünspan ansetzten.

Wer heute die Städtchen und Landschaften aufsucht, die mit dem montanen Welterbe verbunden sind, stößt auf – Natur. Die alten Halden sind häufig längst überwuchert, aus Rückhaltebecken sind Seen geworden, Ablaufgräben fließen durch Wiesen und Wälder. Das regensatte Klima des Erzgebirgskamms sorgt mancherorts für Hochmoore und überall für Wasserläufe. In zahlreichen Talsperren wird es gesammelt und versorgt die großen Städte Dresden und Chemnitz mit Trinkwasser, und sie prägen die Landschaft mindestens so beeindruckend wie die Berge. Der Bergbau selbst, der Menschen, Architektur und ganzen Landschaften seinen Stempel aufgedrückt hat, übt sich in einem zurückhaltenden Auftritt. Die Stollen sind unter Tage – doch wer darauf achtet, entdeckt überall die Mundlöcher in den Wäldern und Wiesen.

Rudolphschacht in Lauta

Geotop Scheibenberg, Basaltberg

Der millionste Trabant aus dem VEB Sachsenring Automobilwerke Zwickau fährt durch eine Werbewand aus Papier, 1973

INDUSTRIEKULTUR ZWISCHEN CHEMNITZ UND ZWICKAU

Es hat eine gewisse Tragik, dass Zwickau vor allem für eins bekannt ist: den Trabant. Tatsächlich liefen im VEB Sachsenring Automobilwerke Zwickau zwischen 1957 und 1991 über 3 Mio. Trabis vom Band. Das kleine Auto mit seinem auffälligen Zweitakt-Motorengeräusch und seiner noch auffälligeren Geruchsentwicklung wurde so etwas wie ein Synonym der DDR. Doch die Vorgeschichte dieser Automobilwerke lässt im wahrsten Sinne des Wortes aufhorchen: Es war August Horch, der seine ersten Wagen ab 1904 in Zwickau produzierte. 1910 gründete er ebenfalls in Zwickau die Audi Automobilwerke, die 1932 in der Auto Union AG mit Sitz in Chemnitz aufgingen – an dieser Stelle kommen die bekannten vier Ringe ins Spiel. Vom Zwickauer Automobilbau-Standort blieb nach den Nachkriegs-Reparationsleistungen an die Sowjetunion allerdings nichts übrig. Und als wieder produziert wurde, war es der Trabi – der bestmögliche Kompromiss aus findigem Ingenieurgeist und Materialmangel auf allen Ebenen. Der Ingenieurgeist ist dem Erzgebirge treu geblieben. In Zwickau wird inzwischen der VW ID.3 hergestellt – Volkswagens erstes Serienauto mit modularem E-Antrieb.

Trabant 601, um 1965

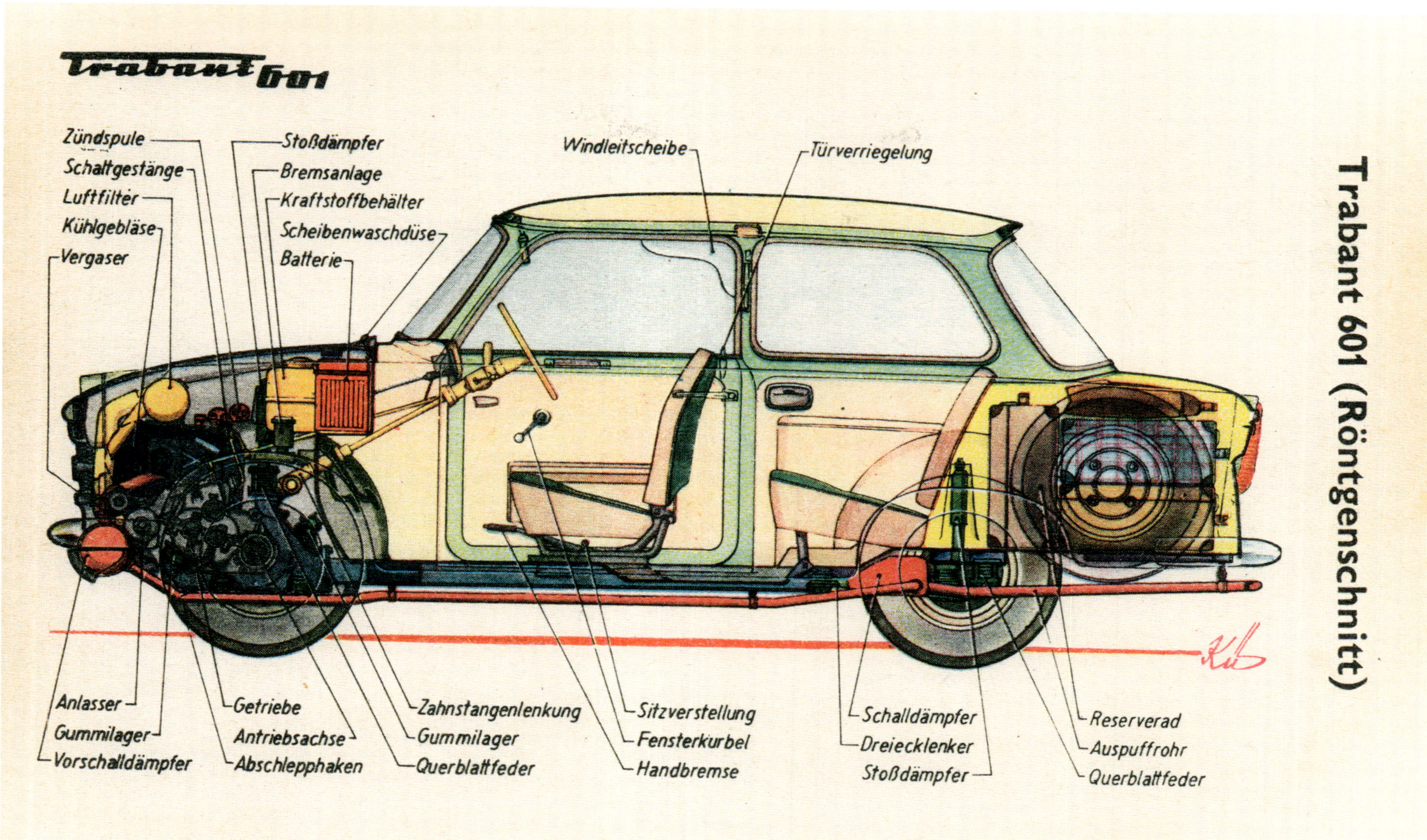

„Röntgenschnitt" durch einen Trabant 601, 1965

CHEMNITZ

Ähnlich wie England war auch das Erzgebirge mit seinem technologischen Know-how aus dem Bergbau ganz vorn dabei, als im 19. Jahrhundert die Industrialisierung begann. Nach der Reichsgründung läutete Chemnitz seine Entwicklung zur Industriestadt ein, hier wurden allein zwischen 1871 und 1873 34 Maschinenbaubetriebe, 3 Eisen- und 2 Metallgießereien, 13 Webereien, 18 Strumpf- und Handschuhfirmen, 2 Chemiebetriebe sowie 17 Kartonagenfirmen gegründet. Im Jahr 1871 wuchs die Stadt von knapp 70 000 Einwohnern auf mehr als 310 000 im Jahr 1920, und Anfang der 1930er-Jahre lebten über 360 000 Menschen in Chemnitz, ein bislang historischer Höchstwert.

Eine Industriestadt bedarf aber auch des sozialen Wohnungsbaus, und so entstanden zur Zeit der Weimarer Republik neue Wohnsiedlungen im Stil von Gartenstädten und Wohnhöfen. Außerdem wurden moderne Gebäude für Verwaltung, Industrie und Handel errichtet, zum Beispiel das Kaufhaus Schocken, das nach einem Entwurf des Architekten Erich Mendelsohn gebaut wurde.

Im Dritten Reich wurde Chemnitz' Stadtparlament von den Nationalsozialisten gleichgeschaltet; gedeihende Kultur und Bildung wurden gestoppt, Kunstwerke aus öffentlichen Sammlungen und Bücher aus der Stadtbibliothek entfernt und jüdische Unternehmer enteignet. Zu einem zentralen Industriezweig entwickelte sich der Fahrzeugbau, auch die Auto Union AG verlegte 1936 ihren Sitz nach Chemnitz.

Im Februar und März 1945 wurde Chemnitz zum Ziel alliierter Luftangriffe. Während die britische Royal Air Force sich eher auf die Zerstörung der Innenstadt konzentrierte, richteten die United States Army Air Forces ihre Angriffe gegen die Bahnhöfe und Rüstungsbetriebe und bombardierten zum Beispiel das Werk Siegmar der Auto-Union, wo Motoren für die Panzer „Tiger" und „Panther" gebaut wurden. Insgesamt wurden in zehn Luftangriffen über 7300 Tonnen Bomben über Chemnitz abgeworfen; Kirchen, Häuser und öffentliche Gebäude wurden nahezu vollständig zerstört, 100 000 Menschen hatten kein Dach mehr über dem Kopf.

Nach 1945 begann man mit der Beseitigung der Trümmer und es wurden die ersten neuen Wohnhäuser gebaut. Nach der Gründung der DDR im Jahr 1949 blieb Chemnitz weiterhin sowjetische Garnisonsstadt, 1952 wurde der südwestliche Teil Sachsens zum Bezirk Chemnitz zusammengeschlossen und die Stadt selbst 1953 umbenannt in Karl-Marx-Stadt. Fortan war Chemnitz das Zentrum des Maschinenbaus sowie der Textilbranche in der DDR, insgesamt befanden sich 20 % der Industrieproduktion des deutschen Einparteienstaates in Karl-Marx-Stadt.

Im Jahr 1990 sprach sich die Mehrheit der Bevölkerung in einem Bürgerentscheid für den Stadtnamen Chemnitz aus, woraufhin die Stadtverordnetenversammlung am 1. Juni 1990 die Rückbenennung beschloss. Im Oktober 2020 wurde Chemnitz zur Kulturhauptstadt Europas 2025 ausgewählt.

Ankerschmied

Beckschlager

Beutler

Bortenwirker

Brillenmacher

Buchbinder

Färber

Feinschmied

Flaschner

Fleischer

Glaser

Gürtler

Hammerschmied

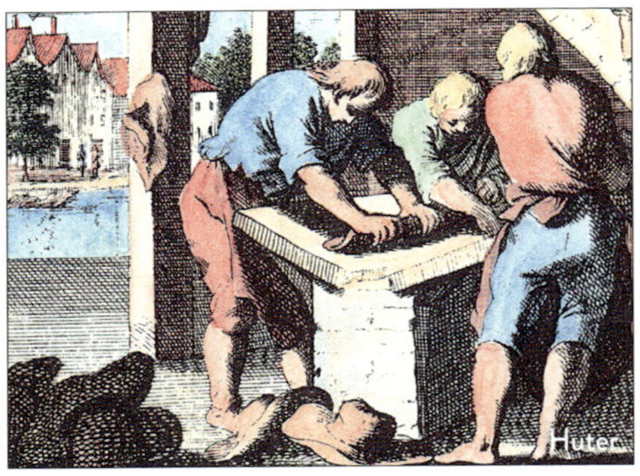
Huter

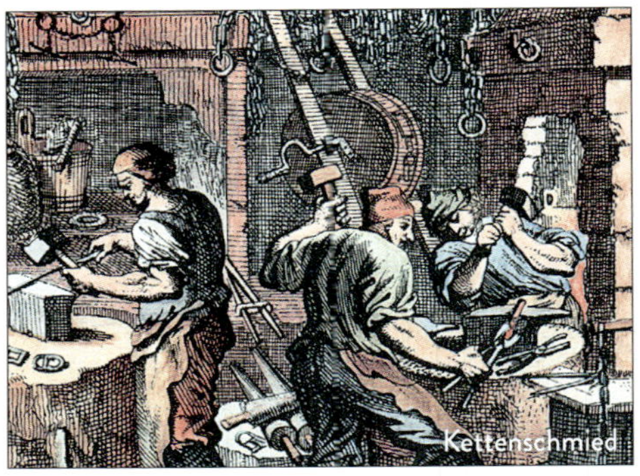
Kettenschmied

Kupferdrucker

Kupferschmied

Lebkuchner

Lederer

Lichtzieher

TRADITIONELLES HANDWERK

Deutsches Handwerk hat einen guten Ruf, es gilt als Garant für solide und langlebige Qualitätsarbeit. Einer der Gründe dafür liegt an den Zünften, die im Mittelalter im deutschsprachigen Raum für jedes Handwerk strenge Regeln und Hierarchien aufstellten. Meister, Geselle, Lehrling – das gilt auch heute noch bei einer deutschen Ausbildung, deren System vielen Ländern als Vorbild diente. Die große Bedeutung der Handwerksberufe lässt sich bis in die Gegenwart noch an Namen wie Schmitz/Schmidt (Schmied), Meier oder Weber ablesen. Heute kann man die alten Handwerke fast nur noch auf speziellen Märkten antreffen. In Zeiten von Nachhaltigkeit und Umweltbewusstsein rücken sie aber wieder in den Blick der Öffentlichkeit.

Schmied wie Hufschmied, Nagelschmied, Waffenschmied, Goldschmied: Die Verarbeitung von Metall zu vielerlei Gegenständen ist einer der ältesten Berufe der Welt. Der Schmied kommt schon in der Mythologie und verschiedenen Sagen vor, und ihm kommt oft eine magische Bedeutung zu.

Fleischer/Schlachter/Metzger: Einer der alten Handwerksberufe, die heute immer noch überall präsent sind.

Müller: Der häufigste deutsche Name zeigt die Bedeutung dieses Berufs, Mühlen standen im ganzen Land, heute ist kaum noch eine in Betrieb.

Uhrmacher: Besonders im Schwarzwald und in der Schweiz hat dieses Handwerk eine alte Tradition, handwerklich hergestellte Uhren sind mittlerweile Luxusgüter.

Küfer/Fassbinder/Böttcher: Einer der wenigen alten Handwerksberufe, die heute noch gebraucht werden, denn Wein wird immer noch häufig in Fässern gelagert.

Schuhmacher/Bürstenmacher: Trotz billiger Konkurrenz aus dem Ausland gibt es noch relativ viele Schuhmachermeister. Bürstenmacher (Haarbürsten, Friseurpinsel) findet man allerdings fast nur noch auf Handwerkermärkten.

Messingdrahtzieher

Müller

Nägler

Pastetenbäcker

Perlenbohrer

Perückenmacher

Pfeifenmacher

Saitenmacher

Schiffszimmermann

Schleifer

Segelbaummacher

Seiler

Steinbrecher

Steinmetz

Taschner

Töpfer

Trompeten-Macher

Tüncher

Weber

Wagner

Hutmacherin, Modistin: Noch bis in die 1950er-Jahre war Hut Pflicht, seitdem tragen kaum noch Menschen eine Kopfbedeckung, es sei denn, sie besuchen Pferderennen oder Hochzeiten. Doch in den vergangenen Jahren entdecken Modebewusste den Hut wieder.

Sattler, Feinsattler (Taschen, Sattel, Lederwaren): Ob Pferdesättel, Taschen oder sonstige Lederwaren, ab und an entscheidet sich tatsächlich jemand, diesen alten Beruf auszuüben. Die Produkte kosten dementsprechend.

Seiler: Taue, Trossen und Seile werden heute überall noch gebraucht, sei es im technischen Bereich, im Schiffsverkehr, für Fischernetze oder für den wachsenden Freizeitbereich.

Köhler: Einer der häufigsten Berufe im Mittelalter, heute so gut wie ausgestorben, denn die Herstellung von Holzkohle in sogenannten Meilern ist aufwendig und nicht gerade umweltfreundlich.

Leinenweber/Kürschner: Selbst Stoffe herzustellen oder Pelze zu verarbeiten, ist heute durch die Konkurrenz aus Fernost zu aufwendig, auch ist das Tragen von Tierfellen in der westlichen Gesellschaft inzwischen eher verpönt.

Büchsenmacher: Die Herstellung von Feuerwaffen ist ein Beruf, den es schon seit dem Mittelalter gibt. Heute werden Waffen allerdings industriell hergestellt. Traditionelle Büchsenmacher reparieren oft alte Pistolen und Gewehre oder machen Spezialanfertigungen für Sportschützen oder Jäger.

Buchbinder: Auch wenn es ein wunderbar haptisches Gefühl ist, ein traditionell gebundenes Buch in der Hand zu halten, erledigen Buchbinder heute vorwiegend Reparaturarbeiten an kostbaren alten Werken.

Drechsler: An der Drehbank stellt der Drechsler Spielzeug und andere Waren aus Holz, Horn, Bernstein oder Kunststoff her, heute wird die Arbeit meist maschinell erledigt.

Der Mai ist gekommen, Bildpostkarte nach Aquarell von Paul Hey (1867–1952)

Das Wandern ist des Müllers Lust, Farbdruck nach Aquarell von Paul Hey (1867–1952)

Am Brunnen vor dem Tore, Bildpostkarte des deutschen Schulvereins Wien, 1927

Summ, summ, summ'/Bienlein summ herum!, Illustration von Elisabeth Hasse

VOLKSLIEDER

JAHRESZEITLICHE LIEDER

Im Märzen der Bauer, M: Volkslied aus Mähren, T: Walter Hensel (1923)
Im Märzen der Bauer die Rößlein einspannt./ Er pfleget und pflanzet all' Bäume und Land./ Er ackert, er egget, er pflüget und sät,/und regt seine Hände gar früh und noch spät.

Der Mai ist gekommen, M: Justus W. Lyra (1843), T: Emanuel Geibel (1843)
Der Mai ist gekommen, die Bäume schlagen aus,/da bleibe, wer Lust hat, mit Sorgen zu Haus;/wie die Wolken dort wandern am himmlischen Zelt,/so steht auch mir der Sinn in die weite, weite Welt.

Kuckuck, Kuckuck, M: aus Österreich, T: Hoffmann von Fallersleben (1835)
Kuckuck, Kuckuck ruft's aus dem Wald./ Lasset uns singen, tanzen und springen./ Frühling, Frühling wird es nun bald.

Alle Vögel sind schon da, M: Ernst Richter (1837), T: Hoffmann v. Fallersleben (1835)
Alle Vögel sind schon da,/alle Vögel, alle./ Welch ein Singen, Musiziern,/Pfeifen, Zwitschern, Tiriliern!/Frühling will nun einmarschiern,/kommt mit Sang und Schalle.

Hejo, spann den Wagen an, M: aus England (17. Jh.), T: mündlich überliefert
Hejo, spann den Wagen an,/seht, der Wind treibt Regen über's Land!/Holt die goldnen Garben,/holt die goldnen Garben!

Hoch auf dem gelben Wagen, M: Heinz Höhne (1922), T: Rudolf Baumbach (1870er)
Hoch auf dem gelben Wagen/sitz ich beim Schwager vorn./Vorwärts die Rosse traben,/ lustig schmettert das Horn./Felder, Wiesen und Auen,/leuchtendes Ährengold –/ ich möcht so gerne noch schauen,/aber der Wagen der rollt.

Sah ein Knab' ein Röslein steh'n, (Das Heideröslein), M: Franz Schubert (1815), T: Johann Wolfgang v. Goethe (1770)
Sah ein Knab' ein Röslein steh'n,/Röslein auf der Heiden,/War so jung und morgenschön,/ Lief er schnell es nah zu seh'n,/Sah's mit vielen Freuden./Röslein, Röslein, Röslein rot,/ Röslein auf der Heiden.

WANDERLIEDER

Das Wandern ist des Müllers Lust, M: Karl Friedrich Zöllner (1844), T: Wilhelm Müller (1818)
Das Wandern ist des Müllers Lust,/Das Wandern!/Das muss ein schlechter Müller sein,/Dem niemals fiel das Wandern ein,/ Das Wandern!

Im Frühtau zu Berge, M: schwedisches Volkslied, T: Walter Hensel (1924)
Im Frühtau zu Berge wir ziehn,fallera,/ es grünen alle Wälder, alle Höh'n, fallera./ Wir wandern ohne Sorgen/singend in den Morgen,/noch ehe im Tale die Hähne krähn.

Muss i denn, muss i denn, zum Städtele naus, M und T: volkstümlich aus Schwaben
Muss i denn, muss i denn zum Städtele naus, Städtele naus,/und du, mein Schatz, bleibst hier./Wenn i komm, wenn i komm, wenn i wiedrum komm, wiedrum komm,/kehr i ein, mein Schatz, bei dir./Kann i gleich net allweil bei dir sein,/han i doch mein Freud an dir;/ wenn i komm, wenn i komm, wenn i wiedrum komm, wiedrum komm,/kehr i ein, mein Schatz, bei dir.

Wer recht in Freuden wandern will, M: Gustav Klauer, T: Emanuel Geibel (1839)
Wer recht in Freuden wandern will/Der geh der Sonn' entgegen./Da ist der Wald so kirchenstill,/Kein Lüftchen mag sich regen.

HEIMATLIEDER

Auf de schwäb'sche Eisebahne, M und T: Volkslied aus dem Württembergischen
Auf de schwäb'sche Eisebahne/gibt's gar viele Haltstatione./Stuttgart, Ulm und Biberach,/ Meckebeure, Durlesbach!/Rulla, rulla, rullala,/ Rulla, rulla, rullala./Stuttgart, Ulm und Biberach,/Meckebeure, Durlesbach!

Es klappert die Mühle, M: volkstümlich Anfang 19. Jh., T: Ernst Anschütz (1824)
Es klappert die Mühle am rauschenden Bach:/ Klipp klapp./Bei Tag und bei Nacht ist der Müller stets wach:/Klipp klapp./Er mahlet das Korn zu dem kräftigen Brot,/Und haben wir dieses, so hat's keine Not./Klipp klapp, klipp klapp, klipp klapp!

Ein Jäger aus Kurpfalz, M und T: Volkslied
Ein Jäger aus Kurpfalz,/Der reitet durch den grünen Wald,/Er schießt das Wild daher,/ Gleich wie es ihm gefällt.

Am Brunnen vor dem Tore, M: Franz Schubert (1827), T: Wilhelm Müller (1822)
Am Brunnen vor dem Thore/Da steht ein Lindenbaum:/Ich träumt' in seinem Schatten/ So manchen süßen Traum.

Lorelei, M: Friedrich Silcher (1838), T: Heinrich Heine (1823)
Ich weiß nicht, was soll es bedeuten,/dass ich so traurig bin;/ein Märchen aus alten Zeiten,/ das kommt mir nicht aus dem Sinn.

KINDERLIEDER

Kommt ein Vogel geflogen, M und T: Volkslied
Kommt ein Vogel geflogen,/setzt sich nieder auf mein' Fuß,/hat ein' Zettel im Schnabel,/ von der Mutter ein' Gruß.

Hänschen klein, M: Volkslied, T: Franz Wiedemann (1860)
Hänschen klein, geht allein/In die weite Welt hinein,/Stock und Hut steht ihm gut,/Ist auch wohlgemuth./Aber Mutter weinet sehr,/Hat ja nun kein Hänschen mehr./Wünsch dir Glück, sagt ihr Blick,/Komm nur bald zurück!

Fuchs, du hast die Ganz gestohlen, M: Volkslied, T: Ernst Anschütz (1824)
Fuchs, du hast die Gans gestohlen,/gib sie wieder her!/Sonst wird dich der Jäger holen,/ mit dem Schießgewehr.

Ein Vogel wollte Hochzeit machen, M und T: Volkslied aus Schlesien
Ein Vogel wollte Hochzeit machen/in dem grünen Walde./Fidirallala, fidirallala,/ fidirallalalala./Die Drossel war der Bräutigam,/ die Amsel war die Braute.

Summ, summ, summ, Bienchen summ herum, M: aus Böhmen, T: Hoffmann von Fallersleben (1860)
Summ, summ, summ, Bienchen, summ herum./Ei wir tun dir nichts zuleide,/flieg' nur aus in Wald und Heide./Summ, summ, summ, Bienchen, summ herum.

Alle meine Entchen, M und T: Volkslied
Alle meine Entchen/schwimmen auf dem See/ schwimmen auf dem See,/Köpchen unter Wasser/Schwänzchen in die Höh'.

Es tanzt ein Bi-Ba-Butzemann, M und T: Volkslied
Es tanzt ein Bi-Ba-Butzemann/In unserm Haus herum, fidebum,/Es tanzt ein Bi-Ba-Butzemann/In unserm Haus herum./Er rüttelt sich, er schüttelt sich,/Er wirft sein Säckchen hinter sich./Es tanzt ein Bi-Ba-Butzemann/In unserm Haus herum.

Hänsel und Gretel verliefen sich im Wald, M und T: Volkslied
Hänsel und Gretel verliefen sich im Wald./ Es war so finster und auch so bitter kalt./Sie kamen an ein Häuschen von Pfefferkuchen fein./Wer mag der Herr wohl von/diesem Häuschen sein?

Hänsel und Gretel, Farblithografie nach Otto Kubel (1868–1951)

Umschlagtitel des Notendrucks *Das frohe Rheinlieder-Buch*, 1932

Stille Nacht, heilige Nacht, Titelblatt, *Kleine Fantasie für Klavier zu zwei Händen* von Edmund Parlow, Leipzig, 1913

Weißt du, wie viel Sternlein stehen, Bildpostkarte nach Aquarell von Paul Hey (1867–1952)

Ein Männlein steht im Walde, M: Volkslied vom Niederrhein, T: Hoffmann von Fallersleben (1843)
Ein Männlein steht im Walde/Ganz still und stumm,/Es hat von lauter Purpur/Ein Mäntlein um./Sagt, wer mag das Männlein sein,/Das da steht im Wald' allein/Mit dem purpurroten Mäntelein?

Grün, grün, grün, sind alle meine Kleider, M und T: altes Volkslied
Grün, grün, grün sind alle meine Kleider;/ grün, grün, grün ist alles was ich hab./Darum lieb ich alles was so grün ist,/weil mein Schatz ein Jäger ist.

Der Kuckuck und der Esel, M: Carl Friedrich Zelter (1810), T: Hoffmann von Fallersleben (1835)
Der Kuckuck und der Esel,/Die hatten großen Streit,/Wer wohl am besten sänge/Zur schönen Maienzeit.

Ich geh mit meiner Laterne, M und T: volkstümlich aus Norddeutschland
Ich geh mit meiner Laterne,/und meine Laterne mit mir./Da oben, da leuchten die Sterne,/und unten da leuchten wir./ Mit Lichtern hell sind wir zur Stell,/ rabimmel, rabammel, rabumm./Mit Lichtern hell sind wir zur Stell,/rabimmel, rabammel, rabumm.

Laterne, Laterne, M und T: volkstümlich
Laterne, Laterne,/Sonne, Mond und Sterne./ Brenne auf, mein Licht,/brenne auf, mein Licht,/aber nur meine liebe Laterne nicht!

TRINKLIED

Ein Prosit der Gemütlichkeit M und T: Bernhard Dietrich (Ende 19. Jahrhundert)
Ein Prosit, ein Prosit der Gemütlichkeit,/ein Prosit, ein Prosit der Gemütlichkeit!/Schenkt ein, trinkt aus,/schenkt ein, trinkt aus!/In München steht ein Hofbräuhaus.

POLITISCHE LIEDER

Die Gedanken sind frei, M und T: Volkslied vom Ende des 18. Jahrhunderts
Die Gedanken sind frei,/wer kann sie erraten,/ sie fliegen vorbei/wie nächtliche Schatten./ Kein Mensch kann sie wissen,/kein Jäger erschießen,/es bleibet dabei:/die Gedanken sind frei.

Die Moorsoldaten, M: Rudi Goguel (1933), T: Johann Esser/Wolfgang Langhoff (1933)
Wohin auch das Auge blicket/Moor und Heide nur ringsum/Vogelsang uns nicht erquicket/ Eichen stehen kahl und krumm/Wir sind die Moorsoldaten/Und ziehen mit dem Spaten/Ins Moor/Wir sind die Moorsoldaten/Und ziehen mit dem Spaten/Ins Moor.

ADVENTS- UND WEIHNACHTSLIEDER

Lasst uns froh und munter sein, M und T: Volkslied aus dem Hunsrück
Lasst uns froh und munter sein/und uns recht von Herzen freu'n!/Lustig, lustig, traleralala,/bald ist Nikolausabend da,/bald ist Nikolausabend da!

Oh, du fröhliche, M: Aus Sizilien, T: Johannes Daniel Falk (1816)
O du fröhliche, o du selige,/gnadenbringende Weihnachtszeit!/Welt ging verloren, Christ ist geboren:/Freue, freue dich, o Christenheit!

Ihr Kinderlein, kommet, M: Johann Abraham Peter Schulz (1794), T: Christoph von Schmid (1808)
Ihr Kinderlein, kommet, o kommet doch all!/ Zur Krippe her kommet in Betlehems Stall/ und seht, was in dieser hochheiligen Nacht/ der Vater im Himmel für Freude uns macht!

Oh Tannenbaum, M: Volkslied, 16. Jh., T: August Zarnack/Ernst Anschütz (1819/1824)
O Tannenbaum, o Tannenbaum!/Wie treu sind deine Blätter;/du grünst nicht nur zur Sommerzeit,/nein, auch im Winter, wenn es schneit./O Tannenbaum, o Tannenbaum,/wie treu sind deine Blätter.

Alle Jahre wieder, M: Friedrich Silcher (1824), T: Wilhelm Hey (1837)
Alle Jahre wieder/Kommt das Christuskind/ Auf die Erde nieder,/Wo wir Menschen sind.

Stille Nacht, heilige Nacht, M: Franz Xaver Gruber (1818), T: Joseph Mohr (1818)
Stille Nacht, heilige Nacht!/Alles schläft, einsam wacht/nur das traute, hochheilige Paar./Holder Knabe im lockigen Haar,/schlaf in himmlischer Ruh,/schlaf in himmlischer Ruh.

Kommet, ihr Hirten, M und T: Volkslied aus Böhmen
Kommet, ihr Hirten, ihr Männer und Fraun,/ Kommet, das liebliche Kindlein zu schaun,/ Christus, der Herr, ist heute geboren,/Den Gott zum Heiland euch hat erkoren./Fürchtet euch nicht!

Es ist ein Ros' entsprungen, M: volkstümlich aus dem 16. Jh., T: Autor der 1. Strophe unbekannt
Es ist ein Ros' entsprungen/aus einer Wurzel zart,/wie uns die Alten sungen,/von Jesse kam die Art/und hat ein Blümlein bracht/mitten im kalten Winter,/wohl zu der halben Nacht.

ABENDLIEDER

Guten Abend, gute Nacht, M: Johannes Brahms, T: volkstümlich
Guten Abend, gut' Nacht,/mit Rosen bedacht,/mit Näg'lein besteckt,/schlupf unter die Deck':/Morgen früh, wenn Gott will,/wirst du wieder geweckt.

Weißt du, wie viel Sternlein stehen?, M: Volksweise, T: Wilhelm Hey (1837)
Weißt du, wie viel Sternlein stehen/An dem blauen Himmelszelt?/Weißt du, wie viel Wolken gehen/Weithin über alle Welt?/Gott der Herr hat sie gezählet,/Dass ihm auch nicht eines fehlet,/An der ganzen großen Zahl.

Der Mond ist aufgegangen, M: Johann Abraham Peter Schulz (1790), T: Matthias Claudius (1773)
Der Mond ist aufgegangen/Die goldnen Sternlein prangen/Am Himmel hell und klar:/ Der Wald steht schwarz und schweiget,/Und aus den Wiesen steiget/Der weiße Nebel wunderbar.

Schlaf', Kindlein, schlaf', M: Johann Friedrich Reichardt (1790), T: Aus *Des Knaben Wunderhorn* (1808)
Schlaf', Kindlein, schlaf',/Der Vater hüt' die Schaf,/Die Mutter schüttelt's Bäumelein,/ Da fällt herab ein Träumelein,/Schlaf', Kindlein, schlaf'.

Wer hat die schönsten Schäfchen?, M: Johann Friedrich Reichardt (1790), T: Hoffmann von Fallersleben (1830)
Wer hat die schönsten Schäfchen?/Die hat der goldne Mond,/Der hinter unsern Bäumen/ Am Himmel drüben wohnt.

Kein schöner Land in dieser Zeit, M und T: volkstümlich
Kein schöner Land in dieser Zeit,/als hier das unsre weit und breit,/wo wir uns finden,/wohl untern Linden,/zur Abendzeit!

Reinhardtsgrimma im Erzgebirge

DIE ORGELN DES GOTTFRIED SILBERMANN

Silbermann – schon der Name ist typisch fürs Erzgebirge. Gottfried Silbermann, der als bedeutendster deutscher Orgelbauer des Barocks in die Annalen einging, wurde 1683 im osterzgebirgischen Kleinbobritzsch geboren, kurze Zeit später zog seine Familie ins benachbarte Frauenstein. Sein Vater war Bauer und Zimmermann. Was genau seine beiden Söhne aus zweiter Ehe dazu brachte, Orgelbauer zu werden, ist nicht bekannt. Gottfried folgte jedenfalls 1701 seinem fünf Jahre älteren Bruder Andreas in den Elsass, wo sich dieser bereits als Orgelbauer etabliert hatte. Bei ihm lernte er das Handwerk – unter der Prämisse, ihm später keine Konkurrenz zu machen.

Folglich kehrte Gottfried 1710 nach Frauenstein zurück. Noch im selben Jahr baute er der Kirche seiner Heimatstadt eine Orgel. Dass er dafür zum Einstand keinen Lohn verlangte, zahlte sich aus: Ebenfalls 1710 erhielt er bereits den Auftrag für den Orgelbau im Freiberger Dom St. Marien. Es sollte die zweitgrößte der 50 Orgeln werden, die er in seinem Leben baute – und mit 44 Registern, 3 Manualen und 2700 Pfeifen eine der aufwendigsten.

Organisten äußern sich regelmäßig begeistert über die tiefen Register mit ihren schön ausgebauten Stimmen und über die Reinheit der hohen Töne. Die Einflüsse seiner Lehrjahre in Frankreich verband Silbermann mit seinen Erfahrungen zu einem eigenen Klang seiner Instrumente. Gelobt wird auch seine handwerkliche Meisterschaft beim Einsatz und der Verarbeitung der Materialien, mit denen er seinen Orgeln in der Regel zu einer langen Lebensdauer verhalf. Vier Silbermann-Orgeln gibt es allein in Freiberg. Während der Silbermann-Tage lassen sie sich in barockmusikalischer Hochform erleben. Insgesamt 31 Silbermann-Orgeln sind noch erhalten, darunter auch seine letzte, die er 1751 in der Dresdner Kathedrale baute. Doch nicht wenige finden sich in Dorfkirchen wie Reinhardtsgrimma, Zöblitz, Pfaffroda, Lengefeld oder Etzdorf bei Roßwein – ein Zeichen dafür, wie reich das Erzgebirge im 18. Jahrhundert war.

Schloss Burgk, Thüringen

Hofkirche, Dresden

Heimarbeiter im Erzgebirge beim Anfertigen von Holzspielzeug, um 1910

DE UFNBANK ALS SEHNSUCHTSORT – WEIHNACHTEN IM ERZGEBIRGE

Im Obergeschoss des Dresdner Museums für Sächsische Volkskunst ist das ganze Jahr über Weihnachten. Pyramiden, Leuchterspinnen sowie streng blickende Engel und Bergmänner nehmen fast die halbe Etage ein. „Weihnachten im Erzgebirge ist ein Gesamtpaket. Da zahlt alles ein: Brauchtum, Volkskunst, Volkslieder, Dialekt, Klima. Und jede Menge Mythen", sagt Museumsdirektor Igor Jenzen.

In den kurzen Wintertagen sahen die Bergleute die Sonne weder vor noch nach der Schicht unter Tage. Die warme Stube, die aus der Dunkelheit leuchtete, wurde zum Sehnsuchtsort.

„Auch der Heiligabend braucht Licht", sagt Igor Jenzen. Im Gegensatz zum Weihnachtsfest, das tagsüber am 25. Dezember begangen wird, ist es zwischen dem heimischen Heiligabend und der Mette in der Kirche um ein Uhr nachts dunkel. „So kam das Licht in der erzgebirgischen Weihnachtszeit zu seiner Bedeutung."

In den Grubenlampen brannte im 19. Jahrhundert Rüböl oder Talg; Kerzen waren vor der Erfindung des Paraffins um 1830 zu teuer für den Alltagsgebrauch. „Aber am Heiligabend, da haben sie so eine Kerze gekauft und angezündet", sagt Jenzen.

Die Leuchter in den Kirchen stifteten in der Regel die Knappschaften – und natürlich sollte man das sehen: Ein Bergmann aus Zinn, gekleidet im Festtagsornat der Knappschaft, trägt die Kerze in der Hand. Für die heimische Stube schnitzten ihn die Erzgebirger aus Holz. Zusammen mit dem Lichterengel steht er auf dem Fensterbrett und gibt Auskunft über die Anzahl der Kinder im Haus: Bergmänner für die Jungs, Engel für die Mädchen.

Wer kein Erz förderte, verlegte sich im waldreichen Erzgebirge auf den Holzeinschlag. Köhler mischten aus Holzkohle, Kartoffelstärke und Weihrauch den Teig für die Räucherkerzen.

Holz war auch ein Grundstoff der Glashütten, von denen es im Mittelalter etliche im Erzgebirge gab. Es wurde nicht nur für das Feuer, sondern auch für die hölzernen Hohlformen gebraucht, in denen das Glas zu Flaschen geblasen wurde. An der einzigen deutschen Holzspielzeugmacher- und Drechselschule in Seiffen absolvieren noch heute Holzspielzeugmacher und Reifendreher ihren Abschluss.

Je weniger Erz die Berge im Laufe des 19. Jahrhunderts hergaben, desto mehr neue Einkommensquellen mussten sich die Erzgebirger erschließen. Außerdem setzte sich zur Wende ins 20. Jahrhundert eine neue Sicht auf Kinder durch: Sie galten nicht länger als kleine Erwachsene. Kindheit wurde als eigener Lebensabschnitt begriffen – mit Auswirkungen aufs Zubehör: Ende des 19. Jahrhunderts sind die ersten Spielwarenhändler aus dem Erzgebirge auf der Leipziger Messe gelistet.

Auch kleine Gestalten in schwarzen Umhängen und mit weit geöffneten Mündern gehörten bald zu ihrem Repertoire: Stilisierte Kurrendesänger, die – ähnlich den katholischen Sternensängern – im Erzgebirge von Haus zu Haus ziehen und Weihnachtslieder singen. Im protestantischen Sachsen greift die Kurrende natürlich auf evangelisches Liedgut zurück. Schon die schwarzen Umhänge der Knaben sollen an Martin Luther erinnern.

Der Kunsthandwerker Friedrich Wilhelm Füchtner (1844–1923) aus dem Dorf Seiffen im Erzgebirge erfand um 1870 den Nussknacker, wie wir ihn heute kennen. Die Werkstatt der Familie Füchtner fertigt inzwischen in achter Generation den Klassiker der erzgebirgischen Volkskunst.

Werkzeug für das Stechen von Spanbäumen

Der Weihnachtsmarkt von Pirna,
Farblithografie, um 1900

DEUTSCHE WEIHNACHT

Wohl kaum ein anderes Symbol steht für die Deutsche Weihnacht wie der mit Kugeln und Kerzen geschmückte Tannenbaum, der dank der englischen Königin Victoria und ihres deutschen Ehemanns Albert auch in Großbritannien seinen Einzug in die Wohnzimmer fand. Zuvor hatten deutsche Auswanderer und Matrosen den Christbaum schon in Nordamerika bekannt gemacht. Der immergrüne Tannenbaum als Symbol der Lebenskraft und des Paradiesbaums war schon im Mittelalter Teil der Mysterienspiele, später war er an deutschen Fürstenhöfen sehr beliebt. Zu Beginn des 19. Jahrhunderts fand der geschmückte Christbaum Eingang in die bürgerlichen deutschen Wohnstuben, der als protestantisch geltende Brauch verbreitete sich immer mehr und ist heute nicht mehr wegzudenken. 1847 wurden im thüringischen Lauscha die gläsernen Weihnachtskugeln erfunden, die von hier aus ihren Siegeszug in die ganze Welt antraten.
Oft steht der prächtig geschmückte Baum im Zentrum des jeweiligen Weihnachtsmarktes – ein weiterer deutscher Brauch, der sich in vielen anderen Ländern wiederfindet. Aus dem spätmittelalterlichen Verkaufsmarkt wurde im Laufe der Jahrhunderte ein Dezembermarkt mit Ständen, an denen Spielzeugmacher, Korbflechter oder Zuckerbäcker ihre Ware feilboten.
Im 20. Jahrhundert wurde der Weihnachtsmarkt fester Bestandteil der Adventszeit, heute gibt es nicht nur in fast allen größeren deutschen Städten einen solchen Markt, sondern auch in Österreich, Frankreich, Italien, England, Skandinavien, Tschechien und weiteren europäischen Ländern.
Die berühmtesten Märkte sind der Nürnberger Christkindlesmarkt und der Dresdner Striezelmarkt.

Weihnachtspostkarte, 1905

Zu einer echten deutschen Weihnacht gehören auch die selbst gebackenen Weihnachtsplätzchen, die Krippe mit dem Jesuskind, die Weihnachtslieder und natürlich die Geschenke, die im deutschsprachigen Raum am 24. Dezember, dem Heiligabend, unter dem Weihnachtsbaum liegen.

Familie feiert Weihnachten, 1957

KÖNEMANN

www.koenemann.com

Konzept, Projektmanagement: koenemann.com GmbH
Idee: Ludwig Könemann

Redaktion: Thomas Hauffe, Detlev Arens, Daniel Kiecol
Texte: Detlev Arens, Matthias Eickhoff, Torsten Flaig, Katrin Höller, Daniel Kiecol, Sabine von Kienlin, Kerstin Klauer-Hartmann, Siiri Klose, Inga Menkhoff, Sabine Zitzmann-Starz
Lektorat: Daniel Kiecol, Ulrich Korn, Sabine Zitzmann-Starz, Thomas Hauffe
Korrektorat: Susanne Reeck, Katrin Höller, Elisabeth Pfurtscheller
Bildredaktion: Katja Sassmannshausen
Kartografie: Angelika Solibieda, cartomedia-karlsruhe
Layout und Satz: Regine Ermert
Lithografie: Prepress GmbH, Köln
Druck: Mohn Media Mohndruck GmbH, Gütersloh

Bildnachweis: siehe Beiheft

Deutschland Kultur und Landschaft Band 1–3 ISBN: 978-3-7419-3624-1

Deutschland Band 1 Der Norden ISBN: 978-3-7419-3613-5
Deutschland Band 2 Die Mitte ISBN: 978-3-7419-3619-7
Deutschland Band 3 Der Süden ISBN: 978-3-7419-3623-4

Printed in Germany